Isolde Braune
**Die Oper Schwarzschwanenreich von Siegfried Wagner**

Beiträge zur Kultur- und Sozialgeschichte der Musik
Herausgegeben von Eva Rieger

Band 9

Isolde Braune

# Die Oper Schwarzschwanenreich von Siegfried Wagner

Eine Werkanalyse

CENTAURUS VERLAG & MEDIA UG

**Zur Autorin:**
Isolde Braune studierte Literaturwissenschaft und Geschichte an der Universität Hannover. Sie war Mitbegründerin der Z. Zeitschrift für Kultur- und Geisteswissenschaften und absolvierte ein Praktikum im Nationalarchiv der Richard-Wagner-Stiftung Bayreuth. Während und nach ihrem Studium war sie Kunst- und Theaterpädagogin im Bereich der Jugend- und Erwachsenenbildung sowie Dramaturgie- und Regieassistentin im Bereich Schauspiel. Derzeit arbeitet sie an der Fertigstellung von literarischen Vorhaben. Sie hat einige Beiträge in musik- und literaturwissenschaftlichen Zeitschriften und Büchern verfasst.

**Bibliografische Informationen der Deutschen Nationalbibliothek**
Die Deutsche Nationalbibliothek verzeichnet diese Publikation in der Deutschen Nationalbibliografie; detaillierte bibliografische Daten sind im Internet über http://dnb.d-nb.de abrufbar.

ISBN 978-3-86226-199-4   ISBN 978-3-86226-894-8 (eBook)
DOI 10.1007/978-3-86226-894-8
ISSN 1616-2927

Gedruckt auf säurefreiem und chlorfrei gebleichtem Papier.

*Alle Rechte, insbesondere das Recht der Vervielfältigung und Verbreitung sowie der Übersetzung, vorbehalten. Kein Teil des Werkes darf in irgendeiner Form (durch Fotokopie, Mikrofilm oder ein anderes Verfahren) ohne schriftliche Genehmigung des Verlages reproduziert oder unter Verwendung elektronischer Systeme verarbeitet, vervielfältigt oder verbreitet werden.*

© *CENTAURUS Verlag & Media KG, Freiburg 2013*
www.centaurus-verlag.de

Umschlagabbildung: Erste Seite der Partiturhandschrift von Schwarzschwanenreich.
　　　　　　　　　Quelle: Nationalarchiv der Richard-Wagner-Stiftung Bayreuth.
　　　　　　　　　Sig.: VI Bf 3.
Umschlaggestaltung: Jasmin Morgenthaler, Visuelle Kommunikation
Satz: Vorlage der Autorin

# Inhalt

| | |
|---|---|
| **Einleitung.** | 11 |
| 1. Literaturwissenschaftlicher Ansatz in transdisziplinärer Ausweitung. | 11 |
| 2. Idee. | 14 |
| 2.1 Eine Sicht durch das Kirchenfenster. | 14 |
| 2.2 Feuersymbolik Heraklits. | 22 |

## *Werkeinführung.* 23

| | |
|---|---|
| **Materiallage und Forschungsstand.** | 24 |
| 1. Fundorte. | 24 |
| 2. Forschungslage. | 26 |
| Zur Klassifizierung der Opern Siegfried Wagners als „Volksopern". | 44 |
| Daten zur Entstehungs- und Aufführungsgeschichte. | 54 |
| **Die Handlung.** | 61 |
| Vorbemerkung. | 61 |
| Die Handlung. | 63 |
| Zur Bezeichnung der Oper *Schwarzschwanenreich* als „musikalische Psycho-Legende". | 67 |
| 1. Sage versus Legende. | 67 |
| 2. Das legendäre Schlußbild. | 68 |
| 3. Zur Verknüpfung von Legende und Oper in der „Legenden-Oper". | 70 |
| 4. Das „Wunder"-Ereignis in *Palestrina* und *Schwarzschwanenreich*. | 72 |
| 5. Musikalische Bannlösung. | 74 |
| **Die Orchester-Einleitung.** | 76 |
| 1. Zur Verwendung des Begriffs „Einleitung" bei Siegfried Wagner. | 76 |
| 2. Musikalisch erzählte Vorgeschichte der Handlung. | 82 |
| 3.1 Einleitung (Partitur; Ausschnitte). | 92 |
| 3.2 Einleitung (Klavierauszug). | 107 |
| 4. Zur Bezeichnung der Einleitung als „Psychodrama". | 117 |
| **Das erste Bild: Vorschau auf die Handlung.** | 119 |
| 1. Einige „Gedanken über das Szenenbild bei Siegfried Wagner" von Kurt Söhnlein. | 119 |
| 2. Das Bühnenbild: Szenarium christlicher Weltsicht. | 121 |
| 2.1 Die Szenenangaben: „Schatten"-Reich der *„Eiche"* versus *Stadt*. | 121 |
| 2.1.1 Zur Symbolik der Eiche. | 121 |
| 2.1.1.1 Eichensymbolik in der Literatur. | 121 |
| 2.1.1.2 Naturwissenschaftliche Aspekte der Eichensymbolik. | 124 |
| 2.1.2 Zur Tradition des „himmlischen Jerusalems". | 127 |
| 2.2 Apokalyptische Symbolik in der Handlung. | 128 |
| 2.3 Die ersten zehn Takte: musikalisch-textliche Bildlegende. | 132 |
| 2.4 Vorschau auf das Finale I (I.6) und das Finale II (III.4). | 132 |
| 3. Die Personenkonstellation im 1. Bild. | 139 |

Die Handlung aus psychoanalytischer Sicht: *Psychodrama* und *Individuationsprozeß*. 141
Karnevalistischer Kopfstand. Soldatenszene und Tanzszene. 147

## *Analyse.* 168

### A. *Die Baustoffe der Oper.* 169

Vorbemerkung. 169
1. Die Baustoffe und ihre Funktionen bei der Werkkonstituierung. 169
2. Beschreibung der Werkentstehung nach dem Prinzip der *bricolage* (Lévi-Strauss). 170
1. **Strang: Der sagenhafte Handlungskern:**
   **Stoffliche Grundlagen der Schwarzschwanenreich-Sage.** 173
   Vorbemerkung. 173
   1 Das *Schloß im See*. 176
   2 Die *schwarzen Schwäne*. 178
   3 Der *schwarze Reiter*. 179
   4 Die *Teufelsbuhle Hulda*. 180
   5 Der *Wechselbalg*. 185
2. **Strang: Dreißigjähriger Krieg und Hexenverfolgung:**
   **Der historische Handlungsrahmen.** 189
   Vorbemerkung. 189
   I. Der Dreißigjährige Krieg. 189
   1.1 Der *Trommelwirbel* 1 (I. Akt, 1. Szene). 190
   1.2 Der *Trommelwirbel* 2 (III. Akt, 3. Szene). 196
   2. Der „*Brand*" (Finale des I. Akt). 198
   3. „Wallenstein". 204
   3.1 Die Soldatenszene. 204
   3.2 Literaturvorlagen. 208
   4. Die Soldaten. 211
   5. Oswald – Kriegermotiv in moll. 212
   II. Hexenprozesse. 213
   1. Behandlung von *Hexenverfolgung* und *Hexenwesen* in Literatur und
      Musik(theater). 213
   2. Zur Verwendung historischer Momente im Werk. 220
3. **Strang: Siegfried Wagners Besuch im Frauengefängnis zu Canton (China) 1892:**
   **Inspiration zu der Oper *Schwarzschwanenreich*.**
   Eine Synopse von *Reisetagebuch 1892* und *Schwarzschwanenreich*-Textbuch. 235
   Einleitung. 235
   1. „[…] das Bild jener Frau […]."
      Der fatale *Zug an ihrem Mund*/ Das Fatale in der „*Erscheinung*" Huldas. 240
   2. Die „übrigen greulichen Weiber"/ Das Aschenweibchen und Die Weiber. 271
   3. Der *fragende Blick der jungen Frau* auf den Besucher/
      Der [*fragende*] *Blick* Huldas auf Liebhold. 293
   4. Der „kleine Raum" und der „kleine Hof"/
      Der „*Kerker*" und die Schwarzschwanenreich-Vision. 302

| | |
|---|---|
| 5. Die „hölzernen Kragen" / Die „*eiserne Flasche*". | 307 |
| 4. Strang: Ursula, *die Bärin* (Eva Chamberlain-Wagner): Spuren der ambivalenten Geschwisterbeziehung Siegfried – Eva im Werk. | 318 |
| 5. Strang: „Kundry" und „Parsifal" – zwei schwarze Schwäne, Geschenk Ludwigs II. von Bayern 1882: Vorbild für die Titelmetapher. | 349 |
| Schlußkommentar. | 360 |

## B. Die Struktur des Werkes. 362

| | |
|---|---|
| Vorbemerkung. | 362 |
| **Dramatische Struktur und Architektonik.** | **363** |
| Vorbemerkung. | 363 |
| Zur Geschichte der Librettoforschung. | 363 |
| Anwendung der Neuerungen Richard Wagners im Werk Siegfried Wagners. | 364 |
| Analyse. | 365 |
| I. Die *große* Form der Akteinteilung (*ernste* Handlung). | 365 |
| II. Die *kleine* Form der Aufeinanderfolge von Szenenpaaren (*heitere* Handlung). | 372 |
| **Zur Metaphorik des Titels „Schwarzschwanenreich".** | **376** |
| Spuren der *Naturmagie* und der *dämonischen Mystik* in der Metapher „Schwarzschwanenreich". | 376 |
| Bildhafte und musikalische Elemente der Gestaltung des „Schwarzschwanenreichs". | 379 |
| Andere Schwarzschwanenreiche in der Literatur. | 385 |
| Zur Etymologie von „Reich". | 387 |
| Zur Symbolgeschichte des Schwans in Werken des Musiktheaters, der Musik, Literatur und Malerei. | 387 |
| Schwarze und weiße Schwäne in den Opern Siegfried Wagners. | 392 |
| Schwarz und weiß in der religiösen Symbolik. | 394 |
| **„Schauplatz: Böhmen".** | **396** |
| **Die Personen.** | **402** |
| **Die Gesänge.** | **416** |
| Vorbemerkung. | 416 |
| *Zum Kriterium der Tonarten-Symbolik.* | 417 |
| 1. Das Blumenlied Huldas (cis-moll). | 418 |
| 2. Die Schwarzschwanenreicherzählung Ursulas (e-moll/ E-Dur). | 425 |
| 3. Das Spottlied Oswalds (Es-Dur). | 427 |
| 4. Die Traumerzählung Huldas (C-Dur). | 436 |
| 5. Der Liebesgesang Huldas und Liebholds (G-Dur). | 438 |
| 6. Der Fluchgesang Ursulas (g-moll). | 443 |
| 7. „Denk' ich an früher zurück..." (Kindheitserinnerungen Liebholds) (F-Dur [d.i.: f$^\#$]). | 445 |
| Der *Tonartenplan* im Überblick. | 449 |
| Fazit. | 450 |
| **Der Schluß des Werks.** | **452** |
| Zum Todesbegriff Siegfried Wagners. | 452 |
| Wie verwendet Siegfried Wagner die Tonart E-Dur? | 457 |
| Versuch einer Erklärung der *unversehrten Gestalten*. | 465 |

| | |
|---|---:|
| C. *Analyse der 2. Szene des II. Akts (Höhepunkt der Oper).* | *468* |
| Vorbemerkung. | 468 |
| **Analyse der Wort-Ton-Beziehungen (*Intratextualität*).** | **469** |
| Einleitung. | 469 |
| Die 2. Szene des II. Akts (Textbuch). | 473 |
| Analyse. | 477 |
| Die 2. Szene des II. Akts (Klavierauszug). | 501 |
| Resümee und Überleitung. | 513 |
| **Die Architektonik der 2. Szene des II. Akts.** | **514** |
| Einleitung. | 514 |
| Analyse. | 519 |
| **Schlußbemerkung.** | **545** |

*Die Utopie des „Lichtmenschentums". Ein Gegenbild.*
**Bezüge zwischen Siegfried (alias „Fidi") Wagner (1869-1930)
und dem Maler und Lebensreformer Fidus (Hugo Höppener, 1868-1948).** — 549

# *Anhang.* *560*

| | |
|---|---:|
| **Erinnerungen einer Kriegs-Hulda an ihre Partie: Ruth Görshop (Dortmund 1942).** | **561** |
| **Siegfried Wagner – Tabellarische Biographie.** | **566** |

## Abkürzungen. — 571

## Literaturverzeichnis. — 572

| | |
|---|---:|
| **Quellenmaterial.** | **572** |
| ***A. Werke Siegfried Wagners.*** | ***572*** |
| *1. Handschriften.* | *572* |
| *2. Gedrucktes Material.* | *572* |
| ***B. Schriften Siegfried Wagners.*** | ***572*** |
| ***C. Interviews / Zeitungsberichte/ Kritiken/ Programmhefte.*** | ***573*** |
| ***D. Briefe.*** | ***573*** |
| *1. Handschriften.* | *573* |
| *2. Gedrucktes Material.* | *574* |
| ***E. Schriften anderer Verfasser (gedruckt und handschriftlich).*** | ***574*** |
| Literatur über Siegfried Wagner. | 574 |
| Quellen und Literatur zur Erforschung der Geschichte der Bayreuther Festspiele. | 578 |
| **Dichtungs- und sprachwissenschaftliche Literatur.** | **579** |
| *1. Quellen.* | *579* |
| *2. Literatur.* | *579* |
| *3. Nachschlagewerke, Lexika.* | *579* |

| | |
|---|---|
| Musikwissenschaftliche Literatur. | 580 |
| *1. Quellen.* | 580 |
| *2. Literatur.* | 581 |
| *3. Nachschlagewerke, Lexika.* | 582 |
| **Allgemeine und Fach-Lexika.** | 583 |
| **Quellen und Literatur zur Kunst-, Kultur- und Sozialgeschichte.** | 584 |
| **Musikalische Werke anderer Komponisten.** | 588 |
| **Literarische und philosophische Werke.** | 588 |
| **Internetseiten** | 591 |

## Abbildungsverzeichnis. 591

| | |
|---|---|
| **Photographien.** | 591 |
| **Zeichnungen, Gemälde.** | 591 |
| **Graphiken, Schaubilder, Handschriften.** | 592 |
| **Rechtegeber.** | 592 |
| Danksagung. | 593 |

> Was haben meine Opern mit Bayreuth zu tun?
> *Siegfried Wagner im „Seelenkongress"*

# Einleitung.

## 1. Literaturwissenschaftlicher Ansatz in transdisziplinärer Ausweitung

Die Arbeit unternimmt es, die Oper *Schwarzschwanenreich* aus literaturwissenschaftlicher Sicht zu analysieren. Dieses Werk, musikalisch stehend zwischen Spätromantik und Moderne, leitet sein Entstehen her aus persönlichem Erleben, eingekleidet in ein historisch-mythisches Gewand.

Den Ansatzpunkt bildet die *Titel*metapher. Durch diese Wortschöpfung Siegfried Wagners findet die Übertragung und Vermittlung einer Realität statt, die jenseits der empirischen Wirklichkeit existiert. Kunde von diesem Reich gibt die (ebenfalls von Siegfried Wagner erfundene) *Sage* vom Schwarzschwanenreich. Aus dieser heraus entwickelt sich das *dramatische* Geschehen der Oper.

Ohne das Textbuch selbst (trotz poetischer Konzentrationspunkte) über seine handlungs- und musiktragende Funktion hinaus im strengen Sinne als „Dichtung" bezeichnen zu können, ist doch davon auszugehen, daß die genannten literarischen Bausteine (Metaphorik, Erzählung und dramatische Form) den Ausgangspunkt des Verständnisses und der Analyse bilden (→ **Zur Metaphorik des Titels „Schwarzschwanenreich"**; → **Stoffliche Grundlagen der Schwarzschwanenreich-Sage**; → **Dramatische Struktur und Architektonik**).

Siegfried Wagner schildert die Wirkung dieses Reiches auf alle direkt und indirekt damit in Verbindung stehenden Personen.

Angesichts eines komplizierten Systems der Verknüpfung von Text und Musik sowie der Bedeutung symphonischer Abschnitte des Werks für die Handlung ist die Analyse in das Gebiet der Musikwissenschaft auszuweiten (→ **Analyse der Wort-Ton-Beziehungen (*Intratextualität*)** und → **Die Orchester-Einleitung**).

Reine sowie wortgebundene Musik und der Text stehen gleichermaßen im Dienst des dramatischen Ablaufs.

Aufgabe meiner Arbeit ist es, diese Mittel (tektonische und stilistische) klarzulegen und damit das Werk in seiner gesamten ästhetisch-technischen Repräsentanz lesbar zu machen.

Ein weiteres Interesse aus literaturwissenschaftlicher Sicht stellt die Hintergrundlektüre des Komponisten während seiner Arbeit an *Schwarzschwanenreich* dar. Auf der letzten Seite der Partiturskizze des III. Akts gibt Siegfried Wagner Namen von Dichtern und Philosophen an, versehen mit dem Kommentar „viel Lectüre"[1].

Diese Bemerkung bezeichnet wohl eine Art der Introversion als Reaktion auf die stark nach außen gerichtete künstlerisch-betriebliche Arbeit während der Festspiele (1909). Die Festspiele bildeten gewissermaßen eine Zäsur innerhalb seiner Arbeit an *Schwarzschwanenreich*. Siegfried Wagner hatte den II. Akt „vor den Proben" abgeschlossen, den III. Akt in der Zeit danach aufgenommen.

Die „Lectüre" Siegfried Wagners bildeten Werke von: „Platon – Rückert – Novalis Edgar Poe Grimm Hölderlin Heinse Biologie etc". Mit dem Stichwort „Biologie" könnten neben den Schriften Charles Darwins, den Siegfried Wagner in Briefen und in seinen *Erinnerungen* mehrfach erwähnt, die seinerzeit vielgelesenen Autoren Ernst Haeckel und Wilhelm Bölsche gemeint sein.

Nach speziellen Bezügen zum Werk zu suchen, scheint nicht angebracht. Die Lektüre ist zu einem Zeitpunkt vermerkt, als die erste Textfassung [1907] bereits abgeschlossen, die Musik zu zwei Dritteln konzipiert ist. Es kann sich allerdings auch um Wieder- und Oftgelesenes gehandelt haben. Weiterhin werden die Werke im einzelnen nicht benannt sowie vom Komponisten keine Angaben über einen möglichen Zusammenhang zwischen Lektüre und kompositorischem Schaffen gemacht. Zum Vergleich sei Richard Strauss genannt, der an Hugo von Hofmannsthal schreibt, „wie ihn der ‚*Versklang*' stimulieren kann und notfalls ‚*aufreizen*' muß." Beispielsweise regten ihn „‚*Rückertsche Schnörke'l*"zum Komponieren an.[2]

Einzig zu Hölderlin und Novalis läßt sich vielleicht – mit Hinblick auf den „Gesang" als Metapher für eine gesteigerte Daseinsform (Hölderlin) bzw. als Mittler einer Transformation (Novalis) – ein direkter Bezug herstellen (→ **Der *fragende Blick*,** → **Die Gesänge** und → **Der Schluß des Werks**).

Ergänzend seien an dieser Stelle die Komponisten genannt, für welche Siegfried Wagner – einem Londoner Bericht in der *Allgemeinen Musik-Zeitung* von 1894 zufolge – eine besondere Vorliebe hatte:

> Unter seinen Lieblingen nimmt Rossini, dessen „Barbier" er hoch hält, einen ersten Platz ein; für Weber und Beethoven fühlt er die gleiche Verehrung wie Wagner, aber diesem entgegen schwärmt er auch für das „Judentum in der Musik" in der Person Mendelssohn's, dessen Instrumentierung er überaus liebt.[3]

---

[1] Diese und die folg. Zitate: NAB [VI Bf 3.].
[2] Katzenberger 2003: 215.
[3] Allgemeine Musik-Zeitung 1894: 608.

Das Kapitel „Der Verdi-Verehrer" in den *Erinnerungen an Siegfried Wagner und Bayreuth* des Bühnenbildners Kurt Söhnlein dokumentiert das spezielle Interesse Siegfried Wagners an den Opern Giuseppe Verdis: „Siegfried Wagners Verdi-Verehrung stand in erstaunlichem Gegensatz zu seiner Mutter Cosima [sic]."[4] „Was ihn nach seinen Äußerungen zu Verdi hinzog, war einerseits der fast überall meisterhaft proportionierte architektonische Bau der Werke (insbesondere der großen Finales), andererseits die Sublimierung aller Affekte in reinem Melos! – "[5] Söhnlein verweist auf eine Stelle in *Schwarzschwanenreich* [III.3], die er als „eine einzige fließende Schmerz-Kantilene" bezeichnet, „die fast ein Italiener geschrieben haben könnte, und die dabei doch ganz ‚Siegfriedisch' ist."[6]

Zum Aufbau der Arbeit: Die Grundlage bildet eine Darstellung der Geschichte der Siegfried Wagner-Forschung unter besonderer Berücksichtigung der Oper *Schwarzschwanenreich*.
  Nach einer *Werkeinführung* folgt die *Analyse*. Diese ist dreiteilig angelegt: Teil *A* enthält eine Auseinanderlegung der *Baustoffe*, die sich zum einen aus der Lektüre Siegfried Wagners, zum anderen aus persönlichen Erlebnissen rekrutieren. Die *Struktur des Werkes* behandelt Teil *B*. Der dritte Teil (*C*) umfaßt die Beleuchtung der Binnenstruktur, im Mittelpunkt stehen die *Wort-Ton-Beziehungen* (*Intrastruktur*) sowie architektonische Merkmale, dargelegt am Beispiel der 2. Szene des II. Akts, dem Höhepunkt der Handlung.
  Den Abschluß bildet eine Gegenüberstellung des kirchlich-christlichen Weltbildes in *Schwarzschwanenreich* mit der *Utopie des „Lichtmenschentums"*, wobei Bezüge zwischen Siegfried Wagner und dem Maler und Lebensreformer Fidus (Hugo Höppener) hergestellt werden.
  Im Anhang befinden sich die Wiedergabe des Briefes einer Sängerin und Gestalterin der Hulda in Dortmund 1942 sowie eine tabellarischen Biographie.

Zur Zitierweise: Quellentexte werden orthographisch unverändert übernommen [Siegfried Wagner hatte zum Zeitpunkt des Entstehens von *Schwarzschwanenreich* seine Schreibweise nicht der Rechtschreibreform von 1901 angepaßt]. Grammatikalische Flexionen sowie Veränderungen in der Groß- und Kleinschreibung werden nicht eigens gekennzeichnet.

---

[4] Söhnlein 1980: 85.
[5] A.a.O.: 86.
[6] Ebda.

## 2. Idee

Zwei religiöse Ideen liegen der Handlung von *Schwarzschwanenreich* zugrunde: Einmal ist es eine christliche Weltsicht: die Erlösung des sündigen Menschen – nach Buße – ins Paradies; zum anderen die Lehre des Heraklit, hier im Besonderen ein auf Wandlungen basierender Läuterungsprozeß.

Beide Linien laufen bei Siegfried Wagner am Schluß der Handlung in einem Punkt zusammen.

Außerdem machen sich in *Schwarzschwanenreich* theosophische und buddhistische Einflüsse geltend, welche einzig und allein das Schlußbild erklären können). Von Kindheit an war Siegfried Wagner mit östlichen Weisheitslehren vertraut (Vater); später widmete er sich diesem Thema zwar nicht durch ein exaktes Studium, aber durch intensive Lektüre.

### 2.1 Eine Sicht durch das Kirchenfenster

In das christliche Weltbild des 17. Jahrhunderts – in welchem Geister- und Aberglauben noch in voller Blüte standen, zudem der Begriff der Sünde tief in das Bewußtsein der Menschen eingewurzelt war und über dem der drohende Schatten des Dreißigjährigen Krieges lag– stellt Siegfried Wagner seine autobiographisch gezeichneten Gestalten. Im Gewande endzeitlichen Geschehens führt er zur Lösung eines psychologischen Konflikts. Das Geschehen der Läuterung vollzieht sich an einer Person, der Protagonistin Hulda. Die Existenz des Schwarzschwanenreiches nimmt Siegfried Wagner für sein Werk als real gegeben an.

Christliche Momente (alt- und neutestamentarische Bezüge) finden sich in Text, Szene und Musik:

- hiobartiges Ringen der Protagonistin mit Gott (Seemonolog, Waldszene II.5)
- Überreichen eines Kruzifix' im Kerker durch den Gefängnisswärter,
- dabei: Erklingen des Bach-Chorals „O Haupt voll Blut und Wunden" im Orchester (Kerkerszene III.2)
- Christus-Anrufung auf dem Scheiterhaufen (Richtplatzszene III.4)
- *Kreuz* und *Lilien* im Schlußbild;
- dazu: instrumentaler Choral als Ausdruck von Erhebung und Verflüchtigung (III.4)

An dieser Stelle sei auf die ausführliche Darstellung der Werke Siegfried Wagners aus Sicht der katholischen Theologie von Gunther Fleischer hingewiesen: „Das religiöse Weltbild Siegfried Wagners"[7], ebenso auf seinen Beitrag „Schuldlos schuldig sterben. ‚Der Kobold' aus theologischer Sicht". Hier heißt es: „Erstmals treffen wir in einer Oper Siegfried Wagners auf die Person Jesu Christi als Maßstab menschlichen Handelns bzw. auf seinen Kreuzestod als letzte Quelle erlösenden Tuns. [...] – eine religiöse Dimension [...], die anschließend mit verschiedenem Gewande in fast jedem seiner Werke begegnet."[8]

In seinen *Erinnerungen an Siegfried Wagner* bemerkt Stassen mit Hinblick auf *Schwarzschwanenreich*: „Dies innerlichste, undogmatische Christentum zieht wie eine leuchtende Spur durch Siegfrieds gesamte Bühnendichtung."[9]

Der Pfarrer – Urheber von Huldas Schicksal (→ **Die Personen**; → **Analyse der 2. Szene des II. Akts (Höhepunkt der Oper)** – tritt im Verlauf des Hexenprozesses nicht in Erscheinung. Ebensowenig wie Siegfried Wagner in seinem persönlichen Leben hat sich seine dramatische Heldin dem Sakrament der Beichte und Absolution unterzogen.

In dieser Abweichung von den Gepflogenheiten bei diesen Anlässen und vom kirchlichen Dogma deutet sich der Weg an, auf welchem sich Siegfried Wagner den christlichen Sühnegedanken zueigen gemacht hat.

Siegfried Wagner privatisiert den Sühne-Prozeß gewissermaßen und nimmt die Befreiung von der Sünde in eigene Regie – ein Vorgang, der sich auf dem biographischen Hintergrund seines Opernschaffens abzeichnet und der m.E. für das Grundverständnis seiner Werke entscheidend ist.

Bei der Gestaltung von *Schwarzschwanenreich* erblickt der Verfasser das Geschehen gleichsam durch das Kirchenfenster, dies nicht nur im übertragenen Sinn, sondern die Perspektive des Kirchenfensters hat im Schaffen Siegfried Wagners auch eine direkte, architektonische Bedeutung.

Um den Stellenwert v.a. der sakralen Architektur bei der Festlegung der narratologischen Perspektive zu verdeutlichen, ist zunächst eine Konzeption aus dem Bereich der Ideengeschichte der katholischen Theologie zu Rate zu ziehen, die anschließend mit Dokumenten aus dem Leben Siegfried Wagners in Verbindung zu bringen ist.

Es handelt sich um das von Joseph Görres in seiner Spätschrift *Die Christliche Mystik* entworfene Gedankengebäude einer *allumfassenden Einheitskirche*. Görres

---

[7] Fleischer 2003: 321-347.
[8] Ders. 200: 30.
[9] Stassen o.J. [1942]: 16.

stellt in seinem zwischen 1836 und 1842 in vier Bänden erschienenen Werk, so Georg Bürke, „die Gesamtheit aller natürlich-magischen, mystischen und dämonischen Phänomene [als die drei Regionen der geschaffenen Welt] in einem architektonischen *System der Mystik*"[10] dar. Dieses „*System*" erfaßt Ricarda Huch in der bildhaften Zusammenziehung der *Mystik* in dem Kapitel „Romantischer Katholizismus" ihres Buches über *Die Romantik*[11].

Mit Blick auf den Ausgang des Hell-Dunkel-Kampfes in *Schwarzschwanenreich* erscheint der von Görres vertretene (monistische) Gottesbegriff von besonderem Interesse: das Böse existiere nicht aus sich heraus, „da es", wie Ricarda Huch referiert, „die Schwere selbst, eigentlich das Nichts, das Unlebendige ist; das Gute, Leichte, Lichte muß es[12] überwinden."[13] Die Zusammenfassung lautet:

> Den Wunderbau dieser Allkirche erhebt Görres in seiner Mystik. Aus den Elementen des Guten und Bösen türmt er ihn zusammen, und ein ungeheures Weltendrama führen Licht und Finsternis an seinem Gerüste auf. Der Geist rüstet sich zum Kampfe mit der Schwere, treibt mit göttlichem Hauch die Riesenpfeiler und bläht die Gewölbe. Auf Gesimsen und Bögen stehen die Reihen der Seligen und Heiligen, die, welche überwunden haben, und die, welche noch ringen, überirdisch schlank, leidend, anbetend, totverachtend [sic]. Dazwischen hervor grinsen Tierfratzen und verzerrte Menschengesichter, springen Drachen, Kobolde und drohende Teufel. Phantastische Blätter und Gestalten, Glut der Farben [...], jeder Zauber und Schrecken der Natur breitet sich über das Münster und dient seiner Herrlichkeit. Am Ende aber löst sich der Streit, und auf der Spitze des durchbrochenen Turmes ist der Stein in eine geöffnete Blume verwandelt.[14]

Die Architektur erscheint hier in ihrer metaphorischen Anwendung raumgewordenes Sakrament, ein statisch zelebriertes *Zeichen der Wirkung der Gnade am Gläubigen*.

Aufschlußreich sind daher auch die in dieser Darstellung enthaltenen Entsprechungen zum Bauprinzip der Gotik. Als deren Merkmale werden v.a. das Höhenstreben und das *Ankämpfen* „gegen die Schwere des Steins"[15] genannt, zur Darstellung gebracht in der vertikalen Gliederung (Spitzbogen, Strebewerk). Besonders hervorgehoben wird der Strebepfeiler, der durch eine „aus vier Blättern gebildete K r e u z b l u m e gekrönt"[16] ist. Idealtypisch für den Gliederbau der Gotik sind die

---

[10] Bürke 1958: 143.
[11] Huch 1915: 234.
[12] Hier verweist Huch auf Adam Müller und dessen Hervorhebung der Transsubstantiation: 235.
[13] Ebda.
[14] Ebda. – Zu Rezeption und Kritik der *Mystik* vgl. → **Zur Metaphorik des Titels**.
[15] Bilzer 1986⁵: 199.
[16] Ausführliche Beschreibung bei Rosenberg 1908: 215.

anstelle von Wänden zwischen den Pfeilern befindlichen *glühenden* „farbigen Glasflächen": die *Lichtgarden*[17].

Von der dem Entwurf von Görres zugrundeliegenden architektonischen Metaphorik führt eine Linie zum Architekturzeichner Siegfried Wagner.

Bereits als Kind zeigte Siegfried Wagner während der Italien-Aufenthalte der Familie ein ausgesprochenes Interesse an der Kirchenarchitektur.

Am 23. September 1880 schreibt Franz Liszt aus Siena in einem Brief an die Fürstin Carolyne Sayn-Wittgenstein: „Siegfried montre des dispositions extraordinaires pour l'architecture, dessine des voûtes, des frontispices, des tours."[18]

Aufschlußreich scheinen einige auf das Architekturzeichnen des elfjährigen Siegfried bezogene Tagebucheintragungen Cosima Wagners in Palermo, die z.T. auch ein bezeichnendes Licht auf das Verhältnis Siegfried Wagners zu seinem Vater werfen:

> [1. Dezember 1881] Fidi erzählt beim Mittag bei Tisch, daß sich gestern die ganze Straße um ihn gerottet habe, wie er eine Kirche (S. Domenico) abgezeichnet habe, das unterhält R[ichard].[...]
> Später [...] sagt R., auf seine [Siegfrieds] Passion für Architektur zurückkommend: „Das ist mir gerade recht so, einen komponierenden Jungen hätte ich nicht brauchen können."[19]
> [2. Dezember] Fidi erzählt seine Zeichen-Abenteuer, daß ein Mann die Menge von ihm bei S. Francesco durch Salat-Werfen entfernt habe.[20]
> [5.Dezember] Die Mädchen erzählen, vor dem Dom (Seite) sehen sie einen Volkshaufen, sie wollen erfahren, was da sei, und entdecken ihren Bruder zeichnend, umringt vom Neugierigen, die aus allen Ecken und Enden sich ihm anschließen.[21]

Am 3. März 1882 notiert Cosima Wagner ein Gespräch mit „R." über „Fidi", „dessen aufgeregtes Zeichnen und in Baedeker Lesen R. ganz bang macht: ‚So bin ich mit der Musik nicht gewesen – ich fürchte, der Junge wird ganz kalt' – (er meint ohne Interesse für anderes) [...].'"[22]

---

[17] Bilzer 1986: a.a.O.
[18] La Mara 1902: 293.
[19] CWT 1977: 836f.
[20] A.a.O.: 838.
[21] A.a.O.: 841.
[22] A.a.O.: 902.

*Architekturzeichnung des zwölfjährigen Siegfried Wagner (Palermo):*
*das Innere eines großen Domes;*
*teils freie Erfindung, teils in Anlehnung an den Dom von Monreale.*

Aus weiteren Berichten geht hervor, daß Siegfried Kirchen nicht nur „abzeichnete", sondern auch als Anregung zu eigenen Entwürfen verwendete. Ein Tagebucheintrag Cosima Wagners während des Venedig-Aufenthaltes 1882/ 83 lautet: „Eine Basilika, von Siegfr. entworfen, erregt R.'s Staunen.[23] Und: „Viel Heiterkeit über das Verhältnis von Fidi zu [seinem Lehrer] Hausburg: ‚Er in's Café, ich in die Kirche.'"[24]

Zu der hier abgebildeten Zeichnung eines aus dem 12. Jahrhundert stammenden Domes auf Sizilien findet sich folgende Mitteilung Rosa Eidams, Freundin des Hauses und Verehrerein der Werke Siegfried Wagners:

> Im Speisezimmer hing ein hochinteressantes Bild, eine ziemlich große Architekturzeichnung von Siegfried Wagner, welche er als 12jähriger Knabe in Palermo angefertigt hatte, das Innere eines großen Domes. Mit unglaublicher Genauigkeit und Schönheit waren da alle Einzelheiten der Säulen, Zierraten, Fresken usw. ausgeführt! Er sagte uns, daß es teils frei erfunden, teils Anlehnung an den Dom von Monreale sei. –[25]

Mit diesem Interesse an kirchlicher Architektur verband sich auch eine Faszination durch den „katholischen Kultus". S. Wagner schreibt in seinen *Erinnerungen*:

> Wenn ich von mir selbst, dem damals Zwölfjährigen, aus dieser Zeit etwas erzählen soll, so wäre es, daß meine Liebe und mein Talent zur Architektur sich immer mehr entwickelten. Durch das lange Verweilen in den Kirchen kam es, daß auch der katholische Kultus großen Eindruck auf Sinn und Gemüt machte, und [...] ich [wollte] nun gern selber zuhause die Zeremonien ausführen. Mit dem Taschengeld, das ich ab und zu erhielt, und mit dem, was ich mir von Joukowsky und anderen Freunden erbettelte, kaufte ich mir eine Gipsmadonnenfigur, Leuchter, Kerzen und Weihrauch; Joukowsky schenkte mir eine Ampel und ein Meßgewand dazu. (Beide befinden sich jetzt noch zur Erinnerung in meinem Arbeitszimmer.) Diese Gegenstände wurden insgeheim in den Koffer gepackt, und nach unsrer Rückkehr richtete ich mir im kleinen Gartenhaus eine regelrechte Kapelle ein und las die Messe, wobei meine Kameraden die Ministranten spielen mußten. Wir taten das alles mit tiefstem Ernst, durchaus nicht verhöhnend. Mein Vater machte aber der Sache bald ein Ende, die Kapelle wurde ausgeräumt, und traurig gehorchend ließ ich von dieser Passion ab.[26]

---

[23] Eintrag vom 30. September 1882. A.a.O.: 1011.
[24] Eintrag vom 8. Februar 1883. A.a.O.: 1109.
[25] Eidam 1926: 163.
[26] Wagner 1923: 29-30.

*Siegfried und Richard Wagner in Neapel 1880*

Was hier als aus der zeitlichen Distanz geglätteter Bericht erscheint, gibt Cosima Wagner unter dem unmittelbaren Eindruck des Geschehen knapp, aber ungeschminkt wieder. Die Eintragungen zwischen 1880 und 1882 in Bayreuth deuten eine Entwicklung in mehreren Stationen an:

> [2. Dezember 1880] R. [...] freut sich [...] nicht minder über Fidi, dessen Messe-Sagen immer auf's neue R. belustigt.[27]
> [15. Juni 1882] R. hat auch Beobachtungen über Fidi gemacht, über seine Verwilderung, er befürchtet auch Weichlichkeit bei ihm. Wir schließen die „Kapelle", Fidi's Haupt-Vergnügen! R. besichtigt sie und findet sie nicht seines Alters würdig.[28]

Bei der Ankunft in Venedig, am 14. September 1882, heißt es:

> Siegfried's Aussehen bekümmert uns auch! Mich die Unstetheit seines jungen Daseins, auch der Kummer, den er erlebte, sein großes, mühsam im Gärtchen errichtetes Theater auf Befehl seines Vaters vernichtet bei der Heimkehr zu finden.[29]
> [18. September] [...] in Kummer über S.'s bleiches Aussehen![30]

Trotz der augenblicklichen Wirksamkeit des *Vernichtungs-*„Befehls seines Vaters" scheint die „Passion" in Siegfried Wagners Innerem weitergelebt zu haben. Der „große Eindruck auf Sinn und Gemüt" ist durch äußere Zerstörung nicht ausgelöscht worden; das „Messe-Sagen" ist Siegfried Wagners „Haupt-Vergnügen" geblieben – wenn auch in verwandelter Form.

Cosima Wagner bezeichnet die *„Kapelle"* als *Theater* – ohne zu ahnen, daß es sich um eine Art Modell für das Wirken des späteren Regisseurkomponisten Siegfried Wagner gehandelt haben könnte. Es scheint denkbar, daß von dem *Spiel* „mit tiefem Ernst" Verbindungslinien in das Werk Siegfried Wagners führen. Zumindest der Gedanke der Messe (Dogma seit 1439), daß *durch den Kreuzestod Christi dem Gläubigen Befreiung von seinen Sünden zuteil werde*, findet bei Siegfried Wagner in seinem VII. Werk Darstellung in der Anrufung Christi auf dem Scheiterhaufen, durch welche die Protagonistin die Verwandlung von Strafe in Gnade erwirkt (Kreuzsymbol im Schlußbild).

---

[27] CWT 1977: 630.
[28] A.a.O.: 961.
[29] A.a.O.: 1002.
[30] A.a.O.: 1004.

## 2.2 Feuersymbolik Heraklits

Diesen von Christus bewirkten Gnadenakt verbindet Siegfried Wagner allerdings mit einem zweiten, der vorsokratischen Philosophie entstammenden Gedanken, der aus folgendem Umstand abzuleiten ist: Hulda tritt ihren Gang zum Scheiterhaufen nicht an wie eine Delinquentin im realistischen Sinne eines Hexenprozesses, sondern hier scheint sich der Bogen einer anderen Erzähllinie des Werks zu vollenden: als eine aus dem Feuer Stammende (Schwarzschwanenreicherzählung I.1) scheint sie nun in das Feuer als in ihre *Urheimat*[31] zurückzukehren (→ **Der historische Handlungsrahmen**; → **Der Schluß des Werks**). Dieser Gedanke der Rückverwandlung eines feuergeborenen Wesens in seinen Ursprung wird in der Person der griechischen Seherin Sigilgaita in der späteren Oper *Rainulf und Adelasia* ausgeführt, die das Feuer als ihren „Bräutigam"[32] bezeichnet. Sigilgaita zitiert Heraklit.

Dies ist eine Parallele zu der kirchlichen Bezeichnung Christi als Himmlischen Bräutigam (Nonnen waren die Bräute Christi; *mystische Verlobung*). – Im brennenden Feuer ruft Hulda Christus an.

Christi Geburt wird als Menschwerdung des Logos bezeichnet. Bei Heraklit bedeutet der *logos* die kosmische Ordnung, verkörpert durch das immerlebende Feuer. Indem das Ich (wieder) eins wird mit dem Logos, erfolgt die Wiederherstellung seiner inneren, ursprünglichen Ordnung (→ **Der Schluß des Werks**). Siegfried Wagner hebt den von Heraklit hergestellten Bezug zwischen Kosmos und Seele des Menschen besonders hervor und gestaltet die Möglichkeit, trotz irrevoller Wege durch Wandlungen wieder zu seinem göttlichen Ursprung (Weltgesetz) zurückzugelangen.

Beide gedanklichen Linien, das legendäre „*Wunder*" (III.4) der Begnadigung einerseits und der philosophische Gedanke des Wiedereintretens in die kosmische Ordnung (zugleich die Ordnung der Seele) andererseits, laufen in ein und demselben Punkt zusammen: in beiden Fällen kehrt die Seele heim in ihren Ursprung.

---

[31] Vgl. „Ur-Heimat-Land" in *Rainulf und Adelasia*. Wagner 1939: 49. (→ **Der Schluß des Werks**)
[32] Ebda.

# *Werkeinführung*

# Materiallage und Forschungsstand.

## 1. Fundorte.

Im Folgenden werden die Fundorte vorgestellt, welche zwecks Recherchen für die vorliegende Arbeit in Anspruch genommen wurden.

### 1.1. Archive.

*Nationalarchiv der Richard-Wagner-Stiftung Bayreuth*

Die zentrale Anlaufstelle für die Siegfried Wagner-Forschung ist das Nationalarchiv der Richard-Wagner-Stiftung Bayreuth, untergebracht im ehemaligen Haus Siegfried Wagners. Dort befindet sich – in Bibliotheken, Handschriftensammlungen und Mediothek – ein großer Teil des gedruckten und ungedruckten Text-, Noten- und Bildmaterials sowie Tonträger. Dies betrifft

1. den Nachlaß: Künstlerischer Nachlaß [Textbuchskizzen, Kompositionsskizzen, Partituren, Textbücher, Klavierauszüge, Regiebücher; weiterhin Skizzenbücher, Zeichnungen und ungedruckte Jugendwerke]; Schriften: [a. Handschriften: Tagebücher; ein Teil[33] der Korrespondenz: es gibt keine Gesamtausgabe der Briefe Siegfried Wagners; veröffentlicht wurden einzelne Briefe (z.B. an Pfitzner und Reger) sowie der Briefwechsel mit Richard Strauss, Kurt Söhnlein und Engelbert Humperdinck), b. gedrucktes Material: autobiographische Schriften; Zeitschriftenbeiträge, gedruckte Ansprachen].
2. Literatur über Siegfried Wagner: in Buchform oder als gebundenes Typoskript vorliegend
3. sowie eine umfassende Sammlung von Zeitungsausschnitten, Aufsätzen, Briefen, Interviews, Ansichtskarten, Fotos, persönliche Berichten, Gedenkreden, Theaterzettel (z.T. als Kopie oder als Manuskript); besonders sei hingewiesen auf die Kritikensammlung von Carl Friedrich Glasenapp.
4. Tonträger: Einspielungen, Mitschnitte von Werken Siegfried Wagners sowie der von ihm dirigierten Werke Richard Wagners auf LP/ CD/ Tonband.

---

[33] Details hierzu vgl. Friedrich 2003: 283.

*Archiv und Schallarchiv der Internationalen Siegfried Wagner Gesellschaft e.V. Berlin* und *Archiv Pachl.*

Handschriftliches Material (u.a. Korrespondenz), Bildmaterial, musikalisches und schriftliches Quellenmaterial, Literatur; vollständiger Bestand der Tonaufnahmen.

*Privatarchiv Walter Keller Birmesdorf/ CH*

Nachlaß Karl-Alfons Meyer-Hasenfratz.

**1.2 Bibliotheken**

Der Bestand in Bibliotheken ist rudimentär. Über den (Fern-)Leihverkehr sind Klavierauszüge, Textbücher, Schriften von und über Siegfried Wagner zu erhalten, die wenigstens zum Teil elektronisch erfaßt, also über den GBV zu ermitteln sind.

**1.3 Handel**

*Bücher*: Im Verzeichnis lieferbarer Bücher werden beispielsweise im Jahr 2012 der von Pachl herausgegebene Tagungsbericht *Siegfried Wagner-Kompendium* und die Neuausgabe des Buches *Weltbild in Siegfried Wagners Opern* von Luise Gunter-Kornagel genannt; beide Bücher sind im Jahr 2003 erschienen. Eine Besonderheit stellen einige Buchhandlungen und Antiquariate der Stadt Bayreuth dar, welche zur Festspielzeit – zwar in vergleichsweise geringem Umfang – auch Werke von und über Siegfried Wagner anbieten. *Tonträger*: Auf dem CD-Markt sind Gesamtaufnahmen und Einspielungen von einzelnen Szenen und Orchestervorspielen, ebenso von Werken für den Konzertsaal erhältlich (cpo; marco polo). Weiterhin sind über diverse Internet-Adressen (wagnerportal, amazon, antbo, Antiquariat, ZVAB etc.) sind Bücher, Noten, Autographen zum Thema „Siegfried Wagner" beziehbar (Letztere liegen in etwa zwischen 10,00 und 200,00 €).

**1.4 Verleih**

Die im Handel nicht erhältlichen Partituren, Klavierauszüge und Einzelstimmen können beim Musikverlag Max Brockhaus, Remagen-Rolandswerth, ausgeliehen werden.

## 2. Forschungslage.

> Ich stehe nicht an zu behaupten,
> daß er auch ein schöpferischer Musiker war,
> der mehr Interesse verdient hätte,
> als man ihm entgegenbrachte.[34]
> *Albert Schweitzer*

Die wissenschaftliche Literatur über Siegfried Wagner ist von geringem Umfang. Quantitativ gesehen überwiegen kleinere Beiträge in Zeitschriften etc. Besonders in der älteren Literatur überwiegen die subjektiven Betrachtungen. Nicht alle Schriften liegen in gedruckter Form vor.

In der folgenden Darstellung der Rezeptionsgeschichte werden neben einschlägigen Analysen von opus 7 auch Werke vorgestellt, die partiell Bezug auf *Schwarzschwanenreich* nehmen (innerhalb von Werkeinführungen, zeitgenössisch-biographischen Mitteilungen sowie musikwissenschaftlichen Kritiken).

Weiterhin werden Arbeiten präsentiert, die Siegfried Wagners *Arbeitsweise* sowie sein *Kunstverständnis* thematisieren; darüber hinaus schien es aufschlußreich, Texte einzubeziehen, die den *Versuch einer politischen Vereinnahmung* des Bühnenwerks Siegfried Wagners dokumentieren (Uminterpretation).

Auf mehrere dieser Schriften wird in der Werkanalyse Bezug genommen werden.

Um einen Überblick über die Entwicklung der Siegfried Wagner-Exegese zu geben, werden die ausgewählten Werke im Wesentlichen in chronologischer Abfolge gemäß ihres (Erst-) Erscheinungszeitpunktes referiert, sie umfassen den Zeitraum zwischen 1902 und 2000 – eine ca. 100jährige Rezeptionsgeschichte, die sich durch ein Neben- und Gegeneinander auszeichnet und erst spät (zweite Hälfte) Ansätze einer wissenschaftlichen Diskussion aufweist.

Man kann innerhalb der Gesamtrezeption eine ungefähre Zäsur setzen, die durch ein Auslaufen der ‚älteren' Siegfried Wagner-Rezeption in den 60er Jahren und den Beginn der neueren Rezeption in den 70er Jahren gegeben scheint.

Spezielle Bezugnahmen in bestimmten Kapiteln der nachfolgenden Werkanalyse werden, meistens durch einen Verweispfeil [→] gekennzeichnet, angegeben.

Mit dem Buch **Siegfried Wagner** des Rigaer Philologen **Carl Friedrich Glasenapp** aus dem Jahre **1906** liegt eine der frühesten Schriften über den Komponisten Siegfried Wagner vor.

---

[34] Schweitzer 1955 (1): 1.

Dem Werk ist ein Wort Richard Wagners über seinen Sohn vorangestellt, symptomatisch für die Perspektive nicht nur dieser Darstellung, sondern für den überwiegenden Teil der älteren Siegfried Wagner-Rezeption: der Blick wird auf Siegfried Wagner als der *Sohn Richard Wagners* gerichtet. (Als Hauptwerk des Verfassers kann man die ab 1894 [bis 1911] erscheinende sechsbändige Biographie *Das Leben Richard Wagners* bezeichnen).

In der Darstellung des musikdramatischen Schaffens Siegfried Wagners selbst fallen zwei Aspekte ins Auge, die für die weitere Rezeption bestimmend werden sollten: 1. die ‚Volkstümlichkeit' der Opern Siegfried Wagners; 2. die hochgradige Diffizilität der Struktur seiner Werke.

Skizzenhaft charakterisiert Glasenapp Siegfried Wagners „Bühnenschöpfungen [...] in ihrer bewußten und erstrebten Volkstümlichkeit"[35]. Er verweist auf die „Bühnenvorschriften"[36], „auf diese bis ins einzelnste ausgearbeiteten choreographischen Anweisungen, auf die [...] genau angegebenen Beleuchtungsnuancen usw. [des] S z e n i k e r s aus der unmittelbaren Schule Richard Wagners."[37] Ein besonderer Hinweis gilt der Verknüpftheit von Orchester, Licht- und Personenregie.[38]

Der Musikhistoriker und -kritiker **Eugen Schmitz** beabsichtigt in seinem **1908/09** erschienenen Aufsatz *Siegfried Wagner*, diesen nicht als *Sohn Richard Wagners*, „sondern lediglich als selbstschaffenden" in „seiner selbständigen künstlerischen Bedeutung" zu behandeln – dies im Vergleich mit anderen zeitgenössischen Komponisten.[39] Er distanziert sich ausdrücklich sowohl von „geschmack- und kritiklosen Beweihräucherungen"[40] als auch von pauschalen, auf einem Vorurteil (gegenüber *Söhnen berühmter Väter*) sowie Nicht-Kenntnis beruhenden Aburteilungen (Vorwurf des „Epigonentums")[41] von Siegfried Wagners Werken.

Vergleichend seien hier die Urteile des Kritikers *Eugen Schmitz* und des Komponisten *Leo Blech* über Siegfried Wagners Symphonische Dichtung *Sehnsucht* [1895] nach dem gleichnamigen Gedicht von Schiller einander gegenübergestellt: Schmitz geht davon aus, daß es – angesichts des „Milieus, in dem Siegfried Wagner zum Künstler erwachte" – „in erster Linie nicht rein musikalische Ziele waren, die er erstrebte. Jenes symphonische Werk erscheint daher nur als eine Art Probe-

---

[35] Glasenapp o.J.: [1906]: 6.
[36] A.a.O.: 32.
[37] A.a.O.: 33.
[38] A.a.O.: 33f.
[39] Schmitz 1908/09: 34.
[40] Ebda.
[41] A.a.O.: 21.

stück der erworbenen musikalisch-technischen Fertigkeiten."[42] – Dagegen teilt Engelbert Humperdinck in einem Brief an Siegfried Wagner vom 11.4. 1896 folgende Beurteilung Leo Blechs (dem er die Partitur ohne Nennung des Verfassernamens gegeben hatte) mit: „'Das ist ja ein hochbedeutendes Werk, geistvoll in jeder Beziehung und vortrefflich instrumentiert!', und als ich ihm sagte, um was es sich handelte, hielt er es zuerst für einen Scherz und wollte mir gar nicht glauben, daß es dasselbe Werk sei, worüber er in den Zeitungen so wenig Vertrauenerweckendes gelesen, und war geradezu außer sich. –"[43]

In seiner kritischen Betrachtung der bis dahin erschienen Opern Siegfried Wagners legt Schmitz nacheinander folgende Kriterien an:

In dem Zusammentreffen von „volkstümlichem Charakter" und der Einfachheit der gewählten „Stoffe" einerseits und der *verwickelten Dramaturgie* mit „komplizierter Motivierung" andererseits sieht Schmitz einen unauflöslichen „Widerspruch", der zu Unverständlichkeit der Handlung führe.[44]

Allerdings bezeichnet er den „Sinn für das Szenische" als den „Schwerpunkt der Begabung Siegfried Wagners": „höchst lehrreich in dieser Hinsicht sind die meist sehr ausführlichen Regiebemerkungen in seinen Dichtungen [...]."[45]

Wiederum bedeute „der Dichter Siegfried Wagner eine ständige Gefahr für den Musiker, weil die dichterische Begabung und das dichterische Können der musikalischen nicht die Wage [sic] zu halten vermag [...]."[46]

Die Musik zeichne sich „durch ein äußerst vornehmes und sympathisches Maßhalten [in Harmonik und Instrumentation] aus." Für die Vielzahl der Motive, die ihm z.T. aussagelos erscheinen [vgl. hierzu die differenzierte Motivkritik bei Kiesel 1994: 185; s.u.], findet er keine Erklärung.[47] „Ihren Höhepunkt aber erreicht die musikalische Charakterisierungskunst Siegfried Wagners jedesmal dann, wenn es sich um *volkstümliche* Züge handelt."[48] Ein besonderes Qualitätsmerkmals scheint ihm zu sein, daß „trotz innigster Fühlung mit den wechselvollen Vorgängen der Szene [...] doch die musikalische Gestaltung eine festgeschlossene und formensichere" bleibt."[49]

Im Jahr **1912** veröffentlichte **Glasenapp** in einem Sonderdruck des *Rigaer Tageblatts* eine Folge von Aufsätzen unter dem Titel „**Deutsche Wassermythen. Mit**

---

[42] Ebda.
[43] Humperdinck 1996: 254.
[44] Schmitz 1908/ 09: 23.
[45] A.a.O.: 25.
[46] A.a.O.: 23.
[47] A.a.O.: 27.
[48] A.a.O.: 33.
[49] A.a.O.: 31.

Bezugnahme auf Siegfried Wagners neueste Dichtung ‚Schwarzschwanenreich'"[50] in denen er die stofflichen Grundlagen der Oper erschließt (→ **Der sagenhafte Handlungskern**). Ein Jahr später erschienen diese Aufsätze in Buchform als „Neue Folge" innerhalb der Reihe *Siegfried Wagner und seine Kunst*.[51].

In seinen beiden **1919** erschienenen Werkeinführungen, dem Buch *Die Kunst Siegfried Wagners. Ein Führer durch seine Werke*[52] (*cap.* VII. „Schwarzschwanenreich. In drei Akten") und dem Aufsatz *Zur Musik Siegfried Wagners*[53], beleuchtet **Paul Pretzsch** speziell die musikalische Struktur der Opern sowie einiger Instrumentalwerke Siegfried Wagners. Im Vorwort seines Buches heißt es: „Ich lege demgegenüber Wert auf die Feststellung, daß Siegfried Wagner zu keiner Zeit irgendwelchen Einfluß auf meine Arbeit oder auf ihre Herausgabe ausgeübt und Kenntnis vom Inhalt erst erhalten hat, als dies auf dem Wege des Buchhandels für Jedermann möglich war."[54]

Anläßlich von Siegfried Wagners 50. Geburtstag **1919** verfaßt **Armand Crommelin** einen *Gruß zum 6. Juni 1919*, in welchem er die Ansicht äußert, daß Siegfried Wagners Werke „sehr leicht verständlich" seien, „allerdings [...] eine tätige geistige Mitarbeit des Zuhörers" verlangten.[55] Weiterhin erblickt er einen Zusammenhang zwischen der „als einzig fruchtbar und segenbringend durch den Meister erkannten Verkapselung der eigenen Persönlichkeit in der Welt des Idealismus" und der „Erlösung"[56], auf welche die Handlungen seiner Opern hinzielten.

Der Kritiker **Arthur Seidl** (Verfasser der dreibändigen *Wagneriana*), der sich bereits 1902 zu frühen Werken Siegfried Wagners geäußert hatte, gibt in seiner summarischen Betrachtung *Siegfried Wagner als Bayreuth-Reisender* (**1923**) seinen Eindruck bei einer Hauptprobe von *Schwarzschwanenreich* in Leipzig wieder: Seidl konstatiert zunächst, „Mißurteile in der Fachwelt" und findet „m e h r Anziehendes [..], als füglich erwartet werden durfte; [...] aber halt so ganz und gar n i c h t s Neues, wirklich Eigenartiges, geschweige denn Zeitgemäßes." Wer dagegen „Pfitzner – Strauß [sic] – Korngold – Schreker" sowie „Hindemith oder Křeneck

---

[50] Kopie: NAB [A 6483]. –Im 1. Bd. [1911] dieser Reihe schreibt Glasenapp: „am wenigsten ist es ihm [dem Verf.] um eine panegyrische Verherrlichung irgendwelcher Art zu tun."
[51] Ders.: 1913.
[52] Pretzsch 1919: 425-478.
[53] Ders. 1919: 88-96.
[54] Ders.: Die Kunst Siegfried Wagners: VIII.
[55] Crommelin 1919: 78-87. 79.
[56] A.a.O.: 80.

näher kennengelernt hat, der [...] sieht ohne Weiteres klar, wohin er sich zu wenden hat [...]."⁵⁷

Demgegenüber lautet die im gleichen Jahr im *Kärntner Tagblatt* erschienene Kritik der Erstaufführung von *Schwarzschwanenreich* in Klagenfurt positiv:

> Das ganze Werk wirkt dichterisch und musikalisch durch den sich wunderbar steigernden organischen Aufbau, die Größe der Idee, Durchbildung der Einzelheiten, Tiefe und Feinheit aller inneren Beziehungen und einen Reichtum an ausgeprägten Charakteren bis in die geringsten Nebenpersonen hinein.⁵⁸

Zwischen 1925 und 1966 verfaßte der Musikhistoriker und Schulmusiker **Otto Daube** mehrere einführende Schriften über das künstlerische Werk Siegfried Wagners, über welches er auch auf Vortragsreisen referierte.⁵⁹

Wie bereits sein Handbuch *Siegfried Wagner und sein Werk* (**1925**) zeigt, beurteilt er dieses Werk von einem völkisch-nationalen Standpunkt aus. Was bei Glasenapp den ostinatohaften Grundton bildet, formuliert Daube als Programm und stellt Werk und Persönlichkeit Siegfried Wagners in den Dienst der Sache.

S. Wagner habe „in seiner schlichten, aber dennoch vortrefflichen Kunst uns Werke echt deutscher Größe geschenkt"⁶⁰. Seine künstlerische Persönlichkeit repräsentiere die *Anti-Moderne*⁶¹.

Zwar *vermeide* der Komponist „bewußt das Gebiet des Heroischen, das der Meistervater seinem Volke wiederschenkte"⁶², aber: „Der deutsche Gedanke von Bayreuth lebt auch im Meistersohne und seinen Werken [...]."⁶³

Dabei setzt Daube als gegeben voraus, daß es sich bei Siegfried Wagners Opern um die *Ausführung einer I d e e im Drama* handele. Als Beispiel nennt er „die Wandlung eines leichtsinnigen, rücksichtslosen Fürsten [Herzog Ulrich] zu einem wahrhaften Vertreter jenes von dem großen Friedrich vertretenen Fürstentypus". Seine Schlußfolgerung: „Die Ausführung einer solchen Idee macht das Drama [...] zu einem nationalen Kunstwerk [...]."⁶⁴

Untrennbar verbunden mit dem *nationalen Kunstwerk* ist das *erzieherische Kunstwerk*: „so zeigt auch Siegfried Wagner durch die Aufnahme des Erlösungsgedankens in seinen Werken, daß es ihm um eine Erziehung des Menschen zu tun ist." Er wolle „durch das Kunstwerk e m p o r f ü h r e n . Sind seine Gestalten

---

⁵⁷ Seidl 1926: 318f.
⁵⁸ N.N: 1923. NAB [A 2545-67/8].
⁵⁹ Daube 1925. 11.
⁶⁰ A.a.O.: 7.
⁶¹ A.a.O.: 13, 34.
⁶² A.a.O.: 45.
⁶³ A.a.O.: 47.
⁶⁴ A.a.O.: 61.

auch frei von heroischer Größe der Nibelungenwelt, [...] so werden sie doch, frei von aufdringlich-moralischer Tendenz, zu Vorbildern für uns."[65]
Im 7. Kapitel gibt Daube einen Überblick über die Handlungen der bis dahin erschienenen Opern S. Wagners (*Der Bärenhäuter* bis *Rainulf und Adelasia*), in welchen er jenes „Grundsätzliche"[66] exemplarisch dokumentiert sieht. – Im *Schwarzschwanenreich*- Abschnitt stellt er fest, daß Schuldige die Schuldige auf den Scheiterhaufen bringen: daß „Hinterlist und Neid ihre schwere Schuld an den Tag bringt und die ‚Hexe' zum Feuertode verurteilt wird."[67]

Im selben Jahr liefert **Crommelin** für den *Bayreuther Festspielführer* den Beitrag „**Siegfried Wagners ‚Schwarzschwanenreich'**" und hebt den für sein Verständnis besonderen Stellenwert von Opus 7 im Gesamtwerk hervor, was er „in der tiefen Symbolik des dramatischen Geschehens begründet" sieht.[68]

Die erste Dissertation über *Das Opernschaffen Siegfried Wagners* wurde **1936** von **Karl Schäfer** vorgelegt. Sie stellt eine umfassende, systematische Untersuchung der Bühnenwerke dar (= Hauptteil III); vorangestellt sind ein operngeschichtlicher Teil (I) und ein biographisches Kapitel (II).
Im Gegensatz beispielsweise zu Daube sieht Schäfer den Komponisten im 19. Jahrhundert beheimatet: „Siegfried Wagner war ganz und gar ein Künstler des vergangenen Jahrhunderts, welcher in eine neue Zeit hineinlebte, der er nur noch zeitlich angehörte. Nur aus dem Geiste des 19. Jahrhunderts heraus kann dieser Mann verstanden und gewürdigt werden [...]."[69]
Einen kritischen Blick richtet der Verfasser auf die bisherige Rezeption: „weder Carl Friedrich Glasenapp noch Paul Pretzsch [...] kann der kleine Vorwurf erspart bleiben, daß sie Siegfried Wagner allzu sehr nur als Sohn Richard Wagners und nicht als selbstschaffenden Künstler zu würdigen versuchten, der richtigen Erkenntnis der Persönlichkeit Siegfried Wagners ein wenig geschadet zu haben."[70] Er selbst kommt zu dem Schluß, daß S. Wagner „vielleicht der unwagnerischste von allen seinen Zeitgenossen war [...]."[71]
Als Hauptcharakteristikum seiner Opern erblickt Schäfer „das Volkstümliche": „Was Siegfried Wagner [...] am meisten liegt, das ist ein derber und natürlicher,

---

[65] A.a.O.: 46.
[66] A.a.O.: 48.
[67] A.a.O.: 79.
[68] Crommelin 1925: 67f.
[69] Schäfer 1936: 17. [NA: A 3784.]
[70] A.a.O.: 18.
[71] A.a.O.: 37.

burschikoser Ton."⁷² Er ordnet das Werk in die Kategorie der „volkstümlichen, heiteren Spieloper" [→ **Zur Klassifizierung der Opern Siegfried Wagners als „Volksopern"**]. mit ernster Tendenz ein⁷³ und bescheinigt ihm „Allgemeinverständlichkeit", weiterhin „das Vorherrschen eines ethischen Grundsatzes"⁷⁴. Im Hauptteil seiner Arbeit (III) gibt der Verfasser eine gute Orientierung über die Arbeitsweise Siegfried Wagners. Er seziert klar wie ein Anatom, ohne Wertungen, den Bauplan der Opern. Beispielsweise beschreibt er Bezüge (Modulation⁷⁵) und Gegenbezüge (Rezitationsformen⁷⁶) zu Richard Wagners theoretischen Schriften (z.B. „Über die Anwendung der Musik auf das Drama" und „Über die Ouvertüre"), *Einschiebungen geschlossener Nummern*⁷⁷ (→ **Die Gesänge** und → **Der Schluß des Werks**), erwähnt den Einfluß von Siegfried Wagners Lehrer Engelbert Humperdinck („eine überaus durchsichtige mannigfaltige Polyphonie"⁷⁸) und beschreibt im einzelnen S. Wagners „bewußte Abkehr vom großen Orchesterapparat des ausgehenden 19. Jahrhunderts, um darüber hinaus wieder zu einer Art neuem Kammermusikstil in der Oper zu gelangen."⁷⁹

Schließlich hebt Schäfer das Erbe Franz Liszts hervor:

> Gerade das „Dionysische" der Persönlichkeit Liszts war es, das einen besonderen Zauber auf Siegfried Wagner ausübte, denn er übernahm gerade von Liszt Klänge koloristischer Natur, die geradezu zu einer charakteristischen Eigentümlichkeit Siegfried Wagners in harmonischer Hinsicht wurden. Hier sind es vor allem die für Liszt so typischen leeren oder auch archaisierenden Klänge, die in Siegfried Wagners Werken immer wiederkehren. So wird z.B. eine Gestalt wie die des Teufels stets mit an Liszt gemahnende leeren Mephisto-Quinten gezeichnet [...] oder sowohl in horizontaler als auch in vertikaler Linie wird z.B. der Tritonus geradezu zum „Lieblings"-Intervall Siegfried Wagners.⁸⁰

Da besonders auf dieses von Schäfer geschilderte Phänomen in der Analyse von *Schwarzschwanenreich* einzugehen ist, ist an dieser Stelle eine Bemerkung von **Ludwig Karpath** in seinem **1902** erschienenen Buch *Siegfried Wagner als Mensch und Künstler* einzufügen:

---

⁷² A.a.O.: 36.
⁷³ A.a.O.: 37.
⁷⁴ A.a.O.: 39.
⁷⁵ A.a.O.: 54.
⁷⁶ A.a.O.: 71ff.
⁷⁷ A.a.O.: 59.
⁷⁸ A.a.O.: 97.
⁷⁹ A.a.O.: 111.
⁸⁰ A.a.O.: 177-178.

Die Wechselbeziehungen zwischen Siegfried und Liszt sind mannigfacher Art. Es mag, flüchtig betrachtet, vielleicht nebensächlich erscheinen, daß Liszt es war, der seinem Enkel einmal in Venedig die erste Unterweisung in der Harmonielehre gab.[81]

Ein weiterer Aspekt bei Schäfer ist der „Kolorismus" bei Siegfried Wagner (Schäfer stellt so eine gedankliche Verbindung zum musikalischen „Impressionismus" her)[82]. Mit Nennung der beiden letztgenannten Aspekte (Liszt und Kolorismus) scheint sich Schäfer selbst zu widersprechen, wenn er am Schluß noch einmal auf das zurückkommt, „was ihm als Ziel seines Schaffens vorschwebte: eine neue heitere Volksoper"[83] – „[...] was seinem einfachen Wesen entsprach [...]."[84]

An dieser Stelle sei ein (allerdings ausnahmsvolles) Beispiel für die Beurteilung Siegfried Wagners in der allgemeinen Musikgeschichtsschreibung genannt: der Abschnitt „Siegfried Wagner: Vorspiel zum ‚Friedensengel'" in den 1964 erschienenen *Werkbetrachtungen*, dem zweiten Band von *Die Dynamik der musikalischen Formbildung* des Musikwissenschaftlers und Komponisten **Willy Hess**, in welchem der Verfasser auch auf die „Tonsymbolik" bei Siegfried Wagner hinweist, „die allerdings, das muß beigefügt werden, seitens des Hörers ein nicht alltägliches Aufnahmevermögen für die Geistigkeit, ja Symbolik rein formalen Geschehens voraussetzt."[85] Durch die „Geistigkeit seiner künstlerischen Form" aber sei ein „echtes Kunstwerk" gekennzeichnet, da jene auf eine universale „geordnete Kraft", eine schöpferische Gesetzmäßigkeit zurückzuführen sei[86]. (Das Buch beruht auf dem explizit anthroposophischen Ansatz: Kunstwerke wie Menschen „tragen den Schlüssel in sich zu allen Welträtseln."[87]).

Im Jahr **1942** erschienen die *Erinnerungen an Siegfried Wagner* des Illustrators und Malers **Franz Stassen**. Das Buch enthält zahlreiche Beobachtungen, Mitteilungen von Äußerungen und Zitate aus Briefen Siegfried Wagners, die Persönlichkeit und die Arbeitsweise des Komponisten betreffend, ebenso Kritiken. Stassen bezeichnet S. Wagner als „Poet der Szene" mit der Begründung, daß „in seinen Opern, deren Lektüre, deren Textdichtungen mitunter nicht leicht war [sic], auf der

---

[81] Karpath o.J. [1902]: 29.
[82] Schäfer 1936: 182.
[83] A.a.O.: 200.
[84] A.a.O.: 204.
[85] Hess 1964.
[86] Ders. I. Bd.: 1960. 5.
[87] A.a.O.: 11.

Szene sich alles zu dramatischer Klarheit für den Aufmerksamen entwickelte [...]."
Die „Dramatik" war lt. Stassen „sein Instrument, das er meisterhaft spielte."[88]
Über die Arbeitsweise Siegfried Wagners schreibt er:

> Er hatte eine Art, seine musikalischen Entwürfe zu machen, die er allein bei der Instrumentation verstehen konnte. Mit kurzen Notenaufschriften und Bemerkungen über die Wahl der Instrumente skizzierte er seine Akte, und wenn er dann an das Instrumentieren ging, das ihm höchster Schaffensgenuß war, fing er auf der ersten Seite an in seiner feinen Buchstaben und Notenschrift und hörte auf der letzten Seite auf. Einen Fehler machen und verbessern oder umändern gab es nicht.[89]

Es folgt in der Siegfried Wagner-Rezeption ein Interim von ca. einem Vierteljahrhundert. Durch diese Zäsur scheint die frühe Phase der Rezeption (hier dargestellt zwischen 1902 bis 1942) im Wesentlichen abgeschlossen.

Allerdings erscheinen in den 60er Jahren – nach und neben kleineren Beiträgen, die zumeist dem Festspielleiter, Regisseur und Dirigenten Siegfried Wagner gelten – drei Werke, die von Autoren stammen, welche, Zeitgenossen Siegfried Wagners, zum Teil bereits früher mit Veröffentlichungen über den Komponisten hervorgetreten waren.

Die vorzustellenden drei Schriften weisen, abgesehen vom Gegenstand selber, weder in perspektivischer noch in inhaltlicher Hinsicht nennenswerte Gemeinsamkeiten auf. Diese Texte können als Abschluß oder Nachklang (die zeitliche Distanz wird, wenn auch auf unterschiedliche Weise, spürbar) der frühen Phase betrachtet werden.

Anläßlich des 100. Geburtstags des Komponisten entstanden – neben kleineren Beiträgen in Programmheften etc. **1969** zwei Schriften, deren Weg in die Öffentlichkeit ein unterschiedlich langer war:

Zunächst seien die *Erinnerungen an Siegfried Wagner und Bayreuth* des Bühnenbildners der Bayreuther Festspiele bis zu Siegfried Wagners Tod 1930 sowie (über ca. 60 Jahre) des Opernhauses und Schauspielhauses [„Schauburg"] Hannover **Kurt Söhnlein** genannt. Dieses Werk ruhte über zehn Jahre als Typoskript in der Richard-Wagner-Gedenkstätte Bayreuth, bis es 1980 von Peter P. Pachl kommentiert herausgegeben wurde.

Bezeichnend für die Position des Verfassers ist folgende Äußerung im Vorwort:

---

[88] Stassen [1942]: 12.
[89] A.a.O.: 48.

Den Künstler und Menschen der heutigen Generation nahe zu bringen, ist nicht leicht. Den Weg zu ihm versperren seit über zwei Menschenalter[n] Vorurteile, die bestenfalls durch Unkenntnis entschuldbar sind, vielfach aber aus weniger Entschuldbarem resultieren. Das eigene Gesetz seiner Person, ohne auf den großen Vater zu schielen, vermögen nur wenige unbefangen zu beurteilen.[90]

Mit Bezug auf den Regisseur Siegfried Wagner erwähnt Söhnlein „die von Siegfried virtuos gehandhabte Schleier-Technik."[91] „Schleier waren und blieben bis zuletzt Siegfrieds theatralische Lieblingsobjekte."[92] ($\rightarrow$ **Die Gesänge**;. $\rightarrow$ „[...] das **Bild jener Frau [...]**")

Im nachfolgenden Buch von Kraft wird Söhnlein im Personenregister nicht aufgeführt. Jedoch sind zwei Bühnenbilder von ihm abgebildet:

Im Jahr 1969 erschien die von **Zdenko von Kraft, Edler von Helmacker** (Verfasser historischer und (musik-) biographischer Romane, u.a. eines *Richard-Wagner-Romans* [ca. 20er Jahre]) im Auftrag Winifred Wagners geschriebene erste Biographie mit dem Titel *Der Sohn. Siegfried Wagners Leben und Umwelt.* **Mit einem Anhang: Die Nachfolge: Bayreuth 1931-1944.**

Dieses Werk war lange die einzige Bezugsquelle für die nachfolgende Siegfried Wagner-Forschung. Es weist reiches Quellenmaterial auf (Nachlaß: Briefe; Kritiken), das – bis dahin unveröffentlicht – dem Verfasser zugänglich gemacht worden war.

Bemängelt wird von späteren Rezipienten eine Art belletristische *Ungenauigkeit*, das *Fehlen von Werkverzeichnis und Diskographie* [zu erg: Bibliographie] sowie *Fehlinformationen* (z.B. die auf Seite 89 aufgestellte Behauptung, daß die Werke „ohne Ausnahme in Erlösung ausklingen.") Das Ganze basiert auf einer *völkisch-nationalen Ideologie* [vgl. z.B. Seite 265] (Friedelind Wagner an Pachl am 8.10.1975: „Nur einen alten Nazi wollte er aus meinem Vater machen"[93]), ein grundlegender Aspekt, auf den, werkbezogen, gesondert einzugehen sein wird.

M.W. zum ersten Mal explizit erscheinen bei Kraft folgende Gesichtspunkte: Die Opern Siegfried Wagners haben offenbar *Selbst-Bekenntnis-Charakter* [s.u., Ludwig-Kapitel]; die *Klassifikation als heiter-naive Volksoper* ist damit in Frage gestellt:

Was hat ein Mann seiner Geltung und seiner abgerundeten Lebensführung zu verraten? Oder verrät er sich doch? – zwar nicht im Umgang mit Bekannten und Intervie-

---

[90] Söhnlein: 1980: 12.
[91] A.a.O.: 16.
[92] A.a.O.: 13.
[93] So Pachl in seiner Diss. [1979; s.u.]: 6-7. Dazu Kiesel in seiner Diss. [1994; s.u.]: 19.

wern, aber in den Themen seiner Werke? Liegt dort etwas von dem Tragischen, das er in seinem praktischen Leben und seinen Selbstbekenntnissen leugnet? Hat er die Dämonen i n sich, die er seinen dramatischen Gestalten in so reichlichem Maße aufbürdet? Warum läßt er sie oft an so schweren inneren Lasten leiden und zugrunde gehen? Was soll diese Fülle Verirrter und tief Unglücklicher in dem Gesamtwerk des heiteren Schöpfers der naiven Volksoper?[94]

Opus 5, *Sternengebot*, wird als „tragische Oper" bezeichnet[95]. Damit verbunden ist der Aspekt der Chiffrierung („viele Nebenhandlungen gleichen nur Chiffren"[96] und die Personen „sind mehr geistige Chiffern als plastische Gestalten [Bezug: *Die Heilige Linde*]."[97]

Zu den Textbüchern bemerkt Kraft:

> Seine Texte – er schreibt sie ausnahmslos selbst – sind schlicht im Ausdruck, aber mühselig in der Ausdeutung. Er liebt keine dichterischen Umwege. Wort und Reim handhabt er mit schier kindlicher Unbefangenheit; er w i l l kindlich und unbefangen sein. Was er zu sagen hat, drückt er in kürzester Weise mit den nächstliegenden Worten aus; ihm liegt das Naiv-Primitive im W o r t für das kaum noch zu Erratende im S i n n.[98]

Zehn Jahre später erscheint die Dissertation *Siegfried Wagners musikdramatisches Schaffen* von **Peter P. Pachl (1979)**.

Einen übergreifenden Gesichtspunkt bildet darin Siegfried Wagners der sich in seinem Schaffen bekundende Begriff der *Opernregie*.[99]

Systematisch untersucht der Verfasser das Ineinandergreifen von Leben (1. Teil) und Werk: er stellt Entstehungsgeschichte und Bauweise der Opern dar (2. Teil). Spezielle Gesichtspunkte sind die Beziehung der Opern untereinander[100], Bezüge zwischen Musik und Szene[101], die Textvertonung[102] und die szenischen Realisationen[103] Der 3. Teil behandelt die Inszenierungsgeschichte der einzelnen Opern[104].

---

[94] von Kraft 1969: 183.
[95] A.a.O.: 264.
[96] A.a.O.: 263
[97] A.a.O.: 265.
[98] A.a.O.: 89.
[99] Pachl 1979: 7.
[100] A.a.O.: 32.
[101] A.a.O.: 46.
[102] A.a.O.: 56.
[103] A.a.O.: 66ff.
[104] A.a.O.: 80ff.

Der Anhang enthält u.a. Werk-, Schriften-, Gemäldeverzeichnis, Literaturverzeichnis, Diskographie und Register.

Eine wesentliche Grundlagenarbeit leistete der Architekt **Dieter Heinz**, der zwischen **1979** und **1993** sämtliche Opern Siegfried Wagners Einzelanalysen unter dem Gesichtspunkt ihrer szenischen Architektonik unterzog. Seine Analyse von *Schwarzschwanenreich* erfolgte **1980** (*Szenischer Aufbau und Proportion in Siegfried Wagners ‚Bruder Lustig' und ‚ Schwarzschwanenreich'*[105]). Diese Einzelanalysen faßte er **1994** in einem *Fazit* zusammen:

> Während ich im szenischen Aufbau der Werke des Vaters Richard Wagner vor meiner Beschäftigung mit Sohn Siegfried eine von Werk zu Werk fortschreitende Entwicklung in Richtung auf eine schließlich äußerste Prägnanz der äußeren Form hatte nachweisen können[106], muß ich nun zugeben, daß eine derartige stetige Entwicklung vom szenischen Aufbau der Frühwerke bis zu demjenigen der Spätwerke bei Siegfried Wagner ganz offensichtlich nicht vorliegt. Bei Siegfried scheint nach dem ersten Eindruck dieser Chronologie vielmehr eine aus dem jeweiligen Augenblick der Werk-Entstehung resultierende Gestaltungsvorstellung den Impuls gegeben zu haben. [...] Fazit ist also, daß sich eine ‚Entwicklung' im äußeren szenischen Aufbau der Opernwerke Siegfried Wagners von einer etwa anfänglichen Kompliziertheit oder gar Unsicherheit bis zu einer etwa später ‚abgeklärteren' Einfachheit nicht nachweisen läßt.[107]

Als signifikant bezeichnet der Verfasser, daß nur in fünf Werken „eindeutig Großformen" [‚Barform'; Symmetrieverhältnis] auftreten: „Alle anderen Werke verbergen Proportionen und Symmetrien nur in den oft komplizierten Zusammenhängen, die ich in den einzelnen Szenen-Analysen aufzeigen konnte."[108]
Mit diesem „Zwischenergebnis" wendet sich Heinz an eine noch ausstehende fachwissenschaftliche Forschung[109]. (→ **Die 2. Szene des II. Akts;** → **Dramatische Struktur und Architektonik;** → **Schluß des Werks.**)

Die Biographie **Peter P. Pachls**: *Siegfried Wagner. Genie im Schatten*, zuerst im Jahr **1988** erschienen, ist, nach Darstellung der Jugendjahre, im Wesentlichen gegliedert in Kapitel in der Reihenfolge der Werke; sie enthalten jeweils innere und äußere Lebensabschnitte. Die zugrundeliegende Idee ist, daß Werk und Leben in engster Verbindung stehen (Bezugnahme auf Paul Bekker: *Richard Wagner. Das*

---

[105] Heinz 1980: 22-27.
[106] In den „Saarbrückener Heften" veröffentlichte Analysen.
[107] Ders. 1994: 44.
[108] Ebda.
[109] Ebda.

*Leben im Werke* [1923][110]). Siegfried Wagners Opern bezeichnet Pachl als „gigantische Tagebücher"[111]. Vorangestellt ist ein Abschnitt über „Das Bild des Horoskops" (Seite 11ff).

In seiner Dissertation **Studien zur Instrumentalmusik Siegfried Wagners**, erschienen 1994, unternimmt es **Markus Kiesel**, „auf analytischem Wege eine Beschreibung und historische Bewertung der musikalischen Sprache Siegfried Wagners zu erarbeiten. [...] Im Mittelpunkt dieser Studien stehen die Instrumentalwerke Siegfried Wagners. Hierzu zählen die Sinfonischen Dichtungen, die Solokonzerte, die Symphonie sowie einige der sinfonischen Vor- und Zwischenspiele der Opern [...]." Kiesel vertritt „die These, daß das Instrumentalwerk das De- stillat seiner musikalischen Sprache enthält."[112]

Da die *Musik für sich genommen* in der vorliegenden Arbeit nicht behandelt wird, sei eine musikhistorische Bemerkung Kiesels an dieser Stelle eingefügt: Siegfried Wagner repräsentiere „symptomatische Probleme der Komponistengeneration nach Richard Wagner [...]." Der Komponist befinde sich

> abseits dessen, was die allgemeine Musikgeschichtsschreibung für die Epoche zu Beginn des 20. Jahrhunderts als repräsentativ erklärt hat [Neue Wiener Schule; Neoklassizismus]. Es scheint notwendig, die Musikgeschichte abseits dieser Hauptströmungen auszuloten, um ein Bild dieser stilistisch ungemein vielseitigen Zeit gewinnen zu können.[113]

In *Gegenposition zu Pretzsch*[114] stellt Kiesel seine These, daß S. Wagner „ein vom poetischen Inhalt unabhängiges musikalisches Formgefühl besitzt [...]." Gerade darin *manifestiere sich* – durch *Herausbildung eines eigenen Satztypus* – „der eigenwillige Stil Siegfried Wagners [...]."[115] Auch der „selbstgewählten Abgrenzung Siegfried Wagners" innerhalb seiner Epoche – von Kiesel aus mehreren Perspektiven beleuchtet – sei „die Entwicklung einer eigenen originalen Tonsprache" geschuldet, wie der Autor im Schlußkapitel resümiert.[116]

In seiner ausführlichen Darlegung der Forschungslage führt Kiesel auch die allgemeine Musikgeschichtsschreibung an, die „sich überwiegend durch Nichtbeachtung Siegfried Wagners" auszeichne: „Die einschlägigen musikgeschichtlichen

---

[110] Pachl 1988: 150.
[111] A.a.O.: 9.
[112] Kiesel 1994 [Diss. 1992]: 51.
[113] Ebda.
[114] A.a.O.: 21.
[115] A.a.O.: 53.
[116] A.a.O.: 182; vgl. auch 189.

Darstellungen, die sich mit der Epoche zwischen 1880 und 1930 beschäftigen, kommen entweder gänzlich ohne [Austin; Häusler, Dahlhaus; Danuser] oder mit Minimalbeiträgen [Riemann; Adler; Moser; New Oxford History of Music {auch: *The concise oxford dictionary of music, Brockhaus, Oper* und *Deutsches Theater-Lexikon.*}] zu Siegfried Wagner aus. In den gängigen Opern- und Konzertführern findet man entweder gar keinen [Zentner; Krause; Kloiber; Csampai/ Holland] oder nur lückenhafte Hinweise [Schumann; Seeger {auch: Westerman; Renner; letzterer s.u.} auf Siegfried Wagner."[117] – Angesichts der z.t. fehlerhaften und unvollständigen Angaben in einigen der gen. Nachschlagewerke sei der ausführliche Art. „**Wagner**, Siegfried (Helferich Richard)" im *Deutschen Theater-Lexikon* an dieser Stelle hervorgehoben. Weiterhin sei auf die Artikel in der MGG (alt) und MGG (neu) hingewiesen, auf die noch einzugehen ist (s.u.).

Innerhalb der Rezeptionsgeschichte knüpft Kiesel ausdrücklich an die Dissertation von Schäfer an: insofern es dort darum gehe, „Siegfried Wagner als Musiker" zu beschreiben. „In dieser Eigenschaft ist er und sein überaus umfangreiches Werk noch heute – und nicht nur für Laien – nahezu eine terra incognita."[118]

Von Interesse scheint auch eine Bemerkung, die sich in der Biographie *Günter Wand: So und nicht anders. Gedanken und Erinnerungen* von **Wolfgang Seifert (1998)** findet. Seifert beschreibt die Tätigkeit Günter Wands an der Oper Köln (zunächst als Kapellmeister) ab 1939:

> Und das Repertoire reichte [...] bis zu den groß besetzten und – jenseits aller Fragen nach musikhistorischer Relevanz – keineswegs leicht zu realisierenden Partituren des damals vielgespielten und heute vergessenen Wagner-Sohnes Siegfried und anderer, auch jüngerer Zeitgenossen. Gleich in seiner ersten Spielzeit mußte Wand eine Oper von Siegfried Wagner übernehmen [...]. Schon im November 1939 durfte Wand eine der Lieblingsopern Springs dirigieren, das inzwischen längst in der musikgeschichtlichen Versenkung verschwundene „Schwarzschwanenreich" von Siegfried Wagner, inszeniert natürlich vom Intendanten selbst, übrigens mit den Bühnenbildern des damals erst 22jährigen Wieland Wagner.[119]

Bei seinem Ersterscheinen 1995 *Siegfried Wagners Opernschaffen. Zwischen Mythos, Mystik und Realität* betitelt, wurde das Buch von **Luise Gunter-Kornagel** besonderer Umstände halber in den Jahren **1998** und **2003** jeweils neu verlegt und in *Weltbild in Siegfried Wagners Opern* umbenannt. Es enthält die mit Hinweisen auf die stofflichen Wurzeln versehenen Inhaltsangaben zu sämtlichen Opern, Erklä-

---

[117] A.a.O.: 21f.
[118] A.a.O.: 23.
[119] Seifert 1998. 106-107.

rungen zu einzelnen Personen, es werden spezielle Beziehungsgeflechte, das Wesen und Wirken höherer Instanzen, bestimmte Personengruppen sowie mystische Gestalten beschrieben. Die Verfasserin charakterisiert die Opern Siegfried Wagners als heiter-tiefsinnig mit ironischen und komischen Zügen[120]. Weiterhin sind im Textteil des Buches eine Biographie, einige bibliographische Angaben sowie eine Übersicht über die Veröffentlichungen/ Ausstellungen der Verfasserin enthalten. Der Bildteil „Die Oper in Bildern" beinhaltet Abbildungen von Farbentwürfen Luise Gunter-Kornagels, welche Personen und Szenen aus den einzelnen Opern darstellen.

Aus den hier beleuchteten und mit reichen Assoziationen und Analogien versehenen Einzelmomenten sich ein „Weltbild" zu konstruieren, bleibt dem Leser überlassen.

Eine gründliche musikalische Analyse gibt **Tina Schneeweiß** in ihrer Zulassungsarbeit *„Sohn eines großen Vaters". Aspekte zum Schaffen Siegfried Wagners. Aufgezeigt an der Oper „Schwarzschwanenreich"* (2000). Ausdrücklich hingewiesen sei hier auf das Kapitel „Siegfried Wagner – eine Stilkopie seines Vaters?"[121], in welchem unter stofflichen und kompositionstechnischen Aspekten (Leitmotivik, Harmonik) Verwandtes sowie Divergenzen vor Augen geführt werden.

Im selben Jahr entstand die Diplomarbeit *Siegfried Wagner: „Schwarzschwanenreich". Gedanken zu Handlung und Musik* von **Christian Dammann**, die im ersten Teil den Inhalt der Oper unter dem Aspekt der „Gottesbilder und Weltanschauungen" unter Hinzuziehung „anderer Werke zum Vergleich" untersucht; der zweite Teil befaßt sich mit der „Kompositionsweise", v.a. mit „nicht auf den ersten Blick" zu erschließenden Momenten der „motivischen Struktur".[122] Hier sei eine Bemerkung bzgl. des Einwirkens Richard Wagners auf Siegfried Wagner zitiert:

> Im Gegensatz zu vielen anderen Komponisten seiner Zeit hat Siegfried nicht versucht, an die Werke seines Vaters anzuschließen. Trotz oberflächlicher Gemeinsamkeiten hier und da bilden sie ihre eigene Welt.

Dies führt Dammann an anderer Stelle beispielhaft aus (Zitat s. → **Die Gesänge**).

---

[120] Gunter-Kornagel 1998: 16.
[121] Schneeweiß 2000. [Ts.] 39ff. Auszugsw. Abdr in: *Mitteilungsblätter der ISWG e.V.* XXVIII/XXIX, April 2001. 19-43. 19ff.
[122] Dammann 2000. Auszugsw. Abdr. in: A.a.O.: 45-54. 45.

Die an der Universität München entstandene Magisterarbeit der Theaterwissenschaftlerin **Sabine Busch-Frank**: *Der Komponist Siegfried Wagner. Der Gralshüter von Bayreuth als Komponist von Märchenopern*, **1999** erschienen, basiert auf einer differenzierten Darlegung der Geschichte der „Märchenoper" (3. Kap., Seite 26-45) unter Einbeziehung zeitgenössischer Opern anderer Komponisten (4. Kap., Seite 45-71). Auf Grundlage erstellter Definitionskriterien und Subkategorien erfolgt ein Zuordnungsversuch der Opern Siegfried Wagners (5. Kap., Seite 71-159). Ein *Ergebnis* ist, ausgehend von einem „neuen [...] Blick auf die Funktion des Märchens in der modernen Oper"[123], „daß unter bestimmten Voraussetzungen die Märchen- oper im Werk Siegfried Wagners doch eine größere Rolle spielt als in der neueren Forschung angenommen wird."[124]

Mit Hinblick auf das Ideelle der Werke Siegfried Wagners[125] sei hier auf das Referat des katholischen Theologen **Gunther Fleischer** über „**Das religiöse Weltbild Siegfried Wagners**" (**2003**) hingewiesen. Den von ihm gewählten Begriff „Weltbild" differenziert der Verfasser dahingehend, daß die Opern Siegfried Wagners „in ihrer Ausrichtung eher Exemplum des Lebens als Weltentwurf" seien[126]. Der Komponist „erklärt die Welt nicht, sondern bewegt sich in traditionellen Spuren, die vom christlichen Denken geprägt sind, um dieses mit anderen Vorstellungen zu verbinden."[127]

Bisher zeichnen sich in der Siegfried-Wagner-Forschung besonders deutlich zwei unterschiedliche Wege ab:

1. Vertreter der früheren Rezeption nehmen Siegfried Wagner für eine Gestaltung und Erneuerung des Volkstums in Anspruch. Glasenapp bezeichnete ihn „als sinnvoll kräftig gestaltenden Denker und Wahrer seines [des Volkes] innersten Wesens [...]."[128]
2. Die jüngere Rezeption charakterisiert ihn als Kämpfer für eine humanitäre Lebensführung. Hier wird – mit Bezug auf *Schwarzschwanenreich* – das Drama einer Kindsmörderin in den Mittelpunkt gestellt.

---

[123] Busch-Frank 1999: 161.
[124] A.a.O.: 160.
[125] Vgl. → Einleitung. 2. Idee; → Das legendäre Schlußbild; → Musikalische Bannlösung; → Musikalisch erzählte Vorgeschichte der Handlung; → Das Bühnenbild: Szenarium christlicher Weltsicht; → Hexenprozesse.
[126] In: Pachl 2003: 324.
[127] Ebda.
[128] Glasenapp 1911: 22.

Aber dem Gedanken einer Nutzanwendung seiner Werke widerspricht eine Art künstlerisches Credo, das Siegfried Wagner kurz vor seinem Tod in seinem Aufsatz „Bayreuth" ablegte: „Ohne religiöses Empfinden ist wahre Kunst undenkbar. Der Ursprung aller dramatischen Kunst weist auf hohe religiöse Feiern hin [...]."[129] Diese Äußerung des Festspielleiters Siegfried Wagner ist gleichfalls auf die „schwierigen hochartifiziellen Musikdramen" (Eva Weissweiler[130]) des Komponisten Siegfried Wagner anwendbar. Ich bin zu dem Ergebnis gekommen, daß Siegfried Wagner in seinen Opern nicht humanitäre Forderungen stellt, sondern einen ethisch-humanitären Gedanken in Szene setzt. Hier sehe ich eine Analogie zu Détienne, der zu dem Resultat gelangt, daß Hesiod in seinen *Werken und Tagen* keine „revendications sociales"[131] stellt, sondern daß seine Dichtung der Ausdruck einer „*attitude religieuse*" ist[132].

Beim Durchgang aller Rezeptionsbeispiele ergaben sich Punkte, die diskussionsbedürftig erscheinen:

- Charakterisierung der Opern Siegfried Wagners als „volkstümlich"
- Feststellung ihrer ‚Volkstümlichkeit' bei gleichzeitiger Kompliziertheit der Struktur
- Anwendung der Gattungsbezeichnung „Volksoper"
- die von den Verfassern behauptete oder geleugnete Anti-Modernität Siegfried Wagners
- Bezug zum Schaffen Richard Wagners
- die Siegfried Wagner zugeschriebenen „erzieherischen" Intentionen und volksbildnerischen Absichten ferner kulturelle und politische „Ideen" seiner Werke
- die besondere Funktion des „Szenischen"
- das Phänomen oder Symptom einer ausbleibenden ‚Entwicklung' der dramatischen Struktur innerhalb des Gesamtwerks
- kein Beitrag zum Progreß der Musikgeschichte

Diese Punkte lassen sich um zwei Pole zu konzentrieren: den formalen Aspekt einer gattungsbezogenen Klassifikation und den inhaltlichen Aspekt einer intentionalen Fixierung. Das konsequente Unterlassen einer Gattungsbezeichnung vonseiten des Komponisten einerseits und sein Verfahren, Inhalte mit Hilfe eines komplizierten textlich-musikalischen Apparats zu verschleiern andererseits eröffnet einen

---

[129] Wagner 1930: 576f. 576.
[130] Friedelind Wagner 1999: 329.
[131] Détienne 1963: 9.
[132] A.a.O.: 60, 63.

ausgedehnten Spielraum der Interpretation, was auch die Gefahr einer politisch-kulturellen Vereinnahmung mit sich bringt. Dies ist in den beiden folgenden Kapiteln, die sich mit der gattungsbezogenen Klassifikation der Opern Siegfried Wagners befassen, zu berücksichtigen.

## Zur Klassifizierung der Opern Siegfried Wagners als „Volksopern".

> „Herr!
> Glauben Sie,
> daß es auch nur einen Menschen aus dem Volke gibt,
> der eine Melodie von Siegfried Wagner
> mitsingen kann?"[133]
> Artur Landsberger

In seinem 1963 erschienen *Neuen Opern- und Operettenführer* sieht Hans Renner u.a. den *Ausbau* der „heiteren und ernsten Volksoper" als eine Möglichkeit für die Komponisten nach Wagner, *unabhängige* Wege zu gehen.[134] Als ein Beispiel der „nach-Wagnerschen Volksoper" nennt der Verfasser Siegfried Wagner.

Dieser – im Hauptteil des Opernführers nicht aufgeführt[135] – wird im „*Ergänzenden Überblick*" erwähnt: Siegfried Wagner „schrieb 12 [sic] volkstümliche Opern, in denen er sich vom Stil seines Vaters relativ frei hielt und eher die Linie Lortzing – Humperdinck fortsetzte."[136]

Diese Linienführung erscheint angesichts der biedermeierlichen Komik, der volkstümlichen Melodik etc. des Begründers der deutschen ‚Volksoper' Albert Lortzing problematisch, ebenso existiert die durch Engelbert Humperdinck zur Vollendung gebrachte Hochromantik bei Siegfried Wagner nur noch in abgeschwächter Form, durchschossen von Modernismen, die das Ganze interessant machen.

Eine Klassifikation der Opern Siegfried Wagners als Volksopern scheint jedoch durch den Komponisten selbst autorisiert. Die Quelle ist ein Interview des *Neuen Wiener Journals* von 1899 mit Siegfried Wagner, in welchem dieser die Bezeichnung „Volksoper" mit Bezug auf sein Opus 1, *Der Bärenhäuter*, gebraucht. Den Hintergrund des Interviews bildet der sogenannte „'Bärenhäuter'-Streit", in dem es um das Anrecht auf den „Bärenhäuter"-Stoff ging.[137] Eine direkte Erwähnung fin-

---

[133] Landsberger 1926: 171.
[134] Renner 1963: 14.
[135] Ebenso wie z.B. Zemlinsky, Korngold und Schreker; ersterer bleibt gänzlich unerwähnt.
[136] A.a.O.: 493. Diese Fassung wurde im wesentlichen auch in späteren Ausgaben beibehalten. – In vergleichbarer Weise stellt Hans Joachim Moser S. Wagner in seinem *Musik-Lexikon* in die Nachfolge Lortzings und Webers. 2 Bde. Hamburg 1955. 1401, Sp. 2 – 1402, Sp. 1.
[137] Involviert in den Streit waren drei Komponisten (Engelbert Humperdinck, Arnold von Mendelssohn, Siegfried Wagner) und der Textbuchverfasser Hermann Wette; intern war auch Cosima

det der Streit dort allerdings nicht, gleichwohl bildet er, wie v.a. aus den Zwischenfragen des Reporters deutlich wird, die eigentliche Veranlassung des Interviews. Um den Vorwurf, er habe Humperdinck diesen Stoff entwendet, zurückzuweisen, begründet Siegfried Wagner die Abfassung des Werks mit seinem Entschluß, sich dem Gebiet der Volksoper zuzuwenden und zugleich diesem „Genre" ein *eigenes* Gepräge zu verleihen. Weiterhin erwähnt er seinen Vater, dem er „den Hinweis auf den ‚Bärenhäuter' als Opernstoff" *verdanke*: „[...] ich will mit der Volksoper neue Wege gehen, und zwar die Wege, die immer meinem Vater vorgeschwebt. Oft und oft sprach er davon."[138]

Siegfried Wagner ‚erfüllte' also mit seinem *Bärenhäuter* ‚einen Auftrag'. Einer Zuweisung von Stoffen hätte es allerdings nicht bedurft: „Ist es doch als suchten die Stoffe ihn und nicht er sie!" (Pretzsch[139])

Selbst wenn Siegfried Wagner diesen Auftrag ernst genommen hat und dieser ihm nicht nur zur Entschuldigung diesen sollte, wäre er doch nicht in der Lage gewesen, im Sinne seines Vaters ein Drama zu gestalten. Die Ablehnung der Mentalität seines Sohnes machte sich deutlich in der Zerstörung der mit kindlichem Enthusiasmus errichteten „Kapelle" (→ **Einleitung**).

Für Richard Wagner hatte die Verbindung von „Volk" und „Kunstwerk" eine andere Dimension. Das „Kunstwerk der Zukunft" gründet sich auf seiner Idee einer notwendigen Verbindung zwischen „Kunst" und „Volk". Eine Überschrift im *Kunstwerk der Zukunft* lautet: „*Das Volk als die bedingende Kraft für das Kunstwerk*". „*Der eigentliche erfinder war von jeher nur das volk* [...]." (*Das Künstlertum der Zukunft*[140])

Infolge der scheinbaren Beilegung des Bärenhäuter-*Streits* ist in späteren Äußerungen Siegfried Wagners die Bezeichnung „Volksoper" nicht mehr zu finden.[141] Dessen ungeachtet haftete Siegfried Wagner das Etikett „Volksopernkomponist" an.

Die allzu „liebevolle" Beschäftigung mit Volkssagen kreidet ihm ein (bei Glasenapp mit übernommenen oder hinzugefügten Hervorhebungen ohne Angaben zitierter) Kritiker an: „Diese Erzeugnisse der Volksphantasie, die uns Siegfried Wagner konsequent und in liebevollster Detailmalerei vorführt, sind g e r a d e d i e, d i e w i r **am wenigsten schätzen.**"[142] (Wer ist wohl „wir"?)

---

Wagner an dem Streit beteiligt. Einzelheiten hierzu s. Eva Humperdinck 1996 [Bd. 1]: 243ff. u. 1999 [Bd. 2]: 67ff, insbes. den Brief Hedwig Humperdincks: 76. – Vgl. *cap.* „Der ‚Bärenhäuter'-Streit" in Pachl 1979: 153-155.

[138] Wagner 1899: [O.S.]. Vgl. Zitat Hausegger 1907 → **Stoffliche Grundlagen**.
[139] Pretzsch 1919: 14.
[140] Wagner 1885: 19.
[141] Vgl. Glasenapp 1911: 5 (s.u.) und Pachl 1979: 31.
[142] Zit.n. Glasenapp 1911: 22f.

Um der Frage nachzugehen, inwieweit Siegfried Wagners Opern Spiegelungen von „Erzeugnissen der Volksphantasie" sind, ist es hilfreich, zwei Besprechungen heranzuziehen, welche im Jahr 1933 in der Zeitschrift *Die Musik* unter der Rubrik „OPERN-URAUFFÜHRUNGEN" erschienen sind. Zum einen handelt es sich um *Madrisa*. Eine Volksoper aus den Schweizer Bergen in drei Akten von Hans Haug; zum anderen um die posthume Uraufführung von Siegfried Wagners 1913 vollendeten *Heidenkönig* im Dezember 1933.

Wenngleich sich beide Besprechungen in ihren kulturellen und politischen Voraussetzungen sowie in ihrem Duktus voneinander unterscheiden, erscheint eine Gegenüberstellung mit Hinblick auf die hier gestellte Frage doch aufschlußreich.

In seiner Besprechung von *Madrisa* spricht Gebhard Reiner von einem „für die die ganze Schweiz bedeutsamen Ereignis"[143] [der Name Madrisa bezeichnet eine Region der Schweiz; die Gestalt Madrisa in der Oper stellt demnach eine Personifikation dieser Landschaft dar].

Die „Textdichtung" stammt von dem Heimatdichter Johannes Jegerlehner; der Rezensent hebt die „kernhafte Plastik seiner Sprache" hervor. Der „allgemein verständliche Stoff" wurde „dem reichen Sagenschatz der Berge" entnommen. Der Inhalt erinnert an den von *Schwarzschwanenreich*: Ein „Weib", „welches um schwerer Schuld willen ein Erdendasein tragen muß", kann erst dann „die Erlösung" finden, „wenn sich ein Mensch, im Glauben an ihre Reinheit, zu opfern bereit ist." Über den dramatischen Aufbau bemerkt Reiner: „Dieses einfache, auf den ersten Blick und ohne jede Vorbereitung verständliche Geschehen zeichnet Jegerlehner in Holzschnittmanier mit wenigen lapidaren Zügen."

Auch der Komponist spreche die „musikalische Muttersprache" der Schweiz. Reiner nennt „außerordentlich glückliche melodische Einfälle von selten reiner Art und ebenmäßigster Linienführung, eine maßvoll kühne Harmonik" etc. Damit sei dem „Wunsch nach einem bodenständigen Bühnenwerk schweizerischen Charakters" auf *beglückende* Weise entsprochen worden.

Der Kritik Erich Dörlemanns zufolge ist Siegfried Wagners *Heidenkönig* in allem das Gegenteil von *Madrisa*. Es handelt sich um eine „Charaktertragödie" mit „geschichtlichem Hintergrund" (*Bedrängung der heidnischen Preußen* [d.i.: Prußen/Wenden] *durch die christlichen Polen* „zu Beginn des 13. Jahrhunderts" [r.: in der zweiten Hälfte des 16. Jahrhunderts])[144].

---

[143] Reiner 1934: 364. Alle Zitate i.Folg: ebda.
[144] Dörlemann 1934: 365. Zitate i.Folg.: ebda. – Vgl. dagegen die Erwähnung des *Heidenkönig* bei Andreas Keller 2007: 99-134. 128. S. Wagner „legt", so Keller im Vergleichszusammenhang, seiner „evidenten Aburteilung des Barbarentums […] allerdings ein differenzierteres Konfliktmodell zugrunde", indem er „Religion und Konfession in ihrer sozialen Praxis generell analysiert" und dies mit Einzelschicksalen verknüpft.

Als Maßstab setzt Dörlemann die „neue nationale Volksoper", deren Anforderungen das Werk nicht entspreche: „Daß Siegfried Wagner der große, bisher verkannte Meister einer echten deutschen Volksoper ist, als den ihn das Kölner Programmheft feiert, wird sich nach dieser Uraufführung kaum aufrecht erhalten lassen." Dies begründet Dörlemann zum einen mit mangelnder Originalität und Einheitlichkeit der Musik: S. Wagner habe unterschiedliche „Elemente", u.a. solche „der Lortzingschen und Humperdinckschen Spieloper" verwendet. Allerdings nennt der Verfasser keine Beispiele. Summarisch heißt es ex negativo mit Hinblick auf eine ausbleibende Wirkung: die Musik sei *rhythmisch* nicht *packend*, in der *Melodik* fehle die *Konzentration* – anstelle der „‹stählernen Romantik›, von der Reichsminister Dr. Göbbels [sic] sprach", biete das Werk eine „abgelebte Romantik". Zum anderen nennt der Verfasser die den Hörer verwirrende „vielfältig verwickelte Handlung"; mit seiner Erwähnung eines „reichen Szenengewebes" deutet er das Analysefeld des Formprinzips an, ohne dieses offenbar betreten zu haben (vgl. → **Dramatische Struktur**).

Das Verdienst an dem „starken Erfolg" dieser „Neuheit" schreibt Dörlemann in erster Linie der „künstlerischen Leistungsfähigkeit der Kölner Bühne" zu (Regie: Alexander Spring; Musikalische Leitung: Fritz Zaun).

Dagegen appelliert der genannte Regisseur und Generalintendant der Oper Köln[145] Spring bereits im August 1933 anläßlich der „zum Gedächtnis Siegfried Wagners"

---

[145] Einige seltene Informationen über Wirken und Persönlichkeit Springs (1891-1956) sind in der o.zit. Wand-Biographie von Seifert (Angaben politischer und amtlicher Dokumente: 100, Anm. 48) sowie in dem Beitrag „Hofmüller und der Nazi aus Weimar (1928-1944)" von Christoph Schwandt (Schwandt 2007: 255-306) zu finden. Einiges hiervon sei über den Siegfried Wagner-Assistenten und Inszenator von dessen Werken mitgeteilt. Spring, seit 1932 PG, seit 1933 Ratsherr, 1933-1944 GI der Oper Köln, hatte die dort ebenfalls vorgenommenen Entlassungen jüdischer Mitwirkender zu verantworten (vgl. Schwandt 2007: 271, 196). Er betrieb eine „betont repräsentative Pflege des deutschen Repertoires" (99); Seifert bezeichnet ihn gleichwohl „ nicht als fanatischen Naziideologen", dagegen als einen „pragmatischen, auf Niveau bedachten Theatermann, der seinen politischen Ruf vor allem zugunsten seines Theaters nutzte." (100) In „diesen politisch schwierigen Zeiten" habe Spring „immer seine schützende Hand" über ihn gehalten, so Wand: „Was Sie politisch denken, ist mir völlig gleichgültig. Ich halte Sie aber für intelligent genug, daß Sie es nicht bei jeder Gelegenheit sagen!" (Spring zu Wand 1939, zit.n. Seifert: 102.) Schwandt spricht hier von der seiner „Dankbarkeit" geschuldeten „Milde" Wands „gegenüber dem Nazi-Intendanten" (291). Der zitierte Ausspruch werfe vielmehr ein Licht auf Springs eigenes Interesse hinsichtlich einer Absicherung nach mehreren gegensätzlichen Seiten. Bis 1944 gelang es Spring, den Opernbetrieb aufrechtzuhalten, er fand Wege, einsatzpflichtige Mitwirkende seiner Truppe zu erhalten (122). „Während andere alte Nazis, die wirklich Schlimmes auf dem Gewissen hatten, in Westdeutschland praktisch unbehelligt blieben oder sogar" *in hohe Ämter berufen wurden*, war Spring „als Unperson abgestempelt und stillschweigend, ohne Gerichtsverfahren, mit einem sehr wirksamen Berufsverbot belegt worden." (119).

gebrachten „heutigen [am 4. August 1933] Abendsendung des Deutschlandsenders" an „die deutschen Bühnenleiter":

> Die Klagen über das Fehlen einer wirkungsvollen deutschen Opernproduktion sind zum mindesten solange nicht ernst zu nehmen, als man sich leisten kann, an diesem Werken fast achtlos vorbeizugehen."[146]

Auch Spring stellt Siegfried Wagners Schaffen in die Tradition „Weber's, Lortzing's und Humperdinck's"[147]. Seine Feststellung, bereits mit seinem ersten Opus *Der Bärenhäuter* habe S. Wagner „eine wahre Volksoper"[148] geschaffen, beruft sich auf die Tatsache, daß der Komponist seine Stoffe dem „Schatz der deutschen Volkssage und des Märchens" entnommen habe, deren Motive er neu „verknüpft und in der ihm eigenen Weise ausgestaltet" habe[149]. Daß einige Opern Siegfried Wagners auf historischen Stoffen des slawischen Grenzgebiets (*Heidenkönig*), des Mittelmeerraums und des Orients fußen, erwähnt Spring nicht. Stattdessen legt er Gewicht darauf, daß Siegfried Wagners „Kunst im heimatlichen [d.i.: *fränkischen*] Boden verwurzelt" sei und fügt hinzu: „Bedeutungsvoll spielt eine übersinnliche Welt hinein."[150]

In den Kritiken wie auch von Siegfried Wagner selbst werden Komponisten *volkstümlicher* Opern als Vorbilder bezeichnet. Hier anzuknüpfen, bildet eine Schwierigkeit, da keine konkreten Beispiele genannt werden. Aus operngeschichtlicher Sicht liegt eine Bezugnahme nicht auf der Hand. Es handelt sich um Werke, die überwiegend aus der ersten Hälfte des 19. Jahrhunderts stammen, eine Epoche, in welcher bestimmte Operntypen geprägt wurden.

Stellvertretend seien einige Titel, Gattungsbezeichnungen und Uraufführungsjahre genannt:

Die Romantische Oper *Der Freischütz* (UA 1821) von Carl Maria von Weber wird als „Höhepunkt" der „frühromantischen *deutschen Oper*"[151] bezeichnet.

Albert Lortzing gilt als „der Schöpfer und eigentliche Meister der biedermeierlichen komischen deutschen Volksoper"[152], die sich am „deutschen Singspiel" und

---

Auch die Bemühungen Wands, der nun seine Dankbarkeit erweisen wollte, waren vergeblich. Im Jahr 1958 findet sich im deutschen Bühnenjahrbuch der Nachruf: „Er war ein allseits beliebter und äußerst gerechter und vornehmer Chef." (Zit.n. Seifert: 110)
[146] Spring 2012: 69.
[147] Ebda.
[148] A.a.O.: 68.
[149] A.a.O.: 69.
[150] Ebda.
[151] Renner 1963: 13.
[152] A.a.O.: 116.

der „französischen opéra comique"[153] orientiert (*Der Wildschütz oder Die Stimme der Natur*. Komische Oper; UA 1842).

Dagegen folgte Otto Nicolai, „in Italien geschult an der belcantistischen buffa eher Mozart und Weber."[154] Sein opus summum *Die lustigen Weiber von Windsor* wurde wenige Wochen vor seinem Tod 1849 uraufgeführt.

Das Märchenspiel *Hänsel und Gretel* von Engelbert Humperdinck (UA 1893) war zunächst als „Spiel mit eingestreuten Kinderliedern" für den „häuslichen Kreis"[155] bestimmt, bevor es zu einem Opernwerk der Hochromantik ausgearbeitet wurde.

Der Begriff „Volksoper" hat in der Musikgeschichtsschreibung nicht den Stellenwert einer feststehenden Kategorie. Nur wenige Lexika enthalten einen Artikel „Volksoper". Eine dieser Ausnahmen bildet das *Handbuch des Musiktheaters*; dort heißt es: Die „Volks-Oper [...] bietet bei durchaus hohem künstlerischem Niveau besonders volkstümliche und allgemeinverständliche Themen."[156]

Diesen sehr allgemein formulierten Kriterien entsprechen in etwa die auf einer alten Legende basierende Oper *Tobias Wunderlich* von Josef Haas, der seine Anregungen u.a. aus der bayerischen Volksmusik bezog (s.u.); die tschechische Volksoper *Schwanda, der Dudelsackpfeifer* von Jaromir Weinberger, welcher böhmische Sagen zugrunde liegen; die Komische Oper *Die verkaufte Braut* von Bedřich Smetana und das auf einer realen Begebenheit beruhende Musikalische Schauspiel *Der Evangelimann* von Wilhelm Kienzl.

In dem Kapitel „Volksoper" seiner Dissertation resümiert Pachl: „Es ist fraglich, ob Siegfried Wagner ‚Opern für das Volk' komponieren wollte, da seine Musikdramen sehr artifiziell aufgebaut sind."[157]

Busch-Frank nennt in ihrem Kapitel „Siegfried Wagner – der Komponist von Volksopern?" „vier für die Volksoper untypische Züge", welche ihrer Ansicht nach

> eine generelle Einordnung der Opern Siegfried Wagners in diese Gattung unmöglich machen:
> - das Phantastische
> - das Märchenhafte
> - das Historische und
> - das Psychologische.
>
> Diese Inhalte sind es, die in manchen seiner Opern die Handlung kompliziert machen und somit eines der Grundprinzipien der Volksoper verletzen: die Einfachheit.[158]

---

[153] A.a.O.: 13.
[154] Ebda.
[155] A.a.O.: 273.
[156] Scholz 1992: 841.
[157] Pachl 1979: 31.

Im weiteren Verlauf des Kapitels beruft sich die Autorin auf Karl Maria Klob, der 1904 kritisch resümiert:

> Ob aber Siegfried Wagners bisherige Werke wirklich den Namen „Volksopern" verdienen, stellt deren musikalische Behandlung, ihr stellenweise unbedingt zu komplizierter Stil in Frage. Für derartige Werke wird sich weder das Volk, noch das gebildete Publikum begeistern können. Ersteres steht der Musik völlig verständnislos gegenüber, letzteres aber wird die Klarheit und Einfachheit der Vorwürfe [sic] im Widerspruch finden mit der Art und Weise der musikalischen Behandlung.[159]

Daß auch die „Vorwürfe" nicht *klar und einfach* sind, ist weiter unten zu erörtern.

Diesen Aussagen hinsichtlich des Artifiziellen und Komplizierten im Werk Siegfried Wagners scheint die frühe Äußerung des Komponisten zu widersprechen: „Dem Schlichten und Volkstümlichen will ich nachgehen, Karl [sic] M. v. W e - b e r will ich nachstreben [...]."[160]

Der Gesamttext läßt allerdings vermuten, daß S. Wagner, indem er Weber auf sein Schild erhebt, in erster Linie dem Vorwurf begegnen möchte, „Ansprüche als Sohn eines großen Vaters" zu erheben und „seine Bahnen zu schreiten"[161]. In diese Richtung weist auch der Zusatz bei der Nennung eines weiteren Vorbilds (Otto Nicolai) an anderer Stelle: „Das soll mir soviel heißen wie nicht in der mißverstandenen Wagner-Weise!"[162]

Siegfried Wagners Betonung des „Schlichten" könnte ihren Grund in seiner Ablehnung alles *Opernhaften* haben, welche er in den für seine ersten sechs Werke verfaßten Regiebüchern kundtat: „Kein tableau vivant!"[163] „Kein Theater-Effekt."[164] „Was vor allem zu vermeiden ist, ist opernhafte Eleganz."[165] In einem Nachsatz erfolgt die Andeutung einer Begründung: „ [...] kein Operneffekt, der Musik entsprechend."[166]

Derartige *Effekte* sowie eine gewisse „opernhafte Eleganz" sind aber gerade charakteristisch für die genannten Spielopern.

Siegfried Wagners Opern entsprechen diesen angeblichen Vorbildern nicht.

---

[158] Busch-Frank 1999: 20.
[159] Zit. n. a.a.O.: 21.
[160] Zit.n.: N.N 1909: 438. D. Verf. zit. nach e. „Rede", die „vor Jahren" gehalten wurde.
[161] Ebda.
[162] *Berliner Börsen-Courier* 1908 [unpag. Kopie]. Archiv ISWG e.V. Berlin.
[163] Zit.n. Pachl 1979: 70.
[164] A.a.O.: 76.
[165] A.a.O.: 77.
[166] A.a.O.: 76.

Einen deutlicheren Weg, in „die Welt Siegfried Wagners" *hineinzugeraten*, „zum Kern der Sache" zu kommen[167], zeigt der Bühnenbildner Kurt Söhnlein auf.
Im zweiten Teil seiner „Gedanken über das Szenenbild in den Werken Siegfried Wagners" beschreibt Söhnlein die Ausstattungsaufgaben, mit der erlebten *gebräuchlichen* Verfahrensweise beginnend:

> Wie hat man die Werke in den meisten Fällen bisher ausgestattet? – Jede Bühne, abgesehen vielleicht von den wenigen großen, die grundsätzlich jedes Werk neu und stileigen ausstatten, besitzt einen Bestand von Normal-Durchschnittsdekorationsstücken, in Architektur und Landschaft, für sogenannten allgemeinen Gebrauch. [...] überall passend, – und im Grunde nirgends, für alle Stile und keinen, eine Uniform aus Holz und Leinwand, die auf vielerlei Körper zugeschnitten sein muß.
> Darin hat man denn auch Siegfried Wagner eingekleidet [...].
> Es war der verkehrteste Weg, der eingeschlagen werden konnte! Alle Werke Siegfried Wagners spielen im Hell-Dunkel. Auf scheinbarer Oberfläche des Lebens sich bewegend, reicht die Handlung mit ihren Antrieben in geheime seelische Untergründe, die sich hie und da blitzartig aus ihrer Verborgenheit enthüllen. Selbst in den scheinbar zum Greifen wirklichkeitsnahen, in den heiteren Opern! Siegfried Wagner liebt es, sich in doppelter und dreifacher Schale zu bergen.[168]

Will man auf den von Söhnlein konstatierten „unwirklichen Boden" der Werke Siegfried Wagners gelangen und sich dem „Lande Nirgendwo"[169] seiner Oper *Schwarzschwanenreich* nähern, ist ein wesentliches Moment dieser *Hell-Dunkel*-Landschaft ins Auge zu fassen: der See.
  Seinen „Wassermythen"-Studien stellt Glasenapp die Schilderung eines Landschaftserlebnisses voran. Er hebt die Bedeutung des Sees in der Sage hervor, indem er eine bekannte Erscheinung verwendet: die Spiegelung der Landschaft in Pfützen:

> Unzählig oft bist Du, mein vielgeliebter Leser, nach einem starken Regen auf Deinem Wege zwischen reichlichst angesammelten Pfützen und Lachen einhergegangen, in denen Bäume und Sträucher sich spiegeln, ihre Zweige und Aeste in verkehrtem Abbild nach unten erstreckend, die Höhe über Dir zur märchenhaften Tiefe geworden, – und bist ihnen sorglich ausgewichen, nicht etwa bloß, um Fußspitze und Sohle nicht darin zu netzen, sondern auch, um nicht in jene schwindelnde Tiefe hinabzustürzen, die sich da unten dicht vor Dir auftat. Du selbst aber wandeltest dann zwischen zweien Welten, der einen über Dir, der anderen zu Deinen Füßen. Der feste Boden unter dir, auf den Du trittst, der Dich trägt, wurde dann zu einer schmalen Grenzscheide zwischen beiden [...].[170]

---

[167] Söhnlein 1928: 147.
[168] A.a.O.: 147f.
[169] A.a.O.: 148.
[170] Glasenapp 1912: 3. Sp.

Diese von Glasenapp geschilderte Erscheinung begegnet sogar in Form eines Kinderspiels. Hier soll eine Kindheitserinnerung aus den 30er Jahren, zur Zeit noch ungepflasterter Straßen in Siedlungen, per *oral history* überliefert, wiedergegeben werden. Das Spiel hieß „In die Pfütze glotzen" und bestand darin, auszuprobieren, „wer am längsten in die Pfütze gucken kann." Ein Kind wurde angesichts der unendlichen Himmelstiefe vom Schwindel erfaßt und stolperte in die Pfütze.

Das doppelte Gefühl, hineinstürzen zu können und zu merken, daß man es doch nicht kann, erzeugte den Schwindel.

In ihrem Tagebuch berichtet Cosima Wagner von der „Angst", die der Anblick von Wasser bei Ihrem knapp dreijährigen Sohn Fidi ausgelöst habe und veranlaßt damit „R." zu einem Kommentar:

> Ich nehme eine Bad, Fidi kommt gute Nacht sagen und hat Angst; R., dem ich es erzählte, sagt, wie er als Kind den Himmel in einem Becken mit Wasser gesehen, habe es ihn entsetzt und entzückt, es war für ihn wie ein Erdbeben, ein Schwanken aller Gesetze, er wußte nicht, wo er war. – –[171]

In *Schwarzschwanenreich* bildet das *schwindelnde Sinken* in den See, das *Rufen zur Tiefe* (*Abgrund*) (I.3 und III.1), das zentrale Motiv, das an entscheidenden Stellen der Handlung thematisiert wird (musikalisch [harmonisch, motivisch], textmetaphorisch und szenisch: Szene Oswald-Hulda, I.2; Monologszene Oswalds, I.3; Huldas Schwarzschwanenreich-Vision, Kerkerszene III.1). Die Summe des Ganzen stellt mit rein musikalischen Mitteln das in der Analyse behandelte Motiv des Schwankens dar.

Diese Dimension, die er in seinem Naturerlebnis wahrnahm, übertrug Glasenapp nicht auf Siegfried Wagners Werk. Dessen Textgestalt konnte ihm den mystischen Untergrund nicht vermitteln. Offenbar hat er nur die stoffliche Oberfläche wahrgenommen. Sein Ausgangspunkt bildete ein zunächst philologisches Interesse. S. Wagners Werk scheint ihm willkommene Veranlassung gewesen zu sein, die dort verwendeten Sagenstoffe zu eruieren und zusammenzustellen. Den Grundantrieb von S. Wagners künstlerischem Schaffen meint er in der *Erneuerung des Volkstums* erblicken zu können. Glasenapp sieht in ihm den erhofften „Denker und Wahrer seines [des Volkes] innersten Wesens"[172]. Er setzt dem Schöpfer hintergründiger Werke ein Ganghofersches „Grünei"[173] auf. Aus seiner Perspektive kommt er zu dem Schluß: „Seelenanalysen locken ihn nicht."[174]

---

[171] Donnerstag 11ten April 1872. Mack 1976: 510.
[172] Glasenapp 1911: 22; s. auch: 5, 25.
[173] D. i.: ein grüner Jägerhut.
[174] A.a.O.: 216.

Dem widerspricht Siegfried Wagners Vorgehensweise: Meist aus dem Gesamtzusammenhang herausgelöste Gestalten und Konflikte mehrerer Sagen werden nach eigener Konzeption zu einer neuen Handlung verknüpft. Das Motiv ist stets ein psychologisches. Die S. Wagner auch persönlich interessierenden Sagen liefern lediglich das Gefäß für diese Inhalte. Ein *ideeller* Stellenwert ist mit der ‚Arbeit am Mythos' bei Siegfried Wagner nicht verbunden. Auf ihn ist anzuwenden, was Egbert Delpy 1922 schreibt: „Kunst ist Spiegelung des eigenen Ichs."[175]

Einen grundlegenden Wandel in der Betrachtungsweise der Opern Siegfried Wagners läßt ein Vergleich der Artikel über Siegfried Wagner in der alten (1968) und der neuen (2007) Ausgabe der *Musik in Geschichte und Gegenwart* erkennen: Während Otto Daube Siegfried Wagners Werk noch in die „Geschichte der deutschen Singspiel-, Märchen- und Volksoper" eingereiht sehen möchte[176], geht Christa Jost von einer „Neubewertung seiner musikhistorischen Position" aus und weist beispielsweise auf einen „eher abgründigen Humor" seiner Textbücher hin[177].

Eine Synthese beider Standpunkte würde bedeuten, von einer *habituellen Volkstümlichkeit* zu sprechen, die in der Stoffwahl einerseits und einer Abgründigkeit der Motive in Verbindung mit einer komplizierten Verschleierungs- und Verweistechnik andererseits gegründet wäre. Um dies zu verdeutlichen, scheint es angebracht, hier ausschließlich bezogen auf *Schwarzschwanenreich*, eine Gegenkategorie zur „Volksoper" zu finden, die im Folgenden als Arbeitsbegriff dienen soll: die „musikalische Psycho-Legende".

---

[175] Delpy 1922: 402.
[176] Daube 1968: 86.
[177] Jost 2007: 369, 368.

# Daten zur Entstehungs- und Aufführungsgeschichte.

Der zeitliche Ablauf der Werkentstehung findet sich wie folgt dokumentiert: Nach einem undatierten Prosaentwurf[178] erfolgen:

1907   Beginn der Arbeit an der Oper *Schwarzschwanenreich*; Beendigung der 1.Skizze in „Florenz Hôtel Minerva 16. April 1907[179]; Abschluß der Textbuch-Hs., 3. Fassung: „Wiesbaden. 17. December 1907"[180]
1908   Abschluß der Kompositionsskizze [„28. Dec. 1908 Bayreuth (begonnen im October) (26. Dec. Evas Trauung)"[181]]
1909   I. Akt Partiturniederschrift [„13. April 1909 Santa Margherita"]
       II. Akt Kompositionsskizze [„Bayreuth 4 Juni 1909 vor den Proben"]
       II. Akt vollendet [„Bayreuth, vom 9.-28. Nov. 1909 (instrumentiert)"]
       III. Akt Kompositionsskizze [„24 Oct. Bayreuth (Herrliches Herbstwetter Mama wohl) (viel Lectüre: Platon – Rückert – Novalis Edgar Poe Grimm Hölderlin Heinse Biologie etc")]
1910   Abschluß der Arbeit: III. Akt [„S. Margherita. 10 April 1910"][182]

Im Unterschied zu op. 1-6 Opus weisen die Opern ab op.7 [*Schwarzschwanenreich*] keine Widmung mehr auf; ebenso liegt kein Regiebuch mehr vor[183].

Im August 1910 schreibt Siegfried Wagner an Ludwig Karpath über seine Uraufführungsplanung: „Ich selber habe Opus 7 fix und fertig, es kommt aber erst Saison 1911 auf 12 heraus."[184] Wie aus der Zeittafel hervorgeht, fand die Uraufführung erst sieben Spielzeiten später statt, als geplant. Dem gingen Teil-Uraufführungen voran, es folgten Neuinszenierungen, Gastspiele und eine Rundfunkaufführung.

Die Chronologie umfaßt den Zeitraum zwischen den Jahren 1911 und 1994:

---

[178] NAB: VI Bf 1-4.
[179] NAB: VI Bf 1-1. Unpag. [55. Seite].
[180] NAB: VI Bf 1-3 Unpag. [79. Seite].
[181] Diese und die folg. Zitate: Hs.-Verzeichnis (Auflistung m. Sig. u. Zitaten), NAB.
[182] Part.-Hs. NAB: VI Bf 3.
[183] Pachl 1979: 66.
[184] Siegfried Wagner an Ludwig Karpath. Br. v. 24. August 1910. Zit.n. v. Kraft 1969: 162.

**1911** 16. Feb.: UA Zwiegesang Liebhold-Hulda[185]
**[1912]** UA *Einleitung*[186]; beide Teil-UA unter der Leitung des Komponisten[187]
**1918**[188] UA *Schwarzschwanenreich* Karlsruhe
**1922** Rostock, Leipzig
**1923** Klagenfurt, Rostock
**1925**[189] Bremen
**1925** Plauen
**1926** Rundfunkaufführung (Berlin)
**1926/27** Aachen
**1928** Rostock
**1930** Hamburg, Greifswald, Harburg
**1937** Antwerpen, Mannheim
**1939** Köln, Bayreuth (Gastspiel Kölner Oper in der Ludwig-Siebert-Festhalle [heute: Stadthalle]; Leitung: Karl Elmendorff; Rundfunkübertragung[190]
**1942** Dortmund
**1980**[191] Zwiegesang: Siegfried-Wagner-Gedenkkonzert Festspielhaus Bayreuth (Sabine Hass: Hulda; Manfred Jung: Liebhold)
**1983** Solingen (Konzertante Aufführung des Theaters Solingen; Mitschnitt[192]; Musikalische Leitung: Bernhard Lang; Hulda: Carmen Reppl, Liebhold: Raffaele Polani u.v.a.; Städtisches Orchester Solingen)
**1993** Rudolstadt

Aus dieser Aufstellung ragen drei Ereignisse hervor:

(1918) Die Uraufführung fand statt „Zur Feier des Geburtsfestes Ihrer Königlichen Hoheit der Großherzogin"[193] im Großherzoglichen Hoftheater Karlsruhe; lt. Premierenzettel am 5. November, „7-½10 Uhr" – wie in einer *Friedensengel*-Kritik angemerkt wird, „die letzte Tat des großherzoglichen Hoftheaters" vor seiner Umwandlung in eine „republikanische Kulturbühne", das Badische Landestheater.[194]

---

[185] Ders. 1988: 230.
[186] Vermutl. Datum; vgl.d. in → **Musikalisch erzählte Vorgeschichte** zit. Br. SWs an R. Eidam.
[187] Pachl 1979: 106, Anm. 1.
[188] Angaben 1918-1942: A.a.O.: 158.
[189] A.a.O.: 158 („nach 1924"); Pachl 1982/83: 152 („1925").
[190] A.a.O.: 154.
[191] Angaben ab 1980: Pachl 1982/83: 152-154.
[192] Unveröff. Mitschnitt; Archiv der ISWG und NA.
[193] Pachl 1979: 106 Anm 1.
[194] N.N.: „Badisches Landestheater". [Zeitungsausschnitt: Archiv ISWG, Berlin.]

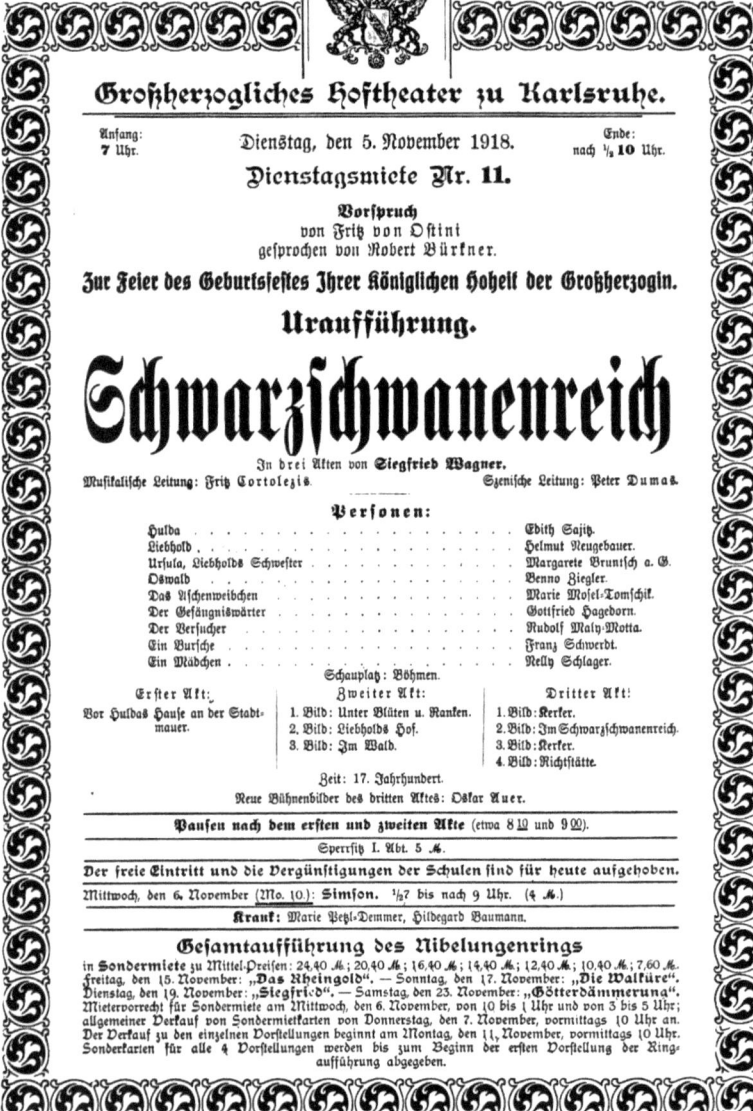

*Programmzettel der Uraufführung*

Die Bühnenbilder des I. und des II. Aktes stammen also aus dem Magazin. Kostüme: keine Erwähnung!

Inwieweit Inszenierungen im Laufe ihrer Aufführungsgeschichte offensichtlich vor allem zu Miß- oder Unverständnis der Opern Siegfried Wagners beitrugen – dies zu behandeln würde ein Kapitel für sich beanspruchen. Es liegen Bühnenfotos und Kritiken vor, aus denen sich – v.a. hinsichtlich der älteren Inszenierungen – nur Vermutungen ableiten lassen. Auffallend ist, daß Handlung, Text und Musik oftmals – wohl in vielen Fällen der Inszenierung geschuldet – unabhängig voneinander beurteilt wurden, was u.a. zu Fehlinterpretationen beigetragen haben mag, zumal sich viele Kritiken offenkundig lediglich auf die (unvorbereitet) erlebte Vorstellung stützen. Dies kann ebenso auf positive wie auf negative Kritiken zutreffen. Bei einer negativen Aufnahme des Werks wird beispielsweise des öfteren die Dramaturgie in ihrer *Anlage* beanstandet, ohne den Faktor der Umsetzung zu berücksichtigen.

Die wenigsten Kritiken scheinen für die Analyse von Interesse. Abgesehen von vereinzelten aufschlußreichen Bemerkungen erscheinen sie in der Mehrzahl als eine Geschichte der Fehleinschätzung: sowohl des Werkes (u.a. verursacht durch einseitiges Reflektieren auf die Außenhandlung, wobei das Vorhandensein einer inneren Handlung nicht selten gänzlich übersehen wird) als auch des Verfassers und Komponisten Siegfried Wagner. Obige Anmerkungen stellen eine Zusammenfassung der Lektüre von Kritiken verschiedener Jahrzehnte dar. Es handelt sich um die Besprechungen, die im Nationalarchiv oder in der Literatur zu finden sind. Im Rahmen der Analyse werden einige wenige Zitate folgen. Hier sei eine Bemerkung von Richard von Chelius gegenüber Siegfried Wagner nach der Uraufführung von *Schwarzschwanenreich* wiedergegeben: „Es ist dein Werk, was den großen Beifall fand, die Aufführung ließ zu wünschen übrig."[195]

(**1926**) Eine Besonderheit stellt die Rundfunkaufführung vom 13. April 1926 dar. Lt. Angabe der *Funkstunde. Zeitschrift der Berliner Rundfunksendestelle*[196] fand diese Aufführung unter der Leitung des Komponisten statt. Siegfried Wagner an Maria Dernburg: „Am 13. im Rundfunk Schwarzschwanenreich."[197] Zu dieser Sendung erschien ein von Cornelis Bronsgeest eingerichtetes Textbuch[198].

---

[195] Zit. nach Pachl 1988: 300.
[196] Die Funkstunde 1926.
[197] Zit. nach Pachl 1988: 363.
[198] *Schwarzschwanenreich* in drei Teilen: Bronsgeest o. J. [1926]

Zur *Einrichtung von Opern für den Rundfunk* – die gewissermaßen zur Vorgeschichte der *Funkoper*[199] zu rechnen ist – schreibt Thorsten Preuß in seinem Aufsatz über „Transformationsprozesse beim Medienwechsel am Beispiel von Funkopern": „Neben der technisch damals noch ziemlich unzureichenden Opernübertragung begann man sehr bald, bestehende Opern eigens für den Rundfunk einzurichten, indem man etwa die Haupthandlung für den Hörer deutlicher herausstellte, Nebenhandlungen strich und gegebenenfalls Erläuterungen hinzudichtete, falls die Dialoge der Vorlage stark auf visuelle oder szenische Aspekte ausgerichtet waren."[200] In der Anmerkung hierzu heißt es: „Eine Schlüsselrolle kam hierbei Cornelis Bronsgeest zu, der für die Berliner Funkstunde rund 180 Opern bearbeitete, angefangen 1924 mit Mozarts «Figaro»."[201]

Pachl setzt in seinem Kommentar zu der Funkbearbeitung von *Schwarzschwanenreich* angesichts der dort vorgenommenen Änderungen voraus, daß Siegfried Wagner selbst an der Erstellung der Rundfunkfassung des Textbuchs beteiligt war:

> Vergleicht man das Rundfunktextbuch mit der Partitur, so wird ersichtlich, daß Siegfried in der Übertragung nicht nur selbst mehrere Striche zur Verkürzung angebracht, sondern auch bearbeitend eingegriffen hat: so findet Hulda im zweiten Akt zwar das Grab des von ihr ermordeten Kindes, stellt aber keinerlei Reflexion über ein gesprenkeltes Ärmchen mit Satanskrallen an. Diese Verkürzung hat nicht nur damit zu tun, daß einige Hofdamen bei der Generalprobe zur Uraufführung der Oper, im Jahr 1918 in Karlsruhe, angeekelt ihre Plätze verlassen hatten, der Eingriff führt die Handlung auch geradlinig weiter, unter Vermeidung der ursprünglichen Verschmelzung von Psychologie und Mythos.[202]

Durch das Streichen der genannten Reflexionen über den Wechselbalgarm (KA 133, 2. System – KA 136, 3. System, Takt 1, also 43 Takte und damit ein knappes Drittel der gesamten Taktzahl der Szene)[203] in der Rundfunkfassung wird die Ursache von Huldas, die Szene wesentlich bestimmendem, Ausbruch (Seemonolog) verschleiert. Für eine Erklärung der nicht gestrichenen Erwähnung Huldas des „verfluchten Arms" am Schluß der Szene[204] (also der fünften Szene des zweiten

---

[199] Preuß 2006-2007: 425-447. Im Unterschied zu *Opernübertragungen* oder den *Einrichtungen von Opern für den Rundfunk* sind *Funkopern* „eigens für den Rundfunk komponierte Werke opernartigen Charakters" (425f).
[200] A.a.O.: 425.
[201] A.a.O.: 442, Anm. 4.
[202] Pachl 1988: 364.
[203] Vgl. miteinander: Bronsgeest o. J.: 37-38 und KA 130-137.
[204] Bronsgeest o. J.: 38.

Akts) muß sich der Hörer die Erzählung der Schwarzschwanenreichsage in der ersten Szene des ersten Akts in Erinnerung rufen.

**(1993)** Das mit Hinblick auf das Gesamtwerk Siegfried Wagners durch Winifred Wagner erteilte Aufführungsverbot konnte in den 70er und 80er Jahren bereits „kurzzeitig" aufgehoben oder unwirksam gemacht werden[205]. Zur ersten (und bisher letzten) Neuinszenierung des Werks seit 1942 im Jahr 1993 im Rahmen der Rudolstädter Festspiele des Thüringer Landestheaters Rudolstadt. Für diese Inszenierung wurde eine Spielfassung erstellt. Ausnahmsvoll wurdenr die Namen Hulda und Liebhold durch Linda und Ludwig ersetzt.

Es existiert hiervon eine Aufnahme bei MARCO POLO Opera Classics (1995):

>   Musikalische Leitung: Konrad Bach
>   Regie: Konstanze Lauterbach
>   Ausstattung: Hans-Joachim Wolf, Bibiana Golla, Konstanze Lauterbach
>   Linda: Beth Johanning
>   Ludwig: Walter Raffeiner
>   Die Thüringer Symphoniker Saalfeld-Rudolstadt

Folgendes Noten- und Textmaterial lag zu Beginn der Werkanalyse vor:

- Textbuch (Textfassung vor der ‚Vertonung') [o.J.; 1911],
- Partitur und
- „Klavier-Auszug mit Text" von Eduard Reuss (Liszt-Schüler) bei Max Brockhaus in Leipzig 1911
- Textbuch in der Bearbeitung von Bronsgeest für die Rundfunkübertragung 1926
- die von Konstanze Lauterbach für ihre Inszenierung in Rudolstadt erstellte Spielfassung des Textbuchs

Für die vorliegende Analyse wurde eine Textbuchfassung nach dem Partiturtext mit Motivapparat nebst Angabe der Instrumente erstellt.

Nachfolgend das Plakat für die Kölner Inszenierung von Alexander Spring im Jahr 1939, die musikalische Leitung hatte in dieser Vorstellung Gottfried Schwiers.
Auf die Übernahme dieser Inszenierung in Dortmund 1942 bezieht sich das Kapitel über Ruth Görshop (→ **Erinnerungen einer Kriegs-Hulda an ihre Partie**).

---

[205] Einzelheiten vgl. Pachl 1979: 4, 446-447.

Samstag, den 17. Juni 1939, Anfang 20 Uhr

# Schwarzschwanenreich

In drei Akten von Siegfried Wagner

Musikalische Leitung: Gottfried Schwiers — Bühnenleitung: Alexander Spring.

Bühnenbild: Wieland Wagner.

Personen:

| | |
|---|---|
| Hulda | Elsa Oehme-Foerster |
| Liebhold | Philipp Rasp |
| Ursula, Liebholds Schwester | Marie Theres Henderichs |
| Oswald | Peter Nohl |
| Das Aschenweibchen | Adelheid Wollgarten |
| Der Gefängniswärter | Wilhelm Witte |
| Der Versucher | Robert Blasius |
| Burschen | Heinrich Bensing, André Veenker |
| Ein Mädchen | Loni Nowigk |

Schauplatz: Böhmen. — Zeit: Siebzehntes Jahrhundert.

Chöre: Peter Hammers.

Umbesetzungen infolge von Erkrankungen vorbehalten.

Pause: Nach dem 1. und 2. Akt je 20 Minuten.

Ende gegen 23 Uhr.

*Plakat für die* Schwarzschwanenreich-*Inszenierung in Köln 1939*

# Die Handlung.

**Vorbemerkung.**

Die folgende Wiedergabe des Inhalts der Oper *Schwarzschwanenreich* beruht auf der Voraussetzung, daß die sichtbare Bühnenhandlung getragen wird von einer nicht offen zutageliegenden Grunderzählung. Auf das Vorhandensein einer solchen Grunderzählung weisen besondere Gestaltungsmerkmale in Text, Regieanweisungen und Musik hin. Es handelt sich beispielsweise um charakterisierende Merkmale bestimmter Personen, szenisch-dramatische Stilmittel, Formen textlich-musikalischer Verknüpfung, auffällig oder aufwendig gestaltete Momente, welche entweder nicht unbedingt für den Fortlauf der Handlung erforderlich scheinen oder unerklärlich bleiben: Profile werden verwischt, Handlungsmotive entkräftet und die gesamte Handlung scheint damit an Plausibilität und Zielgerichtetheit zu verlieren. Es sind Mittel, die – in für S. Wagner nicht typischer Manier – teilweise als bloße Zusätze oder wie theatralische Effekte anmuten.

Diese Anzeichen zu erschließen wird Aufgabe der → **Werkanalyse** sein, auf deren Ergebnissen die nachfolgende Inhaltsangabe fußt.

Die Grunderzählung wurzelt in der Vorgeschichte, welche – in archetypisierender Weise – das Motiv des Kampfes zwischen zwei Prinzipien – Licht und Finsternis in zeitentsprechend sagenhafter Einkleidung gestaltet (vgl. → **Musikalisch erzählte Vorgeschichte der Handlung**). Der in Frage stehende Ausgang des Kampfes gibt der Handlung ihre Zielrichtung (vgl. → **Werkstruktur**).

Das Hauptpaar bilden in dieser sagenhaften Grunderzählung – statt des realen Paares Liebhold und Hulda in der Bühnenhandlung – Hulda und der Versucher.

Die Einbeziehung der Grunderzählung in die Wiedergabe der Handlung der Oper bedeutet eine Verflechtung zweier Handlungsebenen: einer sagenhaften, in welcher das Schwarzschwanenreich tatsächlich existiert[206], und einer realen, in der sagenhafte Vorgänge nur als Gerüchte erscheinen.

Diese Gegensätze bilden das Gefüge der Erzählung, welche das Einbrechen einer anderen, unbekannten und bedrohlichen Macht in die Welt des Normalen, Bekannten und Erklärbaren schildert (cf. → **Sage versus Legende**).

---

[206] Vgl. Ursulas einer im 17. Jahrhundert weit noch verbreiteten Annahme entsprechenden Kommentar über die Existenz schwarzer Schwäne in ihrer Schwarzschwanenreicherzählung: „Sahst Du je einen schwarzen Schwan? [...] man sagt, [...] es sei dies kein wirkliches Thier [...]!" (KA 18 u.19).

Vor Beginn der Inhaltswiedergabe seien hier in annähernd chronologischer Reihenfolge einige Gestaltungsmomente genannt, welche auf eine aus der Grunderzählung resultierende Hintergrundhandlung hindeuten:

- Ursulas Beheimatetsein im Bereich der naturmagischen Rituale („Aberglauben", KA 15): spezielle Kenntnisse; ihr Kontakt mit dem Aschenweibchen (I.1,5 und II.4/5)
- Die von Oswald im passenden Augenblick reminiscierte und zutagegeförderte „*Pergamentrolle*" (KA 37) als geeignetes Mittel für eine Intrige (I.3-4)
- Einfügung *grotesker* (karnevalesker) Szenen in die *ernste* Handlung (I.4; II.1)
- Auftreten Oswalds nach Abgang der Tanzenden und Liebholds (II.1/2)
- Oswalds Wechsel vom Stand des Kriegers (I. Akt) zum Amt des Totengräbers (II. Akt)
- Eine textlich-musikalische (hier: syntaktisch-harmonische) Verknüpfung, die auf die Doppelgesichtigkeit des Pfarrers hinweist (II.2; KA 104) in Verbindung mit dem fehlenden Inerscheinungtreten dieser in der Vorgeschichte und für die Bühnenhandlung bedeutsamen Gestalt (III.1); besonders auffällig die Abwesenheit des Pfarrers in der Richtplatzszene
- Auftreten des Gefängniswärters unmittelbar nach dem Verschwinden der Erscheinung des Versuchers im Kerker (III.1/2)

Einige dieser Momente sind bereits in der Inhaltsangabe genannt.

Weiterhin werden auch aus dem Text zu erschließende Ereignisse, die in dem Zeitraum zwischen den Akten statthaben, einbezogen (zwischen Akt I und II liegt ein Jahr; der Zeitabstand zwischen Akt II und III ist unbestimmt). Außerdem werden diejenigen Gesänge (Lieder, Erzählungen; vgl. → **Die Gesänge**) bezeichnet, die entweder nicht szenisch ausgeführte Ereignisse reflektieren oder selbst zu einem Teil der Handlung werden.

In einigen Kapiteln werden Ausschnitte der Handlungswiedergabe unter jeweils speziellen Gesichtspunkten wiederholt.

Die *Vorgeschichte* rekrutiert sich im Wesentlichen aus der Schwarzschwanenreicherzählung Ursulas und dem Blumenlied Huldas in der Einleitungsszene (I.1) sowie aus dem Seemonolog Huldas in der Waldszene (II.5). Aus dem Text zitierte Verse (Verknüpfung von erzählender und erinnerter Handlung) werden *kursiv* gesetzt. In der Personage werden zusätzlich zu den von Siegfried Wagner als Personen angegebenen

**Die Handlung.**

*Schwarzschwanenreich.*
**In drei Akten**

*Personen*
Hulda ·· Sopran   Liebhold ·· Tenor   Ursula, Liebholds Schwester ·· Mezzo-Sopran   Oswald ·· Baryton
Das Aschenweibchen ·· Alt   Der Gefängnisswärter ·· Bass   Der Versucher ·· Baryton   Ein Bursche ·· Tenor   Ein Mädchen ·· Sopran   Soldaten, Weiber [, Burschen, Mädchen, Wachen, Männer]
*Schauplatz*: Böhmen
*Zeit*: Siebzehntes Jahrhundert
*Uraufführung* Karlsruhe 1918


*Vorgeschichte.*

*Aus flammender Stadt als Kind gerettet* fand die Kriegswaise HULDA Aufnahme bei einem Pfarrer.

Einer Aufforderung der nachts in *schwarze Reiter* verwandelten *schwarzen Schwäne* – Dienern des *Satans* – Folge leistend hat HULDA an den Feiern der *Lust* im unterirdischen Schloß des Schwarzschwanenreichs teilgenommen, ein menschlich-satanisches Kind geboren und – zum Zeichen ihrer Abkehr diesen *Gauch* getötet (Schwarzschwanenreicherzählung). Der VERSUCHER, Herr jenes schwarzen Reiches, will HULDA wieder in seine Gewalt bringen.


*I. Akt.*

*1. Szene* (Einleitungsszene).
In LIEBHOLD erwächst ihm, ohne daß dieser es ahnt, ein Gegenspieler. Um ihn zu beseitigen lenkt er alle HULDA umgebenden Personen dahingehend, daß jegliches auf sie gerichtete Tun auf ihre Vernichtung hinführt. Voraussetzung des Gelingens ist, daß jede der betreffenden Personen glaubt, in ihrem eigenen Interesse zu handeln.

Seine erste Mittlerin ist die Schwester LIEBHOLDS, URSULA, die für das Seelenheil ihres Bruders fürchtet, wenn er der *Hexe*, für die Hulda gehalten wird, anheimfällt.

*2. Szene* (Szene OSWALD - HULDA I).
Hinzukommt, daß HULDA die Leidenschaft des Kriegers OSWALD, des Bräutigams der URSULA erweckt.
*3. Szene* (Monologszene OSWALD).
Auch OSWALD wird nun zum Helfer des VERSUCHERS, indem er beschließt, LIEBHOLD aus dem Weg zu räumen.
*4. Szene* (Soldatenszene).
Zu diesem Zweck initiiert er mit Hilfe der von ihm befehligten SOLDATEN sowie eines von ihm gefälschten Dokuments einen karnevalistischen *Scherz;* LIEBHOLD wird mit einem Spottlied entfernt.
*5. Szene* (Exorzismusszene).
Inzwischen sind Vorbereitungen für einen von URSULA veranlaßten Exorzismus getroffen worden, den das ASCHENWEIBCHEN an HULDA vornehmen soll. Das Vorhaben mißlingt: LIEBHOLD, zurückgekehrt, unterbricht die Handlung und vertreibt *Gaffer und Frevler.*
URSULA und OSWALD müssen ihre *Thaten im Kerker verbüßen.*
*6. Szene* (Liebesszene (FINALE I)).
LIEBHOLD gesteht HULDA seine Liebe. HULDA glaubt in ihm den ihr im *Traumbild* erschienenen *Retter* zu sehen, welchem es gelingen kann, den Schwarzschwanenreich-*Bann zu lösen,* wenn er trotz *Wissen um ihre Schuld an ihre Schuldlosigkeit glaubt* (Traumerzählung). Doch eine Vision des *schwarzen Reiters am Himmel* erweckt neue Zweifel in ihr. LIEBHOLD überwindet HULDAS Widerstand, das Paar vereinigt sich (FINALE I).

## *II. Akt.*

*Traumszene*
Ein Jahr später. LIEBHOLD und HULDA führen ein Leben in Abgeschiedenheit (Liebesgesang, Duett).
*1. Szene* (Tanzszene).
In diese Welt bricht nun eine Schar *Tanzender* ein, die LIEBHOLD nach einer grotesken Szene gewaltsam zur Teilnahme an einem bevorstehenden *Fest* bewegt. HULDA bleibt allein; OSWALD nähert sich ihr aus dem Hintergrund – jetzt im Gewand eines *Totengräbers.*
*2. Szene* (Szene OSWALD - HULDA II).
Er versucht, HULDA durch Drohungen gefügig zu machen; HULDA widersteht.
*3. Szene* (Szene OSWALD – HULDA- URSULA).
URSULA wird Zeugin dieses Zusammentreffens; sie verflucht HULDA (Fluchgesang). HULDA entfernt sich.

*4. Szene* (Geschwisterszene I).
LIEBHOLD, vom *Fest* zurückgekehrt, findet URSULA allein. In einer leidenschaftlichen Ansprache, die das Lied „Denk' ich an früher zurück..." (Kindheitserinnerungen) enthält, versucht er vergeblich, seine Schwester mit seinem jetzigen Leben zu versöhnen. Er entdeckt die Abwesenheit HULDAS. URSULA kennt HULDAS Aufenthaltsort und fordert LIEBHOLD auf, ihr zu folgen.
*5. Szene* (Waldszene).
Es ist Nacht geworden. HULDA ist an den Ort ihrer Tat geflohen: an den See im Wald, wo sich das Grab ihres Kindes befindet. Sie sieht ihre Angst begründet: der Arm des Kindes streckt sich ihr aus dem Grab entgegen. Bei diesem Vorgang wird sie von URSULA und LIEBHOLD belauscht und daraufhin von Ursula *als Hexe angeklagt*.
Der lange gesuchte *Beweis*, die *Leiche* des Kindes, wird gefunden, HULDA – die vor Gericht Schweigen bewahrt – wird zum Tode verurteilt.

## *III. Akt.*

*1. Szene* (Kerkerszene I).
Im *Kerker* erscheint HULDA der VERSUCHER, welcher ihr *Rettung* verspricht; HULDA widersteht.
*2. Szene* (Kerkerszene II).
Der GEFÄNGNISSWÄRTER räsoniert über die von HULDA vor Gericht unbenutzt gelassene Gelegenheit, einen Freispruch zu erlangen. Er überreicht ihr ein Kruzifix. Die Schergen kommen, um HULDA abzuholen.
*3. Szene* (Geschwisterszene II).
Auf dem Richtplatz versucht LIEBHOLD vergebens, seine Schwester zum Widerruf der von ihr gemachten Aussage zu bewegen. Er sagt sich von ihr los.
*4. Szene* (Richtplatzszene (FINALE II)).
Der Zug mit der Verurteilten naht. Angesichts massiver Schmähungen und tätlicher Angriffe vonseiten der gaffenden Menge bekundet LIEBHOLD seinen *Glauben an ihre Unschuld*. HULDA gesteht ihre *Schuld*. LIEBHOLD vermag seinen Glauben an ihre *Schuldlosigkeit* nicht aufrecht zu erhalten. Auf dem Scheiterhaufen erscheint HULDA wieder, *Rettung* verheißend, der VERSUCHER; nach einem *Christus*-Anruf HULDAS verschwindet die Erscheinung. LIEBHOLD findet seinen Glauben wieder und unternimmt – zu spät – einen Versuch, HULDA zu retten. Beide finden im Feuer ihren Tod.

Das Feuer sinkt zusammen und von den Flammen unversehrt erkennt die Menge das im Tode vereinte Paar. Der Pfahl, an den HULDA gebunden war, hat sich in ein

Kreuz verwandelt und Lilien erscheinen an Stelle der verbrannten Scheite. Das Volk *glaubt ein Wunder zu sehen.*

Es folgt eine Übersicht der für die Analyse vorgenommenen Benennung der einzelnen Szenen:

| Akt / Szene | I | II | III |
|---|---|---|---|
| 0 | Orchester-Einleitung | Traumszene | Orchester-Einleitung |
| 1 | Einleitungsszene | Tanzszene | Kerkerszene I |
| 2 | Szene Oswald-Hulda I | Szene Oswald-Hulda II | Kerkerszene II |
| 3 | Monologszene Oswald | Szene Oswald-Hulda-Ursula | Richtplatzszene I/ Geschwisterszene II |
| 4 | Soldatenszene | Geschwisterszene I | Richtplatzszene II (FINALE II) |
| 5 | Exorzismusszene | Waldszene | |
| 6 | Liebesszene (FINALE I) | | |

# Zur Bezeichnung der Oper *Schwarzschwanenreich* als „musikalische Psycho-Legende".

1. Sage versus Legende.

Bestimmend für die Wahl der Bezeichnung „Musikalische Psycho-Legende" ist der legendäre Schluß. Jedoch spielt auch die Sage innerhalb der Handlung eine wichtige Rolle, daher scheint es angebracht, zunächst auf das Bezugsverhältnis zwischen Sage und Legende einzugehen.

Sage und Legende greifen in *Schwarzschwanenreich* ineinander, bekleiden allerdings erzähltechnisch sehr unterschiedliche Funktionen.

Die Sage bildet den stofflichen Ursprungspunkt der *Handlung*. Dieser liegt die von Siegfried Wagner aus mehreren Sagenmotiven geschaffene Kunstsage vom Schwarzschwanenreich zugrunde, die zu Beginn der Handlung erzählt wird (→ **Der sagenhafte Handlungskern**).

Während die sagenhaft bestimmte *äußere Handlung* bis zu einem Punkt geführt wird, an welchem das Unternehmen (Bannlösung) als gescheitert angesehen werden muß (Liebhold versagt an seiner Mission, Hulda von ihrem Bann zu erlösen), verfügt die Legende über ein Mittel, das „Unerreichliche" *Ereignis* werden zu lassen: das „Wunder". Das Wunderereignis am Werkschluß ist von Anfang an – musikalisch und dramaturgisch – vorbereitet.

Dieser Skizzierung von stofflich bestimmter *Handlung* und legendär drapiertem *Ereignis* entspricht die Gegenüberstellung von Sage und Legende als zweier *Erzähltypen volksmündlicher Epik* von Max Lüthi, der zunächst über die Sage schreibt: „Die Sage berichtet das Außerordentliche, Seltsame, Unerhörte; sie läßt sich ergreifen vom einzelnen Geschehnis, sie erlebt und sieht es als etwas Bedeutendes und stellt es als solches dar [...]."[207] Über das damit verbundene Anliegen schreibt Robert Petsch: „[...] sie will auf den dämonischen Untergrund des Lebens hinweisen, vor unbekannten Feinden und Mächten warnen und auf alle Weise den Hörer auf die „andere" Welt einstellen."[208]

Dem fügt Lüthi, gleichermaßen auf Sage und Legende bezogen, hinzu: „Äußerlich ist diese jenseitige Welt nicht fern; sie kann jederzeit in den Alltag herüberwirken, und ihre Vertreter wohnen oft mitten unter den Menschen. [...] Die Berührung

---

[207] Lüthi 2005[11]:] 77.
[208] Petsch 1937: 4.

mit ihr erweckt im Menschen einen eigentümlichen Schauer [...]."[209] Mit den Worten „Nicht fern von hier" beginnt die Schwarzschwanenreicherzählung Ursulas. Schließlich führt Lüthi die Form der Sage an eine Grenze, um ihr dann die Legende gegenüberzustellen:

> [...] ihre Darstellung ist individualisierend und realistisch. Den Einbruch einer ganz anderen Welt, von dem sie besonders gerne berichtet, erzählt sie erschüttert oder belustigt. [...] Sie sieht den Menschen wie den Jenseitigen vor allem als den Preisgegebenen, den Gequälten oder Quälenden, den Frevler oder den Genarrten. Unverstanden [...] ragt das Ganz Andere in unsere Welt hinein. Die Dinge werden im Tiefsten erlebt, aber geistig nicht bewältigt.
> 
> Die Legende hingegen gibt allen Dingen ihren Sinn. Sie bezieht alle auf ein und denselben Mittelpunkt, auf Gott.[210]

Dies ist nach Lüthi auf das „Wunder" zurückzuführen: „Das Wunder ist die Mitte der Legende; ihr ganzer Wille ist daraufgerichtet, Wunder darzutun [...]."[211] Später heißt es: „In der Legende wird das Wunder begriffen und verehrt als eine Offenbarung des alles beherrschenden Gottes."[212]

## 2. Das legendäre Schlußbild.

Die Veranlassung, *Schwarzschwanenreich* als „musikalische Psycholegende" zu bezeichnen, gibt das Schlußbild. Dieser Interpretationsgedanke findet sich, wenngleich andeutungsweise und selten, auch in der Literatur. Schmitz erwähnt mit Bezug auf die frühen Werke den Begriff der Legende[213]; Schreiber spricht in seiner *Geschichte des Musiktheaters* mit Bezug auf *Schwarzschwanenreich* von einer zum Teil „legendenhaften Geschichte", die mit „einem christlichen Wunder" schließe[214].

Die entsprechende Szenenanweisung leitet der Verfasser mit einem Kommentar ein: „*Die Umstehenden glauben ein Wunder zu sehen.*" (KA 171) Hier tritt Siegfried Wagner als *Erzähler* aus dem dramatischen Geschehen heraus. Es folgt nun eine Szenenanweisung: *Die Liebenden, todt, doch unversehrt vom Feuer*, sind umgeben von *sich langsam in Lilien verwandelnden Holzscheiten* (zum Zeichen der

---

[209] Lüthi 2005: 8.
[210] A.a.O.: 78.
[211] A.a.O.: 6.
[212] A.a.O.: 56.
[213] Schmitz 1908/ 09: 21.
[214] Schreiber 2000: 64.

Gnade). „*Der Pfahl, an den Hulda gebunden war, gestaltet sich zum Kreuze*" (KA 171), die Überwindung des Todes symbolisierend.

Legt man sich auf diese Lesart fest, so kommt man zu dem Resultat, daß der *Erzähler* Siegfried Wagner, gewissermaßen im Bestreben, dem [erfahrungsgemäß eingeschränkten] Begriffsvermögen der „*Umstehenden*" zu entsprechen, in sichtbaren Zeichen „Gottes Wirken auf übernatürliche Weise (Wunder!) im irdischen Geschehen"[215] schildert. Damit ist die Grunddefinition der Gattungsform „Legende" gegeben. Diese hat Siegfried Wagner als *Modus* der Erzählung für sein Werk gewählt.das der Vollständigkeit halber erwähnte im Tod vereinte Paar ist nicht im engeren Sinne Bestandteil des Wundergeschehens. Dessen Mittelpunkt bildet allein Hulda. Vergleichbar mit dem Wunderzeichen in der Schlußszene des *Tannhäuser* (Ausschlagen des päpstlichen Stabes) oder mit dem Gnadenzeichen im *Erwählten* von Thomas Mann (Wiederauffinden des Schlüssels) sind die Verwandlungsmomente hier die szenischen Symbole Lilien/ Kreuz. Das Hinzukommen Liebholds erscheint eher wie eine provisorische Zusammenführung der äußeren (stofflich bestimmten) Handlung (Berührung der sagenhaft-dämonischen mit der wirklichen Welt; Ziel: Vereinigung Liebholds und Huldas) mit der inneren, einzig die Protagonistin betreffenden Handlung (Ziel: Bannlösung). In dieser Verknüpfung, losgelöst von der Handlung, erhält die Vereinigung Liebholds mit Hulda eine eigene Funktion: es handelt sich um den symbolischen Abschluß eines nach außen projizierten inneren Vorgangs, den man ebenso psychoanalytisch wie religiös beleuchten kann (→ **Die Handlung aus psychoanalytischer Sicht** und → **Der Schluß des Werks**). Notwendiger Bildbestandteil des „*Wunders*" ist der Vorgang nicht.

Zum Vergleich sei hier das Schlußbild der Romantischen Tragödie *Wanda, Königin der Sarmaten* von Zacharias Werner herangezogen, mit welchem die Gestaltung der finalen Szenerie von *Schwarzschwanenreich* einige Ähnlichkeit aufweist. Dort ist das Geschehen eindeutig als tatsächlich sich (Mitte des 8. Jahrhunderts „in der Gegend des jetzigen Krakau"[216]) begebendes Wunder beschrieben: „[...] auf derselben Stelle, wo Wanda [nachdem sie „durch die Opferflammen" gesprungen ist[217]] in Fluten untergegangen ist, [„steigt"] eine kolossale, durch den klaren Morgenhimmel strahlende, von einem eben solchen Palmenzweige umwundene Lilie empor."[218] Dieses Bild symbolisiert wohl das Paar Rüdiger, Fürst der Rügen [durch Wanda getötet] – Wanda. Dementsprechend nachdrücklich schildert Werner die Wirkung dieses Wunders: „Sie erblickend stürzen alle Umstehende [sic], wie

---

[215] Braak 1965. 115.
[216] Werner 1970: 188.
[217] A.a.O.: 270.
[218] A.a.O.: 271.

von Entsetzen hingeschmettert, auf die Kniee [sic]."[219] Als „Ziel" dieser Selbstopferung der Sarmatenkönigin wird das „Urlicht"[220] angegeben.

## 3. Zur Verknüpfung von *Legende* und *Oper* in der „Legenden-Oper".

Die Legende entstand viel später als die Sage, sie ist frühmittelalterlich kirchlichen Ursprungs (lat. *legenda*: die zu Lesenden [Stücke; Heiligenlegenden]). Während die Sage, wie Lüthi formuliert, „im Volke" entstand, unterliegt die Legende „dem Einfluß kirchlicher Belehrung."[221]

Ihre Geschichte ist gekennzeichnet durch Brüche (Reformation, Aufklärung[222]) und Verwandlungen. Seit dem 19. Jahrhundert erfuhr die Legende eine freiere Behandlung, beispielsweise setzte Gottfried Keller mit seinen *Sieben Legenden* (1842) durch Psychologisierung, ironische Distanzierung eine Zäsur. Dies ermöglichte im speziellen literarischen Sinne eine Weiterentwicklung (Thomas Mann: *Der Erwählte*, 1951), aber „auch in Oper und Oratorien sind Legenden in die Libretti eingegangen [...][beispielsweise in Werken von: R. Strauss, A. Honegger, I. Pizzetti]."[223]

Ein besonderes Verdienst um die Ausprägung der Legenden-Oper wird Hans Pfitzner zugesprochen: So gilt das Musikdrama *Der arme Heinrich* (1895) als „Verkörperung eines neuen Typus, dem man die Bezeichnung ‚Dramatische Legende' gegeben hat."[224]

Die Verbindung von Oper und Legende bedeutet für beide Gattungsformen gleichermaßen eine Abwandlung und Erweiterung.

Die Bezeichnung der Oper „*Schwarzschwanenreich*" als „musikalische Psycho-Legende" orientiert sich an einer zwar de (arte)facto vorhandenen, von der Musikgeschichtsschreibung jedoch nur spezifisch (Pfitzner, s.u.) deklarierten Kategorie, die hier „Legenden-Oper" genannt wird.

Die Geschichte der „Legenden-Oper" setzt spät ein (Ende des 19. Jahrhunderts) und umfaßt nur wenige Werke. Aus literaturwissenschaftlicher Sicht stellt die Legenden-Oper im doppelten Sinn eine – für die Jahrhundertwende typische – *literarische Sonderform*[225] dar: z.e. handelt es sich um die Dramatisierung von Legenden

---

[219] A.a.O.: 271.
[220] A.a.O.: 270.
[221] A.a.O.: 78.
[222] Braak 1965: 116.
[223] BE 2006. Bd. 16 KRUT-LINK, 516f.
[224] Renner 1963: 355.
[225] Vgl. Beschreibung der Oper als „Sonderform des Dramas" in Braak 1965: 158f.

(vgl. in der Literatur Gerhart Hauptmanns *Der arme Heinrich*, 1902), z.a. wird die ‚dramatische Legende' in Musik gesetzt, also eine Verbindung Legende-Drama-Musik hergestellt. Die Legende bildet den Ausgangspunkt, *sie prägt dem Ganzen ihren Erzählcharakter auf.*

Um Kriterien zur Bestimmung der „Legenden-Oper" zu eruieren, wurden vier Opern, entstanden zwischen 1895 und 1954, herangezogen, die auf vorhandenen Legenden basieren:
*Tobias Wunderlich* (1937), Oper von Josef Haas
*Irische Legende* (1954), Oper von Werner Egk
*Der arme Heinrich* (1895), Musikdrama von Hans Pfitzner
*Palestrina* (1917), Musikalische Legende von Hans Pfitzner
*Die Legende von der unsichtbaren Stadt Kitesch und der Jungfrau Fevronija* (1904), Oper von Nikolai Rimski-Korsakow[226]

Diese Opern weisen Merkmale auf, die – einzeln auftretend oder in Verknüpfungen – auf einen ‚legendären' Charakter hindeuten:

- das Wunder der Errettung (*Wunderlich*; *Legende*; *Palestrina*; *Stadt*) oder Heilung (**Heinrich**)
- die Errettung als ‚Lohn' eines (Selbst-)*Opfers* (*Legende*) oder (gleichbedeutend mit dem Opfer) Verzichtes (*Wunderlich*; *Heinrich*; *Stadt*)
- aus inneren Kämpfen erwächst – in Zusammenwirkung mit helfendem Eingreifen aus höheren Regionen – eine nicht mehr erwartete Lösung (*Heinrich*; *Palestrina*; *Stadt*)

---

[226] Zu den Inhalten: **Tobias Wunderlich**: Wunder der *Errettung* der von einer Versteigerung bedrohten Altarfigur der Heiligen Barbara; *Irische Legende* (auf einer irischen Sage beruhend): *Rettung* des Landes und seiner Seelen vor den *Dämonen* (fabelartige Verkörperungen des Bösen) durch das *Opfer* der Cathleen, deren Seele aber schließlich durch den Sieg der *Engel* im Kampf gegen die Dämonen *gerettet* wird; Vorbild der Cathleen findet posthum *Zeugenschaft*; *Der arme Heinrich* (Text von James Grun nach der gleichnamigen höfischen Versnovelle des mittelhochdeutschen Dichters Hartmann von der Aue, um 1200): *Heilung* des unheilbar erkrankten Ritters Heinrich durch ein Gotteswunder, welches als Preis der Selbstüberwindung (Verzicht auf die *Rettung* mittels des, durch Frömmigkeit motivierten, *Opfers* der Agnes[226]) gedeutet wird. Besonderes Gewicht ist zu legen auf die innere Wandlung Heinrichs in dem Augenblick, da die heilungbringende Opferung vollzogen werden soll; *Palestrina*: Grundlage: historische Legende, die Palestrina zum *Retter* der – die Verständlichkeit des Wortes bewahrenden – reinen Kirchenmusik stilisiert (die Legende entspricht *nicht* genau den historischen Gegebenheiten); *Die Legende von der unsichtbaren Stadt Kitesch und der Jungfrau Fevronija* (nach Motiven altruss. Legendenliteratur): Das Gebet der sanftmütigen Jungfrau Fevronija bewirkt die wunderbare *Rettung* der Stadt Kitesch, die für die angreifenden Tartaren unsichtbar wird.

- Sieg des Himmels (*Engel*) über die Mächte der Finsternis (*Dämonen*) im *Kampf um die Seele* (**Legende**)

Die genannten Merkmale finden sich auch – in spezieller Anwendung und Zusammensetzung – in *Schwarzschwanenreich* wieder.
Die Besonderheit von Siegfried Wagners Gestaltung der Rettungshandlung läßt sich anhand eines Vergleichs mit dem Wundergeschehen in *Palestrina* zeigen.

### 4. Das „Wunder"-Ereignis in *Palestrina* und *Schwarzschwanenreich*.

Der Vorgang der ‚Rettung' findet sich am deutlichsten ausgeprägt in *Palestrina*. Während er in den anderen Opern mehr oder minder in das Handlungsgeschehen integriert ist, wird er in diesem Werk in Form einer symbolischen Szene aus dem übrigen Geschehen herausgehoben. Dort wandelt sich der irdische Befehl (Kardinal) in einen göttlichen Auftrag (Erscheinen der neun Meister), der gefolgt ist von der Inspiration (Engelschor). Dies geschieht „zu nächtlicher Stunde, am Ende eines großen Besinnungs- und Verzweiflungs-Monologs (Szene I,4) [...]."[227] Palestrina *faßt sein Erleben in Worte*: „Wunder ist Möglichkeit [...]!"[228]
Eine Analogie hierzu findet sich in *Schwarzschwanenreich*:
Auch Hulda befindet sich in einer Situation, von der es in der vorletzten handschriftlichen Fassung des Textes (bereits dort durchgestrichen) noch heißt: „War sonst nur Nacht! [Hervorh.: I.B.]"[229] Ihre *Verzweiflung* legt sie gleichfalls in einen *Monolog* (in Liedform: Blumenlied), der mit einer Anrufung Gottes[230] schließt. Gleichsam als Antwort darauf hat sie eine *lichte* Vision („Da kam von Oben ein Traumbild mir [...]!"[231]; das „Oben", in der Partiturtextfassung klein geschrieben, wird in der Handschrift und in der gedruckten Textbuchfassung noch groß geschrieben [„das Oben" stellt in verschiedenen Religionen, z.B. Hinduismus und Christentum, eine Instanz dar, verbunden damit ist eine Bewegungsrichtung „nach oben" (Hinduismus), „von oben" (Christentum); ein weiterer, nicht übernommener Satz in der Handschrift lautet: „Ein Traum, den mir die Gottheit gab!"[232]). Es han-

---

[227] Neumann 1993: 335.
[228] Zit. nach a.a.O.: 336.
[229] Wagner, hs. Textbuchfassung. NAB. [Bf VI 1-2.] Unpag. 35. Seite.
[230] Soweit in diesem der Einordnung dienenden Überblick aus dem Partiturtext (Klavierauszug) zitiert wird, erfolgen, abgesehen von der Nennung der Szenen, keine Seitenangaben; es handelt es sich um Stellen, die in der Werkanalyse wiederholt und dort nachgewiesen werden.
[231] Wagner, hs. Textbuchfassung. NAB. [Bf VI 1-3. 32. Seite.] – 2. Fassung: „Da sandte Gott ein Traumbild mir!" (35. Seite)
[232] A.a.O.: 35. Seite.

delt sich um eine *engelhafte Erscheinung*, die begleitet ist von „Lauten", die zu „Worten" werden, welche ihr – in Form eines Spruchs – die Möglichkeit einer Bannlösung (Liebhold) in Aussicht stellen. Diese *Möglichkeit* bezeichnet Hulda als „Wunder".

Allerdings erschließt sich dieses Ereignis nicht unmittelbar: Es zerfällt, vom zeitlichen Ablauf her gesehen, in zwei Hälften. Der Lied-Monolog findet zu Beginn der 1. Szene des Werks statt, die Protagonistin befindet sich jedoch „*hinter der Scene*", ist also den Blicken entzogen. Von der [anschließenden] Vision, die als Hintergrundgeschehen der sichtbaren Handlung anzunehmen ist, erfahren wir erst in der letzten Szene des I. Akts (I.6), vermittelt durch die Traumerzählung Huldas. Der Zusammenhang von Traumerzählung und Monolog bzw. die Rückbeziehbarkeit von „Qual", „düst'rem Lebens-Zwang", „Todes-Sehnsucht" und „Noth" auf „Schatten", „Grab" im Blumenlied fällt nicht sofort ins Auge, sondern wird erst bei einer Differenzierung der Erzählschichten (innere/ äußere Handlung) deutlich. Der zeitliche Rückverweis („Schon einmal"), mit dem die Traumerzählung beginnt, erfolgt nur ungefähr. Diese ‚Sperrung' von erster Hälfte („Nacht") und zweiter Hälfte („Licht") ist jedoch für sich genommen ein Struktursymbol und bezeichnet die psychologische Anlage des Werks: die Bannlösung als Weg *per aspera ad astra*. Das „Wunder" geschieht nicht sofort; es wird zunächst nur in einer Art Wachtraum vor Augen gestellt und *zweifelnd erhofft* (Konjunktiv und Frageform am Ende der Traumerzählung: *„Könnt' es sein? Gäb' es Wunder?/ Stieg ein Engel [...]!"* [Hervorh.: I.B.] Letzteres ist ein Kriterium der Legende, die „auch die Möglichkeit, ja die Unvermeidbarkeit des Zweifels in sich schließt [...]."[233] Erst am Schluß findet die Aufhebung des in der Traumerzählung beschriebenen „kranken, wunden" Zustands statt. Symbol dieses Zustands ist die „Wunde", entsprechend erfolgt die Aufhebung als *Heilung*.

Bei dem Szeniker Siegfried Wagner ist das Wundergeschehen nicht so wie bei Pfitzner eindeutig-komprimierte „szenische Verbildlichung"[234], sondern es gewinnt strukturbildende Funktion. Anhand der Wunder-Bezüge läßt sich das Handlungsgerüst wie folgt darstellen:

---

[233] Lüthi 2005: 79
[234] Neumann 1993: 335.

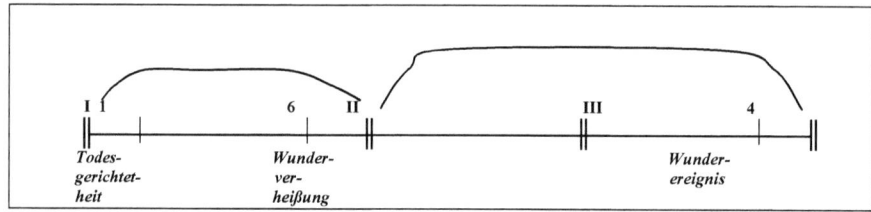

Gemeinsam ist Pfitzner und S. Wagner, daß sich beide mit ihrem Protagonisten/ ihrer Protagonistin identifizieren; allerdings legt Pfitzner das ‚männliche' (Rettung als ‚die Tat erleidendes schöpferisches Handeln'), Wagner das ‚weibliche' Variationsschema (Rettung erfolgt durch ‚aktives Erleiden') der Handlung zugrunde. Demzufolge stellt *Palestrina*, wie Neumann in seiner vergleichenden Analyse formuliert, „eine ideale Verbindung von Kunstschaffen und kulturpolitischer Tat", symbolisiert durch die von Palestrina komponierte *Missa Papae Marcelli* „als d i e M u s i k rettende Schöpfertat"[235]. Dagegen fehlt in *Schwarzschwanenreich* die ‚Tat'. Der Komponist Hans Pfitzner spiegelt sich im Komponisten Giovanni Pierluigi Palestrina; Siegfried Wagner spiegelt sich (im ‚*cross dressing*') in seiner Gestalt Hulda.

Im Mittelpunkt steht die Zerfallenheit des Subjekts mit sich selbst. Das Ich hat kein Objekt mehr außerhalb seiner selbst. Das Ich selbst stellt das Problem dar, sein Dasein ist das Dilemma, dieses Dilemma ist also existentiell, das Unhaltbare der Situation bezieht sich auf das Weiterführen der eigenen Existenz.

Das Ich sieht sich in seinem Sein in Frage gestellt. (Der Konflikt mit der Außenwelt [äußere Handlung: Verfolgung, Verklagung, Hinrichtung] erscheint eher als Objektivation des inneren Konflikts). Angesichts dieses ausschließlichen Selbstbezugs stellt sich die Frage nach einer im Außerpersönlichen liegenden Aufgabe nicht.

## 5. Musikalische Bannlösung.

Die Auflösung des Konflikts ist niedergelegt in der Musik. Das Wunder, welches die Regieanweisung beinahe noch in Zweifel zieht, vollzieht sich *wahrhaftig* im harmonischen Geschehen.

Die Erwähnung des „Engels", der die Bannlösung bewirken soll, geschieht in C-Dur, der Grundtonart der Traumerzählung. Der Weg dorthin erfolgt über ein leittonartiges H-Dur (Sept- akkord) auf „Wunder", das gewissermaßen (musikalisch wie dramatisch) durch den „Engel" exponiert werden soll.

---

[235] Ebda.

Allerdings ist mit C-Dur an dieser Stelle – wie es Marcus Schneider mit Bezug auf *Die Meistersinger* formuliert – nicht die „Rückkehr zur Erde"[236] symbolisiert, da diese Tonart hier nicht die Funktion der Tonika einnimmt, sondern durch die Hinzufügung der Septe die eines Dominantseptakkords erhält und damit selbst erst auf eine Zieltonart hinweist: die Tonika G-Dur. Diese wird auch tatsächlich erreicht: zum Zeitpunkt der tatsächlich stattfindenden Vereinigung Liebholds und Huldas (II.0) (Liebesgesang in G-Dur), die sich ihrerseits aber nicht als dauerhaft erweist („Der Traum nur ein Trug"). Das endgültige Gelingen der Bannlösung ist in *Schwarzschwanenreich* an die Grundtonart der Oper: E-Dur gebunden (Zieltonart der *Einleitung* und Tonart der genannten Bannlösungsformel). Der Weg zur Bannlösung bedeutet harmonisch die Umwandlung von e-moll (Werkbeginn) in E-Dur (Werkschluß).

Dieser weiträumigen Durauſhellung entspricht ein Lebensweg der Protagonistin *per aspera ad astra*.

Kritik scheint angebracht in Anbetracht der Gestaltung des symbolischen Todes: indem er vor historischem Hintergrund mit dem Flammentod spielt, entleert Siegfried Wagner das Bild seiner Realität; im Negieren der körperlichen Qual erreicht er beinahe die Größe Goethes.

Angesichts der Zuhilfenahme eines „Wunders" zur Gestaltung der Bannlösung scheint es angebracht, den Schwarzschwanenreichbann selbst näher ins Auge zu fassen. Dieser Bann ist das movens der Handlung. Seine genaue Beschreibung findet sich – statt im Text (Schwarzschwanenreicherzählung Ursulas, I.1; Seemonolog Huldas, II.5) – bezeichnenderweise in den beiden anderen – nicht-begrifflichen – Bereichen des musikalischen Dramas: z.e. in dem der reinen Musik (Einleitung), z.a. in dem des Szenenbildes (I. Akt, 1. Szene).

---

[236] Schneider 2004: 9.

# Die Orchester-Einleitung.

## 1. Zur Verwendung des Begriffs „Einleitung" bei Siegfried Wagner.

> Ihre Wirkung
> darf sogar sehr entscheidend
> von der Kenntnis des Textbuches der betreffenden Dichtung
> abhängen.[237]
> *Willy Hess*

Siegfried Wagners Einleitungen stehen beispielhaft für eine Entwicklung der Ouvertüre, die – in Diskussion und Praxis – bereits im 18. Jahrhundert ihren Ausgang nahm: „Gegen Mitte des 18. Jh. wird der programmatische Aspekt der Ouvertüre zusammen mit dem Bemühen um eine Präzisierung ihres Aufgabengebietes namentlich als Einleitungskomposition zu einem Drama zum zentralen Thema theoretischer Erörterungen."[238] Eine Zäsur setzte Gluck durch seine Schwerpunktverschiebung vom (Form-)*Schema* auf den programmatischen *Bezug zum Drama*. Hierin folgte ihm – in besonderer Weiterführung und Ausprägung – Richard Wagner. „Aufgrund des engen inhaltlichen Bezugs zum folgenden Drama [...] ist das Vorspiel in den Generationen seit Wagner nicht mehr als Typus greifbar [...]."[239] Verbindliches Kriterium bleibt „ihre genuine funktionale Zweckbestimmung." Angesichts zunehmender Variabilität in der Gestaltung „kann eine Einordnung unter dem Oberbegriff *Ouvertüre* allenfalls durch die Funktion dieser Eröffnungskomposition legitimiert werden."[240] Ausdruck dieser Entwicklung ist eine Vielzahl neuer Bezeichnungen, die auf den dramatischen Bezug hinweisen. Symptomatisch erscheint allerdings eine gewisse Unverbindlichkeit des Begriffs. Beispielsweise verwendet Richard Wagner in seinen Schriften häufig den Begriff „Ouvertüre".

In seinem Aufsatz „Über die Ouvertüre" faßt Richard Wagner „den allgemeinen künstlerischen Zweck der Ouvertüre, welche immer nur ein idealer Prolog sein [...] soll," dahingehend zusammen, daß sie „auf das Drama vorbereiten" solle[241]. Dem setzt er voraus: „Ohne peinlich das ausdrücken zu wollen, was die Musik nie aus-

---

[237] Kap. „Die Ouvertüre" in: Hess 1964: 197.
[238] Art. **Ouvertüre.** Pelker 1997: 1248.
[239] A.a.O.: 1253.
[240] Ebda.
[241] Wagner O.J. [1949?]: 132.

drücken kann[242] und soll, nämlich die Einzelheiten und Verwicklungen der Handlung selbst" habe die Ouvertüre „den leitenden Hauptgedanken des Dramas" zu erfassen.[243] Er fährt fort: „Hiermit soll aber keineswegs gesagt sein, daß die musikalisch konzipierte Idee des Dramas nicht zum allerbestimmtesten Ausdruck und Abschluß gebracht werden sollte, im Gegenteil soll die Ouvertüre als musikalisches Kunstwerk ein volles Ganzes bilden."[244]. Wenngleich Wagner *findet*, daß die Ouvertüre „den individuellen Schicksalslauf einzelner Personen [nicht] in sich fassen könne", ist er andererseits der Ansicht, „daß die Ausarbeitung rein musikalischer Elemente in der Ouvertüre mit der dramatischen Idee so weit zusammenfallen soll, daß selbst der Abschluß der musikalischen Bewegung der Entscheidung der szenischen Handlung entspreche"[245].

Diesen Gedanken führt Richard Wagner in *Oper und Drama* weiter aus; wie der Titel ankündigt, liegt hier das Schwergewicht auf dem Bezugsverhältnis zwischen Dichtung und Tonstück. Die Aufgabe des letzteren sei es, die *dichterische Absicht* des nachfolgenden *Dramas vorauszuverkünden* und so auf das *wirkliche Erscheinen* (im Kunstwerk) *vorzubereiten*.
Diese Art der Ouvertüre befinde sich in Gegensatz zu den „heutigen Opernouvertüren", welche „den Gang des Dramas" vorwegnähmen und so *unverständlich* blieben:

[...] diese [dichterische Absicht] aber, welche sich auf eine bestimmte zu verwirklichende Erscheinung bezieht, vermag im voraus dieser Erscheinung die sinnlichen Momente des vorbereitenden Tonstückes so zu entnehmen, daß sie in beziehungsvoller Weise ihr ganz so entsprechen, wie die endlich vorgeführte Erscheinung den Erwartungen entspricht, die das vorausverkündende Tonstück in uns erregte. Die wirkliche Erscheinung tritt demnach als erfülltes Verlangen, als gerechtfertigte Ahnung vor uns hin [...].
Das Orchester drückt die erwartungsvolle Empfindung selbst aus, die uns vor der Erscheinung des Kunstwerkes beherrscht; je nach der Richtung hin, wo es der dichterischen Absicht entspricht, leitet und erregt es unsre allgemein gespannte Empfindung zu einer Ahnung, die eine als notwendig geforderte, bestimmte Erscheinung endlich zu erfüllen hat.

---

[242] Dieser Gedanke läßt sich mit einer Ausführung Wagners in seinem Aufsatz „Eine Pilgerfahrt zu Beethoven" [1840] in Verbindung bringen. Dort beschreibt er die Verschiedenheit der zwei „Tonorgane": „menschliche Stimme" und „Instrumente des Orchesters". Er stellte die Urgefühle, repräsentiert von den Instrumenten" der „klaren bestimmten Empfindung des menschlichen Herzens [...], repräsentiert von der Menschenstimme" gegenüber. Vgl.: Wagner o.J.: 98.
[243] A.a.O.: 127.
[244] A.a.O.:132f.
[245] A.a.O.: 135.

> Daß ich hiermit nicht die heutige Opernouvertüre meine, habe ich an diesem Orte nur kurzweg zu berühren; jeder Verständige weiß, daß diese Tonstücke – sobald in ihnen überhaupt etwas zu verstehen war – anstatt v o r dem Drama, n a c h demselben vorgetragen werden müßten, um verstanden zu werden. Die Eitelkeit verführte den Musiker, in der Ouvertüre – und zwar im glücklichsten Falle – die Ahnung schon mit absolut musikalischer Gewißheit über den Gang des Dramas erfüllen zu wollen.[246]

Inwieweit Siegfried Wagner, der den Angaben in seinem *Reisetagebuch 1892* zufolge, auf seiner Asienreise die theoretischen Schriften Richard Wagners, insbesondere *Oper und Drama* las, diesen Maßgaben Richard Wagners Folge geleistet hat, ist anhand der folgenden Analyse nachzuvollziehen.

Pretzsch bescheinigt S. Wagner in seiner Werkeinführung unausgesprochen eine Behandlung der Ouvertüre im Sinne der Theorie Richard Wagners. Die Vorspiele

> verdienen durchweg den Namen symphonischer Dichtungen [...]. Die Eigenschaft, einen gegebenen poetischen Vorwurf in freier symphonischer Gestaltung erschöpfend zu behandeln, kommt ihnen jedenfalls zu [...]. Die großen abgeschlossenen Ouvertüren oder Vorspiele, die S. Wagner fast allen Werken voranstellt, halten sich, wie nicht anders zu erwarten war, von der Sonatenform der alten Ouvertüren fern und sind symphonische Prologe mit einer aus dem poetischen Gehalt sich herleitenden Unterteilung in zumeist fünf Abschnitte. Sie lassen den Hörer einen umfassenden Blick in die Seele des dramatischen Helden oder der Heldin tun und haben, ohne eine musikalische Widerspiegelung der ganzen dramatischen Handlung vorwegzunehmen, die Stellung des Helden im Rahmen ebendieser Handlung zum Gegenstande, beleuchten ihn von allen wesentlichen Seiten und stimmen so den Hörer in rechter Weise auf das Kommende ein.[247]

In seinem Vortrag über „szenographische Musiken" in den Opern S. Wagners faßt Andrew McCredie die „Benennungstypen", die Pretzsch hinsichtlich der Ouvertüre aufstellt, zusammen: „(I) die drei so benannten ‚Ouvertüren', die am Anfang der früheren Partituren *Der Bärenhäuter*, *Herzog Wildfang* und *Bruder Lustig* stehen; (II) die Einleitungen am Anfang der Partituren zum *Kobold, Heidenkönig, Sternengebot, Banadietrich*" sind kürzere Sätze [...]; (III) die größeren symphonischen Vorspielen oder Preludes, welche am Anfang von *Schwarzschwanenreich, Sonnenflammen, Friedensengel, An Allem ist Hütchen Schuld!, Der Schmied von Marienburg, Rainulf und Adelasia, Wahnopfer, Die heilige Linde* und *Das Flüchlein, das Jeder mitbekam* stehen."[248]

---

[246] Wagner 1914: 297-302.
[247] Pretzsch 1919: 39.
[248] Pachl 2003: 118.

McCredie spricht S. Wagner eine „Erzählkunst" zu, „die mit den sinfonischen Prologen (Ouvertüren, Vorspiele und Einleitungen) einen eigenen Ausgangspunkt hat, welcher, obwohl weniger realistisch, jedoch unmittelbar naturalistischer oder textdarstellerisch einfühlsamer als viele sinfonische Dichtungen der Zeit, die literarische Sensibilität und das Strukturbewußtsein ihres Schöpfers exemplifizierend entfaltet."[249]

In seiner Dissertation hebt Pachl die „sehr ausführliche [...] instrumentale Verarbeitung" der Themen hervor[250], charakterisiert sie durch eine „theatralische Symphonik" und stellt hinsichtlich des Aufbaus die ab Opus 4 vorherrschende „Bogenform (a-b-a' oder a-b-a") fest[251]. (Demgegenüber geht Hess in seiner Analyse des *Friedensengel*-Vorspiels (op. 10) allerdings von einer zugrundeliegenden Sonatenhauptsatzform aus[252].)

Pachl kommt zu dem Schluß, daß die Vorspiele S. Wagners eine „Doppelfunktion" erfüllen: „symphonische Form und dramatische Aussage."[253]

Weiterhin hebt der Verfasser das Vorbild Franz Liszts hervor, sowohl mit Hinblick auf die Instrumentation als auch auf die dramatische Aussage. Das Wort des Dirigenten Siegfried Wagner über die Symphonischen Dichtungen Liszts: „Ein Nur-Musiker wird kein Verhältnis zu diesen Werken haben. Man muß dichterisch mitempfinden."[254] sei auch auf Siegfried Wagners „eigene reine Orchesterkompositionen" anzuwenden[255].

Dem ist insbesondere mit Hinblick auf die Einleitung zu *Schwarzschwanenreich* nachzugehen. Die Definition Dammanns lautet: „Das Vorspiel zum ersten Akt ist im Sinn einer Programmouvertüre geschrieben."[256]

In der Tat hat Siegfried Wagner – allerdings erst nachträglich aus gegebenem Anlaß – ein schriftliches ‚Programm' seiner Einleitung skizziert. Zwei Jahre nach Vollendung des Werks und vier Jahre vor der Uraufführung bittet er Rosa Eidam in einem Brief vom 30. 10. 1912,

> für mein Hamburger Konzert [möglicherweise handelt es sich um die oben erwähnte bevorstehende Uraufführung der Einleitung] ein kleines Programm zum Vorspiel

---

[249] A.a.O.: 127.
[250] Pachl 1979: 36.
[251] A.a.O.: 37.
[252] Hess 1964: 215.
[253] Pachl 1979: 37.
[254] Wagner 1923: 19.
[255] Pachl 1979: 36.
[256] Dammann 2001: 51.

SchwarzSchwanenreich [sic] [zu] verfassen, was dann eventuell auf Umschlagblatt gedruckt würde. Kurze Inhaltsangabe der Idee des ganzen [Werks] [...]. Das Vorspiel selbst zerfällt in die Momente: Klage – Trost – Verheissung – Bangen – Versuchung – Kampf – Hast – Vernichtung – Trost – Wollen Sie was zusammenbrauen, möglichst objektiv, als könnten Sie meine Sachen eigentlich nicht recht leiden."[257]

Die Bezeichnung „Momente" läßt sich sowohl auf einzelne Motive als auch auf bestimmte Stationen dieser ‚dramatischen Ouvertüre' beziehen. – In dem daraufhin erstellten „Programm"[258] weicht Rosa Eidam nur geringfügig von den Vorgaben ab, wie aus der folgenden Gegenüberstellung zu ersehen ist, in der auch in Einzelfällen anderslautende Motivbezeichnungen von Pretzsch[259] aufgeführt sind. Die vierte Spalte enthält die in der nachfolgenden Analyse verwendeten Namen für die „Momente". Diese Benennungen fußen – unter Einbeziehung aller bisher verwendeten Begriffe – v.a. auf Querverbindungen zwischen Einleitung und Bühnenhandlung.

| Siegfried Wagner | Rosa Eidam | Paul Pretzsch | Analyse |
| --- | --- | --- | --- |
| Klage | Klagen | Weheruf | Klagemotiv |
| Trost – Verheissung | Verheissung d. Trostes und der Rettung | Thema der göttlichen Gnade | Bannlösungsthema |
| Bangen | Bangen | Motiv des sinnlichen Begehrens | Motiv d. Begehrens |
| Versuchung | Versuchung | Motiv des Verführers/ Motive des Reiches der schwarzen Schwäne | Versuchermotiv/ Schwarzschwanenreichmotive |
| Kampf | Ringen | | |
| Hast | | | |
| Vernichtung | Vernichtung | | |
| Trost | Trost-Verheissung | Thema der göttlichen Gnade | Bannlösungsthema |

---

[257] NAB. [A 2545 I-65.]
[258] Hier zitiert aus dem Programmheft der Philharmonie Berlin, 3.2.1922: 2-3.
[259] Pretzsch 1919: 433-439.

Bezeichnend ist für den Handlungscharakter der Einleitung eine dem „Programm" vorangestellte Bemerkung Rosa Eidams: *Das Vorspiel schildere* „den Seelenzustand" der Protagonistin.[260] Dies bedeutet, daß die Einleitung inhaltlich und motivisch reduziert ist auf die Schilderung einer einzigen Person, daß sie damit aber auch in einem besonderen Bezugsverhältnis zur Bühnenhandlung gesetzt wurde.

Die Einleitung besteht aus zwei unterschiedlichen Abschnitten: einer Art Vorspiel innerhalb des Vorspiels (16 Takte), das hier als „Prolog" bezeichnet werden soll und dem Hauptteil (193 Takte), der wiederum dreifach gegliedert ist. Der Prolog (A) bringt den „Seelenzustand" Huldas auf spezielle Weise zum Ausdruck; dieser bildet den Ausgangspunkt der Handlung. Der Hauptteil der Einleitung ist bogenförmig aufgebaut ($B_1$ - C - $B_2$). Den Rahmen (Zielgedanke) bestimmt das Bannlösungsthema ($B_1$ und $B_2$; 49 und 35 Takte). Das Hauptstück in ‚dramatischer' (Gestaltung) und erzählerischer (Inhalt) Hinsicht stellt Teil C (109 Takte) dar (Schwarzschwanenreicherlebnis). Dieser ist ebenfalls dreiteilig angelegt ($C_1$: Auftreten des Versuchers; $C_2$: Erscheinen des Schwarzschwanenreichs; $C_3$: Kampf Hulda-Versucher).

Dieser Gliederung stehen andere Unterteilungen gegenüber:

Glasenapp geht in seinen „Aphorismen über die Kunst Siegfried Wagners" offensichtlich von einer Dreiteilung (einfache Bogenform) aus, da er von einem „Mittelsatz"[261] spricht.

Pretzsch nimmt in seiner ausführlichen Besprechung der Einleitung eine Fünfteilung vor (Huldas Klage – erstes, nicht abgeschlossenes Erklingen der „göttlichen Gnade" – Auftreten des Versuchers – Schilderung des Schwarzschwanenreichs – „göttliche Gnade").

In der hier vorgenommenen Viergliederung wird ebenfalls, wie bei Glasenapp, von einer Bogenform ausgegangen, wobei jedoch dem kürzesten ersten Abschnitt ein eigener Stellenwert zugesprochen wurde und die einzelnen Stationen des Schwarzschwanenreicherlebnisses (Pretzsch) zu einem einzigen (aber dreifach untergliederten) Abschnitt zusammengefaßt wurden[262]:

---

[260] Programmheft 1922: 3.
[261] Glasenapp o.J.: NAB. [A 2545-70.]
[262] Differenzen zwischen summarisch angegebenen Taktanzahlen und der Angabe von Taktanzahlen einzelner Abschnitte ergeben sich aus der Weglassung der Überleitungstakte bei letzteren.

*Glasenapp*:

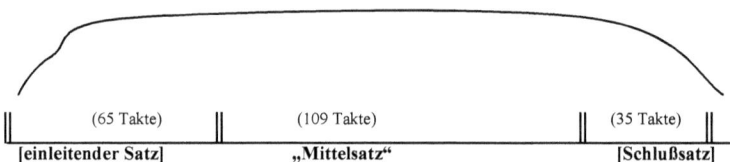

"Huldas Ringen mit dem mächtigen Reiche"

*Pretzsch*:

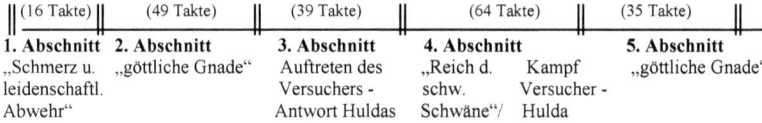

| (16 Takte) | (49 Takte) | (39 Takte) | (64 Takte) | (35 Takte) |
|---|---|---|---|---|
| **1. Abschnitt** | **2. Abschnitt** | **3. Abschnitt** | **4. Abschnitt** | **5. Abschnitt** |
| „Schmerz u. leidenschaftl. Abwehr" | „göttliche Gnade" | Auftreten des Versuchers - Antwort Huldas | „Reich d. schw. Schwäne"/ | Kampf Versucher - Hulda | „göttliche Gnade" |

*Analyse*:

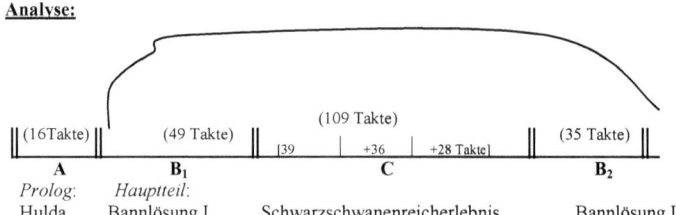

| (16 Takte) | (49 Takte) | (109 Takte) [39 +36 +28 Takte] | (35 Takte) |
|---|---|---|---|
| **A** | **B₁** | **C** | **B₂** |
| *Prolog*: Hulda | *Hauptteil*: Bannlösung I | Schwarzschwanenreicherlebnis | Bannlösung II |

## 2. Musikalisch erzählte Vorgeschichte der Handlung.

> Die Stationsdramatik dieses Prologs
> bietet nur einen Fahrplan und ein Skelett
> zur angeschlossenen Haupthandlung der Oper selbst.[263]
> *Andrew D. McCredie*

Diese im Motto zitierte Feststellung scheint grundsätzlich anwendbar auf die Einleitungen zu den Opern Siegfried Wagners.

Dem Hauptteil der Einleitung kann der Stellenwert einer musikalisch erzählten Vorgeschichte zugesprochen werden. Anders als Richard Wagner im *Tristan*, II. Akt, läßt Siegfried Wagner das interne Geschehen nicht in der Handlung sichtbar werden. Dafür expliziert er es deutlich in der reinen Musik der Orchestereinleitung. Unausgesprochen und unsichtbar stellt er Huldas ‚Besuch in der Unterwelt' des Schwarzschwanenreichs – ihre ‚Teufelsbuhlschaft' – als gegebene Tatsache voran. Die Einleitung zeigt, daß Ursulas „Verdacht" (I.1), ihr *Glaube* an das Hineinwirken einer anderen (sagenhaft-dämonischen) Wirklichkeit in die Welt des Diesseits zu „Recht" besteht. Musikalische Mittel ersetzen die sprachlichen und szenischen: Instrumente imitieren die menschlichen Stimmen oder sie werden teilweise wie Requisiten gebraucht; Motive haben personalen Charakter, ihre Verarbeitung erfolgt gemäß der dramatischen Entwicklung.

Dieser Aufwand wäre nicht gerechtfertigt, wenn man annehmen müßte, daß es sich bei dem Schwarzschwanenreich-Erlebnis Huldas um eine Halluzination handelte. Die Mittel scheinen nicht geeignet, ‚Hirngespinste' zu schildern (vgl. im Gegensatz dazu z.B. die „Delirien" Alban Bergs). Abgesehen davon weist auch in der Handlung nichts darauf hin, daß Hulda verwirrt ist (selbst in der Exorzismus-Szene, I.5, behält ihr Denken die Herrschaft über ihr Gefühl); dies müßte auch aus der Reaktion Liebholds hervorgehen.

Es fällt auf, daß viele wichtig erscheinende Einzelheiten, die beim Lesen der Partitur ins Auge fallen, beim Anhören der Einleitung kaum hervortreten oder erst nach mehrfachem Hören erkennbar werden. Eine ähnliche Feststellung macht McCredie in seiner Analyse des Vorspiels zu *Rainulf und Adelasia*:

> Weitere Motivtypen, welche häufig erscheinen, sind jene kurzatmigen, scharf punktierten rhythmischen Floskeln, die sich öfters in den Begleitstimmen befinden. Sie haben eine schriftliche Präsenz in der Partitur, gewinnen in der Aufführung aber an keiner verschärften Profilierung.[264]

---

[263] McCredie 2010: 26.
[264] Ebda.

In der Einleitung von *Schwarzschwanenreich* dominieren den Klangeindruck an einigen Stellen andere, hier nicht behandelte Figuren, die eher die Aufgabe einer Schilderung der Atmosphäre haben (z.B. die absinkende Linie der Flöten zu Beginn von $A_2$). Lesewirklichkeit und Hörerlebnis differieren bei Siegfried Wagner stark.

**1. Abschnitt (A): Hulda.**

Der erste Abschnitt gliedert sich wiederum in zwei Teilabschnitte: der erste Teilabschnitt ist bestimmt durch Huldas Klagemotiv (T 1-4; s. Notenbeispiel), der zweite durch ihr Thema des Aufbegehrens (T 5-13).

Der erste Teilabschnitt zeichnet die Handlung durch eine harmonische Chiffrierung vor. Besonderes Schwergewicht liegt auf dem ersten Takt. Es handelt sich um einen C-Dur Akkord, im Rahmen der Anfangstonart e-moll die Funktion eines Neapolitanischen Sextakkords auf der V. Stufe. „Der neapolitanische Sextakkord, den Siegfried Wagner hier verwendet, wurde schon im 18. Jahrhundert als Stilelement zur Charakterisierung von Schmerz und Sünde eingesetzt. Diesen allerdings im ersten Takt eines Werkes, gleichsam ohne Vorwarnung zu verarbeiten, sucht seinesgleichen."[265]

Der Neapolitaner erscheint im Verlauf der (Bühnen-)Handlung als Chiffre für den Urheber von Huldas Leid, den Versucher (resp. „Pfarrer"; → **Die 2. Szene des II. Akts**).

Allerdings befindet sich der Neapolitaner der Einleitung auf der V. Stufe; er bezeichnet somit nicht einen endgültigen Zustand, sondern verweist auf einen Schluß, welcher die Lösung des Konflikts bringen soll (I. Stufe: E-Dur).

Auf diese Weise liegt im ersten Akkord der Einleitung bereits der Grundriß der Handlung vorgezeichnet.

Für sich genommen steht C-Dur im Werk symbolisch für das Streben Huldas nach „Licht": sie erstrebt damit die „Befreiung" vom Schwarzschwanenreichbann. Das *Trügerische* dieser Hoffnung ist hier harmonisch begründet durch das Erklingen von C-Dur auf der II. Stufe. Die Verwendung von C-Dur als Symbol vergeblichen Erlösungsstrebens wiederholt sich variabel an mehreren Punkten der Hand-

---

[265] Schneeweiß 2000: 93.

lung (letzter Punkt, Richtplatzszene III.4, s. den 3. Abschnitt des Canton-Kapitels über den → **Der fragende Blick**).

Das durch das Schwarzschwanenreicherlebnis verursachte Leid findet seinen Ausdruck im weiteren Verlauf des Motivs: z.e. in der Oberstimme, eine abwärtsführende chromatische Linie c – h – ais (verzögert durch zwei weitere kleine Sekundwechsel h – c), z.a. durch Intervalle, a. horizontal: der Grundton der beiden Rahmenakkorde C-Dur – Fis-Dur (Schritt: Dominante – Doppeldominante) (T 1-2) bilden einen Tritonus; b. gewissermaßen zur Bestätigung wiederholt sich der Tritonus vertikal im zweiten Takt innerhalb des Fis-Dur-Akkords (e – ais). Das gesamte Motiv bleibt im Dominantbereich (einfach und verdoppelt) – ein nachdrücklicher Hinweis auf die anzustrebende Lösung.

Auf die Schilderung des Ausgangszustandes antwortet eine Gegenbewegung (zweiter Teilabschnitt, T 5-13): diese findet in einem – mit der Auflösung des Schlußtones *ais* (und damit des Tritonus') der Klage beginnend – ein *appassionato*-Thema in der Solooboe (*stringendo*) Ausdruck, das hier einmalig im ganzen Werk erklingt (Schlußwiederholung im Englisch Horn).

Nun leiten in aufsteigenden Linien Baß-Klarinette (T 14-15) und Horn (T 16) *espressivo* zum zweiten Abschnitt über($B_1$), der einen Kontrast zum ersten Abschnitt bildet.

## 2. Abschnitt ($B_1$): Bannlösung I.

Die Dur-Aufhellung der Anfangstonart kündigt die nun folgende Darstellung der angestrebten Lösung an (ab T 17). Allerdings ist die Grenze zwischen dem ersten und zweiten Abschnitt durchlässig: die vermittelnde *Horn*linie mündet in einen rein akkordischen Abschnitt (Hornklänge T 17-20), der durch seinen stationären Charakter in Verbindung mit der weichen Klangfarbe des Horn die vorangegangene Gefühlsbewegung gewissermaßen aufhebt und neutralisierend zwischen dieser und der nun folgenden Bannlösungsmelodie vermittelt, die mit „breitem Strich" in den Streichern beginnt.

Dieser Abschnitt breitet sich aus über 49 Takte, durchsetzt von prononcierenden Nebenthemen insbesondere in der Oboe (abwechselnd mit der Klarinette) (T 38-52), deren ‚positive Weise' sozusagen eine Entgegnung auf das Oboensolo bildet.

Das (im → „Schluß"-Kapitel besprochene) Bannlösungsthema endet in höchster Verflüchtigung „*zart*" in der Solo-Flöte (T 61-62) und 1. Violine (T 62-65) auf dem dreigestrichenen h.

Dieser auf Sublimierung gerichtete Charakter des zweiten Abschnitts wird gestört durch eine rhythmische Figur (‚Schicksalsrhythmus') im Horn zu Beginn (T 22-24) und am Schluß (T 64-65) in der Pauke (Triller auf h im *pianissimo*), der das gesamte Werk durchziehen wird. Der Pauken-Triller wirkt wie eine Bremse auf den Vorgang der Schlußbildung und erzeugt sozusagen den Halbschluß H-Dur.

Die gedankliche Ursache dieser Unterbrechung erscheint im folgenden dritten Abschnitt ($A_2$). Während zu Beginn der Einleitung die Ursache von Huldas *Klage* nur in harmonischer Chiff- rierung angegeben wurde, findet jetzt eine Ausführung – in mythisch-motivischer Verbrämung – statt:

### 3. Abschnitt (C): Versucher – Hulda.

Der Hauptteil der Einleitung ist aufgebaut wie ein Dialog, bestehend aus drei Teilabschnitten von 39, 36 und 28 Takten, die durch Überleitungen miteinander verbunden sind: $C_1$ - $C_2$ - $C_3$. Dialogpartner sind der Versucher und Hulda.

Der ‚Dialog' beginnt mit der Vorstellung der Personen, zuerst des Versuchers.

Der Versucher ist repräsentiert durch drei Motive von unterschiedlicher Gewichtung: Versuchermotiv (drei Mal), Hornrufe der schwarzen Reiter (vier Mal), Flügelrauschen der schwarzen Schwäne (zwei Mal). Der Abschnitt beginnt mit dem Versuchermotiv.

### 3. Abschnitt, 1. Teil ($C_1$): Vorstellung der Dialogpartner.

Das *Versuchermotiv* ertönt (jeweils ein Mal oder mehrmals) an drei Stellen (T 66-69: zwei Mal; T 74-76: ein Mal; T 93-99: sechs Mal), ist also insgesamt neun Mal zu hören.

Der Versucherpart gliedert sich in seinem Gesamtaufbau in zwei Teile, insofern sich die dritte Versucher-Passage durch Kompliziertheit der Struktur deutlich von den ersten beiden Passagen abhebt. Proportional entspricht die dritte Passage hinsichtlich der Taktanzahl (7) den beiden ersten Passagen zusammengenommen (4+3).

Während die zweite Passage (einmaliges Ertönen) als Wiederholung der ersten (dreimalig) erscheint, bildet die dritte Passage, in sich dreistufig gegliedert, die Dreigliederung des gesamten Versucherparts ab. Die dritte Stufe der dritten Passage ist wiederum in sich dreistufig aufgebaut (a, b, c), so daß das Ganze dreimal dreistufig strukturiert ist (drei Passagen, Dreistufigkeit der dritten Passage, Dreigliederung der dritten Stufe der dritten Passage).

Auf dieser potenzierten Bauweise beruht die Wirkung des ‚Versuchers'; hieraus resultiert die langsam einsetzende Steigerung der Spannung bis zum Schluß.

Typische Instrumente des Versuchers sind die tiefen Streicher und das Fagott; die übrigen Instrumente (Oboe, Bratsche, Violine) setzen Akzente oder geben durch ihren Einsatz die Bewegungsrichtung an (‚von unten nach oben' aufsteigende Macht des Versuchers).

Die Entwicklung des Parts liegt hauptsächlich in der dritten Passage, dort besonders auf der dritten Stufe (c). Das Motiv erklingt zuerst in Fagott und tiefen Streichern (T 97), dann in Fagott, *Bratsche* und tiefen Streichern (T 98) und schließlich in *Violine*, Bratsche, Cello (T 99). Mischklänge erzeugen eine atmosphärische Verdichtung, dies wird durch dichte Aufeinanderfolge in zeitlicher Verkürzung (das in der Regel zweitaktige Motiv beansprucht in c jeweils nur einen Takt) noch verstärkt.

Abgesehen vom Versuchermotiv bekundet das Schwarzschwanenreich seine Macht auch – in mythischer Einkleidung – durch die Vielzahl der „schwarzen Reiter".

Diese künden ihr Nahen durch *Hornrufe* an (viermalig an drei Stellen; s. links: Notenbeispiel). Das vierte Mal erfolgt eine Steigerung durch drei Abspaltungen, so daß der Hornruf insgesamt sieben Mal ertönt. Eine grundsätzliche Steigerung findet durch die Erhöhung der Taktzahl statt: vier (T 83-86), fünf (T 89-93, zweimalig) und sieben Takte (T 100-106). Das Horn, hier als instrumentales Requisit gebraucht, assoziiert hier die Jagd und charakterisiert so die schwarzen Reiter entsprechend der im I. Akt erzählten Sage.

Der Hornruf scheint grundsätzlich das zweite begleitende Motiv: das Flügelrauschen zu evozieren (s.o.: Notenbeispiel; zweites System; Baßfigur), das zuerst unmittelbar (T 85-86 und T 91), zuletzt ‚gesperrt' in den Violinen (s.u., Flügelrauschen in $A_{2-2}$) erklingt. Diese Figur symbolisiert (graphisch und klanglich) die schwarzen Schwäne, in welche sich die schwarzen Reiter beim Wiederabtauchen in den See verwandeln.

Der Gegenpart („Hulda") ist repräsentiert durch zwei Motive: das Motiv des Begehrens (s. Notenbeispiel) und das Klagemotiv.

Während die Motive des Versuchers einander ergänzen, sind diese beiden Motive einander entgegengerichtet. Das Hauptgewicht liegt in diesem Abschnitt auf dem *Motiv des Begehrens*, das – zunächst in Oboe und Violine – an zwei Stellen erklingt: T 70-74 zwei Mal nacheinander in Englisch Horn und Oboe (fünf Takte) und T 77-82 nacheinander in Englisch Horn (unterstützt von der Baß-Klarinette), Violine und – in zeitlicher Verkürzung und dichter Aufeinanderfolge – zwei Mal in der Oboe (sechs Takte).

Der Rückbezug zum Beginn der Einleitung wird durch das *Klagemotiv* aufrechterhalten, das in Holzbläsermischklängen (Oboe, Englisch Horn, Klarinette) T 87-88 zu hören ist.

Dieser erste Dialogabschnitt endet mit den Hornrufen, die gewissermaßen den folgenden Schwarzschwanenreich-Abschnitt hervorrufen.

### 3. Abschnitt, 2. Teil ($C_2$): Das Schwarzschwanenreich

Im zweiten Abschnitt (T 108-134 plus Überleitungstakt 135) ist der Dialog ‚vergrößert'. Während im ersten ‚Dialog' die Parts ineinandergreifen, folgen deren Positionen komprimiert in zwei größeren Abschnitten aufeinander.

In Gestalt dreier Motive ‚tut' sich nun das Schwarzschwanenreich ‚auf' (Schwarzschwanenreichmotive a, b, c). Instrumente sind hohe Holzbläser und Violinen (a: Violine, Flöte/ b: Flöte, Klarinette, Oboe/ c: Flöte, Violine, Oboe).

Diese werden zunächst nacheinander vorgestellt (T 108-117), Wiederholungen erfolgen bis T 123; den Abschnitt ab T 124 kann man mit Pretzsch als Durchführungsteil[266] bezeichnen (bis T 134).

Durch Mischklänge (Flöte, Violine: a/ Flöte, Oboe: b und c/ Flöte, Klarinette: b), Punktierungen, Triolen (a: 16tel- / b: punktierte und c: Achtel- Triolen) gewinnt das Ganze einen durchsichtig-gleitenden Charakter.

An zwei Stellen (T 116-117/ T120-127) ist das Flügelrauschen zu hören; zuletzt erscheint der ‚Versucher' (T 128-135; fünf Mal).

Als Entgegnung hierauf folgt der Hulda-Part (T 136-143).

Dieser Part ist in sich dialogisch gestaltet: ein Wechsel in Mischklängen zwischen Klagemotiv (T 136-137: Oboe, Englisch Horn, Klarinette; beim zweiten Mal: T 140-141, erweitert durch das Horn) und das Motiv des Begehrens (T 139: Oboe, Englisch Horn; beim zweiten mal: T 143, durch die Klarinette erweitert).

Dieser zweite Dialogteil – ebenso wie der daraufolgende dritte Dialogteil – wird getragen von einer Figur, welche ein Ansteigen der Spannung signalisiert (T 138-154). Diese Figur erklingt in zwei rhythmischen Varianten, die jeweils durch Chromatik charakterisiert sind. Die Rahmentöne (chromatische Aufwärtsbewegung) werden kontrastiert durch das chromatische Absinken der Mitteltöne. Die Gesamtentwicklung unterliegt einer symmetrischen Struktur hinsichtlich der In-

---

[266] Pretzsch 1919: 437.

strumentation: die Figur erscheint acht Mal in zunächst sich verjüngenden, dann sich wieder erweiternden Mischklängen (zuerst, T 138-139: Flöte, Klarinette, Violine, Bratsche; drittes Mal, T 144-145, nur Violine; viertes und fünftes Mal, T 146-149, zwei-malig, Oboe, Englisch Horn, Violine; sechstes bis achtes Mal, T 150-154, dreimalig: wie fünftes Mal, erweitert durch Cello); wobei jede Erweiterung wiederholt wird, so daß der ansteigende Charakter betont wird. Ab T 150 erklingt die Figur in dicht aufeinanderfolgenden Sequenzen von zuletzt chromatisch ansteigender Tonhöhe (beginnend T 150 auf dis, dann: T 152: fis – T 153: g – T 154: gis; in beiden rhythmischen Varianten).

Die Steigerungsfigur wird von Pretzsch als „M o t i v   d e r   r e u i g e n   K l a g e" bezeichnet, was einerseits durch seine chromatische Verwandtheit mit dem Klagemotiv zu erklären ist, andererseits aber m.E. der Klangwirkung der Figur im Sinne einer atmosphärischen Schilderung nicht gerecht wird, zumal der innere Widerstand dem Begehren gegenüber bereits durch das (abwärts gerichtete) Klagemotiv ausgedrückt ist.

### 3. Abschnitt, 3. Teil ($C_3$): Höhepunkt des Kampfes Hulda – Versucher.

Im dritten Abschnitt gewinnt der ‚Dialog' Handlungscharakter. Er gestaltet sich schließlich zum „Kampf" zwischen den Motiven Huldas („Begehren", „Klage") und dem Versuchermotiv. Diese Entwicklung vollzieht sich in zwei Schritten:

a) Zunächst (T 145-149) erscheinen „Versucher" (tiefe Streicher, erweitert durch Baß-Klarinette) (T 145, *147*, *149*) und Begehren (T *147*, *149*) verschränkt (im selben Takt) miteinander.
Es folgt ein Abschnitt (T 150-154), in welchem nur die oben beschriebene Steigerungsfigur zu hören ist (in höchster instrumentaler Dichte und steigender Höhe).

b) Der letzte Abschnitt (T 155-172: „Klage" – „Versucher") des Kampfes, welcher zum Höhepunkt führt, ist zweiteilig:
In den Takten 156 und 158 erfolgt ein massiver Einsatz des Versuchermotivs: es ertönt fugiert jeweils zwei Mal innerhalb eines Taktes, jeweils in der Tiefe (Baß-Klarinette, Fagott, tiefe Streicher) und in der Höhe (Flöte, Oboe und Englisch Horn). Die Reaktion darauf ist die Aufrichtung einer letzten Barriere: fünf Mal ertönt das Klagemotiv.
Der Kulminationspunkt ist erreicht, als die Klage (zweitaktig angelegt) zuletzt drei Mal hintereinander erklingt, die ersten beiden Male verkürzt, zusammengedrängt in jeweils einen Takt, durch den Einsatz der Blechbläser (Trompete, Posaune) innerhalb von Mischklängen (zuletzt, T 161: Oboe,

Trompete, Posaune, Violine, Bratsche) erreicht das Motiv höchste Klangschärfe (Einsatz v.a. der Posaune erfolgt bei Siegfried Wagner nur spezifisch, daher eher selten und, zumindest in *Schwarzschwanenreich*, stets in negativer Bedeutung: Kriegermotiv, Gerichtsmotiv).

Nach dem letzten Klagemotiveinsatz erklingt (ebenfalls fünf Mal) das „Begehren" (T 162-168) in ähnlicher Besetzung; auch hier wird die Trompete verwendet (erster Einsatz: Oboe, Englisch Horn, Klarinette, Trompete, Bratsche). Verschränkt mit dem „Begehren" (Pretzsch spricht vom „Fortissimo beider sich ineinander klammernder Motive")[267] ertönt in zwei Takten (T 165 und 166: Klarinette, Trompete) das Versuchermotiv, das zuletzt nur noch im Horn (v)erklingt.

Auffallend ist, daß erst nach dem letzten Erklingen des Versuchermotivs einzig und allein aus der Hulda-Linie (aus dem Motiv des Begehrens in Flöte und Violine ab T 167) der Kulminationspunkt entwickelt wird: auf diesen hin führt ein 16tel-Lauf, z.T. triolisch, mit lang anhaltenden Tönen (T 167-168) in Flöte und (*appassionato*) Violine. Der Spitzenton ist das dreigestrichene g, der über dem Motiv des Begehrens (Oboe, Englisch Horn, Klarinette, Horn, Bratsche) erklingt.

Darauf erfolgt der Abstieg in den Violinen (T 168-170), der in ein zweimaliges Erklingen des „Begehrens" mündet (T 171, 172: Streicher ohne Kontrabaß). Mit T 173 beginnt die Überleitung zum Schlußabschnitt ($B_2$).

In den „Aphorismen über die Kunst Siegfried Wagners" [von Glasenapp] ist ein Eindruck vom „Vorspiel zu ‚Schwarzschwanenreich'" [möglicherweise der Uraufführung der Einleitung] wiedergegeben:

> Es haben wohl nicht viele im Publikum verstanden, warum er den Mittelsatz, die Schilderung von Huldas Ringen mit dem mächtigen Reiche, – warum er ihn nicht zu einem erregten grellen Kampf steigerte, sondern, wie hinter einem Vorhang, wie unwirklich, nur die dämonischen Gestalten heraufbeschwor und das Ganze zu einer (gespannt) langen ziehenden Melodie, zu einem Crescendo [...] steigerte.[268]

Daß die Musik auch in ihrem dramatischen Teil – im doppelten Sinne – „wie hinter einem Vorhang" zu erklingen scheint, ist einerseits als typisches Merkmal für Siegfried Wagners Kompositionsweise anzusehen (dies gilt allerdings nicht unbedingt für sein Frühwerk: ein Gegenstück bildet die Einleitung zum *Bärenhäuter*); andererseits läßt sich dieser Eindruck mit dem hier geschilderten Phänomen des inneren Vorgangs in Verbindung bringen:

---

[267] A.a.O.: 439.
[268] Glasenapp o.J.: Zeitungsausschnitt. NAB. [A 2545-70.]

Der Dialog fand zwischen der *Personifikation einer Macht* („Schwarzschwanenreich") ohne Namen („Der Versucher") und einer *Ich-Person* („Hulda") statt.

Während das Ich durch bestimmte Empfindungen („Klage", „Aufbegehren", „Begehren") charakterisiert ist und eine Entwicklung durchläuft, gleicht das motivische Material des Versuchers einem – dinglichen oder menschlichen – Instrumentarium (Horn, Reiter) dämonischer Machtausübung.

Wäre der Versucher eine real existierende Person, so wäre es denkbar, daß sein Motiv bereits im ersten Teil (A) als Gegenmotiv aufgetaucht wäre – was wiederum die Form der Einleitung der Sonatenhauptsatzform angenähert haben könnte (1. Satz). Die dort aber tatsächlich erscheinenden Motive (die allerdings ebenfalls Gegensätze bilden) stammen ausschließlich aus dem Motivbereich Huldas.

Die Handlung des Hauptteils spielt sich in Huldas Innerem ab. Der Partner oder Gegner der Heldin ist „der böse Feind in mir" (II.5), in mythischer Verbrämung das, was *Renée Néré* (Motto) ihren « ärgsten Feind » nennt.

Eine szenische Entsprechung im Werk findet dieser Einleitungsabschnitt am ehesten in Huldas Kampf mit dem Versucher (Vision im Kerker ; III.1).

### 4. Abschnitt (B$_2$): Bannlösung II.

Der Schlußabschnitt (T 179-209) ist wieder bestimmt durch das Bannlösungsthema, welches diesmal bis zum Schluß geführt wird. Dort erklingt dreimal (T 207-209) in Grundstellung der E-Dur-Akkord.

Gleichwohl erfolgt dies auch hier nicht ohne Störung. Wieder ertönt in Hörnern und Pauke der Schicksalsrhythmus (T 175-178).

Die folgende Wiedergabe der Einleitung in Partitur (ausschnittweise) und Klavierauszug (vollständig) wurde mit Taktzahlen und den Abschnittsbezeichnungen versehen.

## 3.1 Einleitung (Partitur; Ausschnitte)

## 3.2. Einleitung (Klavierauszug)

## 4. Zur Bezeichnung der Einleitung als „Psychodrama".

Inwiefern entspricht Siegfried Wagner mit seiner Einleitung der Vorgabe Richard Wagners, die Ouvertüre habe „unsre allgemein gespannte Empfindung" auf die „wirkliche Erscheinung" im „Kunstwerk" hinzuleiten? Wenngleich hinsichtlich der Rezeption im Einzelnen keine Angaben vorliegen, mag die Lektüre doch zur allgemeinen Vorbereitung auf sein eigenes späteres Opernschaffen gedient haben.

Im Vorspiel zu *Schwarzschwanenreich* lassen sich drei Momente nennen, die auf unterschiedliche Weise die „Erwartung" erzeugen, welche die „als notwendig geforderte, bestimmte Erscheinung endlich zu erfüllen hat." Es enthält erstens die *Vorgeschichte*, das ausführlich im Hauptteil geschilderte Schwarzschwanenreich-Erlebnis (Schwarzschwanenreich-Motive in H-Dur); stellt zweitens das *Ziel* vor Augen (Bannlösung in E-Dur), die jedoch drittens mit einem *drohenden Signal* versehen ist, dem Schicksalsrhythmus, welcher auf etwas Bevorstehendes hinweist, nämlich das Bühnengeschehen selbst, die konkrete Situation, aus der die Bedingungen für die Lösung des Konflikts erwachsen.

Damit stellt sich die zu erwartende Handlung – insofern es die innere Handlung betrifft – als Entwicklungsdrama dar (→ **Dramatische Struktur**). Das Geschehen vollzieht sich innerhalb der anfangs ($A_1$) vorgestellten Ich-Person. In der gesamten Einleitung ist nicht ein einziges Motiv der übrigen Haupthandelnden enthalten. Die Einleitung ist im wörtlichen Sinne als „Psychodrama" zu bezeichnen.

Hier läßt sich, wenn auch nur begrifflich, ein Bezug zu dem Aufsatz „Psychodramen, tönende Autobiographien und illustrierende Programmusik – Zu Richard Strauss' Tondichtungen" von Constantin Floros[269] herstellen.

Floros verwendet für Symphonische Dichtungen von Strauss (*Tod und Verklärung* u.a.) den Begriff „Psychodrama", den er aus der Literaturwissenschaft übernimmt: „Psychodrama" ist bei Gero von Wilpert, auf den er verweist, definiert als „Monodrama, das in bewegter Handlung das seel. Ringen e. einzelnen (im Monolog) gestaltet."[270] Unter „Monolog", ebenso unter „Monodrama"[271], findet sich ein Hinweis auf „MEERHEIMBS Psychodramen"[272]. Mit der Schöpfung dieser „‚neuen poetischen Form'" verbindet sich eine „Mission", die von einer Kritik an der *Poesielosigkeit* (effecthaschende Aeusserlichkeiten) heutiger „Operndramen" aus-

---

[269] **Floros** 1991: 37.
[270] Stichwörterbuch der Literatur 1989: 728.
[271] Beide Stichwörter: a.a.O.: 585.
[272] Meerheimb: 1879. Bsp.: „Im Spiegelkerker". M.s Psychodramen, die durchaus als eigenständige Gattungsform bezeichnet werden können, erscheinen als eine andere *versäumte Lektion* [Glotz, Langenbucher] der Literaturgeschichte.

geht[273]. Die von Richard von Meerheimb erfundenen Psycho-Monodramen stellen bewegte Handlungen „ohne irgendwelchen scenischen Apparat" und ohne sichtbar agierende Personen (Gestalten) dar. Der Sprecher („M e d i u m") hat die Funktion eines „Rhetors" [274]. Die „Action" besteht ausschließlich im gesprochenen Wort selbst, der Handlungsort ist die Psyche der Ich-Person. Damit *wähnt* der Schöpfer dieser inneren oder Psychodramen (Sprechdramen) den Blick „in wohl noch unbetretene Gebiete" öffnen zu können.[275]

In der Orchestereinleitung Siegfried Wagners findet die ‚bewegte Handlung' ebenfalls ohne szenischen Apparat und ohne sichtbare Personen statt, anstelle des Dramas steht die Tonsprache des Orchesters.

Floros behandelt – mit Blick auf Richard Strauss – die Kategorien „Programmusik" und „Psychodrama" (unter Berücksichtigung begriffsgeschichtlicher Differenzen) nahezu als Synonyme. Er bezieht sich auf *Franz Liszt*, der *unter Programmusik* „nicht die Schilderung realer Gegebenheiten, äußerer Ereignisse, sondern die ‚*Erzählung innerer Vorgänge*'" verstanden habe.[276]

In umgekehrter Entsprechung zur im 19. Jahrhundert eingeführten Bezeichnung Symphonischer Dichtungen (z.B. Felix Mendelssohn-Bartoldy: *Meeresstille und glückliche Fahrt*) als (selbständige) „Ouvertüre" (Konzertouvertüre) ist die „Eröffnung" einer Oper ggf. mit einer „Symphonische Dichtung" zu vergleichen. Auf sie läßt sich die Bezeichnung „Programmusik" und in besonderen Fällen — z.B. *Schwarzschwanenreich* – auch der Begriff „Psychodrama" anwenden.

Während in der musikalischen Einleitung das „Schwarzschwanenreich" durch die *Auflösung* (der diatonischen Struktur), die Macht der „schwarzen Reiter" durch *Tiefe und Dunkelheit* (Instrumentation und Lage) dargestellt sowie illustrativ zu einem quasi-szenischen Geschehen verarbeitet wurde, bleibt die Schilderung der Gegenwelt undetailliert. Sie ist, abgesehen von der aufsteigenden Melodie, wesentlich durch die Harmonik gekennzeichnet: dominantischer Beginn, mehrfache Oktavierung, verflüchtigende Ausspinnung am Schluß (höchster Ton: dreigestrichenes e). Die Bannlösung bleibt zunächst „instrumentaler Choral"[277], der, abgesehen vom aufsteigenden Charakter seiner Melodie, keinen speziellen Vorgang darstellt.

Das nach einer Überleitung von zwei Takten (über zwei Takte ausgehaltener Ton gis ein-, zwei- und dreigestrichen) erscheinende Szenenbild enthält ein Detail, welches als visuelle Entsprechung zu diesem Thema angesehen werden kann

---

[273] A.a.O.: VII, VIII.
[274] A.a.O.: XIII.
[275] A.a.O.: VII.
[276] Floros 1991: 37.
[277] Schneeweiß 2000: 98.

# Das erste Bild: Vorschau auf die Handlung.

**1. Einige „Gedanken über das Szenenbild bei Siegfried Wagner" von Kurt Söhnlein.**

In seinen „Gedanken über das Szenenbild bei Siegfried Wagner" resümiert Söhnlein, daß die meisten von ihm erlebten Ausstattungen von Werken Siegfried Wagners Produkte routinierter *Schnellfertigkeit* und oberflächlicher Befassung mit diesen Opern waren.[278] Vermeintliche *Simplizität* und *Problemlosigkeit*[279] haben zu der „ziemlich verbreiteten Auffassung"[280] geführt, es handle sich dabei um „ziemlich einfache Inszenierungsaufgaben"[281]. Das Resultat waren Ausstattungen, die aus Dekorationsmagazinen" stammten und einen „szenischen Rahmen" abgaben, „der aus Allerwelts=Typen zusammengestellt ist, anstatt wesensverwandte seelische Landschaften zu formen."[282]

Zu erfassen sei also vielmehr, so Söhnlein, das „Ineinandergreifen wirklicher und unwirklicher Geschehnisse."[283] Die „Welt Siegfried Wagners"[284] liege im „Zwielicht"[285].

Der „‚greifbaren' Handlung" gehe „das ‚Ungreifbare'" voraus [dessen Wurzeln oft in der Vorgeschichte liegen][286], um sich im Verlauf des Stücks fortzusetzen und die Oberfläche der Handlung zu unterlaufen. Bezeichnenderweise nennt Söhnlein hier das szenische Vorspiel des *Kobold* („im Nachtnebel"[287]) [vgl. aber auch das szenische Vorspiel, die Seherin-Szene, von *Sternengebot*; in beiden Fällen ersetzt das szenische Vorspiel das musikalische, das, wie anhand der Einleitung zu *Schwarzschwanenreich* zu zeigen war, seinerseits das Bild eines Dranas geben kann].

Der Verfasser fordert denjenigen, „an den die Aufgabe einer Inszenierung eines Tages herantritt"[288], auf, aus der „Phantasie Gegenfragen herauf zur Bewußtseinso-

---

[278] Söhnlein 1928: 153.
[279] Ebda.
[280] A.a.O.: 152.
[281] A.a.O.: 147.
[282] A.a.O.: 148.
[283] Ebda.
[284] A.a.O.: 147.
[285] A.a.O.: 151.
[286] A.a.O.: 148.
[287] Ebda.
[288] A.a.O.: 152.

berfläche" zu schicken[289], und nennt kurz darauf, ohne ihn also solchen zu deklarieren, den praktischen Umsetzungsweg: die „Dinge im Bild" sollen „nicht abseits von Wort und Ton" stehen[290].

Dieser Aufforderung, Musik und Text bei der Befassung mit den Szenenangaben einzubeziehen, ist in nachstehender Analyse des ersten Szenenbildes nachzuholen. Das Fazit Kurt Söhnleins: „Siegfried Wagners Kunst ist hell und dunkel zugleich."[291] findet hier eine exemplarische Bestätigung.

Schwarzschwanenreich I.1
*Szenischer Entwurf von Wieland Wagner (ca. 1938)*

---

[289] A.a.O.: 150.
[290] Ebda.
[291] A.a.O.: 153.

## 2. Das Bühnenbild: Szenarium christlicher Weltsicht.
### 2.1 Die Szenenangaben: „Schatten"-Reich der „Eiche" versus Stadt.

*„Der Vorhang öffnet sich langsam"* vor einer Szenerie, deren Zentrum eine „Eiche" bildet: *„Beleuchtung daher vorn schattig, im Hintergrund Sonnenglanz"*.
Im *Schatten*-Reich der „*Eiche*" befindet sich „*links*" Huldas „*Behausung*"[292]. Dahinterliegend ist eine *Stadt* (*Stadtmauern, Thürme, Häuser*) zu sehen. Den Horizont bildet eine *„Hügellandschaft (Thal mit weiter Perspektive)"* [aus den Brandstätten im *Thal* wird sich später der „schwarze Reiter" erheben (I.6)].

Von besonderem Interesse mit Hinblick auf die spätere Handlung ist die Lage von Huldas Haus an der *Stadtmauer*. Um den Aussagewert dieser Positionierung zu verdeutlichen, sei die Beschreibung der Bewohner eines „Städtleins", die i n n e r h a l b der Stadt „an der Mauer" leben, wiedergegeben:

> Gemischtes Volk lebte an der Mauer, fahrende Leute im zerschlissenen Wams und mit seltsamen Erlebnissen, Beeren- und Kräuterweiblein, Sandmann und Besenbinder, Totenfrau und Rattenfänger, alles, was sich in der wohltemperierten Luft der gutbürgerlichen Gesellschaft nicht richtig heimisch fühlte [...] [und nicht heimisch werden durfte].[293]

Hulda aber lebt a u ß e r h a l b der Stadtmauer. Der Grund für ihre Ausgegrenztheit ist durch das Bühnenbild vorgezeichnet: In den Augen der Anderen „Heidin" und *Satansgläubige* (III.2) lebt sie im *Schatten* der düsteren *Eiche*.

### 2.1.1 Zur Symbolik der Eiche
#### 2.1.1.1 Eichensymbolik in der Literatur

Die Eiche war einst Heiligtum im keltisch-germanisch-slavischen Raum. Die Fällung der „Donar-Eiche" im Jahr 723 in der Nähe von Geismar (Nordhessen; heute Stadtteil von Fritzlar) durch Bonifatius war bestätigendes Zeichen bereits erfolgreich durchgeführter Bekehrung zum Christentum und zugleich eine Demonstration gegenüber bisher noch ungetauften Chatten (Hessen). Aus dem Holz der Eiche ließ Bonifatius der Überlieferung nach[294] in Fritzlar eine Petrus geweihte Kapelle bauen

---

[292] Der Ausdruck „Behausung" findet sich in der Szenenanweisung I.2 und ist m.E. zutreffender als der hier (I.1) gebrauchte Begriff „Haus".
[293] Fellmann 1926:. 732.
[294] *Wikipedia*-Art. „**Bonifatius**" und „**Donareiche**".

(heute dort St. Petri Stiftskirche). In kirchlicher Zeit war die Eiche ein Symbol für das höllische Heidentum.

Bis in die Neuzeit war die Eiche ein Wahrzeichen des betreffenden Dorfes, wie z.B. die vormalige „Dorfeiche" in Undeloh/ Nordheide. Diese befand sich – in unmittelbarer Nähe zur Kirche – auf einem Straßenkreuzungspunkt. Die Eiche, gepflanzt 1850, wurde im Jahr 2000 wegen des hohen Verkehrsaufkommens gefällt. Eine Scheibe des Stammes wurde – neben einem Informationsschild – zur Besichtigung aufgestellt. Der auf die Eiche verweisende Name der Hauptstraße des Dorfes „Zur Dorfeiche" wurde nach der Fällung nicht geändert. Übrigens ist der Name „Undeloh" lt. homepage des Ortes langobardisch-römischen Ursprungs und bedeutet „Quelle am Eichenhain"!

Die religiöse Symbolik der Eiche hat vielfältig Niederschlag in der Literatur (einschließlich musikalischer Bühnenwerke) gefunden. In *Schwarzschwanenreich* ist die kultische Bedeutung der Eiche nur aus dem Zusammenhang mit anderen heidnischen Anklängen (**Zur Metaphorik des Titels „Schwarzschwanenreich"**) abzuleiten – anders als in op. 9 *Der Heidenkönig*.

Walter Keller zitiert in seinem Aufsatz „Baumarten und ihre Funktion in Siegfried Wagners Opern" zwei Bühnenwerke anderer Verfasser, in welchen die Eiche in ihrer religiösen Symbolik vertreten ist: *Das Kreuz an der Ostsee* von Zacharias Werner (Bühnenmusik von E.T.A. Hoffmann; Keller äußert den naheliegenden Gedanken, daß dieses Werk Siegfried Wagner als Anregung zu seinem *Heidenkönig* gedient haben könnte[295]) und *Norma* von Vincenzo Bellini[296].

In seinem Trauerspiel *Das Kreuz an der Ostsee* (1806) über den Kampf der Pruzzen gegen die Ritter des Deutschen Ordens und die Polen 1226 erwähnt Zacharias Werner „des Götterbaumes Wipfel"[297], womit er einen „ungeheurn Eichenbaum" meint, welcher, wie es in seinem „Historischen Vorbericht" heißt, „zu R o m o v e" im „heiligen Eichenhain" stand und unter dem sich die „Brustbilder" der Götter befanden[298]. Ergänzend sei hier auf ein weiteres Werk Werners hingewiesen: die Romantische Tragödie mit Gesang *Wanda, Königin der Sarmaten*; dort erwähnt der Oberpriester der Sarmarten ein „Thal der Eichen", in welchem er das „Morgenopfer" dargebracht habe[299].

Auch in der Lyrischen Tragödie *Norma* von Vincenzo Bellini (UA 1831) (Hintergrund Kampf der Gallier gegen das römische Joch 100 n.Chr.) bezeichnet die

---

[295] Keller 2003: 176ff. 181.
[296] A.a.O.: 176.
[297] Werner: 1970. V und 57.
[298] A.a.O.: VIII.
[299] Ders. 1970: 266.

Eiche („la quercia d'Irminsul"³⁰⁰) einen heiligen Ort der Gallier („Foresta sacra de' Druide"³⁰¹). Die Szenenanweisung zu Beginn des I. Akts lautet: „Heiliger Wald der Druiden. In seiner Mitte die Eiche der Irminsul, an deren Fuße man den Druidenstein erblickt, der als Altar dient."³⁰²

Weiterhin zu nennen ist die „*mächtige alte Eiche (Gerichtseiche)*", die im ersten Auftritt des ersten Aufzugs der Romantischen Oper Lohengrin von Richard Wagner (UA 1850) „*im Vordergrunde links*" zu sehen ist.³⁰³

Auch in Werken der Lyrik und der Epik erscheint die Eiche in vielfältiger Gestaltung als Symbol.

So steht in dem gegen den Aberglauben gerichteten Schwank „Das vnhuelden pannen" von Hans Sachs im Mittelpunkt eine „aichen gros vnd preit":

[...]
Da im felt stet die aichen alt,
Gleich pey der trifachen wegschaid! ³⁰⁴

Hans Sachs parodiert Eiche und alten Götterglauben. Dagegen schreibt Hölderlin in seiner „Hymne an die Unsterblichkeit" vom „Heiligtume alter Eichen", in welchem sich „der Königin Altar"³⁰⁵ befinde. In weiteren Gedichten stellt sie das *titanen*hafte Zeichen einer in die „zahmere Welt" der Gegenwart hineinreichenden „eisernen Vorzeit" dar („Die Eichbäume"³⁰⁶ und „Auf einer Haide geschrieben"³⁰⁷). Anders als Siegfried Wagner beschreibt Hölderlin – „Zornige Sehnsucht" – der „Eiche Schatten" als wohltätig, vergleichbar mit „des Frühlings freundlichem Morgengruß" und „des Freundes traulichem Handschlag"³⁰⁸.

Eine besondere Ausprägung erfährt die Eiche in dem Roman *Krieg und Frieden* von Leo Tolstoi³⁰⁹. Fern aller Mythologie, ein reines Naturwesen, erscheint dieser Baum dort als Sinnbild für das Leben des Fürsten Andrej, dessen zweimalige Begegnung mit ein und derselben Eiche (erst in unbelaubtem³¹⁰, dann in belaubtem³¹¹ Zustand) von Tolstoi wie eine zweifache Selbstbegegnung geschildert wird. Das

---

[300] Bellini o.J. [ca. 1831]: 6.
[301] Ebda.
[302] A.a.O.: 7.
[303] Wagner o.J: 19
[304] „Das vnhuelden pannen" = 164. „Das Unhulden-Bannen" in: Sachs 1953: 460-465. 461.
[305] Hölderlin 1943: 118.
[306] A.a.O.: 201.
[307] A.a.O.: 29-30. 29.
[308] A.a.O.: 90-91. 90.
[309] Erwähnung von SWs Tolstoi-Lektüre: Stassen 1942: 27.
[310] Tolstoi 1957: 542-543.
[311] A.a.O.: 546-547.

*Gefühl* des Fürsten Andrej einer *Verwandtschaft* mit dieser *Eiche*[312], an der gleichsam eine innere Wandlung zur Sichtbarkeit gelangt, deutet auf ein unterschwellig religiöses Empfinden hin.

Im Gegensatz zu der Darstellung Hölderlins und Tolstois hat die belaubte Eiche bei Siegfried Wagner eine negative Bedeutung. Die Eiche in *Schwarzschwanenreich* verkörpert eine ab-strakte Konzeption christlicher Provenienz: sie ist der christlicherseits in sein Gegenteil verkehrte heilige Baum der Heiden, der seinen Sündenschatten über Huldas Dasein breitet.

### 2.1.1.2 Naturwissenschaftliche Aspekte der Eichensymbolik

Offenbar hat Siegfried Wagner seine Wahl der Eiche zur Kennzeichnung des negativen Ortes intuitiv getroffen.

Gleichwohl fußt er damit – ohne daß es ihm vielleicht bewußt ist – auf naturwissenschaftlichen Erkenntnissen, Eigenschaften und Wachstumsbedingungen der Eiche betreffend.

Das Sprichwort „Eichen sollst du weichen,/ Buchen sollst du suchen" weist auf den hohen Grad einer Blitzeinschlaggefahr bei Eichen hin. Der bestehende Zusammenhang zwischen Eichen und besonders häufigen Blitzeinschlägen ist in letzter Zeit von einem „neuen Zweig der Naturwissenschaft", der *Radiästhesie* [„Strahlenfühligkeit"] untersucht worden[313].

In seiner *Einführung in die Radiästhesie* schreibt Reinhard Schneider: „Es ist für die Forstverwaltung ein großes Ärgernis, daß zahlreiche Blitzeinschläge ausgerechnet die großen alten Eichbäume treffen und im Allgemeinen zerstören."[314] Während die „zumeist bis ins Kernholz"[315] getroffenen Eichen in der Realität „vorzeitig gefällt werden"[316], führen sie als Bild z.B. in der Literatur ein zeitloses Dasein[317].

Wie aus dem *Lehrkurs* von Schneider hervorgeht, ist die Anziehungskraft der Eiche für Blitze auf die Strahlenwirkung der Erde zurückzuführen. Die Erde ist von *Kraftströmen*[318] durchzogen, beispielsweise von *Wasseradern*[319], welche u.a. *geo-*

---

[312] A.a.O.: 546.
[313] Schneider 1984: 1.
[314] A.a.O.: 152.
[315] A.a.O.: 151.
[316] A.a.O.: 152.
[317] Vgl. die „Blitzeiche" (*verwundet, aber unbesiegt*) als Wahrzeichen einer Landschaft und Leitsymbol der Handlung in dem Roman *Das unwandelbare Herz* (1938) von Klaus Erich Boerner.
[318] Lüdeling 1994: 36.

*elektrische Felder* erzeugen, die an Orten besonders stark sind, an denen sich *Kreuzungspunkte* befinden [dort: senkrecht *stehende Wellen*[320]].

An Plätzen, die über derartigen Kreuzungspunkten liegen, können sich, so Georgia van Uffelen in ihrem Überblicksartikel zum Thema „Geopathie", bestimmte Lebewesen der Pflanzen- und Tierwelt auf ideale Weise entfalten (*Strahlensucher*: z.B. Katzen, Eichen, Ameisen), für andere bedeutet dies (v.a. im Schlaf) Störung und Schädigung ihrer Lebensfunktionen (*Strahlenmeider*: u.a. Hunde, Menschen, Störche, Buchen)[321]. Zieht man diese Forschungsergebnisse zur Erklärung der Baumsymbolik bei Siegfried Wagner hinzu, so ergibt sich eine Entsprechung zur Szenerie des 1. Bildes: Hulda befindet sich zu Beginn der Handlung an einem Ort, den man mit einem Begriff der [physikalischen[322]] Radiästhesie als *geopathische Zone* bezeichnen könnte.

Schneider gibt in seinem „Extrakt von ca. 600 Literaturstellen" eine „Zusammenstellung von Behauptungen" [323] wieder, darunter die Liste „Besondere geomantische Plätze" [324], „Stellen, an denen gute oder böse Wirkungen auftreten."[325] Er nennt u.a.: „'Tabu' Plätze", „Platz des ''Götterbildes'' [...]", „Plätze von bösen Geistern", „Spukplätze usw. usw."[326]

Böse Geister westen nach dem Glauben der Damaligen in dem Kraftfeld der Eiche. „Geister giebt es, gute und böse!" – mit dieser Kunde leitet Ursula in der 1. Szene ihren Bericht über die „Hexe" Hulda ein (KA 16).

Abschließend sei „eine isometrische[327] Darstellung (= Blockbild[328]!)"[329] eingefügt, das einen *Blitzbaum* zeigt, welcher sich über einem *Kreuzungssystem*[330] [sich „in verschiedenen Stockwerken"[331] kreuzende Wasseradern] befindet.

---

[319] Zu den *Begriffen* s. den lexikalischen Teil in: Lüdeling 1994 (hier: 145f) sowie das „Kleine Lexikon" in: Georgia van Uffelen 2010: 15.

[320] Lüdeling 1994: 92.

[321] van Uffelen 2010: 15.

[322] Lt. *Wikipedia*, Art. **Radiästhesie**, ist zu unterscheiden zwischen der *physikalischen* [Geobiologie] und der *mentalen* [Parapsychologie] *Radiästhesie* (Bezeichnung „Radiästhesie" geprägt durch Abbé Alexis Timothée Bouly 1931). – Insbesondere Vertreter der *physikalischen Radiästhesie* ziehen zwischen ihrem Bereich und dem der *mentalen Radiästhesie* eine scharfe Grenze. Auf andere Weise berühren allerdings auch ihre Forschungen das Gebiet der Religionsgeschichte (Lüdeling). Eine Verbindung von bestimmten religiösen und biologischen Ansätzen könnte zu einer gemeinsamen Wurzel der physikalischen und der mentalen R. zurückführen.

[323] Schneider 1984: 142.

[324] A.a.O.: 143.

[325] A.a.O.: 144.

[326] Ebda.

[327] *Mathematisch* „**isometrische Abbildung**": „eine bijektive Abbildung zweier metr. Räume ineinander [...]." BE Bd. 13 HURS-JEM 2006: 575.

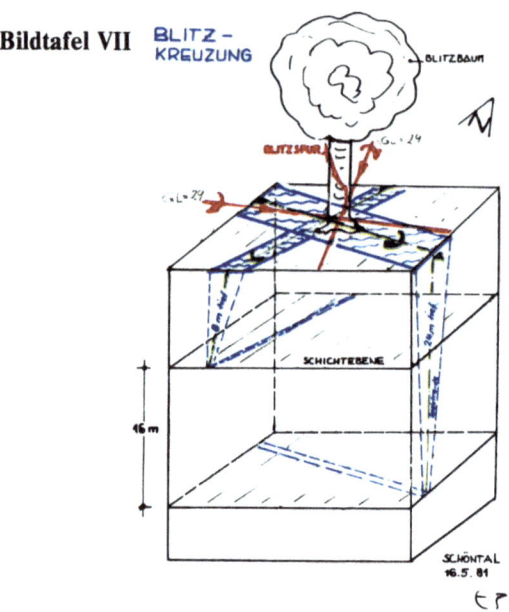

*Isometrische Darstellung des radiästhetisch an einem Baum gefundenen Kreuzungssystems*[332]

Zu dieser Darstellung findet sich ein Pendant in der Kunstgeschichte: *Der vom Blitz erschlagene Schäfer* Jakob Beckers liegt bezeichnenderweise unter einer Eiche.

Die Eiche, auf sumpfigem Boden gewachsen, entwickelt sich in besonderer Weise. Zur Eiche findet sich eine Betrachtung Goethes, die in Johann Peter Eckermanns *Gesprächen mit Goethe in den letzten Jahren seines Lebens* wiedergegeben ist:

---

[328] *Kartographisch* „**Blockbild**": „schemat. Darstellung [...] eines blockförmigen Ausschnittes der Erdoberfläche zur Veranschaulichung z.B. des geolog. Aufbaus und seines Zusammenhangs mit den Formen der Erdoberfläche." A.a.O.: Bd. 4 BHAS-BUCH. 262.
[329] Schneider 1984: 146.
[330] A.a.O.: 142ff.
[331] A.a.O.: 152. Vgl. Auch Lüdeling 1994: Art. **Kohärenz**, 91f sowie Art. **Wasserader** 145f., v.a. 146.
[332] Schneider 1984: 148, Bildtafel VII, Abb. 82. Bildunterschrift s. ausführlichere Bildunterschrift zu der hier nicht wiedergegebenen Zeichnung 147, Bildtafel VI, Abb 81.

„Wächst hinwieder die Eiche an feuchten, sumpfigen Orten und ist der Boden zu nahrhaft, so wird sie [...] frühzeitig viele Äste und Zweige nach allen Seiten treiben [...]."[333]

Bei Siegfried Wagner erscheint der natürliche wasserverbundene Lebensraum der Eiche übertragen in den seelischen Raum seines Bühnengeschehens. Hier erwächst die Eiche aus dem sumpfigen Grunde des Schwarzschwanenreichs und wirft breitästig ihren schweren Schatten auf das Leben der Protagonistin
Aus diesem Schatten strebt Hulda hin zu der strahlenden Stadt, dem himmlischen Jerusalem.

### 2.1.2 Zur Tradition des „himmlischen Jerusalems".

Im Gegensatz zu dem durch die Eiche verdüsterten Vordergrund hat die Stadt reine Bildfunktion, sie wird zu keinem Zeitpunkt Spielort und hat daher ausschließlichen Symbolwert. Dieser liegt in ihrer Kontrastfunktion begründet. Als Sinnbild des ersehnten Zustandes der Befreiung vom Bann leuchtet sie herüber wie das himmlische Jerusalem. Diese Assoziation beruht auf der antithetischen Struktur des Bühnenbilds. Der Vordergrund illustriert die Gegenwart; die (romantisch) ferne Stadt bezeichnet ein im Augenblick nicht erreichbares Ziel. Eine Stadt aber, welche für die Hoffnung steht, daß „der Gnaden Pfort" sich *auftun* möge, assoziiert das Vorbild des *himmlischen Jerusalems.* Diese Symbolik fußt auf einer Tradition.
Die „hochgebaute Stadt" ist seit Schaffung des Liedtextes von Johann Matthäus Meyfart – entstanden im ersten Drittel des Dreißigjährigen Krieges und basierend auf Off. 21 (erst nach Beendigung des Krieges vertont) – zu einem feststehenden Begriff geworden. Nicht nur in bewußter Gestaltung, als Motiv in der Literatur, vor allem auch in der Bildenden Kunst, ebenso aber profan als geflügeltes Wort, lebt dieses Bild im Kulturgedächtnis fort[334]. Es scheint auch unbewußt oder zumindest ungenannt und abgewandelt auf, beispielsweise in dem vierstimmigen Chorsatz „Im Himmelreich ein Haus steht" von Max Reger.
Während der Akzent bei Meyfart – angesichts der Kriegseindrücke – darauf liegt, „aus jenem bösen Leben"[335] *fortzukommen,* liegt bei Reger (1873-1916) die

---

[333] Goethe: *EWIGE GESPRÄCHE.* Aus Eckermanns Aufzeichnungen ausgewählt von Erich Ebermayer. München 1948. [Military Government Information Control Licence No. US - E 191.] 189. 18. April 1827. [Gefunden in der Müllkippe]

[334] Vgl. den Austellungskat. „*Wenn ich dein vergesse, Jerusalem...* " *(Ps. 137). Himmlisches und irdisches Jerusalem im Bild.* Karasch 2005. www.freidok.uni-freiburg.de/volltexte/2379

[335] Dieser Gedanke ist wohl nicht allein auf den Krieg, sondern auch auf die Hexenverfolgung zu beziehen, denn, wie Görres in seiner *Christlichen Mystik* im IV. Teil „Der Hexenprocess", 2.

Betonung v.a. auf der *inneren Voraussetzung des Einzelnen, Eingang in dieses Haus* zu finden: „In dieses Haus geht niemand ein, der nicht von Sünden reine." Von der „Stadt" in der *Offenbarung* heißt es: „Und wird nicht hineingehen irgendein Unreines [...]." (Off. 21,27) In dieser Weise kommt der Gegensatz *Sünde – Reinheit* auch bei Siegfried Wagner zur Anwendung. Hulda befindet sich in der Lage derer, die *draußen* sind, denn: „Draußen sind [...] die Unzüchtigen und [...] die Götzendiener [...]." (Off. 22,15) Die „Stadt" ist umgeben von einer „großen und hohen Mauer" (Off. 21,12).

## 2.2 Apokalyptische Symbolik in der Handlung.

Für eine Querverbindung zwischen dem Bühnenbild und der *Offenbarung* spricht außerdem die Feststellung, daß der Handlung ein Netzwerk apokalyptischer Symbolik zugrunde liegt, dem auch die Stadt zugeordnet werden kann. In Szene, Musik und Text liegen Momente vor, die als Abwandlung apokalyptischer Symbole und Allegorien gelten können: „der schwarze Reiter", das Hexengericht, das Gerichtsmotiv u.a. in den Blechbläsern, der Scheiterhaufen erinnern an die *apokalyptischen Reiter*, das *Weltgericht*, an die (oft zitierten) ‚*Posaunen des Jüngsten Gerichts*', den *feurigen Pfuhl*, dem die Verdammten im Weltgericht überantwortet werden; außerdem weist Hulda Züge der Jesebel auf. Die „brennende Stadt", aus der sie „als Kind gerettet" wurde (I.1), gemahnt an das brennende Babylon. Die Brandschatzung der Stadt geht wohl auf den Versucher resp. „Wallenstein"[336] zurück und der Pfarrer, bei dem Hulda Aufnahme fand, erscheint ebenfalls als eine Einkleidung des Versuchers[337].

Auch die aus den brennenden „Scheiten" gleichsam erwachsenden „Lilien" können nach der Legende des apokalyptischen Piktogramms gelesen werden. „Scheite" und „Lilien" erscheinen dann als Abwandlungen der Insignien des Weltenrichters:

---

Kapitel „Die Irrthümer, die gute Observanz und die Unmenschlichkeiten der gewöhnlichen Prozedur." (Görres 1989 V: 443f) hervorhebt, „macht" nach dem „Jesuiten [Friedrich] Spee [...] der Protestant D.J.M. Meyfahrt, Director des Gymnasiums in Coburg [...] auf die Gräuel dieser Prozesse [...] aufmerksam". (Inhaltsverzeichnis [unpag.]. Vgl. 521.)

[336] Zur Identität des im Text erwähnten Wallenstein mit dem Versucher s. *cap.* → **Der historische Handlungsrahmen und** → **Die Personen.**

[337] Zur Identität Versucher – Pfarrer s. *cap.* → **Analyse der 2. Szene des II. Akts.**

Holzschnitt aus: Hartmann Schedel: *Das Buch der Chroniken (1493)*

Schwert und Lilie. Wie auf dem Holzschnitt „Christus als Weltenrichter" aus dem 1493 erschienenen *Buch der Chroniken* von Hartmann Schedel zu sehen ist, scheidet der Urteilsspruch Christi – über den Himmelsbogen thronend – diejenigen, welche unter dem Zeichen des Schwertes zur Hölle fahren, von denjenigen, welche einziehen in das Himmlische Jerusalem. Diese Symmetrie deutet auf eine Weltordnung hin, welcher sich der Einzelne nicht entziehen kann.

Betrachtet man das Schlußbild von *Schwarzschwanenreich* als Individualisierung dieses Weltbildes, so erscheint dieser Perspektivwechsel als zeittypische Variante des Themas (vgl. das Chorwerk *L'Apokalypse* von Claude Debussy oder das Gemälde *Der Weltenrichter* von Johann Michael Bossard). Anstelle der Alternative tritt hier ein Sowohl-Als auch: die Entscheidung ist dem Einzelnen in die Hand gegeben. Strafe (Schwert/ *Scheite*) und Gnade (Lilie*(n)*) sind durch Verwandlung miteinander verbunden. Die Umwandlung der Strafe in Gnade ist durch die Christus-Anrufung Huldas bewirkt worden. Wenn vorher schon von Liebhold ihr „Lied" als Anzeichen für ihre *Gottsuche* angesehen wurde (I.6) (das Blumenlied endet mit einer Anrufung Gottes), so bedeutet der Christus-Ruf gleichsam eine formelhafte Zusammenfassung des Liedes. Das *Lied* in der ersten Szene und der *Ruf* in der letzten Szene schlagen einen Bogen über die gesamte Handlung.

Bezeichnend für die Individualisierung ist auch die Vielzahl der Lilien im Gegensatz zu dem Lilienstab in der Hand Christi.

Zugleich kann die Erscheinung der (weißen) Lilien am Schluß der Handlung auch als Zeichen für die endlich erfolgte *Bannlösung* stehen und damit als Sieg des Lichtes (*Lilien*) über das Dunkel (*Reich der schwarzen Schwäne*; symbolgeschichtlich kann selbst der schwarze Schwan als mit einem Bann belegter weißer Schwan interpretiert werden; vgl. → **Zur Metaphorik des Titels**).

Abgesehen von der Symbolik im Einzelnen weist auch die Erzählstruktur der Oper eine Analogie auf: Ebenso wie das Geschehen in der *Offenbarung* ist die Handlung von *Schwarzschwanenreich* gespannt zwischen zwei Polen: *Bann* und *Gnade*. Aus den apokalyptischen Momenten konstituiert sich das dramaturgische Schema: dies gilt für die innere (Entfaltungsdrama) wie für die äußere (Zieldrama) Struktur des Werks (→ **Dramatische Struktur und Architektonik**). In der Vorgeschichte (Orchestereinleitung) ereignet sich die *Katastrophe* (Teufelsbuhlschaft, Wechselbalgmord), aus welcher sich (für die innere Handlung) alle übrigen Handlungsmomente als Folgen ergeben. Diese konstituieren wiederum die Struktur des Zieldramas: zu nennen sind hier als für den Handlungsbogen ausschlaggebend die *Exposition* (die das reale Erlebnis umkleidende Schwarzschwanenreichsage; I.1), die *Katastrophe* (Hexengericht; III.4) und die Lösung (Schlußbild; III.4).

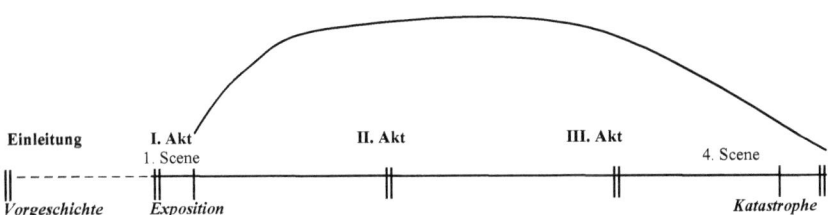

Eine Ausnahmestellung bezieht die Stadt. Sie steht als einziges Moment außerhalb der Handlung. Dies entspricht der Sonderstellung des „neuen Jerusalem" in der stofflich-künstlerischen Rezeption der *Offenbarung*. Anders als z.B. die „Apokalyptischen Reiter" (das vierte Blatt der *Apokalypse* – vier Reiter: Tod, Hunger, Pest, Krieg – von Dürer) und der sprichwörtlich gewordene Jüngste Tag hat das vom Himmel niederfahrende Neue Jerusalem apotheotischen Charakter.

Wenn man annimmt, daß das erste Bild ein Zitat des Schlußkapitels der *Offenbarung* darstellt, ist damit die Bedingung für die Bannlösung festgelegt[338]: der Weg zur Befreiung führt über das Gericht. In der *Offenbarung* geht dem Schlußkapitel „Das neue Jerusalem" unmittelbar der Abschnitt „Das Weltgericht" voran.

In *Schwarzschwanenreich* erscheint der Schluß der *Offenbarung* szenenbildlich – im Mittelgrund, zwischen freier (Hügel-)Landschaft (Hintergrund) und dämonisch-düsterem Vordergrund („*Eiche*") – an den Anfang gestellt. Damit ist das Ziel vor Augen gestellt: der Einzug in das „himmlische Jerusalem". Dieser Weg führt über das Gericht.

Inwiefern das 1. Bild eine Vorschau auf die Handlung ist, ergibt sich aus der zu Beginn erklingenden Musik:

---

[338] Vgl. die Ankündigung des Gerichts in noch unbestimmter Form bereits in der Orchestereinleitung (→ **Die Orchester-Einleitung**).

## 2.3 Die ersten zehn Takte: musikalisch-textliche Bildlegende.

Wie eine Bildlegende erscheinen Textmetaphorik und Harmonik von Huldas Gesang, *der aus dem Hause erklingt*. Der erste Teil des Liedes (T 1-10) schlägt einen Bogen von cis-moll nach Cis-Dur, in Entsprechung zur Hell-Dunkel-Metaphorik des Textes („tief-herab", „Grab", „Schatten" vs. „Sonne Aug'"). Die Umwandlung von cis-moll nach Cis-Dur erfolgt innerhalb der personifizierenden Lichtmetapher: auf „Sonne [T 9: cis-moll] Aug' [T 10: Cis-Dur]". Gewissermaßen provisorisch wird hier das angestrebte Ziel vorweggenommen: die Besiegung des „Schattens" durch das „Licht", angedeutet durch die Picardische Terz [„Eine Moll-Kadenz mit picardischer Terz am Schluss kann dem Hörer ein wehmütiges, bittersüsses Gefühl vermitteln."[339]] Doch ist, wie die Behandlung des Wechsels cis-moll – Cis-Dur im weiteren Verlauf des Werks zeigt, mit Cis-Dur nur ein Scheinziel erreicht.

## 2.4 Vorschau auf das Finale I (I.6) und das Finale II (III.4).

Ins Szenische erweitert wiederholt sich dieser Schritt in der letzten Szene des I. Akts (I.6). Den musikalischen Höhepunkt bildet dort Huldas Traumerzählung (C-Dur). Diese schließt mit der Bannlösungsformel. Das Wort „Bann" erklingt in cis-moll. Die kurz darauf zustandekommende Verbindung Liebholds mit Hulda findet auf der Grundlage von Cis-Dur statt.

Dieser Tonart widmet der Komponist einen satzartigen Abschnitt mit der Bezeichnung „**Langsam**", die sich über 13 Takte erstreckt. Mit diesem Satz schließt der I. Akt. Somit ist die Verbindung Huldas mit Liebhold tonartlich durch Cis-Dur besiegelt.

---

[339] Art. **Picardische Terz**: *Wikipedia*.

Mit McCredie läßt sich hier von einem der „undesignierten Sätze" sprechen, „die aus der Handlung entstehen und vor dem offenen Bühnenraum zum Erklingen kommen". Wenn auch im vorliegenden Fall gestalterisch und quantitativ nur in minimaler Form, lassen sich derartige Sätze doch auch dem „Gebiet einer szenographischen Musik" zuordnen, insofern sie als „Aktabschlüsse" *dienen*[340]. An anderer Stelle heißt es von „kurzen szenographischen Sätzen": „Innerhalb der rhetorischen Gesamtheit des Textes und des Satzes fungieren solche Sätze auch als Interpunktionsstationen."[341] Der Semikoloncharakter dieses Aktschlusses (ein Halb-Finale) ist darauf zurückzuführen, daß mit dem geschilderten Vorgang zwar ein Einschnitt vorliegt, der innerhalb des Ganzen jedoch Unabgeschlossenheit signalisiert.

Wie die Anzeichen (szenisch und musikalisch) ahnen lassen, wird diese Verbindung nicht von Dauer sein:

1. Die Bannlösungsformel: „Wer mich schuldlos wähnt, weiss er auch von meiner Schuld, der löst den Bann – " (E-Dur) erklingt in der Melodie des in der Einleitung vorgestellten Bannlösungsthemas (allerdings erreicht dort das Thema die Tonika E-Dur, während es hier in die Parallele cis-moll

---

[340] McCredie 2003: 113.
[341] A.a.O.: 127.

mündet). Die Fortsetzung und Erweiterung des Formeltextes benennt den eigentlichen Beweggrund für das Streben nach Bannlösung: das Ziel ist, „wieder in des Himmels Huld" zu gelangen (nach „Himmels Huld" oder „Gnade" strebt auch Tannhäuser; II.4, am legendär gestalteten Schluß des *Tannhäuser* – Tannhäuser *erblüht* „der Gnade Wunder Heil"; III.3 – mag sich S. Wagner zumindest unbewußt orientiert haben). Dem Wort „Himmels Huld" liegt ein H-Dur-Septakkord zugrunde, welcher E-Dur vorbereitet. Diese Tonart müßte nun im Augenblick der Verbindung Huldas mit Liebhold erklingen, was nicht der Fall ist. Lediglich erhellt sich die Tonikaparallele zur Durvariante Cis-Dur, womit der entscheidende Schritt zur Zieltonart E-Dur nicht getan ist.

2. Die Ursache hierfür wird aus dem Szenenbild deutlich: Bevor es zu der – durch Liebholds Drängen bewirkten – Verbindung kommt, formiert sich riesengroß „am Himmel" aus einer Brandwolke die *Gestalt des schwarzen Reiters*, die Hulda drohend an die vom Versucher (hier verkörpert durch den „schwarzen Reiter") gewünschten *Rückkehr* in sein Reich erinnert. Dazu ertönt das Versuchermotiv (hier wie bei seinem ersten Auftreten in der Einleitung als gebrochener verminderter Klang auf *cis* notiert). Der Bann ist also auch auf der Handlungs- und Bildebene nicht gelöst, über der Verbindung liegt der Schatten des Versuchers. Dieser Ausschnitt aus dem Werk ist in zweifacher – harmonischer und musikdramaturgischer – Hinsicht beispielhaft für S. Wagners Arbeitsweise: zum einen für seine „koloristische" Behandlung der Tonarten (Schäfer; s.o.); zum anderen für sein Verfahren, den ‚Grundriß' der Handlung in der Harmonik zu festlegen. Das Ereignis, das hier ‚seine Schatten vorauswirft', ist das Hexengericht im letzten Akt. Die Brandstätte, aus der sich der Reiter als Rauchwolke erhoben hatte, deutete auf die Richtstätte voraus, auf der schließlich auch der „böse Feind", ohne sichtbar in Erscheinung zu treten, ein letztes Mal versuchen wird, Hulda zur Rückkehr in sein Reich zu bewegen.

Auch musikalisch besteht eine Verwandtschaft zwischen „schwarzem Reiter" und Hexengericht: in der Einleitung zur Richtplatz(doppel)szene (III.3 und 4) ertönt das Gerichtsmotiv. Entwickelt aus den Tönen des Versuchermotivs, aber seines rhythmischen Gewandes entkleidet, erscheint das Gerichtsmotiv als entpersönlicher Ausdruck einer Macht. Es besteht aus ganzen Tönen, die wie Fanfarenstöße in den dunklen, scharfen Klangfarben der tiefen Holzbläser, Blechbläser, tiefen Streicher auf dem Höhepunkt der Entwicklung des Motivs (sechsmaliges Ertönen in wechselnden Mischklängen bei wachsender Dominanz im gesamten Orchesterklang) im *fortissimo* zu hören sind.

Allerdings besteht eine Differenz zwischen Versuchermotiv und Gerichtsmotiv. Der ‚Grundton' cis des Versucher-
motivs (e – g – dis – cis) wird aufgelöst in den Ton c. Damit erhellt sich der verminderte Klang auf cis in einen gebrochenen C-Dur-Sextakkord (Haupttöne des Gerichtsmotivs e – g – c). Dieser jedoch ist notiert in der ersten Umkehrung, was in Erinnerung an den Neapolitanischen C-Dur-Sextakkord zu Beginn der Einleitung wie eine Verhöhnung von Huldas vergeblich unternommenen Befreiungsversuchen anmutet, die harmonisch an mehreren Stellen durch knappes Verfehlen von C-Dur begleitet wurden, ein musikalischer Ausdruck für die *Hamartia* [griechisch: (Ver-)Fehlen] der Tragödie.

Vor dem Hintergrund der Handlung scheint dies darauf hinzudeuten, daß das Hexengericht ein (letztes) Drohmittel des Versuchers ist. Pretzsch interpretiert hingegen die Verwandtschaft des Gerichtsmotivs mit dem Versuchermotiv dahingehend, daß sich auf diese Weise „auch musikalisch die Sühne aus der Schuld" entwickele.[342]

Isoliert betrachtet als musikalische Zeichenhandlung vollzieht sich das Erreichen des Grundtons c durch ein chromatisches Rückwärtsgleiten in den Zielton: dis – d – cis – c. Die Voraussetzung hierfür ist durch das Fehlen der Vorzeichen (erster Teil der Richtplatzszene) gegeben. (Die Verminderung des Versuchermotivs geschah durch *Tiefalterierung der Quinte* gis zu g.) Bestehen bleibt eine Diskrepanz zwischen *dramatischer* Funktion des Gerichtsmotivs (assoziiert „Strafe") und harmonischer *Symbolik* (assoziiert „Licht" und damit Befreiung vom „Schatten"). Diese Diskrepanz wird in der darauffolgenden Handlung aufgehoben: Hulda löst den Bann selbst, indem sie im Augenblick der (letzten) Versuchung „Christus" um *Rettung* anruft. Damit erreicht sie, was „Jesus" am Schluß der *Offenbarung* prophezeit: „Selig sind, die ihre Kleider waschen […], auf daß sie […] zu den Toren eingehen in die Stadt." (Off. 22,14)

Das Bild Dürers kann in Verbindung mit dem bereits aus dem ersten Szenenbild ableitbaren gedanklichen Handlungsziel betrachtet werden: Mit der Einschließung des Teufels geschieht die Erschließung des Tores des Heiligen Jerusalem.

In der Apostelgeschichte heißt es: „Und soll geschehen, wer den Namen des Herrn anrufen wird, soll gerettet werden." („Pfingstwunder"; 2,21) Die Offenbarung endet mit der Berufung auf den „Herrn Jesus" – den Hulda im Augenblick der Versuchung auf dem Scheiterhaufen anrufen wird. Durch die Anrufung Christi gewinnt Liebhold neuen Glauben an ihre *Schuldlosigkeit*. Hierdurch ist die Bedingung für die Bannlösung erfüllt.

---

[342] Pretzsch 1919: 474.

138

Albrecht Dürer:
*Die Apokalypse* (1498). Holzschnitt.
Letztes Blatt.

„Ein Engel mit einem Schlüssel sperrt einen monströsen Teufel in eine Grube [...].
Ein zweiter Engel weist Johannes den Weg nach dem Neuen Jerusalem,
wo die Gerechtenin Frieden miteinander leben werden."[343]

---

[343] Russell 1975: 103.

## 3. Die Personenkonstellation im 1. Bild.

Die Hauptpersonen der Handlung finden sich nach und nach im Szenenbild ein, wo sie sich zunächst – vor dem eigentlichen Einsetzen der äußeren Handlung – in ihre Ausgangspositionen begeben. Sie bilden eine Konstellation, aus der sich später die Handlung entwickelt (Beginn der äußeren Handlung ab dem zweiten Teil der Szene mit der Exposition). Die dramatischen Positionen der einzelnen Gestalten werden teilweise schon zu Beginn sowie in den nächstfolgenden Szenen ausdrücklich benannt. Hieraus ergibt sich folgende Darstellung:

Beim Öffnen des Vorhangs sehen wir **Liebhold**, auf *„den Stufen vor Huldas Haus"* liegend, *„wie traumverloren dem Gesange Huldas"* lauschend, in welchem diese in *Verzweiflung* und *„Todes-Sehnsucht"* ihrem Wunsch nach „Befreiung" vom Schwarzschwanenreich-*Bann* Ausdruck gibt, wie aus einer Verknüpfung von Blumenlied-Text, Traumerzählung (I.6) und See-Monolog (II.5) teilweise rückblickend zu erschließen ist.

Und dieser

> [...] Ton aus banger Kehle,
> Er hat den gleichen Klang
> Hier in dieser Brust laut erweckt!
> Er tönt und er füllt mein Innres mit Glück! (I.6)

Auf diese Weise „entrückt" (I.1) empfängt Liebhold, wie er später in seiner Blumenlied-Paraphrase (s. voranstehendes Zitat; Liebesszene Hulda-Liebhold I.6) bekundet, gewissermaßen den Auftrag, Hulda vom „Bann" zu befreien. Diese „Seelen"-Zwiesprache wiederum ruft in Hulda die Vision eines rettungsverkündenden Engels hervor.

Der Befreiung steht jedoch das Vorhaben von Liebholds Schwester **Ursula** entgegen: „*Etwa im 3. Takt [...] kommt Ursula hinzu [...]*." Ursula fürchtet für das Seelenheil ihres Bruders. Um seine *Rettung* zu bewirken, sucht sie einen Weg, Hulda der *Teufelsbuhlschaft* zu überführen.

Sie zieht ihren Bräutigam **Oswald** hinzu, der ihr helfen soll, Liebhold und Hulda zu „trennen". Oswald – im Moment noch ahnungslos – wird jedoch bald (I.2) ein eigenes Interesse an der Sache gewinnen. Er will Hulda besitzen (I.3) und faßt daher den Plan (I.3), Liebhold zu beseitigen (I.4).

Die Charaktere werden so geführt, daß die Befreiung Huldas durch Liebhold – entgegen den Absichten des feindlichen Paares – schließlich stattfinden kann.

Während die Funktion der Gestalten Ursulas und Oswalds im Ablauf der Handlung selbst zutagetritt, teilt die Erscheinungsweise des Paares Liebhold-Hulda etwas über die Anlage des Werkes mit.

Beide tragen, wie aus der Namengebung, dem äußeren Handlungsrahmen (Verfolgungsgeschichte), den tagebuchartigen Passagen (insbesondere Huldas: Lied, Monologe) sowie der Geschwisterszene Liebhold-Ursula (II.4) zu erschließen ist, persönliche Züge des Komponisten.

Mit dieser paarweisen Spiegelung des eigenen Ich ist es ihm möglich, die Entwicklung eines Selbstverhältnisses zu gestalten. Das Paar erscheint zunächst als sichtbar-unsichtbare Doppelperson: die sichtbare, aber hier noch stumme Gestalt der männlichen Ich-Hälfte: Liebhold in der Rolle des Zuhörers und zugleich des Bruders seiner um sein Seelenheil besorgten Schwester Ursula (äußeres Selbstportrait), der mit tiefer Anteilnahme dem Gesang der (hier noch unsichtbaren) weiblichen Ich-Hälfte: Hulda folgt, in welchem sich deren Seelenverfassung dokumentiert (inneres Selbstportrait). Man könnte sagen, das real in Erscheinung tretende Ich des Komponisten (Liebhold) hört seiner im Gesang verkörperten Seele (Hulda) zu.

Während das weibliche Bühnen-Ich, welches die innere Verfassung des Komponisten verkörpert, zu Passivität verurteilt ist, ist das männliche Bühnen-Ich, welches äußerliche Merkmale einer Identität mit dem Komponisten trägt, in der Lage, die Initiative zu ergreifen (die Verfolger zu beseitigen oder unwirksam zu machen), wozu ihn wiederum die innere Verwandtschaft mit seinem Alter Ego motiviert.

Zu Handlungsbeginn nur wenige Augenblicke als Betrachter anwesend, tritt er erst Ende der 5. Szene (Exorzismusversuch) wieder in Erscheinung, umlenkend ins Geschehen eingreifend; er bleibt aber mit Ausnahme der zweiten Geschwisterszene (II.4) ein etwas blasser, spärlich gezeichneter Mitspieler. Der Stellenwert dieser Figur ist dramaturgisch zu erkennen: Ebenso wie er zu Beginn der Handlung im Mittelpunkt der Aufmerksamkeit stand, ist er es, der mit Vollziehen der letzten Aktion: *Sprung ins Feuer* – die Handlung beschließt.

# Die Handlung aus psychoanalytischer Sicht: *Psychodrama* und *Individuationsprozeß*.

> Vor allem aber sind es die Stoffe,
> bei denen jeder Psychoanalytiker ins Jauchzen kommt,
> denn Siegfried [...]
> hat die Vorlagen kräftig mit Symbolen bestückt [...].[344]
> *Reinhart Beuth*

In ihrer vergleichenden Untersuchung zeitgenössischer Opernwerke unterschiedlicher Komponisten resümiert Sabine Busch-Frank: „Betrachtet man Siegfried Wagners „*Schwarzschwanenreich*" oder andere Werke zur gleichen Zeit, so kann man die steigende Psychologisierung geradezu als Trend auf der Opernbühne ausmachen."[345]

Psychologisieren heißt bei Siegfried Wagner Auseinandersetzung mit dem eigenen Ich.

Cosima Wagner bemerkt 1903 anläßlich der Vollendung des *Kobold*: „Viele Lebenseindrücke sprechen sich darin [...] aus [...]."[346]

Stassen überliefert in seinen *Erinnerungen* eine Äußerung des Komponisten nach einer *Kobold*-Probe „über die dunkle Gestalt des Grafen": „Ja, es ist doch so im Leben, da liegt es über einem Menschenleben wie ein Fluch, solche unbekannte Schuld, solch ein Druck."[347]

Um sich von diesem „Druck" zu befreien, schrieb Siegfried Wagner seine Werke.

Mit Hilfe eines psychoanalytischen Begriffsapparats läßt sich eine Art Röntgenbild von der psychologischen Struktur des Werks erstellen.

Das Bühnengeschehen kann als – ins Musiktheatralische transponierte – Entsprechung der von Moreno erfundenen Psychotherapie „Psychodrama" bezeichnet werden.

---

[344] Beuth 1994. [Kopie mit weggeschnittenen Seitenzahlen]
[345] Busch-Frank 1999: 61.
[346] Pretzsch 1934²: 662. – Dieser Briefwechsel ist hinsichtlich der unausgesprochenen, hinter den offiziellen, gegenüber der Mutter Siegfried Wagners formulierten, Äußerungen über den Sohn Richard Wagners stehenden Einschätzungen eine bemerkenswerte Quelle, die noch zu rezipieren ist.
[347] Stassen 1942: 13.

Inspiriert durch das im Wien des frühen 20. Jahrhunderts stark verbreitete Stegreiftheater entwickelte der 20 Jahre nach Siegfried Wagner geborene Jakob Levy Moreno (1889-1974) über zwei Jahrzehnte eine ‚Psychotherapie mittels Stegreifspiel', die er „Psychodrama" nannte (1936 in den USA etabliert).
Wohl weitestgehend ohne Kenntnis der Methode von Moreno betrieb Siegfried Wagner sein musiktheatralisches Schaffen wie eine Selbsttherapie, die er besonders in *Schwarzschwanenreich* in einem fiktional-christlichen Raum praktizierte und in Opernform exagierte. Dies kann eine Erklärung für das von Heinz festgestellte Ausbleiben einer Entwicklung innerhalb des Gesamtwerks in architektonisch-proportionaler Hinsicht liegen, ebenso auch für die Vielzahl der Werke und deren Personenstruktur, welche zentral durch Techniken der Ich-Spiegelung und -Vervielfältigung geprägt ist.
Insbesondere von den Rollenfunktionen innerhalb dieser tiefenpsychologischen Therapieform: z.B. *Doppelgänger* und *Antagonist* – läßt sich (unter Berücksichtigung der Diskrepanz zwischen Intuition und verordneter Therapie) ein Bezug zu den Rollen bei S. Wagner herstellen. Dasselbe gilt für das von Moreno formulierte Ziel, in diesem Rahmen zu (Selbst-) Einsichten und einer Art karthatischer Befreiung zu gelangen.[348]

„Doppelgänger" und „Antagonist" treten in *Schwarzschwanenreich* jeweils in einer männlichen und einer weiblichen Rolle in Erscheinung (Doppelgänger-Paar: Liebhold – Hulda; Antagonisten-Paar: Ursula – Oswald). Davon läßt jeweils ein(e) Partner(in) eine direkte biographische Rückbeziehung erkennen (Doppelgänger Liebhold: Siegfried Wagner und dessen Schwester, die Antagonistin Ursula, vormals Eva: Eva Chamberlain-Wagner[349]).
Aus dieser psychodramatischen Personenkonstellation wird die Handlung entwickelt, die man mit einem Begriff von C.G. Jung als „Individuationsprozeß" beschreiben kann. Das Ziel ist eine Vervollständigung des Selbst (letzte Station). Diese ist zu erlangen durch Assimilation (i.S.v. Verschmelzung) mit dem gegengeschlechtlichen *Seelenbild* (Anima/ -us):

> Die Assimilation des Seelenbildes macht das Individuum vollständiger im Sinne der bewußten Einbeziehung der gegengeschlechtlichen Eigenschaften in die Persönlichkeit unter Zurücknahme der projizierten Bilder von Anima und Animus auf das andere Geschlecht.[350]

---

[348] Angaben zu Moreno auf der Grundlage der Artikel **Jakob Levy Moreno** in *Wikipedia* und **Psychodrama** im *Stichwörterbuch der Literatur* 1989: 728 sowie in der BE Bd. 22 POT-RENS 2006: 237.
[349] Zur Geschwisterbeziehung in Leben und Werk s. → **Ursula, *die Bärin*.**
[350] Stichwort **Anima, Animus** in: *Dorsch* 1992: 36f. Zum **Individuationsprozeß**: A.a.O.: 304.

Das *Seelenbild* kann in unterschiedlichen Figuren auftreten, beispielsweise als *Engel*, *Dämon* oder *Gefährte/ Gefährtin*[351]. Im Falle Huldas handelt es sich um das männliche *Seelenbild*: Liebhold. Dieses erscheint dem *Ich* (Hulda) zunächst intraversiv[352] als Vision, als „Traumbild" (I.6, Traumerzählung; vgl. retrospektiv I.1, Blumenlied) aus einer *englischen* Sphäre kommend, dann wird dieses Bild hinausverlegt (projiziert) auf eine reale Person (Liebhold) (I.6). Psychoanalytisch gesehen vollzieht sich die Handlung von *Schwarzschwanenreich* mit Hinblick auf Liebhold und Hulda zwischen einer (weiblichen) Ichperson (Hulda) und deren *Animus* (Liebhold).

Die Besonderheit dieses dramatisierten „Individuationsprozesses" ist, daß das „Individuum" (Hulda) und der „Animus" (Liebhold) zwei Hälften eines „Doppelgängers" bilden. Hieraus erklärt sich die hohe und aktive Anteilnahme des „Animus" Liebhold am „Individuationsprozeß" Huldas.

Die psychologische Dramaturgie des Werks ist zu beschreiben als Synthese aus *Individuationsprozesses* und *Psychodrama*, insofern die Ziele: *Assimilation* und *Selbsteinsicht* bedingungsvoll miteinander verknüpft sind. Daraus ergibt sich eine Gleichsetzung von *Selbstvervollkommnung* und *karthatischer Befreiung*.

Entscheidend beteiligt an diesem *Individuationsprozeß* sind die *Antagonisten* Ursula und Oswald. In ihrem Handeln erweisen sie sich als Verkörperung zweier Mächte, die hier zum einen als „*kontrollierendes Bewußtsein*" und zum anderen als „*Trieb*" bezeichnet werden sollen.

Begriffsgeschichtlich wurde der wesentlich von Freud geprägte Terminus „Trieb" stark differentialisiert und ist heute eher ungebräuchlich. Seine Verwendung im vorliegenden Zusammenhang basiert z.e. auf Grunddefinitionen (als endogener „Triebdrang" zunächst, wenn auch nicht endgültig, vom Ich-Bewußtsein unabhängig), z.a. auf dem Vokabular des Textbuches, das (in den Partien Oswalds und Huldas) gleichbedeutend „Drang", „Lüste", „Gier", *Sinnestrunkenheit* (in Verbindung mit Verlustiggehen des Ich-Bewußtseins) verwendet. Der zeitgenössische Ausdruck „Trieb" dient hier als Zusammenfassung dieser Synonyme.

„*Trieb*" und „*kontrollierendes Bewußtsein*" erscheinen getrennt und verkörpert außerhalb des Ich und kennzeichnen hier den Zustand vor der Erlangung der *Selbsteinsicht* und *Selbstvervollkommnung*.

Der Vorgang: Das *Bewußtsein* (Ursula) sucht nach einem „Zeugnis" (I.1), um die „Hexe" Hulda vor Gericht zu bringen, zur *Rettung* der helleren *Doppelgänger-*

---
[351] Stichwort **Anima** in: BE Bd. 2 ANAU-AUSV: 75.
[352] Der Brockhaus. Alternative Medizin. Heilsysteme, Diagnose, und Therapieformen, Arzneimittel. 2008: 239. Literatur: C.G.J.: Das Unbewußte im normalen und kranken Seelenleben (1929).

Hälfte (Liebhold). Der *Trieb* (Oswald) will diesen beseitigen, um sich der dunkleren *Doppelgänger*-Hälfte (Hulda) zu bemächtigen.

Anfänglich zu einem gemeinsamen Vorhaben vereint, werden beide *Antagonisten* im Verlauf der Handlung zu Gegnern. Als solche betreiben sie zwar die Verhinderung der *Assimilation*, bewirken aber letzten Endes die Vereinigung beider *Doppelgänger*-Hälften.

In zwei Anschlägen versuchen *Bewußtsein* und *Trieb*, die *Trennung* des *Doppelgänger*-Paares herbeizuführen:

1. *Animus* (Liebhold) wird entfernt und soll (mittels „Wein") betäubt werden (durch den ,*Trieb*-Täter' Oswald; Soldatenszene I.4); *Doppelgängerin* Hulda soll (mittels Exorzismus/ Hypnose) zum ,Geständnis' gezwungen werden (auf Betreiben des *Bewußtseins* [Ursula]; Exorzismusszene I.5).

Der Anschlag mißlingt durch Intervention des *Animus* (Liebhold) (*Bewußtseins*- und *Triebmächte* [Ursula und Oswald] wandern in den „Kerker"). Die äußerliche Verbindung zwischen dunklerer und hellerer Ich-Hälfte findet statt (Liebesszene I.6 und Liebestraum-Vorspiel zum II. Akt).

2. Der *Animus* (Liebhold) wird entfernt (durch das jetzt als *Tanzende* auftretende Gefolge Oswalds [Landjugend]; Tanzszene II.1); der *Trieb* (in Gestalt Oswalds) versucht, sich des (nun isolierten) dunkleren Ichs (Hulda) zu bemächtigen (Dialogszene Oswald-Hulda; II.2). Das *kontrollierende Bewußtsein* (Ursula) kommt hinzu (Beginn II.3). Damit ist die dramaturgischen Laufbahn Oswalds beendet.

Die von einigen Kritikern offen gelassene Frage nach dem Motiv des frühen Abgangs Oswalds von der Bühne (beispielsweise in einer Rezension von 1919: „Aus irgendeinem Grunde entläßt Wagner ihn aber schon im zweiten Akte von der Bühne [...].") kann auf diese Weise beantwortet werden. [353]

Das *Bewußtsein* (Ursula) treibt das dunklere Ich (Hulda) an den See (Waldszene II.5), wo sich das Grab des ermordeten Wechselbalgs befindet und erhält nun endlich das gesuchte „Beweis"-Stück: die „Leiche" des Kindes (*corpus delicti*).

Die *Antagonistin* (Ursula) hat ihre Aufgabe – mit Blick auf die dunklere *Doppelgänger*-Hälfte (Hulda) – erfüllt.

Die dunklere *Doppelgänger*-Hälfte (Hulda) wird vor Gericht gestellt. Nachdem die hellere *Doppelgänger*-Hälfte (Liebhold) zwei Mal vor sich selbst – d.i. angesichts des *Bewußtseins* (Ursula) (Geschwisterszenen II.4 und III.3; vgl. → **Ursula, die Bärin**) – die „Schuld" der dunkleren Hälfte geleugnet hat, kann sie nun, da das dunklere Ich seine „Schuld" öffentlich gesteht, sich der Schuld-*Erkenntnis* nicht länger verschließen.

---

[353] W. N. 1919: 61. Kopie o. Titelangabe: NAB, Bartsch-Bibliothek [29b 1919]. Eine weitere Erklärung auf einer anderen Deutungsebene s. vgl. *cap.* → **Die Personen**.

Das hellere Ich (Liebhold) wendet sich von seinem Alter Ego (Hulda) ab. Das dunklere Ich („Hexe") findet seinen Tod in den Flammen, die *Reinigung* bedeuten. Der unbescholtene Teil des Ichs (Liebhold) kann sich der anderen Hälfte – jetzt „frei von Fehl" – wieder zuwenden. Die beiden Ich-Hälften können miteinander *verschmelzen*. Die letzte Stufe *Selbstvervollkommnung/ Assimilation des Individuums mit seinem Animus* in Verbindung mit der *karthatischen Befreiung/ Selbsteinsicht* ist erreicht.

In der letzten Szene wird die Grenze zwischen *Individuum* (Hulda) und *Animus* (Liebhold), die durch die *Doppelgänger*-Paar-Konstellation ohnehin durchlässig war, aufgehoben. Liebhold und Hulda scheinen hier zeitweise ihre Rollen sogar zu tauschen: Hulda wird zur dunklen *Anima* Liebholds; Liebhold tritt dagegen selbst als *Individuum* auf, insofern er nun für sich selbst handelt.

Dies wird möglich, als das *Bewußtsein* (Ursula) ihm eine Lösung des Konflikts nennt: den Tod („[...] Du selbst fändest im Tod Befreiung von ihr!" III.3; KA 166). Er trennt sich daraufhin von der Verkörperung des *kontrollierenden Bewußtseins* (Ursula). Ursula hat nun auch gegenüber der helleren *Doppelgänger*-Hälfte (Liebhold) ihre Aufgabe erfüllt. Dieser ist jetzt in der Lage, Hulda als seine dunklen *Anima* zu erkennen. Das *Individuum* (Liebhold) erteilt (durch sein Schweigen auf ihre Frage, ob er trotz ihres Schuldbekenntnisses an ihre Schuldfreiheit glaube) seine Zustimmung zur Vernichtung seiner dunklen *Anima* (Hulda). Dann folgt er dieser in die Vernichtung[354]. Das *Individuum* und seine vom *Bann befreite Anima* sind *im Tod* vereint.

Eine, wenn auch entfernte, Analogie zu dieser Geschwisterbeziehung bildet eine Paarkonstellation im *Steppenwolf* von Hermann Hesse: zu der „Darstellung der Integration von" – so der Herausgeber Volker Michels in seinem Nachwort – „Harry Hallers Anima durch sein weibliches alter ego Hermine, deren Wunsch, sie zu beseitigen, er erst dann zu befolgen vermag", als er ihrer nicht mehr bedarf. „[...] Hermine [ist] eine Projektion des Inneren, die in dem Augenblick verschwindet, als es Harry Haller [...] geglückt ist, sich dem anzuverwandeln, was diese ihm bedeutet" hat.[355]

In beiden Fällen handelt es sich – trotz der Grundverschiedenheit in der Schaffensweise Hesses und S. Wagners – um eine für die Zeit typische Kunst, die „Metamorphosen seelischer Entwicklungsschübe und Heilungsprozesse in Bilder zu kleiden [...]."[356]

---

[354] Bereits bei der Trennung (Verabschiedung) von der Verkörperung des *kontrollierenden Bewußtseins* (Ursula) gibt Liebhold *sich* „verloren", da jede Hoffnung auf eine *Rettung* Huldas aussichtslos scheint („Ihr Tod ist der meine!" III.3).
[355] Michels 2001: 599.
[356] Ebda.

Die Anwendung eines aus psychologischen Begriffen konstruierten Analysemodells auf die die Oper *Schwarzschwanenreich* ermöglicht es, die Handlung zu durchleuchten und den psychologischen Mechanismus des Ablaufs sichtbar zu machen.

Auch für eine Erklärung der Gestalten im Einzelnen ließen sich Termini aus den Texten C.G.Jungs auf Namen und Bezeichnungen bei S. Wagner übertragen, z.B. das *Seelenbild* auf das „Traumbild" (Liebhold) oder der (archetypische) *Schatten* auf den „Schatten", genannt „Versucher".

Der Gedanke, eine Analyse der Handlung auf diesem Wege fortzusetzen, erscheint angesichts frappierender Entsprechungen auf den ersten Blick bestechend plausibel.

Zugleich geriete dieses Experiment zu einer reinen Analyse der funktionellen Oberfläche unter Verzicht auf die substantielle Tiefe der Fiktion. Dagegen ist das Erscheinen des „Traumbilds" in der ‚poetischen Psychologie' Siegfried Wagners die textlich-musikalische Gestaltung eines religiösen Erlebnisses seelischer Sublimation (→ **Zur Metaphorik des Titels**; → **Der Schluß des Werks**). Dieser Aspekt wird unter anderen in folgendem Kapitel thematisiert.

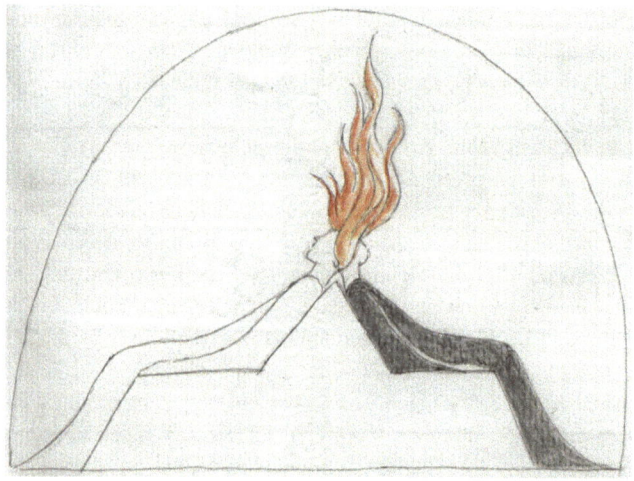

# Karnevalistischer Kopfstand:

## Soldatenszene und Tanzszene

VON JE WAR AUCH DER NARR DABEI! [357]
*Johann Michael Bossart*

Zwei Szenen bilden in ihrem Duktus einen Kontrast zum übrigen Werk: die Soldatenszene (I.4) und die Tanzszene (II.1). Es sind *heitere* Einschiebungen innerhalb einer *ernsthaften* Handlung: *Spektakel* im karnevalistischen Sinn.

Beide Szenen können unter zwei Gesichtspunkten beschrieben werden:

1. Im Rahmen der Gesamthandlung haben die jeweiligen Vorgänge die Entfernung Liebholds durch Oswald zum Ziel. Oswald ist aber nicht der Urheber dieser Ereignisse. Sie stellen vielmehr Interventionen des Versuchers dar: um Hulda seinem Reich zurückzugewinnen, muß er Liebhold beseitigen, dessen Vereinigung mit Hulda deren Befreiung vom „Bann" des Schwarzschwanenreichs bedeuten würde.

Auf dieses Vorhaben ist der gesamte Verlauf des Dramas zurückzuführen, welches der Versucher unterschwellig lenkt. Er tritt nicht selbst in Erscheinung, sondern übt seine Macht mittelbar durch die handelnden *Personen* des Werks aus (→ **Die Handlung**). Dem Versucher, *Personifikation* des Schwarzschwanenreichs, wird gewissermaßen vom Verfasser die Befugnis erteilt, eigenmächtig in die dramatische Struktur einzugreifen und zwei Szenen unter eigene Regie zu nehmen: die Soldatenszene und die Tanzszene.

Zumindest in der Soldatenszene agiert er offenkundig durch eine Art Regieassistent, Oswald, der seinerseits den Wunsch hat, Hulda zu gewinnen. Gerade dieses Eingreifen in die Werkstruktur führt aber schließlich zum Mißlingen des Plans (→ **Dramatische Struktur**).

2. Der Grund hierfür liegt in den Mitteln selbst, welche der ‚Versucher als Regisseur' anwendet. Die Gestaltung der Erzählung weist Merkmale auf, welche auf die Tradition karnevalistischen Erzählens hinweisen. Es lassen sich Elemente karnevalistischer Rituale erkennen, die eine Wandlung des Protagonisten dieser Szene, Liebhold, herbeiführen, welche ihn schließlich befähigt, die Niederlage des Versuchers zu besiegeln. Hiermit unterliegt den Szenen ein eigener Sinn, der nicht einzig aus der äußeren Handlung zu erklären ist.

---

[357] Johann Michael Bossart: Monat „Februar". In: Zyklus „Die Monate". O.J. [ca. 1920-1925] Mischtechnik auf Pappe. Grafiken i.R.d. Ausstellung „100 Jahre Gesamtkunstwerk" (13.3.-8.5.2011; seit 15.8.2011: Dauerausstellung) Inv.nr.: JB 1828.

Die Eigenständigkeit der Szenen besteht in zweierlei Hinsicht: z.e. bilden sie ein in sich geschlossenes, *heiteres* Gegenstück zu der in der *ernsten* Handlung ausgeführten Läuterungsidee; z.a. steht hier ausnahmsvoll der Partner der Protagonistin im Mittelpunkt, der – abgesehen von seinem Auftritt als Bruder in der Geschwisterszenen (II.4/ III.3) – in der übrigen Handlung nur eine komplementärbegleitende Rolle spielt.

S. Wagner wählt für eine *heitere* Gestaltung seines Läuterungsgedankens das karnevalistische Formschema, demzufolge die Handlung an bestimmte Abläufe gebunden ist.

Zwischen der Werkkonzeption und dem karnevalistischen „Motivsystem"[358] besteht eine Ähnlichkeit.

Wie Michail Bachtin in seiner Analyse des Renaissance-Romans *Gargantua und Pantagruel* von Francis Rabelais darstellt, bildet den ideellen Kern des Karneval die „Idee der Erneuerung"[359].

Hiermit verbinden sich spezielle Mittel, welche Bachtin unter dem Begriff des *Grotesken Realismus* zusammenfaßt. Den *Grotesken Realismus* kennzeichnen zwei Momente: die „Übertreibung"[360] in der Darstellung in Verbindung mit einer „Vertauschung von Oben und Unten"[361]. Die Absicht des *Grotesken Realismus* ist die „Degradierung"[362] des „Hohen, Idealen", dieses wird „in eine betont grobe, materiell-leibliche Sphäre" gezogen[363].

Dem liegt aber eine spezielle „Logik" zugrunde: die „Logik des karnevalistischen Stils"[364]. Diese besteht in der *Ambivalenz*: Denn die *Degradierung* hat „nicht nur eine verneinende und negative Bedeutung, sondern auch eine positive und erneuernde, sie ist *ambivalent*, sie negiert und bestätigt in einem. Sie zieht nicht einfach ins Nicht-Sein, in die absolute Vernichtung, sondern holt, im Gegenteil, die Dinge herab an die fruchtbare Basis [...]."[365] Das Fazit: „die Vernichtung geht der Neugeburt von mehr und Besserem voraus."[366]

Ein weiterer Modus ist die *Repräsentanz*. Die Verspottung richtet sich nicht gegen die *Person* des „Karnevalsopfers"[367]: „Beschimpfungen haben bei Rabelais nie den

---

[358] Bachtin 1995 [Diss.-Ms. 1940; veröffentl. 1965; dt. Übers. 1987]: 239.
[359] A.a.O.: 55.
[360] Bachtin 1995: 345ff.; 69; 500. Ders:1969: 17.
[361] Bachtin 1995: 59f.
[362] A.a.O.: 70.
[363] A.a.O.: 70.
[364] A.a.O.: 253.
[365] A.a.O.: 71. Dagegen betont Bachtin mehrfach die Unfruchtbarkeit der modernen Parodie.
[366] Ebda.
[367] A.a.O.: 243.

Charakter persönlicher Angriffe [...]."[368] Vielmehr ist der Verspottete der „Repräsentant"[369] einer höheren Instanz. Dies läßt sich anhand eines phonetischen Mittels der *Degradierung* erklären: es handelt sich um das „Karnevalslachen"[370]. Dieses ist abgeleitet „von den ältesten Formen des rituellen Lachens [...]. Das rituelle Lachen[371] richtet sich auf das Höchste." [372] Das „Karnevalslachen" ist gleichfalls *ambivalent*[373]: es vereinigen sich darin „Schmähung" und „Freude"[374]. „Damit sollen sie [„die Sonne"[375], die „Gottheit" oder „die irdische Gewalt"[376]] gezwungen werden, sich zu erneuern."[377]

Die genannten Mittel und Modi: *Grotesker Realismus* und *ambivalente Degradierung*, die unzulängliche *Repräsentanz*, das „Karnevalslachen" einerseits, die *Idee der Erneuerung eines Höchsten* andererseits sind auch die Pfeiler der karnevalistischen Szenen in *Schwarzschwanenreich*.

Während sich aber das „rituelle Lachen" archaischer Kulte auf die ‚volkseigenen' (in einer „Krise"[378] befindlichen) Götter richtete, wendet sich die *Verspottung* in *Schwarzschwanenreich* gegen den (schwachen) *Repräsentanten* einer transzendenten Religion: Liebhold.

Die Beschreibung dessen, was *das Höchste* in *Schwarzschwanenreich* bedeutet, sowie der Eigenschaft, welche der *Repräsentant* dessen aufweisen muß, ist der Haupthandlung zu entnehmen. In konzentrierter Form findet sich diese Beschreibung in der Traumerzählung (Liebesszene I.6) Huldas.

Der *Repräsentant des Höchsten* [d.i.: „Gott" (zuerst I.1, KA 14; dann u.a. I.6; II.5), „Christus" (zuletzt und ausdrücklich unter diesem Namen: III.4, KA 170), stellenweise versinnbildlicht durch das „Licht" (zuerst I.1, KA 11) und die „Sonne" (zuerst: ebda.)] stellt sich als Projektion eines „Traumbilds" (KA 72) auf eine reale Person: Liebhold, dar. Im Traum erschien Hulda ein von englischen „Lauten" (KA 73) begleiteter „Jüngling" (KA 73), der gleichbedeutend ist mit „der Hoffnung Licht" (KA 72).

---

[368] Ders. 1995: 253.
[369] A.a.O.: 248.
[370] Bachtin 1969: 53.
[371] Vgl. auch ders. 1995: 53f.
[372] Bachtin 1969: 53 u. ders. 1995: 117ff, v.a. 120.
[373] Bachtin 1969: 53 u. 1995: 60f.
[374] Bachtin 1969: 54.
[375] A.a.O.: 53.
[376] A.a.O.: 54.
[377] Ebda.
[378] A.a.O.: 53, 54.

Möglicherweise ist das Bild des Jünglings bei Siegfried Wagner inspiriert durch seine Lektüre Hölderlins während seiner Arbeit an *Schwarzschwanenreich* (→ **Einleitung**).
Die Bedeutung der mythischen Gestalt des Jünglings beschreibt Hölderlin in der ersten Fassung des *Empedokles* [I.5] als Retter des „Lebens" vor der „Nacht":

**Empedokles**
[...] es würde nacht und kalt
Auf Erden und in Noth verzehrte sich
Die Seele, sendeten zu Zeiten nicht
Die guten Götter solche Jünglinge
Der Menschen welkend Leben zu erfrischen.[379]

Dieses Bild des Jünglings entspricht dem mystischen Engelsymbol, das Cirlot in seinem Symbollexikon beschreibt als: „A symbol of invisible forces, of he powers ascending and descending between the Source-of-Life and the world of phenomena."[380]
Als Verkörperung dieses Gedankens erscheint das um 1920 in ca. elf Fassungen geschaffene Gemälde *Lichtgebet* von Fidus (s. Abb. → *Die Utopie des „Lichtmenschentums"*), das zum Wahrzeichen der Lebensreform- und Jugendbewegung wurde.

Bei S. Wagner ist der *Jüngling* jedoch mit einem musikalischen Kommentar versehen, welcher die Möglichkeit einer Befreiung in Frage stellt: Der „Jüngling" erklingt in der Mollparallele zu der Grundtonart der Traumerzählung C-Dur, dem klassischen Tonartensymbol für das Licht. Hinzukommt, daß durch die Verwendung des Vorhalts zur Quinte (dis) ein Tritonus erzeugt wird, welcher auf die Wirkmächtigkeit des diabolischen Reiches hinweist. So erscheint seine Aufgabe zunächst nicht erfüllbar.
Seine Mission spricht der reale Jüngling Liebhold bereits zu Beginn der Szene selbst aus, indem er Hulda beschwört, den *Blick auf das Höchste*, also auf das „Licht", welches „Leben" sei, zu richten. Ausdrücklich lautet seine Aufforderung „[...] blick auf!" (KA 66) Auch hier spiegelt sich harmonisch die bannende Macht des Reiches wider: „das Licht" ( h-moll) ist aus der Perspektive des Schwarzschwanenreichs (Motive: H-Dur) in der Schwarzschwanenreicherzählung als „lästiges Licht" (KA 17) charakterisiert, hier sowie in der ersten Erwähnung des *feindlich*-abgewandten „Lichts" (KA 11) in h-moll.

---

[379] Hölderlin 2004: 31f.
[380] Art. „**Angel**" in Cirlot: 1978: 9.

Allerdings assoziiert das Vokabular S. Wagners die Licht-Metaphorik des *Neuen Testaments*, speziell des Johannesevangeliums. Dies gilt auch für den in das *Schattendasein* Huldas (KA 11) herabdringenden „Strahl" (C-Dur) in der Traumerzählung (KA 72) sowie die angegebene Bewegungsrichtung des „Traumbilds": „von oben" (ebda.) in Verbindung mit einem übermäßigen C-Dur-Akkord, welcher auf eine unerreichbare *Ferne* (KA 13) des Lichts hindeutet. Der übermäßige C-Dur-Klang auf „Licht" und „Traumbild" erklingt (auf „Traumbild" als gebrochener Akkord) in der Harfe.

Bei Johannes ist das „Licht" gleichgesetzt mit „Gott" (1,4-1,9/10) und bezeichnet als „Licht des Lebens" (8,12), „Licht der Menschen" (1,4) den *geistigen* (3,8) oder *göttlichen* (1,13) Ursprung der „Welt" (1,1-4. 11,9).

Die Menschen können aber von der *Finsternis überfallen* (12,35) werden und *wissen* dann *nicht, wo sie hingehen* (12, 35). Hieran schließt die Aufforderung, „nicht in der Finsternis" *zu bleiben* (12, 46). Setzt man diesen Gedanken in der Sprache der modernen Existenzphilosophie fort, so läßt sich mit Karl Jaspers ein Ausweg wie folgt beschreiben: durch „den *transzendierenden Sprung*" können die Menschen „von der Welt zur *Gottheit* und von dem Dasein des bewußten Geistes zur *Existenz*" gelangen[381].

Das zentrale Ereignis im Johannesevangelium ist der Einfall des „Lichts" *von oben her* (Jesus-Bezug: 3,31 und 8,23) in die gegenwärtige „Finsternis" der „Welt" (1,5, auch 10 und 8,12; vgl. 1,32f und 51; zur Geburt Christi: 1,14; 3,31 etc.).

Mit diesem Bild wird eine Aussicht eröffnet: der Mensch, insofern er „aus dem Geist geboren" (3,8; cf. 1,9) ist, kann die ursprüngliche Verbindung mit dem „Licht" als der *Source-of-Life* wiederherstellen. Hierzu bedarf es eines Mittlers: Christus. Dieser tritt in der Literatur poetisiert als „Kind" (Oscar Wilde, *The Selfish Giant*) oder „Jüngling" (Hölderlin, *Die Friedensfeier*) auf.

Ein Urbild des Jünglings „aber haben wir im Rishya☐ringaspiel vor uns, dem Mysterium von dem indischen ‚reinen Thoren', der kein Weib je berührt, ja nur gesehen hat, dann aber durch seine Vereinigung mit der Königstochter des Landes den langersehnten Regenfall bewirkt". Dieser „sogenannte Generationsritus" ist einer der „rituellen, Leben und Fruchtbarkeit schaffenden Vorgänge [...] der altindischen Opfermystik."[382]

Siegfrieds Wagners „Jüngling" dagegen ist nicht unanfechtbar. Er besitzt Eigenschaften, die es ihm vorerst unmöglich machen, seine Aufgabe, Hulda vom „Bann" zu befreien, zu erfüllen.

---

[381] Jaspers 1958: 49
[382] von Schroeder 1911: 184.

Die von Liebhold zu erfüllende Aufgabe wird sinnbildlich in der Schlußszene dargestellt durch seine letzte Handlung: den *Sprung ins Feuer* (III.4). Dies wurde hier psychologisch als die nun endlich erfolgende Verschmelzung des – hier als „Engel" und zugleich als „Gefährte" erscheinende – *Animus* (Liebhold) mit dem *Individuum* (Hulda) gedeutet (→ **Die Handlung aus psychoanalytischer Sicht**).

Mit dem *Sprung ins Feuer* läßt sich aus karnevalistischer Perspektive das von Bachtin beschriebene „Motiv des individuellen Todes"[383] verbinden, das man im Sinne eines literarischen Motivs erweitern kann zum *Motiv der Angst vor dem individuellen Tod*. Um diese Angst zu überwinden, bedarf es einer Eigenschaft, welche in den Karnevalsszenen beleuchtet wird. Dies geschieht entsprechend den zwei Szenen in zwei Schritten.

Beide Szenen haben zunächst allgemeine Merkmale, welche sie als „karnevalistisch" ausweisen und sie als zwei Teile eines Ganzen erscheinen lassen.

Der Anfangspunkt der karnevalistischen Doppelszene liegt unmittelbar vor Beginn der ersten der beiden Szenen im Überleitungstakt (KA 37) von der dritten zur vierten (= Soldaten-) Szene. Hier begegnet das oben erwähnte *Karnevalslachen* in musikalischer Form.

Ein Beispiel für die Verbindung von „rituellem Lachen" und christlicher Religion im Opernwerk stellt die Erzählung Kundrys über ihr „verfluchtes Lachen" angesichts des gekreuzigten Christus im II. Akt von Richard Wagners *Parsifal* dar (in der Schilderung intervallsymbolisch zusammengefaßt durch einen Sturz über zwei Oktaven (genau genommen: h"-cis' auf „lach-te"). *Das Lachen* erscheint später auch im Erzählton imitiert und schließlich lautmalerisch auskomponiert).

Was Richard Wagner durch gebündelte Mitteilung ebenso deutlich wie eindeutig zum Ausdruck bringt, ist bei Siegfried Wagner in eine musikalisch-textliche Zeichenhandlung verlegt und in zerlegter Form über das ganze Werk verteilt. Insbesondere der Gegenstand des Lachens ist in *Schwarzschwanenreich* erst an den betreffenden Stellen aufzufinden und in seiner Ganzheit gewissermaßen zu rekonstruieren. Die Symbolsprache Siegfried Wagners erschließt sich nicht auf den ersten Blick. Sie ist oftmals geradezu verschleiert durch die teilweise realistisch-banale Außenseite der Texte. Die Kenntnis dieser Sprache ist erst durch Befassung mit seinem Werk über einen längeren Zeitraum zu erwerben.

Dies ist charakteristisch für die Arbeitsweise Siegfried Wagners und bezeichnet den Unterschied zwischen den Werken Siegfried Wagners und Richard Wagners. Ebenso ist es folgenreich für die Wirkung von Siegfried Wagners Opern. Angesichts des auf augenblickliche Wirkung ausgerichteten und angewiesenen zeitli-

---

[383] A.a.O.: 285.

chen Ablaufs auf der Opernbühne trug diese teilweise sehr abstrakte und komplizierte Verfahrensweise Siegfried Wagners entscheidend zu einer einseitigen Wahrnehmung seiner Werke bei (Verkennung als Märchenopern oder Bauerntheater; s. *cap.* → **Forschungslage**).

Das *Karnevalslachen* stellt musikalisch-szenisch den Moment der Verwandlung dar zwischen einer *ernsten* und einer *heiteren* Szenerie.

Nachdem Oswald den Plan gefaßt hat, Liebhold zu entfernen, bricht er in ein Lachen aus, die Töne (f – d – h – gis) sind – obgleich innerhalb einer anderen Ton-/Vorzeichenart auftretend – identisch mit denen des Teufelsgelächters im *Bärenhäuter* (f – d – h – gis – f; *Der Bärenhäuter*, KA 43). In *Schwarzschwanenreich* handelt es sich um einen Quintsextakkord (IV. Stufe: h), der durch Tiefalterierung der Quinte (aufgelöstes fis) mit *sixte ajoutée* (gis) in einen verminderten Vierklang verwandelt wird. Charakterisierend wirkt die Höhe, die durch Triller in den hohen Holzbläsern, *pizzicato* in den hohen Streichern bei fehlenden Bässen an Schärfe gewinnt. Die das Lachen unterstützende rhythmische Figur wird getragen von Hörnern und Trompete (was durch die Angaben im Klavierauszug nicht ganz deutlich wird); das Ganze erklingt im Forte.

Die Tatsache, daß h den ‚Grundton' bildet, gemahnt an den Tonarten-Bereich H-Dur/ h-moll des Schwarzschwanenreichs und des Versuchers, in dessen Macht auch Oswald steht. Damit ist die Sphäre der von ihm inszenierten *Szene(n)* ebenfalls eine diabolische. Die Deformierung des Akkords (Verminderung/ Verdunkelung) bringt die Wirkmächtigkeit dieser Sphäre zum Ausdruck.

Auf den Versucher als den eigentlichen Lenker der Handlung verweist auch die in der Soldatenszene von Oswald – aus Ärger über Liebholds Verständnislosigkeit – gebrauchte Redensart: „weiss der

Teufel warum!" (KA 46), im Orchester begleitet vom Teufelsmotiv in der Piccoloflöte im *fortepiano*, ebenfalls ein Zitat aus dem *Bärenhäuter*. Der *ernsten* Gestalt des Versuchers („Satan"; KA 19, 137) wird in dieser *heiteren Episode* gewissermaßen eine Maske aufgesetzt: die des „Teufels". Bachtin: „Alles besitzt [...] seinen Lachaspekt [...]."[384]

Das musikalisch-textliche Teufelsmotiv deutet auf ein weiteres „Element" der karnevalisierten Literatur hin: die *Diablerie*. Bachtin weist auf die *Verwandtschaft von Diablerie und Karneval* hin[385]: Der *Teufel* sei „auch eine *ambivalente Figur*, ähnlich wie der *Narr und Possenreißer*. Er ist ein Repräsentant der *zerstörerischen und erneuernden Kraft des Materiell-Leiblichen*. In den Diablerien ist der Teufel meist karnevalesk gestaltet."[386]

In den karnevalistischen Szenen von *Schwarzschwanenreich* tritt der Teufel zwar nicht in Erscheinung, er wirkt jedoch – zumindest in der Soldatenszene ersichtlich – durch einen Mittler: Oswald, welcher wiederum seine Helfer (*den lachenden Chor*: die Soldaten I.4 und vielleicht auch die Tanzenden II.1) einsetzt.

Ein anderes „karnevalistisches Element", welches S. Wagner in den karnevalesken Bestandteilen seiner Opern ebenfalls verwendet, ist das Motiv des *Festes*[387]. Zwar sind *Diablerien* und *Feste* in *Schwarzschwanenreich* – im Unterschied zu anderen Werken des Komponisten (s.u.) – nur vermittelt dargestellt, aber sie bilden in dieser Form jeweils den Anfang (*diabolisches Lachen*) und das Ziel (in Aussicht stehendes *Fest*) der *heiteren* Handlung.

In beiden Fällen wird der Beginn der *heiteren* Handlung innerhalb der *ernsten* Haupthandlung angekündigt durch einen heiter-aggressiven Ruf. In der Soldatenszene ruft Oswald, eingeleitet durch einen Hornruf, seine Soldaten „herbei" (KA 38), um den von ihm geplanten „Scherz" (I.4; KA 40f; 46) auszuführen; in der Tanzszene wird Liebhold (und mit ihm Hulda) von dem Burschen, der hier annähernd die Funktion Oswalds übernimmt, „heraus"-gerufen (KA 93).

Die Soldatenszene und die Tanzszene sind voneinander getrennt durch drei dazwischenliegende Szenen (I.5, 6; II.0). Den gemeinsamen harmonischen Boden beider Szenen stellt die gemeinsame Grundtonart: Es-Dur dar, symbolisch deutbar als Tiefalterierung der in der Haupthandlung angestrebten Tonart E-Dur und somit auf die in dieser Szene besonders deutlich sich auswirkende Macht des Versuchers beziehbar (zur Symbolik dieser Tonart s. → **Das Spottlied Oswalds (Es-Dur)** und → **Der *Tonartenplan* im Überblick**).

---

[384] A.a.O.: 55.
[385] A.a.O: 306, 309.
[386] A.a.O.: 308.
[387] A.a.O.: Drittes Kap. „Volkstümlich-festliche Formen und Motive", 238-319.

Die Personenkonstellation entspricht jeweils dem von Bachtin dargestellten karnevalistischen Schema: „Teilnehmer an diesem Spiel sind der Protagonist und der lachende Chor."[388]

Abweichend gibt es bei Siegfried Wagner einen Initiator: Oswald, der in der Soldatenszene sichtbar, in der Tanzszene möglicherweise unsichtbar agiert. Bei Bachtin bleibt ein solches Amt nicht nur unerwähnt, seine Beschreibung des Karneval als „festliche Selbstorganisation des Volkes"[389] scheint eine Existenz desselben sogar auszuschließen[390]. Allerdings legt er mit seiner Darstellung des Renaissance-Karnevals zumindest den Gedanken an unterschiedlich hohe Grade der Kompetenz in der Ausführung der Rituale nahe[391]; dasselbe gilt für die bewußte Förderung von „Grundtendenzen der Zeit"[392], die den Boden der „Karnevalisierung des Bewußtseins"[393] bilden.

In seinem Nachwort zur *Romantheorie* Bachtins merkt Alexander Kaempfe kritisch an, „daß Lachen, selbst dann noch, wenn es sich oppositionell und respektlos gebärdet, Anpassung an die herrschenden Mächte sein kann."[394] Etwas volkstümlicher formuliert Gerhard Hardel unter Bezugnahme auf die Zeit nach Peisistratos (6. Jhdt.v.u.Z.) und die Hintergründe der Veranstaltung von: „Es ist nichts vorteilhafter für eine Tyrannenherrschaft, als wenn das Volk seine Sehnsucht nach Freiheit im Rausch ertränkt. Für wen Karnevalsfeste ein Höhepunkt des Jahres sind, der ist den Herrschenden ungefährlich."[395]

---

[388] Bachtin 1995: 56.
[389] A.a.O.: 296.
[390] „Gemeinsamkeit" (60), daher „keine Unterscheidung zwischen Darstellern und Zuschauern." (55) in Verbindung mit Fehlen einer *Rampe* (55; 307 u.a.); *Außerkraftsetzung jeder Hierarchie* (292; 58).
[391] Feststellung einer zugrundeliegenden *Konzeption* eines *zweiten, ideal-realen Lebens* Aller (56-58); ihre Umsetzung in einer *spezifischen, sehr differenzierten Karnevalssprache* von ausgeprägter *Stilistik*, welche komplizierte (rhetorische, literarische und gestische) Gebilde hervorbringt (58-61 etc.); dies entsprechend der Entstehungsgeschichte des Karnevals, der einen *Synkretismus* aus älteren Feiern darstellt (z.T. ohne Lachaspekt: 67) (258ff), deren Rituale (vgl. 66) wiederum an die Funktion eines Priesters denken lassen. – Bachtin erwähnt „die führenden Köpfe der Renaissance und deren *Teilhabe am Karneval*, den sie dann literarisch (also *unmittelbar*) spiegelten (316) (vgl. den Begriff der *unmittelbaren Karnevalisierung der Literatur*: Bachtin 1969: 60). Erhellend beschreibt die Herausgeberin Renate Lachmann die Entstehung und den Einsatz des Karnevals als „Gegenritus [...] innerhalb der seriösen Kultur" (Bachtin 1995: 27).
[392] A.a.O.: 400; Aufzählung historischer Vorgänge s. a.a.O.: 411f; 500.
[393] A.a.O.: 315.
[394] Bachtin: 1969. 147. Kaempfe weist auf die von Bachtin *unerkannt* gebliebene „Relativität" des von ihm in der "lachfeindlichen Stalinzeit" entwickelten „Gegenmodels" *Lachkultur* hin.
[395] Hardel 1979³: 177.

Den Vorgängen in beiden Szenen selbst liegt gemäß der Terminologie Bachtins folgendes Schema zugrunde: Der *Protagonist* (Liebhold) wird vom *lachenden Chor* (Soldaten I.4; Tanzende II.1) *zugleich verspottet und erhöht*. Am Schluß wird der scherzhaft-reale Überwältigung des „Narrenkönigs"[396] im *Triumph*[397] vollzogen.

*Die Soldatenszene.*

Dem Nicht-Kriegsteilnehmer Liebhold wird ein „Lohn" (KA 46) für eine angeblich vollbrachte „muthige That" (KA 43) in Aussicht gestellt, die in Wirklichkeit von „einem andern", „einem wack'ren Soldaten, reich verdient" (KA 37) ausgeführt wurde.

Die von Liebhold zu erfüllende Aufgabe (cf. *Sprung ins Feuer*) erfordert eine andere Art von *Kühnheit* und *Tapferkeit*, als die von einem Soldaten zu vollbringende *muthige That* (*Stürmen der Stadt* und *des Rathauses* KA 39ff). Durch die Vertauschung Liebholds mit dem echten Soldaten – *Heiner von Frankenberg* (KA 39f), der von fern an den „profanisierenden und dekouvrierenden Doppelgänger"[398] erinnert – wird der von Liebhold zu fassende *hohe Muth* ins *Materiell-Leibliche gezogen*.

Musikalisch wird durch immer wiederkehrende Motive eine Atmosphäre unausgesetzter Stichelei illustriert, in erster Linie das **Neck-Motiv**, im nebenstehenden Notenbeispiel (KA 44) gespielt vom Horn.  Wie zu sehen ist, findet durch diese Figur eine Verschiebung des Taktcharakters statt (Dreivierteltakt): zu betonen sind der zweite und der dritte Schlag, so daß die Eins eher auftaktartig wirkt und annähernd der Eindruck eines geraden Takts entsteht. Das Motiv setzt genau genommen mit dem zweiten Achtel des ersten Schlags ein (s. dort erst Einsatz der Hörner; in anderen Varianten beginnt der Takt mit einer Achtelpause).

Die Handlung der Soldatenszene wird im Kapitel über den → **Dreißigjährigen Krieg**, Abschnitt **Die Soldatenszene**) wiedergegeben. Die Szene mündet in einen *feierlich triumphalen* Abgang, das Ziel ist die „Schenke" (KA 48). Die „*Schenke*"

---

[396] Bachtin 1995: 243.
[397] A.a.O.: 245, 250.
[398] Ders. 1969: 54; vgl. auch 55 und ders. 1995: 239ff.

ist im literarisierten Karneval einer der speziellen Orte *ambivalenter Verspottung und Entlarvung*.[399]

Die Soldatenszene markiert eine Zäsur innerhalb der Personendramaturgie, Liebhold betreffend. Der bisher im *Halbwachen* dahindämmernde *Träumer* (KA 26) greift in der folgenden Szene (Exorzismusszene, I.5) zum ersten Mal ins äußere Geschehen ein (Unterbrechen und Beenden des an Hulda vorgenommenen Exorzismusversuchs).

Die angestrebte Beseitigung Liebholds gelingt also nicht dauerhaft; Liebhold verbindet sich mit Hulda (Liebesszene, I.6: Finale I), ohne sich dabei aber bereits der Konsequenzen dieses Schrittes mit Hinblick auf die Erhaltung seiner individuellen Existenz bewußt zu sein.

Zur *Entlarvung* kommt es in der Tanzszene; dort wird Liebhold das spöttisch verliehene falsche Prädikat einer (kriegerischen) Tugend gleichsam wieder entrissen, und er wird in seiner augenblicklichen Ermangelung jeglicher (zivilen) *Kühnheit/ Tapferkeit* bloßgestellt, welche seine Verbindung mit Hulda von ihm aber fordern wird (*Sprung ins Feuer*).

Dieser Umschwung zeigt sich auch im veränderten Duktus der zweiten Karnevalsszene:

In der Tanzszene schlägt das Verhalten des *lachenden Chores* scheinbar um: Nachdem der *Protagonist* in der Soldatenszene *spöttisch erhöht* worden ist, erfährt er in der Tanzszene eine *heitere* Verhöhnung als *Eheknecht*. Diese Abfolge bildet eine verkleinerte Variante der „Karnevalslogik von Inthronisation und Sturz"[400]: „Die hervorstechendste karnevalistische Handlung ist die Wahl und der anschließende Sturz des Karnevalskönigs. [...] Der Brauch der Erniedrigung vollendet erst die Erhöhung; er ist nicht von ihr zu trennen. Durch ihn schimmert eine neue Erhöhung hindurch."[401]

*Die Tanzszene.*

Die Bezeichnung „Tanzszene" beruht sich auf ein choreographisches Gestaltungsmerkmal, welches die gesamte Atmosphäre der Szene bestimmt.

Den Regieanweisungen ist zu entnehmen, daß sämtliche Aktionen des *lachenden Chores* in tanzender Bewegung ausgeführt werden. Das *„Herannahen"* (KA 92) geschieht *„tanzend"*, ebenso wie der Abgang (KA 96). Zumindest geht aus den

---

[399] A.a.O.: 305; ders. 1969: 56.
[400] Ders. 1995: 317.
[401] Ders. 1969: 50, 51.

Angaben nicht hervor, daß das Tanzen an irgendeiner Stelle eine Unterbrechung findet. Musikalisch ist die gesamte Szene getragen von Ländler- und Walzermotiven (Szenenmotive, die nur noch ein weiteres Mal erklingen werden; s.u.). Nimmt man die Partitur als Ergänzung der Regieanweisung, so ist anzunehmen, daß die Burschen und Mädchen sich in unausgesetzter Tanzbewegung befinden.

Dies entspricht sozial- und kulturgeschichtlich nicht der im Text angegebenen Situation: Wege zum Tanz wurden gehend zurückgelegt.

Die einzige Erklärung bietet der karnevalistische Hintergrund der Szene. Bei Bachtin wird das Phänomen des Tanzes allerdings nicht eigens behandelt. Ein Anknüpfungspunkt stellt jedoch seine Feststellung dar, daß die Gestalten des Karneval [*Harlekin(könig), Feen* etc.] verfremdet wiederkehrende „heidnische Götter"[402] seien: „Die zeitweise Aufhebung der exklusiven Macht der offiziellen Kirche bringt auch die zeitweilige Wiederkehr der *entthronten heidnischen Götter* [...]."[403]

Diese *Wiederkehr* verbindet sich in sagenhaft-historischen Quellen oft mit dem Tanz.

Der Theologe Gernot Hüsam führt in seinem Artikel über vermutete[404] „kultische Stätten im Ith" Berichte an über Feste, auf denen Tänze auf *labyrinth*artig vorgezeichneten Bahnen geschritten und gesprungen ausgeführt worden seien. Dies geschah auf sog. „Tanzbergen", *Wallburgen,* „(wallen = tanzen/ hinundherhüpfen)", lt. E. Krause in „Nachahmung" des *Sonnenlaufs*[405].

In christlicher Zeit wurden diese Tänze dämonisiert (vgl. die *Walpurgis*nacht) und konnten sich mit verbrecherischen Handlungen verbinden, z.B. der Entführung von Menschen, insbesondere von Kindern. In einem weiteren Beitrag desselben Verfassers wird die offenbar auf ein Ereignis im 13. Jahrhundert zurückgehende Sage „Der Rattenfänger von Hameln" genannt. Außerdem erwähnt Hüsam eine Mitteilung von Waltraud Woeller über einen „Parallelfall": „Eine Schar Kinder" hatte „tanzend" bereits eine Strecke von „15 km" zurückgelegt, ehe sie aufgefun-

---

[402] Ders. 1995: 304.
[403] A.a.O.: 301.
[404] Diese Vermutungen gründen sich lt. Verf. auf radioästhetischen Messungen. Hüsam 1989: O.S.
[405] Ebda.

den wurde.[406] Das Ziel solcher Entführungen – von offenbar in Trance Versetzten – konnten vielleicht kultisch benutzte *Höhlen*[407] sein.

Eine andere Variante sagenhaften Berichtens über das *tolle Tanzen* in christlicher Zeit findet sich prägnant gezeichnet in der gleichfalls auf einer Sage basierenden Erzählung „Die Tanzjungfern" (1905) von Hermann Löns. Gegenstand ist „das oft als Teufelswerk bezeichnete wilde Tanzen bis in den heiligen Sonntag hinein", auf welches „Bestrafung [...] erfolgt."[408] Um Mitternacht brechen „vier Männer"[409] – Personifikationen der vier Winde – in ein Erntefest ein, „die vier Fremden hatten etwas Böses in ihren schönen Gesichtern"[410]. Sie führen mit vier Schwestern „eine geschlagene Stunde" einen *tollen Tanz* auf[411], nach deren Ablauf alle vier Paare spurlos verschwinden. Die vier Schwestern hatten, *den Beginn des Sonntags mißachtend*, sich verschworen, „die ganze Ewigkeit"[412] zu tanzen: *Und Satan hört's [...] – nahm [sie] beim Wort!* – unerlöst müssen sie nun *in Ewigkeit* tanzen (*Der fliegende Holländer*).

Stellt man zwischen diesem vielgestaltigen sagenhaften Phänomen des heidnischen Tanzes und den unentwegt *Tanzenden* bei Siegfried Wagner eine Analogie her, so kann man zu dem Schluß kommen, daß die Burschen und Mädchen diabolische Gestalten sind, welche zum Gefolge des Versuchers gehören und den Befehl haben, Liebhold von Hulda zu trennen. So wird Liebhold am Schluß der Szene „*mitgezerrt*" (KA 96) und kehrt auch – am Ende der 3. Szene/ zu Beginn der 4. Szene, hier erklingen noch einmal die Tanzmotive – mit den *Tanzenden*, vermutlich gleichfalls *tanzend*, wieder: ohne allerdings Hulda noch anzutreffen.

Aus der Perspektive der Haupthandlung ist die Funktion dieser Szene (Trennung des Paares) damit erklärt. Allerdings lassen die Vorgänge der Szene auf eine hiervon unabhängige, eigene Bedeutung schließen; es handelt sich um eine szenische Realisierung der karnevalistischen *Erneuerungsidee*.

Allgemein wird dies deutlich durch die Gestaltung des Szenenanfangs. Mit dem Ruf des Burschen „Heraus!" brechen zu Beginn der Szene die *Tanzenden* in die Abgeschiedenheit Liebholds und Huldas ein, um „das junge Paar" (KA 94) zum

---

[406] Ders. 1989: O.S. Interessant ist die Kontroverse hinsichtlich der Argumentation und der Interpretation von Quellen zwischen G.H. und Hans Dobbertin: vgl. abgesehen von Kommentaren G.H.s in seinen Texten u.a. den kritischen Leserbrief von H.D. in: *DEWEZET*, Dienstag, 21. Nov. 1989, Leseforum.
[407] Ebda.
[408] Münch 2010: 96.
[409] Löns 1994: 94.
[410] A.a.O.: 95.
[411] Ebda.
[412] A.a.O.: 94.

"Fest" „*abzuholen*" (KA 93). Dem fröhlichen Befehl folgt die Ankündigung: „Heut' lässt man Euch nicht allein!" (KA 93)

Hiermit liegt ein weiteres karnevalistisches Motiv vor. Der Karneval wendet sich gegen „*Absonderung und Sich-Verschließen*"[413] (vgl. Traumszene II.0; Anfang II.1), seine Rituale stellen *heitere* und [volks-]*festliche*" Angriffe auf die „von der restlichen Welt" getrennt Lebenden dar. Diese „individualisiert" Lebenden werden beschuldigt, eine „egoistische" Existenz zu führen[414]. Dies läßt sich mit obiger Definition der *ambivalenten Degradierung* verknüpfen: nicht nur das *Herabholen der Dinge an die fruchtbare Basis* soll eine *Neugeburt* bewirken, sondern auch das Einswerden des Individuums mit dem *Volk* auf dem *Marktplatz* in der *Frist volkstümlicher Feste*.

Wie der weitere Ablauf zeigt, gelingt es den Burschen und Mädchen, Liebhold zum zeitweiligen Aufgeben des Lebens mit Hulda in Zurückgezogenheit zu bewegen.

Auf die Einladung der *Tanzenden* reagieren Liebhold und Hulda unterschiedlich: Liebhold will ihr Folge leisten, Hulda verhält sich – unter Hinweisung auf die vorangegangenen Nachstellungen – ablehnend (KA 95).

Diese Uneinigkeit (KA 94-96) Liebholds und Huldas zum *Zank* (KA 96) ausweitend, äußert der Bursche in scherzhaft-übertriebener Weise Angst vor der geplanten „Ehe" (KA 95) mit einem der Mädchen, als sähe er in dem Ergehen des „armen" Liebhold (KA 96) sein eigenes Schicksal voraus. Diese *Prophezeiung*[415] wird durch eine handfeste Erwiderung des Mädchens scheinbar bestätigt (KA 96).

Erst in dieser Szene entfaltet das *Motiv der Angst vor dem individuellen Tod* seine Bedeutung. Das Motiv ist traditionell verbunden mit dem Motiv der „Frau"[416] in Verbindung mit der *Wahrsagung*[417] und wurde in der klassischen Karnevalsliteratur, beispielsweise bei Rabelais im dritten Buch seines Romans, verarbeitet. In seiner Darstellung dieses Doppelmotivs hebt Bachtin das dort beschriebene „Problem" des Panurge hervor: „Er will heiraten und hat doch Angst vor der Ehe [...]. Daher sammelt er Vorhersagen."[418]

Rabelais beteiligt sich hiermit an einem historischen „Streit, der die Geister Frankreichs" im 16. Jahrhundert „erregte"[419]: an der „«Querelle des femmes», die Probleme des Wesens der Frau und der Ehe betraf."[420] Er bezieht dabei die „Positi-

---

[413] Bachtin 1995: 69.
[414] Ebda.
[415] Vgl. a.a.O.: 279ff.
[416] A.a.O.: 282.
[417] A.a.O.: 285.
[418] A.a.O.: 283.
[419] A.a.O.: 279.
[420] A.a.O.: 280.

on" der asketischen „«tradition gauloise»"[421], der er aber durch *Kombination* mit der Lachtradition ihre „ursprünglich" enthaltene „Ambivalenz"[422] zurückverleiht. Auf der „ambivalenten Grundlage des Frauenbildes in der volkstümlichen Lachtradition" wird die Frau „eng mit dem materiell-leiblichen Bereich verbunden, sie ist dessen zugleich degradierende und erneuernde Verkörperung."[423]

Die „Angst" des Panurge gründet sich auf die Auffassung, daß die Frau „das Körpergrab für den Mann" sei[424]; dieses Motiv ist aber „auf der Ebene des ambivalenten Lachens angesiedelt, das zugleich spöttisch vernichtet und fröhlich bekräftigt."[425] Die „Vorhersagen" ergeben, daß Panurge „das Schicksal des Karnevalskönigs" *erwarte*[426].

Die genannten drei Momente zeigen Mittel einer auf dem Wege der Vernichtung stattfindenden Erneuerung:

- durch das Eindringen der *Tanzenden* wird die eine Erneuerung des Lebens ausschließende Selbst-Isolation des Paares aufgehoben
- die *tanzende* Bewegung deutet auf das Einsetzen der *Lachhandlung* hin, in welcher das in der *ernsten Handlung* Angestrebte (*ambivalent*) *degradiert* wird
- das (*männlich*) *Abstrakte, Ideelle* (Liebholds *Schwur* im Finale I) wird auf die (*weiblich*) *leiblich-materielle Basis herabgeholt* und in seiner Konsequenz (Liebholds *Sprung ins Feuer* im Finale II) grotesk banalisiert durch das zweite Paar

Die zwei Teile der karnevalistischen Szenerie des Werkes beleuchten das *Motiv der Angst vor dem individuellen Tod* aus zwei Perspektiven: als „Soldat" ist der Protagonist bedroht von dem Verlust seiner physischen, als *Ehe*mann von dem Verlust seiner psychischen Existenz.

Der paradoxe Gedanke, daß der zunächst noch unfähige „Jüngling" Rettung bringen soll, wird allerdings in der *heiteren* Nebenhandlung thematisiert, aber in der dann wieder einsetzenden Haupthandlung nicht ausgeführt. Der *Sprung ins Feuer* ist zwar ein Anzeichen für eine vollzogene Wandlung im Sinne einer Selbstüberwindung der individualen Grenzen, diese Tat Liebholds erscheint aber nicht genügend motiviert.

---

[421] A.a.O.: 280.
[422] A.a.O.: 282.
[423] A.a.O.: 281.
[424] Ebda.
[425] A.a.O.: 282.
[426] A.a.O.: 283.

Gegenstand der Oper ist der Wandlungsprozeß der weiblichen Hauptgestalt (Hulda). Liebhold fungiert eher assistierend, psychoanalytisch zu bezeichnen als *Animus*. Sein plötzlich erfolgender Schritt (*Sprung*) ist zu erklären, wenn man innerhalb dieses psychologischen Schemas die Positionen des *Ich* (Hulda) und des (hellen) *Animus* (Liebhold) umkehrt. Im Moment der (Selbst-)*Vernichtung* der (dunklen) *Anima* (Hulda) ist auch die (*erneuernde*) Selbst*vernichtung* des (männlichen) *Ich* (Liebhold) möglich (→ **Die Handlung aus psychoanalytischer Sicht**).

Der eingeschobene Charakter der Karnevalsszene verbunden mit einem episodischen Hervortreten Liebholds als *Protagonist* läßt – abgesehen von ihrem dramaturgischen Zweck der Trennung Liebholds von Hulda – eine rein erzähltechnische Bedeutung dieser Szenen vermuten: wie ein Kontrastmittel erhellen sie den ideellen Kern des Werks. Der handlungstragende Gedanke der Läuterung (→ **Einleitung**) erfährt in den Karnevalsszenen eine *heiter*-farcenhafte Spiegelung. Eine *Erneuerung des Protagonisten* (Liebhold) ist in ihnen nur angelegt. Er erscheint wie eine Skizze der Hauptgestalt der nachfolgenden Oper *Sonnenflammen*, welche dort eine männliche ist. In *Sonnenflammen* ist die karnevalistische Szenerie Bestandteil der Haupthandlung selbst, sie ist breit und vielgestaltig ausgeführt (Fest; Spottchor; Erhebung und Erniedrigung des Protagonisten; Auftreten eines Possenreißers in Verbindung mit dem Protagonisten[427]).

In *Schwarzschwanenreich* wird lediglich die unmittelbare Auswirkung der Spotthandlung auf das Opfer deutlich, welche der Absicht des Versuchers, Liebhold und Hulda zu trennen, entspricht.

Liebholds tänzelnde Schritte bei seiner Rückkehr deuten auf einen Zustand hin, der im nachfolgenden Dialog mit seiner Schwester (Geschwisterszene II.4) deutlich wird. Im karnevalistischen Sinne *stellt* er hier – innerhalb der *ernsten* Handlung – Ursache und Wirkung vorangegangener Ereignisse *auf den Kopf* (→ **Ursula, die Bärin**). Der sonst eher schwach gezeichnete Partner Huldas entwickelt in dieser – von mythologischen Zutaten weitgehend freien – Szene als Bruder Ursulas an Eigenständigkeit und gewinnt – in musikalischer wie szenischer Hinsicht – an Substanz. Aus psychoanalytischer Sicht erscheint Liebhold hier als das *Ich*, dessen (dunkle) *Anima* bezeichnenderweise abwesend ist.

Möglicherweise hat der Komponist dieser Brudergestalt auch einzelne persönliche Züge verliehen. Er wurde – wohl nicht gegen seinen Willen – auf Cosima Wagners Betreiben 1893 vom Militärdienst befreit[428]. Weiterhin gab er erst nach langem Zögern dem Drängen seiner Familie nach, eine Ehe zu schließen (→ **Ursula, die**

---

[427] Vgl. Stotterer und Harlekin in der Commedia dell'arte; Bachtin 1995: 346.
[428] Wie CW in einem Brief schreibt, wurde SW „als Staatskrüppel erklärt [...]." Mack 1980: 343.

*Bärin*). Vielleicht hat Siegfried Wagner auch eine bereits in seiner Kindheit vorhandene – von seiner Mutter ernsthaft vermahnte – Neigung zur Tagträumerei[429] auf Liebhold [vgl. I.1] übertragen. Gleichwohl ist Liebhold nicht als Abbild seines Schöpfers zu bezeichnen, dessen Energie sich in seiner Physiognomie ebenso wie in seinem Schaffen, seiner Gabe zu disponieren und umzusetzen, dokumentierte.

Einige der wenigen öffentlich mitgeteilten Selbstreflexionen Siegfried Wagners in seinen *Erinnerungen* stellt eine individuelle Zueigenmachung seines Namens dar:

> „Siegfried" ward ich von meinen Eltern genannt. Nun, Ambosse habe ich nicht zerhauen, Drachen habe ich nicht getötet, Flammenmeere habe ich nicht durchschritten. Und trotzdem hoffe ich, nicht ganz unwürdig dieses Namens zu sein, denn das Fürchten ist wenigstens nicht mein Fall.[430]

Gleich einer Losung findet sich noch im Manuskript dieser Autobiographie der Satz: „Nicht durch Sieg Frieden heißt es bei mir, sondern durch Frieden Sieg. Also müßte ich eigentlich Friedsieg heißen!"[431]

Abgesehen von diesen Bezügen ist der ‚Nicht-Held' eine Zeitfigur, so beispielsweise allerdings wesentlich ausgeprägter, in der Gestalt des Firilei in dem Roman *stud. chem. Helene Willfüer* von Vicki Baum verkörpert.

*Der Titel* Schwarzschwanenreich –
*archaisches Festmotiv aus christlicher Perspektive*

Der im Titel bezeichnete sagenhaft Ort ist aus einer Perspektive zu beleuchten, die in den vorangegangenen Ausführungen nur angedeutet wurde: es handelt sich um das aus archaischen Kulturen stammende Motiv der *Festpromiskuität*.

Die Begebnisse im Schwarzschwanenreich bilden die Vorgeschichte der Handlung (→ **Die Handlung**; → **Die Orchester-Einleitung**).

Die unterirdische Lage des Reiches und der Charakter der dort stattfindenden Gelage deuten auf einen archaischen Ursprung diesse Festmotivs hin.

In diesem Zusammenhang ist auf die Karnevalsdarstellung von Julius Schwabe in seinem Buch *Archetyp und Tierkreis* hinzuweisen, insbesondere auf den Abschnitt „Der fasnächtliche Fruchtbarkeitszauber – ein Mittwinterkult"[432]. Aus der Sicht einer „vergleichenden Symbol- und Mythenforschung"[433] beschreibt Schwa-

---

[429] CWT 1977: 1097.
[430] Wagner 1923: 143.
[431] Ders.: *Erinnerungen*. Ms. NAB.
[432] Schwabe 1987: 577ff; s. auch 584ff.
[433] A.a.O.: VIII.

be die Wurzeln des Karnevals, die u.a. in der sumerischen Kultur liegen. Der Mythologie zufolge wird die Welt in einer „geheimnisvollen Grotte im Grunde des Weltbergs" erschaffen, „wo die großen Mysterien des Lebens – Tod, Zeugung und Wiedergeburt – vonstatten gehen."[434] Diese Urzeugung „bestätigen" alljährlich wiederkehrende Feste zur Mittwinterzeit.[435] Es handelt sich um *Nächte einer allgemeinen Festpromiskuität*, die „Ausdruck für den Fruchtbarkeitsaspekt des Ritus" sind[436]. Dieser „Ursinn des Karneval"[437] liegt der *Sanktionierung* ritueller „*geschlechtlicher Exzesse*"[438] zugrunde – auch in der von Bachtin beschriebenen postmittelalterlich-synkretistischen Form des Karneval, der nur noch Rudimente der ursprünglichen Bedeutung aufweist.

Das *Motiv der Festpromiskuität* in unterirdischen Reichen oder Schlössern setzt sich in der Literaturgeschichte fort (→ **Der sagenhafte Handlungskern** und → **Zur Metaphorik des Titels**), es ist Bestandteil der Stoffgeschichte. In christlicher Zeit fällt der „Ursinn des Karneval" allerdings weg; die Feste verlieren ihren offiziellen Charakter und damit ihre *Sanktionierung. Sie finden im Verborgenen statt und verändern sich dadurch grundlegend.* Solcherart umgewertet verarbeitet Siegfried Wagner das Motiv beispielsweise auch im *Schmied von Marienburg*. Das Werk eröffnet mit einem verbotenen Maskenfest in einem Keller.

*Allerdings geschieht die Verarbeitung nicht unbedingt in der Form karnevalistischen Erzählens* (vgl. *Die Gezeichneten* von Franz Schreker).

Die – nur reinmusikalisch (→ **Die Orchester-Einleitung**) und in der Erzählung geschilderten – Feste des Schwarzschwanenreichs sind ebenfalls nicht Gegenstand eines Grotesken Realismus. Es handelt sich hier vielmehr um späte Reflexe einer in Bräuchen und als literarisches Motiv überlieferten archaischen Kultform.

In Werk und Leben stand Siegfried Wagner zwischen Seriosität und Grotestke, zwischen *hoher Idealität* und Lust an der *Verkehrung* der überlieferten *Ordnung* – ein *double bind*, das in seinen Opern zum Gestaltungsprinzip wird. Immer wieder thematisiert er einerseits die Notwendigkeit einer Läuterung seiner Protagonisten und verwendet andererseits hierfür auch karnevalistische Mittel – dies zumeist in Handlungen, welche offenkundig auf dem Grund dunkler Stimmungen entstanden sind.

Um die Frage nach den Wurzeln dieser Karnevalistik zu beantworten, scheint es angebracht, eine Verbindung zur Entstehungsgeschichte der karnevalistischen Literatur herzustellen. Bachtin spricht von einem Prozeß der „Karnevalisierung der

---

[434] A.a.O.: 586.
[435] Ebda.
[436] A.a.O.: 585 und 585 (2).
[437] A.a.O.: 587.
[438] A.a.O.: 589.

Literatur"[439], der in zwei Traditionen verlaufen sei. Die erste Tradition entspringt dem *unmittelbaren Erlebnis des Karnevals*[440]: „Quelle der Karnevalisierung war der Karneval selber [Rabelais]."[441] In der zweiten, „innerliterarischen Tradition"[442] geht die karnevalisierende „Wirkung [...] von der bereits früher karnevalisierten Literatur aus."[443] Hierzu zählen u.a. Shakespeare, Cervantes und Boccaccio sowie die „deutsche Narrenliteratur": Hans Sachs, Grimmelshausen [erg. *Die Schildbürger*] etc., „Autoren", deren Verständnis die „Kenntnis" der „Karnevalssprache" voraussetze[444].

Streng historisch betrachtet stellen die karnevalistischen Szenen bei S. Wagner eine Fortsetzung der *innerliterarischen Tradition* dar. Wie aus zahlreichen Erwähnungen (in Tagebüchern und Briefen Cosima und Siegfried Wagners) hervorgeht, wurde S. Wagner von Kindheit an mit Werken der *karnevalisierten Literatur* befaßt. Dies wird auch Einfluß auf sein Opernschaffen gehabt haben. Gleichwohl stellt sich die Frage, ob nicht mit einer ausschließlichen Festlegung auf die *innerliterarische Tradition* andere Quellen der Karnevalistik Siegfried Wagners übersehen würden.

Der *Karneval* befindet sich, so Bachtin, „auf der Grenze zwischen Leben und Kunst"[445]. In S. Wagners Existenz finden sich immer wieder Anzeichen eines solchen „zweiten, auf dem Lachprinzip beruhenden Lebens"[446].

Bereits der familiäre Sprachstil ist auch durch – wohl vielfach auf Richard Wagners Wortwitz zurückgehende – komische Momente geprägt. Beispielsweise wurde Bayreuth, wie aus Briefen der Familie Wagner hervorgeht, gelegentlich „Schilda" genannt.

Den Hauptanteil einer *Karnevalisierung des Lebens* scheint jedoch – auch über die Grenzen Wahnfrieds hinaus – der Sohn des Hauses gehabt zu haben. Er konnte selbst *Narr und Possenreißer* sein – lt. Bachtin „ins [...] Leben integrierte Träger des Karnevalsprinzips"[447]. Dies äußerte sich *rhetorisch* beispielsweise in Ansprachen des Festspielleiters [z.B. die 1905 in den *Bayreuther Blättern* veröffentlichte „Ansprache Siegfried Wagners an das Orchester und den Chor" der Bayreuther Festspiele, in der er sich auf den Teufel beruft] und in Briefen [Brief aus dem Jahr 1889 an seinen Neffen „Manfreduzzolinello" [Manfred Graf Gravina] von „Fude-

---

[439] Bachtin 1969: 59. Vgl. auch: Ders. 1995: 315.
[440] Ders. 1969: 59f.
[441] Bachtin 1969: 59.
[442] A.a.O.: 60.
[443] Ebda.
[444] Ders.: 1995: 60 u. 315.
[445] A.a.O.: 56.
[446] Ebda.
[447] Ebda.

la" [Fidi/ Siegfried][448]). Sucht man hier hinsichtlich des rhetorischen Gestus nach einem Urbild in den „Ausdrucksformen" der „volkstümlichen Lach- und Karnevalskultur"[449], so ließen sich die „Marktplatzrede"[450] und die „komischen Texte"[451] nennen. Von dem Überdruck, den das *Hohe*[452]-*Ernste*[453]-*Ideale*[454] seiner Aufgabe in ihm erzeugt haben mag, hat sich der Erbe Richard Wagners offensichtlich hin und wieder durch „Profanierung"[455] befreit. Diese Pole, das *Hohe* und dessen *Profanierung*, erzeugen, der Beschreibung Bachtins zufolge, das Spannungsfeld sämtlicher Karnevalshandlungen.

Die Lust, das Dasein von seiner „Kehrseite"[456] aus zu sehen, dokumentiert sich aber auch in Handlungsweisen rein *gestischer* Natur, welche an eine weitere „Ausdrucksform" der „Karnevalskultur" erinnern: an die „rituell-szenischen Formen"[457].

Eine Geste, die man nach Bachtin geradezu als Symbol „einer typisch karnevalesken Umkehrung"[458] bezeichnen kann, ist der „karnevalistische Gestus des auf-den-Kopf-Stellens"[459]. Hieran erinnert eine Szene, die ein Gast der Familie Wagner, der böhmische Komponist Josef Bohuslav Foerster in den 1932 aufgezeichneten[460] Erinnerungen an seinen Besuch bei Cosima Wagner Jahr 1893 beschrieben hat:

> Mein Gedächtnis bewahrt eine Szene auf, wie Siegfried, als das Essen vorüber war, sich leise vom Tisch erhob, ohne den Wink seiner Mutter abzuwarten, und mit einem Mal in einer Ecke des Speisesaals den Kopfstand machte. Fräulein Eva machte mit einem Blick Frau Cosima auf die ungewöhnliche Evolution aufmerksam, *vie/*leicht war es ihr unangenehm, daß dies in Gegenwart der Gäste geschieht, doch die Mutter bemerkte, sich mir zuwendend [...]: „Wie der Papa"... Und Siegfried kehrte ruhig mit gerötetem Gesicht und heiterem Ausdruck an seinen Platz zurück.[461]

---

[448] Zit.b.Pachl 1988: 81.
[449] Bachtin 1995: 52.
[450] A.a.O.: 65ff. u. 59; vgl. 2. Kap. „Die Sprache des Marktplatzes": 187ff.
[451] A.a.O.: 61ff. Es handelt sich hierbei um zwei der drei „Grundformen der „Karnevalskultur" (52).
[452] A.a.O.: 70.
[453] A.a.O.: 124.
[454] A.a.O.: 70.
[455] A.a.O.: 60.
[456] A.a.O.: 313.
[457] A.a.O.: 52 und 53; die *dritte Grundform*.
[458] A..a.O.: 267; vgl. auch 313.
[459] A.a.O.: 35.
[460] Karbusicky 1997 (Quelle: Foerster: *Poutník* [*Der Pilger*] II. Teil, 1932: 188-203.)
[461] Karbusicky 1997: 59.

Diese Neigung zur *Karnevalisierung* des Lebens fand in der „szenischen Kunstform" [462] eine theatralische Spiegelung. Trotz offenkundig eingeflossener *Kenntnisse* der literarischen „Karnevalssprache" vermitteln die karnevalistischen Szenen Siegfried Wagners auch den Eindruck eines eigenen karnevalistischen Lebensgefühls. Bereits in seiner Jugend verfaßte S. Wagner neben ernsten Erzählungen und Dramen(skizzen) auch Possen[463], die z.T. in Haus Wahnfried aufgeführt wurden.

In mehreren seiner Opern finden sich typische karnevalistische Erzählformen und Gestalten, teilweise in musikalischen und textlichen Kürzeln angedeutet, teilweise in breiter szenischer Ausgestaltung realisiert. Dies trifft besonders auf den *Bärenhäuter*, auf *Banadietrich, Schwarzschwanenreich, Sonnenflammen* und *An allem ist Hütchen schuld!* zu. „Man scheue sich doch ja nicht vor dem Grotesken!", schreibt S. Wagner in seinem Regiebuch zu *Banadietrich*[464].

Eine Analyse der Karnevalistik im Werk Siegfried Wagners ergäbe Stoff für eine eigenständige Untersuchung.

Grundsätzlich entspricht die Einfügung karnevalistischer Szenen in den hier genannten Opern in zeitlicher Hinsicht der Geschichte des Karnevals. S. Wagner verlegt seine Handlungen (soweit eine Zeitangabe vorhanden ist[465]) in Epochen des 13. bis 17. Jahrhunderts, in welchen die synkretistische[466] Form des Karnevals im Verein mit älteren Festen, auf denen er fußt, noch (oder schon) „eine Form des Lebens" bedeutete. Dies war „bis zur zweiten Hälfte des siebzehnten Jahrhunderts" der Fall[467]. Solange war der Karneval „unmittelbare Quelle der Karnevalisierung der Literatur. Dann setzte der Abstieg ein."[468] Das „karnevalistische Volksleben [begann] zu versiegen."[469]

Der Dreißigjährige Krieg setzte auch in der Geschichte des Karnevals eine Zäsur.

---

[462] Bachtin 1995: 55.
[463] Zur Form der Posse vgl. Bachtin 1995: 346ff.
[464] Zit.n.: Pachl 2012: 28.
[465] In *Banadietrich* fehlt eine Zeitangabe. Die Formung der Dietrich-Epen, die auf Ereignisse um das Jahr 500 zurückgeführt werden, erfolgte wesentlich im 13. Jahrhundert. Diese Tatsache erklärt die Verwendung bestimmter Gestaltungsmittel und ist daher für die Interpretation der Handlung nicht unerheblich.
[466] Wenige literaturwissenschaftliche Lexika enthalten das Stichwort „Karneval". U.a. zur Geschichte des Karnevals vgl.: Hans-Jürgen Bachorski: **Karneval**. In: *Reallexikon der deutschen Literaturwissenschaft*. Berlin, Ney York 2000³: 237-239 und: Thomas A. Schmitz: **Karnevalismus**. In: *Metzlers Lexikon Literatur. Begriffe u. Definitionen*. Stuttgart, Weimar 2007³: 375.
[467] Bachtin 1969: 59.
[468] A.a.O.: 59f.
[469] A.a.O.: 58.

*Analyse.*

# A. Die Baustoffe der Oper

**Vorbemerkung**
**1. Die Baustoffe und ihre Funktionen bei der Werkkonstituierung**

Als „Baustoff" wird das literarische und biographische Material bezeichnet, aus welchem sich das Werk wesentlich konstituiert. Das Material rekrutiert sich aus der Lektüre sowie aus persönlichen Erlebnissen des Komponisten.

Insgesamt ergeben sich fünf Stränge (Kapitel): zwei Lektürestränge und drei Erlebnisstränge. Jeder einzelne Strang hat an der Werkkonstituierung einen speziellen (ebenso formalen, wie inhaltlichen) Anteil:

1. Den *Handlungskern* bildet die Schwarzschwanenreich-Sage, in welcher Motive unterschiedlicher Sagenkreise zu einer Kunstsage verarbeitet wurden. Dementsprechend ist der erzählerische Habitus der Oper ein mythischer.
2. Für die Konzeption des *Handlungsgerüsts* verwendet Siegfried Wagner *historische* Momente: Im Vordergrund steht eine Hexenverfolgungsgeschichte; den Hintergrund bildet, rudimentär angedeutet, das Kriegsgeschehen des Dreißigjährigen Krieges. Aus dieser Anwendung ergeben sich Differenzen zwischen Historie und Fiktion.
3. Die *Inspiration* zu der Oper *Schwarzschwanenreich* empfing Siegfried Wagner auf seiner Asienreise 1892 bei seinem Besuch des Gefängnisses zu Canton. Dort begegnete er in der zum Tode verurteilten jungen Frau höchstwahrscheinlich dem Vorbild seiner Protagonistin. Einen Kontrast zu dieser bildete ihre Umgebung – die Mitgefangenen: Kindermörderinnen, der Raum und die Marterinstrumente. Auch diese Eindrücke, festgehalten im *Reisetagebuch 1892*, wurden offenbar im Werk verarbeitet. In einer Gegenüberstellung von *Reisetagebuch* und Textbuch werden Bezüge zwischen einzelnen Momenten des Erlebnisses und bestimmten Abschnitten der Handlung hergestellt.
4. Das Vorbild für die *Auslöserin* der Handlung ist offenkundig Siegfried Wagners Schwester Eva Chamberlain-Wagner; sie spiegelt sich in Liebholds Schwester Ursula (im ersten Entwurf noch: „Eva") wieder.
5. Auch die Wahl des *schwarzen Schwans* als *Symbolgestalt* ist auf ein persönliches Erlebnis zurückzuführen: auf den Anblick der zwei schwarzen Schwäne, die König Ludwig II. von Bayern Richard Wagner 1882 schenkte.

Den unterschiedlichen Funktionen innerhalb des Werkganzen entsprechend weichen die einzelnen Stränge mit Hinblick auf ihren äußeren Umfang zum Teil erheblich voneinander ab. Vor allem das Canton-Erlebnis bildet einen Komplex für sich, der seinerseits untergliedert ist in fünf Abschnitte. Besonders in diesem Kapitel wurden auch die hier durch die Synopse erschlossenen Handlungsabschnitte analysiert. Handlungsanalytische Abschnitte sind weiterhin in dem Kapitel über Eva-Ursula (4) sowie in der Darstellung des historischen Handlungsrahmens (2) enthalten.

Insbesondere für die drei Erlebnisstränge gilt: Die Entstehung der Oper *Schwarzschwanenreich* ist nur in einzelnen Momenten dokumentiert. Darüberhinaus enthalten Selbstzeugnisse und andere Dokumente und vor allem das Werk selbst Hinweise auf einen denkbaren Entstehungsverlauf. Überliefert ist die Tatsache, daß sich Siegfried Wagner durch reale Eindrücke zu szenischen Bildern inspirieren ließ[470].

## 2. Beschreibung der Werkentstehung nach dem Prinzip der *bricolage* (Lévi-Strauss):

Möglicherweise unterliegt die Werkentstehung einem Prinzip, welches man mit einem Begriff von Claude Lévi-Strauss als *bricolage* bezeichnen kann.
    Lévi-Strauss widmet der *bricolage* den Hauptteil des ersten Kapitels seines Buches *Das wilde Denken* mit der Überschrift „Die Wissenschaft vom Konkreten". Mit dem Prädikat des Konkreten weist der Verfasser innerhalb der Wissenschaft gewissermaßen ein Reservat für ein anderes Denken aus: der ethnologische Strukturalismus will die *vollkommene Trennung von Wissenschaft und Kunst*[471] – welche in der *exakten Wissenschaft*[472] gegeben ist – aufheben. Diesem Gedanken dient die Bildung einer *Theorie des mythischen [wilden] Denkens*. Um das *mythische Denken* zu erklären, wählt Lévi-Strauss eine Analogie im *technisch-praktischen* Bereich: die *bricolage*.
    Durch seine Anwendung verleiht Lévi-Strauss diesem Wort, einen Prozeß der etymologischen[473] Entwertung schöpferisch weiterführend, einen neuen Wert. In

---

[470] Stassen 1942: 13, Friedelind Wagner 1999: 23.
[471] Lévi-Strauss 1979: Buchdeckel, Rückseite (L.-Str. in *Der Spiegel*).
[472] A.a.O.: 29.
[473] Vgl. Art. \***brihhil (langob.) brecher** in Walther von Wartburg: *Französisches Ethymologisches Wörterbuch. Eine darstellung des galloromanischen sprachschatzes*. 1. Bd. A-B. Tübingen 1948. 526-527; *bricole*: Wurfmaschine, die durch bewegliches Zielen (*lancer des pierres*) das Treffen eines unsicheren Zieles ermöglicht; später übertragen *bricoler*: »faire des zigzags«, chanceler, ricocher; basteln, prokeln.

dieser Neuprägung ist der Terminus, wenn auch herausgelöst aus einem *theoretischen Praktizieren*[474] *des wilden Denkens*, hier zu übernehmen, konzentriert auf die Beschreibung schöpferischen Arbeitens.

Vom „Pfuscher" (*bricoleur*) unterscheidet sich der *Künstler* durch das Ergebnis seiner Arbeit, nicht aber durch seine Verfahrensweise:
Der *bricoleur verwendet Mittel*, „die im Vergleich zu denen des Fachmanns abwegig sind." Ihre „Zusammensetzung [ist] merkwürdig [...]."[475] Nichtsdestoweniger könne auch diese Verfahrensweise „glänzende und unvorhergesehene Ergebnisse zeitigen."[476]

Eine „Logik" der *bricolage* skizziert im Wesentlichen der folgende Satz:

> Diese Logik arbeitet ein wenig nach der Art des Kaleidoskops: eines Instruments, das auch Abfälle und Bruchstücke enthält, mittels derer sich strukturale Arrangements herstellen lassen. Die Bruchstücke entstammen einem Prozeß des Zerbrechens und der Zerstörung, der im Grunde zufällig war [...].[477]

Mit der Herstellung von Bruchstücken und dem Schaffen „strukturaler Arrangements" werden die zwei Schritte dieses Weges genannt. Fügt man eine Beschreibung der Ausgangslage hinzu, ergibt sich ein dreifaches Schema:

1. ***Vorfinden eines Gebildes alter Art***: Es liegen „Ereignisse und Erfahrungen"[478] vor, die für sich genommen „ereignishafte Gesamtheiten"[479] bilden.
2. ***Demontage und Materialsammlung***: Aus dieser *Gesamtheit* werden im Zuge einer *Demontage*[480] „Teile"[481] herausgebrochen und ggf. „ihrer ersten Funktion entkleidet."[482] Von diesen „Abfällen und Bruchstücken" legt sich der *bricoleur* einen „Vorrat"[483] an, welchen er erfaßt durch eine „Bestandsaufnahme"[484]. Diese Materialsammlung ist zwar *bruchstück-*

---

[474] Lévi-Strauss 1979: Buchdeckel, Rückseite (L.-Str. in *Der Spiegel*).
[475] A.a.O.: 29.
[476] A.a.O.: 30. D.Verf. bezeichnet die *bricolage* als ein Phänomen, welches die „Industriegesellschaften nicht mehr dulden, es sei denn als Hobby oder Zeitvertreib [...]." A.a.O.: 48.
[477] A.a.O.: 50.
[478] A.a.O.: 35.
[479] A.a.O.: 48.
[480] A.a.O.: 49.
[481] A.a.O.: 31.
[482] A.a.O.: 49.
[483] A.a.O.: 30.
[484] A.a.O.: 31.

*haft* und *heterogen*[485], sie hat aber einen Ausgangswert, sie bildet nämlich einen „Schatz" von „Gegenständen"[486]. Die „Bausteine" selbst aber sind *unzerstörbar*[487]. Hinsichtlich einer Bedeutung befinden sich die „Bausteine" in dem Stadium „undefinierbarer Trümmer": Sie „besitzen [...] kein eigenes Sein mehr, andererseits müssen sie soviel eigenes Sein besitzen, daß sie an der Herstellung eines Gebildes neuer Art nützlich teilnehmen können [...]."[488]

3. ***Herstellung eines Gebildes neuer Art***: Die Erfindung dieses „Gebildes" basiert auf einer *Neuordnung*[489] und „Neuorganisation der Struktur"[490] entsprechend der „neuen Verwendung"[491]. Das vom *bricoleur* geschaffene Ganze *unterscheidet sich* „von der Gesamtheit seiner Werkzeuge nur durch die innere Disposition der Teile [...]."[492]

Eine biographische Perspektive ergibt sich aus der Feststellung, daß der *bricoleur* „nicht nur" im „Dialog"[493] *mit den Dingen* steht, „sondern", daß die *bricolage* „auch *mittels* der Dinge [»spricht«]: indem sie durch die Auswahl, die sie [...] trifft, über den Charakter und das Leben ihres Urhebers Aussagen macht. Der Bastler legt, ohne sein Projekt jemals auszufüllen, immer etwas von sich hinein."[494] Er verwendet „Überreste von Ereignissen: »odds and ends«, würde das Englische sagen, Abfälle und Bruchstücke, fossile Zeugen der Geschichte eines Individuums oder der Gesellschaft."[495]

Entscheidend für die Beurteilung eines Kunstwerks, so Lévi-Strauss, sei seine Wirkung: ob es *uns bewege*. Dies hänge ab von dem Maß, in welchem es gelinge, „das Zufällige [„Exteriorität" der *ereignishaften Bruchstücke*] in den Dienst der Ausführung [„Interiorität" des „Vorwurfs"] [zu] stellen" und so „dem Werk [...] die Würde eines absoluten Objekts" *zu verleihen*.[496]

---

[485] A.a.O.: 30.
[486] A.a.O.: 31.
[487] A.a.O.: 48.
[488] A.a.O.: 50.
[489] A.a.O.: 35.
[490] A.a.O.: 32.
[491] A.a.O.: 49.
[492] A.a.O: 31.
[493] Ebda.
[494] A.a.O.: 34f. Vgl. die Verwendung der Auster als Metapher im → **Schlußkommentar**.
[495] A.a.O.: 35.
[496] A.a.O.: 44.

*Erster Strang*

# Der sagenhafte Handlungskern:

## Stoffliche Grundlagen der Schwarzschwanenreich-Sage.

> **Ursula**
> Du nennst es Aberglauben!
> Leugnest, was Du nicht greifen kannst!
> Und doch! Ich weiss es! Ich könnt' es beschwören:
> Geister giebt es, gute und böse!
> Wenn ich Dir künde, willst Du hören?[497]

**Vorbemerkung**
Zur Abgrenzung des *literarischen Stoffes* von den oben als „Baustoffe" bezeichneten *natürlichen Stoffen* sei eine Differenzierung zwischen „Stoff" und „Rohstoff" wiedergegeben, die sich in der *Stoff-, Motiv- und Symbolforschung* von Elisabeth Frenzel findet: „Stoff im weitesten Sinne ist zunächst ein außerhalb des Kunstwerks stehendes Element, das erst durch den dichterischen Akt zum Bestandteil der Dichtung wird, und solcher Stoff kann alles sein, was Natur und Geschichte dem Dichter an Rohstoff liefern. [...] Stoff im engeren und wissenschaftlich fruchtbaren Sinne ist daher nicht dieser Rohstoff, sondern eine schon außerhalb der Dichtung vorgeprägte Fabel [...]. So verstanden ist poetischer Stoff bereits ein durch einen geistigen Prozeß erzeugtes Substrat aus dem, was in der natürlichen Welt als Stoff gilt."[498] Weiter heißt es: „Der poetische Stoff ist eben nie ungebildete, geistlose Materie, sondern nach ERMATINGER sind schon Zeitungsbericht, Chronik und Sage Stufen der Gestaltung."[499]

Den Handlungskern der Oper *Schwarzschwanenreich* bildet eine von Siegfried Wagner verfaßte Kunstsage: die Schwarzschwanenreich-Sage.
    In denjenigen seiner Opern, die auf Sagenstoffen beruhen, hat S. Wagner nach eigener Aussage einzelne „Motive" vorhandener „Volkssagen" nach eigener Kon-

---

[497] Wagner 1910: 15.
[498] Frenzel MCMLXX: 23.
[499] A.a.O.: 26f. Bezugn. auf Emil Ermatinger: *Das dichterische Kunstwerk. Grundbegriffe der Urteilsbildung i.d. Literaturgeschichte.* (1921, 1939).

zeption zu einer neuen Erzählung zusammengestellt: „Das Suchen, Sichten und Verknüpfen ist nicht so leicht."[500]

Hier liegt ein wesentlicher Unterschied zur Stoffwahl seines Vaters Richard Wagner vor, der zum großen Teil mittelalterliche Epen verwendete und selbst dort, wo er auf „Volkssagen" zurückgreift (*Der fliegende Holländer*), ist es, wie Albert Gier in seinem Buch *Das Libretto. Theorie und Geschichte einer musikoliterarischen Gattung* schreibt, die „durch die Hochliteratur vermittelte" Form[501]. Allerdings folgte Siegfried Wagner in seiner Stoffwahl sehr wohl Empfehlungen Richard Wagners, der auf das noch unverarbeitete Material der Sagen und Märchen öfter hingewiesen hatte:

> Es ruhe aber noch ein reicher ungehobener Schatz im kleineren Ideenkreise der Sage, des Märchens und der Legende, der Gelegenheit böte, auf engerem Gebiete auch nach ihm Neues zu schaffen.[502]

Im Gegensatz zur „Sage" („*Volksage*"), die unter die Kategorie „**Kurzepik**" gefaßt wird[503], zählt das „**Epos**" zur „**Großepik**"[504]. Das Epos wird lt. Braak definiert als „mündliche Kunstdichtung in vorliterarischer Zeit." Ein wesentliches Formmerkmal ist die „gehobene Verssprache".[505] Richard Wagner verwendet zwei Formen des mittelalterlichen Epos: das „**höfische Epos**" und das „**Heldenepos**". Nach Fritz Martini unterscheidet sich das Heldenepos von der Volkssage dadurch, daß es „Dichtung, bewußt gestaltete künstlerische Schöpfung, nicht lediglich stofflich bestimmte Erzählung ist."[506] Der „Schwarzschwanenreich-Sage" Siegfried Wagners liegen vermutlich eine Reihe von Fragmenten aus „Erlebnissagen" zugrunde. Über diesen „**Volkssagentypus**" schreibt Braak: „*Erlebnissagen:* Führen in der Regel auf Traumerlebnisse (Alp-, Angsttraum) zurück, gelegentlich auch auf Halluzinationen und (epileptische) Dämmerzustände, die mit dämonischen Wesen in Zusammenhang gebracht werden = „bezeugende" Sage *(nach Peuckert, 41),* z.B. Vampir-, Wiedergänger-, Teufelspaktsagen."[507]

---

[500] Wagner 1923: 150.
[501] Darmstadt 1998. 164. Ausf. Bezugnahme auf dieses Werk s. → **Dramatische Struktur und Architektonik**.
[502] Hausegger 1907: 103.
[503] Braak 1965: 114, 111.
[504] A.a.O.: 121.
[505] Ebda.
[506] Martini 1935: 13.
[507] Braak 1965: 115. Braak bezieht sich hier auf die gründlichen Ausführungen von W.E. Peuckert: „Sage". In: *Deutsche Philologie im Aufriß* Hg.v. Wolfgang Stammler. Bd. III. 2., unveränd. Nachdruck d. 2. Aufl. Berlin 1979. 2641ff.

„S.W. sprach nie über sein Schaffen. Er liebte es nicht, wenn andere danach fragten [...]." (Otto Daube an Markus Kiesel 1991[508].) „Mit einem Bericht über mein eigenes Schaffen möchte ich den Leser nicht langweilen. Wer sich dafür interessieren sollte, den verweise ich auf die Schriften von Paul Pretzsch, Glasenapp und Karpath." [509] Sparsam in den Mitteilungen, seine Arbeitsweise betreffend, deutet Siegfried Wagner die von ihm verwendeten Sagensammlungen nur an und nennt stellvertretend Jacob Grimm[510].

Die „ursprünglich der Götter- und Heldensage entnommenen Motive" charakterisiert er als *zersplittert* und *oft bis zur Unkenntlichkeit umgewandelt*[511], ohne eigens zu erwähnen, daß diese Umgestaltung vor allem die jahrhundertelangen Kämpfe zwischen Gegnern und Vertretern der Kirche spiegeln.

Glasenapp bemerkt, daß Siegfried Wagner „weit davon entfernt ist, auf die älteste und ursprüngliche Gestalt des Mythus [sic] zurückzugehen, welcher die Volkssage ihre Entstehung verdankt." Er stellt fest, daß der Komponist „gerade jüngere, einer nachweislich späteren Zeitperiode angehörenden Version der Sage grundsätzlich bevorzugt." [512] Gerade also der *zersplitterten* Form, den *bis zur Unkenntlichkeit umgewandelten* Gestalten scheint Siegfried Wagner – der sich selbst anläßlich der „Aufführung" eines seiner Werke als „Der Sagenhafte" bezeichnete[513] – ein besonderes Interesse entgegengebracht zu haben.

Mit seinen akribischen Recherchen, den zuerst (1912) im *Rigaer Tageblatt* erschienen „Aufsätzen" über *Schwarzschwanenreich*, hat Carl Friedrich Glasenapp[514] eine wichtige Klein- und Vorarbeit für die Analyse geleistet hat. Die Aufsätze enthalten stoffgeschichtliche Aspekte sowie Angaben der von S. Wagner benutzen Quellensammlungen.

Hierzu noch eine Bemerkung. Diese Zeitungsbeiträge erschienen ein Jahr später in Buchform unter dem neutralisierenden Haupttitel *Schwarzschwanenreich*. Bezeichnender scheint der Originaltitel: „Deutsche Wassermythen. Mit Bezugnahme

---

[508] Zit.n.: Kiesel 1994: 46.
[509] Wagner 1923: 150. Der Name des jüdischen Musikkritikers und Freundes Siegfried Wagners Ludwig Karpath wurde in der „Volksausgabe" der *Erinnerungen* 1943 gestrichen; vgl. Pachl 2003: 89. – „ [...] das kam ja selten vor, daß er die Keimblätter lüftete, die das werdende Werk umhüllten [...]." Stassen 1942: 8.
[510] Ebda. Jacob u. Wilhelm Grimm: *Deutsche Sagen* [1816/ 18].
[511] Ebda.
[512] Glasenapp 1912: [O.S.]; 6., 8. Sp.]
[513] Undat. Ansichtskarte an „Möhrli" [i.e.: seine Schwester Daniela] aus Nürnberg. NA Hs 14/ 13.
[514] Carl Friedrich Glasenapp (1847-1915), Philologe und vergleichender Sprachwissenschaftler, Dozent der deutschen Sprache und Literatur am Polytechnikum Riga. Seine Selbstäußerung, daß er „im Mosaik" und „mit großer Mühseligkeit" arbeite, ist auch auf das hier zitierte Werk beziehbar. (Zit. n. Schüler: 1971: 99.)

auf Siegfried Wagners neueste Dichtung ‚Schwarzschwanenreich'". Wie der Titel gewissermaßen ankündigt, nimmt hier die Darlegung der Sagenstoffe den größten Raum ein, während der Werkbezug selbst nur punktuell hergestellt wird.

Als *Synthese* dieser Studien erscheint der am Schluß des vorletzten Aufsatzes („Schwarze Schwäne") vorgenommene paradoxe Versuch, eine ‚Sage' vom Schwarzschwanenreich, welche der Oper *zugrunde liege*, gleichsam zu rekonstruieren, wenngleich nach Zugeständnis des Verfassers eine solche „vorher nie und nirgend in vollem Zusammenhang erzählt ist"[515]. Glasenapp scheint eine Art Ursage im Auge zu haben. In der Tat konstituieren Stoffe das Werk; andererseits erscheinen sie im Drama nur in der Funktion einer erzähltechnisch notwendigen Ummantelung und abstrahiert zu psychologischen Chiffren – bei welchem Umsetzungsvorgang die Substanz der Sagenstoffe zum großen Teil verloren geht. Es bleibt lediglich ein planvoll strukturiertes Kompositum von sagenhaften Reflexen.[516] Nachstehend folgt der Text der Schwarzschwanenreich-Erzählung mit Angabe der Motive:

**Ursula**
[...]
| | |
|---|---|
| Nicht fern von hier im Forstbereich, | Schwarzschwanenreich-Erzählung-Th. (Ges.) |
| In dunkler Stille liegt ein Teich! | |
| Umrankender Äste lastend Gewicht | |
| Wehret der Sonne lästigem Licht! | |
| | |
| Kein Sturm erregt des Wassers Fläche! | Schwarzschwanenreich-M.3 (Fl.) |
| Scheu meiden ihn die heit'ren Bäche! | (Vl.) |
| Kein Vöglein mag den Durst dort stillen, | Vogel-M. (Fl.) |
| Kein Hirsch in seinem Nass sich kühlen! | Hirsch-M. (Vc.) |
| Des Todes Hauch hat ihn erstarrt! | Todesm. (Cl., B-Cl., Fg.) |
| | |
| Nur hier und da, | Schwarzschwanenreich-M.1 (Vl.) |
| Als einz'ges Leben, | Schw.reich-M.1a (Vl., Br.) Flügelrauschen (Br.) |
| Schwarze Schwäne d'rüber schweben, | Schwarzschwanenreich-M.1 (Vl.) |
| Gleiten hin und sinken nieder – | (Fl., Vl.) |
| Grabesstille waltet wieder! | Grabesstille-M. (Cl., B-Cl., Fg.) |
| | |
| Sahst Du je einen schwarzen Schwan? | |
| Anders als seine weissen Brüder | |
| Regt er zaubrisch seine Glieder! | Schwarzschwanenreich-M.1a (Fl., Cl.) |

---

[515] Glasenapp 1912: 11. Sp.
[516] Friedelind Wagner resümiert in ihrem Beitrag „Mein Vater Siegfried Wagner": „Er benutzte diese [„deutsche Märchen, Sagen, Volkskunde und Geschichte"] aber nur als den Ausgangspunkt, seine Dichtungen sind frei erfunden." Diese „Dokumentation zum morgigen Gedächtniskonzert" erschien im *Nordbayer. Kurier* 15./ 16. Mai 1980; zit. n. Abdruck in: Mitteilungsblätter der ISWG e.V. XIV, Aug. 1980. 28-31. 30.

Was man sagt, es ist kein Wahn!
Es sei dies kein wirkliches Thier:
Verführer seien sie! Satan's Begleiter!   Schwarzschwanenreich-M.1 (Vc.)
Des Abends nah'n sie als Reiter                       |      (Fl., Cl.)
Und holen sich die Maid zur Lust!   Flügelr. (Br.) Schw.reich-M.2 (Hr.,Vl.,Ges.) Schw.r.-M.-Absp.1 (Fl.)
Sie reiten hin zum dunklen Teich              Schw.reich-M.3 (Vl., Ges.)
Und dort o Grauen!                             Schw.reich-M.2 (Fl.)
Zum Schwan gewandelt, umschlungen die Brust,   Schw.reich-M.3 (Cl.)
So zieht er sie hin ins Sündenreich!             |     (Hb., dazu Fl.)
Da soll man nachts ein Stöhnen hören,        Schw.reich-M.1 (Fl., Vl.)   Flügelrauschen (Vl.)
Ein Stöhnen von lüstern liebestrunk'nen   Flügelr.(Br.) Schw.r.-M.2(Hb.) Vers.-M.(Vl.) Werbem.(Vl.)
              [Chören!
Dem nächtlichen Bund, von Gott verflucht,
Entkeimt der Hölle verderbliche Frucht:       Kobold-M.2 [„Der Kobold"] (Vl.)
Ein Wechselbalg als Hohn ist Schwanenschwelgen's Lohn!   Kobold-M.3 [„Der Kobold"] (Fl.)
Den Gauch erschlug schon manche Maid,         Gauch-M.1 Nr.2 (Hb.)
Im Wahn, sie würde von ihm befreit!   Gauch-M.2 (Cl.)
Doch Ruhe ist ihm nicht gegeben!     |   Kobold-M.[„Der Kobold"] (Vl.)(Vc.) Gauch-M.3 (Cl., B-Cl.)
Nachts aus seines Grabes Decke
Soll den Arm er drohend heben,
Dass er ihr Gewissen schrecke!

Im Folgenden werden die von S. Wagner für seine Schwarzschwanenreich-Sage verwendeten Topoi und Gestalten vorgestellt. Es handelt sich um das *Schloß im See*, den *schwarzen Schwan*, den *schwarzen Reiter*, die *Göttin Holda* und den *Wechselbalg*.

### 1. Das *Schloß im See*

Siegfried Wagner schildert das „Schwarzschwanenreich" nacheinander aus zwei Perspektiven: im I. Akt teilt er aus dem Blickwinkel der Betrachtung (Erzählerin Ursula – Zuhörer Oswald) von der Existenz dieses Reiches durch die Schwarzschwanenreicherzählung (I.1) mit; das Schloß wird in der letzten handschriftlichen Textbuchfassung umschrieben als „Sünden-Reich/ das tief im See verborgen liegt."[517]

In der – ca. 1914 in dem konservativen *Jungmädchenbuch* abgedruckten – Erzählung „Frau Holles Reich" von Lotte Gubalke (aufgezeichnet nach einem der „Märchen"[518], welche die Verfasserin in ihrer Kindheit von einem reisenden Handelsmann hörte) wird von der Frau Holle-Sage berichtet, der zufolge „auf dem Hohen

---

[517] Textversion vor Vollendung der Komposition. Zit. nach der letzten hs. Fassung (NAB: VI Bf 1-3, 7. Seite). Der Zusatz „das tief im See verborgen liegt" wurde bei der Vertonung gestrichen.
[518] Gubalke Berlin o.J. [ca. 1914 oder 1915.]: 153-160. 156.

Meißner [...] Frau Holles blaues Schloß gestanden" habe, „ganz nahe beim Eingang in die Unterwelt, den der Frau-Holle-Teich" bilde.[519]

Im III. Akt läßt S. Wagner das Schwarzschwanenreich – „in zaub'rischem Lichte" liegend – szenenbildlich in Erscheinung treten (Blickwinkel des Besuchers resp. Huldas), geschildert als „unterirdischer See, darauf schwarze Schwäne schwimmen. In der Ferne ein zart erleuchtetes Schloß." (Schwarzschwanenreich-Vision Huldas; KA 146)

Zur ersten Perspektive: Ein Hinweis auf die Entstehung des Bildes des „tief im See verborgen" liegenden Reiches bzw. Schlosses findet sich in einem Einführungstext zu Friedrich Gerstäckers Erzählung *Germelshausen* (1860), welcher ein „Sagenstoff" zugrunde liege, „der von versunkenen Städten und Dörfern berichtet – und seit Jahrtausenden die Menschheit bewegt. Die Tatsache, daß menschliche Behausungen spurlos vom Erdboden verschwinden, hat man sich früher nicht mit einer Naturkatastrophe erklären wollen, man suchte vielmehr für das Verschwinden übernatürliche Gründe [Gottlosigkeit]." Mit der Erwähnung des *jahrtausendealten Sagenstoffs* wird vermutlich auf die Atlantis-Katastrophe angespielt, die man als Urbild dieser Sagen nehmen kann.[520]

Glasenapp nennt verschiedene Sagen von versunkenen Orten (u.a. Vineta, Ninove[521], Lino). Im vorliegenden Zusammenhang sind die von ihm erwähnten Schlösser von Interesse:

> Im Voigtlande liegt zwischen Langenwetzendorf und Hohenleuben der „Wahlteich", aus dessen Grunde zu gewissen Tagen um Mitternacht ein hellerleuchtetes Schloß emporsteigt; dem Schwan im Teufelssee entspricht hier eine weiße Gans. Des öfteren soll hier eine Kutsche mit vier Pferden angefahren kommen und in den Teich hineinfahren.[522]

Vom Muschwillensee (bei Resse/ Neustadt) heißt es in den *Norddeutschen Sagen* von Kuhn und Schwartz: „Das darin versunkene Schloß kann man noch zuweilen sehen [...]."[523] Das Unheimliche dieser Seen kulminiert im „nächtlichen Freudengetön, aus den Tiefen eines solchen ‚grundlosen' Wassers dringend", das „Kunde

---

[519] A.a.O.: 153.
[520] Maria Friedrich 1979: 139.
[521] „Doch soll auch in Flandern, an der Dender, eine Stadt Ninove existiert haben." Glasenapp 1913: [5. Sp., Anm. 21]. Vgl. das Lied *Seegespenst* von Heinrich Heine (*Buch der Lieder*. München 1956. [= Goldmanns Gelbe Taschenbücher. Bd. 67.] 168ff.
[522] Glasenapp 1912: 5.Sp. Quellenangabe: Köhler: Volksbrauch, Aberglauben und Sagen der Voigtländer. 449.
[523] Zit n. Glasenapp a.a.O.: 6. Sp.

[gibt] von höllischen Festlichkeiten, die da unten geräuschvoll begangen werden [...]."[524] Weiterhin stellt Glasenapp eine Verbindung her zwischen den „mannigfachen Sagen von versunkenen Schlössern" und „den Überlieferungen vom unterseeischen Palast des Wassermanns.[525] Im Christentum wurden dem Wassermann teuflische Züge verliehen. Es wurde angenommen, daß der Wassermann Luzifer unterstellt war, dem „Obristen" aller „bösen Geister" (Joh. Jakob Bräuner[526], 1737). Auch der an verschiedenen Orten anzutreffende Name „Teufelssee" ist auf diesen Glauben zurückzuführen.

Basierend auf Glasenapp bemerkt Otto Daube in seiner *Schwarzschwanenreich*-Einführung:

> Die Verbindung der Schuld mit dem M y t h u s unserer Volkssage geht zurück auf die Mär des durch das Christentum entheiligten Wassers der germanischen Götterkultur. Der Teufel hat die Oberwelt verlassen und sich in das finstere Reich der Seen zurückziehen müssen. Dort haust er nun – nach den verschiedenen Sagen als Wassermann, als schwarzer Reiter, oder als Teufel selbst, der am Grunde des Sees den Eingang zu seinem Höllenreiche hat.[527]

Zur zweiten Perspektive: Eine Besonderheit des Wassermanns ist der „Zug", daß er „seinen Palast, im Unterschied von den eben erwähnten versunkenen Schlössern, nach den verbreitetsten Versionen nicht eigentlich im Wasser selbst, sondern u n t e r demselben habe, mithin in einer recht eigentlichen Unterwelt, in die er gelangt, indem er durch einen Schlag mit der Rute [...] die Fluten sich teilen läßt."[528] Der See bzw. das Wasser wird zum „Eingang" in eine Unterwelt (vgl. das Märchen „Frau Holle"): „Durch Seen, Teiche oder Brunnen hat man ja auch sonst den Eingang in eine unterirdische Welt sich gedacht. Das Reich des Wassermannes wird hier zur Unterwelt, zum Reiche der Hêl. Benennungen von Seen, wie die niederländischen: Hellgat (Helgasse, Höllengasse), Helleput und Helleborn deuten darauf hin. Bereits im altindischen Somadeva gelangt der junge Brahmane Sridatta durch einen Sprung in den Ganges in eine andere Welt und – seltsamerweise! – durch einen abermaligen Sprung in einen See untertauchend, wieder in die Oberwelt zurück."[529]

---

[524] A.a.O.: 6. Sp.
[525] A.a.O.: 4. Sp.
[526] A.a.O.: 3. Sp.
[527] Daube 1925: 80.
[528] A.a.O.: 7. Sp.
[529] A.a.O.: 6., 7. Sp.

Im Märchen „Die zertanzten Schuhe" ist das Wasser durch eine „Öffnung" ersetzt, der See wird zum Bestandteil der unterirdischen Landschaft. Erst über diesen See gelangt man zum Schloß: „Jenseits des Wassers aber stand ein schönes, hellerleuchtetes Schloß, woraus eine lustige Musik erschallte [...]."[530] Die *Musik* dieser nächtlichen Feste wird in vielen Sagen als *sonderbar* beschrieben.

In beiden Darstellungsformen oder Perspektiven bleibt das Schwarzschwanenreich unbetretbar. Zunächst stellt die Form der Erzählung eine Distanz zum Subjekt her; das Mitgeteilte wirkt auf den Betrachter (Oswald) unwahrscheinlich („Ein Schauer-Märchen!" KA 22). In der Kerkerszene bleibt das Schwarzschwanenreich Vision.

2. Die *schwarzen Schwäne*

Der „schwarze Schwan" wird in der Sage „als teuflisch dämonischer Kontrast zur keuschen Reinheit des weißen Schwanes empfunden. So ziehen [...] zwei schwarze Schwäne das Muschelwäglein der heidnischen Liebesgöttin, im untergegangenen Tempel der Venus von Baudissin [d.i. Bautzen; der Sage nach hat dieser Götzentempel an Stelle der heutigen Ortenburg gestanden[531]]."

Zur Zeit des Stückes existierten noch keine schwarzen Schwäne in Europa. Glasenapp schreibt, „daß der schwarze Schwan erst seit dem Anfang des 17. Jahrhunderts (Brehms ,Tierleben' gibt das Jahr 1680 an) in Europa bekannt wurde."[532] Der schwarze Schwan stand daher – wie der „weiße Rabe" – sprichwörtlich für etwas nicht Vorhandenes („Seltener als ein schwarzer Schwan"). In der Schwarzschwanenreicherzählung wird auf die *Nichtwirklichkeit* dieses „Tieres" hingewiesen und geschlossen, daß es sich um die Gefolgschaft des Satans handelt (KA 19).

Während die schwarzen Schwäne im III. Akt in der Bühnenprojektion sichtbar werden, scheint ihr Gesang aus der „Tiefe" zu dringen und Hulda hinabziehen zu wollen („Chor", bestehend aus Sopran- und Altstimmen; KA 149 – eine Inversion der über dem Tempel Apolls kreisenden ihm geweihten Singschwäne).
    Die Schwäne Siegfried Wagners erscheinen in ihrer Schwärze und Vielzahl als Umkehrung des Schwanensymbols Richard Wagners (Symbol gewordenes Göttliches im Irdischen, zum Gralsgebiet gehörig).

---

[530] *Märchen der Brüder Grimm*. M. 100 Bildern u. Aquarellen v. Ruth Koser-Michaels. Berlin 1937. Ausw.: Karl Hobrecher. 176-179. 178.
[531] Glasenapp 1911: 378f. Angeg. Quelle: W. Ziehnert: *Sachsens Volkssagen*. Bd. III. 297.
[532] A.a.O.: 3. Sp.

## 3. Der *Schwarze Reiter*

Der „schwarze Reiter tritt in zwei Varianten auf:
1. Im Finale des I. Akts erblickt Hulda in einer Brandwolke „am Himmel" den „schwarzen Reiter" (KA 78), eine Reminiscenz an den Wilden Jäger Wotan (stoffgeschichtlich auch gewandelt in die „Teufelsbrut" Luzifers[533]).

Das dazugehörige musikalische Motiv (Notenbild) signalisiert die Macht des Versuchers (zu Rauchwolke und Motiv s. das nachfolgende Kapitel über den → **Dreißigjährigen Krieg**).
2. In der Kerkerszene (III.1) hat Hulda eine Schwarzschwanenreich-Vision, in welcher „*die Gestalt des „schwarzen Reiters" in einen dunklen Mantel gehüllt*" tatsächlich in Erscheinung tritt. Er ist zunächst „*im Schilf liegend*" zu sehen (KA 146). Dies ist das einzige Attribut, das an den Wassermann erinnert (vgl. auch den Gott Pan bzw. dessen aus Schilfrohr bestehende Flöte). Glasenapp hebt hervor, daß die „Erscheinung" des Wassermanns „als ‚R e i t e r'" „bezeichnend" sei und fügt einige Beispiele an.[534]

Der Schwarze Reiter in *Schwarzschwanenreich* ist eine Erscheinungsweise des Versuchers. Der Versucher erscheint in unterschiedlichen Einkleidungsvarianten, die teilweise nur im Text genannt, teilweise aber sichtbar werden. Ausschlaggebend für die Außenhandlung ist die (einzige) mythische Variante: der Schwarze Reiter.

Die Sage vom Schwarzen Reiter hat sich fortgesetzt bis in die Neuzeit, beispielsweise im „musical fable" *The Black Rider: The Casting of the Magic Bullets* (UA 1990) von Tom Waits/ William S. Burroughs oder in der Cowboy-Legende *Ghost Riders in the Sky* [1948] von Stan Jones.

## 4. Die *Teufelsbuhle Hulda*

Eine niederschmetternde Charakterisierung Luthers sei vorangestellt, der, zitiert bei Grimm[535], schreibt, „das alle person, so sy noch in der natur und ersten geburt sind,

---

[533] Erwähnung eines Gedichts von Longfellow in: Harzányi 1954: 969.
[534] Glasenapp 1913: 18f.
[535] Art. HULDA, HULDE in: Jacob u. Wilhelm Grimm 1984: 1887-1888.

unrecht und bösz [...]. hie tritt fraw Hulde herfür [...], die natur [...]." Hulda stehe für „die natürliche vernunft", die „des teufels hure ist." „gott ist die ursache zu sündigen; warumb hat er's also geschaffen? spricht frau [sic] Hulda [...]." Joh. Rohde bezeichnet „die alte fraw Hulde" als eine „hexe".

In der älteren Namensform „Holdâ" tritt sie, Jacob Grimm zufolge zu den ursprünglich doppelgeschlechtlichen Gottheiten [männliche Form: *hulthô*] zählend, auf als „freundliche, milde, gnädige göttin und frau".[536]

> Volkssagen und märchen lassen *frau Holda* (Hulda, Holle, Hulle, frau Holl) als ein höheres wesen auftreten, das den menschen freundliche, hilfreiche gesinnung beweist und nur dann zürnt, wenn es unordnung im haushalt wahrnimmt [vgl. das Märchen „Frau Holle"].[537]

Auch Görres erwähnt in seiner *Christlichen Mystik* (→ **Einleitung**; → **Zur Metaphorik des Titels „Schwarzschwanenreich"**) mehrfach die Göttin Holda, beispielsweise im Abschnitt „Die auf die Natur begründete dämonische Legende" in Teil II „Die magisch-dämonische Sage und Legende" im **Sechsten Buch.** ***Die historische, sagenhafte, physische und psychische Begründung der dämonischen Mystik***: „[...] aus der Tiefe des Brunnens, wo sie unter den Wassern wohnt, sendet sie ihnen die neugeborenen Kinder zu [...]."[538] In der oben zitierten Erzählung „Frau Holles Reich" wird berichtet, daß Frau Holle „auch die kleinen Seelen" hüte, „die in Frau Holles Teich wohnen."[539]

Von dieser Eigenschaft Frau Holles zeugt auch noch ein Lied aus Österreich:

> **Frau Holle**
> Frau Holle tut
> das Wasser tragn
> mit goldenen Kandln
> aus goldenen Brünndln
> drin'n liegen viel Kindln.
>
> Sie legt's auf die Kissn
> und tut sie schön küssn
> und tut sie schön wiegn
> auf goldener Stiegn,
> tut sie schön wiegn.[540]

---

[536] Jacob Grimm 1992: 220.
[537] A.a.O.: 221.
[538] Görres 1989 III: 84.
[539] Gubalke o.J.: 160.
[540] Fassung (nach einer Aufzeichnung aus Tirol) u. Satz: Gottfried Wolters. In: Wolf 1956: 289.

„[...] nach verschiedenheit der erzählung geht ihr freundliches holdes aussehn über in ein finsteres, schreckhaftes."[541] In christlicher Zeit nahm Holda „das ausehen einer *häßlichen*, langnasigen, grosszahnigen *alten*, mit struppigem, engverworrenen [sic] haar" an.[542] Mit ihr ist *Huldra* verwandt, die den menschen ungetaufte Kinder forttragen" soll.[543] Auch Frau Holle hat noch „große Zähne", die aufs Kinderfressen hindeuten [vgl. die Hexe in „Hänsel und Gretel"], erweist sich aber (gegenüber der Ziehtochter) als freundlich.

Holda
> liebt den Aufenthalt in *see* und *brunnen*; zur mittagsstunde sieht man sie, als schöne weisse Frau, in der flut *baden* und *verschwinden* [...]. sterbliche gelangen durch den brunnen in ihre wohnung, vgl. die benennung *wazzerholde*.[544]

Weiter heißt es hierzu:
> Unter den göttinnen wird die badende *Nerthus* und *Holda* zunächst auf wassercultus zu beziehen sein, Holda wohnt in brunnen; dann gehören hierher schwan jungfrauen [...], wasserholden, brunnenholden [...]. Ihnen allen können einzelne flüsse, bäche, weiher, quellen geweiht und zum aufenthalt angewiesen sein [...].[545]
> Wie nahe lag es, wenn frau *Holda*, jene *Freyja* [...] vormals im reigen der *elbe* und *holden* erschienen war, sie nun selbst in eine *unholde* zu verkehren und von *unholden* geleiten zu lassen.[546]

Görres weist auf die Verbindung Holdas mit Venus (die auch Richard Wagner im *Tannhäuser* herstellt) hin:

> Das ist der Übergang aus der alten Anschauung in die neue. Frau Holda, die Wirthin in dem Hörsilberge, ist dem christlichen Volke jetzt zur Hexenkönigin geworden; [...]. Der Berg aber, auf dem sie [Holdas „Druten"] ihren bösen Sabbat feiern, und wo die Verführung ihren Sitz genommen, wird jetzt zugleich mit der bösen Lust auch ihre Strafe in sich beschließen: denn dasselbe Feuer, in dem ihre Begierde sich entzündet, muß auch wieder rächend sie als Reinigungsfeuer verzehren.[547]

Einen weiteren Aspekt nennt Grimm:

---

[541] Grimm 1992 I: 223.
[542] A.a.O.: 166.
[543] A.a.O.: 222.
[544] A.a.O.: 222.
[545] A.a.O.: 495.
[546] Grimm 1992 II: 882.
[547] Görres 1989 III: 88-89.

[...] Wuotan erscheint als alldurchdringende luft als himmel und erde durchziehendes rauschen [...]. Unter den göttinnen kommt in betracht die welche für windsbraut und wirbelwind gelten kann, *Holda*, die mit dem wütenden heer ziehende [...].[548]
Wuotan erscheint noch in seinen beinamen des gemantelten und des bärtigen [...]. Heeranführende göttin, statt des gottes, ist *Holda*, seine gemahlin; ich überzeuge mich immer fester, dass Holda nichts anderes sein kann, als der milden gütigen *Fricka* beiname.[549]

Eine „im 14. jahrhundert abgefaßte isl. sage erzählt umständlich von dem zauberweib *Hulda*, Odins geliebten [...]."[550]
Norwegischen und dänischen Sagen zufolge „liebt" die Göttin „musik und gesang, ihr lied hat traurige weise und heisst *huldreslaat*."[551] (Als modernes Gegenstück hierzu erscheint das „Ladies folk trio aus drei skandinavischen Ländern" *Huldrelokkk* [übersetzt mit „der Lockruf der Trollfrau"[552]!].)

Im **Neunten Buch** seiner *Mystik*, im Kapitel „Natürliche Disposition für das Hexen-und Zauberwesen", bringt Görres Holda mit einer der „mystischen Mächte" der Natur[553], dem Mond, in Verbindung. Die personifizierte mystische Macht des Mondes, „Luna", sei verkörpert in einer Reihe von Göttinnen: „Sie war eben die Lilith der Hebräer, die Herrin der Dunkelheit; die Artemis des tieferen Orients [...], sohin die nordische Holda über die Höhen reitend [...]."[554] Görres bezeichnet „das Mondhafte" als einen der „Naturzustände", in welchen, aufgrund des doppelten „Gebundenwerdens" des Mondes das „Dämonische" besonders leicht einbreche[555].
Diese Eigenschaft setzt er gleich mit dem weiblichen Geschlecht in seinem *melancholisch-wechselnden Temperamente*[556]. Daher binde „das Hexenwesen sich vorzüglich an die Mondsucht", also an das weibliche Geschlecht („Mondfrauen")[557]. Was die Nacht „in ihrem Schooß beschließt", enthüllt" der Mond „am liebsten" durch „das Medium" der „Kühle" und der „Feuchte"[558].
Auch für das Schicksal Huldas ist „der Mond in seinen Phasen", hier der „*Schatten*"-Phase[559], entscheidend. Beim Leuchten „des schwindenden Mondes Hälfte"

---

[548] Grimm 1992 II: 735.
[549] A.a.O.: 790.
[550] Grimm 1992 I: 225.
[551] Ebda.
[552] *KANAPEE* 2011 [O.S.].
[553] Görres 1989 V: 82.
[554] A.a.O.: 83.
[555] A.a.O.: 81.
[556] A.a.O.: 80f.
[557] A.a.O.: 82.
[558] A.a.O.: 80.
[559] Ebda.

(II.4; Schluß), so weiß Ursula (vgl. → **Ursula,** *die Bärin*), ist Hulda im Wald, am See des Schwarzschwanenreiches (am Grab ihres Kindes) zu finden: Hier wird sich das Grab durch die Hand des Wechselbalgs öffnen, ihre „Schuld" offenbar werden (II.5).

Siegfried Wagner verwendet – bewußt oder unbewußt – die mystische Symbolik des Mondes zur Gestaltung einer psychologischen Landschaft (vgl. dagegen die romantisch-märchenhafte Atmosphäre in der 1. Szene des Lyrischen Märchens *Rusalka* (1900) von Anton[ín] Dvořák: Rusalkas Lied an den Mond.)

Die etymologische Bedeutung von „Huld" ist u.a. „Gunst, Wohlwollen, Freundlichkeit, Treue".[560]

„Hulda" sei, so behauptet *Knaurs Buch der Vornamen* , „als Vorname eigentlich erst durch die Ritterromane der Romantik entstanden."[561]

Wie Hans Bahlow in seinem Buch *Unsere Vornamen im Wandel der Jahrhunderte* darstellt, kam „Hulda" „erst im 19. Jahrhundert vorübergehend in Mode".[562] Richard Wagner verwendet in seinem *Tannhäuser* die alte Form „Holda" und läßt die Göttin in positivem Licht erscheinen (Lied des Hirten). Mit leiser Komik dagegen zeichnet Fontane seine Hulda in *Effi Briest* (1894/95; 1896).

Dagegen verwendet César Franck in seiner 1895 in Monte Carlo posthum uraufgeführten Oper *Hulda* diesen Namen in durchaus ernster Weise. Den geringen Erfolg dieses nur selten aufgeführten "Opernversuchs" (Schreiber)[563] führt Rainer Franke ausdrücklich nicht auf die Musik – „ein überzeugendes Beispiel seines Personalstils"[564] – sondern hauptsächlich auf das mangelhafte Libretto zurück[565]. Dieses beruht auf dem psychologischen Drama *Halte-Hulda* von Bjørnstjerne Martinius Bjørnson, das von Charles Jean Grandmougin für die Grand Opéra umgearbeitet wurde; das Ergebnis – Opéra en quatre actes et un épilogue (mit allegorischem Ballett im IV. Akt) – sei eine Aneinanderreihung von Episoden (heidnisch-christliche Auseinandersetzungen; persönliche Konflikte; Sippenfehden: das Ganze vor dem Hintergrund höfisch-ritterlichen Lebens um 1100 in Norwegen).[566]

Einen heiteren Vorläufer bildet *Hulda, die Nixenkönigin, oder Das Fest der Treue* von C. F. Ebers (UA 1864 in Posen), einer der überwiegend von anderen Komponisten produzierten weiteren „Teile" des Ende des 18. Jahrhunderts uraufgeführten, bis zur Jahrhundertmitte überaus erfolgreichen *Donauweibchens* von

---

[560] DUDEN Bd.7 2007: 348.
[561] Eberhard-Wabnitz u. Leisering 1998: 100 [keine Anführung von Beispielen].
[562] Bahlow 1965: 51.
[563] Schreiber 1991: 824.
[564] Franke 1987:. 283.
[565] A.a.O.: 284.
[566] A.a.O.: 283f.

Ferdinand Kauer: *Ein romantisches komisches Volksmärchen mit Gesang nach einer Sage der Vorzeit* in drei Akten (Textbuch: Karl Friedrich Hensler).[567]

Um die Jahrhundertwende kommt der Name weiter vor (beispielsweise im Friedrichshagener Dichterkreis[568]); in späterer Zeit erscheint er banalisiert und lächerlich gemacht: „Ist denn kein Stuhl da für meine Hulda ...".

Siegfried Wagner verwendet in seinem Werk die aus der kinderhütenden in die kindertötende verwandelte Gestalt der Holle. Allerdings vereinigt die Protagonistin Hulda in sich Züge der alten sowie der in christlicher Zeit *bis zur Unkenntlichkeit umgewandelten* Gestalt. Charakterisierende Aspekte sind: ihre Schönheit; Töten ihres eigenen Kindes, einer teuflisch-menschlichen Mißgeburt; ihr Bezug zum Wasser [*Teich*; II.5]; ihr [*vernichtender*] Gesang; ihr Bund mit dem „schwarzen [*in einen dunklen Mantel gehüllten*] Reiter" (cf. Wotan; III.1). Diese, durch ihre Schönheit über ihre innere Verderbtheit hinwegtäuschend (so Ursula; I.1; KA 25, auch 115) bzw. noch „in der natur" seiend, strebt danach, in den Zustand der ‚zweiten Geburt' zu gelangen (*Bannlösung*, Traumerzählung I.6). Dieser Vorgang wird im Finale durch die Feuersymbolik (Scheiterhaufen) geschildert.

## 5. Der *Wechselbalg*

In seinen „Bemerkungen zur Wechselbalg-Sage" schreibt Glasenapp:

> Nach dem Wahn des Mittelalters ist der Wechselbalg ein Kind, das vom Teufel und einer Hexe erzeugt und nachmals einem natürlichen Kinde bei der Wöchnerin untergeschoben ist. Diese Auswechselung geschieht immer während der ersten Tage, in welchen das Neugeborne noch nicht den Namen erhalten hat. In seinem Aussehen ist der Wechselbalg widerwärtig ]...]."[569]

Etwas moderner ausgedrückt heißt es bei Elisabeth Frenzel: „Es gibt Succubi und Incubi, die fleischliche Verbindungen mit Menschen eingehen und dämonisch infizierte Kinder zeugen [...]."[570]

Zur Geschichte des Wechselbalg-Glaubens bemerkt Glasenapp:

> Mißgeburten, Wasserköpfe, ja schon dickleibige oder dickköpfige Kinder gaben zur Entstehung dieser Vorstellung Anlaß, und gewiß starben viele Kinder an der schlech-

---

[567] Seeger 1987: 183.
[568] Vgl. de Bruyn 1992.
[569] Glasenapp 1913: 39.
[570] Elisabeth Frenzel: *Stoff-, Motiv- und Symbolforschung*. Stuttgart 1978, 4., durchges. und erg. Aufl. [= Sammlung Metzler 28: Abt. E. Poetik.] 129.

ten Behandlung, die man ihnen um jener Voraussetzung willen zuteil werden ließ. Von ihrem wirklichen Vorkommen hatte noch Luther die feste Überzeugung; um 1737 behandelt [...] Dr. Johann Jakob Bräuner [protestantischer Theologe] in seinen ‚Physikalisch und historisch erörterten Curiositäten' in einem Kapitel ‚von der Hexen Buhlschaft mit dem Teufel' die ihm bekannt gewordenen Überlieferungen dieser Art, und um 1747 bemüht sich der gewissenhafte Jos. Heinrich Zedler in einem 5½ große Foliospalten umfassenden Artikel seines vielbändigen gelehrten ‚Universallexikons' über den Wechselbalg um die Entkräftung dieses Aberglaubens. [...] Der Glaube an diese grauenhaften Erscheinungen war eben in der lebendigen Einbildungskraft des Volkes nicht auszurotten, und so lesen wird im Anschluß daran noch bei Platen [*Die verhängnisvolle Gabel* Akt IV] von ‚Wechselbälgen, die zu töten nur zur Ehre kann gereichen'.[571]

In seiner kulturgeschichtlichen Studie über das Barockzeitalter beleuchtet Rolf Hellmut Foerster den politischen Hintergrund:

Die Agitation benützte den Aberglauben oft sehr bewußt, so etwa den weitverbreiteten Glauben an Monstren und Wundergeburten. [...] [Für diese] verbürgten sich zahllose Neuigkeitskrämer [als] von Gott selbst erschaffen [...], damit man sich vor dem »verfluchten Antichrist und seinem Anhang« hüte, dessen Konterfei das Monstrum war. [...]
Das sind natürlich durchsichtige Scherze, an denen weiter nichts verblüfft, als daß sie ernstgenommen wurden. Von Theologie war nichts mehr zu spüren, es ging kaum mehr um religiöse Fragen, sondern nur noch um grobianische Hetze und teilweise um die offene Aufforderung zur Gewalt.[572]

Auf die vom Verfasser dargestellte Verknüpfung von Aberglauben und Kriegsvorbereitung ist im folgenden Kapitel einzugehen.

Siegfried Wagner benutzt die Bezeichnung „Wechselbalg" (auch „Gauch") in unangebrachter Weise, da es sich nicht um ein untergeschobenes Kind handelt. Von der Funktion des Wechselbalgs als Mahner des Gewissens berichtet Ursula in der Schwarzschwanenreicherzählung (KA 21f).
Dies muß auch Hulda erleiden: Ein *furchtbarer Schrei* begleitet das Erblicken des aus dem Grabe aufgereckten Wechselbalgarmes in der Waldszene (II.5; KA 131). Hulda hoffte, mit dem Wechselbalg den „bösen Feind in mir" (KA 136) getötet zu haben.
Das wesentlich durch eine (hauptsächlich chromatische) Abwärtslinie gekennzeichnete Wechselbalgmotiv ist durch *Schärfe* und Dissonanz sowie durch den Wechsel zwischen kurzen (Sechzehnteltriolen) und langen Notenwerten charakteri-

---

[571] Glasenapp 1913: 40.
[572] Foerster 1977: 88f.

siert. Wie Glasenapp mitteilt, kann sich der Wechselbalg nur durch Schreien artikulieren[573] (KA 133):

Bezeichnend ist, daß während der Schwarzschwanenreicherzählung nicht das Wechselbalgmotiv erklingt, welches Huldas Monolog am See begleitet: Siegfried Wagner differenziert auf diese Weise zwischen der Sage und der Einzelerfahrung. Das Koboldmotiv (Selbstzitat aus op. 3) beleuchtet die *Sehnsucht* der Seelen der ermordeten Kinder nach *Frieden* (KA 21f); die hier als „Gauchmotiv" bezeichnete Figur imitiert groteske Bewegungen.

---

[573] Glasenapp 1913: 40.

*Zweiter Strang*

# Dreißigjähriger Krieg, Wallenstein, Hexenprozesse:

## Der historische Handlungsrahmen.

**Vorbemerkung.**

In seiner Oper *Schwarzschwanenreich* verarbeitet Siegfried Wagner zwei historische Momente: das der Hexenverfolgung und das des Dreißigjährigen Krieges. Beide liefern Bausteine für das Handlungsgerüst. Der Schauplatz ist lt. Angaben „Böhmen", 17. Jahrhundert.

Doch bereits der Titel der Oper läßt vermuten, daß das Werk in einem Niemandsland spielt. Die Historie dient – wie beispielsweise auch die Kreuzzüge in op. 8 *Sonnenflammen* – im Wesentlichen tektonischen Zwecken: sie ist tragender Bestandteil des Handlungsrahmens.

Die Musik weist, wie Pachl schreibt, mit Ausnahme des „Gebetes (Bach-Choral [Kerkerszene, III.1])", keine „archaisierenden Klänge"[574] auf. Die Ereignisse finden in Seelenbezirken statt. *Schwarzschwanenreich* ist die Umsetzung des todbringenden Krieges, verknüpft mit der Hexenjagd, in ein persönliches Schicksal.

Gleichwohl finden sich in Wagners VII. Werk Versatzstücke, die offensichtlich historischen Quellen entstammen und verfremdet, verkürzt und stilisiert zur Anwendung gebracht werden. Anliegen dieses Kapitels ist es, zu zeigen, in welcher Weise Wagner eine Übertragung des historischen Stoffes in seine mythisch-psychologische Oper vorgenommen hat.

## I. Der Dreißigjährige Krieg.

Die auf das Kriegsgeschehen bezogenen Versatzstücke haben für die Handlung teilweise marginalen, teilweise zentralen Charakter und werden sowohl im Text als auch in musikalischen und szenischen Anweisungen wie folgt bezeichnet: 1. der „*sehr ferne Trommelwirbel*" (KA 11ff.); 2. der „*Brand*" (KA 78); 3. „Wallenstein"

---

[574] Anders als das Hörspiel von Peter Hacks: *Geschichte eines alten Witibers* von 1966, zu welchem Heinz von Cramer ein Lied nach Horaz komponiert hat, das der Tonsprache des 17. Jhdt. nachempfunden ist. (Deutschlandradio Kultur, 21. März 2008 zum. 80. Geburtstags des Dichters.)

(I.1; I.4); 4. die Soldaten (Soldatenszene I.4); 5. der „Krieger" Oswald (zuerst: KA 15).

Die hier vorgenommene Reihenfolge vollzieht in verkürzter Form den Gesamtablauf der Handlung nach, wodurch einerseits die Funktion der historischen Bausteine im Werkganzen, andererseits das inhaltliche Anliegen des Komponisten deutlich wird. Diese Momente werden im Folgenden, eingebunden in ihren jeweiligen Zusammenhang, vorgestellt.

Um den Grad ihrer Verfremdung und Stilisierung zu zeigen, sind die historischen Quellen heranzuziehen, die Wagner vermutlich zu einem – wenn auch nicht wissenschaftlich-systematischen – Studium vorlagen und die, auf gleichwohl unprogrammatische Weise, Verwendung in Text und Musik gefunden haben.

Franz Stassen gibt in seinen *Erinnerungen an Siegfried Wagner* einen Überblick über Siegfried Wagners Lektüre, der gleichermaßen auf Äußerungen Wagners wie auf Beobachtungen des Verfassers basiert[575]. Kombiniert man diese Angaben mit dem Werk, so kommt man zu dem Ergebnis, folgende Schriften in die Analyse mit einzubeziehen: Friedrich Schiller: *Geschichte des Dreißigjährigen Kriegs* und *Wallenstein*; Leopold von Ranke: *Geschichte Wallensteins*.

### 1.1 Der *Trommelwirbel* 1 (I. Akt, 1. Szene)

In seinem oben zitierten Einführungstext schreibt Pachl: „Der Hintergrund des tragischen Geschehens, der Dreißigjährige Krieg, ist mit ‚sehr fernem Trommelwirbel' und Hornrufen bereits ab der ersten Szene immanent."[576] Diese summarische Bemerkung bezeichnet ein vielgestaltiges musikalisches Phänomen: den *Trommelwirbel*. Besondere Aufmerksamkeit ist auf das erste und letzte Ertönen des Trommelwirbels zu richten; diese Einsätze haben einen speziellen Stellenwert.

Beide Wirbel markieren die zwei äußersten Punkte der Handlung: die Exposition in der Einleitungsszene und den Beginn der finalen Szenerie: Der Trommelwirbel ertönt am Anfang der 3. Szene. Der Übergang zur 4. Szene ist fließend: der Schauplatz ist jeweils der Richtplatz, die orchestrale Begleitung ist figural sowie in Takt- oder Tonart bruchlos, dasselbe gilt für Textfluß und Handlung. Daher kann man beide Szenen zu einer finalen Doppelszene zusammenfassen. Somit bilden beide

---

[575] Stassen 1942: 26f.
[576] Pachl 1982/ 83: 147.

Trommelwirbel [in der nachstehenden Graphik abgekürzt: „TW1" bzw. „TW2"] die Pole eines gedanklichen Bogens der Handlung und haben tektonisch gesehen eine einheitsstiftende Funktion.

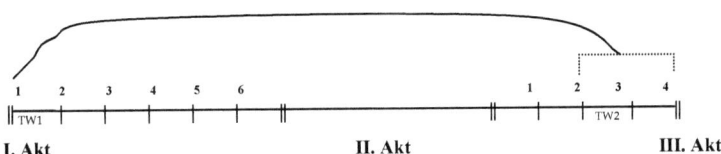

I. Akt    II. Akt    III. Akt

Zugleich stellt der Trommelwirbel auch in vertikaler Hinsicht eine Verknüpfung her. Er verklammert das Hintergrundsgeschehen (Kriegsgeschehen) mit der Haupthandlung (tragisches Einzelschicksal). Dies setzt eine Übersetzungstätigkeit des Komponisten voraus.

Der Trommelwirbel kündet ein Gefecht an. In zwei Schritten wird S. Wagner dieses Signal handgreiflichen Geschehens in ein Symbol für die tragische Handlung verwandeln.

Der erste Schritt erfolgt in der zunächst besprochenen 1. Szene; der zweite Schritt in der anschließend behandelten 3. Szene des III. Akts.

Allein die Tatsache, daß der Trommelwirbel eine begleitende Funktion innerhalb des Blumenliedes Huldas einnimmt, läßt einen symbolischen Bezug zur Bühnenhandlung voraussehen.

Bezeichnend ist die Angabe, durch welche das mit dem Trommelwirbel verbundene reale Ereignis einerseits entrückt wird: „*sehr ferner Trommelwirbel*" (KA 11), andererseits dadurch wieder herangezogen wird, daß Wagner den Wirbel „*hinter der Scene*" erklingen läßt (ebda.). Die betreffenden Orchesterinstrumente werden so zu Klang-Requisiten, der „*Trommelwirbel*" zu Bühnenmusik. Die Musik selbst wird in diesem Fall zu einem Teil der Handlung im szenischen Sinne.

Diese Einbeziehung setzt sich in der Gestaltung des Trommelwirbels im einzelnen fort.

Der „*Trommelwirbel*" wird auf zwei bedeutungsmäßig und formal unterschiedlichen musikalischen Ebenen ausgeführt. Zum einen hat er die profane Funktion des *Signals*, hier erscheint er in seiner Grundform, notiert als Triller; zum anderen tritt er in einer daraus abgeleiteten rhythmischen Figuration auf: als *Symbol*.

Beides erscheint teilweise in Kombination miteinander, wie es bereits beim ersten Auftreten des „*Trommelwirbels*" der Fall ist (T 9-10):

Durch diese Rhythmisierung erhält der Trommelwirbel eine übertragene Bedeutung, wird zum Mittel der Artikulation. Während die einfache Trillerfigur sich in direkter Signalfunktion auf das Bühnengeschehen bezieht, entwickelt sich aus der rhythmisierten Form eine motivische Figur, welche als ‚Schicksalsmotiv' die Handlung begleitet. Gleichwohl ist hinzuzufügen, daß der *Trommelwirbel* in der Militärmusik auf einem differenzierten figurenreichen Signalsystem beruht.

Ein weiteres Gestaltungsmittel ist die Instrumentation. Beim zweiten Erklingen des Trommelwirbels tritt ein weiteres Instrument – ebenfalls „*hinter der Scene*" zu spielen – das Horn hinzu (KA 12). Durch den weichen Hornklang (im *pianissimo*) erhält die Figuration eine persönliche Nuance. Jetzt verlaufen beide Ebenen parallel. Trommel und Horn beleuchten das erweiterte Phänomen „Trommelwirbel" zweifach: während die Trommel die Funktion des Signals übernimmt (*pianissimo*), variiert das Horn die oben von der Trommel gespielte rhythmische Figur (T 14 und 16):

Dieses instrumental-figurative Doppelphänomen wird bei seinem dritten Erklingen differenziert und zu einem ersten Abschluß gebracht:

In dieser variabel-rhythmischen Einkleidung tritt der Trommelwirbel noch an mehreren Stellen des Werks auf (beispielsweise in der in einem eigenen Kapitel analysierten 2. Szene des II. Akts). Pachls anfangs zitierter Bemerkung ist ergänzend der ausdrückliche Hinweis auf die durch den „*Trommelwirbel*" gegebene Verknüpfung von „Hintergrund" und „tragischem Geschehen" hinzuzufügen.

Die eigenständige Bedeutung des Trommelwirbels in seiner übertragenen rhythmisierten Ge- stalt wird deutlich, wenn man ihn in Verbindung mit dem Text interpretiert. Liest man die durch ihn akzentuierten Textstellen im Zusammenhang, so erkennt man im Wesentlichen die Vorzeichnung dessen, was im Werk zur Ausführung gelangen soll: die Unmöglichkeit für Hulda, sich [mit Hilfe Liebholds] aus dem Bann des Versuchers zu befreien (Licht-Dunkel-Metaphorik des Blumenliedes, welches gedanklich verknüpft ist mit der Traumerzählung). Auch ihr Wunsch, ein nicht-gewaltsames Ende zu finden, wird keine Erfüllung finden. Die innerhalb des Gesamtverlaufs durch diese stets in Varianten erklingende rhythmische Figuration (später u.a. auch von Bratsche und Pauke übernommen) gekennzeichneten Textstellen weisen stets auf ein vorgezeichnetes Schicksal Hulda hin.

Auffallend ist formal gesehen, daß 1. meistens die Siegfried Wagners Motive kennzeichnende *Zwei-Takt-Schematik* angewandt wird, 2. bestimmte wiederkehrende Merkmale die Figuration (in zwei Hauptvarianten) identifizierbar machen sowie 3. jeweils sinngemäß übereinstimmende Textbezüge vorliegen. Angesichts dieser Kriterien ist diese Figur als „Motiv" anzusehen und wurde im für die vorliegende Werkanalyse erstellten Motivapparat des Textbuchs als „Schicksalsmotiv" bezeichnet.

Das Schicksalsmotiv ist dieser Lesart nach die stilisierte Form des „*Trommelwirbels*".

Eine eigentliche Transposition auf eine psychodramatische Ebene ist damit allerdings noch nicht erfolgt.

Der Trommelwirbel durchzieht in der übertragenen Form des Schicksalsmotivs [also nicht als „*Trommelwirbel*" deklariert, sondern Bestandteil der Orchestermusik] die gesamte Partitur. In dieser Gestalt bleibt er jedoch zur Chiffre stilisiertes Signal (erster der beiden oben angekündigten Schritte einer Umwandlung des Signals in ein Symbol für die innere Handlung). Allerdings verflüchtigt sich der (ohnehin nur schwach erkennbare) Bezug zum realen Hintergrundgeschehen im Verlauf der Handlung immer mehr, bis er (spätestens nach Beendigung des I. Akts) gänzlich verschwunden ist. Im Gewande des Schicksalsmotivs ist der Trommelwirbel verwoben mit der Bühnenhandlung.

Im Gegenzug dazu nimmt mit fortschreitender Entwicklung der Handlung das anfangs Vorgezeichnete immer konkretere Züge an, bis das Geahnte, Befürchtete eintritt: Hulda wird als „Hexe" verklagt und zum Tode auf dem Scheiterhaufen verurteilt.

An dieser Stelle sei zum Vergleich die rhythmische Figur im Motiv der Walküre wiedergegeben, das gewissermaßen auf die Verwandlung dieses Motivs in das der Todesverkündung bereits hinweist.

## 1.2 Der *Trommelwirbel* 2 (III. Akt, 3. Szene)

Diese letzte Station stellt die Szenerie des Richtplatzes (III.3-4) dar. Die „*Ankunft des Zuges*" mit der Verurteilten wird erwartet (KA 159). Hier begegnen wir zum zweiten Mal einem Trommelwirbel-Einsatz.

Auf den ersten Blick unterscheiden sich beide Einsätze nicht wesentlich voneinander. Die Angaben lauten jetzt: „*Tiefe Trommeln hinter der Scene (aber sehr entfernt)*" (ebda.). Zwischen beiden Trommeleinsätzen besteht eine Differenz, die symptomatisch für die zwischen beiden Polen liegende Entwicklung steht. Während der Trommelwirbel zuerst überwiegend in der übertragenen Form des das Schicksal ankündigenden Schicksalsmotivs auftrat, ertönt er jetzt, angesichts der bevorstehenden Vollzugs, ausschließlich in seiner Grundform (*trillo*) und, dieser Simplizität entsprechend, im *forte*.

Eine Vertiefung der Bedeutung bewirkt die doppelte Besetzung der Trommel: Zum Klang-Requisit „tiefe Trommel" kommt analog die Große Trommel im Orchester, wodurch musikalisch die Integration des ursprünglichen Kriegssignals ins psychologische (Bühnen-)Geschehen vollzogen ist (zweiter Schritt der Umwandlung). Die so über elf Takte (T 1-11) erzeugte Eintönigkeit und Massivität des Klangs signalisiert die Unausweichlichkeit der Situation. Zum ersten Mal werden hier auch die Trommeln im Text erwähnt (Liebhold: „Hörst Du's? Dumpfe Trommeln! Sie nah'n!") Vergeblich versucht Liebhold, im letzten Augenblick Ursula zu bestimmen, ihre Aussage zu widerrufen. Es ist allerdings nicht anzunehmen, daß auf diesem Wege ein Abwenden von Huldas Schicksal möglich gewesen wäre. Die Vorgänge auf der realistischen Ebene sind Faktoren, die instrumentalen, aber keinen gedanklichen Stellenwert haben. Dagegen kündigt sich bereits im ersten Trommelwirbel eine Hulda durch das gesamte Drama hindurch verfolgende, unheilvoll drohende Macht an, die am Ende des I. Akts zum ersten Mal sichtbar wird.

Ein Gegenstück hierzu bildet der Trommelwirbel während des Ganges zum Richtplatz in der *Symphonie fantastique* von Hector Berlioz, der dort exakt den (Traum-)Moment bezeichnet, in welchem sich die Vollstreckung des Urteils vollzieht (Guillotine).

**3. Scene** Der Richtplatz auf dem Hügel vor der Stadt. Im Hintergrunde wird der Scheiterhaufen errichtet. Aufgeregtes Hin- und Herlaufen des Volkes (mehr im Hintergrunde, als harrten sie der Ankunft des Zuges). Im Vordergrunde tritt Liebhold mit Ursula heftig auf. Sie will ihn zurückhalten. Er dagegen sucht Ursula vorzudrängen.

Ohne das Tempo zu überhetzen, muss diese Scene äusserst leidenschaftlich sein.

## 2. Der „*Brand*" (Finale des I. Akt)

Der „*Brand*" bildet den Schlußpunkt des kriegerischen Hintergrundgeschehens, welches sich über den gesamten I. Akt erstreckt und damit abgeschlossen ist. (Weitere vergleichbare Anzeichen lassen sich im II. und III. Akt nicht finden.) Vom Schluß des I. Akts läßt sich ein Bogen zum Anfang schlagen, wo das erste Signal dieser kriegerischen Handlung ertönt, der „*Trommelwirbel*".

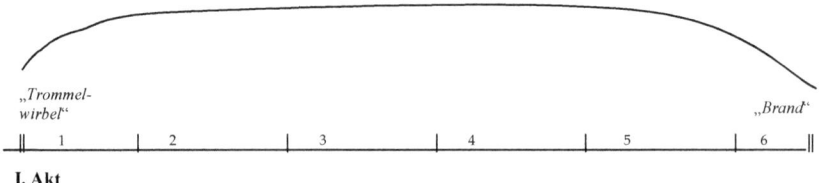

Mit dem „*Brand*", der sich am Schluß der 6. Szene des I. Akts (Szene Hulda-Liebhold) ereignet, ist eine der ungezählten Brandschatzungen des 30jährigen Krieges gemeint. Es handelt sich in *Schwarzschwanenreich* um ein Hintergrundsgeschehen, das sich szenenbildlich nur vermittelt andeutet und auf das von den handelnden Personen (in erster Linie von Hulda) lediglich hingewiesen wird. Bezeichnend ist die Angabe „*fernes Getümmel*" – hier bedient sich Wagner einer alten Theaterformel, die auf den modernen Sucher antiquiert wirkt.

Nach Wiedergabe der betreffenden Textstelle (einschließlich der Motive; KA 78) ist daher nach der Relation von Historie und Bühnenwerk zu fragen.

> **Hulda** *bleibt stehen*
> *Wie sie sich wendet, gewahrt sie im Thal einen Brand;*
> *fernes Getümmel; die Wolken färben sich blutroth –*
> Hörst Du's? Sieh hin! Feuer!
> Flammen! Dorthin eile!
> Dort kannst Du retten!
> *(auf sich deutend)* Nicht hier!                    Klagem. (E.H., Vc.)
> Die Flamme lass allein mich verzehren.            | (Cl., Vc.)
> *(sie deutet auf eine Wolke)*
> Am Himmel – Siehst du nichts?              Versucher-M. (Fg., Vc., C-B.)
> Siehst du nicht die Gestalt?                M.d.Begehrens (Cl.)
> *(leise, unheimlich; für sich)*
> Der schwarze Reiter! –              Versucher-M. (Fg., Vc., C-B., dazu Hr., Br.)

Dieser Ausschnitt kann als Modell von Wagners Übertragungsverfahren gelten.

Das Modellhafte ist aus dem Aufbauprinzip – sowohl in sprachlicher als auch in musikalischer Hinsicht – abzuleiten. Unter diesem Gesichtspunkt ist die Struktur im Folgenden vorzustellen: Für die Darstellung der Übertragung vom Tatsächlichen ins Fiktionale wird eine Aufteilung der Passage in zwei Abschnitte vorgenommen (erster Abschnitt: Vers 1-3; zweiter Abschnitt: Vers 4-8).

Zum ersten Abschnitt:

> **Hulda** *bleibt stehen*
> *Wie sie sich wendet, gewahrt sie im Thal einen Brand;*
> *fernes Getümmel;die Wolken färben sich blutroth –*
> Hörst Du's? Sieh hin! Feuer!
> Flammen! Dorthin eile!
> Dort kannst Du retten!

Bezeichnend für die Übertragung ist eine variierende Verwendung der ortsbezogenen Adverbien, des in die *Ferne* weisenden „Dorthin", zerlegt in „hin" und „Dort", und das „hier", welches durch zwei Zusätze, die Geste „*auf sich deutend*" sowie die Verbalgeste „allein mich", auf einen inneren Schauplatz deutet. In Entsprechung dazu wird – durch die Einzahl hervorgehoben – dem „Feuer" bzw. *den* „Flammen" „Die Flamme" entgegengesetzt.

Wie das Innere, Schauplatz eines Psychodramas, beschaffen ist, sagt, mehr als der skizzenhafte Text, die Musik. Diese „lebt", wie Pachl formuliert, „den Gegensatz von Realität und Fiktion aus".[577] Der Aufteilung in zwei Versgruppen (3+5) entspricht eine Differenz in der musikalischen Struktur:

---

[577] Pachl 1982/ 83: 147.

Der erste Abschnitt (T 1-5) besteht einzig und allein aus Oktav-Tremoli im *fortepiano* auf dem Ton es und mündet in ein *crescendo molto* auf „Dort kannst Du retten!" Die Musik hat hier den Charakter der Lautmalerei („Flammen") und damit lediglich begleitende, illustrierende Funktion.

Der zweite Abschnitt (T 6-9) grenzt sich deutlich vom ersten ab: er beginnt *piano subito*. Der erste Takt (T 6) steht in Ces-Dur, eine Tiefalterierung von C-Dur, der Tonart der zweiten Hälfte dieser Szene (ab KA 72, Beginn der Traumerzählung), die auf Huldas Resignation (die an die Stelle der in der Traumerzählung geäußerten „Hoffnung" auf „Bann"-*Lösung* durch Liebhold getreten ist) beziehbar ist. Den persönlichen Charakter des zweiten Abschnitts unterstreicht seine motivische Struktur, speziell das Erklingen von Huldas Klagemotiv (im dunklen Mischklang von Englisch Horn, Klarinette und Cello). Die einzige Verbindung zum ersten Teil bildet die Übernahme des Tones es als Terzton in den Ces-Dur-Klang.

Zum zweiten Text-Abschnitt:

| | |
|---|---|
| *(auf sich deutend)* Nicht hier! | Klagem. (E.H., Vc.) |
| Die Flamme lass allein mich verzehren. | &#124; (Cl., Vc.) |
| *(sie deutet auf eine Wolke)* | |
| Am Himmel – Siehst du nichts? | Versucher-M. (Fg., Vc., C-B.) |
| Siehst du nicht die Gestalt? | M.d.Begehrens (Cl.) |
| *(leise, unheimlich; für sich)* | |
| Der schwarze Reiter! – | Versucher-M. (Fg., Vc., C-B., dazu Hr., Br.) |

Im ersten Abschnitt hat Wagner eine Umwandlung oder Umdeutung der sichtbaren (Bühnen-) Landschaft in eine psychologische Landschaft vorgenommen. In diese symbolische Wirklichkeit stellt er nun die Handlung.[578]

Ebenso wie „Die Flamme" den „Flammen" setzt er nun den „*Wolken*" „*eine Wolke*" entgegen. Bei genauerem Hinsehen wird hier jedoch nicht eine Übertragung nach dem im ersten Abschnitt angewandten Schema vorgenommen. Die „*eine Wolke*" ist nicht eine ‚Abspaltung' (zeichenhafte Abstraktion) von den tatsächlichen „*Wolken*", so wie es bei „der Flamme" der Fall war. Während die „*Wolken*" den „*Brand*" widerspiegeln, ist die „*eine Wolke*" ein Produkt des „*Brandes*" selbst: es handelt sich der Beschreibung nach um eine Rauchwolke. Dieses Symbol hat materielle Substanz (Rußwolke).

An dieser Stelle findet erzähltechnisch eine grundlegende Veränderung statt. Mit dem Sichtbarwerden der „*Wolke*" gelangen wir auf eine andere Ebene der

---

[578] Eine Analogie zu diesem Bild findet sich in dem Film *Devotion* (1943), zu dem Korngold die Musik geschrieben hat: „hier sieht die Heldin, daß sich hinter ihr eine Wolke, eine schwarze Wolke verdüstert und die Gestalt eines schwarzen Reiters auf einem Pferd annimmt." Pachl 2001: 169.

Handlung. Wir verlassen die reale Welt und begeben uns in eine übertragene Wirklichkeit. In dem Augenblick, als Hulda der „Gestalt" gewahr wird, eröffnet sich eine zweite Dimension: die einer mythischen Realität. Während Hulda in der Lage ist, die Bilder der Außenwelt als Sinnbilder zu erkennen, *sieht* Liebhold „nichts" bzw. – vermutlich – eine *„Wolke"*. Diese Differenz von beider Sichtweisen steht zeichenhaft für einen Wechsel bzw. eine Verdoppelung. Die Außenhandlung (Dialog Hulda-Liebhold, speziell die Stelle unmittelbar vor dem hier analysierten Ausschnitt: KA 77, drittes bis fünftes System) tritt zurück, die innere Handlung – das der äußeren Handlung zugrundeliegende mythische Geschehen, hier verkürzt auf einen stummen Dialog zwischen Hulda und dem Versucher – setzt mit dem Erscheinen des „schwarzen Reiters" (auch motivisch präsent) ein (s. Angaben zu diesem Motiv im vorangegangenen *cap*. über die → **Stofflichen Grundlagen**). *Vorübergehend öffnet sich hier der Vorhang, das den Hintergrund verhüllende Gewebe der Außenhandlung mit ihrer Kausallogik.* Wir erhalten – anders als Liebhold – einen Einblick in das Hintergrundgeschehen.

Wir stehen vor folgender Station der mythischen Grunderzählung:

Angesichts der sich anbahnenden Verbindung Huldas mit Liebhold erhebt sich der Versucher, bestrebt, Hulda für sein Reich zurückzugewinnen, zu einer drohenden Gebärde. Allgegenwärtig und vielgestaltig hat er jetzt die Gestalt einer Wolke angenommen.

Sein Inerscheinungtreten ist auf diesem dunklen, nur skizzenhaft festgelegten mythischen Grund lediglich durch ein Bildgeschehen zu erklären: die Ursache seines Erscheinens liegt im Prozeß der Verdichtung selbst. Dieser vollzieht sich in zwei Schritten: dem der Materialisierung (Bildung der Rauchwolke) und dem der Figuration in Huldas Kopf (Erblicken des „schwarzen Reiters").

Die als *Schwarzer Reiter* erscheinende *Wolken*bildung entstammt einem historischen Zeichenarsenal, dem Siegfried Wagner einzelne Momente entnahm, um psychologische Vorgänge zu gestalten. Historisch gesehen ist dieses Bild ein Beispiel für eine der Darstellung Foersters zufolge gezielt vorgenommene Dämonisierung von Naturphänomenen:

> Den Naturerscheinungen, zumal allem, was sich am Himmel abspielte, standen die Menschen im 17. Jahrhundert genauso hilflos gegenüber wie im Mittelalter – trotz Kepler und Galilei – , vielleicht sogar noch aufgeregter, denn der Buchdruck verbreitete nun glaubhaft schwarz auf weiß, was man vorher nur gerüchteweise vernahm. Schon die ersten gedruckten Zeitungen des 16. Jahrhunderts berichteten über [...] [Naturkatastrophen] und andere Übeltaten des Satans. Da alle Erscheinungen einen auf den Menschen bezogenen Sinn haben mußten und nichts Wichtiges geschah, ohne

daß Gott die Menschen warnte, galten [...] sogar seltsame Wolkenbildungen als Vorzeichen für allerlei Übel.[579]

Derartige Nachrichten, welche durch die damals zum Teil noch ziemlich neuen Medien Buchdruck, Zeitung und Bilderbogen starke Verbreitung fanden, dienten der Erzeugung von Unsicherheit und Furcht. Sie schufen eine endzeitliche Katastrophenstimmung und halfen, so Foerster, dem Dreißigjährigen Krieg mental den Boden zu bereiten[580].

Zurück zu *Schwarzsschwanenreich* und zum weiteren Verlauf der Schlußszene: Hulda weist Liebhold – ein zweites Mal (vgl. o. angeg. Stelle, KA 77) – zurück; Liebhold, der jetzt ahnt, daß Huldas Abweisung nicht auf Abneigung beruht bzw. daß sie unter einem bestimmten Druck steht, überwindet Huldas Widerstand. Er schwört ihr – „was immer" sie bedränge – „Schutz" (KA 79); Hulda gibt seinem Werben statt.

Der I. Akt schließt mit einem Cis-Dur-Akkord, einer Aufhellung der cis-moll-Tonika, das trügerische Glück der Vereinten überhell beleuchtend („O Wonne voller Tücke, o truggeweihtes Glücke", *Tristan und Isolde*).

Ebenso wie Huldas Ablehnung in einem tiefalterierten C-Dur (Ces-Dur) stand, ist die Tonart der (scheinbaren) Erfüllung der „Hoffnung" Huldas auf *Lösung* des Schwarzschwanenreich-„Banns" durch Liebhold eine chromatische Abweichung von C-Dur: diesmal hochalteriert Cis-Dur. Die tatsächliche Lösung bzw. die Vereinigung Liebholds und Huldas im Tod ist verbunden mit der im Finale der Oper erreichten Grundtonart E-Dur. Hierzu stellt die (vorgezeichnete) Tonika des Finales I, cis-moll (s.o.), die Parallele dar, inhaltsbezogen zu deuten als Negation.

Das tonartliche Lichtsymbol, C-Dur, wird an vielen Stellen der Oper angestrebt, jedoch stets (knapp) verfehlt. So auch hier (Ces-Dur; Cis-Dur).

Dies deutet auf Liebholds Unfähigkeit hin, den von ihm naiv geleisteten „Schutz"-Schwur im Zweifelsfalle (Huldas Schuldbekenntnis auf dem Richtplatz; → **Der** *fragende Blick*) zu entsprechen.

Der Grund für diese Unmöglichkeit, die von vornherein gegeben und bei genauer Kenntnis der Situation absehbar war, stellt sich dar, wenn man das Bühnengeschehen auf die historisch grundierten Vorgänge reduziert betrachtet.

Zu diesem Zweck ist das angedeutete Ereignis im „*Thal*", das, den Anweisungen der Eröffnungsszene zufolge, „*in der Mitte des Hintergrundes*" liegt (KA 11), in der Darlegung der Handlung einzubeziehen.

---

[579] Foerster 1977: 67.
[580] A.a.O.: 67-102.

Sieht man mit Liebholds Augen in der „*Wolke*" tatsächlich nur ein Brandwolke, so stellt sich die Frage nach dem Urheber des Brandes. Dies ist im nächsten Abschnitt in Erfahrung zu bringen.

## 3. „Wallenstein"

Die einzige Person, die – gemessen an den Abläufen der Handlung – als Brandleger in Frage kommt, ist die zentrale Gestalt des kriegerischen Hintergrundgeschehens: Wallenstein. Sein Name erscheint wie eine Chiffre, die innerhalb des Handlungszusammenhangs aufzulösen ist.

Die Gestalt Wallensteins wird innerhalb des gesamten Werks sechs Mal erwähnt (ausschließlich im I. Akt: ein Mal in der 1. Szene (Ursula) und fünf Mal in der 4. Szene (Oswald, Liebhold), unterschiedlich bezeichnet: „Wallenstein": KA 27, 43; „der Feldherr": KA 37, 47, 48; der „Friedländer": KA 43. Die Variabilität und Vielzahl der Nennung deutet auf eine wichtige Funktion hin. Es ist zu vermuten, daß S. Wagner, wie beim Trommelwirbel und dem „*Brand*", auch hier *eine Übertragung von der politischen Gestalt in der Historie in eine mythische Gestalt im Drama* vorgenommen hat. Die Tatsache allerdings, daß die historische Person Wallensteins konsequenterweise innerhalb der wesentlich mythischen Handlung keine Bühnenrolle spielt, läßt darauf schließen, daß der Name Wallenstein eine Maske ist, die mit einer dramatischen Person der Oper in Verbindung zu bringen ist. Dem ist im Folgenden nachzugehen.

Den Ausgangspunkt bildet eine Darstellung der Soldatenszene (I.4).

### 3.1 Die Soldatenszene

Die gesamte Szene mutet an, wie eine Farce innerhalb einer Tragödie. Es ist anzunehmen, daß S. Wagner hier – ähnlich wie in der Tanzszene II.1 – eine zentrale Aussage mit einem burlesken Mantel umkleidet hat (vergleichbare Szenen gibt es beispielsweise im *Kobold*: „*Comödie*" und in *Sonnenflammen*: das Fest).

Diese Farce beinhaltet den Versuch Oswalds, seinen Nebenbuhler Liebhold zu beseitigen, was in Form eines bösen „Scherzes" (KA 46) geschehen soll. Seine Motive sind dem Schluß der vorangehenden Szene (Monologszene, I.3) zu entnehmen. – Sein Mittel ist ein [mit Wallensteins Bild gesiegeltes] Dokument („*Pergamentrolle*", KA 37), welche einen namentlich nicht genannten Soldaten, der sich bei der *Erstürmung* des „Rathauses" [einer Stadt] „bei Eger" ausgezeichnet hat, dazu bestimmt, sich bei Wallenstein *einzustellen* (KA 43) und eine *Belohnung* (KA 46) entgegenzunehmen.

Einer Anmerkung zur Geschichte: Der „Grenzort" Eger war, wie Schiller formuliert, einerseits „Schauplatz des Triumphes" Wallensteins „über seinen stolzen Gegner" („Gustav Adolph" [sic]); andererseits geschah in eben dieser Stadt die Ermordung Wallensteins. So gesehen ist „Eger" als Hinweis auf Wallenstein zu deuten.[581]

Oswald setzt den Namen Liebholds ein, obgleich ihm bekannt ist, daß dieser an der Schlacht gar nicht teilgenommen hat (Ende I.3 und I.4, KA 44). Mit Hilfe bestochener Soldaten versucht Oswald, Liebhold zu suggerieren, er sei „der Tapf're gewesen, dem der Feldherr lohnen will!" (KA 37) Schließlich tragen die Soldaten Liebhold, eine Siegerehrung simulierend, halb gewaltsam *„auf den Schultern davon"* (*„lustiger Umzug der Soldaten"* am Schluß der Szene, KA 48f.).

Doch bedarf es, um zu diesem Schluß zu gelangen, noch eines besonderen Einsatzes. Als Oswald sieht, daß alle Suggestionsversuche zwecklos bleiben, nimmt er ein anderes Mittel zu Hilfe: er singt ein Spottlied, in welchem er – Liebholds Neigung zu Hulda im Hinterkopf – seinen Gegner verhöhnt, er habe einen Verlust seiner „Gedächtnisskraft" [sic] erlitten (KA 47), weil er einen „Zaubersaft" getrunken habe [der „Zaubersaft" läßt sich assoziieren mit den Hulda vom Satan *eingespritzten* „gift'gen Säften" (KA 12)].

Im engeren Sinne nimmt Oswald hier eine Verkehrung der Tatsachen vor. Er selber ist es, wie aus dem zweiten Teil der vorangegangenen Szene hervorging, der, vom „Duft" der „Blume" [d.i.: Hulda] berauscht, in einen Zustand des *Schwindelns* geraten ist (KA 36), ein „Trunk'ner", dem es nicht mehr möglich ist, „nüchtern" zu „erwägen" (KA 37).

Alle Bedenken unterdrückend, beschließt er, sämtliche Hindernisse zu beseitigen, die der Erfüllung seines „Wunsches" (KA 34), Hulda zu besitzen (KA 34f), im Wege stehen. Er bricht das seiner Braut Ursula gegebene Versprechen (KA 35); er „fälscht" die ihm zur Vermittlung übergebene „Schrift" (KA 99) und schädigt in der Folge auf jeweils entsprechende Weise eine Reihe von Personen, die mit der Sache in Zusammenhang stehen: den tatsächlichen Adressaten („Heiner von Frankenberg", KA 40), Liebhold und schließlich den Absender (den „Feldherrn"). Skrupellos gibt er so alles preis, worauf seine bürgerliche Existenz gegründet war, „Achtung und Ehre an den Abgrund zerrend" (KA 36).

Dementsprechend lautet das Schlüsselwort, mit dem er seinen Angriff auf Liebhold bzw. seine Ansprache (Instruktionen) an die Soldaten eröffnet (Beginn I.4): „Jubilate!" (KA 38f) – kirchlich „jauchzet, frohlocket", hier zweifach zum Jagdruf profanisiert: Oswald verheißt seinen Untergebenen einen Spaß („Scherz"), nämlich die Jagd auf einen Freigegebenen: Liebhold (bezeichnend ein österreichischer Aus-

---

[581] Schiller 1875: 255.

druck für ein Vergnügen: „So a Hetz!"), und facht deren Jagdlust noch durch ein in Aussicht gestelltes Gelage an.

Die hier aufgeführten Anzeichen (das Sichhinwegsetzen über jede Art von Bedenken; Preisgabe des eigenen gesellschaftlichen Ansehens durch Abweichen „von der rechten Bahn" (KA 99), der „Scherz" mit Liebhold: der „Trug"; das Primat des „Wunsches" bzw. das Herrschen der „Sinne" über die *nüchterne Erwägung*: das *Trunkensein*) lassen eine Subsumierung dieser Szene unter den Begriff der Karnevalistik plausibel erscheinen. Sie können mit den Kriterien in Verbindung gebracht werden, die Albert Gier in seinem Beitrag „Die Operette als Karneval" zur Beschreibung des „musikalischen Lachtheaters" Operette[582] als karnevaleske Gegenwelt zur bürgerlichen Welt des Publikums anführt. Gier spricht von dem „karnevalisierten Ausnahmezustand des F e s t e s", in dem das „Lustprinzip" triumphiere, Merkmale seien z.B. „Rausch, Verschwendung [...], Ausgelassenheit", die sich im Falle Oswalds bis zur Angriffslustigkeit steigert; negiert werden dagegen „Ernst, Pflichtbewußtsein und Nüchternheit des Bürgertums".[583] Erreicht werde so „ein Geisteszustand", eine *Wunsch-Existenz*, die „frei ist von Verantwortung und ohne einen Gedanken an morgen."[584]

Während es sich allerdings bei den von Gier vorgestellten Operetten ggf. um „ein einziges, unbeschwertes Karnevalsfest" handeln kann, stellen die Burlesken bei S. Wagner eingeschobene Szenen dar. Sie greifen jedoch in die Handlung umlenkend ein.

Mißt man die Vorgänge der Soldatenszene am Begriff „Karneval", so erscheint der Initiator des „Scherzes" selbst als Teilnehmer einer Veranstaltung und die Frage nach dem Veranstalter bleibt offen.

Diese soll anhand der Grunderzählung des Werkes beantwortet werden, die allerdings lediglich mythischen, keinen historischen Charakter hat:

Der Versucher ist bestrebt, Hulda, die sich seinem unterirdischen Machtbereich entzogen hat, wiederzugewinnen. Dagegen soll Liebhold, Ausgesandter eines Bezirks, der durch *Höhe* und „Licht" gekennzeichnet ist (KA 72), Hulda vom „Bann" des ‚Bösen' befreien. Um dies zu verhindern, nimmt der Versucher Oswald, der Hulda verfallen ist, ohne dessen Wissen in seinen Dienst. Er spielt ihm die genannte „Pergamentrolle" mit dem absichtlich unvollständig gelassenen Bericht in die Hände und verführt ihn so zu einer Tat (*Fälschung* der *Schrift*), die Oswald, angezeigt durch Liebhold (s.o.), „im Kerker büssen" muß (KA 99) und ihn also selbst aus dem Weg räumt.

Dieser Interpretation liegen mehrere Anzeichen zugrunde, die zusammen einen Zeichenkomplex ergeben.

---

[582] Gier 2003: 283.
[583] A.a.O.: 282f.
[584] A.a.O.: 283.

Der Versucher ist an den Vorgängen selbst unbeteiligt, aber wissend. – Als Oswald sieht, daß sein Vorhaben nicht wie geplant gelingt bzw. Liebhold „des Friedländers Dank" (KA 43) als ihm nicht zukommend zurückweist, ruft er im Affekt den Urheber der Situation an: „Er will von Nichts wissen:/ Weiss der Teufel warum!" (KA 45f) Was auf ersten Blick als Redensart erscheint, hat – wie es häufig bei den von S. Wagner eingeflochtenen Redensarten der Fall ist – einen Hintersinn, der hier auf zwei Wegen, textlich und musikalisch, zu erschließen ist.

Entkleidet man den Satz seines redensartlichen Charakters und liest ihn, bezogen auf die vorangegangene Handlung, wörtlich, so kommt man zu dem Schluß, daß einzig und allein Wallenstein „weiss, warum" Liebhold die „muthige That" (KA 43) *leugnet* (KA 46).

Begleitend im Orchester erklingt zu Oswalds Ausruf das Teufelsmotiv, ein Zitat aus dem *Bärenhäuter*, parallel dazu das Huldamotiv, also ein Motivpaar, das symbolisch für ein Personenpaar steht: für Hulda und den Versucher. Der Querbezug zum *Bärenhäuter* ermöglicht m.E. folgenden Aufschluß: (Der Trommelwirbel ertönt zwar nicht in der letzten Szene [III.4], sondern bereits in der 3. Szene; da aber der Übergang fließend ist [mit Hinsicht auf: Schauplatz, d.i.: Richtplatz, orchestrale Begleitung (figural und Nichterfolgen eines Takt- oder Tonartwechsels), Textfluß, Handlung], kann man beide Szenen zu einer finalen Doppelszene zusammenfassen.) Der „Teufel" in der Motivik (im *Bärenhäuter* ist der Teufel eine komische Figur, zu besetzen mit einem Basso Buffo) steht – stimmig innerhalb der Farce – als komische Maske der satanischen Gestalt, also stellvertretend für den Versucher in der tragischen Handlung.

Dieser auf einen Takt (T 130) zusammengedrängte musikalisch-textliche Symbolkomplex besagt Folgendes: der Verfasser der „Schrift", Wallenstein, ist identisch mit dem sich als „Teufel" gebenden Versucher, dessen Intention, Wiederherstellung seiner Verbindung mit Hulda, durch das Doppelmotiv deutlich wird. Dieses Motivpaar gemahnt daran, daß Oswald lediglich eine (nicht unwichtige) Spielfigur auf diesem Wege zum Ziel ist.

Dies bestätigt das Gelächter, in das Oswald ausbricht, als er den Beschluß, Liebhold zu düpieren, gefaßt hat (T 37, letzter Takt der Szene). Dieses Lachen ist in seinen Tönen (f – d – h – gis) identisch mit dem Gelächter des Teufels im *Bärenhäuter* (*op. cit.* vgl. → **Karnevalistischer Kopfstand**), als er sein Opfer, den Bärenhäuter, zu einem Pakt verführt (gebrochener verminderter Akkord abwärts von f' bis f; die Verbindung zur Tonika der Grundtonart der Szene ist durch Verwendung des Grundtons f als Anfangs- und Schlußton hergestellt; das Ganze findet im ersten Takt der Szene [I.2] statt). Will man das Fehlen des zweiten f in Oswalds Tonfolge nicht als Zufall oder textrhythmisch bedingt erklären (es wäre noch Zeit für zwei weitere Töne bzw. Sechzehntel gewesen), so kann man es inhaltlich deuten: gedanklich wie tonartlich ist die Lachsalve Oswalds nur entlehnt.

Es lacht aus ihm oder über ihn der „Teufel". Dieser verhöhnt ihn, dessen Leidenschaft für Hulda er benutzt, um zu seinem Ziel zu kommen. Auch das Teufelsmotiv – bestehend aus großen Sprüngen, beginnend mit einer Vorschlagnote, punktiert und von kurzen Notenwerten – ahmt ein Gelächter nach. Es wird gespielt von der Piccoloflöte, die einerseits verwandt ist mit dem Instrument, in welchem das Huldamotiv erklingt, ebenfalls ein Holzbläser, die Oboe, andererseits mit seinem spitz-heiteren Klang einen Kontrast dazu bildet. Mehr als Liebhold ist es Oswald selbst, der „zum Narren" (KA 43) gehalten wird; eigentlicher Urheber dieses „Scherzes" ist der Teufel resp. der Versucher.

Ein weiteres Anzeichen für die Identität „Wallensteins" und des Versuchers ist die aus dem von ihm selbst („Wallenstein") gestifteten „*Brand*" aufsteigende Gestalt des „schwarzen Reiters" (Versuchers). Hier greifen die zwei Erzählebenen – die der historischen Hintergrundhandlung und die der mythischen Haupthandlung – ineinander.

Auch die Tatsache, daß die Soldatenszene mit dem aus der 1. Szene bekannten „*auf der Bühne*" zu spielenden Horn (Oswalds; KA 138, T 1-2) eröffnet, kann dahingehend gedeutet werden, daß es der „Wallenstein" genannte Versucher ist, der Oswalds Handeln lenkt. Die Brandschatzung (I.6) wurde u.a. mit Hornrufen (I.1; s.o. Punkt 2) angekündigt, ebenso werden die (auf der Bühne nicht erscheinenden) Schwarzen Reiter durch ein Hornmotiv imaginiert.

## 3.2 Literaturvorlagen

Elisabeth Frenzel bezeichnet den Dreißigjährigen Krieg als „historischen Rohstoff", während der Wallenstein-Stoff, da es sich um ein Beispiel für „auf menschliche Schicksale visiert[e Rohstoffe]" handle, bereits einen literarischen Stoff darstelle.[585]

Die Anregung, den (bisher noch nicht aufgetretenen) Versucher unter dem ‚Decknamen' „Wallenstein", agieren zu lassen, kann der Komponist dem ersten Teil von Schillers Dramatischem Gedicht *Wallenstein*: *Wallensteins Lager* entnommen haben. Das Lagervolk hat Wallenstein mit einer höllischen Aura umgeben. Man macht sich Gedanken über Wallensteins schier unbegreiflichen Erfolge: sein Kriegsglück, seine anscheinende Unverletzbarkeit, seinen Reichtum, seine suggestive Wirkung auf seine Umgebung: das Volk glaubt an einen Teufelspakt.

---

[585] Frenzel 1970: 24.

> Er bannet das Glück, es muß ihm stehen.
> Wer unter seinem Zeichen thut fechten,
> Der steht unter besondern Mächten.
> Denn das weiß ja die ganze Welt,
> Daß der Friedländer einen Teufel
> Aus der Hölle im Solde hält.[586]

Als eine Inkarnation des Teufels erscheint der „Astrolog" Baptista Seni. Zur Mystifikation kann beigetragen haben, was Ricarda Huch in ihrem Buch *Wallenstein. Eine Charakterstudie* nach dem Bericht des Astrologen Wallensteins wiedergibt:

> Er habe müßige, melancholisch, allzeit wachende Gedanken, halte sich an Magie und Zauberei, suche Gemeinschaft mit Geistern, verachte menschliche Gebote und Sitten, auch Religion. [...] als sei alles nur Betrug und etwas ganz anderes dahinter [...].[587]

Bevor Wallenstein zum Katholizismus übertrat, war er Mitglied der Böhmischen Brüder.

Der Dämonisierung Wallensteins entsprach die Beschreibung seines Heeres bei Schiller als „des Friedländers wilde Jagd" (22) sowie die Erwähnung von „Gräuel und Heidenleben,/ Dem sich Officier und Soldaten ergeben." (34). „Keine Ordnung gilt mehr und keine Zucht. " (23)

Von diesem Bild läßt sich eine gedankliche Linie zu den in *Schwarzschwanenreich* geschilderten „Reitern" (KA 19) ziehen, die den „Satan" begleiten bzw. zu dem sich „*am Himmel*" (KA 78) zeigenden „schwarzen Reiter" in der „*Brand*"-Szene. Um die Macht des Versuchers zu demonstrieren, stattet S. Wagner diese Figur mit Merkmalen aus, die deutlich auf historische Darstellungen Wallensteins zurückweisen.

(1) An die von Schiller besonders hervorgehobenen *Erpressungen* „ungeheurer Summen" durch Androhung von „Brandschatzungen" erinnert der in *Schwarzschwanenreich* beschriebene „*Brand*" in Verbindung mit der daraus erwachsenen Rauchgestalt, Sinnbild der Drohung.

(2) Die sprachlich (nominell), szenisch und musikalisch dokumentierte Vielgestaltigkeit des Versuchers („Böses Kraut", KA 11f; „Käfer", KA 12; „Schwan", KA 20; „*Wolke*", KA 78; „Pfarrer", KA 104; „*schöner Jüngling*", KA 150; Dominantseptakkord) gemahnt an die in *Piccolomini* bezeichneten „Masken" (94), die „des

---

[586] Schiller [*Wallensteins Lager*] 1875: 27. [Seitengaben zu den weiteren Zitaten im Text.]
[587] Huch 1915: 20.

Friedländers heimlich Gesicht" *fürchten* lassen (*Wallensteins Lager*: 16) sowie an das von Leopold von Ranke, *Geschichte Wallensteins*, erwähnte bewußt täuschende Verhalten Wallensteins.[588]

Über Wallensteins „imperatorischen Nimbus, der ihn umgab" schreibt Ricarda Huch:

> [...] gerade dadurch, [...] daß man immer im ungewissen über ihn war, beherrschte er die Phantasie; das Zwielicht, das seine Umrisse verhüllte, ließ ihn ungeheuer erscheinen. Es muß etwas Geheimnisvolles von ihm ausgestrahlt sein und ihn als einen Nimbus umgeben haben, es muß, obwohl unbeschreiblich und unerklärlich, doch von allen empfunden sein, die in seine Nähe kamen.[589]

Auch die in Sagensammlungen zu findende, im Dreißigjährigen Krieg entstandene, Sage „Eine Wagenfahrt auf dem Wasser" handelt von Wallenstein, *der mit dem Teufel im Bunde steht*.

(3) Eine weitere Ummantelung des Versuchers ist bei S. Wagner der im Text genannte „Richter", der Oswald aufgrund seiner Fälschung verurteilt (KA 58). Später wird er über die „als Hexe" *verklagte* Hulda das Urteil sprechen (KA 153, s. auch u.a. 161). Mit Blick auf die Verurteilung Oswalds könnte S. Wagner an die in Schillers *Geschichte* berichtete Verurteilung eines Soldaten durch Wallenstein gedacht haben, der dort ebenfalls als „Richter" (340) bezeichnet wird, ebenso an die in *Wallensteins Lager* bezeichnete „absolute Gewalt" des Friedländers (46), welche sich in der *Ausübung* „seiner eigenen Justiz" (40) dokumentiert: „Kann henken lassen und pardonnieren" (46).

(4) Auch folgende überlieferte Eigenschaft findet sich andeutungsweise in S. Wagners „Wallenstein":

> [...] ausschweifend im Strafen wie im Belohnen, wußte er den Eifer seiner Untergebenen in immerwährender Spannung zu halten, und gehorcht zu sein wie er, konnte kein Feldherr in mittlern und neuern Zeiten sich rühmen.[590]

Abgesehen von diesen Wallenstein-Bezügen erinnern einzelne sprachliche Wendungen im Textbuch an das Drama *Wallenstein*, so beispielsweise die zu Beginn des 20. Jahrhunderts bereits ungewöhnliche Ausdrucksweise „doch traute ich nicht!" (KA 44) an den Satz „[er] traute nicht." in *Piccolomini* (168) sowie Oswald: „Achtung und Ehre an den Abgrund zerrend,/ Dass sie strauchelnd schwin-

---

[588] Ranke 1872³: 295.
[589] Huch 1915: 40f.
[590] Schiller 1875: 339.

delnd sinken!" (KA 36) an die Worte der Herzogin von Friedland in *Wallensteins Tod*: „Und stets an eines Abgrunds jähem Rande/ Sturzdrohend, schwindelnd riß er mich dahin."[591]

Die Verwendung zahlreicher geschichtlicher Details einerseits, deren symbolische Transformation zur Illustration eines Seelendramas andererseits ist ein Doppelphänomen, das S. Wagners enthistorisierende und entpolitisierende Verarbeitungsweise historischer Momente bezeichnet.

## 4. Die Soldaten

Zunächst ein Zitat aus Schillers *Geschichte*:

> Der S o l d a t (um das Elend jener Zeit in ein einziges Wort zu pressen), d e r S o l d a t   h e r r s c h t e, und dieser brutalste der Despoten ließ seine eigenen Führer nicht selten seine Obermacht fühlen. (349)

Wahrscheinlich hat S. Wagner auch *Der Abentheurliche Simplicissimus Teutsch* von Grimmelshausen gelesen, zu nennen ist hier das 4. Capitel: „*Simplicii Residenz wird erobert/ geplündert und zerstört/ darinn die Krieger jämmerlich hausen.*" sowie das XVI. Capitel des I. Buches: „Heutiger Soldaten Thun und Lassen [...]"; dort heißt es:

> [...] morden/ und wieder ermordet werden/ todt schlagen/ und wieder todt geschlagen werden/ [...] / und in Summa nur verderben und beschädigen/ und hingegen wieder verderbt und beschädigt werden/ war ihr gantzes Thun und Wesen[592]

Mit dieser zügellosen Soldateska haben die Soldaten in *Schwarzschwanenreich* nichts gemeinsam. Während die Soldaten in *Wallensteins Lager* „einen furchtbaren Haufen ausmachen!" (43), stellt S. Wagner im Gewande der Soldaten *jene gedankenlosen, jungen Krakeeler auf die Bühne, die zu jeder Schandtat bereit sind, wenn sie dafür belohnt werden.* Auch S. Wagners erste, ebenfalls im Dreißigjährigen Krieg spielende, Oper *Der Bärenhäuter*, thematisiert in der einleitenden Soldatenszene die Verrohung des Menschen durch den Krieg (KA 26f). In ausgesprochen zweifelhaftem Licht erscheinen die Soldaten in *Bruder Lustig* (op. 4).[593] Hier do-

---

[591] Schiller 1875: 236.
[592] von Grimmelshausen 1989: 60.
[593] Gemeint ist die Vergewaltigungsszene, mit der das Werk endet.

kumentiert sich Siegfried Wagners Abneigung gegen das Militär, wie er sich auch selbst vom Militärdienst befreien ließ.[594]

## 5. Oswald – Kriegermotiv in moll

Auch der Anführer Oswald besitzt nicht die Ausstrahlung des ‚rauhen Kriegers'. Bereits bei seinem ersten Ertönen ist das Kriegmotiv Oswalds in seiner moll-Variante notiert (KA 15). Selbst wenn es in Dur erscheint, fügt der Komponist Töne hinzu, die den Klang eintrüben oder abdunkeln: beispielsweise ist das Motiv in II.2, T 4-5, so realisiert, daß ein verminderter Akkord entsteht, der den Klangeindruck dominiert.

Oswald ist das Gegenbild zu der idealtypischen Zeichnung des Soldaten von Walter Flex am Beispiel des Wurche im *Wanderer zwischen beiden Welten* (1917), der gleichweit entfernt ist vom Rauhen Krieger wie vom Kriegsmüden. Oswald ist „des Kriegswerks satt" (KA 28). *Der Held ist müde.* Er hegt – vor seiner ersten Begegnung mit Hulda – nur den Wunsch nach einem *friedlichen* ländlichen Leben mit Ursula (KA 29). – Bei seiner späteren Begegnung mit Hulda übt er eine für einen verrohten Krieger erstaunliche Rücksicht, indem er sie nicht, seinem Begehren entsprechend, einfach „hintern Busch" nimmt (Brecht: *Mutter Courage*).

Aus der Vielzahl der Werke, in denen der Dreißigjährige Krieg das Hauptthema bildet, nenne ich drei Beispiele, deren Entstehung in die Zeit vor und nach dem Ersten Weltkrieg sowie in die nach dem Zweiten Weltkrieg fällt: Zwischen 1912 und 1914 erschien der dreibändige Roman *Der große Krieg in Deutschland.* „Dargestellt von Ricarda Huch". Das Anliegen der Dichterin, so Marie Baum in ihrer Beschreibung des *Lebens Ricarda Huchs*, sei es gewesen, „nicht *über* das Leben während dieser für Deutschland so bedeutenden Epoche zu schreiben, vielmehr dieses Lebens selbst in der Dichtung einzufangen."[595] Weiterhin zu erwähnen sind zwei Bühnenwerke; z.e. die Kammeroper *Simplicius Simplicissimus. Drei Szenen aus seiner Jugend* von Karl Amadeus Hartmann (1934/56)[596]; anders als bei S. Wagner der Fall orientiert sich dieses Werk textlich und musikalisch an historischen Quellen: an dem Roman *Der abenteuerliche Simplicissimus* (1688) von Hans Jakob Christoffel von Grimmelshausen (dessen Wortlaut möglichst beibehalten wird) und an mittelalterlichen Volks- und Landsknechtliedern; z.a. *Mutter Courage und ihre Kinder. Eine Chronik aus dem Dreißigjährigen Krieg* (1949) von Bert Brecht.

---

[594] CW notiert in ihrem Tagebuch über den Dreijährigen: „[...] gestern erkannte er den Exerzierplatz und sagte: ‚Sonst ist Schmutz da, weil die vielen Soldaten trampeln." CWT 1976 :659.
[595] Baum 1950: 163.
[596] Libretto: Hermann Scherchen (Szenarium), Wolfgang Petzet u. K. A. Hartmann. Rev. 1956/57.

Siegfried Wagners Anliegen ist es dagegen nicht, die Wirklichkeit des Dreißigjährigen Krieges zu schildern. Der *Krieg* bleibt in *Schwarzschwanenreich* unwirklich, es *weht* – mit einem Wort von Lulu von Strauß und Torney – kein „scharfer Brandgeruch" [597] durch das Werk. Siegfried Wagner hat seinen inneren ‚Dreißigjährigen Krieg' gestaltet!

## II. Hexenprozesse

### 1. Behandlung von *Hexenverfolgung* und *Hexenwesen* in Literatur und Musik(theater)

> Das Volk
> verfolgte
> seit eh und je Missliebige und Aussenseiter
> gnadenlos
> und rächte sich
> an echten wie unechten Rechtsbrechern
> mit Hilfe dazu bestellter hoher Richter [...].[598]
> *Hans-Cord Saminghausen*

Das Thema der Hexenprozesse ist auf vielfältige Weise (musiko-)literarisch verarbeitet worden: Beispiele sind das Schauspiel *Der Hexenanwalt* [über Friedrich Spee von Lengenfeld und dessen *Cautio Criminalis*] von Wolfgang Lohmeyer [Bühnenfassung ca. 1986]; der auf Dokumenten basierende, ein Jahrzehnt nach dem Westfälischen Frieden handelnde Roman *Drachenbraut* von Paul R. Koch-Utendorf [1952; neuerschienen 1993]; das fünfte Kapitel in Ina Seidels *Lennacker. Das Buch einer Heimkehr* [1938]; das Drama *The Crucible* [1953], in welchem Arthur Miller in gegenwartsbezogener Weise den Fall der Abigail Williams in den Hexenprozessen von Salem 1692 behandelt; den Schwerpunkt des Werkes bildet der Wahn bzw. die Massenpsychose; die Oper *Der Feurige Engel* von Sergei Prokofjew [1922, rev. 1927] (Renata kann dem Auftrag des feurigen Engels Madiel, wie eine „Erwählte" zu leben, nicht gerecht werden; sie tritt schließlich in ein Kloster ein, wo sie als eine vom Teufel Besessene erscheint und dem Strafgericht der Inquisition überantwortet wird). In märchenhafter Verbrämung stellt auch das Schlußbild der Oper *Hänsel und Gretel* [UA 1893] eine Hexenverbrennung dar. Die Hexe wird in ihren eigenen Ofen gestoßen, wo sich das „Wunder" ihrer Um-

---

[597] v. Strauß und Torney 1947: 79.
[598] Sarninghausen 2009: 37. [= Buchbesprechung: Blazek 2008.]

wandlung in einen „*großen Lebkuchen*" vollzieht. Das ist: „des Himmels Strafgericht".[599]

Zwei Erzählungen machen in unterschiedlicher Weise die psychologische Struktur der Verfolgungslust zum Hauptgegenstand ihrer Schilderung:

In seiner Novelle *Else von der Tanne oder Das Glück Domini Friedemann Leutenbachers, armen Dieners am Wort Gottes zu Wallrode im Elend* (1863/ 64) führt Wilhelm Raabe die vernichtende Auswirkung des Dreißigjährigen Krieges in Gestalt einer gesteigerten Bereitschaft zur Hexenverfolgung aus. Der Ortsname „Elend" – zugleich als eine „Stätte Pniel" bezeichnet[600] – steht symbolisch für die äußere und innere Verfassung der Bevölkerung. So werden die Täter, die „armen, rohen, unwissenden Seelen"[601], die Bewohner von Wallrode, „gepackt und geschüttelt vom Wahnsinn der Zeit"[602], selber zu Opfern; ihre Beute ist „die Hexe und Unholdin"[603] Else, die Tochter eines unter einer hohen Tanne im Wald bei Wallrode hausenden Kriegsflüchtlings (eines Lehrers). Die Novelle skizziert das im Stillen sich entfaltende „*Glück*" des „Dominus Magister Friedemann Leutenbacher"[604], welches dieser in seiner niemals ausgesprochenen Liebe zu Else findet. Die Personen erinnern hinsichtlich der Personenkonstellation oder der Bezeichnung von Personen an einige Gestalten in *Schwarzschwanenreich*, wenn auch teilweise unter umgekehrten Vorzeichen (die einen „Zauber"[605] ausstrahlende Else an Hulda, der „Pfarrherr"[606] nominell an den „Pfarrer", die „Leute"[607] an die Weiber auf dem Richtplatz). Besonders hervorzuheben ist die Gestalt eines „alten Weibleins", „dessen Ruf im Dorfe auch bös war wegen teuflischen Willens und Vermögens, dessen Macht aber zu sehr gefürchtet wurde, als daß man sich an ihm vergriffen hätte."[608] Am Wegrand hockend prophezeit es Else ihren Tod. Dieses „Weiblein" weist eine gewisse Ähnlichkeit mit dem Aschenweibchen auf, allerdings ist „die alte Justine" – „seit dem Johannistage [tätlicher Angriff auf Else vor der Kirche] ihre Freundin"[609] – wesentlich deutlicher charakterisiert als das Aschenweibchen.

---

[599] Humperdinck 1979. 49.
[600] Raabe 1943. 31.
[601] A.a.O.: 20.
[602] A.a.O.: 40.
[603] A.a.O.: 41.
[604] A.a.O.: 3.
[605] A.a.O.: 20.
[606] A.a.O.: 3.
[607] A.a.O.: 39.
[608] A.a.O,. 34.
[609] A.a.O.: 51.

In der Geschichtensammlung „Gedenke der vorigen Zeiten" (Moses-Zitat) von Auguste Supper findet sich eine Erzählung, welche die nicht-amtlichen *Aufzeichnungen*[610] eines „Gerichtsbeisitzers"[611] über Verklagung, Verhör und Ende der 20jährigen[612] „Hexe"[613] Theresia Katharina Nohl, der *übermäßig jungen* Frau eines „reichen Tuchhändlers"[614] verarbeitet. Diese „alte Schrift" stamme aus dem Familienbesitz der Malerin Ilse Guthaar[615]. Hervorgehoben sei hier die Beschreibung der Veranlassung zur Verfolgung: Theresia Nohl führte ein Leben, „'völlig unterschiedlich vom Gemeinen'"[616]. Unbekannt mit den Gründen ihrer (zurückgezogenen) Lebensweise „witterten" die Leute in ihrem Tun „Unmenschliches, Satanisches und standen [dem] voll Mißtrauen, Argwohn und Angst" gegenüber. Sie ist „nirgends verstanden, aber allstündlich beschnüffelt und beargwohnt worden. Man ging ihren Schritten nach; aber nicht offen und mit nachbarlicher Teilnahme, sondern scheu und in verstörter Angst, sie möchte Satanisches treiben und Unheil in die ehrbare Stadt tragen."[617] Entstellende Berichte über ihre Handlungsweisen führten schließlich zum Hexengericht.

Unabhängig von der Hexen*verfolgung* ist das Hexen*wesen* ein eigenständiges Sujet, allerdings sind Überschneidungen beider Themen in der Gestaltung möglich.

Schilderungen des Hexenwesens finden sich beispielsweise in der Novelle *Der Hexensabbat* von Ludwig Tieck [1828]; in der Sammlung *Hexengeschichten* von Ludwig Bechstein [1854]; im IV. Kapitel „Der Hexensabbat. 1494" des Romans *Leonardo da Vinci. Historischer Roman aus der Wende des fünfzehnten Jahrhunderts* [1901] von Dmitrij Sergeewič Merežkovskij; der Passage über die „Waldfrau" im neunten Kapitel von Joseph Victor von Scheffels *Ekkehard* [1835] („Verweisung" der Waldfrau von „Haus und Hof" durch den Mönch Ekkehard „wegen Hegung heidnischen Aberglaubens und nächtlichen Götzendienstes"; 10. Jahrhundert, St. Gallen[618]). In seiner Sinfonischen Dichtung *Ivanova noč' na Lysoj gore* [*Johannisnacht auf dem Kahlen Berge*] [1860-67] stellt Modest Musorgskij einen grauenerregenden Tanz der Hexen in der Johannisnacht auf dem Berg Triglaw dar.

---

[610] A.a.O.: 145.
[611] A.a.O.: 144.
[612] A.a.O.: 146.
[613] A.a.O.: 149.
[614] A.a.O.: 145.
[615] Supper o.J.: 152. Die Geschichte der Theresia Katharina Nohl beginnt 144.
[616] Ebda.
[617] A.a.O.: 145f.
[618] von Scheffel 1924: 109.

Zwei Werke sind von direktem Interesse für die Erschließung des historischen Handlungsrahmens, die Hexenprozesse betreffend, da hier zum einen feststeht, daß sie Siegfried Wagner bekannt waren[619] und weil es zum anderen denkbar ist, daß sie in gestalterischer bzw. ideeller Weise dem Komponisten und Verfasser von *Schwarzschwanenreich* zur Anregung gedient haben können.

Zunächst handelt es sich um das XLIII. – und vorletzte – Kapitel des Romans *Ivanhoe* von Walter Scott: dort wird – wenn auch vor einem anderen historischen Hintergrund (England im Zeitalter der Kreuzzüge, 12. Jahrhundert) – die letzte Station eines Hexenprozesses geschildert.

Im Gegensatz zu den nur andeutenden Angaben in oftmals lakonischer Kürze zur Szene und zur Personenregie bei Siegfried Wagner enthält die Schilderung Scotts ausgeführte Einzelheiten. Wenn auch die Wege, die jeweils zur Verurteilung führen, sehr unterschiedlich sind, treten doch Analogien ersichtlich hervor, so daß auch im Falle von Gegen-Analogien das Werk Scotts eine veranschaulichende Ergänzung zum Textbuch von *Schwarzschwanenreich* bilden kann. Das gilt teilweise für die Vorgeschichte, wesentlich für das Bühnen- und Kostümbild und in gewisser Hinsicht für die Personenregie (Hulda/ Versucher).

Im Mittelpunkt des vorletzten Kapitels von *Ivanhoe* steht „diese Jungfrau, Rebekka, die Tochter Isaaks von York", „eine der Hexerei beschuldigte Jüdin"[620], die vom „Kapitel des heiligen Tempelordens von Zion [...] als Zauberin zum Tode verurteilt wurde."[621]

Beschrieben wird „die schöne Erscheinung"[622] Rebekkas, welche, wie „viele Frauen jener Zeit [...] in die Geheimnisse der Wundheilkunde eingeweiht"[623] war und diese schon vielfach zum Nutzen für ihre Umgebung angewandt hatte. Dieses „hochsinnige Mädchen"[624] fiel der Rache eines „charakterlosen Wollüstlings"[625], des von ihr zurückgewiesenen Templers Sir Brian de Bois Guilbert, zum Opfer.

Wenngleich sich auch der historische Roman und die psychologische Oper in ihrer jeweiligen Anlage und Intention vollständig voneinander unterscheiden, legen doch die beiden weiblichen Hauptgestalten in der finalen Szenerie beider Werke eine ähnliche Haltung an den Tag.

Unter den genannten Gesichtspunkten einer Ergänzung folgen nun Textausschnitte aus dem XLIII. Kapitel [mit beigefügten Hinweisen auf die analogen Textbuchstellen]. Das Kapitel beginnt mit einer Darstellung des „Schauplatzes":

---

[619] Vgl.CWT: Register.
[620] Scott 1984: 594.
[621] A.a.O.: 590.
[622] A.a.O.: 356f.
[623] A.a.O.: 354.
[624] A.a.O.: 378.
[625] A.a.O.: 354.

Am entgegengesetzten Ende der Schranken war ein Haufen Reisigholz um einen tief in der Erde befestigten Block geschichtet; für das Schlachtopfer, das hier verbrannt werden sollte, war Raum gelassen, um in den verhängnisvollen Kreis eintreten zu können und mit den Ketten, die an dem Block hingen, angefesselt zu werden.[626]

[Vgl. III.3; KA 150: *„Der Richtplatz auf dem Hügel vor der Stadt. Im Hintergrunde wird der Scheiterhaufen errichtet."*]

Beim Nahen des Zuges „erblickte man die bleiche Gestalt der Angeklagten, wie sie mit langsamen, aber furchtlosen Schritten ihrem Schicksal entgegenging."[627] [„*Hulda wird herbeigeführt (von links – etwas im Hintergrund – im Halbkreis nach vor)."* III.4; KA 166]

Die Angeklagte trug ein „grobes weißes Kleid einfachster Art", befand sich „ohne weiteren Schmuck, als ihre langwallenden schwarzen Haare"; „ihre Züge sprachen eine […] Mischung von Mut und Ergebenheit aus"[628].

Es folgt der Gang zum Scheiterhaufen:

> Die unglückliche Rebekka wurde nach dem schwarzen Stuhle am Pfahl geführt. Bei dem ersten Blick, den sie auf diese Vorbereitungen für einen qualvollen Tod warf, schauderte sie und schloß die Augen, anscheinend innerlich betend, denn man sah ihre Lippen sich bewegen, obwohl man keinen Laut vernahm. Nach einer Minute etwa öffnete sie die Augen und blickte entschlossen auf den Holzstoß, als wollte sie sich mit seinem Anblick vertraut machen, und wandte dann langsam und ungezwungen ihr Haupt ab.[629]

[Zum Vergleich: III.4; KA 169:]

> **Hulda**
> […]
> *(zu den Schergen)*
> Führt mich hin –                              *Blumenlied-Th. A (Br., Vc.)*
> *Sie wird an den Scheiterhaufen geführt und*                    |
> *dort an den Pfahl gebunden […].*              *Blumenlied-Th. B*

Auf eine Forderung, ihre Schuld zu gestehen, „entgegnete Rebekka, „daß ich meine Unschuld behaupte und mich nicht für gerecht verurteilt halten kann […]."[630]
[Vgl. dagegen III.4; KA 167:]

---

[626] A.a.O.: 583f.
[627] A.a.O.: 588.
[628] A.a.O.: 589.
[629] Ebda.
[630] A.a.O.: 591.

**Hulda**
Ich bin schuldig! Sie haben recht!          Motiv d. Schwankens. (Str.)
[...]
Ja! Ich sag' es nochmals:                 Motiv d. Schwankens. (Str.)
Schuldig bin ich!

Der Urheber ihres „Unglücks"[631] tritt an Rebekka heran: es „drang [...] ein Flüstern": „die Stimme Bois Guilberts an ihr Ohr."[632] Dieser verheißt ihr „Aussicht auf Leben und Freiheit [...] und [...] eine neue Welt der Lust [...]."[633]

„Versucher", sprach Rebekka, „hebe Dich weg von mir! Du sollst mich in dieser äußersten Not nicht um Haaresbreite von dieser Stelle bringen. Umgeben von Feinden, halte ich dich doch für den schlimmsten, schrecklichsten von allen! Im Namen Gottes, hebe dich weg von mir!"[634]

[Vgl. III.4; KA 169:]

[...] *zugleich wird*                 Blumenlied-Th. B
*das Feuer angefacht.*             Blumenlied-Th. C
*Hulda ist an den Pfahl gebunden.*
*Der Himmel verfinstert sich. Ein bläulicher*     Versucher-M. (Vc., C-B.)
*Schein verbreitet sich über die Rauchwolken.*
*Dicht hinter Hulda vernimmt man die Stimme des Versuchers.*

**Der Versucher**
Ich rette Dich!
Vertraue mir!                                 (Vc.)
Willst du Liebe                   Schwarzschwanenreich-M.1 (Vl.)
Statt Todesqual,               Schwarzschwanenreich-M.2 (Fl., Vl.)
So ergieb Dich mir!    Werbe-M. (Vl., Ges.)      (Fl., Vl., dazu Hb., Vl.)
**Hulda**
Weiche!               Schwarzschwanenreich-M.2 (Hb., Vl.)(Fl.,dazu Hb.,Vl.)
**Der Versucher**
Mein Land giebt dir Schutz!    Werbem.(Vl.)    (Hb.)    Werbe-M. (Fl., Vl.)
**Chor**
Hört! was sie ruft!
**Hulda**
Weiche!                                        (Vl.)
**Ursula**
*(zu Liebhold, den sie festhält)*
Zweifelst du jetzt noch?               Wehruf (Hb., E.H.)

---

[631] A.a.O.: 513.
[632] A.a.O.: 592.
[633] A.a.O.: 592f.
[634] A.a.O.: 593.

| Hulda | |
|---|---|
| *(mit äusserster Kraft)* Das bläuliche Licht verlischt langsam | |
| Christus! Heiland! | (Hb., E.H.) (Hb.) |
| Rette mich! | (Hb.) |

Die schließliche Befreiung Rebekkas erfolgt durch den Ritter Wilfried von Ivanhoe mittels „Gottesurteil"[635] in Gestalt eines Zweikampfes mit wunderbarem Ausgang.

[Auf andere Weise – gemäß der Anlage der Handlung –, jedoch ebenfalls durch ein „*Wunder*", erlangt auch Hulda den Stand der Unschuld in den Augen Aller wieder (III.4; KA 171).]

Soweit die synoptische Gegenüberstellung der beiden Gerichtsszenen.

Nach dieser Vorstellung von Beispielen einer literarischen oder musikalischen Behandlung des Themas „Hexenprzesse" folgt abschließend ein Werk außerhalb des hier angegebenen Rahmens fiktionaler Gestaltung historischer Ereignisse: es handelt sich um die philosophische „Betrachtung"[636] Arthur Schopenhauers über einen bestimmten Zusammenhang zwischen *Hexenwesen* und *Hexenverfolgung* unter dem Gesichtspunkt einer fatalen gegenseitigen Bedingtheit.

Über die Schopenhauer-Lektüre Siegfried Wagners, der sich selbst als „Verehrer von Schopenhauer"[637] bezeichnete, berichtet Stassen in seinen *Erinnerungen an Siegfried Wagner*:

> Schopenhauers Schrift über den Willen in der Natur [„hat ihm"] einen großen Eindruck gemacht, überhaupt traf ihn [sic] der von seinem Vater über alles verehrte Philosoph, sooft er seine Schriften in die Hand nahm, und zitierte Stellen waren ihm stets lieb, und er stimmte ihnen ganz zu.[638]

In diesem Fall handelt es sich um die in der von Stassen erwähnten Schrift *Über den Willen in der Natur* enthaltene Abhandlung „Animalischer Magnetismus und Magie".

In ungewöhnlicher Weise stellt Schopenhauer *Hexen* und deren *Verfolger* einander gegenüber als Täter unterschiedlicher Qualität, wobei in der Ahndung des *Verbrechens* die *Grausamkeit* als solche ihren Kulminationspunkt erreicht. Schopenhauer unterscheidet zwischen dem „animalischen Magnetismus und [den] sympathetischen Kuren", die „heilsamen Einfluß auszuüben"[639] vermögen auf der einen Seite und der als begründet anzusehenden Feststellung, daß „die Magie [...]

---

[635] A.a.O.: 596
[636] Schopenhauer 1988: 288.
[637] Zit n.: Pachl 1988: 369.
[638] Stassen 1942: 27.
[639] Schopenhauer 1988: 286.

viel öfter in verderblicher Absicht angewandt" worden sei[640]. Bei diesem „Theil der alten Magie" handle es sich „gewiß" um „Dasjenige, was als *Maleficium* und *Fascinatio* bezeichnet wird und gerade zu den meisten Hexenprocessen Anlaß gab."[641]

> Nimmt man nun diese Erzählungen als wahr an; so hat man den Schlüssel zu dem Verbrechen der Hexerei, dessen eifrige Verfolgung danach doch nicht alles Grundes entbehrt hätte. Wenn sie gleich in den allermeisten Fällen auf Irrthum und Mißbrauch beruht hart, so dürfen wir doch nicht unsre Vorfahren für so ganz verblendet halten, daß sie, so viele Jahrhunderte hindurch, mit so grausamer Strenge, ein Verbrechen verfolgt hätten, welches ganz und gar nicht möglich gewesen wäre.[642]

Angesichts der teilweisen Rehabilitierung des *magnetischen Heilens* seit Beginn des 19. Jahrhunderts[643] mahnt er daher zur „Behutsamkeit" – nicht nur im Rückblick auf die *fratzenhaften* Ausgeburten des „Hexerei", sondern mehr noch, weil wir

> in der Folge derselben die blutigsten Grausamkeiten Jahrhunderte hindurch ausgeübt [„sehen"]; bei welcher Betrachtung die psychologische Reflexion über die Empfänglichkeit des menschlichen Intellekts für den unglaublichsten, ja, gränzenlosen Unsinn, und die Bereitwilligkeit des menschlichen Herzens, ihn durch Grausamkeiten zu besiegeln, die Oberhand gewinnt.[644]

Den Ausdruck einer *Zustimmung* Siegfried Wagners, Schopenhauers Gedanken zur Hexenverfolgung betreffend, kann man in *Schwarzschwanenreich* auf der einen Seite in der skizzenhaft gezeichneten Gestalt des Aschenweibchens – Hypnotiseurin, Abtreiberin und Wahrsagerin – sehen, auf der anderen Seite in der Darstellung der Weiber auf dem Richtplatz sowie in der bereits im Eingangslied deutlich ausgesprochenen Kritik an Denjenigen, die in der „Schuld" der *Verklagten*, wenn auch uneingestanden, eine willkommene Gelegenheit zur Befriedigung ihrer Verfolgungs- und Vernichtungslust suchen.

## 2. Zur Verwendung historischer Momente im Werk

In den vorgestellten Verarbeitungen des Themas „Hexenprozesse" wird – in unterschiedlichen Gewichtungen – Folgendes thematisiert:

---

[640] 286
[641] 287. Gemeint sind beabsichtigte Krankheitsübertragungen. Quellen: Demokritos und Plutarch.
[642] Ebda.
[643] A.a.O.: 280.
[644] 287f.

- Bereitwilligkeit zur Verfolgung
- der Hexenprozeß
- die Hinrichtung
- der für die Ausbreitung und die Exzesse der Hexenverfolgung hauptverantwortliche Hexenhammer (*Malleus maleficarum*) des Dominikaners Heinrich Institoris (i.e.: „Krämer")
- der mit der Hexenverbrennung verbundene Bruch mit Überliefertem, u.a. die Heilkunst betreffend

Die genannten Werke bieten zum Teil ausführliche Darstellungen von Einzelheiten der gerichtlichen Verfahrensweise bei Hexenprozessen[645], *während Siegfried Wagner fast vollständig von dem realen Geschehen abstrahiert*. Er stellt seine Handlung vor den Hintergrund des Dreißigjährigen Krieges, eingekleidet in eine Hexenverfolgungsgeschichte. Mit dieser Verknüpfung entnimmt er der Geschichte ein Doppelphänomen, dessen Brisanz Bruno Emil König in seinem *Volksbuch* über *Hexenprozesse* wie folgt beschreibt:

> Das Zeitalter des D r e i ß i g j ä h r i g e n   K r i e g e s, welches ohnehin unsägliches Elend über das deutsche Volk verbreitete, war das für die Hexenprozesse fruchtbarste. Es war, als wolle der Aberglaube, verbunden mit den Kriegsdrangsalen, unsere große Nation vom Erdball verschwinden machen. Wenn er das nun allerdings auch nicht erreicht hat, so ist ihm wenigstens gelungen, die Entwicklung der Kultur und Zivilisation ganze Jahrhunderte zurückzuschrauben.[646]

Das 1935 erschienene *Volksbuch* Königs enthält nicht nur umfangreiche Quellenzitate, sondern nennt auch seinerzeit vorliegende Forschungsliteratur. Dieses Werk, in zahlreichen Auflagen, auch in Neuausgaben (lt. GBV zuletzt 1996) erschienen, kann als „Spiegel" der Hexenverfolgung bezeichnet werden.

S. Wagners Gestaltung seiner Hexenverfolgungsgeschichte läßt vermuten, daß er historiographische Werke zu diesem Thema gelesen hat. Angaben einer einschlägigen Lektüre waren nicht zu ermitteln. In den oben zitierten *Erinnerungen* Stassens findet sich lediglich ein allgemeiner Hinweise auf S. Wagners Interesse an neuerscheinender historiographischer Literatur. Bei seiner Lektüre könnte es sich beispielsweise um die von König erwähnte 1879 erschienene Darstellung *Kulturhistorische Bilder aus Böhmen* von Joseph Svátek[647] gehandelt haben.

---

[645] Vgl. den Kat. zur Ausstellung *Hexen – Mythos und Wirklichkeit*. Rudolph 2009.
[646] König: o.J. [ca. 1935]: 320.
[647] König o.J.: 45.

Weiterhin ist das Buch *Geschichte der Hexenprozesse. Aus den Quellen dargestellt* von Wilhelm Gottlieb Soldan [1843] zu nennen, welches sich in der Bibliothek Richard Wagners befand.[648]

König erwähnt die grausamen Handlungen eines böhmischen Magnaten, Heinrich von Waldstein im frühen 17. Jahrhundert, der „einen wahren M o n s t r e – H e x e n p r o z e ß [...] aus gemeiner Rachsucht" verursacht habe.[649] Aus „Waldstein" leitet sich der Name „Wallenstein" her. Das Zusammentreffen des Namens und des Ereignisses könnten S. Wagner zur Verknüpfung der Gestalt Wallensteins mit seiner Hexenverfolgungsgeschichte (I.1/ I.4) angeregt haben. Ob der Fall dem Komponisten bekannt war, ist nicht mehr festzustellen.

Weiterhin hebt König die in einigen Berichten betonte besondere Verbreitung der Hexenverfolgung in Böhmen hervor (verknüpfbar mit der Geschichte der Ketzerverfolgung in Böhmen; → „**Schauplatz: Böhmen**").[650]

S. Wagner übertrug dieses Phänomen in seine fiktionale Bühnenrealität. Die „Hexe" in *Schwarzschwanenreich* erscheint als die Ausführung der Idee einer „Verurteilten", die er beim Anblick „jener Frau" im Cantoner Gefängnis in vagen Umrissen empfangen hatte.

Es folgen, dem Buch Königs entnommen, einige Aspekte, die das Hexenwesen beschreiben bzw. die Zeitmeinung charakterisieren. Diesen werden vergleichbare Momente der Oper *Schwarzschwanenreich* gegenübergestellt.

| | |
|---|---|
| • König nennt den historischen Begriff „Unholdinnen", mit dem die „Hexen" bezeichnet wurden. Es handelt sich um eine negative Umwandlung der „Holden/ Holdinnen", Name der guten Geister in vorchristlicher Zeit. | • Der Name der Protagonistin „Hulda" ist verwandt mit der Bezeichnung „Unholdinne", also gleichsam ein Synonym für „Hexe". – Weiterhin ist Huldas *hexenhaftes* oder *heidnisches* Wesen gekennzeichnet durch ihr Hausen jenseits der Stadtmauer sowie durch den Platz mit der Eiche vor ihrer Behausung. |
| • Ein Merkmal ist die in einigen überlieferten Fällen gegebene unklare Herkunft der unter Verdacht der Hexerei stehenden Person (König zitiert u.a. die Behauptung eines Pfarrers aus dem 16. | • Auch Hulda ist charakterisiert durch eine unklare Herkunft. Dies geht aus dem Dialog zwischen Ursula und Oswald in der Einleitungsszene hervor:<br>**Oswald** |

---
[648] Mehrf. Wiederaufl. u. Nachdr., zuletzt lt. GBV 1999. CWT Bd. I: 1067 u. Anm. 1253.
[649] A.a.O.: 219f.
[650] A.a.O.: 45. Bei d. folg. Zitaten werden die Seitenzahlen im Text in Klammern [()] angegeben.

Jahrhundert in Böhmen, der von „einer alten Hexe" sagt, daß sie „der Satan selber aus irgendeinem Winkel Deutschlands hergeführt habe" (218).

• Die Angeklagten wurden anhand des „Stigmas" [*stigma diaboli*] als „Hexe" identifiziert: „Der Teufelswahn lehrt, daß der Satan [...] dem Körper seiner Opfer ein Zeichen eindrückte, als Sinn bild seines Eigentumsrechts [...]." (61) „Er führt dies entweder mit der einfachen Berührung seines Fingers aus, oder er ritzt der neugewonnenen Hexe an irgendeinem Körperteile die Haut [...]."(96) Hiermit gibt er ihr die Fähigkeit „zu zaubern." (53)

• Die „sogenannten Hexensabbate", sexuelle Orgien unter Leitung des Teufels (Teufelsbuhlschaft)[651], die „manche [so Mane 1839] [...] sogar auf weit verzweigte geheime Gesellschaften zurückführen" (53, Anm.) oder die Vermutung äußern, sie seien „in Wirklichkeit nur Zusammenkünfte zur Befriedigung der Wollust gewesen" (54, Anm.).

• Als Zeugnis von „Teufelsbündnissen" galten „Wechselbälge": „es ward von Priestern, Hexenrichtern und der leichtgläubigen Menge erst recht als unumstößlicher Satz angenommen, daß der Teufel mit den Hexen mißgestaltete Kinder, sogenannte ‚W e c h s e l b ä l g e' erzeuge [...] als Frucht solcher Verbindungen" (62).

Ist sie allein hier? Wer sind ihre Eltern?
**Ursula**
Nichts Genaues weiss man!

• Hulda ist versehen mit einem Stigma, beschrieben als vom Satan beigebrachte *Ritzung* (KA 11), der mit ihrer „Wunde" (KA 71) in Verbindung zu bringen ist. Huldas Stigma wird psychologisch vertieft zum Symbol einer Prädestination bzw. zum Mal einer Gezeichneten.

• Ein Hexensabbat wird im Text nur andeutungsweise erwähnt. Ursula berichtet, was sie vom Hören-Sagen über die Feste im Schwarzschwanenreich weiß, wo der „nächtliche Bund, von Gott verflucht" zwischen Satan und Hexe geschlossen wird; auch Hulda soll an diesen Festen teilgenommen haben. Eine direkte Darstellung findet nicht statt. Auch in der Schwarzschwanenreich-Vision (III.1) wird die Wirklichkeit märchenhaft verbrämt.

• Das „Zeugnis" von Huldas Teufelsbuhlschaft ist der „Wechselbalg", „der Hölle verderbliche Frucht", KA 21), der bei Huldas *Verklagung* „als Hexe" zum „Beweis" (ebda.) wird. S. Wagner sublimiert den Wechselbalg, den Hulda vergeblich versuchte, zu *ersticken*, als Verkörperung von Huldas eigener Seele. (II.5)

---

[651] WIKIPEDIA. Stichwort **Hexensabbat**.

- König beschreibt die Rolle des „Pöbels" bei der Verfolgung (Kapitel „Hexenprozesse in Böhmen, 211ff.); in einem Fall aus dem 16. Jahrhundert ist von einer Anklage die Rede, „wobei der Pöbel rief: ‚Verbrennt sie! Auf den Scheiterhaufen mit ihr!'" (218).

- Die Verfolgung erscheint z.e. reduziert auf ein persönliches Geschehen, verursacht durch Ursula, die *ihren Bruder retten* will (I.1; I.5). Zu diesem Zweck inszeniert sie eine *Teufelsaustreibung* (Exorzismusversuch, unternommen von einer alten „Zauberin", dem Aschenweibchen, einer „verdammten Alten", die selbst von „Teufeln" besessen ist; I.5; KA 57). Einen weiteren Ausdruck findet die Hexenverfolgung im Kollektiv der „Weiber", dessen massive Stimme (*Verhöhnung* Huldas auf dem Richtplatz; KA 166) aber durch die Monotonie und den hackenden Rhythmus des Chorsatzes (III.4) eher antiken Erinyen anzugehören scheint, als einer realen Meute. Trotz des unzweifelhaft veristischen Charakters dieser Szene läßt sich dieser stilisierte Chor als nach außen projizierte innere Stimme Huldas interpretieren. Das anschließende Schuldbekenntnis Huldas ergibt sich folgerichtig daraus.

- Zum Hexenprozeß: Den von König umfangreich zitierten Gerichtsprotokollen kann man Einzelheiten über die Folter bzw. die (hochnot-)peinliche Befragung (Tortur) (vgl. niederländisch *pijnkamer* = Folterkammer) entnehmen.

- Der Hexenprozeß in *Schwarzschwanenreich* fällt in die Zeitspanne zwischen dem II. und III. Akt, man hat ihn sich, Andeutungen im Text (KA 153, 161) sowie den nicht sehr differenzierten Anweisungen zufolge, reduziert auf die Schritte Verklagung, Verhör (ohne Folter), Verurteilung zu denken. An die Tortur erinnert lediglich das Umhängen der *Eisernen Flasche* (III.2; III.4).

- Mit Blick auf die Hinrichtung sei hier hervorgehoben, daß viele Delinquentinnen die Tortur nicht überlebten; daß also auch „Hexen" verbrannt wurden, die bereits auf der Folter gestorben waren. Diejenigen aber, die ‚überlebt' hatten, wurden, durch die vorangegangene ‚Befra-

- Die Hinrichtungsszene in *Schwarzschwanenreich* hat nicht die geringste Ähnlichkeit mit einer realen Hexenverbrennung. Der Gang zum Scheiterhaufen wird zu einem rituellen Gang, die Hinrichtung selbst zu einem Moment der

gung' demoliert, zur Richtstätte geschleift. „Die Wandlung."[652] gewöhnliche Strafe war der Feuertod." (155ff.).

Siegfried Wagner hat, wie diese Gegenüberstellung ergibt, reales Geschehen ins Mystische transponiert.

Otto Daubes Wort, „daß es ihm um eine Erziehung des Menschen zu tun" sei und daß Wagner „durch das Kunstwerk e m p o r f ü h r e n"[653] wolle, scheint in dieser Form nicht zuzutreffen. S. Wagner richtet insofern das Wort an die Außenwelt, als er die Hetz- und Mordlust der Menschen anprangert (I.1) und dramatisch vor Augen führt (I.5 und III.4), denen die „Verfehlungen" einzelner Personen zum Vorwand dienen, ihrer Verfolgungslust – im Bewußtsein der Gefahrlosigkeit des Unternehmens – zu obliegen. Ein *Erziehungs*programm liegt jedoch nicht vor und angesichts des unersprießlichen Lebensweges der Heldin scheint die Bezeichnung der „Gestalten" Siegfried Wagners als „Vorbilder für uns" nicht auf Hulda beziehbar.[654]

Es ist anzunehmen, daß sich S. Wagner durch die Gestaltung seiner musikalischen Psycholegende *Schwarzschwanenreich* von seinem Schuldkomplex – quasi durch eine private Hexenverbrennung – befreien wollte. Wie der Komponist Momente der historischen Hexenverfolgung auf diese Ebene übertrug und in einen neuen konzeptionellen Zusammenhang brachte, ist ausgehend von der Kerkerszene zu zeigen.

Das äußere Geschehen ist folgendes:

Hulda ist – von Ursula, die endlich das „Zeugnis" für Huldas Verbindung mit dem Versucher gefunden hat (II.5), verklagt – von den „Richtern" zum Feuertod verurteilt worden und befindet sich nun, in der 1. Szene des III. Akts, im Kerker. Ihre Meditation (erster Teil der Szene) findet im Orchester Ausdruck im Friedensthema (KA 141), das ihre Sehnsucht nach – vom Schwarzschwanenreich – *unbedrohter Ruhe vor dem Tod* (KA 140) andeutet. Gleichwohl erscheint in einer Vision ihr wieder das Schwarzschwanenreich (zweiter Teil der Szene; KA 146ff.), der Versucher tritt hervor und bietet ihr „Glück" (KA 150) und *Rettung* (KA 151). Hulda weist ihn zurück: *„Die Erscheinung verschwindet."* (Ende der 1. Szene; KA 151)

---

[652] Ausführlicher zur Richtplatzszene → **Der Schluß des Werks**.
[653] Daube 1925: 46.
[654] Ebda.

Mit Beginn der 2. Szene tritt der Gefängniswärter auf, den Pretzsch in seiner Werkeinführung folgendermaßen charakterisiert:

> Knorrig wie er ist auch sein Motiv.
> Unter der rauhen Schale birgt sich aber ein weicher Kern. Freilich muß er ihr die schwere eiserne „Flasche" auf ihrem Gange zur Richtstätte umhängen [...]. Der Wärter verbirgt sein Mitleid hinter ärgerlichem Schelten, wobei sein Motiv sich gleich ihm „fuchtig und grantig" umfärbt. Freilich, der Verdacht gegen Hulda, wie Ursula ihn genährt hat, ist auch ihm nicht fremd [...]. Das Höllemotiv aus dem „B ä r e n - h ä u t e r" leitet seine Frage ein, ob sie denn wirklich eine Heidin sei und nur an den Satan glaube. Hulda antwortet mit müder Abwehr. Da reicht er ihr mit schlichten Worten ein Kruzifix dar. Sie nimmt es, blickt es lange an und küßt dann unter Tränen die Füße des Heilands. [...] Von draußen her ertönt Glockengeläute, und Wachen erscheinen in der Mauerpforte. Mit einem Schrei des Entsetzens taumelt Hulda schutzsuchend gegen die Mauer.
> Der Vorhang schließt sich.[655]

Diese Darstellung folgt dem Text unter Einbeziehung einiger musikalischer Motive, denen lediglich eine illustrierende Funktion zuerkannt wird. Zu einer anderen Deutung gelangt man, wenn man die Symbolik der Musik berücksichtigt. Die Musik eröffnet eine andere Dimension. Dies vermitteln Merkmale, wie die Instrumentation (v.a. die klangliche Schärfe der Posaune und der Tuba, die dunkle Tiefe der tiefen Streicher); bestimmte harmonische Schritte (s.u.) und spezielle Intervallspannungen (leere Quinten, Oktavgänge, Tritonus); Tremoli (auch Tritonus-Tremoli); der Kontrast zwischen Abschnitten figurenreicher Bewegung und denen lang ausgehaltener Töne rein akkordischer Begleitung. Auf eine besondere Bedeutsamkeit der sichtbaren Vorgänge weist die Tatsache hin, daß das Sichschließen des Vorhangs ,mitkomponiert' ist. Die letzten drei Takte sind ausdrücklich dem Vorhang gewidmet. Dieser Abschnitt ist abgegrenzt von der eigentlichen Szene durch einen Doppelstrich, verbunden mit Takt- und Tempowechsel. Allein diese Hervorhebung des Vorhangs deutet auf ein ritualhaften Charakter des Vorangegangenen hin.

Den Angelpunkt einer Darstellung der Kerkerszene aus symbolischer Perspektive bildet die Feststellung, daß im Text von *Schwarzschwanenreich* zwar ein „Pfarrer" genannt wird, dieser aber zu keinem Zeitpunkt – auch nicht in der Kerkerszene – in Erscheinung tritt.

Der Pfarrer wird zwei Mal erwähnt, womit zugleich die Kennzeichnung zweier entscheidender Stationen in Huldas Leben verbunden ist. Ursula berichtet über die

---

[655] Pretzsch 1919: 472-474.

Kindheit Huldas, daß *sich* „der Pfarrer" der Kriegswaisen Hulda *angenommen* habe, daß diese ihm *im Dienst half* „und auch jetzt wohl noch" hilft (KA 25). Der Charakter dieses Dienstverhältnisses wird in hohem Maße verschlüsselt mitgeteilt, als der Pfarrer ein zweites Mal genannt wird: Hulda weist auf den „Pfarrer" als Zuständigen für verscharrte ermordete Kinder hin (KA 104), gemeint sind speziell *Wechselbälger* (KA 105). Ein nicht beendeter Satz, nur bestehend aus dem Demonstrativpronomen „Der..." (KA 104), gelesen in Verknüpfung mit der Harmonik, ist wie ein textlich-musikalisches Symbolon dahingehend zu deuten, daß der Pfarrer der Vater des Wechselbalgs ist (analog zur Rolle des Pfarrers in dem Roman *Wie Hilde Simon mit Gott und dem Teufel kämpfte* von Artur Landsberger[656]) und damit auch „Der...". Auch der „Gefängnisswärter" verwendet dieses Pronomen für den „Satan" (s.u.). Auch die im Textentwurf noch angefügte, später weggelassene Erwähnung der als zufällig hingestellten Abwesenheit des Pfarrers bei der Teufelsaustreibung[657] wirkt vor diesem Interpretationshintergrund als eine vorsätzliche. So wie alle übrigen Handlungen, die gegen Hulda gerichtet sind, ist auch diese vom Pfarrer-Versucher veranlaßt, um Hulda zur Rückkehr ins Schwarzschwanenreich zu zwingen. Nun, da der Pfarrer – nach der Verurteilung Huldas – seines Amtes walten soll (geistlicher Beistand), erscheint, da der „Pfarrer" nur Kostüm, offizielle Einkleidung ist, die darin verborgene eigentliche Person: der Versucher. Er ist, jeder Rolle entkleidet, nackt: bei seinem Erscheinen *„legt er die Hülle ab und steht als schöner Jüngling da"* (KA 150). Auch dies ist aber letzten Endes eine (literarische) Einkleidung, da der Versucher im Sinne einer Allegorie eine *Verkörperung* des Schwarzschwanenreiches darstellt.

Als Hulda das Anerbieten des Versuchers, sie – um den Preis ihrer *Ergebung* (KA 151) – zu befreien, zurückgewiesen hat, verschwindet diese „*Erscheinung*" (letzter Takt der 1. Szene; ebda.). Sofort – im ersten Takt der zweiten Szene – tritt der „Gefängnisswärter" ein (s.u.: Partiturausschnitt).

Diese dichte Aufeinanderfolge legt den Gedanken nahe, daß es sich bei dem Personenwechsel um, eine Metamorphose, genauer gesagt um eine Inkarnation des Versuchers handelt. S. Wagner hatte offensichtlich nicht vor, einen realen Wärter zu zeichnen, wie es beispielsweise in der *Drachenbraut* von Paul R. Koch-Utendorf (s.o.) geschehen ist (die dort enthaltene Schilderung der Behandlung einer Angeklagten und schließlich Verurteilten durch den Büttel wirkt sehr realistisch; hiervon unterscheidet sich die Gestaltung S. Wagners grundlegend). Er erscheint vielmehr

---

[656] Landsberger 1911[7].

[657] *Dichtung 1. Skizze*, 6. Seite: „Der Pfarrer ist über Land; wir haben alles klug erwägt." [NAB: VI Bf 1-1]. Zweite Skizze, 17. Seite: ~~„der Pfarrer ist nicht da"~~ [VI Bf 1-2].

als burleske Maske des Versuchers, der seine Belagerung Huldas nun mit anderen Mitteln fortsetzt.

Im Unterschied zum Versucher (Baryton [sic]) ist der Wärter eine Baßpartie; dies erinnert an den o.g. mit einem Baßbuffo zu besetzenden Teufel im *Bärenhäuter*.

Beim Eintritt des Wärters verharrt Hulda noch in Abwehr des Versuchers: Sie *"steht gegen die Mauer gewandt; die Nägel fest in den Stein geklemmt."* (KA 151; Ende III.1) Diese deutet der Wärter als Fluchtversuch. Huldas *"Nägel"* werden als „Krallen" bezeichnet (KA 152), die an die „Krallen" des Wechselbalgs (KA 139) erinnern und sie selbst als tierhaft charakterisieren. – Seine polternden Worte münden in zwei Sätze: „Den Stein aber kratzt Du nicht durch!/ Das also ist Dein letztes Gebet?" (KA 152) Der Verfolger verhöhnt sein Opfer ob der Vergeblichkeit seiner Versuche, dem Schwarzschwanenreich zu entrinnen. Zugleich wird damit die Gelegenheit für ein ‚besseres' „letztes Gebetes" in Aussicht gestellt.

Nach dieser Exposition erfolgt die Vorstellung eines Symbolrequisits, das die Intention des Wärter-Versuchers bezeichnet: die Eiserne Flasche: *"er hat die schwere eiserne ‚Flasche' herbeigezogen, die der Verurtheilten um den Hals gehängt werden soll."* (KA 152) Geht man davon aus, daß der schemenhaft im Hintergrund existierende *Richter* Huldas ebenfalls der Versucher ist, dann erscheint das angestrebte *Umhängen der Flasche* als ein demonstrativ vom Versucher-Wärter vorgenommener Akt, der dazu dienen soll, Hulda die Aussichtslosigkeit ihres Widerstands fühlbar zu machen. Dies faßt der Spruch zusammen, den der Wärter (in hörbar zornigem Mitgefühl) zitiert: „'Trinken musst Du aus des Büttels Flasche'" (KA 152). Der Satz erklingt im Tone eines quasi-priesterlichen liturgischen Gesangs, eintönig auf dem Quintton g, unterlegt mit der leeren Quinte auf c, in punktiertem Rhythmus. Der „Büttel" ist er selbst.

Das *Umhängen der Flasche* symbolisiert die „Schande" (ein weiterer Name für die *Flasche* ist der „'Schand-Stein'"; KA 152), die Hulda anhängt, seit sie das Schwarzschwanenreich betreten hat. Das *Trinken aus des Büttels Flasche* assoziiert die „gift'gen Säfte", die der Satan Hulda *eingespritzt* hat (Teufelsbündnis), ebenso den „Zaubersaft", der Liebhold um seine Besinnung gebracht hat.

Alle genannten Deutungen weisen auf einen Punkt hin: den unlösbaren „Bann", mit dem Hulda durch ihren Bund mit dem Satan belegt ist.

Nun folgt eine Betrachtung des Wärters, Huldas Schweigen vor Gericht betreffend, die nach außen hin *ärgerlich-mitleidig* (KA 153) wirkt, jedoch, verwendet man die harmonische Struktur als Schlüssel zu einer verborgenen Aussage des Textes, wie eine Rüge Huldas ob ihres Fehlverhaltens vor dem *Richter* erscheint (sie hätte Gebrauch von ihrer Schönheit machen sollen, um Begnadigung zu erwirken; KA 153). Gemessen an der Historie[658] ist dieses Bild der durch Schönheit zu erweichenden Richter eine Verharmlosung.

Ein Beispiel für eine realistische Behandlung des Themas ist das Schauspiel über Friedrich Spee *Der Hexenanwalt* von Wolfgang Lohmeyer. Dort heißt es in der Erzählung des Hexenkommissars Dr. Schultheiß in der sechsten Szene: „Das schönste Mädchen von ganz Paderborn! Vor sechs, sieben Wochen als Hexe rechtskräftig verurteilt und verbrannt."[659]

Bei Siegfried Wagner wird mit Hilfe dieses verharmlosenden Bildes, wenn auch durch den Plural „[die] Richter" (KA 153) kaschiert, das Interesse des Richter-Versuchers zum Ausdruck gebracht.

Der musikalische Kommentar des Textes geschieht mittels Umspielung der Tonika C-Dur (Grundtonart der Szene) durch Alteration und Parallelität. Mit C-Dur unterlegt S. Wagner stets Huldas Wunsch nach „Befreiung". Das erste Wort des Satzes „Das konntest Du uns Beiden sparen –" (KA 152) basiert auf einem c-moll-Akkord – auch hier verweist die Harmonik, in Verbindung mit dem Text, auf C-Dur: der Vorwurf besagt, daß Hulda durch ihren Widerstand selbst einen positiven Ausgang („*C-Dur*") verhindert habe. Ihre Standhaftigkeit selbst wird als „dumm" bezeichnet (ebda.) (a-moll-Septakkord, Mollparallele zu C-Dur), zumal sich Hulda nach all dem, was ihr der Versucher bietet („Glück"; KA 150), wie dieser weiß, selber *sehnt*. – Der Satz: „Hätt'st Du doch das Maul aufgemacht!" (KA 153) basiert auf einem G-Dur-Septakkord, der Dominante, auf welche die Tonika C-Dur folgen müßte, allerdings tonartensymbolisch nicht folgen kann, da C-Dur bzw. das „Licht" und die *Bannlösung* mit der Person Liebholds verknüpft sind. Tatsächlich erfolgt ein tiefalteriertes C-Dur, also Ces-Dur, durch welches das „saubere Ding" (Hulda) – als eine Bestrafte – im letzten Satz dieses Abschnitts charakterisiert wird.

Hieran schließt eine Passage, bestehend aus einer Reihe von Fragen, mit denen der Wärter, „leise" beginnend, in unheimlich beschwörendem Ton eine Bestätigung ihrer Satansgläubigkeit heischt. Hulda antwortet mit einer ablehnenden Geste („Ach lass!"; KA 154). Ein eindeutiges Bekenntnis fordernd streckt ihr der Wärter

---

[658] Vgl. König [1935]: 155ff.
[659] Lohmeyer o.J. [ca. 1986]: 32. [Ms., erstellt für die Landesbühne Hannover.]

ein „*Crucifix*" entgegen. Sein Hinweis auf den „Gekreuzigten" erklingt wie eine Variante des „Büttel"-Zitats auf dem Ton g in rhythmisch vergleichbarer Gestalt, aber verlangsamt. Bereits Oswald hatte Hulda in musikalischer Form mit einem Kreuz gedroht, insofern sein Drohmotiv ein Kreuzmotiv[660] darstellt (Todessymbol), ein Motiv, das zugleich ein Wiederaufsteigen des Schwarzschwanenreich assoziiert (→ **Die 2. Szene des II. Akts**).

Hulda nimmt das „*Crucifix*" an. Das Überreichen des Kruzifix' hat in Hulda einen Vorgang der Einkehr und tiefen Verinnerlichung ausgelöst, der sich in Verbindung bringen läßt mit dem vom Gefängniswärter oben angekündigten „letzten Gebet". Diese Öffnung eines Seelenraums ist verbunden mit einem formalen Wechsel in der Musik. Dieser Wechsel wird markiert durch eine zwischen Huldas ablehnender Antwort (T 46) und der Geste des Wärters (T 48) liegenden Generalpause (T 47), die hier im szenisch-musikalischen Sinne zur Zäsur wird. Dieser Einhalt bereitet vor auf die Gebetssequenz, welche sich nun über die nächstfolgenden 19 Takte (T 48-66, ausgedehnt auf T 67) erstreckt. Weiterhin Bestand der Zäsur ist ein Taktwechsel ($^3/_4$- zum $^4/_4$-Takt) sowie ein Tempowechsel, der den Vorgang der Konzentration kennzeichnet: ab T 48 *Mässig und immer langsamer werdend*, ab T 56 – Beginn des Choral-Zitats „O Haupt voll Blut und Wunden" – *Langsam*, dies erstreckt sich bis T 66/ 67; nach drei weiteren überleitenden Takten beginnt der Schlußteil, überschrieben mit „*Schnell*". Drei verlangsamte Takte begleiten das Sichschließen des Vorhangs.

Die Generalpause teilt die gesamte Szene in zwei Teile zu 46 Takten (erster Teil) und 28 Takten (zweiter Teil), die drei Vorhang-Takte nicht mitberechnet. Damit ist sie nach dem von S. Wagner häufig angewandten Schema des Goldenen Schnitts proportioniert (→ **Die Architektonik der 2. Szene des II. Akts**; → **Dramatische Struktur**).

Den musikalischen Kern dieses Abschnitts bildet das Choral-Zitat (Bach-Variante) in Bratsche und Cello (*c-moll*) (vier Takte plus drei Takte Nachspiel). Dies ist der Ausdruck für Huldas stummes Gebet. Sucht man nach einer Übertragung in die Wortsprache, so kann man den Text des Liedes zu Rate ziehen, insbesondere die neunte Strophe „Wenn ich einmal soll scheiden, so scheide nicht von mir".

Im Zitat des Bach-Chorals kann man drei Einflüsse vermuten: 1. steht S. Wagner damit in einer (u.a. von Clemens Kühn beschriebenen) historistischen Tradition, in der sich beispielsweise der Einfluß der barocken Leidensthematik (Bach, Schütz) auf die Musik des 19. und 20. Jahrhunderts spiegelt. 2. Dieser Choral wurde wie-

---

[660] Zur Symbolik des Kreuzmotivs s. Schneeweiß 2000: 96.

derholt im Kreise der Familie Wagner gesungen, Siegfried Wagner kannte ihn bereits als Vierjähriger („Wir beschließen den Abend mit ‚O Haupt voll Blut und Wunden!'"[661]). Weiterhin stellte die Quartettsatzbearbeitung dieses Chorals eine Aufgabe in seinem Musikstudium bei Humperdinck dar. In vier Opern S. Wagners (einschl. *Schwarzschwanenreich*) tritt das Thema auf. 3. Indirekt stellt „O Haupt voll Blut und Wunden" eine Verbindung zum III. Akt von Richard Wagners *Parsifal* her, ein Bezug, der auch durch Text und Szenenbild (KA 154f) gegeben ist (im Zentrum der Schuldbefreiung Parsifals steht das *Ihn-selbst-Erschauen-am-Kreuze*; weitere Momente, die hier abgewandelt wiederzukehren scheinen, sind: das *Baden der Füße* Parsifals durch Kundry, ihr *heftiges Weinen* [„Des Sünders Reuetränen"] sowie der Begriff des *Mitleids*, den auch Siegfried Wagner ausdrücklich an dieser Stelle verwendet; beide Abschnitte schließen mit einem *Glockenläuten* [*Parsifal*: „*Fernes Glockengeläute*"]; der Wärter gewinnt aus dieser Perspektive Gurnemanzcharakter; Hulda gleicht Kundry-Parsifal).

Möglicherweise war es dieser Choral von Bach, den Siegfried Wagner 1892 in Hongkong hörte und der ihn veranlaßte, sich, statt der Architektur, der Musik zuzuwenden.

Hulda beschließt ihr „Gebet" mit einem Ritual, dem *Küssen* der „Füsse des Heilands". Dies assoziiert die Vorstellung, daß durch das Küssen eines Kultbildes oder sakralen Gegenstandes (z.B. eines Kreuzes) göttliche Kraft übertragen werden kann. Diese Szene wird jäh unterbrochen durch das „*Glockenläuten*" und das Eintreten der Wachen. Die Glocken tönen nicht wie ein Armesünderglöckchen, sondern sie scheinen in ihrer rhythmisch stilisierten Form eine Feier oder Zeremonie anzukünden. Als die „*Wachen*", die sie abholen wollen, erscheinen, weicht sie schutzsuchend an die „*an die Wand* [...] *zurück*" (KA 155). – Der Vorhang schließt sich.

Auffallend ist ein wiederkehrendes szenisches Moment, das beide Kerkerszenen zu einem zweiteiligen Ganzen verbindet: Huldas dreimalige Positionierung an der Wand bzw. an der Mauer: „*Hulda ist gegen eine Mauerpforte gelehnt*" (KA 139; Beginn III.1); „*Hulda steht gegen die Mauer gewandt*" (KA 151; Schluß III.1, Anfang III.2); „*Hulda* [...] *taumelt an die Wand* [...] *zurück*" (KA 155; Schluß III.2). Betrachtet man dieses choreographische Moment als Teil des Zeichengeschehens und bezieht die Wandlung des „Gefängniswärters" in einen Seelsorger mit ein, so wird die Gefangenschaft (Huldas) zum Existenzbegriff, der „*Kerker*" erscheint modellhaft als Daseinsform, die Lebensgefangene Hulda will sich von ihrem Gefängnisdasein befreien. Den Schlüssel dafür gibt ihr der „Gefängniswärter": das

---

[661] CTW 1976: 797.

„*Crucifix*", das in Huldas Händen bzw. Augen zum Vor-Bild der Todesüberwindung wird. Paulus: „Denn das Wort vom Kreuz ist eine Torheit denen, die verloren werden; uns aber, die wir selig werden, ist's eine Gotteskraft." 1. Kor. 1,18.

Eine Bemerkung zur Gestaltung der Gebetssequenz: Möglicherweise ist die Verwendung eines Kruzifix' auf die Betrachtung eines speziellen Bildnisses zurückzuführen, welches Siegfried Wagner zum Erlebnis geworden ist: Stassen berichtet von „einer Photographie des Gekreuzigten von Veit Stoß in der Heiliggeistkirche zu Nürnberg[662], die er als Pfingstgruß schickte"[663]. Stassen zitiert dies im Zusammenhang mit einer Erwähnung der Oper *Schwarzschwanenreich*. Ort und Datum der Absendung werden nicht genannt, so daß das Kruzifix von Veit Stoß als Inspirationsquelle mit Hinblick auf die hier besprochene Szene nicht sicher genannt werden kann.

Es ist allerdings anzunehmen, daß Siegfried Wagner, der sich (auch in dem Zeitraum vor der Vollendung seiner siebenten Oper) mehrmals anläßlich von Konzertreisen in Nürnberg aufhielt, das Bildwerk im Original besichtigt hat. Denkbar ist, daß der Komponist die Wirkung, welche dieses Werk in ihm hervorgerufen hat, in die Gebärde und die Musik der stummen Szene gelegt hat.

Auf dem Weg zum Scheiterhaufen ertönt noch einmal das Blumenlied-Thema. Dies drückt Huldas gänzliche Verlassenheit aus. Der Versucher erscheint Hulda ein letztes Mal auf dem Scheiterhaufen, wahrnehmbar durch einen „*bläulichen Schein*" sowie durch seine „*Stimme*", um ihr „*Schutz*" in seinem Reich bzw. „*Liebe statt Todesqual*" zu bieten (III.4; KA 169). Jetzt ruft Hulda „*mit äusserster Kraft*" „Christus" an, worauf das „*bläuliche Licht verlischt*" (KA 170). Liebhold findet seinen verlorenen Glauben an Hulda wieder und stürzt sich ins Feuer, „*um Hulda zu retten.*" (KA 170) Das Feuer verlischt, man sieht das Paar „*unversehrt vom Feuer […] todt liegen.*" (KA 171) Siegend erhebt sich das „*Kreuz*".

---

[662] Heute: Nürnberg (Germanisches Nationalmuseum).
[663] Stassen 1942: 16.

Schwarzschwannereich *III. Akt, 4. Szene*
*Bühnenbildentwurf von Wieland Wagner (Antwerpener Fassung 1937)*

S. Wagner wollte offensichtlich anhand bestimmter Anzeichen (Vereinigung des Paares im Tod, *Unversehrtheit* vom Feuer, Verwandlung der Scheite in *Lilien* und des Pfahls in ein *Kreuz*) andeuten, daß Hulda Sühne erlangt hat. Die christliche Konvention mit ihrer klaren dualistischen Struktur dient im Drama der Gestaltung eines auf Entscheidung hinauslaufenden Kampfes zwischen Gegensätzen.

235

*Dritter Strang*

# Siegfried Wagners Besuch im Frauengefängnis zu Canton (China) 1892:

### Inspiration zu der Oper *Schwarzschwanenreich*.

Eine Synopse von *Reisetagebuch 1892* und *Schwarzschwanenreich*-Textbuch.

> Aus Canton bringe ich übrigens
> eine wahre Geschichte mit.[664]
> *Siegfried Wagner*

## Einleitung

Im Jahr 1892 unternahm Siegfried Wagner eine Fernost-Reise, zu der ihn der englische Pianist und Komponist, der Clara Schumann-Schüler Clement Harris – Sohn eines Reeders in London – eingeladen hatte.

Während der Reise entstand ein Tagebuch (*Reisetagebuch 1892*), in welchem er Eindrücke und Erlebnisse niederlegte.

Von besonderem Interesse in diesem Zusammenhang ist ein Erlebnis in der Hauptstadt der südchinesischen Provinz Guangdong [Canton][665]: Siegfried Wagners Begegnung mit einer zum Tode verurteilten Gattenmörderin im dortigen Frauengefängnis.

Der Synopse von *Reisetagebuch* und Textbuch sei eine kritische Bemerkung vorangestellt.

Das Gefängnis war eine der „Sehenswürdigkeiten", die auf dem Programm von Stadtrundgängen standen. Siegfried Wagners „Besichtigung" des Cantoner Gefängnisses ist bezeichnend für das Verhalten europäischer Touristen in nichteuropäischen Ländern.

---

[664] SW an seine Schwester Daniela Thode Ende April aus Hongkong. Hs.: NAB [ Hs 113/ IIa-3].
[665] Heute „Kanton"; die alte, von SW verwendete Schreibweise „Canton" wurde hier beibehalten.

Vor Beginn des Berichts erwähnt Siegfried Wagner seine *traurige* Gemütsverfassung am Tag des Besuchs. Anders als gewöhnlich unternahm er diesen Stadtrundgang allein, da Clement Harris erkrankt war:

> Wie traurig, dass gerade zur Zeit und am Orte, wo wir uns so zu erfreuen hofften, dies traurige Übel dazwischen kommt. [...] Wie viel weniger geniesst man alles, wenn man seine Eindrücke nicht einem Mitfühlenden mittheilen kann. Ich sah wohl all das Entzückende wieder, was uns gestern so begeistert hatte, [...] allein mich freute es nicht so und ich hatte beständig Clement im Sinne, dessen vollständige Wiederherstellung ich nicht allein für ihn sondern auch in hohem Grade für mich erwünschte.[666]

Gerade dieser Umstand aber scheint Siegfried Wagner in einen besonders eindrucksfähigen Zustand versetzt zu haben und die Tatsache, daß er der Chinesin allein gegenüberstand, mag die (für sein Empfinden) besondere Intensität der Begegnung bewirkt zuhaben.

Es folgt nun – unwesentlich gekürzt – die Wiedergabe des Berichts:

> An sehr rhythmisch hackenden Fleischern vorbei, die, wie alle in Canton, ihr ganzes Werk vorn an der Straße verrichten, führte mich Wong A. Gew, unser Chinese zu den G e f ä n g n i s s e n, die gerade nicht dazu geeignet waren, meine Stimmung sehr zu erheitern; ja, ich kann sagen, der Eindruck des dort Geschauten und Vernommenen hat mir lange trüb nachgehängt, und das Bild jener Frau, von der ich erzählen will, wird mir wohl nie entschwinden. – Die Anlage der Gefängnisse ist kolossal: man tritt durch ein Thor in den großen Vorhof, an dessen Ende der Richtersaal sich befindet, architektonisch nicht bedeutend; ebenso in der Bauart wie Tempel und Yamun.- [...] Die Gänge sind unbedeckt, die Farbe des Steins, wie bei den meisten Gebäuden, grau. – Nachdem ich zuerst zu den leichten Sträflingen geführt wurde, brachte mich mein Führer zu den Verbrechern, welche den hölzernen Kragen tragen müssen; sie guckten uns neugierig an, langten mit der Hand heraus, um Geld zu erhalten und schienen nicht besonders unglücklich zu sein über ihre Strafe. Etwas schwerere Verbrechen, als die ihrigen, werden mit so entsetzlich schweren Kragen dieser Art bestraft, dass die unglücklichen Träger von der Last gleich zu Boden stürzen und nach kurzer Zeit sterben. Ich sah solche Krägen im Hofe liegen und konnte sie kaum aufheben. [...] Nach langen öden Gängen gelangten wir zuerst an ein rundes Loch in der Wand, durch welches die Gefangenen hereingesteckt werden, von einem Canale aus; im Augenblicke wo sie durchgetrieben werden, stehen von oben spitze Messer herunter, die das Fleisch der Armen blutig zerreißen. – Guarda e passa! O hätte mein Führer das mir zugerufen; doch mit der Rohheit des Gemeinen erging er sich hier in den entsetzlichsten Schilderungen der Martern und ich verstellte mich, als hörte ich gelassen und mit Wissbegierde zu. Warum man sich nur geniert, Gefühle offen kundzugeben. Ich hielt es für weibisch, hätte ich ihn gebeten aufzuhören! Das Furchtbare an der Sache hier

---

[666] Wagner 1935: 128.

war, dass diese Greuel immer noch geschehen – ja dass am Nachmittage dieses selben Tages eine so greuliche Hinmetzelung stattfinden sollte und dass der Führer mich aufforderte, dahin zu gehen. – Wir traten nun bei den Frauen ein und ich werde wohl nie dieses Erlebnis vergessen: in einem kleinen Raum, der vorn e i n e n , nach dem hinten angrenzenden kleinen Hof zwei offene Eingänge hatte, sonst vollständig schmucklos war, sass auf einem niedrigen Schemel an der Rückwand eine bleiche schöne junge Frau; ja schön, wie ich kaum eine zuvor hier in China sah; sie erinnerte mich an jene alten Madonnen des Fra Angelico, des Giotto, wie sie so dasass an dem Tische, umgeben von sechs anderen Frauen, die, wie ich erfuhr, Kindermörderinnen waren. Sie hielt in den feinen schmalen Händen die Dominos, um sie zum Spiele zu vertheilen. Der Blick war gesenkt, als wir zuerst eintraten, doch sie hob ihn und er ruhte scheu und fragend auf mir, als wollte sie wissen, ob ich aus dem ihrigen ihre Schuld lesen könne. Dann sah sie weg, mit einem unfreien Lächeln verfolgte sie die frechen Anbetteleien der übrigen greulichen Weiber, die wie Hexen aussahen und uns um Geld bestürmten, während wir uns die anderen Räumlichkeiten ansahen. Als wir wieder in das Zimmer zurückkehrten, sass sie noch an derselben Stelle; sie sah uns kaum an; sprach mit den anderen Weibern und ich beobachtete an ihrem Munde einen Zug der mich erschrecken musste: es drückte sich da eine Kälte, eine Herzlosigkeit aus, die mich wohl davon überzeugen mussten, dass sie schuldig war, dass vielleicht nicht einmal ein leidenschaftlich wüthender Moment sie getrieben hat, ihren Gatten zu töten und dass ein perverses Motiv dieser Handlung zu grunde lag. Und trotzdem wollte es mir kaum möglich erscheinen u. ich musste staunend wieder diese feinen Züge betrachten, die zarten gespitzten Lippen, die großen Rehaugen, den schönen Teint, der bleich, die einzelnen Glieder nur noch an Feinheit erhöhte. Mein Führer sagte mir, dass sie keine Ahnung habe, was ihr bevorstehe. Ihre Schuld mußte so schwer sein, dass sie nicht einmal mit einfachem Tode bestraft werden soll: ihr droht das Furchtbarste im kommenden Monat – sie wird in 30 Stücke zerhackt. – Nach dem siebten Schnitt sterben gewöhnlich die unseligen Opfer. –
Nur allmählich konnte das bunte Treiben der Strassen vorübergehend die düsteren Eindrücke verwischen; [...].[667]

In drei Bemerkungen hebt Siegfried Wagner das Unvergeßliche seines Erlebnisses hervor: („[...] das Bild jener Frau [...] wird mir wohl nie entschwinden."[668]/ „[...] und ich werde wohl nie dieses Erlebnis vergessen: [...]."[669] „[...] vorübergehend die düsteren Eindrücke verwischen [...]."[670] Diese drei Kommentare gliedern den Eintrag in zwei Hauptabschnitte. Im ersten Abschnitt wird die Gefängnisanlage beschrieben; der zweite Abschnitt enthält die Schilderung der Gefängniszelle sowie Reflexionen über das Schicksal der Verurteilten. Durch seine besondere Gliederung hebt sich der Gefängnisbericht aus dem übrigen Text des Tagebuchs heraus und kann als eigenständiger Text innerhalb des Reisetagebuchs angesehen werden.

---

[667] A.a.O.: 129-132. Ausschnitt aus dem Eintrag „Dienstag, 19. April", 127-135.
[668] A.a.O.: 129.
[669] A.a.O.: 130.
[670] A.a.O.: 132.

Einen Hinweis auf die für Wagner bestehende Notwendigkeit auf eine schöpferische Verarbeitung des Canton-Erlebnisses enthält folgender Ausschnitt aus einem Brief Wagners an sein „bestes Möhrlein" [d.i. seine Schwester Daniela Thode] aus Hongkong (nächste Station nach Canton) vom 26. April 1892:

> Aus Canton übrigens bringe ich eine wahre Geschichte mit; ich sah sie im Kerker sitzen, die schöne junge Frau, die wie eine Madonna von Frau Angelico an einem Tische sass, umgeben von Kindes-Mörderinnen, und mit ihnen Domino spielte, nicht ahndend, dass für ihr Verbrechen: für die Ermordung ihres Gatten – sie in kurzer Zeit auf das Entsetzlichste hingerichtet werden soll. – Und da soll man nicht Schreckliches niederschreiben, wenn man es so furchtbar erlebt? –[671]

Das *Niederschreiben* von etwas *Schrecklichem* bezieht sich wohl auf den am Anfang des Briefes u.a. erwähnten Versuch, Kleists Erzählung *Das Erdbeben von Chili* zu dramatisieren. Dieser vermutlich kurz nach der Begegnung im Gefängnis (19. April) unternommene Versuch blieb eine Skizze (sechs Seiten). Es handelt sich um ein *Szenarium zu einer Oper in 3 Akten nach Heinrich von Kleist*: „In der szenischen Einteilung dieses Opernprojektes erkennt man bereits den für sein Schaffen typischen ›Goldenen Schnitt‹, den der Architekt ins Musiktheater einbringt."[672] Der Verfasser selbst ist nicht zufrieden mit diesem Entwurf. Für das, worauf es ihm ankam, hat er mit dieser Bearbeitung des *Erdbebens* noch nicht die adäquate bzw. authentische Form gefunden.

In diesem *Szenarium* gibt es einige Momente, die sich später in *Schwarzschwanenreich* wiederfinden: schon im I. Akt gibt es eine Kerkerszene; das Ganze ist auf einen Gerichtstag hin konzipiert („Verbrennung auf dem Scheiterhaufen"); das Schlußbild gleicht dem in *Schwarzschwanenreich* (Vereinigung der Liebenden im Tode).[673]

Erst 15 Jahre später scheint Siegfried Wagner das geeignete stoffliche Gewand gefunden zu haben, sein Erlebnis zu gestalten.

Franz Stassen schreibt in seinen *Erinnerungen an Siegfried Wagner*: „[...] gerade auf dieser Seereise sind ihm, wie wir später erfuhren, seine poetischen Gestalten aufgegangen."[674] Eine dieser „poetischen Gestalten", so kann man annehmen, ist die Protagonistin der Oper *Schwarzschwanenreich*. Pachl erblickt in dem Canton-Erlebnis die „Keimzelle" der Oper:

---

[671] op.cit.
[672] Pachl 1988: 122.
[673] Vgl. ebda.
[674] Stassen 1942. 7.

Das Bild der Kindsmörderin im Kerker zitiert direkt die Situation in Hongkong [sic]: ‚*Hulda ist gegen die Mauerpforte gelehnt, die Stirn auf den rechten Unterarm gestützt.*' Die schwarzen Dominosteine in den Händen des schönen Vorbilds werden zu den düsteren Steinen des Kerkers, in die Hulda ihre Nägel gräbt, aber auch zum Kruzifix, das sie bald darauf in Händen hält. Die hölzernen Kragen (‚*Ich sah solche hölzerne Krägen im Hofe liegen und konnte sie kaum aufheben.*') werden zur ‚*schweren eisernen "Flasche"*', ‚*die der Verurteilten um den Hals gehängt werden soll*', und auf dem Gang zum Richtplatz blickt Hulda ihrem Mann ‚*fragend lang ins Auge*': die von Siegfried Wagner in Hongkong nur erspürte Frage spricht sie aus: ‚*Schuldig bin ich! Glaubst du, daß ich es nicht sei, so bin ich frei von Fehl!*' Greueljustiz auch für dieses schuldig-schuldlose Opfer: in den Flammen des Scheiterhaufens stirbt die rechtmäßig verurteilte Hexe.[675]

Ausgehend davon, daß ein Erlebnisbericht wie der vorliegende mit einem Ausdruck Elisabeth Frenzels „Urkonzeption"[676] eines Werkes sein kann, folgt nun ein Vergleich des Textbuchs von *Schwarzschwanenreich* unter Einbeziehung der Musik mit dem Tagebuchbericht.

Der Vergleich berücksichtigt die Aspekte:

- „[…] das Bild jener Frau […]": Der fatale *Zug an ihrem Munde*/ Das Fatale in der „*eigenartigen Erscheinung*" Huldas
- Die „übrigen greulichen Weiber"/ Das Aschenweibchen und Die Weiber
- Der *fragende Blick der jungen Frau* auf den Besucher/ Der [*fragende*] *Blick* Huldas auf Liebhold
- Der „kleine Raum" und der „kleine Hof"/ Der „*Kerker*" und die Schwarzschwanenreich-Vision
- Die „hölzernen Kragen"/ Die „*eiserne Flasche*"

Mit der Darstellung dieser Aspekte wird eine Analyse der Handlung von *Schwarzschwanenreich* in formaler und inhaltlicher Hinsicht verbunden. Diese Analyse bezieht sich in erster Linie auf den I. (Szenen 1-6) und III. (Szenen 1, 2 und 4) Akt und schließt die Beschreibung der Hauptgestalt, die Darstellung bestimmter Paarkonstellationen (Hulda – Aschenweibchen; Liebhold – Hulda; Hulda – Oswald) sowie szenische Einzelmomente (Bühnenbild der Kerkerszene; das Requisit der *Eisernen Flasche* und des *Kruges*) ein.

---

[675] A.a.O.: 226.
[676] Frenzel MCMLXX³: 27.

## 1. „[...] das Bild jener Frau [...]": Der fatale Zug an ihrem Munde

## 1. Das Fatale in der „eigenartigen Erscheinung" Huldas

| *Tagebuch* | *Textbuch* |
|---|---|
| [...] sass auf einem niedrigen Schemel an der Rückwand eine bleiche schöne junge Frau; ja schön, wie ich kaum eine zuvor hier in China sah; sie erinnerte mich an jene alten Madonnen des Fra Angelico, des Giotto [...]. [...] ich beobachtete an ihrem Munde einen Zug der mich erschrecken musste: es drückte sich da eine Kälte, eine Herzlosigkeit aus, die mich wohl davon überzeugen mussten, dass sie schuldig war, dass vielleicht nicht einmal ein leidenschaftlich wüthender Moment sie getrieben hat, ihren Gatten zu töten und dass ein perverses Motiv dieser Handlung zu grunde lag. Und trotzdem wollte es mir kaum möglich erscheinen u. ich musste staunend wieder diese feinen Züge betrachten, die zarten gespitzten Lippen, die grossen Rehaugen, den schönen Teint, der bleich, die einzelnen Glieder nur noch an Feinheit erhöhte. | **Ursula** [I. 1]<br>Wer sie entlarvte!<br>Gerüchte flüstern, um Hulda sei es nicht klar!<br>Man hat sie gern, sie scheint so mild<br>Euch trügt ja so leicht ein niedlich Gesicht!<br>Nur Einige sind's, die sehen klar!<br>Die meiden sie, wo sie sie finden!<br>**Oswald** [I. 2]<br>*erblickt mit Staunen die eigenartige Erscheinung.*<br>Wie wird mir!/ [...] Was soll ich nur reden!<br>Du! Du trinkst gern Wasser?<br>**Hulda** *(lächelt und sieht ihm ins Gesicht)*<br>**Oswald**<br>Wie? Du kannst lachen?/ Ich dachte – Du seist –<br>[...] Es lachen wohl auch die Bösen;<br>Doch wie verzerrtes Grinsen schaut es aus.<br>Nun sah ich aber Dich lächeln:<br>So bist Du froh,/Und wer froh ist, ist auch gut!<br>**Hulda** *(sieht ihn ernst an, senkt dann wieder den Blick und geht nach rechts ab)*<br>**Oswald** [I. 3]<br>Engel! oder Hexe!/ Oder Hexe und Engel!<br>Giebt's das? Wär' das möglich?<br>Oder keines von Beiden!<br>Nur ein wundervolles Menschenkind!<br>**Aschenweibchen** [I. 5]<br>*(sie fasst sie mit einer Hand, während sie mit der anderen auf die Schläfen deutet)*<br>O Kind, ich seh's Dir an!<br>Deine Schläfen drückt geheimer Kummer!<br>Diese Adern! diese Linien!<br>Vor mir hilft kein Heucheln!<br>**Ursula** [II. 3]<br>O Heilige Du!/ Verhasste Heuchlerin!<br>**Der Wärter** [III. 2]<br>Hätt'st Du doch das Maul aufgemacht!<br>Wachsweich können Richter werden,<br>Hör'n sie hübsche Mädel reden!<br>*(mitleidig)* So ein sauberes Ding wie Du! [...]<br>*(leise)* Oder ist es doch wahr? [...]<br>Du – bist Du wirklich Heidin?<br>Glaubst Du an nichts?/ Nur an den Satan? |

*Vorbemerkung*

Angesichts des Umfangs und des Detailreichtums kann man diesen Abschnitt des Tgaebuchberichts, der in einer Art physiognomischer Studie das Gesicht der Chinesin schildert, als das Zentrum des Cantonberichts ansehen.

Wie Zeitgenossen mitteilen, verwandte Wagner häufig Eindrücke, die er auf teilweise gezielt unternommenen Gängen oder durch zufällige Beobachtungen erhalten hatte, in seinen Werken. Friedelind Wagner berichtet in ihrem Buch *Nacht über Bayreuth*: „Wenn er verreiste, brach er oft stundenlang zu früh auf, um auf dem Bahnhof Leute zu beobachten; die so gesammelten Eindrücke verwandte er in seinen Opern."[677] Allerdings scheint eine derartig detailgenaue Beschreibung, wie er sie in seinem Canton-Bericht vorgenommen hat, eine seltene Ausnahme zu sein

Dem steht die im Text eher diffus bleibende, wesentlich musikalisch chiffrierte, Charakterzeichnung Huldas in *Schwarzschwanenreich* gegenüber. Im Gegensatz zur Chinesin existiert hier kein nennbarer konkreter „Zug" im physiognomischen Sinne. Eher handelt es sich, folgt man den zusammengestellten Textbuchausschnitten, um eine Vielzahl von Anzeichen in Huldas „*Erscheinung*", auf die man den spätmittelalterlichen Begriff „Charaktere", „Zauberzeichen",[678] anwenden kann. Diese Bedeutungsvariante weist zurück auf die wörtliche Übersetzung von griechisch χαρακτήρ: das Eingegrabene, Eingeprägte; 1. Stempel, den eine Sache trägt, Zeichen; 2. übertragen: Stempel des Wesens eines Menschen, seine Eigentümlichkeit (vgl. auch das Verb χαράσσειν [charassein], „kratzen", „einkratzen", „eingraben")[679]. Dies erinnert an die gleich zu Beginn des Stücks mitgeteilte (satanische) *Ritzung* Huldas (KA 11).

Dieses Zeichen ist aber nicht auf den ersten Blick zu erkennen. (Liebhold erwähnt – in positiver Sichtweise – die „Wunde" Huldas (KA 71), derer er allerdings nicht visuell, sondern durch den Klang ihres „Liedes" gewahr wird). Stattdessen entsteht es, wie es der Verlauf der Handlung zeigt, im Auge des jeweiligen Gegenüber jeweils neu und erscheint so in immer wechselnder Gestalt. Stellt man die betreffenden Textstellen zusammen, so entsteht ein changierender Zeichenkomplex.

Ursula weist auf das Vorhandensein eines solchen Zeichen des *Bösen* hin, wenn sie behauptet, „klar" zu sehen; Oswald verfällt Hulda in dem Augenblick, als er sie „lächeln" sieht; das Aschenweibchen erblickt an den „Schläfen" Anzeichen für einen „geheimen Kummer" Huldas; auch der Gefängniswärter, Hulda wohl geson-

---

[677] Friedelind Wagner 1999: 23.
[678] BE 4. Bd. BRO-COS. 1987: 421.
[679] Gemoll 1965: 800. Vgl. Art. **Charakter** BE 4. Bd. 1987: 420.

nen, hält es trotz ihres ansprechenden Äußeren (er nennt sie ein „sauberes [d.h. ein schönes] Ding") nicht für ausgeschlossen, daß die Verurteilte wirklich „Heidin" ist.

Die Hinführung zur Analyse der Textfolge, aus der die eben genannten Stichworte stammen, stellt eine Behandlung von Siegfried Wagners Deutung der Physiognomie der Chinesin dar.

*Der fatale „Zug" im Gesicht der Chinesin*

Mit seiner portraithaften Schilderung hat Wagner der Chinesin, die sonst als eine von vielen Schicksalsgenossinnen gesichtslos der Vergessenheit anheimgefallen wäre, ein Denkmal gesetzt.

Wagner schildert das Gesicht der Chinesin als eine Ganzheit von „Zügen" (Augen [die „grossen Rehaugen" könnten einer Eurasierin zuzuschreiben sein – Canton war Hafenstadt], Lippen, Teint), die sich durch Feinheit und *Schönheit* auszeichnen und das *Staunen* des *Betrachters* erregen, in ihrer Einheit aber gewissermaßen gestört, wenn nicht zerstört werden durch einen fatalen „Zug am Mund", der „Kälte" und Härte offenbart.

Das Hauptgewicht dieser Schilderung scheint auf der Partie des Mundes zu liegen. Die Bezeichnungen „Lippen" und „Mund" scheinen sich mit unterschiedlichen, einander geradezu ausschließenden Charaktermerkmalen zu verbinden. Im Gegensatz zu den Außenlinien der „Lippen" hat sich der „Zug am Mund" – stellt man eine Verbindung zu Lavaters Darstellungen in seinen *Physiognomischen Fragmenten* her – möglicherweise aus dem Verlauf der „Mittellinie" ergeben. „Es ist keine Kraft, sagt Lavater, keine verborgene oder wirksame Leidenschaft, keine Anlage und besonders kein gegenwärtiger Zustand des Menschen, der nicht in dieser Linie sichtbar ist oder werden könne."[680] Der Mund erscheint hier als Schlüssel zum Kern eines Charakters.

Der „Zug" scheint für Wagner der physiognomische Schlüssel zum Charakter der Verurteilten zu sein. Er verrät, was die Gesichts-„Züge" verdecken. Offensichtlich ist der „Zug am Mund" entscheidend für die Beurteilung der Chinesin.

Wagner nennt als Motiv der Tat *Perversität* – eine Annahme, die m.E. wenig nachvollziehbar ist. Wahrscheinlich ist eher, daß der Haß einer Unterdrückten, Eifersucht oder eine dritte Person ihres Interesses das Motiv der Tat waren. Beispiele für die Gestalt der Gattenmörderin in der Literatur (Aischylos: *Orestie*, Klytemnestra; John Knittel: die Titelgestalt des Romans *Therese Etienne*; das Marlene

---

[680] Steinbruckner 1915: 126.

Dietrich-Lied: „Mein Mann ist verhindert") weisen auf sehr unterschiedliche Situationen bzw. Anlässe für einen Gattenmord hin.

Wagners Schilderung erscheint als Beispiel für einen typisch europäischen Blick auf die sprichwörtliche asiatische Unbewegtheit der Züge (eine andersartige Variante diese Blicks findet sich im Text der Operette *Land des Lächelns* von Léhar: „Immer nur lächeln..." – Verbergen des Eigentlichen). Offenbar schloß er von dem Gesicht der Chinesin, das wenig Bewegtheit zeigte, und dessen ‚Ruhe' durch den Stumpfsinn erzeugenden Gefängnisaufenthalt noch verstärkt worden sein mag, auf Abwesenheit jeder Leidenschaft („Glaubt ihr denn, wir haben kein Gefühl?" und „... doch wie's darinnen aussieht, geht niemand was an." *Land des Lächelns*). – Eine aktuelle Variante findet sich in einer Reportage über ein Zuckowski-Konzert in Shanghai: „'Die deutschen Kinder der Deutschen Schule in Shanghai haben hierbei ein Rollenspiel auf die Bühne gebracht und viel aus ihrem Familienleben erzählt, die chinesischen Kinder aber machten mit einem immer lächelnden Ausdruck im Gesicht einen ganz feinen formalen Tanz daraus.'"[681]

Eine Erklärung für die physiognomische Deutung Siegfried Wagners könnte in der Wahl des Wortes „pervers" selbst enthalten sein.

Zu Wagners Zeit wurde dieser Begriff speziell bezogen auf sexuelle Perversion, noch im *Bertelsmann Volkslexikon* von 1975 definiert als „anormale Geschlechtsempfindung"[682] (Homosexualität, Masochismus, Fetischismus, Sadismus, Päderastie etc.). Im *Brockhaus' Konversations=Lexikon* von 1895 lautet ein Zusatz: „Solche perversen Triebe sind eine häufige Erscheinung bei entarteten Naturen"[683]. Ursula bezeichnet ihren Bruder Liebhold als „Entarteten" (KA 165). Man kann sagen, daß Wagner der Chinesin, die ihn so stark beeindruckt hatte, eigene schuldhafte Züge verleiht und sie quasi an seiner Stelle in den Sühnetod sendet. Ein Beispiel dafür, daß die Verbindung von Sühne und Selbsttötung bereits frühzeitig zum Gegenstand seines Schaffens wurde und daß ihn tatsächliche Ereignisse, die er abwandelte und ausbaute, zu eigenen Werken anregten, ist die Novelle *Die Sühnende*, ein Jugendwerk Siegfried Wagners (ungedruckt), die, basierend auf einer Zeitungsnotiz[684], den Tod der Selbstmörderin behandelt.

Insofern erscheint das „Bild jener Frau" wie eine Skizze seiner Bühnengestalten, die ebenfalls persönliche Züge tragen und deren Weg wie derjenige der Chinesin in einen Sühnetod führt – allerdings wird dieser bei Wagner auf die moralische Ebene gestellt und der Tod freiwillig herbeigeführt. In seinem Tagebuchbericht umgeht Wagner eine eindeutige Stellungnahme, indem er das schon gefällte Urteil, die

---

[681] SIKORSKI magazine 02/07: 9.
[682] Bertelsmann Volkslexikon 1975: 1383.
[683] *Brockhaus' Konversations=Lexikon*. 13. Bd. Perugia – Rudersport. 1895: 3.
[684] Pachl 1988: 116, 118. Entstehungsjahr: 1892.

Schuld der Chinesin betreffend, wieder in Zweifel zieht durch das Wort „Und trotzdem wollte es mir kaum möglich erscheinen...". Die Schuldfrage bleibt hier offen – wie auch in vielen seiner Werke.

*Das Zeichen des* Bösen *in der „Erscheinung"* Huldas

Entsprechend den zwiespältigen Empfindungen, welche die Chinesin im Besucher des Cantoner Gefängnisses wachruft, löst Hulda in den Personen, die ihr im Verlaufe der Handlung begegnen (dies betrifft Ursula, Oswald, das Aschenweibchen und den Gefängnisswärter), sehr unterschiedliche Reaktionen aus. Dies kann dadurch erklärt werden, daß Wagner seinen personifizierten und dramatisierten Selbstgründungsversuch zwangsläufig kontrovers gestaltet und unter Umständen sich selbst richtend entgegentritt. Weiterhin stellt sich bei genauerer Betrachtung heraus, daß sich die Physiognomien einzelner Personen aus widersprüchlichen Einzelzügen zusammensetzen und sich so Gegnerschaft – hinter der Fassade der Außenhandlung – partiell als Verwandtschaft erweist.

Die Grundlage dieser Analyse ist eine Zusammenstellung von Textstellen, die sich auf Huldas Erscheinungsbild beziehen. Innerhalb des Opernbuchs gibt es keine dem Tagebuch vergleichbare, zusammenhängende Passage, Huldas äußeres Erscheinungsbild betreffend. Die Angaben, die Huldas Gesichtszüge andeuten, finden sich scheinbar zusammenhanglos verstreut an verschiedenen Stellen des Textbuchs.

Es wird im Folgenden versucht, diese Mosaiksteine in – von einer Ausnahme abgesehen – chronologischer Reihenfolge – zu einem Bild der Protagonistin zusammenzutragen. In Verbindung gebracht mit den entsprechenden Stellen in der Musik haben sie Chiffrencharakter bzw. stellen sie Charakterchiffren dar.

Wie in den übrigen Abschnitten verbindet sich auch hier mit dem systematischen Textvergleich eine partielle inhaltliche Darlegung der Opernhandlung. Hier stehen die Szenen I.2-5, also der Mittelteil des I. Akts, der durch einen formalen und inhaltlichen Spannungsbogen zusammengefaßt ist, im Blickfeld. Aus diesen Szenen stammen – mit einer Ausnahme – die wiedergegebenen Textstellen. Eingebunden in eine systematische Behandlung, die sich aus der Hinziehung der zu vergleichenden Tagebuchstellen ergibt, kann eine inhaltliche Analyse Aspekte zutage fördern, die in tiefergelegenen Bedeutungsschichten des Dramas zu finden sind und die bei der Beschränkung auf die Inhaltsangabe auf die Außenhandlung nicht zu eruieren wären.

*Die* eigenartige Erscheinung *Huldas in der Sichtweise der* URSULA *(I.1)*

> **Ursula**
> Wer sie entlarvte!
> Gerüchte flüstern, um Hulda sei es nicht klar!
> Man hat sie gern, sie scheint so mild
> Euch trügt ja so leicht ein niedlich Gesicht!
> Nur Einige sind's, die sehen klar!
> Die meiden sie, wo sie sie finden!

Aus Ursulas Sicht ist Huldas *Milde* – genau genommen eine der christlichen Tugenden: *clementia* – nur *Schein*. Ihr Sympathie erweckendes Erscheinungsbild „trügt". Vorsätzlicher Trug und planvolle Täuschung sind jedoch in der Vorstellungswelt des NT Grundwesenszüge des Satans, in dessen Dienst Hulda – Ursulas dringendem „Verdacht" zufolge (KA 23) – steht.

Als Bestätigung ihres „Verdachts" würde sie das ansehen, was sich bereits in der folgenden Szene – in ihrer Abwesenheit – ereignet: den Verlauf der ersten Begegnung Oswalds und Huldas.

*Die* eigenartige Erscheinung *Huldas in der Sichtweise des* OSWALD *(I.2)*

> *Hulda kommt mit einem Krug aus ihrer Behausung (vorn links); sie will schnell vorüber eilen. Oswald, der links im Hintergrunde steht, erblickt mit Staunen die eigenartige Erscheinung. [...] (Hulda steht rechts, man nimmt an, sie will nach rechts dem Hintergrunde zu gehen).*

Das Außergewöhnliche der Ausstrahlung Huldas verschlüsselt Wagner in dem zu seiner Zeit gebräuchlichen Terminus der *„eigenartigen Erscheinung"*. Die Angabe in der „1.Skizze" des Textbuchs, daß Hulda „dunkelbraune Haare" habe[685], hat er in die späteren Fassungen nicht aufgenommen. Was verbirgt sich hinter dieser Bezeichnung, was ist es, das Oswald bei Huldas Anblick *„mit Staunen"* erfüllt? (KA 29)

Dies ist in erster Linie aus den musikalischen Mitteln zu ersehen, die Oswalds Reaktion zum Ausdruck bringen. Sein erstes Erblicken Huldas ist zeitlich fixiert: die entsprechende Anweisung befindet sich oberhalb des dritten Takts. Demzufolge

---

[685] Vgl. „1. Skizze" zur „Dichtung" (Hs.) [o.S.] 7. Seite. NAB: VI Bf 1-1.

wird es musikalisch dargestellt durch einen chromatischen 16tel-Abwärtslauf im Cello, z.T. unterstützt von der Bratsche, der in die als gebrochener verminderter Klang zu hörende Folge e – cis – b mündet: Über diesem Lauf liegt ein Klang, der aus zwei Tritonusspannungen besteht. Wagner verwendet hier also ein Intervallsymbol der Dämonie: e – b und cis – g[686] in den Holzbläsern. Es handelt sich um die Dominant-Tonart[687] A-Dur, die als Dominantseptnonakkord in der vierten Umkehrung erklingt, wobei die Quinte und die None eine Oktave tiefer gelegt wurden, so daß ein doppelter Tritonus entstand. Abgesehen von dieser Disharmonie ist das Augenmerk m.E. jedoch hauptsächlich auf folgenden Umstand zu richten: in diesem Klang fehlt der Grundton a. Dieser ist es, der durch o.g. chromatischen Lauf aufgelöst wurde. Der Lauf beginnt, wenn man die Phrase genau abgrenzt, allerdings mit dem Ton a, nimmt von hier einen kurzen Aufschwung: a – b – d und fällt von dort herab, um erst im vierten Takt auf Schlag eins endlich den Grundton a (wieder) zu erreichen, und zwar in den tiefen Streichern im Oktavabstand (bei Siegfried Wagner, wie in der Text-Motivanalyse von II.2 erwähnt, ebenfalls ein Zeichen der Bedrohlichkeit), dies über zwei Takte hinweg, unheilverkündend und in die Tiefe – auch in einen Raum innerhalb der Tiefe – verweisend (rhythmisch und harmonisch unterstützt durch Paukenschläge auf a im *pianissimo*).

Diese Merkmale: die abwärtsführende Chromatik, durch die die Auflösung des Grundtons bewirkt wird, der zweifache Trintonusklang, die Verwendung tiefer Streicher zusammen mit den Holzbläsern bilden ein Konglomerat von Zeichen, das, in einen einzigen Takt zusammengefaßt, dem Einschlag eines Blitzes gleich, die Wirkung Huldas auf Oswald anzeigt und die Folgen dieser Begegnung ahnen

---

[686] Beachte: Druckfehler im KA: unaufgelöstes gis, in der Part. findet sich das Auflösungszeichen.

[687] Zur Bestimmung der Grundtonart dieser Szene s. Schneeweiß 2000: 113: „Obwohl Siegfried Wagner in der gesamten Szene drei Kreuze vorzeichnet, was eigentlich auf A-Dur hinweist, ist die hier umschriebene Tonart dennoch d-Moll. Dies ist vor allem auf die häufige Verwendung der Rameauschen Sexte von d-Moll zurückzuführen. Diese erklingt sowohl am Anfang als auch am Schluß der Szene, so daß dadurch ein tonaler Zusammenhang gewährleistet ist, der sich über die gesamte Szene erstreckt." Hieraus läßt sich der Gedanke ableiten, daß die durch die Vorzeichen angegebene Dominanttonart dramaturgisch deutbar ist: die innerhalb der Szene geschilderte Situation strebt, ebenso wie in der Kadenz die Dominante zur Tonika, nach einer Auflösung der inneren Spannung (Oswald), nach einem ‚Schluß'. Die Parallelszene II.2 (zweite Begegnung Oswald-Hulda) ist tonartlich gekennzeichnet durch ein Streben von d-moll (Grundtonart) nach D-Dur.

läßt. Diese werden im Verlauf der Szene mit Hilfe weiterer szenischer, musikalischer und textlicher Mittel expliziert.

Dieser A-Dur-Septnonakkord ist, wie eine Wiederholung an entscheidender Stelle innerhalb der 2. Szene zeigen wird, ein musikalisches Zeichen der Persönlichkeit Huldas, dessen Bedeutung sich im Kontext dieser späteren Stelle erschließen wird.

Dieser dritte Takt ist ein Umschlagpunkt, ein Takt der Verwandlung, der den weiteren Handlungsverlauf neu disponiert. Dies verdeutlicht v.a. ein Blick auf die sechs letzten Takte der vorhergehenden, ersten, Szene. Diese wurden von Wagner durch eine beinahe satzbezeichnungsartige Überschrift bzw. Tempoangabe: „*Nicht schleppen*" in eine Einheit zusammengefaßt. (KA 28)

Vergleichbar damit ist die ebenfalls sechstaktige Überleitung an der Parallelstelle im II. Akt: derartige formale Wiederholungen stellen angesichts der minutiös gearbeiteten Binnenstruktur von Siegfried Wagners Werken eine wesentliche Orientierungshilfe während der Analyse dar.

In diesem Abschnitt faßt Oswald seine Zukunft und damit eine Lebenswende ins Auge: „Des Kriegswerks satt, im friedlichen Hofe mit ihr [seiner Braut Ursula] traulich zu leben – Oswald dürft' es Dir taugen?" (KA 29) Allerdings enthält diese Phrase einige Anzeichen, die auf eine gewisse Unschlüssigkeit schließen lassen. Allen voran ist der musikalische Schlußpunkt zu nennen: die Passage endet dominantisch auf G-Dur; das durch sie vorbereitete lichte C-Dur wird also nicht erreicht (es müßte in Takt 1 der folgenden Szene erklingen)[688], da dieser harmonische Prozeß szenisch und musikalisch durch den Auftritt Huldas unterbrochen wird.

Das Gegenstück hierzu ist im Übergang von der 2. zur 3. Szene des II. Akts zu beobachten: während hier Hulda, ohne dies zu wissen und zu beabsichtigen, die spätere Trennung Oswalds von Ursula bewirken wird, ist es dort Ursula, die, allerdings planvoll und nicht gegen Huldas Willen, die Szene Oswald – Hulda beendet. Bezeichnend ist auch die Regieanweisung am Schluß der 3. Szene: „*Er sieht Ursula nach*" im Vergleich zur der Angabe, die seine Haltung nach dem Abgang Huldas Ende der 2. Szene beschreibt: „*Er blickt Hulda reglos nach*" (KA 31)

---

[688] Hier „müßte nach der Kadenz Mollsubdominante – Dominante wiederum die Tonika oder wenigstens ein auf die Tonart (hier C-Dur) bezogener Akkord erklingen – keines von beidem ist der Fall. Die Dominante (G-Dur), die Frage ausdrückend, geht ohne Auflösung in die sixteajoutée von d-moll über, die sowohl durch die neue Tonart als auch durch den veränderten Rhythmus sofort eine neue Stimmung charakterisiert." Schneeweiß 2000: 62-63. In ihrem Kapitel 2 „Siegfried Wagner – eine Stilkopie seines Vaters?", Punkt 2.2.2. „Harmonik", 57-64, Noten-Bsp. 5, 62 analysiert Schneeweiß diese Takte harmonisch, während sich vorliegende Untersuchung auf die Melodie bzw. den musikalisch-dramaturgischen Bruch zwischen der 1. und 2. Szene konzentriert.

Die Frage, auf die Oswalds Selbstgespräch hinausläuft, steht noch offen, ein Entschluß ist, als ließe ihn ein empfundener Mangel innerhalb dieses Zukunftsbildes zögern, noch nicht gefaßt.

Die Antwort auf diese Frage erteilt, ohne es zu wollen und zu beabsichtigen, Hulda. Ihre Antwort ist gekennzeichnet durch eine grundlegende Veränderung des harmonischen Bodens. Ihre „*eigenartige Erscheinung*" wird begleitet von einem hier erstmalig auftretenden Motiv (T 6 bis 7):

Dieses Motiv beruht auf dem Prinzip der – in diesem Fall: chromatischen – *Rückung*. Diese *Ver*rückung des harmonischen Bodens ist äußerst geringfügig, der Boden hebt sich nur um einen Halbtonschritt, vom Grundton f zum neuen Grundton fis (bzw. es wird der Akkord F-Dur hochalteriert zu fis-moll). Dadurch – verstärkt durch die Terzlage des F-Dur-Klanges – wird das Schwanken des Bodens angezeigt, das Oswald unter seinen Füßen zu verspüren meint, als er Huldas zum ersten Mal ansichtig wird.

Musikalisch gesprochen steht Oswald also auf doppeltem harmonischem Boden. Man könnte auch von einem leichten musikalischen Erdbeben sprechen.

Auch die rhythmische Beschaffenheit des Huldamotivs (die Punktierung und die Triolen) unterstreicht den Eindruck des Unfesten, Schwebenden. Dammann schreibt hierzu: „das harmonische Fundament wird zusätzlich durch Sequenzierung des Motivs in der Schwebe gehalten."[689] Es wird also gleichzeitig Oswalds Zustand zum Ausdruck gebracht und die „*Erscheinung*" Huldas charakterisiert.

---

[689] Dammann 2000: 52.

Während wir bisher einen eher allgemeinen Eindruck von Huldas Erscheinung gewonnen haben, fokussiert sich der Text Oswalds jetzt um eine spezielle Partie des Gesichts: den Mund.

Weiterhin ist vorauszuschicken, daß sich die mimisch-physiognomische Aussage des Textes erst erschließt, wenn man die Musik als Leseschlüssel hinzuzieht. Erst anhand der textlich-musikalischen Gesamtstruktur kann deutlich gemacht werden, für welchen diffizilen psychologischen Bedeutungsgehalt dieser schlicht-stabile Text ein Gehäuse bildet.

Im weiteren Verlauf der Szene gibt es zwei Momente, die nun zum Gegenstand des Gesprächs bzw. Oswalds Überlegungen werden: der „Krug" – der für Oswald zum Anknüpfungsmittel wird – und das *Lächeln*, mit dem Hulda auf diesen Versuch antwortet.

**Oswald**
[...]
Wie wird mir! [...]
Was soll ich nur reden!
Du! Du trinkst gern Wasser?
**Hulda**
*(lächelt und sieht ihm ins Gesicht)*
**Oswald**
Wie? Du kannst lachen?
Ich dachte – Du seist –
[...]
Es lachen wohl auch die Bösen;
Doch wie verzerrtes Grinsen schaut es aus.
Nun sah ich aber Dich lächeln:
So bist Du froh,
und wer froh ist, ist auch gut!

Anhand dieser beiden Gegenstände kann man die Szene in zwei Sequenzen teilen.

Es ist anzunehmen, daß Hulda, Oswalds Verlegenheit wahrnehmend, unwillkürlich mit einem *Lächeln* reagiert, dem offensichtlich kein Spott beigemischt ist. Wagner deutet so auf der Oberfläche der Handlung eine eher amüsierte Reaktion Huldas an.
 Faßt man das *Lächeln* aber inhaltsbezogen als Antwort auf Oswalds Frage, ob sie gern Wasser trinke, auf, so gewinnt man einen anderen Eindruck. Um diesen Eindruck zu klären, ist das Requisit in Augenschein zu nehmen, das Hulda bei ihrem ersten Auftreten begleitet: der „*Krug*".

Gegenstand des Gesprächs innerhalb der ersten Sequenz dieser Szene ist der Krug. Da es sich um ein von Oswald initiiertes Verlegenheitsgespräch handelt, das nur den Zweck hat, eine Verbindung mit Hulda herzustellen, ist man bei oberflächlicher Betrachtung unwillkürlich geneigt, dieses Requisit als bedeutungsleer zu übergehen.

Bei näherem Hinsehen fällt jedoch auf, daß dieses Requisit keine praktische Funktion innerhalb der Bühnenhandlung hat, sondern von Wagner nur zur Bezeichnung von Huldas Persönlichkeit eingesetzt wurde. Damit ist es ein Symbolrequisit, das ggf. pars pro toto für die Person, die es kennzeichnet stehen könnte. In der Analyse wird der Krug daher als Identifikationszeichen Huldas behandelt.

Hulda ist, wie ihr Krug andeutet, im Begriff „Wasser zu schöpfen".

Ihr Gang führt sie nicht an eine beliebige Wasserquelle, sondern eben an den Teich, unterhalb dessen sich das dunkle Reich befindet. Siegfried Wagners Bühnenlandschaft ist keine naturalistische, sondern eine symbolistische Zeichenlandschaft.

Dieser See ist der zentrale landschaftliche Topos in der Oper *Schwarzschwanenreich*. Es ist anzunehmen, daß sich der bewußte See „rechts im Hintergrund" befindet, eben dort, wohin zu gehen Hulda gerade im Begriff ist.

Als Hinweis zu dieser Annahme dient die Tatsache, daß die Protagonistin gegen Ende der Hypnoseszene (5. Szene) *„nach rechts im Hintergrund"* zum „Wasser" flieht, um sich zu ertränken. (KA 58, 61)

Zu Beginn der 6. Szene findet sich eine Assoziation des *Hintergrundes rechts* mit der „*Tiefe*" (Liebhold steht [zu Beginn seines Dialogs mit Hulda] *etwas rechts, der Tiefe zu.*)" (KA 62)

Eine weitere Bestätigung, daß die Hinterbühne kartographisch markiert und topographisch in das Geschehen einbezogen ist, stellt eine Angabe in der 1. Szene dar, die Ursulas Bericht über Hulda bzw. ihre Wiederkunft nach längerer Abwesenheit illustriert: „*nach rechts im Hintergrund deutend*": „von dorten eilte sie scheu in ihr verödetes Haus!" (KA 24)

Da sich der gesamte I. Akt vor der Behausung Huldas abspielt und innerhalb der symbolischen Topologie der Werke Siegfried Wagners keine Beliebigkeit bzw. Bezugslosigkeit der Details festzustellen ist, hat sich an der szenischen Kartographie nichts geändert.

Der See bzw. die Wasserquelle befindet sich im Off (im Bereich der Hinterbühne), also im Hintergrund rechts – dorthin geht sie, um, wie Oswald bemerkt, „Wasser zu schöpfen".

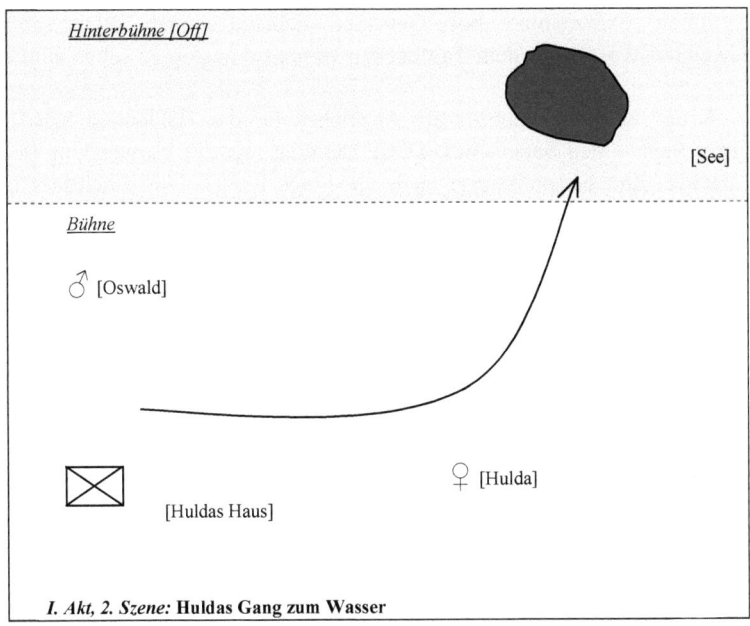

*I. Akt, 2. Szene:* **Huldas Gang zum Wasser**

Als sie zu Beginn der 5. Szene – „*mit dem Krug*", wie eigens erwähnt wird (KA 50) – zurückkehrt, erwartet sie in Gestalt des (von Ursula beauftragten) Aschenweibchens bereits die Strafe, der Exorzismus. Das Anzeichen ihrer „Schuld" trägt Hulda bei sich: den „*Krug*" mit dem Wasser des Sees.

Wir wurden allerdings nicht Zeugen *des Wasserschöpfens*. Dies findet als zu denkende unsichtbare Handlung statt (während des Verlaufs der Szenen 3 und 4). Hinter diesem zweckmäßig und praktisch erscheinenden Tun verbirgt sich ein Ritual, dessen Vergegenwärtigung die in den Augen der anderen darin bestehende Strafwürdigkeit erklärt.

Der Name Hulda assoziiert die oberste weibliche Gottheit in Mittel- und Nordeuropa in vorchristlicher Zeit (Holda, Berchta, Freia). Das Wasserschöpfen repräsentiert einen Symbolakt: ein (Immer-Wieder-)Einswerden mit dem Element. Das Wasser im landschaftlichen Sinne von Gewässer steht aus kirchlicher Sicht für „die [nicht-]entsündigte Natur" (*Parsifal*[690]). Demgegenüber stellt das Weihwasser der Kirche das „vom Priester bei vielen Segnungen verwendete unter Gebet, Exorzismus und Beigabe von Salz geweihte Wasser" dar.[691] „Geweiht" ist dieses Wasser,

---

[690] Richard Wagner o.J.: 58.
[691] *Bertelsmann Volkslexikon* 1975: 1817.

insofern durch „Exorzismus" „böse Gewalten" gebannt wurden.[692] Die Taufe mit dem geweihten Wasser aus dem Taufbecken wäre also analog zu sehen zum Exorzismus.

Der „Krug" ist demgegenüber ein Anzeichen für das Heidentum bzw. – aus kirchlicher Sicht – den Satanismus. Diese Deutung legt die Verwendung des Namens „Hulda" und beispielsweise auch die Frage des *Gefängnisswärters* in der Kerkerszene: „Du – bist Du wirklich Heidin? Glaubst Du an nichts? Nur an den Satan?" (KA 154) nahe sowie ihre eigene Anrufung des „Satan's" in der nächtlichen See-Szene (KA 137).

Huldas Vorhaben, „Wasser zu schöpfen", signalisiert innerhalb dieser legendenhaften Sprache die verderbliche Anziehungskraft des Wassers, der Huldas verfallen ist. Von der Umwertung ursprünglich der Göttin geweihter Seen zeugt heute noch der häufig anzutreffende Name „Teufelssee".

Der Umstand, daß Huldas Ausstrahlung mit einem derartigen Schwanken von Oswalds Lebensgrund gekoppelt ist, läßt darauf schließen, daß Hulda tatsächlich über ein Mittel verfügt, das dem „Wasser des Lebens" (Titel eines Grimmschen Märchens) täuschend ähnlich sieht.

Das Wort „Wasser zu schöpfen" findet sich in der Erzählung „Jesus und die Samariterin" bei Johannes, 4. Dort ist von zweierlei Wasser die Rede. Dem „Wasser"[693] im gebräuchlichen Sinne (7) wird das „lebendige Wasser" (10) gegenübergestellt. Von dem gebräuchlichen Wasser heißt es: „Wer von diesem Wasser trinkt, den wird wieder dürsten." (13) Das „lebendige Wasser" dagegen, das für *„Wahrheit"* und den „Geist" bzw. „Gott" steht (24), wird im Menschen zum „Brunnen des Wassers" selbst werden, so daß ihn „ewiglich nicht dürsten wird" (14). Der Gleichnisabschnitt innerhalb des 4. Kapitels schließt mit der Bitte der Samariterin: „Herr, gib mir solches Wasser, auf daß mich nicht dürste und ich nicht mehr herkommen müsse, zu schöpfen!" (15) Dasselbe sagt Hulda, wenn sie in ihrem Kerkermonolog (III.1) den „Herrn" (KA 144) bittet, daß ihr „Ruhe" (auf den Seiten 140, 141, 142, 144 im KA insges. acht Mal vorkommend) zuteil werde. „Ruhe" bedeutet für Hulda Beendigung eines *circulus vitiosus*, dessen Formel lautet: „Wasser zu schöpfen" und der bildhaft durch das immer wieder erneute Eintauchenmüssen des *„Kruges"* dargestellt wird.

Um zu zeigen, wie die Bitte der Samariterin auf Huldas „Sehnsucht" (KA 140) nach dem Ende ihres *Durstes*[694] übertragen werden kann, gilt es, eine Realität sichtbar zu machen, die sich erst auf zweiten Blick erschließt, und zwar dann, wenn man durch Analyse der historisch-sozialen Außenseite die Handlung transparent macht, was zunächst geschehen soll.

---

[692] A.a.O.: 492.
[693] Die Bibel 1978.
[694] Vgl. die „1. Skizze": 7. Seite.

253

Oswalds Frage, ob sie „gern" Wasser trinke, beantwortet Hulda mit einem *Lächeln*, das man als maliziös, aber vor dem Hintergrund ihrer Situation als Verfolgte (geschildert in ihrem Eingangslied) – als schmerzlich, bitter und voller Ironie bezeichnen kann.

Daß sich mit diesem *Lächeln* eine besondere Aussage verbindet zeigt ein Blick auf die Taktstruktur der Szene an. Das *Lächeln* markiert eine Zäsur innerhalb des Verlaufs und bezeichnet so die Peripetie der Szene.

Laut Einschreibung in die Partitur nimmt es den T 21 ein. In diesem Takt erklingt das Hulda-Motiv. Dieses erstreckt sich allerdings – wie die meisten Motive bei Siegfried Wagner – auf zwei Takte, so daß, in Verbindung damit gelesen, auch die Regieanweisung auf zwei Takte ausgedehnt werden kann. Die Szene hat insgesamt 42 Takte – somit bildet das *Lächeln* bzw. der Doppeltakt 21| 22 die Achse einer rechnerisch nicht ganz genauen Symmetrie (diese wäre T 22).[695]

Diese Achse gliedert die Szene in zwei Sequenzen zu 20 bzw. 21 Takten: der wenigstens andeutungsweise vorhandene Dialog Oswald – Hulda (bis Takt 20, Thema: der „*Krug*") – dieser Teil ist durch kurze abgerissene Sätze gekennzeichnet; das *Lächeln* Huldas löst einen längeren Wortstrom Oswalds aus, der den im Wesentlichen monologartig gehaltenen zweiten Teil bestimmt (ab Takt 23 m.A. [= „mit Auftakt"]; daß Takt 22 durch den Auftakt noch zu Huldas Reaktion und bereits zu Oswalds Monolog gehört, ist ein Beispiel für Wagners Übergangs- und Verzahnungstechnik).

Es ist, als ob das Lächeln Huldas blitzartig die Tiefen ihres Wesens erhellt habe. Was dieses *Lächeln* in Oswald auslöst, zeigt der monologische zweite Teil der Szene.

Sein ganzes Bestreben ist es zunächst, in diesem inneren Tumult nicht gänzlich den Halt zu verlieren. Daher orientiert er sich nun an der soeben vernommenen Schilderung Ursulas. Scheinbar ganz in deren Sinne vorgehend, macht er Ursulas Mahnung letzten Endes gegenstandslos.

Oswald konstatiert Huldas *Lächeln* und schließt daran einen Kommentar, der, ebenso wie Ursulas Schilderung, auf einem Dualismus beruht. Es ist eine Reihung *guter* und *böser* Gesichter, die ohne Individualität und wie mythische Masken erscheinen. Offenbar ist es sein Ziel, Huldas *Lächeln* geradezu als Beweisstück gegen Ursulas Anschuldigung herauszustellen. Er stellt larvenartige Gesichter vor Augen, die durch die Orchesterbegleitung deutlich von Huldas Antlitz unterschie-

---

[695] Schneeweiß verweist hier auf die Proportion des Goldenen Schnittes. Den Schnittpunkt bilde eine „Klangfläche": T 15-20; „die 14 Takte vor der genannten Klangfläche" und „die 25 Takte nach dem Klangfeld" stehen zueinander im „irrationalen Verhältnis des Goldenen Schnittes 3:5." Schneeweiß 2000: 113.

den werden. Huldas *Lächeln* wird von ihrem Motiv getragen, während die Fiktionen Oswalds eine rein akkordische, also unfigürliche Begleitung haben.
Anhand von Stichworten kann man die einzelnen Textstationen markieren:

|0|  Das Lächeln Huldas (T 21)

|1|  Das Lachen [der Guten] (T 23)

|2|  Das Lachen der Bösen (T 29)

|2'| Deren verzerrtes Grinsen (T 31)

|3|  Huldas Lächeln (T 34)

Dem Wortlaut nach könnte man meinen, daß der Text Oswalds am Schluß der Reihung wieder dort anschließt, von wo er ausgegangen war (T 21). Gerade an dieser Stelle aber wird deutlich, wie weit er sich von der Wirklichkeit entfernt hat. Dies erschließt sich jedoch erst dann, wenn man den Text in Verbindung mit der Musik interpretiert, die wie ein nicht-begrifflicher Subtext zur Textaussage erscheint.

|0|  Das Lächeln Huldas (T 21)

Bezeichnend für die sich hinter Huldas Lächeln verbergende innere Verfassung ist der dazugehörige Orchesterklang: Durch eine besondere Stellung der Töne der als Septnonakkord notierten Rückung D – Es – D (Hulda-Motiv) wirken die Klänge traurig, schwer und bedrückt.

|1|  Das Lachen [der Guten] (T 23)

Oswalds Ausruf „Du kannst lachen?" findet seine verneinende Beantwortung in der Ge- staltung der begleitenden Akkorde. Sie werden gespielt von den Hörnern, die in der Partitur von *Schwarzschwanenreich* an mehreren Stellen das Schicksalhafte, Verhängnisvolle symbolisieren, und erklingen in c-moll. Wie im letzten Abschnitt dargestellt, bilden die Akkorde C-Dur, Cis-Dur, c-moll, auch Ces-Dur (s.u.) eine Tonarten-Gruppe, die das Ge- oder Mißlingen von Huldas Streben nach dem „Licht"-Symbol ihrer Befreiung vom „Bann" bzw. von dem dunklen Reich des

Versuchers beleuchten. Die Bezugstonart ist C-Dur. Der adäquate Klang, der dem *Lachen* [der Guten] entsprechen würde, wäre C-Dur. Dieser Akkord erklingt hier getrübt zum Mollakkord. Das entscheidende b-Vorzeichen chiffriert dieser Deutung zufolge den „Bann", der es Hulda im Augenblick unmöglich macht, i.S. Oswalds zu „lachen".[696]
Bezeichnenderweise singt Oswald seinen Text nur auf den Rahmentönen c und g – also unter Aussparung der entscheidenden Terz.

Mit der Umdeutung von Huldas *Lächeln* zum *Lachen* scheint Oswald ein Gegenanzeichen schaffen zu wollen, mit dem er Ursulas „Verdacht" entkräften zu können hofft.

2    Das Lachen der Bösen (T 29)

Um diese Konstruktion zu befestigen, schließt Oswald sogleich ein negatives Bild an: das *Lachen der Bösen*, unterlegt mit einem a-moll-Septakkord, der in den Holzbläsern (im Vgl. zu dem weichen Klang der Hörner mit einiger Schärfe) erklingt.
Diese vermeintliche Antithese zum Vorangegangenen (a-moll ist Mollparallele zu C-Dur) setzt ein zu der These gehöriges C-Dur voraus, das aber nicht erklungen ist.

2'   Deren verzerrtes Grinsen (T 31)

Nun führt Oswald das *Lachen der Bösen* weiter aus. Er zeichnet eine Fratze („verzerrtes Grinsen"), die auch im Orchester von einem Zerrklang begleitet wird (wie aus der Partitur hervorgeht: gestopftes Horn; Takt 31): das a-moll des *Lachens der Bösen* wird hier zu einem verminderten Klang auf ais zusammengedrängt, durch die spezielle Stellung der Töne entstehen dissonante Reibungen (v.a. ein Tritonus).
Zu ergänzen ist, daß sämtliche Akkorde – mit Ausnahme des letztgenannten! – in ihrer Grundstellung zu hören sind, also in einfachster Form notiert wurden. Dies kann man zu der Simplizität dieser Schwarz-Weiß-Malerei in Beziehung setzen.

---

[696] Tina Schneeweiß analysiert den c-moll-Akkord formal („In Takt 23 erklingen ausschließlich die ersten drei Hörner mit einem c-Moll-Akkord in Quintlage, der harmonisch nur über den gleichbleibenden Ton c1 [...] erklärt werden kann.") und bewertet diesen Akkord, da er eine „harmonische Überraschung" darstelle, zusammen mit anderen Wechseln als Ausdrucksmittel für „das Erstaunen Oswalds über Huldas Lächeln". Schneeweiß 2000:111; s. auch weitere besprochene Stellen 112.

3  Huldas Lächeln (T 34)

Nachdem Oswald das *Böse* auf diese Weise fixiert hat, kann er nun gleichsam befreit zu Huldas Ausdruck zurückkehren. Er zieht den Schluß, auf den seine Argumentationsstruktur hinzielte. Jetzt benennt er ausdrücklich Huldas *Lächeln*. Dies ist begleitet von einer Dur-Aufhellung des vorangegangenen Akkords a-moll zu A-Dur.

In seinen *Studien und Betrachtungen über die Psychophysis des künstlerisch Schönen* betrachtet Hess den „Wechsel von Dur nach Moll" auch jenseits der „begrifflich-formalen Analyse" („Modulationsformel") und „den Attributen der Harmonie- und Formenlehre", und erweitert das Phänomen zum „rein i n n e r e n Geschehen", allerdings in dem Bewußtsein, daß dieser Wechsel „eine sehr wesenhafte Realität im Kunstwerke" sei.[697]

Im vorliegenden Fall scheint der moll-Dur-Wechsel Ausdrucksmittel eines solchen „inneren Geschehens" zu sein. Dies wird besonders anhand der weiteren Gestaltung deutlich: durch Hinzufügen der Septe und der None sowie durch Tondoppelungen entsteht ein Klang, der an Schärfe selbst durch die – eher dunkel drohenden – Klänge *der Bösen* nicht übertroffen wird. Durch eine Sekundreibung und einen Tritonus – dies alles höchst verhalten im *pianissimo* – wird ein Klangbild erzeugt, das einen Akt des Zerreißens assoziiert: Wie ein orchestraler Schrei scheint er Ausdruck des Schmerzes zu sein.

Wir erinnern uns, daß dieser A-Dur-Septnonakkord bei ihrem Auftritt zu hören war. Inwiefern er in besonderer Weise ein musikalisches Charaktermerkmal Huldas darstellt, ist in Verbindung mit ihrem *Lächeln* zu erschließen.

Weiterhin ist zu sagen, daß diese Tonart nicht unmittelbar zur Familie von C-Dur gehört. Die von Wagner hergestellte bedingungsvolle Verbindung einer positiven Gefühlslage mit „Licht" wird in der Symbolstruktur dieser Partitur nicht durch A-Dur symbolisiert.

Dieser abschließende Klang zeigt, daß sich Oswald von Huldas augenblicklichem Befinden entfernt hat. Diese Entfernung bestätigt sich, wenn man den Weg, den Oswalds Assoziationsreihe harmonisch nimmt, in ein Schema einträgt, das alle 12 Dur- und moll-Tonarten in einem bestimmten Intervallverhältnis (Quintverhältnis) wie in einer Kosmologie zueinander ordnet: in den Quintenzirkel.

---

[697] Hess 1960: 7.

Das Kriterium der *Entfernung auf dem Quintenzirkel* ist in der Analyse wort- und handlungsbezogener Musik anzuwenden. Es ist aufschlußreich zu sehen, wie sich bei Wagner die diffizile und variable Behandlung eines mimischen Moments innerhalb dieses Schemas visualisieren läßt. Für diesen Zweck wurde der Quintenzirkel hier reduziert auf die o.g. zur Diskussion stehenden Tonarten.

In der folgenden graphischen Darstellung existieren zwei konzentrisch angeordnete Kreise: ein äußerer Dur-Zirkel und ein innerer moll-Zirkel. Zu beobachten sind daher nicht nur die Entfernungen und Bewegungen auf der jeweiligen Kreisbahn, sondern auch die Übersprünge von Kreis zu Kreis. Neben der Tonart werden die Nummer der Station, die einschlägige Textstelle sowie einige Ergänzungen angegeben. Schließlich deuten Pfeile gedankliche und tatsächliche Fortgänge der Assoziationskette an.

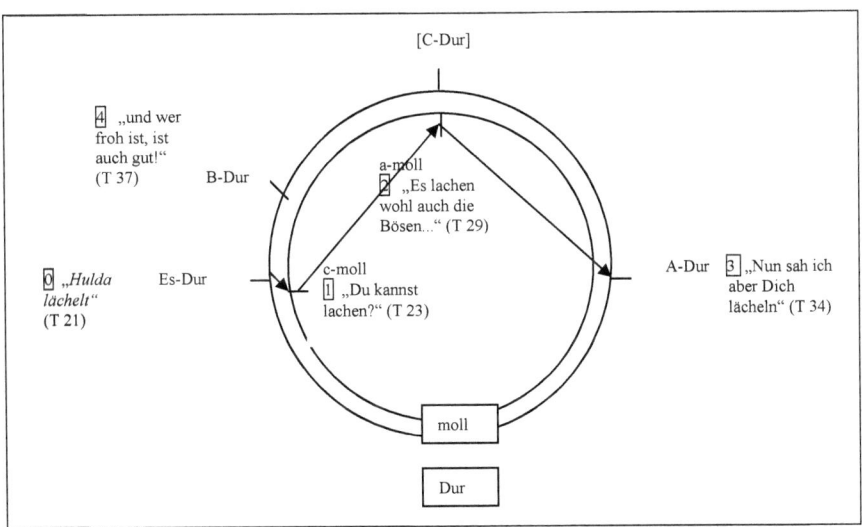

*Huldas* Lächeln: *Die Harmonik-Bewegungen I. Akt, 2. Szene, 2. Sequenz auf dem Quintenzirkel.*

Betrachtet man zunächst den Gesamtverlauf von c-moll [1] nach A-Dur [3], so fällt ins Auge, daß die erste und die letzte Station einander diametral gegenüberliegen. Um vom Ausgangspunkt zum Ziel zu gelangen, muß (zunächst in der Analyse) eine Wendung um 180° vollzogen werden.

Am Beginn [0] steht die oben nur marginal erwähnte Tonart Es-Dur, Mittelstück der Rückung D – Es – D des Huldamotivs und damit gleichsam der *zweite Boden* oder das Rücken bzw. Schwanken des Bodens selbst repräsentierend, auf dem Hulda steht. Es weist auf den „Bann" hin und steht ursächlich für Station [1] c-moll, seine Mollparallele, die das Nichtlachenkönnen Huldas ausdrückt.

Das *Lachen der Bösen* [2]: a-moll, weist zurück auf ein nicht wirklich erfolgtes, wohl aber von Oswald als möglich angenommenes oder suggeriertes – vgl. oben: das Negativum der Terzaussparung – *Lachen* [*der Guten*], das in der Paralleltonart C-Dur erklungen wäre. Läge die Station [1] tatsächlich bei C-Dur, so gäbe es keinen Weg auf dem Quintenzirkel, lediglich ein Changieren zwischen C-Dur und a-moll.

Dies würde zweierlei bedeuten: die Aufhellung von moll nach Dur und der Wechsel des Grundtons von a im Terzsprung nach oben: nach c.

Dies gelingt nur zum Teil: die Dur-Aufhellung findet statt; aber der Grundton bleibt derselbe. So wird die Station [3] (A-Dur) erreicht. Der A-Dur-Septnonakkord drückt ein Nichterreichen des Ziels aus, enthält aber gleichzeitig das weiterhin gegebene Anstreben dieses Ziels. Dieselbe harmonische Funktion war, wie oben dargestellt, bereits im Augenblick ihres Auftritts gegeben; auf diese Weise hat das Orchester die innere Verfassung Huldas von Anfang an signalisiert.

Der tonartliche Grund für das Nichterreichen von C-Dur liegt der tatsächlich erreichten Tonart A-Dur auf dem Quintenzirkel gegenüber: Es-Dur (Station [0]).

Übertragen in die Sprache der Physiognomik bilden die Grundtöne dieser beiden Tonarten, es und a, gewissermaßen die Mundwinkel bzw. die musikalischen Spannungspole ihres *Lächelns*. Die besondere Lippenspannung (Mittellinie!) – *die es ist, die Oswalds Reaktion hervorruft* – wird klanglich ausgedrückt durch das Intervall zwischen beiden Grundtönen: den Tritonus, ein im Mittelalter als diabolisch apostrophiertes Intervall.

Diese musikalische Charakterisierung von Huldas *Lächeln* erinnert an den fatalen „Zug am Mund" der Chinesin, weist aber auch voraus auf weitere Situationen innerhalb der Handlung, in denen Bezug auf die Physiognomie Huldas genommen wird.

Der *Beweis* für die durch Es-Dur gegebene Feststellung, daß Hulda dem Schwarzschwanenreich angehört, findet sich, wenn man Oswalds Fazit seiner Gedankenreihe auf dessen musikalische Begleitung hin ansieht bzw. anhört. Oswald zieht den Schluß, daß Hulda, weil sie *gelächelt* habe, „froh" und demzufolge „gut" sein müsse. Dem Wort „gut" als dem letzten Wort Oswalds und dem Schlußwort dieser Szene (Takt 37) kann eine besondere Bedeutung zugemessen werden.

Ein Blick auf die darunterliegende Harmonik zeigt jedoch, daß die Musik dem Text widerspricht. Auf „gut" erklingt ein Neapolitanischer Sextakkord in B-Dur. Hierbei handelt es sich um einen symbolträchtigen Akkord, der im Kapitel → **Analyse der Wort-Ton-Beziehungen** analysiert und musikdramaturgisch gedeutet wird. Er stellt einen Bezug zwischen Huldas ermordetem Kind und dem Pfarrer her.

Die beiden Tonarten Es- und B-Dur sind auf dem Quintenzirkel benachbart. Man ist also am Schluß der 2. Sequenz nahezu wieder dort angekommen, wovon ausgegangen worden war. Während Es-Dur allgemein auf das Vorhandensein des Schwarzschwanenreichs hindeutet, zeigt B-Dur das konkrete Einzelerlebnis Huldas an. Der Ton b ist enharmonisch verwechselbar, also quasi-identisch mit dem Ton ais, auf dem der verminderte Akkord basiert, der das „verzerrte Grinsen" der *Bösen* symbolisiert. Auf das hier angedeutete Bezugsverhältnis Versucher – Pfarrer wird noch zurückgekommen werden.

Demnach hat Oswalds Apologie – in etwa: «Hulda ist keine *Heidin* resp. *Hexe*, [die ich nicht nur *meiden*, sondern auch *verklagen* müßte], denn sie kann *lachen* (ich selbst habe sie *lächeln* sehen).» – ihr Ziel verfehlt.

Wie zu sehen war, basiert der musikalische Fortgang dieser Passage auf dem Prinzip des Changierens oder harmonischen Umfärbens: mit der Reihung c-moll [mitgedacht: C-Dur] – a-moll (dazu: ais-vermindert) – A-Dur liegt eine Art musikalischer Metamorphose-Kette vor, die auf eine zugrundeliegende Einheit der Phänomene schließen läßt, die wiederum durch den gemeinsamen Bezug auf C-Dur (Zähler-Nenner-Schema) angezeigt ist.

Dem scheint der Text zu widersprechen, der auf Gegensätzlichkeit basiert. Dieser Widerspruch löst sich auf, wenn man sich vergegenwärtigt, daß die gesamte Szene als Dialog angelegt ist. Dieser besteht auch dann noch, wenn Hulda sich nur mehr gestisch-mimisch daran beteiligt. Es ist kein ausschließlich verbaler Dialog.

Oswalds Monolog erweist sich dann als der sprachliche Bestandteil des Dialogs. Huldas Anteil daran ist schwerpunktmäßig die Musik (vgl. die Umkehrung dessen in der Parallelszene II.2). Diese teilt etwas mit über die Spannung in ihrem Inneren, die entsteht, als Oswald durch seine Rede ihre Erinnerungen an Erlebtes weckt und ihr Inneres (dem Ohr des Zuhörers) öffnet.

Neben der vertikalen Teilung der Szene in zwei Sequenzen gibt es also auch noch eine horizontale Teilung. Textlich (Oswald) läuft die Außenhandlung weiter, musikalisch betreten wir die Ebene der inneren Handlung.

Abstrahiert man von dem, was eine Handlung auf der Bühne zunächst bestimmt: Absicht, Wille und subjektives Empfinden des Einzelnen, so kann man die spezifische Text-Musik-Verknüpfung auf ein Zeichengeschehen hin lesen. Es bleibt lediglich der Zeichenwert – handlungsdefinierte Lügen, Wahrheiten, Irrtümer, Täuschungen gibt es dann nicht. Das bedeutet, daß man beide Zeichenarten ineinander ‚einrasten' läßt. Damit entsteht ein Ganzes, das man unter dem Aspekt der Doppelgesichtigkeit Huldas deuten kann.

Während die Musik eine innere Bewegung zum Ausdruck bringt, produziert Oswald Larven i.S. von Masken, die Gut und Böse vorstellen. Der verminderte Klang auf ais erinnert an die in der Malerei oftmals als Ausgeburten einer abstrusen Phantasie dargestellten „Versuchungen des Heiligen Antonius".

Durch diese Worthülsen dringt nun die Musik. Die Akkorde durchleuchten die Worte und verleihen ihnen Huldas Seele. Oswalds Schimären erhalten eine unge-

ahnte Vitalität. Die Larven (Bausteine eines Schwarz-Weiß-Denkens) erscheinen als Träger einer Tragödie.
Sie spiegeln den bereits zu Beginn der 1. Szene (Eröffnungslied) grundrißartig skizzierten Kampf zwischen „Licht" und „Schatten", auf den im Folgenden noch zurückzukommen ist.
So gerät Oswalds Maskerade unwillkürlich zur Entlarvung, wenngleich diese auch anders ausfällt, als von Ursula intendiert.

Dies verdeutlicht eine Überlegung zur Personenregie dieser Passage, die sich aus der Analyse ergab und die hier eingefügt werden soll.
Im Vergleich zu dem, was das Zeichengeschehen vermittelt, stellt der Text der Regieanweisung nur Rahmenaspekte, quasi Brückenpfeiler dar. Der dazwischenliegende Raum von 15 Takten (ab Takt 23) ist vom Inszenator zu füllen, aus Text und Musik zu erschließen.

*Grundgedanke*: mit seinen Worten beschwört Oswald Erinnerungen Huldas herauf

*Vorgehen*: Aufteilung des szenischen Geschehens der Sequenz in zwei Linien:

1. weiterlaufende Bühnenhandlung (äußere Handlung, Oswalds Rede) und
2. dadurch eröffnete zweite Erzählebene (innere Handlung)

*Szenenbild*: Hulda wird gleichsam isoliert – z.B. durch beleuchtungstechnisch zu bewerkstelligende verfremdende, scharfe Hell-Dunkel-Kontraste, wobei die ganze Gestalt sich eher in einem dunklen Bereich befinden und hauptsächlich das Gesicht deutlich zu sehen sein sollte; weiterhin durch ‚Einfrieren' ihrer Bewegungen; zum dritten durch eine andere Kommunikationsstruktur: während Oswald seine Betrachtungen im Selbstgespräch anstellt, öffnet sich die Darstellerin der Hulda, indem sie in ihr Inneres blickt, dem Publikum. Sie steht, vom Dialogpartner abgewandt, frontal dem Zuschauerraum zugekehrt und blickt mit weitgeöffneten Augen (vergleichbar der Augenmaske in Cocteaus Film *Le Testament d'Orphée*), ihr Mienenspiel changiert der Harmonik gemäß; sie nimmt nichts von der Außenwelt wahr.
Diese Szenenteilung beginnt mit Takt 23 und endet mit Takt 37. In Takt 38 sind Verfremdung und Erstarrung wieder aufgehoben.
Daß Oswalds hell eund dunkle Gesichter einen dunklen Punkt in Huldas Leben getroffen haben, ist in der dann (für sie) wieder einsetzenden Außenhandlung zu ersehen, und zwar daran, daß Huldas Lächeln gegen Ende der 2. Szene erstorben ist: „*Ernst*" und schweigend wendet sie sich ab und verläßt den Schauplatz (KA 31).
Geradezu demonstrativ gestaltet Siegfried Wagner durch seine Bühnenfigur ein Sich-Verschließen, eine Verweigerung der Auskunft über Persönliches. – Gesell-

schaftsbedingte Hintergründe dieser Verschlossenheit nennt Friedrich in seinem Beitrag „Szene und Zeitgeist. Der *Ring* in Bayreuth von der Gründung der Festspiele bis zum Ende des Zweiten Weltkriegs"[698].

*Oswalds Monolog (3. Szene)*

Nun, zu Beginn der 3. Szene, steht Oswald „*allein. Er blickt Hulda reglos nach*" (KA 31) und versucht, sich über den Eindruck, den Hulda auf ihn gemacht hat, klar zu werden:

> **Oswald**
> Engel! oder Hexe!
> Oder Hexe und Engel!
> Giebt's das? Wär' das möglich?
> Oder keines von Beiden!
> Nur ein wundervolles Menschenkind!

Diese Textstelle bildet den Anfang eines Monologs, der die gesamte 3. Szene umfaßt. Zu diesem Monolog stellt sie gewissermaßen den Themenkopf dar (T 1-12). Dieser Themenkopf enthält einen dialektisch konstruierten Gedankengang: als (Anti-)Thesen stehen sich „Engel" und „Hexe" gegenüber. Symptomatisch für den Erkenntnisgang ist der Wechsel der Bindewörter „oder"/ „und". Auf den ersten Satz („Engel! oder Hexe!") erfolgt keine Entscheidung, sondern eine Umstellung des Satzes, so daß der Dualismus ad absurdum geführt wird bzw. die Gegensätze in eins fallen („Oder Hexe und Engel!") (KA 31). Hieraus folgt die Aufhebung dieser Kategorien im „wundervollen Menschenkind!" (KA 32) Anstelle von legendären Gestalten setzt Oswald eine Art außergewöhnliche Normalität, wobei dem Phänomen „Mensch" durch die Zusätze „Wunder" und „Kind" etwas Unerklärliches, Irrationales bleibt, das ihn einer Klassifizierung enthebt. Ausschlaggebend scheint das Grundwort „Kind". Von hier läßt sich eine gedankliche Linie ziehen zu der von Hulda vorgenommenen Selbstklassifizierung als „[Gottes] Geschöpf" (KA 14) in ihrem Eröffnungslied. Dort stellt sie sich selbst, allegorisiert durch die „Blume", als eine aus der Schöpfung Ausgestoßene dar. Das Lied mündet in den verzweifelten Ausruf: „Ist's nicht Dein Geschöpf?" Zeitlich und räumlich versetzt bestätigt Oswald (der Zeuge ihres „*Gesanges*" geworden ist; KA 11) Hulda dies.

Durch Hinzufügen des „Kindes" zum „Menschen" wird eine göttliche Abkunft des Menschen assoziiert.

---

[698] Friedrich 2006:. 61.

Siegfried Wagners Vorstellung von einer Abkunft im religiösen oder geistigen Sinne kann hergeleitet werden von seiner Lektüre, die er speziell in der Entstehungszeit von *Schwarzschwanenreich* vorgenommen hat (Novalis und Hölderlin).
Wagner plädiert nicht nur in seinem Opus sieben, sondern in seinem gesamten Werk für eine Idee von Schöpfung, innerhalb derer der es keine Ausgeschlossenen gibt. Jeder hat Teil am Ganzen der Welt, ist gottgewollt. Der Text spricht vom „Recht" des Andersartigen, *in seinem Anderssein akzeptiert* [nicht gleichbedeutend mit „integriert"; Derrida] zu werden. Der Mensch ist – aus dieser an Novalis gemahnenden Perspektive (z.B. *Blütenstaub-Fragmente*) – Erscheinung des Göttlichen (Mittler) und damit selbst Zeichen seiner *wundervollen* Abkunft (vgl. die Blumenlied-Paraphrase Liebholds in → **Die Gesänge**).

Im Vergleich mit der Sichtweise aller übrigen hier aufgeführten Personen bezieht Oswald eine Sonderposition. Dies findet auch seinen Niederschlag in den Folgen seiner hieraus resultierenden Handlungen.
Indem Oswald zu dieser Sichtweise Huldas gelangt, erreicht sein Empfinden – bereits sehr früh auf der Linie seiner Entwicklung – eine Intensität und einen Sublimierungsgrad, den man als Kulminationspunkt dieser Linie bezeichnen kann. Doch ist diese Empfindungshöhe nur von sehr kurzer Dauer. Gleichwohl scheint er derjenige zu sein, der durch Huldas *Erscheinungsbild* am stärksten angesprochen und ergriffen wird. Huldas in der Parallelszene des II. Akts gestellte Frage, was ihn „von der rechten Bahn" getrieben habe, ruft einen leidenschaftlichen Ausbruch Oswalds hervor, beginnend mit dem Ausruf: „Mein Auge!" In dieses Wort legt er sein ganzes Empfinden, das ihn beherrscht, „seit ich Dich, Du Zaub'rin, erschaut [...]." (KA 99f.)
Dagegen ist Ursulas „Bild" von Hulda reduziert auf die durch „Gerüchte" (I.1) vermittelte „Teufelsbuhle", ein Bild ohne individuelle Substanz und zumindest in seinem funktionellen Charakter vergleichbar mit dem *dunklen Animus* (Hulda) des *Ich* (Liebhold) auf psychoanalytischer Ebene.
Das Aschenweibchen, ebenso mitfühlend wie getrieben von Neugier und Sensationslust, versucht in Huldas Zügen mittels ihres Tastsinns zu lesen, wozu nachfolgend und im Abschnitt über → **Das Aschenweibchen** einiges ausgeführt wird.

*Der Einfluß Ursulas auf Oswalds Handeln (3. bis 5. Szene)*

Verfolgt man Oswalds Monolog weiter, so scheint sich Ursulas Verdacht zu bestätigen. Oswald faßt innerhalb dieser Szene Beschlüsse, die auf eine vollkommene Umwandlung seines bisherigen Denkens schließen lassen. Bewußt verdrängt er seine Skrupel. Später wird er Hulda daran die „Schuld" geben (II.2; KA 106).

Bereits in der 2. Sequenz der 3. Szene stellen sich bei ihm Zweifel an seinem eigenen Urteil ein. Offenkundig gewinnen jetzt Ursulas Mitteilungen in seinem Denken Oberhand. Angesichts dieser Bedenken nimmt er sich vor, sich den von Ursula initiierten Exorzismus zunutze zu machen. Er beschließt, diesem *beobachtend* beizuwohnen (KA 55), in der Hoffnung, daß „vielleicht sich doch ihre Unschuld erweist!" (KA 34) Diese vorsichtigen Überlegungen gipfeln in dem Ausdruck seines „Wunsches", Hulda zu besitzen: „Dann ist sie mein!" (ebda.)

Die Stärke dieses „Wunsches" läßt ihn jedoch einen negativen Ausgang des Exorzismus kaum in Betracht ziehen. Schon jetzt löst er sich innerlich von seiner Braut und wendet sich mit einem letzten bedauernden Seitenblick auf Ursula (KA 35) der Situation zu – und damit dem Hindernis, vor dem alle übrigen Barrieren geringfügig erscheinen: dem Vorhandensein eines Nebenbuhlers – Liebhold, den aus dem „Weg" zu räumen (ebda.) ihm jedes Mittel recht sein wird. Doch gilt es zunächst ein solches zu finden.

In diesem Augenblick fällt ihm wieder die Papierrolle ein, die er schon geraume Zeit bei sich trägt, die zu lesen ihn jedoch die bisherigen Ereignisse (I.1-2) nicht kommen ließen. Jetzt „*zieht*" er sie „*heraus*" (KA 37) und stellt fest, daß sie die Auszeichnung eines „wack'ren Soldaten, reich verdient" (ebda.) enthält, verbunden mit der Aufforderung, sich zu Wallenstein zu begeben und den „Lohn" (KA 46) entgegenzunehmen. Allerdings fehlt in diesem Schriftstück die Namensangabe. Die Gelegenheit ergreifend setzt Oswald nun fälschlicherweise (der wirkliche Adressat ist namentlich bekannt: KA 39f) den Namen Liebholds ein.

Doch wie soll er Liebhold zur Annahme dieser Auszeichnung bewegen? Zu den bisherigen Beschlüssen kommt eine weitere Maßnahme.

In der darauffolgenden 4. Szene, der „*Soldatenszene*" (KA 48), besticht Oswald seine Untergebenen, zu lügen und Liebhold zu suggerieren, er sei „der Tapf're gewesen, dem der Feldherr lohnen will!" (KA 37)

In dieser turbulenten, karnevalesken Szene wird Liebhold tatsächlich überwältigt und – zunächst in die „Schenke" – abgeführt (KA 48).

Dieser „*lustige Umzug*" (KA 49) ist gerade rechtzeitig beendet; denn nun nehmen die Vorbereitungen für die geplante „*Teufelsaustreibung*" (KA 48) ihren Anfang.

In der folgenden 5. Szene, der Exorzismus-Szene, ist es Hulda, die unter zahlreicher Zeugenschaft zum Opfer einer Überwältigung wird.

Der Beschwörungsversuch wird jedoch jäh unterbrochen durch Liebholds unerwartete Rückkehr: das „*Schreien*" Huldas war bis zu ihm gedrungen. (KA 56f.)

Wie man nun sieht, hat Oswald Liebhold mit der „*Pergamentrolle*" ein Mittel in die Hand gegeben, ihn seiner Dokumentenfälschung zu überführen. Liebhold bemerkt jetzt erst, daß er unter einem Vorwand weggeschickt werden sollte: „Nun ist das Siegel zu etwas doch gut! Das Maul soll es Dir versiegeln! Ein Richter wird Dir rathen!" (KA 57) Auf das „Siegel" wird noch zurückzukommen sein.

Oswald wird zu einjähriger Freiheitsstrafe verurteilt werden, „weil [er] die Schrift gefälscht!" (KA 99)

Das Resultat seiner Unternehmungen ist, daß er seinen „ehrlichen" Ruf eingebüßt hat und von der „rechten Bahn" abgekommen ist und damit sein gesellschaftliches Ansehen verspielt hat. (ebda.)

Hierauf mag es zurückzuführen sein, daß er sich Ursulas Auffassung von dem verderblichen Wesen Huldas anschließt, wenn er zurückblickend, nach seiner Freilassung, Hulda anklagt: „was ward aus mir, seit ich Dich, Du Zaub'rin erschaut: ein Toller, der Sinne Beraubter! Zum Fälscher sank ich – aus Liebe! In den Kerker gerieth ich durch Deine Schuld!" (KA 105f.) Die in dieser Passage zwei Mal erwähnte „Zauberin" (KA 106) erinnert an die „Verzauberten" (Teufelsbündnerinnen), von denen sich Oswald bereits in seinem Monolog distanziert (KA 33).

Damit nimmt er die Beantwortung der oben gestellten Frage, ob Hulda mit Ursulas Augen gesehen, eine „Heuchlerin" oder mit Oswald gesprochen „ein wundervolles Menschenkind" sei, dem Rezipienten zunächst vorweg.

Allerdings haben wir aus der Szenenfolge 3-5 kein genaues Bild von Huldas Persönlichkeit gewinnen können.

In der 3. und 4. Szene ist sie abwesend: der Monolog scheint mehr über [Huldas *Wirkung* auf] Oswald als über Hulda auszusagen und in der 4. Szene fällt nicht ein einziges Mal ihr Name; in der 5. Szene ist sie eindeutig in der Rolle des Opfers zu sehen. Zudem wird Ursulas Begründung der Verfolgung: „Steh nur Rede! Du hast mir den Bruder verhext! Gieb mir meinen Bruder wieder!" (KA 55f.) teilweise entkräftet durch ihre Zurückweisung: „Was that ich Deinem Bruder! Nie naht' ich ihm je!" (KA 56) Soweit aus den bisherigen Dialogen zu entnehmen, entspricht diese Erwiderung den Tatsachen.

Wie sich im weiteren Handlungsverlauf herausstellen wird, ist weder das gleichsam destillierte Bild Oswalds noch die verzerrte Darstellung Ursulas geeignet, Hulda zu charakterisieren. Beide sind Etikette, die Hulda aufgeklebt werden, aber keine Schlüssel zu ihrer Psyche. Wenden wir uns daher jetzt dem nächsten Ausschnitt des Textbuchs zu, der eine Mitteilung über Huldas Gesicht enthält: Zu Beginn der Exorzismusszene nähert sich das mit der Hypnose beauftragte Aschenweibchen Hulda und versucht sich in ihr Vertrauen zu drängen.

*Die* eigenartige Erscheinung *Huldas in der Sichtweise des* ASCHENWEIBCHENS *(I.5)*

**Aschenweibchen**
*(sie fasst sie mit einer Hand, während sie mit der anderen auf die Schläfen deutet)*
O Kind, ich seh's Dir an!
Deine Schläfen drückt geheimer Kummer!
Diese Adern! diese Linien!
Vor mir hilft kein Heucheln!

Das Aschenweibchen macht, so scheint es in der endgültigen Textfassung[699], seine physiognomischen Studien an einer Randzone bzw. in einem Zwischenbereich: der Schläfe, die lt. Lavater als „Grenze"[700] des Gesichts zu bezeichnen ist. Allgemein wird die Schläfe definiert als „Übergang vom Gesichts- zum Hirnschädel"[701]. An dieser Stelle findet das Aschenweibchen Zeichen, die es auf Huldas innere Befindlichkeit schließen lassen.

Zur Ergänzung sei eine andere physiognomische Studie erwähnt, in der die Schläfen eine besondere Bedeutung haben: Klaus Mann beschreibt in seinem *Lebensbericht* das Gesicht seines Vaters und nennt u.a. seine „zarten Schläfen".[702]

In dem betreffenden Ausschnitt fallen zwei Begriffe auf, die an die o.zit. Beurteilungen Ursulas und Oswalds erinnern: das „Kind" und das „Heucheln". Das Aschenweibchen reduziert das „wundervolle Menschenkind" auf das „Kind" und stellt so den Aspekt der Schutzlosigkeit und Angreifbarkeit der als Kriegswaise aufgewachsenen Hulda in den Vordergrund. Das „Heucheln" Huldas erscheint aus der Sichtweise des Aschenweibchens in einem anderen Licht: Hulda verberge damit vor den Augen der Anderen eine durchs Leben getragene *drückende* Last. Dieses Verbergen läßt eher auf das Vorhandensein von Skrupeln als auf gewissenlose Berechnung schließen. Hulda setzt demnach nicht gezielt ihren *sex appeal* ein, sondern ist selbst ein Opfer.

Während Oswald Hulda zur Ikone stilisiert, deuten die Worte des Aschenweibchens an, daß das *Wunder Mensch* ein doppelgesichtiges ist – das *Wunder* erscheint als *Geheimnis* und Rätsel.

Als solches erweckt Hulda Teilnahme und Wertschätzung des Aschenweibchens: „Um Hulda reut's mich!" (KA 50)

Durch das Deuten der Schläfenzeichen hat das Aschenweibchen den Eingang zum Inneren Huldas gefunden, wird aber an der Schwelle vehement zurückgewiesen. Ihre Frage „Was ist's mit Dir?" (KA 53) bleibt offen und wird auch an keiner

---

[699] Eine andere Interpretation erlaubt die „1. Skizze" zum Textbuch, die im nächsten Canton-Abschnitt über die „Weiber" zitiert wird.
[700] Steinbruckner 1915: 144.
[701] Bertelsmann Volkslexikon 1975: 1546.
[702] Mann 1958: 61.

anderen Stelle des Werkes direkt beantwortet. Ein Weg der Beantwortung ist der Vergleich zwischen dem Singsang des Aschenweibchens und dem Gesang Huldas, der in dem Abschnitt über → **Das Aschenweibchen** vorgenommen wird.

*Die eigenartige Erscheinung Huldas in der Sichtweise des* GEFÄNGNISSWÄRTERS *(III. 2.)*

Wie einen zusammenfassenden Rückblick auf das Vorangegangene kann man – in dieser Zusammenstellung von Zitaten – den letzten Ausschnitt ansehen, eine Textstelle, die gegen Ende der Oper (III.2) noch einmal textlich-musikalisch die Doppelgesichtigkeit Huldas beschreibt.

> **Der Wärter**
> Hätt'st Du doch das Maul aufgemacht!
> Wachsweich können Richter werden,
> Hör'n sie hübsche Mädel reden!
> (*mitleidig*) So ein sauberes Ding wie Du! [...]
> (*leise*) Oder ist es doch wahr? [...]
> Du – bist Du wirklich Heidin?
> Glaubst Du an nichts?
> Nur an den Satan?

Die hier ausgewählte Textstelle besagt, daß der Wärter in der Schönheit Huldas einen Weg der Rettung sieht. Eine gegenteilige Darstellung findet sich in dem Drama *Der Hexenanwalt* von Wolfgang Lohmeyer: Der Hexenkommissar Dr. Schultheiß für die Verurteilung und inzwischen erfolgten Hinrichtung einer „Hexe" verantwortlich, hat sich deren Bild in sein Zimmer gehängt und antwortet, darauf hin befragt: „Das schönste Mädchen von ganz Paderborn!"[703]

Allerdings ist das Interesse Wagners nicht auf diesen historisch-ethischen Aspekt gerichtet. In landläufiger Weise und mit dem Vokabular der Bodenständigkeit bezeichnet der Wärter Hulda als „hübsch" und „sauber".

Daß diese Schönheit aber ursächlich verknüpft ist mit Huldas Verurteilung, deutet sich darin an, daß der harmonische Verlauf sich zum Text konträr verhält. Die ersten fünf Takte (bis „So ein sauberes Ding wie Du" umfassen einen Kadenzschluß, der nicht wie der Dominantseptakkord G-Dur erwarten läßt, nach C-Dur, sondern tiefalteriert nach Ces-Dur führt.

Eine Erklärung für dieses Münden in Ces-Dur kann man finden, wenn man eine Verbindung zur vorangegangenen Szene (Schwarzschwanenreichvision) herstellt.

---

[703] Lohmeyer o.J.: 32 (6. Szene „*Bei Dr. Schultheiß*").

Beide Szenen ergeben zusammen eine einzige dreiteilige Kerkerszene (Huldas Monolog – Dialog Hulda-Versucher [1. Szene] – Dialog Hulda-Wärter [2. Szene]). Insbesondere die Gestaltung des Übergangs von der 1. zur 2. Szene ruft den Gedanken hervor, daß eine Verwandtschaft zwischen dem Versucher und dem Wärter besteht, die sich allerdings hinter dem Gegensatz der äußeren Erscheinung verbirgt.

Die szenische Verwandlung geschieht auffallend schnell: nämlich innerhalb eines einzigen Taktes (des letzten der Szene). Im Moment des Verschwindens der „*Erscheinung*" des Versuchers und des Schwarzschwanenreiches tritt der Wärter „durch die Seitenpforte" ein (KA 151).

Augenblicks wechselt die Handlung von der mythischen auf die realistische Erzählebene.

Einen direkten Hinweis auf die Verwandtschaft zwischen Versucher und Wärter gibt die Tatsache, daß der Wärter der einzige ist, der (offiziell) Zutritt zum Kerker hat. Dieses Detail erinnert an die Kerkerszene im *Faust*: Mephisto ermöglicht Faust den Zutritt zum Kerker durch Bestechung des Wärters. Diese Instrumentalisierung liegt in *Schwarzschwanenreich* im direkten Sinne nicht vor. Geht man davon aus, daß der Versucher seine Macht mittels Vielgestaltigkeit und Wandlungsfähigkeit ausübt, so erscheint auch der Wärter als eine reale Maske des Versuchers. Die Realistik der Erzählung beschreibt hier also die Außenseite der Handlung.

Wie konsequent der Ebenenwechsel erfolgt, sieht man daran, daß der Wärter gegen Ende der Szene Hulda ein Kruzifix übergibt, dem man narratologisch die Funktion eines Amuletts zuschreiben kann (ein magisches Mittel, das im nächsten Abschnitt über das Aschenweibchen erwähnt wird).

Der Wärter wirkt wie ein komödiantischer Reflex des Versuchers. Seine Aufgabe ist nun, die Bilanz des mißglückten Rettungsversuchs zu ziehen. Dies geschieht allerdings auf der mit dem Szenenwechsel betretenen Ebene der Realität. Der Wärter hält Hulda die verschenkte Gelegenheit einer Freisprechung durch die „Richter" vor Augen. Definiert man auch die „Richter", wie alle übrigen im Text nur erwähnten mythischen und realen höheren Instanzen als Instrument der verborgenen Macht des „schwarzen Reiters" (KA 80), so kann man diese Gelegenheit als nicht wirklich gegeben ansehen. Pfarrer, schwarzer Reiter, Wallenstein, Richter/ Wärter verweisen auf das Vorhandensein eines in die Realität reichenden mythischen Mächte-Netzes. Bezeichnend für die Vertreter dieser Macht ist das Fehlen eines Eigennamens (auch „Wallenstein" erscheint eher als Etikett für ‚Macht').

Die Analogie zwischen Wärter und Versucher besteht darin, daß beide die Rettung Huldas intendieren, beider *movens* ist ihre Schönheit.

Diese wird jedoch im Text an keiner Stelle ausdrücklich bezeichnet (wie es beispielsweise in dem Drama *Hexenjagd* von Arthur Miller beim ersten Auftritt der

Abigail der Fall ist: „*a strikingly beautiful girl*"[704]), sondern nur in überzogener (Oswald), untertriebener (Ursula) oder banalisierender (Wärter) Weise spiegeln läßt.

Die gesamte Szene ist ein ihr Charisma dokumentierendes Zeichensystem. „Es setzt die aktive geistig-seelische Mitarbeit des Zuschauers-hörers voraus: Jeder ist aufgerufen, das Bild Huldas aus diesem System für sich herzustellen." (Gisela Dischner[705])

Der Dialog Wärter-Hulda erscheint als eine ins Derbe abgewandelte Reminiszenz der Situation im Cantoner Gefängnis. Auch der Wärter ist hin- und hergerissen zwischen seinem *Staunen* über die *Schönheit* der Verurteilten und seinem Grauen bei dem Gedanken an ihre *Satansgläubigkeit*.

Wagners Bühnengestalten erscheinen als für seine Zeit typische Entwürfe des über sein So-Sein grübelnden, oftmals mit sich selbst entzweiten Individuums. Durch Aufspaltung seines Ich in antagonistische Aspekte, die er personifiziert und durch eine Handlung zueinander in Beziehung setzt, versuchte er, seine eigene psychologische Anatomie zu sezieren und eine Diagnose seiner inneren Dystonie zu erstellen.

Abgesehen von dem persönlichen Motiv ist sowohl mit dem „Bild" der Chinesin als auch mit der „*Erscheinung*" Huldas ein Typus entstanden, der auf den entstehungszeitlichen Hintergrund verweist.

Als beispielhaft kann die Darstellung des „zwieträchtigen Menschen" gelten, ein Phänomen, das Felix Hollaender in seinem o.g. Roman[706] – stark inspiriert durch Nietzsche – prägnant gestaltet: Ein Mensch könne „'zum Strauchdieb und Mörder werden'", denn „'es gibt für mich keinen Willen mehr, eine dunkle Macht treibt ihn mit einer blutigen Peitsche'", und dies sei „das Tiefe und Wahre.'"[707] Diese ‚wahren und tiefen Dinge in uns', „'Dinge, die wir nicht fassen können in unserer Beschränktheit, die uns verwirren und lähmen, haben in der Natur ihr Ziel und ihre Bestimmung [...].'"[708]

Mit *entsiegeltem Blick* (Schiller[709]) meint der Beobachter die „Natur" des Menschen: den „Mörder", den *Verbrecher*[710] zu erkennen (vgl. auch die duplizitäre Erscheinung der Titelgestalt *Dr. Jekyll and Mr. Hyde*).

---

[704] Miller 1987: 18.
[705] Dischner: Handschriftl. Kommentar zum vorliegenden Text.
[706] Hollaender (o.J.): 524.
[707] A.a.O.: 172.
[708] A.a.O.: 173.
[709] Schiller, *Die Piccolomini*, 1975: 99.

Das Phänomen dieses neuen Menschenbildes erinnert an ältere Einsichten in die menschliche Gefühlsambivalenz, z.B. das odetamo in den *Carmina Catulli* oder die *Heroischen Leidenschaften* von Giordano Bruno, unterscheidet sich aber hiervon durch das Maß, in welchem es das Denken der Zeit prägt. In diesem Zusammenhang sind die Entwicklung und der zunehmende Einfluß des naturwissenschaftlichen Denkens u.a. auf die Gebiete der Kunst, Philosophie und Religion(swissenschaft) zu nennen. Bezeichnenderweise findet sich am Schluß der Partitur-Handschrift von *Schwarzschwanenreich* unter den Lektürevermerken auch die Angabe: „Biologie". Wagner las Darwin, mutmaßlich auch Haeckel und Bölsche.

---

[710] Vgl. die im frühen 20. Jhdt. aus unterschiedlichen Perspektiven entstandenen Verbrecher-Dramen: *Der geborene Verbrecher* von Paul Duysen (1920); *Die Verbrecher* von Victor Margueritte (dt. 1926) bzw. von Ferdinand Bruckner (1929).

2. Die „übrigen greulichen Weiber"   2. Das Aschenweibchen und Die Weiber

| Tagebuch | Textbuch |
|---|---|
| [...] wie sie so dasass an dem Tische, umgeben von sechs anderen Frauen, die, wie ich erfuhr, Kindermörderinnen waren. Sie hielt in den feinen schmalen Händen die Dominos, um sie zum Spiele zu vertheilen. Der Blick war gesenkt, als wir zuerst eintraten, doch sie hob ihn und er ruhte scheu und fragend auf mir, als wollte sie wissen, ob ich aus dem ihrigen ihre Schuld lesen könnte. Dann sah sie weg, mit einem unfreien Lächeln verfolgte sie die frechen Anbetteleien der übrigen greulichen Weiber, die wie Hexen aussahen und uns um Geld bestürmten [...]. | **Ursula** [I. 1]<br>Um nun zu prüfen, ob es wahr,<br>Was wir ahnend dumpf empfunden,<br>Frugen wir ein Weib heimlich um Rath!<br>Heute ist der Tag der That!<br>Das Aschenweib will seine Künste zeigen,<br>Die Teufel verjagen, kühn sie wagt!<br>Verräth sich Hulda, bricht sie's Schweigen,<br>Dann wird als Hexe sie verklagt!<br><br>**Aschenweibchen** [I. 5]<br>Aschenweibchen<br>Schützt Dich vor Hass!<br>[...]<br>Schläfernskundig soll ich Dich zwingen,<br>Der Schlafenden böse Kunde entringen –<br>Teufel aus dem Leib' Dir jagen,<br>Aschenweibchen hat nun ein Herz,<br>Will das Schlimme gütlich lenken,<br>Will Dich nur in Scheinschlaf senken,<br>Dass Du wach bei geschlossenem Auge<br>Nur entgegnest, was Dir taugt!<br>[...]<br>Eines nur sei mein Lohn!<br>*(sie nähert sich ihr ernst)*<br>Hulda! Frei vertraue mir!<br>Niemand, ich schwör's, erfährt es je!<br>Bekenne mir offen: was ist's mit Dir?<br><br>**Hulda**<br>*(heftig)* Was willst Du?<br>Weg Deine gierige Hand!<br>[...]<br>*(stösst das Aschenweib zurück)*<br>Geh! Hutzelweib!<br>Du wärst die Rechte!<br>Lach, wenn dir nicht der Galgen winkt!<br><br>**Aschenweibchen**<br>[...]<br>Das, Du Jungfrau, sollst Du mir büssen!<br>[...] |

|  | *(zu den Andern)* Zu Boden! Fest!<br>*([...] beginnt die Beschwörungen.)*<br><br>[...]<br>**Liebhold** *(zum Aschenweib)*<br>Verdammte Alte!<br>Was sucht sie hier?<br>Teufel vertreiben?<br>Treib die eig'nen erst aus!<br>[...]<br><br>**Ein Mädchen**<br>Aschenweib! Sieh Dich vor!<br>Uns're Ehr' hast Du allein auf dem Gewissen!<br><br>**Aschenweibchen**<br>Wie? ich? Wollte ich?<br>Wer zwang mich?<br>Jungfer Ursula!<br><br>                                                      [III. 4]<br>*Wildes Höhnen der **Weiber**, die Hulda mit [...]*<br>*Schmutz bewerfen.*<br>**Weiber**<br>Schande! Schmach! Ekel! Pfui!<br>Zu mild ist noch der Feuertod!<br>Martert die Hexe!<br>*Die Männer suchen vergebens die Frauen zurückzuhalten.* |

*Vorbemerkung*

Dieser Abschnitt behandelt in Tagebuch und Textbuch beschriebene, aufeinander bezogene Gegensatzpaare, Konstellationen, in denen sich gegnerische Parteien in Gestalt von Einzelpersonen und Kollektiven, einander gegenüberstehen.

In der realen Situation in China ist es der Besucher, der z.e. selbst mit einer Gruppe, den „übrigen greulichen Weibern", konfrontiert wird, z.a. nimmt er als Beobachter den Kontrast zwischen den „Weibern" und der „jungen Frau" wahr. In Beziehung hierzu werden zwei Konstellationen gesetzt, die im Text von *Schwarzschwanenreich* zu finden sind: Hulda und das Aschenweibchen (Exorzismusszene I.5; unter Hinzunahme von Textstellen aus der Einleitungsszene I.1) sowie Hulda und die Weiber (Richtplatzszene III.4).

Der Tagebuchabschnitt enthält ein qualitatives und ein quantitatives Moment: Dem qualitativen Moment, der Geldgier der Weiber, entspricht die Neugier des Aschenweibchens; das quantitative Moment der Meute findet sich in den Weibern personifiziert. Während die „junge Frau" und Siegfried Wagner in *Hulda* zu einer einzigen Perspektive der Wahrnehmung verschmelzen, werden die „übrigen greulichen Weiber" aufgeteilt in eine Einzelperson, die des *Aschenweibchens*, und ein Kollektiv, das der *Weiber*.

Zu ergänzen ist, daß die „Weiber" des Cantoner Gefängnisses als „Kindermörderinnen" bezeichnet werden – ein Begriff, der eher auf junge Frauen, die geboren haben, zutrifft; vermutlich handelte es sich um Abtreiberinnen.

Den zentralen Gegenstand des Vergleichs bildet die Zudringlichkeit und das *Bestürmen* mit dem Ziel, dem Opfer etwas, das sich (noch) in seinem Besitz befindet (sei es „Geld", ein Geheimnis oder das Leben selbst) zu entreißen.
Der im Werk geschilderten Zudringlichkeit setzt die Protagonistin Zurückweisung entgegen.
Als Zusammenfassung dieser Geste in einen formelhaften Satz kann man Huldas Zurückweisung des Aschenweibchens lesen, als dieses sich in ihr Vertrauen drängen will: „Weg Deine gierige Hand!"

In dieser Geste Huldas spiegelt sich ein von Zeitgenossen oft bemerkter Wesenszug Siegfried Wagners wider, nämlich eine ihm eigene Verschlossenheit, mit der er Neugier, Sensationslüsternheit und Zudringlichkeit begegnet. Franz Stassen schreibt in seinen *Erinnerungen an Siegfried Wagner*: „Aber er konnte auch unnahbar abweisend blicken, wenn ihm Taktlosigkeit, Aufdringlichkeit und unsympathische Art gegenübertraten. Mit unwidersprechlicher Ruhe wies er den Betreffenden zurück."[711] Engelbert Humperdinck sieht Wagner „in den Mantel der Schweigsamkeit" gehüllt[712]; Cosima Wagner bestätigt ihm, daß er sich „auf gut schweigsame Weise" verhalte[713]. „Ja, Siegfried der Schweigsame!", schreibt auch seine Schwester Eva Wagner an Humperdinck[714]. Ebenfalls bemerkt der Reporter des *Neuen Wiener Journals* 1911 in einem Interview, nachdem er Wagner „Zurückhaltung" bescheinigt hat: „Er ist [...] gemessen im Wort und verrät sich nirgends."[715] – Der Ausruf Huldas: „Weg Deine gierige Hand!" könnte also von Siegfried Wagner selber stammen, wenn er sich mit Neugier und Zudringlichkeit konfrontiert sah.

---

[711] Stassen 1942: 8.
[712] Humperdinck 1997: 274.
[713] A.a.O.: 275.
[714] Humperdinck 1999: 162.
[715] Zit. n.: Mayer 1998². 300.

Möglicherweise portraitiert Siegfried Wagner im Aschenweibchen auch Rosa Eidam, eine Freundin des Hauses Wahnfried (seit 1901, *Herzog Wildfang*-Skandal in München) von deren Doppelzüngigkeit u.a. mit Hinblick auf seine Person, wie der Briefwechsel, darin enthalten v.a. das Gedicht „Zweierlei Rosa"[716], nahelegt, er überzeugt war.

Bei der Lektüre von Tagebuch und Textbuch fällt eine Diskrepanz im Gebrauch der Bezeichnung „Hexen" ins Auge.

Die Bezeichnung Huldas als „Hexe" wird im Textbuch eindeutig als Invektiv gekennzeichnet und läßt die Verfolger selbst in einem kritischen Licht erscheinen.

Umso überraschender ist es, daß Wagner in seinem Tagebucheintrag unbedenklich das Wort „Hexen" als gängiges Schimpfwort für alte Frauen benutzt.

Auch das Aschenweibchen wird in ähnlicher Weise beschimpft: das „Hutzelweib" und die „Verdammte Alte" erscheinen als Synonyme zu „Hexe".

Bemerkenswert ist, daß der Begriff „Hexe" im Allgemeinen nur auf sogenannte einfache alte Frauen angewandt wird. Mangel an Erziehung läßt diese sich unwürdig betragen und stempelt sie zu „Hexen". Es handelt sich um gealterte, schwer arbeitende Frauen, die ihre Zähne verloren haben, deren Rücken von Arbeit und Lasten gebeugt ist und die sich nicht pflegen konnten. In ihren *Mitteilungen für junge Hauswesen* mit dem Obertitel *Die elegante Hausfrau* von 1892 schreibt Isa von der Lütt, einen Absatz über das Erhalten von „Jugend und schönen Teint" abschließend: „Wir sehen die Bestätigung des Gesagten zum Beispiel am Frühaltern der Bauersfrauen, welche dies nötige Schonen und Ruhen nicht einhalten konnten."[717]

Die Frauen wurden (nicht nur) von diesem Sohn aus gutem Hause, der die Ursachen ihres Aussehens nicht in Betracht gezogen hat, als „Hexen" bezeichnet. Es ist anzunehmen, daß die Insassinnen des Cantoner Gefängnisses sich mit dem erbettelten Geld während ihrer Haft kleine Erleichterungen verschaffen wollten.

Auch Pachl vermerkt in dem *Schwarzschwanenreich*-Kapitel seiner Biographie: „Die leichtfertige Bezeichnung „Hexen" finden wir im Reisetagebuch zur Charakterisierung der häßlichen Mörderinnen." Dann setzt er aber den Aspekt dagegen: „Daß Siegfried Wagner die ‚Hexe' jung und schön wählt, zeugt von seiner genauen Kenntnis der Femegerichte und Hexenprozesse: natürlich waren die jungen Frauen

---

[716] NAB: Hs 113/ III 9. Wie beispielsweise der Brief vom 9. Juni 1923 zeigt, gewährte Wagner R.E. Einblicke in sein künstlerisches und persönliches Leben [NAB. A 2545/ I – 65]. Ein Brief Wagners an Stassen deutet die eindringliche Art an, in der R.E. ihrerseits am Leben der Familie Wagner Anteil nahm (zit. in: Stassen 1942: 39.). In ihre Huldigung „Zum 6. Juni 1919" (50. Geburtstag S.W.s) flicht R.E. beziehungsvoll Bildmomente aus *Schwarzschwanenreich*, den ‚Sieg über das dunkle Reich' betreffend, ein [Sig.: A 2545/ V – 71].

[717] von der Lütt 1892: 253.

den geistlichen und weltlichen Juroren – als Objekte für die Untersuchung nach einem Hexenmal und für die anschließenden, sexualsadistischen Folterungen inklusive Vergewaltigung – willkommener als die schnell abgeurteilten alten."[718]

*Zur Benennung „Aschenweibchen"*

Von den beiden (Kollektiv-)Individuen, die Wagner aus den Cantoner „Weibern" herausdestilliert hat, ist in erster Linie auf das Aschenweibchen einzugehen.
Wer aber ist das Aschenweibchen? *Nomen atque omen*: der Name Aschenweibchen ist in zweierlei Hinsicht zu deuten, beide Deutungsmöglichkeiten lassen sich wiederum mit den zwei Lesarten der Handlung in Verbindung setzen.

Man kann den Namen „Aschenweibchen" als Berufsbezeichnung lesen, orientiert am „aschenmann", lt. *Wörterbuch* der Grimms *„einer der die asche in den häusern abholt."*[719]
Durch die Bezeichnung der Aschenfrau als „Aschenweibchen" löst sich aus der Berufsbezeichnung eine volkstümliche Symbolik heraus. Liest man den Namen „Aschenweibchen" symbolisch, so stellt sich eine Verbindung zur Feuersymbolik des Finales her. Bereits zu Beginn der Außenhandlung (soweit diese durch Ursula initiiert wurde) tritt das Aschenweibchen als Todesbotin auf. Allein sein Name sowie auch sein Motiv, von dem noch die Rede sein wird, kündet den Ausgang des Dramas voraus.

Das Stichwort Aschenweibchen ist nicht im *Wörterbuch* der Grimms bzw. in der *Deutschen Mythologie* zu finden. Stattdessen nennen Grimms im *Wörterbuch* den „Aschenkrug", ein Gefäß zum Aufbewahren von Asche der Toten.[720] Es ist denkbar, daß das Aschenweibchen sich im Besitz dieser Krüge befindet – dies wäre ein Gegenstück zu dem Wasserkrug Huldas.

Das Aschenweibchen tritt zwar nur in einer einzigen Szene auf und hat keinen Einfluß auf alle übrigen Einzelereignisse, die sich aus anderen Voraussetzungen ergeben. Dafür stellt es aber die Weichen für den Grundverlauf der Handlung und nimmt insofern eine Schlüsselposition ein.

---

[718] Pachl 1988: 223.
[719] Grimm 1984: 586.
[720] Grimm: *Deutsches Wörterbuch*. Bd. 1 A-Biermolke. 1984: 583.

*Der erste Name des späteren „Aschenweibchens": die „Zauberin" Zina*

Wie die 5. Szene zeigt, übt das Aschenweibchen noch einen zweiten Beruf aus, der für den Handlungsvordergrund bedeutsam ist: den der Magierin.

Auf diesen Beruf deutet auch der erste Name dieser Gestalt hin, dessen Angabe sich in der frühesten Skizze zum Textbuch befindet. Dort heißt es in der Personage: „Zina (Zauberin)"[721]. Einmalig verwendet S. Wagner auch die Schreibweise „Zinah" (zweite Seite). Dies kann ein Hinweis auf ein zweites mögliches Vorbild der „Zauberin" sein: die nach Angabe der Internetseite „Historic Opera – Listings Singers" rumänische[722] Mezzosopranistin Marguerite Zinah „Emma de Nuovina"[723], die Siegfried Wagner auf seiner Konzertreise im März 1905 in Paris kennengelernt hatte. Dort war Nuovina an der Opéra Comique engagiert[724]. Im Oktober begleitete Siegfried Wagner die Sängerin nach Verona[725]; 1906 trafen beide in Venedig zusammen[726]. Nuovina war bei der Uraufführung von *Bruder Lustig* in Hamburg (1905)[727] und der von *Banadietrich* (Karlsruhe, 1906)[728] zugegen. Als seine postalische Adresse in Paris gab der Dirigent Siegfried Wagner 1910 die Anschrift Nuovinas an[729]. Wie aus den Recherchen Pachls weiter hervorgeht, ist eine Verbindung bis 1910 (also bis ins Jahr der Vollendung von *Schwarzschwanenreich*) dokumentiert.

Wenn Nuovina auch vielleicht das Werk *Schwarzschwanenreich* nicht gekannt und die Partie des Aschenweibchens nicht gesungen haben wird, ist es doch denkbar, daß S. Wagner, beeindruckt von ihrem Gesang und ihrer Persönlichkeit, mit der Partie des Aschenweibchens gewissermaßen dieser ein Denkmal gesetzt hat – ohne Rücksicht auf den Charakter der Rolle.

Man erwartet einen größeren stimmlichen Gegensatz zwischen der häßlichen „Alten" (KA 57) und der jungen schönen Frau. Der harmonische Zusammenklang beider Stimmen drückt nicht das bedrohliche Geschehen aus.

Beim genauen Ansehen der Harmonik wird man jedoch – gewissermaßen verborgen unter der gefälligen Melodie – einer Symbolik gewahr, welche der Situation angemessen ist (s.u.: Analyse).

---

[721] Hs. Unpag. [1. Seite] NAB. [VI Bf 1-4.]
[722] Vgl. „**De Nuovina, Marguerite Zinah.**" In: www.historicopera.com/listing_singers_d.htm
[723] WIKIPEDIA: **Esclarmonde**. „Performance history".
[724] Pachl 1988: 193.
[725] A.a.O.: 194.
[726] A.a.O.: 203.
[727] A.a.O.: 196.
[728] A.a.O.: 220.
[729] A.a.O.: 229.

Das Aschenweibchen ist zwar lt. Angaben des Komponisten mit einem Alt zu besetzen; der Umfang der Partie (h - fis") entspricht gleichwohl dem des Mezzosoprans.

Der Gegensatz zwischen der Gesangslinie (besonders zu Beginn der Szene) und dem Charakter der Rolle legt den Gedanken nahe, dass S. Wagner im Aschenweibchen Züge der zwei möglichen Vorbilder (Rosa Eidam und Marguerite Zinah „Emma de Nuovina") miteinander verarbeitet hat: Nuovina regte ihn zu einer cantablen Gestaltung der Melodie an, Rosa Eidam dagegen zur Charakterisierung (zudringliches Ausforschen Huldas; s.u.: Analyse).

Die spätere Namensgebung „Aschenweibchen" kann als sinngemäße Übersetzung des ursprünglichen Namens „Zina(h)" gesehen werden.

Der Name selbst kann eine italienische Kurzform darstellen[730]. Bei S. Wagner tritt im Zuge der Textgenese eine philologische Komponente hinzu. Möglicherweise stellte der Verfasser einen Zusammenhang zwischen dem Namen „Zina" und dem lateinischen Wort *cinis* für „Asche" her (s. auch die anmutige Märchengestalt der Cinderella; Prognose: Cinderella, unerlöst, wird zum alten, häßlichen Aschenweibchen), so daß der spätere Name „Aschenweibchen" als Personifikation von Asche, gedeutet werden kann. In Verbindung mit der Feuersymbolik des Werks gewinnt der Name dann eine magisch-rituelle Bedeutung innerhalb der Handlung. Es lassen sich Verbindungen zu einigen Aspekten der Asche-Symbolik herstellen:

> Die A. gilt seit den ältesten Zeiten bei den verschiedensten Völkern als mit besonders wirksamen, h e i l v o l l e n  K r ä f t e n ausgestattet, wohl deshalb, weil sie einerseits an die vernichtende Kraft des dämonenverscheuchenden Feuers erinnert, andererseits als Überrest des läuternden Feuers frei von dämonischem Stoff ist. [...] alles aber, was den Schmutz, welcher ja die Stätte der Dämonen ist, beseitigt, ist ein karthatisches und apotropäisches Mittel.[731]

Abgesehen von der Dämonenabwehr sollte die Asche auch die Heilung von Krankheiten sowie der Befreiung von seelischen Bedrängnissen dienen.[732]

Besonders hervorzuheben ist, daß die Asche selbst die Umwandlung von Vernichtung in Auferstehung (Phönix-Mythos) symbolisiert: In „Ritualen, die mit Tod und Neugeburt zu tun haben" (Initiationsrituale), „markiert [die Asche] einen ‚Durchgangsritus' (rite de passage)."[733] Das Hauptgewicht ist in Zusammenhang mit der Handlung von *Schwarzschwanenreich* auf die Idee der Läuterung zu legen: „A. ist geläuterte Materie [...]."[734]

---

[730] **Zina**. In: Seibicke, Bd. 4 Sc-Z. 2003: 535.
[731] Bächtold-Stäubli, Bd.1 Aal-Butzemann. 1987: 611.
[732] A.a.O.: 612, 615.
[733] Biedermann 1989: 37.
[734] Lurker 1991: 54.

Einzig in der Metaphorik des AT gewinnt die Symbolik der Asche eine transzendente Dimension: das Gelingen der Umwandlung von „Vernichtung" in *Erneuung* (Jesaja 61,4) hängt ab von der *Gnade* (V. 2) des *Herrn* („daß ihnen Schmuck für Asche [...] gegeben" wird; Jes. 61,3).

Asche symbolisiert, faßt man diese und weitere lexikalische Angaben unter dem Gesichtspunkt der Handlung zusammen, die Befreiung von (physischen und geistigen) Mächten, die das menschliche Leben zu vernichten drohen.

Diese Befreiung Hulda zuteil werden zu lassen, scheint zunächst das Anliegen des Aschenweibchens zu sein („Aschenweibchen hat auf Dich Acht!" KA 50). Auch wenn dies im Sinne der „Zauberin" nicht gelingt, ist die Begegnung Hulda-Aschenweibchen doch dramaturgisch ausschlaggebend für die schließlich erfolgende zur Bannlösung.

Ursulas Worten nach beherrscht das Aschenweibchen bestimmte „Künste": die der Teufelsaustreibung (Exorzismus) und die des „Schläferns"[735], gemeint ist die Fähigkeit zur „Hypnotisierung"[736]. Weiterhin wird das Aschenweibchen in der Skizze noch eindeutig als Chiromantin beschrieben (15. Seite), wovon, in neuen Zusammenhang mit den „Schläfen" gebracht (behandelt im vorigen Abschnitt), im Partiturtext noch die „Adern" und „Linien" (ursprünglich: „Ader-linien"; ebda.) zeugen.

Ausschlaggebend für die Handlung sind Hypnose und Exorzismus. Die *Teufelsaustreibung* wurde kurz vor Beginn des 30jährigen Krieges (1614) gesetzlich fixiert[737], stellt also ein geschichtliches Phänomen dar. Dagegen war die Hypnose in der Zeit der Entstehung der Oper stark verbreitet[738], besaß also Tagesaktualität. Ein Zeugnis hierfür legt der 1929 erschienene Roman *Die Somnambule* von Hans Hyan[739] ab. Auffallend ist, daß Wagner, der sich eher skeptisch bis ablehnend über magische Praktiken äußerte[740], dem Moment der Magie in einigen seiner Werke (z.B. *Bruder Lustig*; *Rainulf und Adelasia*) als zentralen Baustein verwendete. In diesem Zusammenhang sei erwähnt, daß sein Freund Clement Harris „Experimente" im Bereich der Hypnose vornahm.[741]

---

[735] Getrennte Schreibweise „Schläferns kundig" s. d. o. zit. „1. Skizze" zur „Dichtung", 22. Seite.
[736] A.a.O.: 15.
[737] BE. Bd. 8 EMAS-FASY 2006: 643.
[738] Zur Verbreitung hatte auch die literarische Spiegelung bereits in Werken des 19. Jahrhunderts beigetragen, vgl. u.a. den *Magnesiteur* von E.T.A. Hoffmann, den Wagner wahrscheinlich gelesen hatte.
[739] Hyan o.J. [1929]
[740] Stassen 1942: 28.
[741] Bock MCMLXI: 13.

„Die magische Praxis des Exorzismus", bekannt in „Volksreligionen", aber z.B. auch in den „Universalreligionen", ist „die Beschwörung von Dämonen und Geistern durch Wort und Geste, um sie herbeizuholen, aber auch, um sie [...] aus von ihnen besessenen Menschen auszutreiben [diese zu „reinigen"]."[742]

Die Hypnose basiert, wie es im entsprechenden Artikel in der *Brockhaus Enzyklopädie* heißt, u.a. auf dem Einfluß „vorgesprochener Suggestionen", in Verbindung mit der „Wahrnehmung körperlicher Entspannung". Dabei komme es „wahrscheinlich zu Veränderungen der Informationsverarbeitung im Gehirn". Die mögliche Wirkung ist abhängig v.a. „von der Charakterstruktur", speziell der „Beeinflußbarkeit (Suggestibilität) des zu Hypnotisierenden"[743]. Sie kann im vorliegenden Bedeutungszusammenhang verglichen werden mit derjenigen des sog. „Wahrheitsserums": es handelt sich um die Bezeichnung von in der UdSSR angewandten „Schlaf- und Narkosemitteln", insofern diese mit der Absicht eingespritzt wurden, „das Bewußtsein des Behandelten einzuengen und ihn durch Lösung aller Hemmungen zu Aussagen zu veranlassen, die er bei wacher Selbstkontrolle unterlassen würde."[744]

Aus psychoanalytischer Sicht hat die Hypnose heute – im Gegensatz zur früheren „karthat. Methode" – therapeutischen Charakter; im Altertum lag sie „in den Händen von Priestern".[745]

Das Hauptinteresse mit Hinblick auf die Bühnenhandlung liegt auf der Hypnose. Das Aschenweibchen soll, wie es in der – streckenweise in Prosa verfaßten – „1. Skizze" heißt, „durch Einschläferung (Hypnotisierung) ihr Antworten entlocken, die ihre Schuld beweisen werden." (15. Seite) Dies läßt sich mit der lexikalischen Definition von „Hypnose" in Einklang bringen.

Diese Aspekte finden wir bei Wagner übersetzt in die Sprache des Musiktheaters. Allerdings bleibt der Hypnose-Exorzismus-Versuch in *Schwarzschwanenreich* ein fragmentarischer. Vergleichsweise sei die ausgeführte Hypnose in op. 14 *Rainulf und Adelasia* durch die Seherin Sigilgaita (verbunden mit einer Totenbeschwörung) genannt; weitere Beispiele für die Darstellung von Magie enthalten op. 4 *Bruder Lustig* (Wahrsagerin Urme) und op.5 *Sternengebot* (Auftritt der Sterndeuterin im szenischen Vorspiel).

Symptomatisch für das Skizzenhafte des Magiertums in *Schwarzschwanenreich* ist die Verwendung reduzierter Mittel zur Darstellung der magischen Praxis. Es fällt auf, daß das Aschenweibchen zwei Mal mit seinen „*Beschwörungen*" „*beginnt*" (KA 55; 56) – zwischen beiden Anfängen liegt ein kurzer Dialog Hulda-Ursula. Die Vokabel „*beginnt*" ersetzt nähere Angaben, d.h. die eigentliche Gestal-

---

[742] BE. Bd. 8 EMAS-FASY 2006: 643.
[743] A.a.O. Bd. 13 HURS-JEM. 55.
[744] Bertelsmann Volkslexikon 1975: 1804.
[745] BE. Bd. 13 HURS-JEM 2006: 55.

tung (entsprechenden Gebärden, gestisches Murmeln von Formeln) liegt beim Regisseur.

Als einzige konkrete Angabe einer möglicherweise eintretenden Wirkung kann das nach dem zweiten Beginn erklingende – bezeichnenderweise aus *Bruder Lustig* entlehnte – Beschwörungsmotiv verstanden werden (KA 56). Die übrigen, während der gesamten Sequenz auftretenden bedeutungsverwandten Motive haben eher die Aufgabe, die Erzählung zu illustrieren und zu kommentieren. Auch den Hilferuf Huldas könnte man schon als Ausdruck für das Einsetzen der Wirkung interpretieren, wenn die Aktivität des Widerstands nicht der Voraussetzung der Entspannung widersprechen würde. Allerdings besteht die Möglichkeit, die Schwarzschwanenreich-Vision Huldas im Kerker (III.1) auf das immerhin begonnene Doppel-Ritual (Einengung des Bewußtseins in Verbindung mit Herausbeschwörung des Dämons) zurückzuführen.

Wesentlich für die Beurteilung dieses magischen Rituals als Bezeichnung der Differenz zwischen Aschenweib und Hulda ist z.e. das Fehlen der Sprache (und in Verbindung damit der Form des *Gesangs*; anders als z.B. in *Rainulf und Adelasia*: Hypnoselied der Sigilgaita[746]), z.a. die Tatsache, daß das Aschenweib hauptsächlich in kauernder Haltung agiert. Durch diese Verkörperung des Magiertums wird „Magie" in einer Weise beleuchtet, die sie als Negativum zu der nachstehend noch zu erwähnenden Mystik (repräsentiert durch Hulda) erscheinen läßt.

*Das Hoppenmarieken in Theodor Fontanes Roman Vor dem Sturm.*

Um Wagners Portrait des Aschenweibchens zu ergänzen, kann man zum Vergleich die Gestalt des Hoppenmariekens in Theodor Fontanes Roman *Vor dem Sturm* heranziehen. Fontane hat mit dieser Gestalt einen Idealtypus der *hexenhaften Alten* gezeichnet. Er widmet ihr ein eigenes (das achte) Kapitel, in welchem er die Frage beantwortet: „Wer aber war das Hoppenmarieken?"[747] Durch die Antwort, die er summarisch seinen weiteren Ausführungen voranstellt, charakterisiert er das Hoppenmarieken von vornherein als mythische Gestalt: „Hoppenmarieken war eine Zwergin", die halb der Gesellschaft angehörte, in der sie lebte, halb „geheimnisvolles Überbleibsel der alten wendischen Welt"[748] war. „Wo sie eigentlich herstammte, wußte niemand mit Bestimmtheit zu sagen."[749] Sie war „als eine halbe Landstreicherin" ins Dorf Hohen-Vietz gekommen und „mit wenig günstigen Augen angesehen worden". Sie lebte in einem Grenzbereich zwischen Wildnis und Zivili-

---

[746] Braune 2010: 27-31.
[747] Fontane 1976: 62.
[748] A.a.O.: 64.
[749] Dieses und die folg. Zitate, soweit nicht anders angegeben, s. a.a.O.: 63.

sation, nämlich „auf dem Forstacker", dies war das „Armenviertel", „Unterkunftsstätte für alle Verkommenen und Ausgestoßenen".[750] Dort führte das Hoppenmarieken ein Doppeldasein. Sie hatte sich eine Existenzgrundlage geschaffen durch ein „Geschäft"[751]: einen Nachrichtendienst (sie war „Botenläuferin") und ihren „Eierhandel". „Aber nicht all ihr Verdienst war so ehrlicher Natur. Auf dem Forstacker wohnten Leute, die, selbst übel beleumdet, ihr böse Dinge nachsagten. Aber auch im Dorfe selbst wußte man davon zu erzählen. Die liederlichen Dirnen schlichen sich abends in ihr Haus; sie wahrsagte, sie legte Karten. Sonntags war sie immer in der Kirche und sang mit ihrer rauhen Stimme die Gesangbuchlieder mit, von denen sie die bekanntesten auswendig wußte; aber niemand glaubte, daß sie eine ehrliche Christin sei. Man hielt sie für einen Mischling von Zwerg und Hexe."[752]

Als zwei Requisiten dieses Doppeldaseins nennt Fontane „das Gesangbuch"[753], aus dem das Hoppenmarieken auch allein zu Hause laut rezitiert, und das „Kartenspiel"[754], das es als magisches Mittel gebraucht, mit einer dämonischen Macht, dem Tod, in Verbindung zu treten, um ihn im Spiel zu besiegen. Das Ganze besiegelnd schildert Fontane ein Merkmal des Gesichts, das von fern an den im 1. Abschnitt besprochenen „Zug am Mund" der Chinesin erinnert: Es handelt sich um Hoppenmariekens Trumpf im Kartenspiel gegen den „Schippenbuben": „Ein häßliches Lachen zog über ihr Gesicht [...]."

Händlerin und Hexe – es hat den Anschein,, als führe das Hoppenmarieken ein angenommenes und ein eigentliches Dasein. Diese beiden Hälften ihrer Existenz stellen gesellschaftlich gesehen unterschiedliche Größen und Funktionen dar.

*Die heimliche Heidin hat sich verdingt in der christlichen Welt, ohne der alten verdrängten Welt abgeschworen zu haben, insofern diese – in veränderter Form – unterirdisch weiterexi-stiert.*

Sie ist in der Lage, als Katalysator dort Ausgleich zu schaffen, wo Differenzen zwischen Leben und (kirchlich wie staatlich bestimmter) Ordnung auftreten, die auf rechtlichen und offiziellen Wegen nicht zu beheben sind. Durch diese Ventilfunktion ist das Hoppenmarieken ein Garant für den Bestand eben dieser Ordnung.

Dementsprechend ist sein gesellschaftlicher Status ein duplizitärer, es ist „trotz allem, was dann und wann gegen sie laut wurde, auch wohl gelitten."[755]

Ebenso wie das Aschenweibchen hat auch das Hoppenmarieken eine Gegenfigur: hier ist es seine Namensschwester Marie, ebenso wie Hulda eine Waise (Kind

---

[750] A.a.O.: 62.
[751] Dieses und die folg. Zitate, soweit nicht anders angegeben: a.a.O.: 63.
[752] Dieses und die folg. Zitate, soweit nicht anders angegeben: a.a.O.: 64.
[753] A.a.O.: 67.
[754] Dieses und die folg. Zitate, soweit nicht anders angegeben: a.a.O.: 68.
[755] A.a.O.: 63.

eines „Taschenspielers" bzw. „Schauspielers"[756]), die jedoch – nach anfänglichem Mißtrauen – Aufnahme im Dorf fand. Auch Marie, gelegentlich bezeichnet als „Feenkind"[757], trägt Züge eines Restheidentums.

Beide Gestalten werden zwar nicht durch eine Handlungslinie mit einander verbunden, beziehungsvoll läßt aber Fontane die beiden Kapitel über Marie (9 und 10) dem Hoppenmarieken-Kapitel folgen, so daß sie auf der Erzähllinie benachbart sind.

Ein weiteres Beispiel für das hexenartige alte Weib findet sich in dem historisch inspirierten Roman *Im Schellenhemd* von Nataly von Eschstruth[758]: es handelt sich um die Wîchûsgundel, die „auf der Stadtmauer in einem Wîchûstürmlein" ihr „Obdach" hat.[759] Sie ist durch Fürsprache aufgenommen worden „unter die städtischen Holzleser."[760] Auch die „Gundel versteht sich auf mancherlei geheime Kunst!"[761] Man hat sie, das „ehrlich, gottesfürchtig Weibsbild als Hexe verschreien wollen; dann hätten sie mich verbrannt und waren mich los!"[762]

Bezeichnend ist die Lokalisierung ihrer Behausung auf der Stadtmauer. Auch Hulda wohnt an der Stadtmauer, wodurch ihr Standort gesellschaftlich festgelegt wurde. Die Stadtmauer galt als anrüchig, es war der Ort der Dirnen; m.W. gilt dies heute noch beispielsweise für Lüneburg und Nürnberg (in Nürnberg durch Stadtbildveränderung weitgehend aufgehoben). („Der geht hinter die Mauer", stehende Redewendung.)

Die duplizitäre Gestalt des Aschenweibchens ist es, die Ursula in der Absicht instrumentalisiert, Hulda zu beseitigen, getrieben von der Angst um das „Heil" (*Tannhäuser*) ihres Bruders. Wie verläuft nun die Ausführung dieses Auftrags?

Dies zeigt Wagner im ersten Teil der Exorzismusszene (Dialog Aschenweibchen – Hulda).

Dieser erste Teil umfaßt die Wandlung der anfänglichen Sympathie, die das Aschenweibchen Hulda gegenüber empfindet, in Feindschaft. Diese Wandlung überrascht umso mehr, als es Hulda selbst ist, die sie herbeiführt. Hulda „*stösst das Aschenweib zurück*" (KA 54) und mit ihr die einzige Person, die helfen kann, sie vom Feuertod zu retten und auch willens ist, dies zu tun.

---

[756] A.a.O.: 79
[757] A.a.O.: 77
[758] Leipzig o.J. [ca. 1890]
[759] Eschstruth o.J.: 125.
[760] A.a.O.: 128.
[761] A.a.O.: 129.
[762] A.a.O.: 128. Betr. die Form „waren": sic!]

*Der zweite Name des späteren „Aschenweibchens": die Seherin Velleda.*

Für die anfängliche Sympathie des Aschenweibchens gibt es m.e. zwei Erklärungen: eine mythologische und eine handlungsbezogene. Die mythologische ergibt sich aus dem Umstand, daß das spätere „Aschenweibchen" in der „1. Skizze" nach der altnordischen Göttin Veleda (Schreibweise Wagners: „Velleda") benannt wurde. In der *Deutschen Mythologie* Jacob Grimms heißt es unter dem Stichwort „Veleda": „sie weissagte nicht bloss, sie hatte unter dem volk geschäfte zu schlichten und auszuführen."[763] Wagner läßt diese Göttin durch das Christentum veränderter Weise erscheinen. „Hulda" kann gleichfalls auf eine göttliche Abstammung (cf. Holda) zurückblicken.

Die Göttin Holda war von den Veränderungen wesentlich stärker betroffen (Vervielfältigung in verderbliche Feengestalten, sog. (Un-)Hold(inn)en, zu vergleichen mit den englischen „Willis"; Umwandlung in „Frau Holle", die großzähnig noch an das Kinderfressen erinnert, später aber zur lieben Wolkenmutti im Kindermärchen wurde; ferner wurde ihr Name späterhin in der Umgangssprache und in Schlagern lächerlich gemacht). Der Name Veleda wurde nicht diffamiert, aber vergessen. Man kann sagen, sie blieb die Stärkere und war in der Lage, die andere zu schützen (das Aschenweibchen die Hulda). Hulda, ohne Kenntnis dieser gemeinsamen Herkunft, lehnt die Zusammengehörigkeit mit dem Aschenweibchen ab. Lediglich Huldas Zurückweisung brachte das Aschenweibchen dazu, den Exorzismus auszuführen.

Diese, durch die Namensgeschichte des Aschenweibchens resp. die Entstehungsgeschichte des Textbuchs gleichzeitig verankerte und wieder überlagerte verwandtschaftliche Beziehung zwischen Aschenweibchen und Hulda finden wir gleichsam aufbewahrt im Motiv des wissenden Mitleidens, von Pretzsch als „A s c h e n w e i b c h e n s   M o t i v"[764] bezeichnet. Es ist zum ersten Mal zu hören, als Ursula in der 1. Szene das Aschenweibchen einführt (P 57) und zwar vier Mal hintereinander in der dunklen, melancholischen Klangfarbe von Klarinette, Englisch Horn und Baßklarinette.

Das Motiv unterscheidet sich von allen übrigen Motiven, die in der Exorzismusszene auftreten, insofern diese eine negative Haltung mit Bezug auf Hulda ausdrücken bzw. Gedanken und Beweggründe anderer illustrieren: das Verdachtmotiv Ursulas erklingt als Erinnerungsmotiv (1. Szene); das Hexenverdachtmotiv ist ein

---

[763] Grimm 1835: 277. Wissen über Veleda wurde im Wesentlichen durch Tacitus überliefert.
[764] Pretzsch 1919: 443.

Szenenmotiv (5. Szene), aus dem sich später das Hexenjagdmotiv entwickelt – dieses „begleitet die Vorgänge" innerhalb der Szene.[765]

Das zum Aschenweibchen gehörige Beschwörungsmotiv ist bezeichnenderweise „aus der Beschwörungsszene der Andreasnacht in ‚B r u d e r   L u s t i g'" entlehnt[766], ist daher kein Originalmotiv des Aschenweibchens, sondern gehört ursprünglich der Zauberin Urme an. Das Beschwörungsmotiv in den dunklen Klangfarben der tiefen Holzbläser (Baßklarinette und Fagott) und der tiefen Streicher (Cello, Kontrabaß) imaginiert lautmalerisch ein Heraufklingen aus der Tiefe des Unbewußten. Dazu erklingen in den hohen Holzbläsern (Flöte, Oboe) die spitzen Töne einer Klangfigur, die Pretzsch als „Hexenjauchzer" bezeichnet, gleichfalls eine Zitation aus *Bruder Lustig*. Diese Figur wirkt wie eine Illustration der technischen Zurüstungen zu dem magischen Akt selbst, kann also als – gleichzeitig erklingende – Ursache zur Tiefenwirkung gehört werden.

Das im Folgenden zu besprechende den Dialog tragende *Thema des Schläferns* dagegen erscheint eher als melodische Fassade des ersten Teils der Szene. Es bildet die Verlaufsform der Wechselrede, die „in höchst gefälliger Form" erklingt[767] bzw. den Charakter eines komödiantischen Geplänkels hat und daher weniger die Grundhaltung des Aschenweibchens erhellt.

Die handlungsbezogene Erklärung für die Sympathie des Aschenweibchens erfolgt aus einer anderen Perspektive.

Aus der mythischen Vorgeschichte gestaltete S. Wagner im Bühnengeschehen das „Schauermärchen" vom Schwarzschwanenreich, alles aus kirchlicher Sicht gesehen. Hulda und das Aschenweibchen sind aus der Sicht der Anderen, der „frommen Seelen", wie das Aschenweibchen höhnt, „Teufelsbuhlen" (mit Bezug auf Hulda gebraucht; KA 164) und daher gleichermaßen „verdächtig" (KA 51). Allerdings kennzeichnet Wagner dieses ungleiche Paar durch eine Differenz hinsichtlich ihres Heidentums. Dies geschieht durch die Bezeichnung ihres jeweiligen Buhlteufels oder Inkubus. Während beim Aschenweibchen von den „Teufeln" im Plural die Rede ist, handelt es sich bei Hulda um eine Einzelgestalt, den Versucher bzw. Satan oder Schwarzen Reiter. Der Satan und die Teufel verhalten sich zueinander wie beispielsweise ‚Luzifer und seine Teufel' in dem Werk *Die Glocken des Straßburger Münsters*, das Franz Liszt, angeregt „durch ein Gedicht von Longfellow" komponierte und dessen Schluß sein Biograph Zsolt Harsányi wie folgt beschreibt: „Luzifer reitet in der stürmischen Nacht mit der ganzen Teufelsbrut auf und davon." [768]

---

[765] Zitat und Motivnamen s. a.a.O.: 442, 449, 450.
[766] A.a.O.: 450.
[767] A.a.O.: 449.
[768] Harsányi 1954: 969.

Diese Differenz manifestiert sich ästhetisch in der jeweiligen Gesangsart. Bei Hulda kann man mit Siegfried Wagner von „*Gesang*" im Sinne eines Formbegriffs sprechen, während der Singsang des Aschenweibchens eher an eine zweckgerichtete Funktion des Singens gemahnt.

Dieser letzteren Variante begegnen wir zu Beginn der 5. Szene, anhand derer deutlich wird, worin die Differenz zwischen Hulda und Aschenweibchen besteht.

**Schwarzschwanenreich *I.5***
***Köln 1939***
*Adelheid Wollgarten (Aschenweibchen), Elsa Oehme-Foerster (Hulda)*

*Exorzismusszene (I. Akt, 5. Szene)*

Dieser Dialog, welcher dem Exorzismus vorangeht, umfaßt 91 der insgesamt 217 Takte der 5. Szene.
Er ist dreiteilig aufgebaut und besteht aus *Einleitung*, formal auch als Überleitung von der 4. zur 5. Szene zu bezeichnen (17 Takte), einem durch das *Thema des Schläferns* geprägten kürzeren Abschnitts von 12 Takten und dem Hauptteil des Dialogs: der Ausspinnung des Themas in drei *Varianten* (62 Takte). Thema und Varianten ergeben zusammen die 1. Sequenz dieser Szene, diese mit der Einleitung zusammen deren ersten Teil.

Die bisher genannten formalen Zäsuren stehen symptomatisch für den inhaltlichen Verlauf. Nachdem sich die „Übrigen", die sich als Zuschauer an der „*Teufelsaustreibung*" beteiligen wollen, versteckt haben (erste Viertaktgruppe, T 6-9; KA 49), bekundet das Aschenweibchen in einem Selbstgespräch (nächste Viertaktgruppe, T 10-13) ihre positive Haltung Hulda gegenüber: ihre geheime Sympathie und ihr Vorhaben, sie vor Entdeckung zu schützen (KA 50). Damit signalisiert sie ihre Doppelhaltung: sie wahrt nach der offiziellen Seite hin ihr Gesicht, neigt aber innerlich Huldas Seite zu.

Huldas Auftritt (letzte Viertaktgruppe; T 14-17) beendet die Einleitung. Stellt man die eben genannten drei Viertaktgruppen im Zusammenhang dar, so erkennt man eine Verwandlung in drei Schritten: zuerst wird die Außenwelt ausgeschlossen (Verstecken der „Übrigen": „ca. 10-12", „Mädchen in der Mehrzahl und einige Männer"; KA 49); dann spricht das Aschenweibchen „*für sich*" (KA 50), ein Konzentrationspunkt dieser Einleitung; schließlich öffnet sich die Situation wieder, diesmal nach innen, in einen internen (inoffiziellen) Bereich; der Dialog Hulda-Aschenweibchen kann beginnen.

Das *Thema* bildet die Basis eines *Singsangs*, der das Aschenweibchen charakterisiert. Das Besondere an der Behandlung des Themas ist, daß er, obgleich es dem Aschenweibchen zugeschrieben ist, im Dialog von Hulda und dem Aschenweibchen gemeinsam expliziert wird.

Genau genommen ist es eher als Motiv denn als Thema zu definieren, zumal auch hier die *Zwei-Takt-Schematik* zur Geltung kommt. Der rhetorischen und szenischen Situation entsprechend besteht es aus zwei Doppeltakten, also aus vier Takten. Diese erklingen drei Mal hintereinander, so daß sich die 12 Takte des ersten Abschnitts ergeben. Durch seine melodische Struktur (die ersten zwei Takte werden jeweils durch die zweite Zweitaktgruppe beantwortet) gestaltet das Thema den Dialog als Wechselgesang, beruhend auf einem Frage-Antwort-Schema.

Die Entwicklung des Dialogs ist markiert durch eine Dur-moll-Umwandlung. Während Hulda ihre erste Frage (T 1-2) in A-Dur (ab T 18 Tonika der Grundtonart dieser Sequenz) stellt, endet der Dialog bzw. dieser Abschnitt in T 12 mit der dritten Entgegnung des Aschenweibchens in fis-moll, der moll-Parallele zu A-Dur.

Urheberin dieser Umwandlung ist also das Aschenweib. Bereits dieser Spannungsbogen deutet an, daß der Auftritt des Aschenweibchens aus Huldas Sicht eine negative Vorbedeutung hat. Es fällt auf, daß Hulda – noch bevor das Aschenweibchen zu Wort kommen konnte – nach einer scheinbar erfreuten Begrüßung (Schluß der *Einleitung*) des auf den Stufen ihres Hauses hockenden Aschenweibchens (auf einem C-Dur-Septakkord mit Septe im Baß: assoziiert eine aussichtslose Hoffnung auf einen positiven Ausgang des bevorstehenden Gesprächs) – sich sofort, als ahne sie eine Bedrohung, das melodisch-rhythmische Gewand des Aschenweibchens an-

legt. Es hat den Anschein, als wolle Hulda (für die ein Singsang eher untypisch ist) das Aschenweibchen nicht durch einen zu früh angebrachten Widerstand provozieren. Der Takt (Sechsachtel) ist kleinzählig, der Rhythmus wiegend, das Ganze imaginiert musikalisch ein Sich-Umschleichen zweier Katzen. Daß unter dem Deckmantel „gütlichen" Einvernehmens bereits ein Kampf ausgetragen wird, ist aus dem harmonischen Ablauf dieses Abschnitts ersichtlich.

Der *Thema*-Dialog umfaßt drei Runden. Hulda beginnt jede Runde mit einer (rhetorischen) Frage, die jeweils das scheinbar unerklärliche Verhalten des Aschenweibchens, das ihr den Zutritt zu ihrem Haus versperrt, thematisiert. Bei jedem Neubeginn steigert sie die Melodie um einen halben Ton. Sie fängt in der Grundtonart A-Dur an, dann folgen in einer chromatischen Aufwärtsbewegung B-Dur (auf diesen Klang ist noch zurückzukommen) und H-Dur. Dies alles geschieht von Huldas Seite aus in gleichbleibender Freundlichkeit.

Das Aschenweibchen macht dieses Aufwärtsstreben (der auf H-Dur folgende Klang wäre C-Dur) zunichte, indem sie ihre Antworten jeweils mit dem gleichen Ton wie Hulda beginnt, den (für eine Dur- oder moll-Ausrichtung entscheidenden) Terzton jedesmal in einem Nachhalt um einen Halbton zu einer moll-Terz senkt (erste und zweite Runde) und in der dritten Runde, Hulda gewissermaßen die Quinte (fis) von H-Dur abnehmend, diese als Grundton der von ihr angestrebten moll-Tonika benutzt. Der letzte Ton der dritten Runde ist ein cis, identisch mit dem Anfangston Huldas dieses Wechselgesangs (T 1 der Sequenz).

Der Dialog bewegte sich, in Tönen gesprochen, von cis zu cis – dies bedeutet eine Stagnation. Hulda ist, harmonisch gesehen, keinen Schritt weitergekommen. Hulda wird, wie hier knapp vorgezeichnet, der Hexenjagd bzw. ihrem Schicksal nicht entrinnen können. Ungeachtet der Tatsache, daß die Sequenz an dieser Stelle formal noch nicht zum Abschluß gekommen ist und der Text noch etwas offen läßt, ist der Ausgang schon harmonisch fixiert. Mit Rückblick auf den im vorangegangenen Abschnitt besprochenen Vorwurf Ursulas, daß Hulda eine „Heuchlerin" sei, ist zu bemerken, daß Hulda in dieser Szene – dem Aschenweibchen gegenüber – tatsächlich ein einziges Mal heuchelt – dies hat jedoch taktische Gründe und ist nicht, wie gleich zu sehen sein wird, Teil ihres Wesens.

Im zweiten Abschnitt, der die *Ausspinnung* des Themas umfaßt, kommt es zum Bruch zwischen Aschenweibchen und Hulda – hiermit endet die 1. Sequenz.

Dieser Bruch ist von Anfang an durch eine Veränderung der Dialogstruktur vorgegeben. Hulda wirft ihre melodisch-rhythmische Ummantelung ab, dagegen breitet das Aschenweibchen sein thematisches Gewand jetzt aus. Dies geschieht in einer dreifachen Ausspinnung seines Themas. Verbunden damit ist eine teilweise Auflösung des Themas, das jedoch bis zuletzt als Grundform ihrer Deklamationen erkennbar bleibt.[769] In diesen drei Ausspinnungen führt sie das bisher Angedeutete

---

[769] Vgl. Pretzsch 1919: 450.

aus. Ihre Strategie ist ein Dreischritt: sie schildert den Plan Ursulas, eröffnet Hulda eine Rettungsmöglichkeit und nennt den Preis dafür.

Huldas Positionen zäsieren den Abschnitt; es handelt sich um kurze Einwürfe rezitativen Charakters. Daraus geht hervor, daß sich auch die Textproportionen verschieben: die scheinbare Gleichheit des *Thema*-Teils (Zweitaktgruppen) weicht der Ungleichheit. Die Positionen des Aschenweibchens expandieren (28/ 15/ 8 Takte), diejenigen Huldas erfahren dagegen keine prinzipielle Veränderung, insofern die *Zwei-Takt-Schematik* beibehalten wird und reduziert zum Einsatz kommt (2 /2 / 4 Takte). An den Taktzahlen kann man die Entwicklung des Dialogs ablesen.

Für beide Partien – jeweils für sich genommen sowie im Vergleich – gilt: abnehmende Quantität steht für zunehmende Konzentration der Gefühle und Gedanken.

Dieser Hauptteil des gesamten Dialogs findet wiederum in drei Runden statt (59 Takte) und wird durch das Aschenweibchen beendet (3 Schlußtakte).

Daß das Aschenweibchen eine Strategie verfolgt, deuten die Taktzahlenverhältnisse innerhalb seiner Partie an: die Zahlen 28 – 15 – 8 – 3 stellen eine logische Reihe dar. Es gilt die ungefähre Regel: die Hälfte der Taktzahl der vorangegangenen Position in geringfügiger Verschiebung um plus/ minus eins. (15: die Hälfte von 28 plus 1; 8: die Hälfte von 15 plus einhalb; 3: die Hälfte von 8 minus 1). Diese Verringerung signalisiert ein Sich-Zuspitzen der Lage für Hulda bzw. eine Verschärfung der Mittel des Aschenweibchens.

In der ersten Ausspinnungsvariante setzt das Aschenweibchen Hulda in Kenntnis von Ursulas Zielen, ohne deren Namen zu nennen und benennt seine eigene Rolle dabei. Im Anschluß an diese Darstellung bezeichnet sie einen möglichen Ausweg, den verabredeten „Scheinschlaf" mit gespielten Entgegnungen Huldas auf die Fragen des Aschenweibchens (T 30-57). Der erste Einwurf Huldas gilt dem „dunklen Reden" des Aschenweibchens, sich wohl v.a. auf die Erwähnung von „Zauber" und „böser Kunde" beziehend (T 58-59).

In der zweiten Variante lockt das Aschenweibchen mit dem Angebot, Huldas Andenken vor „Schmach" bzw. ihren Namen vor Besudelung zu schützen. Hieran schließt die Forderung eines „Lohnes": Huldas Preisgabe ihres Geheimnisses (T 60-74). Der nächste Abwehrversuch Huldas ist nicht mehr inhaltsbezogen, sondern richtet sich gegen die körperliche Annäherung des Aschenweibchens: „Weg Deine gierige Hand!" (T 75-76)

In der dritten Variante gibt das Aschenweibchen eine Probe ihrer magischen Kräfte (T 77-84). Damit provoziert es jedoch eine heftige Reaktion Huldas: Dritter Einwurf: Hulda schmäht das Aschenweibchen als gemeine Verbrecherin: „Lach, wenn Dir nicht der Galgen winkt!" Das Wort „Galgen" beruht auf einem Neapolitanischen Sextakkord in B-Dur, der in der *Schwarzschwanenreich*-Partitur als

Symbol für eine bestehende Verbindung mit dem Versucher zu deuten ist. Dies weist auf eine Gemeinschaft beider hin.

Hinzuzufügen ist, daß Hulda mit ihrer Antwort etwas Entscheidendes übersehen hat: das Aschenweibchen, das auf beiden Seiten spielt, hat zwar Huldas Leben in seiner Hand, ist aber selbst (wie das Hoppenmarieken) vor Anklagen sicher.

Mit einem Schlag ist das Wohlwollen des Aschenweibchens in unversöhnlichen Haß verwandelt. Mit einer Drohung beendet es den Dialog (T 90-91) und eröffnet die Hexenjagd (T 92ff.). Hulda wird „*überwältigt*", „*sträubt sich mit aller Wildheit*" (KA 55) und bewirkt durch ihr „*Schreien*" (KA 56), daß Liebhold, der unter einem Vorwand entfernt worden war, aufmerksam wird und hinzukommt. Er unterbricht das Ritual, und während er die einzelnen zur Rede stellt, „*benützt* [Hulda] *den Augenblick*" (KA 58), zu entkommen. Es entsteht, als dies bemerkt wird, *eine betroffen verlegene Stimmung*" (KA 59). Es ist, als sei plötzlich ein Rausch verflogen, die Beteiligten scheinen wieder zu klarer Überlegung zu kommen. Die Tatsache, daß Exorzismus „nur von einem Priester und nur mit Erlaubnis eines Bischofs und nach den von der Kirche aufgestellten Regeln vorgenommen werden" darf[770], wird allgemein bekannt gewesen sein. Vor diesem kirchengeschichtlichen Hintergrund ist m.E. ein derartiger Umschlag zu erklären. Die Gedanken der Beteiligten richten sich jetzt auf die in Aussicht stehende Bestrafung. Ein Mädchen faßt in Worte, was wohl die meisten denken: „Aschenweib! Sieh Dich vor! Uns're Ehr' hast Du allein auf dem Gewissen!" Gleichwohl scheint niemand ernsthaft daran zu denken, das Aschenweibchen anzuzeigen. Aus dem gesamten Text geht hervor, daß eine Art stillschweigendes Abkommen zwischen dem Aschenweibchen und der Bevölkerung besteht. Das Aschenweibchen, das, wie es zwei Mal, nämlich in seiner ersten und seiner letzten Rede, betont, widerwillig und gezwungenermaßen gehandelt hat, ist beschützt und geringgeachtet. Es geht straffrei aus, weil es nützt und weil ihm vieles bekannt ist, was nicht ruchbar werden soll. Dies ist jedenfalls zu vermuten. Ursula, die Anstifterin, ist es, die für den Exorzismus „büßen" muß (KA 60; weiterhin: KA 50 und 115).

Die Frage, die sich nach diesem Durchgang durch die Szene stellt, ist: wie ist Huldas – unwahrscheinlich wirkender – Verzicht auf Lebensrettung durch das Aschenweibchen zu erklären?

Aschenweibchen und Hulda verkörpern zwei unterschiedliche Weltbilder. Wagner verklausuliert diese Differenz durch die Musik: mittels des Gesangs.

Von Gesang im eigentlichen Sinne kann man m.E. nur bei Hulda sprechen. Er steht pars pro toto für ihre Person. Diese Behauptung ist paradox, denn dies läuft auf eine Abstraktion des Gesangs von der Sängerin hinaus. Wie wird dieses Phä-

---

[770] BE. Bd. 8 EMAS-FASY 2006: 643.

nomen bei Wagner umgesetzt? Die Protagonistin von *Schwarzschwanenreich* wird vom Komponisten eingeführt durch ihren Gesang, ohne sichtbar in Erscheinung zu treten; ihr Gesang eröffnet das Werk: „**Hulda** *(hinter der Szene)*" lautet die betreffende Angabe zu Beginn ihres Eröffnungsliedes. (KA 11) Der *Gesang* ist bei Siegfried Wagner Spiegel oder Form von Selbsttransformation, im Text bezeichnet als *Heilung*. Ein anderes Medium, einen anderen, geläuterten Zustand zu erlangen, ist in *Schwarzschwanenreich* das Feuer. Das Feuer ist für Wagner, rituell begriffen, das Inbild der reinigenden Verwandlung. Reinigen bedeutet Trennen von Wesentlichem und Unwesentlichem (hierin kann man eine Verarbeitung Wagners seiner Heraklit- und Angelus Silesius-Lektüre erblicken). Der „Feuertod" der „Hexe" changiert zur Läuterung des Menschen. Diese ist es, die Hulda wünscht.

Insofern verfehlt das Aschenweibchen doppelt sein Ziel: Es bietet Hulda Bewahrung ihres Ansehens vor „Schmach" und Rettung ihres Körpers vor „Ungemach". Eine solche Kumpanei kann Hulda nicht helfen. Sie will gar nicht, im Sinne des Aschenweibchens gerettet werden. Sie fühlt sich lebensschuldig und will vom Leben erlöst werden wie von einer Krankheit. Sinnbild dieser Krankheit ist ihre „Wunde" (KA 71). Die Möglichkeit einer solchen Heilung in der Transzendenz erwog Wagner in Werk und Leben gleichermaßen. Dies deutet beispielsweise eine Äußerung in einem Brief an Stassen anläßlich des Todes seiner Schwester Isolde Beidler an: „Nein, so darf eine Menschenseele nicht enden! Es wird ihr ein neues Leben werden, wo sie sich der Dämonen erwehrt [...]!"[771].

*Die Weiber (III. Akt, 4. Szene)*

Anders als beim Aschenweibchen sind die Beschimpfungen motiviert, mit denen Hulda von den Weibern auf dem Richtplatz (III.4) empfangen wird. Die Worte der Weiber sind z.T. dem Text Ursulas in der vorangegangenen Szene, in der Ursula ein letztes Mal versucht, ihren Bruder von Hulda zu trennen, entnommen und wirken wie eine schlagwortartige Zusammenfassung. Voll blinder Rachgier und Wut überhäufen die tobenden Weiber die Verurteilte mit Schmähungen. Sie wirken wie eine neuzeitliche Verkörperung der antiken Megären. Dem Hörer erklingt diese Sequenz als musikalisches Spießrutenlaufen: der Rhythmus des Chores imaginiert ein mechanistisches Hacken, gespielt und gesungen von einer Maschine, deren Mechanik sich verselbständigt hat. Das Klangbild läßt sowohl an die von Wagner im *Reisetagebuch* erwähnten „rhythmisch hackenden Fleischer" als auch an das vom Fremdenführer geschilderte Traktieren der Gefangenen mit Messern, während sie durch ein „rundes Loch in der Wand [...] durchgetrieben" werden (s. Einleitung

---

[771] Zit n.: Stassen 1942: 51.

zu diesem Kapitel), denken. Man kann vermuten, daß es sich bei den Worten „Schande" und „Schmach" um gegen Siegfried Wagner selbst gerichtete Anwürfe handelt, die ihm schrill und mißtönend einer Psychose gleich in den Ohren gellen. Abgesehen von diesem Selbstbezug spielt bei dem Entwurf der Weiber bzw. dieses Szenenbildes wohl auch das zeitgenössische beispielsweise auf Werbeplakaten (Fahrradwerbung) oder für Illustrationen in Zeitschriften (z.B. *Die Jugend*) häufig verwendete Motiv eines haßerfüllten Gegeneinanders von Jung und Alt – (die Jugend verachtet das Alter – das Alter haßt die Jugend) eine Rolle

Letzten Endes sind die Weiber in *Schwarzschwanenreich* aber ein übles Abbild der Hüter kirchlich-weltlicher Gesetzlichkeiten.

| 3. Der *fragende* Blick der jungen Frau auf den Besucher | 3. Der *[fragende]* Blick Huldas auf Liebhold |

[...] das Auge, das Sehen durchdringt die äußere Figur, die äußere Gestalt des Gegenübers und nimmt Kontakt mit seiner Seele, mit seinem Innenleben auf. Das ist ein besonderer Vorgang, der sowohl wörtlich, wie auch musikalisch als durchgehendes Handlungsmotiv in Siegfried Wagners Opern auftaucht.[772]

*Eckart Kröplin*

| *Tagebuch* | *Textbuch*[773] |
|---|---|
| Der Blick war gesenkt, als wir zuerst eintraten, doch sie hob ihn und er ruhte scheu und fragend auf mir, als wollte sie wissen, ob ich aus dem ihrigen ihre Schuld lesen könnte. Dann sah sie weg [...]. | **Hulda** *(zu Liebhold <gewandt)* [III. 4] *(das Volk tritt etwas zurück)>* <br> Sie haben recht: Ich bin schuldig – <br> Glaubst Du, dass ich es nicht sei, <br> so bin ich frei von Fehl! <br> *([Schweigen –] Liebhold sieht sie verwundert an)* <br><br> **Liebhold** <br> Ich fass' nicht – den Sinn – <br> Du sagst – <br><br> **Hulda** <br> Ja! Ich sage es nochmals: <br> Schuldig bin ich! <br> Glaubst Du, dass ich es nicht sei, <br> so bin ich frei von Fehl! <br> *(Liebhold steht sprachlos da – er fasst nicht ihre Worte. Sie blickt ihm [fragend] lang ins Auge [,er weicht bestürzt ihren Blicken aus].)* <br> **Hulda** *([sehr] traurig)* <br> Du glaubst es nicht! – |

---

[772] Kröplin 2010: 20-24. 21.
[773] Ausnahmsweise wird hier aufgrund der größeren Ähnlichkeit mit der Tagebuchstelle die letzte handschriftliche Fassung des Textes und nicht der Partiturtext verwendet. Dieser stellt, von einigen Ausnahmen abgesehen, eine leicht gekürzte Version des handschriftlichen Textes dar (vgl. KA 168). Die im Partiturtext ausgelassenen Worte sind hier in eckige Klammern [„[]"] gesetzt. An wenigen Stellen erfolgten im Part.text aber auch Erweiterungen; diese weden hier in spitzen Klammern[„<>"] zitiert.

*Vorbemerkung*

In seinem *Reisetagebuch* deutet Siegfried Wagner den *Blick* der Insassin auf den Besucher als unausgesprochene *Frage* und verknüpft ihn mit dem Thema der *Schuld*.

Bereits diese Darstellung enthält offenbar eine Projektion eigener Empfindungen, die sich gewissermaßen beim Anblick der „jungen Frau" zu einer Situation formieren. Mit dem „Bild jener Frau" erhält ein Gegenstand individuelle Gestaltung, der geradezu das Grundmotiv der Außenhandlung von *Schwarzschwanenreich* bildet: das Schuldig- oder Freisprechen der Angeklagten anhand von (physiognomischen) Anzeichen.

In Wirklichkeit war der *Blick* auf den europäischen Touristen vielleicht nichts anderes als ein Ausdruck von Neugier und Verwunderung.

Dem Textbuch gegenüber wirkt dieser Tagebuchabschnitt wie eine Skizze, welche mit ihrer Verbindung von *Blick, Frage* und *Schuld*-Thema alle wesentlichen formalen und inhaltlichen Momente des späteren Szenenbildes bereits beinhaltet. Schon im Tagebuchbericht erscheint das Ersetzen der Worte durch den *Blick* nicht unbedingt als bloßer Notbehelf angesichts der sprachlichen Barriere, sondern eher als Mittel und Weg eines inneren Dialogs.

Kröplin spricht von einer „Augendramaturgie"[774] in den Opern Siegfried Wagners, typisiert den Komponisten selbst als „Augenmenschen"[775] und zitiert eine Äußerung des Dirigenten Siegfried Wagner über die *Willensübertragung durch das Auge*[776].

Die zu vergleichende Passage aus dem Textbuch beginnt mit einer Zäsur: die Regieanweisung gibt das *Zurücktreten des Volkes* in Verbindung mit der Hin*wendung Huldas zu Liebhold* an. Dem entspricht in der Musik ein Taktwechsel: der Zweihalbe- verwandelt sich in einen Vierviertel takt; diese Zählweise ist weniger straff als die vorige und bedeutet eine Verkleinerung, der Dichte der bevorstehenden Auseinandersetzung entsprechend. Die Handlung ist aller äußeren Dramatik enthoben. Das gesamte Drama gelangt hier zu seinem innersten Punkt und konzentriert sich zum Bild.

Das scheinbare Stagnieren von Textfluß und Bewegung offenbart sich jedoch in der Musik als Außenseite innerer Dramatik. Allein in dieser tiefer gelegenen Schicht des Dramas aber kann das Individuell-Wesentliche prozessieren, der Blick,

---

[774] Kröplin 2003: 23.
[775] A.a.O.: 18.
[776] Ebda. [Zit. n. Wagner 1923: 33. Bezugnahme auf den Dirigenten Richard Wagner.]

gleichermaßen der Stellvertreter des Wortes und der szenischen Bewegung, erscheint als adäquate Form seelischer Zwiesprache.

Aufschlußreich ist hier einzig die Musik, insofern sie eine szenografische Funktion hat: sie wird zum Medium innerer Dramatik.

Wie im Kapitel über → **Die Handlung aus psychoanalytischer Sicht** dargestellt wird, kann als Ziel der Handlung die *Vervollständigung des Individuums durch Assimilation des (in diesem Falle: männlichen) Seelenbildes* bezeichnet werden.

Aus der Harmonik der ausgewählten Passage geht hervor, was infolge des Schuldbekenntnisses Huldas auf dem Spiel steht: das Streben nach Verschmelzung des Ich (Hulda) mit seinem (hellen) Animus (Liebhold) scheint vergebens gewesen zu sein.

*Schwarzschwanenreich III. Akt, 4. Szene: Elsa Oehme-Foerster (Hulda),Philipp Rasp (Liebhold)*

## Zur Musik des Sequenzschlusses III.4.2

Die Bezugstonart in dieser vorzeichenlosen, durch zwei Doppelstriche abgegrenzten Passage ist C-Dur. Diese Tonart wird in *Schwarzschwanenreich* im klassischen Sinne als Tonartsymbol für das Licht verwendet. Ein wesentliches Merkmal der Gestaltung dieser Passage ist, daß diese Tonart wohl angestrebt, nicht aber erreicht wird:

Zu zeigen ist, daß daß es vier verschiedene harmonische Wege sind, auf denen C-Dur oder „das Licht" verfehlt wird.

Der *erste Teil* (Takt 1-8; Huldas Schuldgeständnis) mündet in Gis-Dur (Takt 8), die Dominante zu Cis-Dur. Dies stellt einen Bezug zum Blumenlied her, dessen Abschnitt A mit einem Gis-Dur-Akkord beginnt und tatsächlich in Cis-Dur endet. Der dem Cis-Klang unterlegte Text lautet: „[der Sonne] Aug'!" (KA, 11) Somit ist die Semantik von Cis-Dur bereits zu Beginn des Werkes festgelegt bzw. durch das „Licht" bestimmt.[777] Im Zusammenhang mit der traditionellen Licht-Symbolik von C-Dur (beispielsweise verwendet in I.6) erscheint Cis-Dur bei seinem ersten Erklingen im Werk als hochalteriertes C-Dur. Diese Überhöhung läßt das damit verbundene „Licht" einerseits als unwirklich oder unerreichbar erscheinen, deutet andererseits aber, da es sich (bei Handlungsbeginn) um eine Aufhellung von cis-moll handelt, doch einen Hoffnungsschimmer an.

Die Antwort auf diese Hochalterierung ist eine Verminderung: Der gesamte, instrumental dunkel gefärbte, *zweite Teil* (Takt 9-12; Liebholds stammelnde Antwort) basiert auf einem verminderten Septakkord auf dem Ton his, enharmonisch verwechselbar mit dem Ton c. Desweiteren bildet die Melodiestimme im Orchester (Oboe) in aufsteigender Tonfolge einen a-moll-Septakkord, also die Mollparallele zu C-Dur.

---

[777] Zum Spannungsverhältnis Cis-Dur – C-Dur s. Schneeweiß 2000: 101f.

Der *dritte Teil* (Takt 13-20; Wiederholung von Huldas Schuldgeständnis) endet auf einem H-Dur-Klang (Takt 20), dessen Grundton h der Leitton zu Ton c darstellt. Über den C-Dur-Bezug hinaus ist H-Dur die Dominante zur in der nächsten Sequenz folgenden Tonika E-Dur, verweist also bereits auf das schließlich erreichte Ziel (Schlußakkord des Werks: E-Dur).

Dem *vierten Teil* (Takt 21-22: Liebholds Verstummen und Takt 23-24: *Blick* Huldas) liegt ein G-Dur-Septakkord zugrunde, also ein ebenfalls schlußbildender Dominantseptakkord, der auf C-Dur hinweist, ohne daß jedoch diese Tonart erreicht wird.

Der *fünfte Teil* (Takt 25; resümierende Frage Huldas) – ebenfalls G-Dur – hat eine abschließende und zugleich auf die nächste Sequenz überleitende Funktion.

| |
|---|
| *Erster Teil* (Takt 1-8) |
| **Hulda**: Schuldgeständnis; mündet in Gis-Dur (Dominante zu Cis-Dur, lesbar als hochalteriertes Tonartensymbol für Licht C-Dur). |
| *Zweiter Teil* (Takt 9-12) |
| **Liebhold**: Stammelnde Antwort auf einem verminderten Septakkord auf his, enharmonisch verwechselbar mit c; gebrochener a-moll-Septakkord in der Oboe (Mollparallele zu C-Dur). |
| *Dritter Teil* (Takt 13-20) |
| **Hulda**: Wiederholung des Bekenntnisses; endet in H-Dur, dessen Grundton den Leitton zu Ton c bildet. |
| *Vierter Teil* (Takt 21-24) |
| **Liebhold** [Takt 21-22]: Verstummen und ... |
| **Hulda** [Takt 23-24]: ... *Blick*: G-Dur: Dominante zu C-Dur, das nicht erreicht wird. |
| *FünfterTeil* (Takt 25) |
| **Hulda**: Resümierende Frage; Harmonik wie *Vierter Teil*. |

Die mit *Frage* und *Blick* verbundene Hoffnung Huldas auf den Glauben Liebholds an ihre *Schuldfreiheit* wird also harmonisch durch die auf Cis-Dur hinweisende Dominate Gis-Dur, auf C-Dur hinleitenden Grundton von H-Dur und – in Aufhebung der Hochalterierung – durch ein C-Dur vorbereitendes G-Dur zum Ausdruck gebracht. Diese Hoffnung machen Liebholds Entgegnungen zunichte. Sein Stammeln und schließliches Verstummen werden in der Harmonik begleitet von einem verminderten Septakkord auf his [c] in Verbindung mit einem gebrochenen a-moll-Septakkord (Tp zu C-Dur).

Eine spezielle Aussage läßt sich der dem *Blick* Huldas bzw. dem Blickdialog zwischen Liebhold und Hulda zugrundeliegenden Harmonik des *vierten* (incl. *fünften*) *Teils* entnehmen. Hier liegt ein grundlegender Unterschied zum inhaltlich vergleichbaren *zweiten Teil* vor. Dieser Schlußteil stellt den letzten Versuch dar, C-Dur zu erreichen. Dies wird zweiteilig (erster Teil: Takt 21-22; zweiter Teil:

Takt 23-25) dargestellt. Der gesamte Abschnitt basiert auf einem G-Dur-Septakkord, einem Dominantseptakkord, der nachdrücklich auf C-Dur hinweist. Jedoch erweisen sich bei näherem Hinsehen bestimmte Einschränkungen. Dadurch, daß der Akkord in der dritten Umkehrung steht (dies betrifft den ersten Teil), ergeben sich Intervalle, die dem Klang etwas Schmerzliches (kleine Sekunde) und zugleich Diabolisches (Tritonus) verleihen. Weiterhin fehlt der basale Charakter: Statt auf dem Grundton g steht der Akkord auf dem höchsten Ton, der Septe e (im Baß). Zusätzlich erklingt der Vorhaltston fis. Dies alles sind Bausteine, die einen Klang erzeugen, der die Aussicht auf ein Erreichen von C-Dur gering erscheinen läßt. Dementsprechend wird sie auch im zweiten Teil zunichte gemacht.

Das Signal hierfür ist die ab Takt 23 erfolgende Tiefalterierung der Terz: das h wird durch ein (b-)Vorzeichen *abgesenkt*. Damit gewinnt der Akkord Mollcharakter. Diese Umfärbung geschieht aber – charakteristisch für Siegfried Wagner – nicht gänzlich, sondern nur teilweise.

Denn gleichzeitig vollzieht sich ein zweiter Vorgang: der Grundton wird durch ein weiteres (Kreuz-)Vorzeichen *angehoben* zu gis. Ziel wäre – falls diese Anhebung auf allen Stufen des Akkords erfolgte – ein Gis-Dur Septakkord. Dieser würde zu Cis-Dur führen. Die Anhebung wird jedoch ebenfalls nur fragmentarisch ausgeführt.

Die besprochene Verbindung von Cis-dur mit dem ersehnten, aber unerreichbaren „Licht" scheint aufgehoben durch die andersartige Harmonik einer weiteren „Sonnen"-Stelle: In der 4. Szene des II. Akts unternimmt Liebhold den Versuch, durch eine Kindheitserinnerung (Gesang auf Basis des Themas der Kindheitserinnerung) seine Schwester Ursula umzustimmen und mit Hulda zu versöhnen. Innerhalb dieses Gesangs wird ebenfalls das Bild der „Sonne" verwendet. Diese Textstelle ist mit einem B-Dur-Septakkord unterlegt (KA 122). Wie der Schluß der Szene zeigt, gelingt auch hier der Versuch, das Licht zu beschwören, nicht.

Es scheint auf den ersten Blick abwegig, eine Verbindung zwischen dem zu *scheuenden* „Aug'" der „Sonne" (I.1) und der „lieben Sonne" (II.4) herzustellen. Dies gelingt jedoch harmonisch, wenn man den oben besprochenen deformierten G-Dur-Septakkord anders liest:

Isoliert man diese Mißgestalt der Harmonik aus dem Zusammenhang und ignoriert seine Herkunft vom G-Dur-Septakkord, was der tatsächlich entstehende Klangeindruck nahelegt, so entpuppt sich dieser Klang als B-Dur-Septakkord in der dritten Umkehrung. Der Ton gis (ehemals Grundton, jetzt Septe) liegt im Baß. Hiermit (durch das Aufzeigen einer Art Identifizierbarkeit) wäre die Verbindung zwischen beiden „Sonnen"-Stellen theoretisch hergestellt. Beide Stellen treffen sich synthetisch in Takt 23. Allerdings lautet der B-Dur-Septakkord im II. Akt: b –

d – f – as; hier ist notiert: b – d – f – gis. Auch hier liegt wieder mit den Tönen as und gis eine enharmonische Verwechslung vor. In der Schreibweise hält Wagner also den Rückbezug auf die Herkunft des Klanges konsequenterweise aufrecht. Diese Stelle ist somit ein Beispiel dafür, daß Siegfried Wagner – ein Merkmal der Wagner-Nachfolge – wesentlich Handlungsmusik geschaffen hat, „Regisseurkomponist" (Batka) war. Es ging ihm nicht um (a)tonale Experimente, aber andererseits auch nicht um reinmusikalische Gesetzeserfüllung. Diese mißgestalte Klangfigur erzählt etwas: sie bedeutet die Kollision von Hoffnung (Kreuzvorzeichen: #) und Niederschlagung dieser Hoffnung (b-Vorzeichen). Insofern verlegt Wagner allerdings die auf der Bühne ins Stationäre gebannte Handlung (Blickwechsel) in den zeitlichen Ablauf der Musik. In diesem Satz liegt das Ergebnis der gesamten vorangegangenen Analyse beschlossen: der deforme Klang, gelesen in der Stellung gis – b – d – f, ist eine Symbolfigur. Er dient vor dem Hintergrund des Bühnenvorgangs als musikalische Chiffre einer duplizitären Psyche. Die musikalischen Vorzeichen „#" und „b" bilden einen Doppelschlüssel zu Huldas innerer Befindlichkeit.

Dieses Gestaltungsmittel charakterisiert einerseits Siegfried Wagners bildnerisch-koloristische Behandlungsweise mit Klängen, andererseits ist ein derartiges Verfahren zeittypisch; eine Gestaltung von Indifferenz war damals „harmonisches Allgemeingut".

Gleichwohl läßt sich auch, wenn wir das harmonische Umfeld des besprochenen Abschnitts ins Auge fassen, ein reinmusikalischer Grund für die Nichterfüllung von Huldas Hoffnung finden: das Vorfeld besteht aus einer harmonischen Folge, die in einen H-Dur-Akkord mündet. H-Dur ist die Dominante zur Grundtonart des Werkes: E-Dur. Erst mit Erlangen der Grundtonart – das Prinzip gilt für die meisten Opern Siegfried Wagners – kann die Handlung beschlossen werden. Unmittelbar nach Beendigung des Abschnitts, also zu Beginn der dritten Sequenz, findet der Tonartwechsel zu E-Dur statt (KA 169), wodurch der Schluß eingeleitet wird. Die letzten fünf Takte bedeuten also ein letztes zäsierendes Einschiebsel vor Abschluß des Werkes. So kann die Erfüllung der Bannlösung also nicht in C-Dur liegen.

Das negative Ergebnis der Blickfrage, soweit es im Nichterreichen von C-Dur verklausuliert liegt, kann durch ein griechisches Wort beschrieben werden, das zugleich „verfehlen, nicht treffen" und „sündigen" bedeutet: ἁμαρτάνειν[778]. Die Tatsache, daß ein Treffen des gemeinsamen Punktes („C-Dur") nicht möglich war, zeigt an, daß eine Voraussetzung nicht erfüllt ist. Dem harmonischen Geschehen

---

[778] Gemoll 1965: 39.

entspricht die Anlage der Handlung: Huldas Traum, daß durch Liebhold (der ihr zuerst als "Traumbild" – geschildert in der Traumerzählung in C-Dur; I.6; KA 72 – erschien) den „Bann" lösen würde, bewahrheitet sich nicht. Dies erweist sich in der Blickwechselsequenz. Das Nichterreichen der angestrebten Tonart besagt, daß Liebhold seiner Aufgabe nicht gerecht werden kann. Hulda hat ihren Weg ganz allein auf sich gestellt zu gehen.

## 4. Der „kleine Raum" und der „kleine Hof"   4. Der „*Kerker*" und die Schwarzschwanenreich-Vision

| Tagebuch | Textbuch |
|---|---|
| [...]in einem kleinen Raum, der vorn e i n e n , nach dem hinten angrenzenden kleinen Hof zwei offene Eingänge hatte, sonst vollständig schmucklos war, sass auf einem niedrigen Schemel an der Rückwand eine [...] junge Frau [...]an dem Tische [...]. | [III.1] *Kerker, in den durch ein Seiten-Fenster das Licht dringt (Nachmittagsstimmung, allmählich im Verlauf abendlich werdend). [...] Hulda ist gegen eine Mauerpforte gelehnt (rechts zur Seite), die Stirn auf den rechten Unterarm gestützt.* [...] *Die Bühne verfinstert sich allmählich. Die Wände des Kerkers scheinen sich zu lösen. Während des folgenden Gesanges des Chores erscheint in zaub'rischem Lichte das Schwarzschwanenreich, ein unterirdischer See, darauf schwarze Schwäne schwimmen. In der Ferne ein zart erleuchtetes Schloß. [...] Ganz zuletzt erblickt man vorn [...] die Gestalt des „schwarzen Reiters" in einen dunklen Mantel gehüllt.* [III.2] *Wachen erscheinen an der Pforte (links).* |

*Vorbemerkung*

In seinem *Reisetagebuch* hat Siegfried Wagner den „kleinen Raum" knapp, aber genau skizziert. Als die eigentlichen Merkmale des Raums sind, angesichts der geringfügigen Ausstattung, seine Öffnungen zu sehen.

Die szenischen Angaben im Textbuch imaginieren einen Kerker des 17. Jahrhunderts, darüberhinaus illustrieren sie situationsgemäß die Atmosphäre.

Auch hier werden drei Öffnungen genannt: das „*Seiten-Fenster*", die „*links*" gelegene „*Mauerpforte*" und, bei gänzlichem Verschwinden der „*Wände*", eine Öffnung zur Landschaft des „Schwarzschwanenreichs".

*Die drei Öffnungen*

Den Angelpunkt des Vergleichs bilden die Öffnungen in beiden Gefängniszellen.

Während die „Eingänge" des „kleinen Raums" neutral und gleichförmig wirken, schafft Siegfried Wagner in seiner Oper drei unterschiedliche Typen von Wandöffnungen. Ein spezielles Augenmerk ist auf das *Sich-Auflösen der Wände* zu Beginn der Schwarzschwanenreichvision im Rückblick auf den Doppelausgang zum „kleinen Hof" im Cantoner Gefängnis zu richten. Angesichts der besonderen Bedeutung von Ein- und Ausgängen in einer Gefängniszelle changiert die Symbolik der Kerkerszene zwischen Eingeschlossenheit und Befreiung, jeweils unterschiedlich beleuchtet durch die wechselweise Zuordnung von Tod und Leben.

*1. Das* Seiten-Fenster

Es ist anzunehmen, daß sich das Fenster der Pforte gegenüber befindet, also auf der rechten Seite. Es hat insofern eine Symbolfunktion, daß es den Stand der Handlung anzeigt. Die Angaben weisen auf den letzten Abschnitt des Tages hin. Das Fenster erscheint wie eine Lichtquelle zweiten Grades und wird, wie an anderen Stellen, so auch hier als Chiffre verwendet. Es deutet auf das Finale des Werks hin bzw. kündet den Tod Huldas an. Abgesehen davon ist die durch die Seitenlage gegebene perspektivische Verkürzung hervorzuheben, ebenso, daß es wohl vergittert und möglicherweise sehr hoch gelegen ist (wie das Fenster in der Zelle des Lucien in *Glanz und Elend der Kurtisanen* von Balzac[779]). Mit anderen Worten: diese Öffnung ist kein Ausgang, sondern ein Eingang oder – bezogen auf die Lichtsymbolik – eine Einflußstelle.

*2. Die* Mauerpforte

Auch die zweite Öffnung, die „*Mauerpforte*", stellt hinsichtlich ihrer Handlungsfunktion keinen Ausgang dar. Durch sie betreten Ende der zweiten Szene die Wachen den Kerker, um Hulda zum Richtplatz zu führen. Auch sie fungiert also nur als Eingang und ist Symbol der Ausweglosigkeit und Todesnähe.

In diesem Zusammenhang ist der Wandkontakt zu erwähnen, hinsichtlich dessen Wagner eine wesentliche Änderung vornimmt. Die Chinesin saß gelehnt „an der Rückwand", die ihr gewissermaßen Rückendeckung gab. Wagners Beschreibung nach befand sie sich für den Betrachter mutmaßlich zwischen Wand und Tisch. So stellte sich eine Art Schutzraum oder persönliche Sphäre her. Dagegen bildet Hulda mit ihrem eigenen Körper durch seitliches Lehnen in vorgebeugter Haltung an der Pforte einen Schutzraum, innerhalb dessen ihr Ruhe-Monolog (1. Sequenz) erfolgt. Ihre Haltung ist dem Zuschauerraum gegenüber geöffnet.

---

[779] Vgl. *cap.*: „Schwierigkeiten für einen Selbstmord im Gefängnis" in: Balzac o.J.: 447.

## 3. Die Auflösung der Wände und die Schwarzschwanenreich-Vision

Die dritte Öffnung ist grundverschieden von den beiden ersten. *Fenster* und *Pforte* waren Bestandteile der Raumstruktur. Dagegen bedeutet die dritte Öffnung eine Auflösung des Raumes selbst. Hier wird die Möglichkeit der Befreiung auf dem Wege der Verwandlung gewiesen. An die Stelle der Reflexion der 1. Sequenz (Ruhe-Monolog) tritt nun die Aktion (2. Sequenz, Schwarzschwanenreich-Vision, Erscheinung des Versuchers). In dieser Sequenz erreicht die Musik innerhalb des gesamten Werks ihre höchste Motivdichte. Ebenso kann man von der höchsten Stimmendichte der Oper an dieser Stelle sprechen, da sich die Partien und Passagen Hulda – Versucher – Chor vielfach überlagern.

### 3.1 Zur Entstehung der dritten Öffnung

Die Erscheinung des Schwarzschwanenreichs (2. Sequenz) entspringt einem Zustand der Trance, in welchen Huldas Selbstreflexion der 1. Sequenz (Ruhe-Monolog) mündet. Für die Entstehung der Schwarzschwanenreich-Vision gibt es zwei Erklärungen: eine realistische und eine mythische.

Die Erschienung kann – durch Einsamkeit und Todesangst verstärkt – als Auswirkung der unmittelbar vorangegangenen Nachstellungen (II.2 und 3) und damit *symptomhaft* als *Halluzination* gedeutet werden.

Eine Anmerkung: Das Moment der Todesangst wird im Text aus unterschiedlichen Perspektiven beleuchtet: So heißt es am Anfang des Ruhe-Monologs: „Tod! – Sonst wohl oft ein graus'ger Feind –/ Längst erhofft' willkomm'ner Freund!" (KA 140) Am Schluß der Kerkerdoppelszene lautet die Regieanweisung: „*Wachen erscheinen an der Pforte (links). Bei ihrem Anblick fährt Hulda auf und taumelt an die Wand (rechts) zurück, als wolle sie dort Schutz finden.* **Hulda** *(Schrei)* Ha!" (KA 155)

Eine mythische Deutung ergibt sich aus einer Bezugnahme auf ein bereits weiter zurückliegende Ereignis: es handelt sich um den mit einem gewaltsamen Übergriff verbundenen Versuch einer Hypnotisierung Huldas (I.5) durch das Aschenweibchen. Dieses – im Rahmen der Grundhandlung ebenfalls unter dem Einfluß und der Lenkung des Versuchers stehend – sollte – im Rahmen der Außenhandlung auf Initiative Ursulas – Hulda in Trance versetzen und sie durch Fragen zur Mitteilung ihres Aufenthalts im Schwarzschwanenreich bringen. Dieser Versuch wurde durch ihren späteren Lebensgefährten, Liebhold, unterbrochen. Auf den ersten Blick scheint die Angelegenheit damit abgeschlossen. Vielleicht ist er beim Zuschauer bereits in Vergessenheit geraten. Allerdings wäre es m.E. untypisch für Siegfried Wagners Arbeitsweise, eine dramatische Linie, insbesondere spiritueller Art, ins Nichts verlaufen zu lassen. Viel naheliegender scheint es, anzunehmen, daß das begonnene Hypnoseritual (musikalisches Beschwörungsmotiv; markiertes Sprechen von Formeln) seine Wirkung schließlich doch noch zeitigt.

Die Hypnosewirkung scheint durch ihr verlagertes Auftreten eher zu- als abgenommen zu haben. Es liegen sechs Szenen (plus ein nicht mitgezähltes szenisches Vorspiel zum II. Akt) zwischen Hypnose und Wirkung. Man könnte hier an eine dramaturgische Variante des literarischen Stilmittels der Sperrung denken, durch die der betreffende – in zwei Hälften zerlegte – Gegenstand hervorgehoben wird.

Gleichwohl blieb das Eingreifen Liebholds nicht ohne Erfolg. Der Plan seiner Schwester Ursula wurde im direkten Sinne vereitelt. Huldas, durch das Ritual aus der Erinnerung heraufbeschworenes, Erleben gelangt nicht ans Licht der Öffentlichkeit, sondern offenbart sich erst im Dunkel des Kerkers. *Siegfried Wagner zeigt den Zuschauern, was er den Schaulustigen auf der Bühne nicht preisgibt.*

Visionär schildert Siegfried Wagner hier in Entsprechung zur oben zitierten Sagendefinition von Lüthi den Einbruch einer dämonischen Wirklichkeit in die Welt des Bekannten, rational Erklärbaren. Dies wird – so das Argument für die mythische Lesart – in der Kerkerszene *symbolhaft* durch das *Sich-Lösen der Wände* und die Öffnung zur Schwarzschwanenreich-Landschaft dargestellt.

Möglicherweise lag bereits in der durch die Öde besonders hervortretenden doppelten Statik von *Raum und Hof* im Gefängnis zu Canton für den Betrachter Siegfried Wagner eine spezielle Faszination. Die Aufzeichnung von Einzelheiten der räumlichen Beschaffenheit geschah mit Akribie (vgl. beispielsweise die Hervorhebung zu Beginn die Beschreibung). Der im *Reisetagebuch* aufbewahrte Eindruck zweckentsprechender Nüchternheit kann das Bild der verheißungsvollen Schwarzschwanenreich-Vision hervorgerufen haben.

*4. Illustration zu Karl Henckells Gedicht* Im Käfig *von Fidus – ein Gegenbild*

Eine Art Gegenillustration zum dargestellten Szenenbild stellt nebenstehende Zeichnung von Fidus (i.e. Hugo Höppener) dar. Es handelt sich um die Illustration des Gedichts „Im Käfig" von Karl Henckell, die einer Ausgabe seines Ende des 19. Jahrhunderts erschienenen Bandes *Gedichte* entnommen wurde.[780]

Diese Illustration stellt m.E. nur in geringem Maße eine Beziehung zum Inhalt des Gedichts her. Wie die im Text verwendeten Synonyme für „Gefängniszelle":

---

[780] Henckell o.J. [Vorwort: 1898.]: 483.

„graue Strafhauszelle" und „Ordnungskäfig" andeuten, handelt es sich um eine gegen Staat und Monarchie gerichtete politische Anklage. Dagegen scheint der Maler, Graphiker und Lebensreformer Fidus durch seine Frauengestalt eher die Widrigkeiten (beispielsweise polizeiliches und gerichtliches Einschreiten) zu allegorisieren, denen die Lebensreformbewegung ausgesetzt war. Für die Darstellung der Gefängniszelle verwendet er – wie Siegfried Wagner – klassische Bildmittel: die unverputzte Mauerwand mit einem kleinen Fenster sowie das Gewand der Insassin. – Der Gegensatz zu Wagners Szenerie wird v.a. anhand des Fensters deutlich: es befindet sich frontal dem Betrachter gegenüber und stellt nicht, wie in *Schwarzschwanenreich* eine Lichtchiffre der Handlung dar. Vielmehr blickt man durch das Fenster hindurch auf die – ausgegrenzte – Natur. Diese – als innerliche Außenwelt – ist das Paradies, das zurückgewonnen werden soll, während Wagner die in die Unterwelt verdrängte Natur bzw. Sinnlichkeit darstellt. Der Gegenbezug Siegfried Wagner – Fidus wird in einem gesonderten Kapitel behandelt.

*Fidus: Illustration zu dem Gedicht „Im Käfig" von Karl Henkell*

*Schwarzschwanenreich III.1*
*Köln 1939*
*Elsa Oehme-Foerster (Hulda)*

## 5. Die „hölzernen Kragen"    5. Die „*eiserne Flasche*"

| *Tagebuch* | *Textbuch* |
|---|---|
| [...] brachte mich mein Führer zu den Verbrechern, welche den hölzernen Kragen tragen müssen; sie guckten uns neugierig an, langten mit der Hand heraus, um Geld zu erhalten und schienen nicht besonders unglücklich zu sein über ihre Strafe. Etwas schwerere Verbrechen, als die ihrigen, werden mit so entsetzlich schweren Kragen dieser Art bestraft, dass die unglücklichen Träger von der Last gleich zu Boden stürzen und nach kurzer Zeit sterben. Ich sah solche Krägen im Hofe liegen und konnte sie kaum aufheben. | **Der Wärter** [III. 2]<br>[...] *(er hat die schwere eiserne „Flasche" herbeigezogen, die der Verurtheilten um den Hals gehängt werden soll.)*<br>Wetter! Das alte Ding da ist schwer!<br>Schau – das kriegst Du umgehängt!<br>„Trinken mußt Du aus des Büttels Flasche" –<br>So heißen sie's – oder auch: „Schandstein";<br>Liebevoll ersonnen von milden Rathsherr'n!<br>[...] *Der Wärter schickt sich an, ihr die eiserne Flasche um den Hals zu hängen.*<br><br>**Liebhold** [III. 4.]<br>Haltet ein! Richtet nicht!<br>Falsche Klage!<br>*(er reißt ihr die Flasche vom Hals)*<br>Unschuldig ist sie!<br>[...]<br>**Hulda**<br>Schuldig bin ich! Sie haben recht! |

*Vorbemerkung*

Eine nach Pachl von Siegfried Wagner in *Schwarzschwanenreich* gezogene dramatische Parallele[781] zur Realität in Canton läßt sich anhand der Querbezüge zwischen „hölzernen Kragen" und *„eiserner Flasche"* beschreiben.

In seinem *Reisetagebuch* schildert Wagner zwei Arten von „hölzernen Kragen" und damit zwei Stufen der Bestrafung: die „Kragen", die ihrem Gewicht nach ertragbar sind und als Mittel einer leichteren Bestrafung dienen und die schwereren, die als Instrumente eines martervollen Todes eingesetzt werden.

Zwar wird keiner der beiden Aspekte direkt übernommen, jedoch lassen sich auch in der Bedeutung der *„eisernen Flasche"* für die verurteilte Heldin der Oper zwei Steigerungsstufen wahrnehmen, die an die unterschiedliche Gewichtigkeit und Auswirkung der „Kragen" erinnern.

Siegfried Wagner verwendete in vielen seiner Werke historische Details, auf die er im Zuge seiner historischen Studien aufmerksam geworden war – ohne allerdings die Geschichte selbst zum Gegenstand der Darstellung zu machen.

---

[781] Pachl 1988: 223.

Ein Beispiel ist die „*eisernen Flasche*". Vergleicht man diese mit den „hölzernen Kragen", so ergibt sich eine Differenz: während es in der Realität um den funktionalen Aspekt der Bestrafung ging, unterliegt die „*eiserne Flasche*", wie zu zeigen sein wird, einem Sublimierungsprozeß vom Bestrafungsinstrument zum psychologischen Symbol.

Aus den Textausschnitten ist zu ersehen, daß das Requisit in zwei Szenen des III. Akts zur Anwendung kommt: in der 2. Szene und in der 4. Szene. Entscheidend für die Deutung ist jeweils ein Bewegungsmoment: In der 2. Szene wird die „*Flasche*" unter dem Gesichtspunkt des Umhängens beleuchtet, in der 4. Szene unter dem des Abnehmens. Im Zusammenhang betrachtet wird das Instrument zum Auslöser eines Wechsels zwischen zwei Erzählebenen des Werkes, was im Folgenden darzustellen ist.

Das Umhängen der „*Eisernen Flasche*" dient zunächst der öffentlichen Brandmarkung. Dies geht aus dem Kommentar des Wärters hervor. Er nennt den anderen Namen der „*Flasche*": „Schandstein". In dieser Erwähnung deutet sich eine Anschuldigung an: hinter der vorgeblichen Sorge um die Aufrechterhaltung der allgemeinen Sicherheit und Ordnung verberge sich als eigentliches *movens* die Lust an der Bestrafung selbst, die eine nicht geringe Rolle bei der Wahl der Mittel spiele – wenn auch vielleicht uneingestanden und im Bewußtsein der Rechtsprechenden gerechtfertigt durch die Tat des Verurteilten.

In der 4. Szene fällt ein anderes Licht auf das Requisit. Es findet ein Bedeutungswechsel statt, der folgendermaßen zustande kommt: Mit den Worten: „Falsche Klage! Unschuldig ist sie!" (KA 167) reißt Liebhold Hulda die „*Flasche*", das Zeichen ihrer „Schande", vom Hals. Darauf erfolgt eine Reaktion vonseiten Huldas, mit der Liebhold nicht gerechnet hat und der er verständnislos und bestürzt gegenübersteht: Hulda bekennt sich „schuldig" (ebda.).

Für die Analyse ist hierbei von Interesse, daß Hulda damit nicht nur Liebholds Versuch, sie vom Vorwurf der Schuld zu befreien, zurückweist, sondern ihre Entgegnung läßt sich auch auf die „*eiserne Flasche*" beziehen. Zwar ist mit ihrem Zusatz: „Sie haben recht!" wohl nicht gemeint: „Sie *tun* recht". Denn aus dem Finale des Werks geht hervor, daß Wagner offensichtlich nicht an eine moralische Entlastung des Gerichts oder eine Rechtfertigung der Bestrafungsmethode des Feuertodes gedacht hat.

Vielmehr scheint sich hier ein Wechsel der narratologischen Bezugsebene der Requisiten anzukündigen. An die Stelle des Gebrauchswerts im veristischen Sinne tritt ein Zeichenwert. Der Gegenstand wird zum Symbol. Indem Hulda die Bedeutung der „*eisernen Flasche*" akzeptiert, verliert diese ihren funktionellen Wert als Bestrafungsinstrument und gewinnt einen Symbolwert: Die immer schon auf Huldas Dasein lastende *Schuld* (Seemonolog II.5) wurde durch das *Umhängen der ei-*

*sernen Flasche* sichtbar gemacht. Durch das *Abreißen der eisernen Flasche* wird die Möglichkeit einer Befreiung in Aussicht gestellt.

Bevor der symbolischen Funktion der „*Flasche*" im Rahmen der Dramaturgie der Zeichen weiter nachgegangen wird, soll die Frage gestellt werden, inwieweit sich der hier behauptete Ebenenwechsel musikalisch und szenisch manifestiert.

*Narratologischer Ebenenwechsel in der 1. Sequenz der 2. Szene des III. Akts*

Dieser Wechsel wird in einem Abschnitt der 1. Sequenz der Szene vorbereitet, welcher innerhalb dieser Sequenz deutlich abgegrenzt ist: es handelt sich um einen zwölftaktigen Abschnitt (T 7-18) (KA 166-167). Die Abgrenzung ist sichtbar gemacht durch zwei Doppelstriche; der Doppelstrich [abgekürzt: <‖>] zwischen T 6 und 7 wird begleitet von einem Tonartwechsel: von A-Dur zu a-moll, also eher von einer Molltrübung; den zweiten Doppelstrich (zwischen T 18 und 19) kennzeichnet ein Taktwechsel: vom ungeraden (dynamischen) Dreivierteltakt zum Viervierteltakt (s.u.: Notenbsp.).

Der eigentliche Erzählebenenwechsel erfolgt – zumindest rein musikalisch – auf dem Schlußpunkt der 1. Sequenz: T 18‖19. Im Vergleich zur Molltrübung T 6‖7 liegt hier mit Änderung der Taktzählung ein tatsächlicher Wechsel vor.

Bevor dieser Umschlag gelingen kann, muß es zu einer Entwicklung kommen, die jenen geradezu provoziert. Dies geschieht mit Hilfe bestimmter Ausdrucksmittel:

In der 1. Sequenz erreicht die veristische Erzählweise ihren Höhepunkt hinsichtlich der Dramatik und Expressivität. Hauptmerkmal dessen ist eine höchst gesteigerte Dynamik. Diese ist in der Partitur nicht eigens vermerkt. Die Regieanweisung: „*Die Männer suchen vergebens die Frauen zurückzuhalten.*" zu Beginn des zweiten Abschnitts der Sequenz (KA 166f) läßt jedoch Schlüsse diesbzgl. zu, die durch die vorhandenen Tonaufnahmen des Werks bestätigt werden.

Der gesamte zwölftaktige Abschnitt ist auf ersten Blick strukturiert durch einen Wechselgesang zwischen Chor und Liebhold. Er stellt den Kampf dar zwischen der fanatisierten Masse und dem Einzelnen, der vergebens versucht, seine Stimme dagegen zu setzen. Dies gestaltet Wagner durch eine besondere Taktaufteilung. Sieht man genauer hin, so kann man feststellen, daß sich dieser zwölftaktige Abschnitt aus zwei teilweise ineinandergeschobenen sechstaktigen Phrasen zusammensetzt. Es handelt sich also um die Doppelung einer sechstaktigen Einheit. Diese sechstaktigen Gruppen erwiesen sich in den Analysen der Szenen II.2 und I.2 als quantitatives Merkmal von Überleitungen. Gegeneinander gerichtet gestalten hier Chor und Liebhold die musikalische und szenische Überleitung von einer narratologischen Ebene zur anderen. Auf beide Partien fallen – zwei für den Chor zusätzliche Überschneidungstakte nicht mitgerechnet – je sechs Takte. Die Überschneidung entsteht dadurch, daß Liebhold bereits in T 11 versucht, die entfesselte Wut der Weiber einzudämmen („Haltet ein!"), die – durch seine Schwester Ursula initiierten – Vorgänge bzw. die Hexenjagd aufzuhalten, indem er sich stimmlich dem Chor zwei Takte lang entgegenstellt (T 11-12). Nun folgt – bei momentanem Schweigen der Weiber – der Hauptteil der Passage: „Falsche Klage!" (T 13-16), der mit dem Abreißen der Flasche verbunden ist. Seine Rede, in T 16 auf Schlag drei endend, wird durch das Wiedereinsetzen der Weiber abgeschnitten, die bereits T 16 auf das zweite Achtel von Schlag drei einsetzen, ab T 17 verstärkt durch die Männer. Auf diese Weise gewinnt der Chor die zwei Takte, die Liebhold den Weibern abgerungen hatte, wieder zurück. Das „*Volk*" bringt die Sequenz vehement zum Abschluß.

Ohne Übergang – geht man v.a. hinsichtlich der Dynamik vom klanglichen Eindruck aus – schließt nun unmittelbar nach dem Doppelstrich die 2. Sequenz an, überschrieben mit der Angabe: „**Ruhig**". Diesen musikalischen Wechsel bereitet Wagner allerdings im letzten Takt der Sequenz szenisch vor durch eine Regieanweisung, Hulda betreffend: „*sie bleibt stehen*". Abgesehen davon, daß Huldas Stehenbleiben das Verstummen der Menge bewirkt, kann man dieses Moment auch signalhaft auf einen Einhalt des äußeren Geschehens beziehen bzw. als dramatische Ursache für den Taktwechsel deuten, der auf dem Umschlagpunkt erfolgt. Die zu Beginn der 2. Sequenz befindliche Angabe: „*das Volk tritt etwas zurück*" wäre dann als Pendant zu Huldas Signal zu verstehen, eine sichtbare Bestätigung dafür, daß sich der Handlungsverlauf jetzt auf der Ebene des inneren Geschehens fortsetzt. Dies wird wiederum musikalisch illustriert durch die Motivik. Entsprechend dem abrupten Wechsel in der Dynamik wird das die 1. Sequenz beherrschende Hetzmotiv (hackende Achtelreihen und peitschende, mit Vorschlägen versehene, akzentuierte Viertelschläge hauptsächlich in der Flöte bzw. den Holzbläsern) abgelöst durch Huldas Motiv des Schwankens, das die 2. Sequenz über weite Strecken bestimmt (ein von den Streichern gespieltes rein akkordisches Motiv in unzerlegten Ganztonklängen, die eine ungelöste Spannung zum Ausdruck bringen[782]). An die Stelle eines Aktionsmotivs tritt damit ein Affektmotiv.

---

[782] Vgl. die Analyse dieses Motivs bei Schneeweiß 2000: 95-96.

Letzten Endes ist es m.E. der unmittelbare Klangeindruck, der die These eines narratologischen Umschlags von der Ebene der veristischen Erzählung einer Hexenverfolgungsgeschichte auf die einer mythisch eingekleideten psychologischen Selbstauseinandersetzung plausibel macht.

*Der Gang zum Scheiterhaufen: eine Wiederholung von Huldas Gang zum Wasser*

Die Frage, worin die Schuld, die sichtbar und unsichtbar auf Hulda lastet, besteht, ist hier nur im Sinne ihrer zeichenhaften Einkleidung zu beantworten. Diese Antwort ist zugleich ein Verweis auf den vorhergehenden Abschnitt „Die Schönheit der Chinesin bzw. die *„eigenartige Erscheinung"* und damit auf die Szene, die das ‚choreographische' Gegenstück zu der hier behandelten Szene darstellt: es handelt sich um die Auftrittsszene Huldas I.2. Beide Szenen, die des ersten und die des letzten Auftritts Huldas sind gekennzeichnet dadurch, daß der „Regisseurkomponist" (s.o., Batka) Siegfried Wagner seiner Protagonistin ein Requisit als persönliches Attribut beigegeben hat. In der Szene ihres ersten Auftritts ist es der „*Krug*", in der Schlußszene die „*eiserne Flasche*".

Es soll davon ausgegangen werden, daß beide in einem bestimmten Bezugsverhältnis zueinander stehen. Einen Hinweis darauf bildet die Tatsache, daß hinsichtlich des Bewegungsablaufs Huldas, eine Parallele vorliegt. Der Weg Huldas über die Bühne in der letzten Szene wird in den Anweisungen zur 4. Szene beschrieben: *„von links – etwas im Hintergrund - im Halbkreis nach vor"* (KA 166). An diesem Punkt ist Hulda ungefähr zu Beginn der 3. Sequenz – Dialog Hulda–Liebhold – angelangt.

Nach diesem Einhalt bzw. dieser Episode setzt sie ihren Weg zum Scheiterhaufen fort, der sich laut Angaben zur 3. Szene „*im Hintergrunde*" (KA 159) befindet. Eine nähere Bezeichnung z.B. hinsichtlich einer Seitenausrichtung ist nicht vorhanden. Sie wird hier im Sinne eines denkbaren Ganges über die Bühne ergänzt, d.h. der Scheiterhaufen wird nicht, wie es beispielsweise in der Inszenierung von Sattler in Harburg-Wilhelmsburg der Fall war, im Zentrum des Hintergrundes plaziert[783], sondern seitlich rechts, wie es die Skizze (das Symbol stellt den Scheiterhaufen mit Pfahl dar) zeigt. Vergleicht man diese Zeichnung mit der, die Huldas Gang zum Wasser visualisiert (s. den 1. Abschnitt über die „Doppelgesichtigkeit"), so erkennt man eine Parallele. Offensichtlich stellt der Gang zum Scheiterhaufen eine Wiederholung des Ganges zur Wasserquelle (See des Schwarzschwanenreichs) dar. In der Zweimaligkeit des Bewegungsablaufs und der Vergleichbarkeit der Topologie des Bühnenbilds liegt m.E. eine Aussage, die in den folgenden Abschnitten nachgegangen werden soll.

---

[783] Vgl. die Rezension von Chevalley 1930. [Kopie ohne Seitenzahlen]

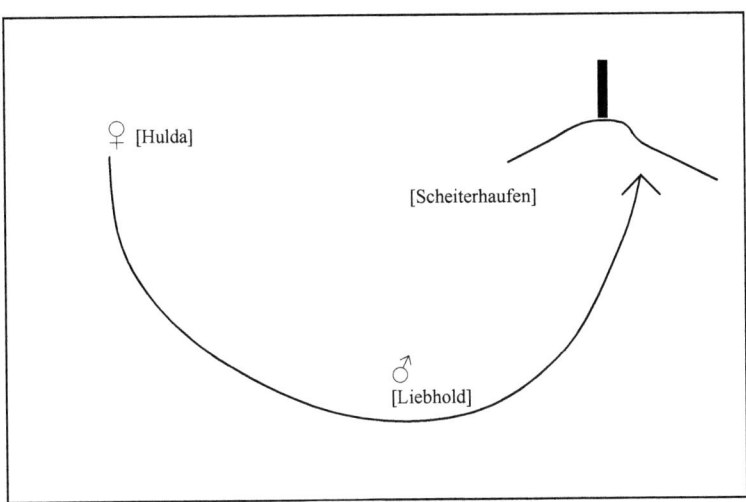

*III. Akt, 4. Szene:* **Huldas Gang zum Richtplatz**

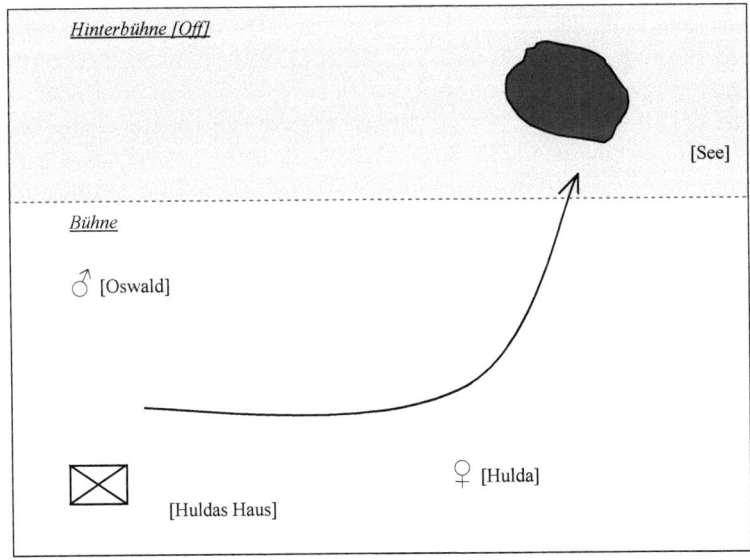

*I. Akt, 2. Szene:* **Huldas Gang zum Wasser**

*Der architektonische Spannungsbogen der äußeren Handlung*

Die Voraussetzung dafür, daß diese Wiederholung aussageträchtig ist, bildet der Umstand, daß beide Szenen eine architektonische Funktion innerhalb des Werkganzen erfüllen. Sie begrenzen als Pole den Spannungsbogen der äußeren Handlung. Diese stellt die Geschichte der Verfolgung einer Hexe dar und bildet eine abgeschlossene zeitliche Einheit: man kann sie mit einem Wort Ursulas als „Tag der That" (I.1, KA 25) bezeichnen. Mit diesem Stichwort kündigt Ursula, Huldas Feindin und Verfolgerin, in der Eingangsszene die bevorstehenden Ereignisse gewissermaßen an. Sie disponiert den äußeren Handlungsgang, indem sie ihr Vorhaben bekanntgibt, Huldas Verbindung zum Schwarzschwanenreich aufzudecken und sie dem Gericht auszuliefern: „Verräth sich Hulda, bricht sie's Schweigen, dann wird als Hexe sie verklagt!" (KA 26) Die Außenhandlung ist also gekennzeichnet durch ein aktives Moment und neigt tendentiell – da es darum geht, etwas an den Tag zu bringen – der Tagwelt zu, die die Gegenwelt zur Nachtwelt des Schwarzschwanenreichs bildet. Durch Mißlingen des ersten Anschlags (I.5: Hypnoseversuch) erfährt die Unternehmung zwar eine Unterbrechung, die sich über ein Jahr erstreckt (Verlaufszeit der Szenen I.6 bis II.2/ 3), schließlich erfolgt aber die Überführung Huldas dank Ursulas Wachsamkeit (in der angenommenen Zeitspanne zwischen dem Ende des II. und dem Anfang des III. Akts). Zwar hat Hulda ihr „Schweigen" auch vor Gericht nicht gebrochen. Dies, die Öffnung ihres Innern, ist – wie auch die Schwarzschwanenreich-Vision in der Einsamkeit des Kerkers in der 1. Szene des III. Akts zeigt – nicht Bestandteil der äußeren Handlung. Das Bekenntnis wird erst ausgelöst, als ihr von Liebhold, die „*eiserne Flasche*" in ihrer Funktion eines Zeichens ihrer inneren Befindlichkeit vom Hals gerissen wird und erfolgt zu Beginn der 2. Sequenz.

Die beiden Szenen, die die Pole dieses Handlungsgangs bilden, können näher charakterisiert werden, wenn man sie mit zwei Satzteilen der Sonate vergleicht: der Exposition und der Reprise. Anstelle eines musikalischen Themas, das im ersten Satz exponiert und im letzten Satz wiederholt wird, steht hier ein szenischer Baustein: ein Requisit, und zwar ein Gefäß. Allerdings gilt in diesem Fall für die Requisitendramaturgie das, was über die (häufig dramatisch angelegte) Form der Sonate gesagt wird: „Die Reprise wirkt nicht als einfache Wiederholung, sondern als Wiederholung auf einer höheren Ebene."[784] Dies ist damit begründet, daß im Mittelteil der Sonate ein „Durchschreiten der Durchführung" stattfindet, nach deren Abschluß der erste Teil „in neuem Licht" erscheint. Ohne hier auch den Begriff der Durchführung auf das Werk (dies beträfe die Szenen zwischen I.3 und III.3) übertragen zu wollen, kann man m.E. doch von einem zusammenhangstiftenden „Prin-

---

[784] Dieses und die folgenden Zitate: Herzfeld 1965: 513.

zip der Wiederkehr" sprechen. Die Frage, die sich nun stellt, ist die, ob man auch das, was diese Wiederkehr laut Herzfeld charakterisiert: die „reinigende Kraft der Katharsis", auf die Handlung der Oper *Schwarzschwanenreich* übertragen kann. Unter diesem Stichwort der Katharsis stehen die folgenden Ausführungen.

Entsprechend dem Prinzip der Wiederkehr tritt das Gefäß Huldas in zweierlei Gestalt („*Krug*" – „*eiserne Flasche*") in Erscheinung.

Stellt man dieses Prinzip graphisch dar, so wird die Bogenform des architektonischen Rahmens der Oper sichtbar:

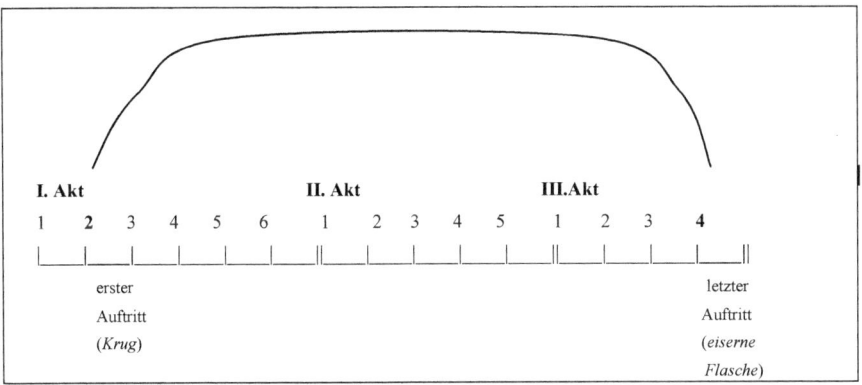

*Huldas Bestrafung als Zeichenhandlung*

Bevor der Semantik beider Requisiten weiter nachgegangen wird, folgt ein Kommentar zur Ebene der Untersuchung, die damit betreten wird.

Ohne die äußere Handlung damit zu verlassen, begeben wir uns, wenn wir jetzt beide Requisiten in ihrem gegenseitigen Bezugsverhältnis ins Auge fassen, auf die Ebene der Zeichendramaturgie. Isoliert man Krug und Flasche als Zeichen, so zeigt sich, daß hinter der Bühnenhandlung noch eine indirekte Zeichenhandlung verläuft. Eine Reihe von Zeichen bilden einen zusammenhängenden Subtext, von dessen Aussage die Oberflächenhandlung nichts zu wissen scheint (wofür z.B. die streckenweise Lapidarität des Textgewandes spricht). Die Einzelzeichen erhalten ihre Bedeutung allerdings erst durch das semantische Bezugssystem, dem sie entstammen, und auf das sie selbst – z.B. mittels auffälliger Analogien – hinweisen. Diesem System liegt eine Art bildsprachlicher Syntax zugrunde, die ein sinnträchtiges Prozessieren von Inhalten erst ermöglicht, das Bedeutung tragen und sie dem Rezipienten vermitteln kann.

Sucht man einen Schlüssel zu der vorliegenden Zeichenhandlung, so kann man das zu Beginn des Abschnitts genannte „Rathsherr'n"-Zitat des Wärters heranziehen: „Trinken sollst Du aus des Büttels Flasche!" Auf den ersten Blick scheint dieser Satz eher einen historisierend-illustrierenden Charakter zu haben.
Schlägt man den Bogen zur 2. Szene des I. Akts bzw. stellt man einen Bezug zum ersten Gefäß Huldas, dem Krug, her, dann nimmt man wahr, daß die Zeichenhandlung einem bestimmten Prinzip folgt: „*Krug*" und „*eiserne Flasche*" sind durch einen Verwandlungsprozeß miteinander verbunden, sie sind gleichsam miteinander verwandt. Die gleichsam im Zuge der Inhaftierung stattgehabte Vertauschung des Kruges mit der Flasche gleicht einer Metamorphose, die den Stand der Handlung anzeigt. Noch bevor die leibliche Vernichtung der Verurteilten im handgreiflichen Sinne erfolgt, wird ihre Identität vernichtet. Dies geschieht zeichentechnisch, indem man das Identitätssymbol Huldas dergestalt umwandelt, daß es seine gefährliche Sogwirkung verliert.

Wie im ersten Abschnitt dargestellt, repräsentiert der Krug z.e. die verderbliche Anziehungskraft Huldas, z.a. den ihrer Person zugeordneten Topos, den (in dieser Szene nicht sichtbaren) See des Schwarzschwanenreichs, vermutlich die Quelle, die sie aufsucht, um „Wasser zu schöpfen". Diese Tätigkeit Huldas wurde als ein naturmystisches Ritual gedeutet, eine immer wieder neu hergestellte *unio mystica* von Mensch und Landschaft. Es handelt sich um Relikte einer vorchristlichen Religion, die in christlicher Zeit im Verborgenen fortexistierte. So enthält der Krug – der Sichtweise des frühen Nachmittelalters bzw. des 17. Jahrhunderts entsprechend – kein geweihtes Wasser, sondern, wie anhand einer weiteren Zeichenverbindung im vorigen Abschnitt dargestellt, ein berauschendes Gift. Kurz, wer in den Bannkreis der „Zauberin" Hulda gerät, wird ins Bodenlose gezogen und verliert sich selbst.

Um diese Gefahr ein für alle Mal abzuwenden, wird eine subtile Bestrafungsmethode zum Einsatz gebracht: durch die Mutation des Kruges zur Flasche werden die Eigenschaften des Kruges aufgehoben. Die „*eiserne Flasche*" ist die Vortäuschung eines Gefäßes, da sie massiv ist, also keinen Hohlraum besitzt. Statt der Sogkraft des Kruges ist ihr die Zugkraft des Gewichtes („Schandstein") zueigen. Obgleich Hulda innerhalb der äußeren Handlung der „Feuertod" bevorsteht, wird man hier an eine andere Bestrafungsmethode: das Ertränken, erinnert. Denkt man dieses Bild weiter, so kann man die Schlußfolgerung ziehen, daß hiermit der oben beschriebene *circulus vitiosus* jenes Rituals des Wasserholens stillgelegt wird. Ein Wiederauftauchen aus dem Element (des Wassers) ist unmöglich geworden, der Bann der „Hexe" ist endgültig gebrochen, die Gegend von der Macht ihres „Zaubers" befreit. Somit erweist sich auch der Gang zum Richtplatz als nivellierendes Gegen-Ritual zu Huldas Gang zum Wasser.

Würde man diesen (spekulativ ergänzten) Vorgang bereits in Verbindung mit dem Katharsis-Begriff bringen, käme man zu dem Ergebnis, daß hiermit das Zerrbild eines genuin innerlichen Akts geschaffen wurde, eine Reinigung äußerlicher und gewaltsamer Art, die man eher als „Säuberung" bezeichnen könnte. Diese Farce ist jedoch angesichts der Doppelseitigkeit der Handlung gewissermaßen nur Außenseite der inneren Handlung.

So endgültig die Bedeutung der persönlichen Zeichen der Protagonistin bis hierher scheinen – in ihrer Handlungsrelevanz sind sie doch begrenzt. Es sei an dieser Stelle an den zweiten Aspekt, unter dem die „*eiserne Flasche*" szenisch expliziert wurde, erinnert. Durch Liebholds Eingreifen wurde die semantische Linie dieses Requisits beendet, für den Zuschauer sichtbar durch das Auf-dem Bühnenboden-Liegen der Flasche.

Mit dieser Feststellung begeben wir uns auf die Innenseite der dramatischen Abläufe. Die äußeren Vorgänge erzielen den Werkschluß. So erscheinen die Turbulenzen, die aus den Niederungen menschlichen Fühlens herstammen, wie ein Spuk, der – wie man sehen konnte – ebenso schnell verstummen kann, wie er aufgetaucht ist. Ausgehend von einer ganzheitlichen Sicht auf das Werk hat jene ins Unbegrenzbare angewachsene „That" der Verfolger eine dramaturgische Funktion, vergleichbar mit der den Gang vorantreibenden Unruhe der Uhr. Dies führt allerdings zunächst zu einem Punkt der Vernichtung einer Identität.

Jenseits allzumenschlicher Absichten betrachtet erscheint dieser dunkle Punkt jedoch in einer anderen Ordnung, innerhalb deren es keine individuelle Schuld gibt Schopenhauer-Lektüre Siegfried Wagners!). Hier ist der Tod kein finaler Punkt im Sinne einer linearen Entwicklung. In dieser Größenordnung ist die Vernichtung von Huldas Sein nur eine Station auf dem Wege einer Erneuerung. Dies zu beleuchten ist Aufgabe des Kapitels → **Der Schluß des Werks**.

*Vierter Strang*

# Ursula, *die Bärin* (Eva Chamberlain-Wagner):

## Spuren der ambivalenten Geschwisterbeziehung Siegfried – Eva im Werk.

> Kinder Kinder, haltet aneinander,
> Bruderliebe, Schwesterliebe, nichts ersetzt sie euch.[785]
> *Cosima Wagner*

> Sie kennt den jüngeren Bruder
> und weiß,
> daß sein Sinnen,
> wie seine Libretti immer wieder verraten,
> nicht loskommt
> von moralischen Grundantagonismen.[786]
> *Hans Mayer*

EVA CHAMBERLAIN

SIEGFRIED WAGNER
1924

Dieses Kapitel behandelt die Beziehung Siegfried Wagners zu seiner Schwester Eva, insoweit diese zu einem Faktor der Werkgenese von *Schwarzschwanenreich* geworden ist. Im ersten Entwurf des Textbuchs trug Ursula noch den Namen seiner Schwester Eva. Dies deutet darauf hin, daß Eva das Urbild der Ursula ist, wie auch Pachl diese Geschwisterbeziehung als eines der biographischen Merkmale der Oper bezeichnet[787]. Den Spuren der ambivalenten Geschwisterbeziehung Siegfried Wagner – Eva Wagner-Chamberlain im Werk ist im

---

[785] Im Gedenken an ihren frühverstorbenen Bruder Daniel Liszt ein halbes Jahr nach der Geburt Siegfrieds. CWT 1977: 177.
[786] Mayer 1998²: 303.

Folgenden unter zwei Gesichtspunkten nachzugehen: z.e. unter dem der Werkentstehung (konzeptionelle Ebene), z.a. unter dem des Werkaufbaus, soweit dieser durch die Personenkonstellation maßgeblich bestimmt ist.

Um die Bedeutung Evas für den Entstehungsprozeß von *Schwarzschwanenreich* beurteilen zu können, ist ein Zusammenhang mit den beiden anderen, in den vorangegangenen Kapiteln behandelten, biographischen Faktoren der Werkgenese: den zwei schwarzen Schwänen und der zum Tode verurteilten Chinesin – herzustellen. Es wurde im Ludwig-Kapitel die Theorie aufgestellt, daß diese beiden Faktoren in einem Zeugungspunkt zusammentreffen und das Phänomen bzw. die *Atmosphäre* (Frese) „Schwarzschwanenreich" ergaben.

Diesem fiktionalen Komplex „Schwarzschwanenreich" steht in der Handlung eine einzelne Person gegenüber, deren Vorbild ebenfalls der Wirklichkeit entstammt: Eva-Ursula. Mit dieser Gestalt ist eine Gegenfigur innerhalb der Gesamtpersonenkonstellation geschaffen. Es handelt sich um eine Außenstehende: Ursula ist die einzige, die nicht zum Schwarzschwanenreich gehört, sondern sich vielmehr diesem Machtzentrum entgegenstellt und es unternimmt, die Macht, die von ihm ausgeht, – zumindest mit Blick auf ihren Bruder – zu brechen. Mit diesem Antagonismus ist der Beweggrund des Dramas gegeben. Diese Grundkonstellation findet ihren Niederschlag im Werkaufbau.

Es sei daran erinnert, daß das „Bild jener Frau" vor dem geistigen Auge des Besuchers des Cantoner Gefängnisses zur letzten Station eines Dramas wird. Er sah das Ende eines Weges vor sich (statisches Moment), dessen Anfang noch gefunden werden mußte. Was fehlte, war der Plot. Diesen verknüpfte er mit der Gestalt, deren Vorbild wahrscheinlich seine Schwester Eva war: Ursula.

Mit Ursulas Augen gesehen ist Hulda, zu deren Gestaltung ihn die Chinesin anregte, eine Re- präsentantin des Schwarzschwanenreichs. Sie erscheint ihr als Verführerin ihres Bruders. Getrieben von der Angst um ihren Bruder (KA 14) initiiert sie die Verfolgung der von ihr als „Hexe" (KA 26) *verdächtigten* (KA 23) Hulda und bringt so den Stein ins Rollen.

Ursula kann als ‚Dramaturgin' der Handlung bezeichnet werden. Ihr Feld ist im direkten Sinne das der Aktion. Aus ihrer Initiative rekrutiert sich der zeitliche Spannungsbogen der Gesamthandlung. Die Formel ihrer dramaturgischen Position lautet: „Heute ist der Tag der That!" (KA 25) Durch ihre wiederholten Eingriffe ins Geschehen bestimmt sie – abgesehen von anderen Zeitordnungen, die sich aus unvorhergesehenen Zwischenfällen ergeben – den Verlauf des Dramas. Das Drama verdankt ihr nicht nur das auslösende Moment des Anfangs, sondern auch wesentliche Impulse des Weitergangs (I.1/ II.3, 4/ III.3). Mit Umsetzung ihres Plans –

---

[787] Pachl 1988: 226.

indem tatsächlich „der Tag" kommt, der ihr „Recht giebt" (KA 60) – ist auch die dramatische Zeit der Handlung erfüllt. Gleichsam apokalyptisch gipfelt das Drama in einem Gerichtstag: in der Verbrennung der „Hexe" Hulda. Gemäß der *Unzulänglichkeit menschlichen Plänemachens* (nach Brecht) gelingt es ihr letzten Endes dennoch nicht, Liebhold von Hulda zu trennen. Liebhold stürzt Hulda ins Feuer nach. Das Schlußbild zeigt beide im Tod vereint. Jedoch auch dieser – ein karthatisches Moment enthaltende – Schluß der Handlung ist durch Ursulas (Nicht-) Verhalten (ihre Weigerung, ihre Anklage rückgängig zu machen; III.3) provoziert worden.

Angesichts dieser für den Gesamtverlauf der Handlung ausschlaggebenden Rolle Ursulas stellt sich die Frage nach der Persönlichkeit ihres Vorbildes, Siegfried Wagners Schwester Eva. Es folgt eine Portraitskizze Evas, zusammengesetzt aus Mitteilungen, die persönlichen Briefen sowie den Tagebüchern Cosima Wagners entnommen wurden. Das Kriterium der Auswahl bildete der thematische Aspekt dieses Kaptitels, daher ist das auf diese Weise entstandene Bild kein vollständiges. Es fehlen bestimmte Merkmale der Persönlichkeit Evas, die in den Tagebüchern Cosima Wagners (die allerdings nur bis zum Tode Richard Wagners 1883 geführt wurden; Eva war zu diesem Zeitpunkt knapp 16 Jahre alt) verzeichnet wurden.

Zur Quellenlage ist Folgendes zu sagen: Mit Ausnahme der unten zitierten Briefe lag zum Zeitpunkt der Recherchen im Richard Wagner-Archiv kein nennenswerter Briefwechsel – z.B. im Vergleich mit dem Briefwechsel zwischen Siegfried Wagner und seiner Schwester Daniela Thode – zwischen beiden Geschwistern vor. Nach Abschluß der Recherchen erwarb das Richard-Wagner-Museum ein Konvolut von Briefen, u.a. von Eva Wagner.[788] Diese Briefe sind hier nicht berücksichtigt worden.

Neben einem bereits im Ludwig-Kapitel zitierten Brief Eva Chamberlains werden Äußerungen über ihre Persönlichkeit wiedergegeben, die aus Briefen unterschiedlicher Absender stammen und in Folge dessen jeweils einen speziellen Blickwinkel erkennen lassen. Das Bild, das so entsteht, ist aus diesem Grund ein zusammengesetztes, mosaikhaftes.

Das erste Beispiel wurde einem Brief H o u s t o n  S t e w a r t  C h a m b e r l a i n s an das „Liebe geehrte Fräulein [Eva Wagner]" aus dem Jahr 1891 entnommen. Die von ihm konstatierte „ziemlich schonungslose Schärfe Ihrer Kritik"[789] bildete aber offenbar für Chamberlain keinen Hinderungsgrund, im Jahre

---

[788] Kocholl 2005: 20. (Dort keine genaue Angabe des Erwerbsjahres.)
[789] Pretzsch 1934²: 263.

1908 eine Ehe mit Eva Wagner einzugehen (Siegfried Wagner vermerkte dies am Schluß seiner Kompositionsskizze des I. Akts von *Schwarzschwanenreich*: „(26. Dec. Evas Trauung)"[790] — zumal er auch eine andere Seite ihres Wesens wahrgenommen haben wird: die Fähigkeit und Bereitschaft, sich bedingungslos für andere einzusetzen. Dies erfuhr er an sich selbst, als er schwer (an einem Nervenleiden) erkrankte. Wagner berichtet darüber in einem Brief von 1917: „Wenn man an Seelenwanderung glauben will, so glaub ich jedenfalls, daß meine Schwester Eva kaum mehr solche Wanderungen durchzumachen haben wird! Denn ich habe selten ein Wesen gesehen, was so sein eigenes Ich zurücksetzt, um im Leiden des anderen aufzugehen."[791]

Gewissermaßen als die Schattenseite dieser Selbsthingabe an die Familie erscheint das, was sich in einem Brief Winifred Wagners an Siegfried Wagner von 1921 dokumentiert. Das Verhältnis Winifred Wagners zur Familie Wagner gestaltete sich überaus spannungsreich, was sich auch sechs Jahre nach ihrer Verheiratung mit Siegfried Wagner noch in heftigen Auseinandersetzungen mit den Schwestern Siegfrieds kundtat. Eva scheint dabei eine „Vermittlerrolle" übernommen zu haben, dies allerdings in einer Art und Weise, die offensichtlich wenig zu einer Entschärfung der Situation beigetragen hat: „[...] und Eva in ihrer unangenehmen Vermittlerrolle ist so rasend leidenschaftlich, daß ich total nervös bin."[792]

Speziell in ihrem Verhalten dem Bruder gegenüber zeichnet sich bereits in der Kindheit eine Duplizität im Wesen Evas ab, die in den Tagebucheintragungen Cosima Wagners deutlich hervortritt. Beispielsweise kommentiert Eva mit für eine Fünfjährige erstaunlich treffsicherem Spott die Eßlust Fidis: „Wünsche dir Appetit!"[793] Andererseits ist aus vielen Eintragungen zu ersehen, daß gerade die beiden jüngsten Geschwister (Eva war zwei Jahre älter als Siegfried) besonders miteinander verbunden waren. Pars pro toto steht die Bemerkung vom 9.6.1873, also drei Tage nach Siegfrieds viertem Geburtstag: „[...] Eva und Fidi gar lieblich miteinander, heiter und vergnügt."[794]

Diese besondere Verbindung scheint, der Auseinandersetzungen ungeachtet, auch in späteren Jahren noch bestanden zu haben. Im Jahr 1919 schreibt Siegfried Wagner anläßlich von „Familien-Streiterei" an seine Halbschwester Blandine: „Mir sind diese Zwistigkeiten derartig widerwärtig, dass Ihr Euch nicht wundern dürft, wenn ich bei deren Fortdauer mich ganz von Euch zurückziehe und nur noch meiner Frau, meinen Hunden und Eva lebe!"[795]

---

[790] Hs.:NAB. [VI Bf2].
[791] Zit.n.: Pachl 1988: 289.
[792] Zit.n.: Kraft 1969: 230.
[793] CWT 1976: 503.
[794] A.a.O.: 693.
[795] Br. SW an Blandine Gräfin Gravina am 21. November 1919. Hs. NAB. [Hs 84/ VII-3].

Das nächste Beispiel stammt aus dem Jahr 1915. Siegfried Wagner ist inzwischen über 40 Jahre alt und zeigt wenig Interesse, sich zu verheiraten. Ungeachtet der Tatsache, daß vier Töchter – davon zwei Kinder Richard Wagners – existierten, oblag es, dem Denken der damaligen Zeit gemäß, zweifellos dem *Sohn* Richard Wagners, für die Nachkommenschaft zu sorgen und so (dies galt als untrennbar damit verknüpft) den Bestand, die Nachfolge der Bayreuther Festspiele zu sichern. Dem ständigen Drängen seiner Umgebung, eine Ehe zu schließen, weicht Siegfried Wagner in für ihn charakteristischer Manier aus, wie ein Brief an Malwida von Meysenbug vom 18. Juni 1898 zeigt: „Such ich, so find ich's nicht. Das muß kommen ohne daß man's ahnt, so wie die Melodie im Innern einem plötzlich erscheint, aus den Nebeln tretend die Gestalt."[796]

Anläßlich einer Berlinfahrt Siegfrieds schreibt seine Schwester E v a – die selbst durch ihre Verheiratung mit dem für die Bayreuther Sache propagandistisch, d.h. schriftstellerisch tätigen Houston Stewart Chamberlain[797] dem Festspielgedanken einen weiteren Dienst erwiesen hatte – einen Brief, in dem sie versucht, ihren Bruder auf den rechten bzw. den Bayreuth bekömmlichen Weg zu bringen. Mit bewegten Worten mahnt sie ihn, endlich eine Wahl zu treffen:

> Du hast die schönsten Anlagen zum gemütlichsten, herrlichsten Familienvater; ein Jammer, diese nur auf Tommy und Flossy [zwei Hunde Siegfried Wagners] sich erstrecken zu sehen! um schließlich vereinsamt als bachelor-Original zu enden! – [Sie macht ihm sogar personelle Vorschläge:] Du wärest bei diesen Familien in heimischer Sphäre, die Bayreuther Sache steht ihnen hoch und Deine Persönlichkeit und Kunst wird geliebt.[798]

Dieser Brief ist, wie eine nähere Befassung mit der Biographie Siegfried Wagners vermuten läßt[799], ein typisches, wenn auch vermutlich ziemlich gemäßigtes Beispiel für Auseinandersetzungen, die wohl häufiger zwischen Eva und Siegfried stattfanden. Es ist anzunehmen, daß es meistens Eva war, die sie herbeigeführt hat.

---

[796] Zit.n.: Kraft 1969: 84.
[797] Zur Rolle Chamberlains im sog. „Bayreuther Kreis" s. u.a. die Diss. von Schüler 1971. – Ein aufschlußreicher Quellentext ist in diesem Zusammenhang o. zit. *Briefwechsel* m. CW. – In den „Angaben aus der Verlagsmeldung" im online-Katalog der Deutschen Nationalbibliothek lautet der Kommentar zu der 2006 – unkommentiert – im Nachdruck erschienenen „Autobiographie" [sic] *Lebenswege meines Denkens* [1919]: „H.St.Ch. (1855-1927) ist, aus heutiger Sicht, ein nicht unumstrittener Autor von nationalistischen, pangermanischen und rassistischen Schriften. Zu seiner Zeit fanden diese [...] eine große Anerkennung – selbst bei Persönlichkeiten wie D.H. Lawrence, Winston Churchill oder Albert Schweitzer. [...]".
[798] Zit.n.: Pachl 1988: 275. (Vgl: Kraft 1969:197.)
[799] Vgl. u.a.: Kraft: 1969, Pachl 1988 sowie die Biographie Winifred Wagners von Schertz-Parey 1999.

Sie scheint selbst auf den Tischgast A d o l f   H i t l e r keine Rücksicht genommen zu haben. Eine „Szene" dieser Art (dem Kontext nach zu urteilen wohl mit Hinblick auf Winifred Wagner) ist überliefert in den *Tischgesprächen*: „Bezeichnend war die Szene, die eine verheiratete Frau – Eva Chamberlain – ihrem verheirateten Bruder gemacht hat. Einfach verrückt!"[800] – Sanfter Tadel von Joseph Goebbels: „Besuch bei Eva Chamberlain. Feine, zarte Frau, aber doch etwas hart in den Anschauungen."[801]

Ihre Ablehnung seiner *Lebenssüchtigkeit* (Kraft: op.cit.; vgl. → **„Kundry" und „Parsifal"**) einerseits und das Gefühl einer starken inneren Verbundenheit mit ihrem Bruder andererseits in Verbindung mit ihrem bedingungslosen Einsatz für die Sache (Bayreuth) mögen die innere Spannung erzeugt haben, die sie zu ihren leidenschaftlichen Ausbrüchen veranlaßten.

Nicht unerwähnt bleiben soll der positive Eindruck, den Albert Schweitzer von Eva Wagner erhalten hat: „Auch mit Eva wurde ich auf diesen Wanderungen in Straßburg [mit Cosima Wagner] bekannt. Sie gab sich sehr einfach und natürlich und war mir alsbald sympathisch. Damals huben die freundschaftlichen Beziehungen zwischen ihr und mir an, in denen wird durch die Jahre hindurch verblieben."[802]

Konzentriert und metaphorisch zusammengefaßt fanden diese Auseinandersetzungen ihren Niederschlag in der Oper *Schwarzschwanenreich*. Dies zu zeigen ist Anliegen der folgenden Analyse. Es handelt sich um Ausschnitte aus drei Szenen, die die Geschwisterthematik vorwiegend behandeln: Die Einleitungsszene (I.2, 2. Teil; KA 14-29) enthält die Mitteilung eines charakteristischen Zuges Liebholds, gesehen mit Ursulas Augen. Weiterhin beleuchten zwei Geschwisterszenen aus unterschiedlichen zeitlichen Perspektiven die Beziehung zwischen Schwester und Bruder (II.4: Rückblick in die Kindheit (KA 119-128); III.3: eine gegenwärtige Situation (KA 159-166)). Stellt man diese drei Szenen aus drei Akten in einen Ablauf, so ergibt sich ein Text-Triptychon, welches in reduzierter Form die Gedanken der Oper trägt: Die beiden Positionen der Ursula bilden die Seitenstücke, die Position Liebholds das Mittelstück. Es wird zu sehen sein, daß das Mittelstück des Text-Triptychons mit Hinblick auf die Selbstaussage des Verfassers das Zentrum bildet. Die beiden Seitenstücke dagegen bilden Außenansichten der Persönlichkeit Liebholds (ab) – zuerst in Form einer Erzählung (I.1), dann in Form eines Dialogs (III.3). Insofern unterliegt auch dieses Text-Triptychon dem Prinzip der Dualität (Seitenflügel – Mittelstück), markiert durch einen Wechsel der Erzählperspektive.

---

[800] Aufgenommen 10.3.1942 nachts. Picker 1963: 193.
[801] Tagebucheintrag v. 24. Juli 1933. Bd. 2. 1987. [In d. Ausg. 2005 lautet die Formulierung anders: statt der „Anschauungen" nennt G. den „Muff".]
[802] Schweitzer 1955 (2): 6.

| I. Akt, 1. Szene | II. Akt, 4. Szene | III. Akt, 3. Szene |
|---|---|---|
| **Ursula** | **Liebhold** | **Ursula** |
| [...] Liebhold ist besesen! | Ach! denk' ich an früher zurück, | Meineid fordert Liebhold von |
| Er lebt halb in unsrer | Wie anders war da meine Ursula! | mir? |
| [Welt nur, | Wenn's dem Unsinn galt, | [...] Hat Dich Scham und |
| Mehr Traum wie | Wer war's, die schalt, | [Ehr' verlassen? |
| [Wachen, | Dass ich Dir nicht flink genug! | Sankst Du so tief, dass um |
| Zerstreut, in Gedanken | War's nicht meine Ursula? | [sünd'ger Liebe willen |
| Entrückt uns'rer Mitte! | Aus des Nachbars Garten | Du der Schwester Schmach |
| [...] Fort von dem Sang, | Die Kirschen, die zarten, | [verlangst? |
| Der ihn umgarnt, der ihn | Heimlich zu stehlen, | Entarteter! |
| [vernichtet! | Wer war's, die listig sie heimwärts | |
| | [trug? | |
| | War es nicht meine Ursula? | |
| | Und dann beim Schreiben, | |
| | Wer hat mich gezupft, | |
| | Dass Lettern wankten | |
| | Und Lehrer zankten, | |
| | War das nicht meine Ursula? | |
| | Und nun aber jetzt! | |
| | Wie kann man so sich wandeln? | |
| | Schwester – Sieh! | |
| | Wie es die liebe Sonne macht, | |
| | Die oft weint und wieder lacht, | |
| | Die freudig wieder neu ersteht! | |
| | Immer neuen Thau | |
| | Schenkt das Morgengrau, | |
| | Und die Blumen scheuchen den | |
| | [Schlummer, | |
| | Lächeln dem Tag' und fliehen den | |
| | [Kummer! | |
| | Sieh! so schwand auch Deine | |
| | [Nacht! | |
| | Vergessen ist Alles! Alles | |
| | [entschwand! | |
| | Nicht gräme Dich nicht Deiner | |
| | [Strafe Schand'! | |
| | Schwarze Wolken zogen vorbei. | |
| | Die Sonne lacht: d'rum lache Du | |
| | [mit! | |
| | Lache Du mit! Lache Du mit! | |
| | Lache! Lache! Lache! Lache Du | |
| | [auch! | |

In der Behandlung folgen aufeinander: *Erstes Seitenstück, zweites Seitenstück und Mittelstück.*

*Das erste Seitenstück: I. Akt, 1. Szene (Ursula)*

> **Ursula**
> [...] Liebhold ist besessen!
> Er lebt halb in unsrer Welt nur,
> Mehr Traum wie Wachen,
> Zerstreut, in Gedanken
> Entrückt uns'rer Mitte!
> [...]
> [...] Fort von dem Sang,
> Der ihn umgarnt, der ihn vernichtet!

Das *erste Seitenstück* enthält eine Schilderung Liebholds aus der Sicht Ursulas. Die Veranlassung zu dieser Darstellung ist eine – Ursula beängstigende – Veränderung im Verhalten Liebholds.

Auf die biographische Wurzel dieser Stelle weisen drei Anzeichen hin:

1. Mit dieser Schilderung Liebholds (hier in den Mund Ursulas gelegt): seiner *Weltabgewandtheit*, seiner *Traum-* bzw. *Gedankenverlorenheit, Zerstreut-* und *Entrücktheit* – gibt Siegfried Wagner ein Selbstportrait. Beispielsweise geht aus den Briefen und Tagebüchern Cosima Wagners hervor, daß Wagner bereits als Kind dazu neigte, über längere Zeit in einen tranceartigen, halbwachen Zustand zu verfallen[803]. In seiner „1. Skizze" zum Textbuch benannte Wagner innerhalb eines Prosaabschnitts Liebholds „etwas nachtwandlerische Art"[804].

Dementsprechend zeigt die Eröffnungsszene „*Liebhold*", „*wie traumverloren*", „*halb ausgestreckt an den Stufen vor Huldas Haus*", „*dem Gesange Huldas*" lauschend.

Jene erste ausdrückliche Nennung von Liebholds Namen im Text wird musikalisch begleitet von seinem ebenfalls an dieser Stelle erstmalig erklingenden Liebesmotiv, gespielt als Oboensolo. Es stellt eine bogenförmige Linie dar, bestehend aus gebrochenen Akkorden, herausgehoben aus dem übrigen musikalischen Verlauf durch einen nur für die Oboe geltenden Taktwechsel (vom Vierviertel- zum Zwölfachteltakt). Durch diesen Wechsel erhält das Motiv einen schwingenden Charakter, die Bezeichnung für den Oboisten lautet: „*zart*" (KA 26).

Das, worauf Ursula den Zustand Liebholds zurückführt: den *vernichtenden Sang* – gemeint ist das „unselige Singen", das Blumenlied Huldas, dem Liebhold, wie wir zu Beginn der Handlung sehen konnten – sich unbeobachtet glaubend – (offenbar

---

[803] Ein frühes Beispiel: CWT 1977: 1097.
[804] Unpag., 6. Seite. NAB. [Sig.: VI Bf 1-1.]

nicht zum ersten Mal) „lauscht" (KA 12) –, kann man als Chiffrierung der von Eva nicht akzeptierten Lebensführung Siegfried Wagners deuten. Bezeichnend ertönt während der Schilderung Ursulas eine Zitation des Blumenliedthemas, gespielt vom Cello und zwar in derselben Tonart, in der wir es auch zu Beginn der Szene hörten, allerdings jetzt eine Oktave tiefer, so daß durch Tonlage und die dunkelschwingende Klangart des Cellos die Tiefendimension des Schwarzschwanenreichs sinnfällig wird.

2. Die Formulierung „uns'rer Mitte" (KA 26f) assoziiert eine *Familie* (Ursulas und Liebholds), von der innerhalb der gesamten Handlung nicht die Rede ist. Alle Personen Siegfried Wagners stehen für sich, sie wirken z.T. eher wie Personifikationen von Ideen (worauf ihre Namen im einzelnen hinweisen) und stehen im Raum eines psychologischen Beziehungsgeflechts, nicht aber in einem konkreten sozialen Raum. Dadurch wird „uns'rer Mitte" zu einer offenen Stelle im Text, durch die hindurch wir ins Haus Wahnfried zu blicken und einen Ausschnitt aus der Wirklichkeit des Familienlebens wahrzunehmen meinen. Wagner verrät hier einen Ursprungsgedanken, wenngleich er auch an dieser Stelle nicht so weit geht, Details zu nennen. Den Schlüsselnamen „Eva" hat er bereits in der „1. Skizze" durch die Benamung „Ursula" ersetzt.

3. Im weiteren Verlauf dieser Passage erklingt Ursulas Schwesterliebemotiv (Pretzsch schreibt: „M o t i v   d e r   G e s c h w i s t e r l i e b e", bezieht dieses Motiv aber speziell auf Ursula[805].): eine rhythmisierte, (auf ersten Blick) chromatische Abwärtslinie, die sich über einen einzigen – etwas erweiterten – Takt erstreckt.

Das Motiv fällt auf durch seine Schlichtheit in melodischer Hinsicht, die verbunden ist mit einer Diffizilisierung durch den Rhythmus (u.a. Synkopisierung). Bei seinem ersten Auftreten (in Oboen und Violinen; KA 27) ist es mit der Angabe (explizit für die Violinen; P 59) *„sehr warm"* versehen. An das letzte Auftreten des Motivs (in dieser Szene) schließt sich (in Oboe und 2. Violine) eine Ausspinnung, die das Motiv auf fünf Takte erweitert, die Angabe lautet hier: **„Sehr ruhig"** (P 62ff.). – Diese Musik muß durch ein wirkliches innerliches Erleben hervorgerufen worden sein. Sie bezieht sich auf die Sorge (vgl. KA 14) und Herzensangst seiner Schwester um ihn selbst, deren Seelenregung er vollständig versteht. Aus dieser Seelenregung heraus entsteht das musikalische Motiv der *Schwesterliebe*.

---

[805] Pretzsch 1919: 44..

Im Text wirft Liebhold seiner Schwester *unversöhnliche Härte* vor (II.4; s.u.: Mittelstück). Den *harten* Worten (vgl. auch III.3, Geschwisterszene) Ursulas unterlegt er jedoch das weich anmutende Motiv der Schwesterliebe, ein Zeichen dafür, daß Wagner den (von Liebhold anscheinend nicht erkannten) „Zusammenhang" zwischen ihrer *Härte* und ihrer „Liebe zu ihm"[806] bewußt konzipiert hat.

Daß die Bemühungen Ursula-Evas erfolglos bleiben würden, zeichnet sich bereits hier motivisch ab.

In dem hier nur teilweise zitierten zweiten Abschnitt der Passage werden in einer Art logischer Reihe zwei Motive – sich z.T. überlagernd – gegeneinander geführt: die Figur, die das Flügelrauschen symbolisiert, und das Schwesterliebemotiv. Die Reihe endet aber mit dem Flügelrauschen. Dieser für Ursula negative Ausgang der motivischen Debatte ist bereits durch die jeweilige Bauweise beider Motive vorgezeichnet.

Das Notenbild: sechs weiträumig und stets symmetrisch gesetzte Töne eines gebrochenen (Dur-)Akkords assoziieren Schwanenflügel; der Klang imaginiert ein Auf- und Niederschlagen der Schwingen. Es ist eine sequenzartig gestaltete Figur, das seine Wirkung in der Reihung entfaltet (hier ist es aber, da es sich um ein Erinnerungszitat handelt, jeweils nur ein Mal zu hören). Diese musikalisch-graphische Figur ist gewissermaßen objektiv, insofern es ein musikalisches Emblem des Schwarzschwanenreichs darstellt. Es zeugt vom Bestehen dieses Reiches, transportiert aber keine Intentionen und drückt daher auch keinerlei Emotionen aus. Vielmehr kommt in seiner Monotonie die Macht des Reiches zum Ausdruck. Das Flügelrauschen ist im Prinzip endlos fortsetzbar, dagegen läuft das Schwesterliebemotiv – gleichsam resigniert – auf einen Schlußpunkt zu, zumal es sich bei genauerem Hinsehen als eine diatonische Tonfolge erweist, die, beginnend mit einem die schmerzliche Spannung erhöhenden Vorhaltston, ins Chromatische aufgelöst wurde.

Dammann schreibt zur Verwendung von Diatonik und Chromatik:

> Es fällt auf, daß die Themen und Motive, die sich auf Gott und die reine Liebe beziehen, fast rein diatonisch gestaltet sind. Diejenigen jedoch, die der Verblendung und dem Schwarzschwanenreich zugeordnet sind, zeichnen sich durch eine chromatische Struktur aus.[807]

Insofern ist das Schwesterliebemotiv doppelt charakterisiert: es bildet eine chromatische Linie, was auf Ursulas Befürchtung bzgl. Liebholds Verbindung mit Hulda

---

[806] Pretzsch 1919: 466.
[807] Dammann 2000: 52.

(und durch sie mit dem Schwarzschwanenreich) beziehbar ist, harmonisch gesehen erweist es sich aber als diatonisch: dies deutet auf ihre eigene Position hin.

Durch Ausdruck und Verlauf (abwärts) kündet das Motiv die schließlich erfolgte Niederlage Ursulas an (erfolgt III.3, Schluß).

Wie sehr dieses Kräfteverhältnis Ursula – Schwarzschwanenreich dem der Realität entspricht, insofern auch der Bruder Evas bis ans Ende seines Lebens „durch geheime Bande gefesselt" bleibt, ist anhand der folgenden Abschnitte des Text-Triptychons zu zeigen.

*Das zweite Seitenstück: III. Akt, 3. Szene (Liebhold – Ursula)*

| Ursula |
| --- |
| Meineid fordert Liebhold von mir? |
| Hat Dich Scham und Ehr' verlassen? |
| Sankst Du so tief, dass um sünd'ger Liebe Willen |
| Du der Schwester Schmach verlangst? |
| Entarteter! [...] |

Obgleich Ursula sich mit ihrem Vorhaben, Hulda zu beseitigen, in der Geschwisterszene des III. Akts (Richtplatzszene1) endlich doch nahe vor dem Ziel sieht, glaubt sie, an der Möglichkeit einer innerlichen Befreiung Liebholds von den „geheimen Banden", die ihn *fesseln*, verzweifeln zu müssen. Liebhold fordert kurz vor der Vollstreckung des Urteils von Ursula einen „Meineid", der in letzter Minute Hulda noch retten soll (KA 161, 162). Ursula soll ihre Aussage, der gefundene Wechselbalg sei ein Kind der Hulda, zurücknehmen.

Bezeichnenderweise gebraucht Ursula in ihrer Erwiderung zur Benennung Huldas nicht deren Namen, sondern sie spricht von der „Teufelsbuhle" bzw. von der „Mörderin" (KA 164). Die Gestalt Huldas steht in diesem Moment nicht für eine Einzelperson, sondern stellt eine Verkörperung (Allegorisierung) „sünd'ger Liebe" (KA 165)[808] dar.

Der erwähnte „Meineid" – wahrscheinlich ist ein Widerruf gemeint – fällt aus dem stilistischen Rahmen des Stücks und deutet auf eine reale Begebenheit hin. Um diesen Textausschnitt verständlich zu machen, ist es notwendig, ein Dokument zu erwähnen, welches den Bericht eines bestimmten Vorkommnisses enthält: es handelt sich um den Brief von Adolf Zinsstag vom Juli 1928 an Karl-Alfons Meyer-Hasenfratz[809].

Aus dem Brief geht hervor, daß Siegfried Wagner Eva Chamberlain zu einer Handlung nötigte, zu welcher sich diese nur unter äußerstem Druck bereitgefunden ha-

---

[808] Das Schlagwort der *sündigen Liebe* findet sich häufig in der Literatur; vgl. Schiller: *Maria Stuart* V.7 (Auftritt Maria – Melvil).
[809] Ts. Archiv Walter Keller, Birmesdorf/ CH.

ben wird. Sie soll in den Verkauf der Briefe Cosima Wagners an den Geschäftsführer der Bayreuther Festspiele, Adolf von Gross, einwilligen. Gerade Eva Chamberlain-Wagner war es nun, welche die Briefe der Familie Wagner in besonders intensiver Weise „fafnerisierte" (Sven Friedrich[810]).

Der Vorgang kann folgender gewesen sein: Siegfried Wagner benötigt Geld, um ihn bedrängende Erpresser zu beschwichtigen, die ihm gedroht haben werden, ihn im Falle einer Nichtbezahlung ungesetzlicher Beziehungen überführen zu lassen. Er möchte deshalb dem Angebot eines Amerikaners entsprechen, der ihm für die Briefe 70.000 Mark bietet. Wenn dem so ist, wurde Gross, der die Briefe in Verwahrung hatte, der Grund für den geplanten Verkauf vorenthalten. Das Geld sei Wagner nie ausgezahlt worden. Eva fand sich zum Verkauf bereit, weil es letzten Endes um den Bestand der Bayreuther Festspiele ging. Der damaligen Rechtslage[811] nach wäre Siegfried Wagners Position als Festspielleiter unhaltbar geworden.

Anders als die Bühnenfigur Ursula entsprach die Schwester Eva der harten Forderung ihres Bruders. Es geht dem Komponisten jedoch bei der Gestaltung der Rolle darum, die Differenz innerhalb der Geschwisterbeziehung hervorzuheben.

Siegfried Wagner fand keine andere Lösung, als den Makel so gut wie möglich zu bedecken und den ihn bedrängenden Anwürfen und Klagen mit Schweigen, Neckereien und Verschleierungen zu begegnen.

Diese Verhaltensweise ist auch, natürlich dem Handlungsrahmen entsprechend, bei der Brudergestalt auf der Bühne zu finden:

---

[810] Friedrich 2003: 283.
[811] Vgl. Das Strafgesetzbuch für das Deutsche Reich von 1924.

*Das Mittelstück: II. Akt, 4. Szene (Liebhold – Ursula)*

| | |
|---|---|
| **Liebhold**<br>*Ach! denk' ich an früher zurück,*<br>*Wie anders war da meine Ursula!*<br>　Wenn's dem Unsinn galt,<br>　Wer war's, die schalt,<br>　Dass ich Dir nicht flink genug!　　5<br>War's nicht meine Ursula?<br>　Aus des Nachbars Garten<br>　Die Kirschen, die zarten,<br>　Heimlich zu stehlen,<br>　Wer war's, die listig sie heimwärts trug?　10<br>War es nicht meine Ursula?<br>　Und dann beim Schreiben,<br>　Wer hat mich gezupft,<br>　Dass Lettern wankten<br>　Und Lehrer zankten,　　15<br>War das nicht meine Ursula?<br>*Und nun aber jetzt!*<br>*Wie kann man so sich wandeln?*<br>Schwester – Sieh!<br>Wie es die liebe Sonne macht,　　20<br>Die oft weint und wieder lacht,<br>Die freudig wieder neu ersteht!<br>Immer neuen Thau<br>Schenkt das Morgengrau,<br>Und die Blumen scheuchen den Schlummer,　25<br>Lächeln dem Tag' und fliehen den Kummer!<br>Sieh! so schwand auch Deine Nacht!<br>**Vergessen ist Alles! Alles entschwand!**<br>Nicht gräme Dich, nicht Deiner Strafe Schand'!<br>Schwarze Wolken zogen vorbei.　　30<br>Die Sonne lacht: d'rum lache Du mit!<br>Lache Du mit! Lache Du mit!<br>Lache! Lache! Lache Du auch! | Hierbei handelt es sich um das formale Kernstück der Geschwi-sterszene des II. Akts.<br><br>Dieses Kernstück besteht aus zwei Teilen, die durch eine Überleitung (V. 17/ 18) miteinanderverknüpft sind: Den Anfang bildet eine Kindheitserinnerung Liebholds in Form eines Liedes (V. 3-16), im Kapitel → **Die Gesänge** behandelt unter dem Titel „Ach! denk' ich an früher zurück". Der zweite Teil stellt eine Passage dar, die man als ariose Ansprache bezeichnen kann (V. 19-33).<br><br>Das Ganze enthält Merkmale, die an die karnevalistische Form der Soldatenszene und der Tanzszene erinnern: die sinnverkehrende Wiedergabe von Tatsachen und die exaltierte oder übertreibende Form der Darstellung. Im Kapitel → **Karnevalistischer Kopfstand** wird das Verhalten Liebholds während dieser Ansprache auf die ihm zuteil gewordene Behandlung in der Tanzszene zurückgeführt.<br><br>Ein Grundzug karnevalistischer Handlungen ist die Beförderung der scheinbar gefeierten Person aus einem *ernsten* in einen *heiteren* Zustand. |

Dies soll in den karnevalistischen Bühnenhandlungen bei Siegfried Wagner bewirkt werden durch den jeweiligen Einsatz eines Mittels – quasi einer Droge, welche eine Veränderung des Bewußtseins hervorrufen kann (Soldatenszene: der Liebhold zu verabreichende „Wein", KA 48, und der gleichfalls von ihm angeblich genommene die Erinnerung auslöschende „Zaubersaft", KA 47; Tanzszene: unentwegte Tanzbewegung, in die Liebhold schließlich einbezogen wird).

In der Geschwisterszene, auf welche vor allem die letzte der beiden Karnevalsszenen ihre Reflexe wirft, sind es die Worte Liebholds, die – in Form des Liedes und der ariosen Ansprache – beschwörenden Charakter haben.

Ein versteckter, gleichsam fast unkenntlich gemachter Hinweis auf Liebholds Absicht ist Folgendes: vor Beginn des Liedes gebraucht Liebhold scheinbar beiläufig eine heute kaum mehr bekannte Redensart: „Hast Du Mohn gerochen?" (KA 119f) [vgl. den umgangssprachlichen Ausdruck „mohndoof" für „apathisch"]. Dem geht beziehungsreich die Frage voraus: „Kennst Du mich nicht?" (KA 119) Diese Doppelfrage, in Zusammenhang mit dem zweiteiligen Gesang Liebholds gesehen, macht die Absicht des Bruders deutlich: Liebhold fordert von seiner Schwester, in ihm den Kindheitsgefährten wiederzuerkennen und jene scheinbar durch nichts gestörte Eintracht wiederherzustellen. Dies setzt ein *Vergessen* von *allem jetzt* Trennenden voraus.

Das Stichwort „vergessen" bildet dementsprechend das Zentrum der gesamten, aus 33 Versen bestehenden Textpassage: „Vergessen ist Alles! Alles entschwand!" (V. 28) Auch dieses Stichwort ist verklausuliert durch eine Verkehrung (vgl. V. 29): Liebhold sagt zu Ursula, er selbst hätte „vergessen", was sie getan habe (Exorzismusversuch, um Hulda zu überführen: I.5), will aber im Grunde durch seine Rede sein eigenes Handeln (seine Verheiratung mit der „Hexe" Hulda) vergessen machen. Daß Wagner das Wort „vergessen" in *Schwarzschwanenreich* in dieser Weise sinnverkehrend gebraucht, bestätigen Analogien in zwei weiteren Szenen:
In der 2. Szene (Dialog Hulda-Oswald) möchte Hulda, die eine Enthüllung durch Oswald befürchtet, diesen ihre *Vermählung* mit dem „bösen Feind" (KA 107) *vergessen* machen. Um dies in seinem Denken auszulöschen, geriert sie sich selbst – nicht ohne Grund – als Verzeihende, „Alles" *vergessend* (gegenüber ihren Verfolgern, also auch Oswald). Oswald weist die als Komödie zurück, indem er beziehungsreich das Wort „vergessen" gegen sie wendet und es gleichbedeutend mit „verdrängen" („Und hast auch Du Alles vergessen?", KA 120f) gebraucht.
Eine weitere Analogie befindet sich in der darauffolgenden 3. Szene (Schluß; Dialog Hulda – Ursula). Der Dialog verläuft nach demselben Prinzip (von Ursula zurückgewiesener Versöhnungsversuch vonseiten Huldas: „Ich, die Dir grollen sollte, / Ich vergaß!" KA 112f).
In der Geschwisterszene gibt den Hinweis auf das, was Liebhold-Hulda in Wirklichkeit verdrängt sehen möchte, die Erwähnung der „Schwarzen Wolken", die *vorbeizogen* (V. 30). In der letzten handschriftlichen Fassung des Textbuchs findet sich noch der Singular „Schwarze Wolke"[812] (bei der Vertonung aus rhythmischen

---

[812] NAB. [VI Bf 1 – 3] Unpag. [55.]

Gründen in den Plural verwandelt). Dieses Bild wirkt – stärker als der verwischende Plural – wie ein bagatellisierendes Zitat des am Ende des I. Aktes als „Wolke" erscheinenden „schwarzen Reiters" (KA 78) – der Macht des Schwarzschwanenreichs.

Um dieses *Vergessen* zu bewirken, verabreicht Liebhold seiner Schwester das, was er auf textlich-musikalischer Ebene aus dem „Mohn" gewonnen hat. Gleichzeitig läßt sein Lied vor unseren inneren Augen und Ohren auch schon die beabsichtigte Wirkung dieses Mittels entstehen: anstelle des Gewesenen setzt er einen Neuanfang (Erwähnung der Kindheit bzw. des „[neuen] Tages" (V. 26) und läßt so die Geschwisterbeziehung imaginär „neu erstehen" (V. 22). *Wie ein solcher Vorgang mit ästhetischen Mitteln dargestellt werden kann, ist anhand einer Text-Musik-Analyse des Mittelstücks zu zeigen.*

Dieser Analyse sei eine Bemerkung vorangestellt: Siegfried-Liebhold, der sich nun gleichzeitig als Orpheus und als Morpheus („der Gestaltende") betätigt, mag die von ihm produzierte Erscheinung in der übertragenden Bedeutung von μορφή als „von dem Zufälligen und Unvollkommenen befreite echte Form = „Idee" oder auch als „Qualität"[813] verstanden haben, was er durch diese List zu retten bestrebt ist: die Geschwisterbeziehung Siegfried-Eva resp. Liebhold-Ursula.

Obgleich Liebholds Vorgehen, oberflächlich betrachtet, eine karnevalistische Nasführung des Gegners ist, bildet den Beweggrund seines Handelns offensichtlich doch die Überzeugung, hiermit Bilder zu beschwören, die das „wahre Wesen" (μόρφωμα)[814] der Sache (Geschwisterliebe) anzeigen. In diesem Doppelsinn ist das Folgende zu beurteilen.

Abgesehen von diesem entstandenen Traumbild dokumentiert der Text in seiner zeitlichen Verlaufsform auch Beschaffenheit und Anwendungsweise des Mittels selbst. Das Mittel ist zusammengesetzt, sie besteht aus zwei Substanzen, einer Trägersubstanz (erinnernd an das Modell der Schluckimpfung) und dem Wirkstoff selbst.

Da die karnevalistische Täuschung in der Geschwisterszene ein hauptsächlich textuelles Geschehen darstellt, erscheinen beide Momente aufeinanderfolgend und daher deutlich erkennbar voneinander abgegrenzt. Liebhold geht also in zwei Schritten vor, demgemäß ist sein Vortrag zweiteilig (im Prinzip symmetrisch aufgebaut, wie die Kursivsetzungen im Text des Mittelstücks andeuten).

Im ersten Teil beschwört er die gemeinsam verlebte Kinderzeit wieder herauf; der zweite Teil enthält – allerdings durch eine Verkehrung der Aussage kaschiert – die zu suggerierende Botschaft: das Auslöschen des Dunklen, Belastenden in Ursulas Erinnerung – das *Vergessen*.

---

[813] Gemoll 1965: 511.
[814] Ebda.

**Schwarzschwanenreich II.4**
*Köln 1939*
*v.l.: Philipp Rasp (Liebhold), Marie Theres Hendrichs (Ursula)*

Den Auslöser seines Vorgehens bildet formal gesehen ein musikalisches Motiv: Bei Liebholds Auftritt (Beginn II.4) ertönt – gewissermaßen vor seinem inneren Ohr – einleitend in den ersten drei Takten der Szene in der Baßklarinette das Haßmotiv der Ursula, welches das Schlüsselmotiv der Szene bildet:

Liebhold, der wohl ahnt, was Ursulas Erscheinen zu bedeuten hat (auch nach ihrer Freilassung verfolgt Ursula weiterhin ihr Ziel, Hulda zu vernichten), will einer Auseinandersetzung zuvorkommen. In angesichts des Vorangegangenen (Bestrafung Ursulas für den Exorzismusversuch mit Gefängnishaft) unangemessener Weise begrüßt er Ursula. Daß den Gesten, die diese Begrüßung begleiten, offensichtlich reale Situationen zum Vorbild dienten, deutet sich in den Formulierungen der betreffenden Regieanweisungen an, die an häusliche Gepflogenheiten in Wahnfried denken lassen: „*er zupft sie scherzend am Haarschopf*"; „*er zupft sie sanft am Oh-*

*re"*; *"er befühlt ihre Hand und küsst ihr die Schläfe"* (KA 119f; vgl. die Bedeutung der Schläfe in der Exorzismusszene); in der Handschrift des Textbuchs befinden sich weitere Angaben, die nicht übernommen wurden, z.b. folgende: *"sie richtet sich etwas auf und sieht ihm ins Auge/ Es kämpft in ihr Lachen und Weinen"* und: *"er zieht sie heftig an sich und schmiegt seine Wange an die ihrige"*[815]. Als diese Begrüßung ohne Erwiderung bleibt, ruft Liebhold – nach einer (später zu kommentierenden) Einleitung – die Erinnerung an das heitere Einst der gemeinsamen Kindheit wach.

Mit seiner *Kindheitserinnerung* (erster Teil) skizziert Liebhold das Bild einer wilden großen Schwester, die ihm – zumindest in der Erinnerung – lieber ist, als die, die jetzt dasitzt und ihn anhärmt. Die *Kindheitserinnerung* besteht aus drei kurzen variablen Strophen, musikalisch basierend auf einer Art *Tanz*spielweise

(*scherzando*; KA 121f) im schwingenden Sechsachtel-Takt, melodisch sprunghaft und rhythmisch hüpfend – ein Charakter, der durch eine Imitation des Themas (im Orchester gespielt von den Violinen) im Cello ein dunkleres Echo erhält. Diese muntere Melodie bildet auch den Schluß der gesamten Passage, wo sie in eine exaltierte Fröhlichkeit ausbricht. Daß sich Ursulas Gemüt, wenn auch vorübergehend, daraufhin tatsächlich erhellt, ist erstaunlich und nicht aus dem Text allein, sondern nur als ein Merkmal des oben dargestellten szenischen Phänomens zu erklären.

Die „Kindheitserinnerung" kann man, gemäß den Kriterien, die Elisabeth Frenzel in ihrem Lexikon *Motive der Weltliteratur* zur Bestimmung eines Motivs angibt, als literarisches Motiv („stützendes Nebenmotiv"[816]) bezeichnen. Bei Elisabeth Frenzel, *Motive der Weltliteratur*, wird die „Kindheitserinnerung" wird nicht erwähnt; auf diesen zusammengesetzten Begriff treffen aber Aspekte zu, die Frenzel u.a. mit Bezug auf „Freundschaftsbeweis" nennt (VIII). Wesentlich ist das dramatische Potential: ein Motiv besitzt „seelisch-geistige Spannung [..], kraft deren es movierend, handlungsauslösend wirkt. (VII)"

Die erinnerte Kindheit erscheint oft in der Literatur. Neben vielen literarischen Beispielen (Romane; Autobiographien) findet sich in Bibliothekskatalogen die von 1906 – 1910 ersch. Zeitschrift *Der heilige Garten. Beiträge zur Erforschung der Kindheit*. Eine typische Szenerie sind die „heiligen" *Gärten der Kindheit* (bei Eichendorff, *Ahnung und Gegenwart*, ist der „Garten" der Kindheit ein wiederkehrendes Bild). In vielen Biographien hat dieser Garten einen hohen Stellenwert (häu-

---

[815] NAB. [VI Bf 1 – 3] Unpag. [55.]
[816] Vgl. Frenzel 1999: VII (Vorwort).

figes Titelmotiv). Im *Lebensbericht* von Klaus Mann ist die Kindheit das nicht mehr erreichbare „Paradies":

> Wie innig wir uns auch bemühen mögen, uns zurückzuversetzen in das Paradies vollkommener Wunschlosigkeit – das Gefühl, dessen wir uns wirklich entsinnen und welches und zu jeder Zeit beherrscht zu haben scheint, ist immer nur die Sehnsucht nach einem Glück, das mit dem Beginn unseres bewußten Lebens verlorenging.[817]

So beschwört Siegfried Wagner seine „glückliche" Kindheit, wenn er seine *Erinnerungen* mit einem Wahnfried-Idyll beginnen läßt:
Zieht man allerdings bestimmte Einträge in Cosima Wagners Tagebüchern hinzu, so erscheint dieses Erinnerungsbild idealisiert.[818]

*Isolde Wagner, Blandine von Bülow,*
*Eva Wagner, Siegfried Wagner, Daniela von Bülow*

Wohl dem, der eine glückliche Jugend hatte. Kein Frost, kein Sturm des späteren Lebens kann die Wärme verscheuchen, welche die Sonnenstrahlen einer frohen Kindheit in die menschliche Seele gesenkt haben. Solch eine Jugend ward mir und meinen Schwestern zuteil, und dafür wissen wir unsern Eltern ewigen Dank. Zu heiteren, wahren Menschen uns zu erziehen, war ihr Grundsatz. Mürrische Gesichter durften sich nicht sehen lassen. Wenn meine Schwestern mit schriftlichen Arbeiten sich zu plagen hatten, draußen aber die Sonne herauslockte, wurde ich schnell zu den Eltern geschickt: „Papa," rief ich, „ich bin ganz allein, habe niemanden zum Spielen! Können die Schwestern nicht in den Garten kommen?" Gleich darauf tobten wir zu fünfen im Garten.[819]

---

[817] Mann 1958: 20.
[818] CWT 1976: 16. Januar 1874 und 19. Dezember 1877 (Schwestern) und 14. September 1882.
[819] Wagner 1923: 5.

Angesichts einiger Fotographien aus dieser Zeit kann man leise Zweifel an dieser Schilderung einer „frohen Kindheit" hegen.

Die *Kindheitserinnerung* im Werk endet mit einer rhetorisch-suggestiven Frage, die – dreifach variiert und damit zu einer dreistufigen Klimax gestaltet: „war's nicht...", „war es nicht..." und „war das nicht..." – den Refrain aller drei Strophen bildet.

Zwei überleitende (wiederum später zu kommentierende) Sätze, die die Verbindung zum *Jetzt* herstellen, bereiten den zweiten Teil seiner Anrede Ursulas vor.

In der Hoffnung, Ursula etwas weicher gestimmt zu haben, versucht er nun, den Gedanken an seine Hochzeit mit einer „Hexe" (s. szenisches Vorspiel zum II. Akt) in Ursulas Gedächtnis zu annullieren. Um dies zu bewirken, wendet er eine besondere Technik an: er benennt den Gegenstand, den er in der Erinnerung ausgelöscht wünscht, mit keinem Wort, sondern setzt an dessen Stelle ihrer eigenen „Strafe Schand'". Damit inauguriert er ihr, sie „gräme" sich wegen ihres Gefängnisaufenthaltes. Die Tatsache, daß sein eigenes Verhalten die Veranlassung für ihre „That" (I.1) war und auch jetzt nach wie vor Ursache ihres „Kummers" ist, läßt er unerwähnt. Sein Verfahren stellt eine Verkehrung des wirklichen Geschehens dar.

Das Motiv für Liebholds Verfahren, eine Tatsache zu verkehren und die Ursache zu umgehen, findet sich – versteckt – in den bisher übergangenen *Überleitungssätzen* (Zeile 1f und Zeile 17f). Sie bezeichnen seine Absicht, angesichts einer in Unordnung geratenen Gegenwart den vermeintlich idealen Urzustand der intakten Geschwisterbeziehung wiederherzustellen.

Liest man beide Überleitungsphrasen, miteinander zu einem einzigen Text verknüpft, im Sinne einer Rück-Verkehrung, so entspricht die nun gewonnene Aussage dem, was Ursula im I. Akt über ihren Bruder sagt (vgl. erstes Seitenstück): er sei es, der „früher [...] anders" war und sich „jetzt" *gewandelt* hat.

Um die Geschwisterbeziehung, soweit sie für das künstlerische Schaffen Siegfried Wagners von Belang ist, in ihrer Tiefe zu erschließen, ist noch die musikalische Struktur zu betrachten.

Der zweite Teil wird (ebenso wie die Begrüßungssequenz; s.u.: Notenbeispiel) getragen von dem – sowohl gesanglich wie orchestral ausgeführten – Bruderliebe-Thema Liebholds. Dieses weist Merkmale auf, die trotz des beschriebenen Manipulationsversuchs auf eine tatsächlich gefühlte Zuneigung Liebholds hindeuten. Es scheint ihm ein wirkliches Anliegen zu sein, eine Versöhnung mit seiner Schwester herbeizuführen, das alte Einverständnis wiederherzustellen. Diesen Eindruck erweckt das Klangbild des Themas der Bruderliebe:

Es erklingt wie die gesangartig dahinfließende Melodie einer Cantilene, deren Grundcharakter der Komponist zu Beginn als „*Ruhig bewegt*" (KA 119) bezeichnet. Einzelangaben, die Violine und die Oboe betreffend, lauten „*zart*" und „*gefühlvoll*" (KA 119f). Seine besondere klangliche Dichte erhält das Stück dadurch, daß die Gesangsstimme zum Teil des Orchesters zu werden bzw. das Orchester (insbesondere Holzbläser und Violine) zu singen scheint. – V.a. in der Ausführung zu beachten wären die subtil wechselnden dynamischen Angaben (stets vom *piano* ausgehend und dorthin wiederzurückkehrend, lebhaft endend). Es scheint ratsam, diese Angaben, die in den Orchesterstimmen zu finden sind, auf die Gesangsstimme zu übertragen, um nicht Gefahr zu laufen, in die Eintönigkeit einer Bravourarie zu verfallen.

In diesem Thema manifestiert sich die Substanz der Gestalt Liebholds. Während er als Partner Huldas eine blasse Erscheinung bleibt, entwickelt er in dieser Szene eigenständiges Profil.

Diese Differenz läßt auf einen essentiellen Unterschied zwischen dem Liebespaar Liebhold-Hulda und dem Geschwisterpaar Liebhold-Ursula schließen. Dieser Unterschied wiederum ist auf den jeweiligen Entstehungsgrund zurückzuführen.

Die Beziehung Liebhold – Hulda ist seltsam ausdruckslos. Sie verdankt ihre Entstehung einem gedanklichen Prozeß: in diesen Gestalten personifiziert der Verfasser seine zwillingshafte Psyche. Wagner verwandelt sein männlich-weibliches Ich in eine dramatische Doppelperson, das Paar Liebhold-Hulda.

Zum Zeichen der Identität beider Gestalten wird im Text angegeben, daß sie gleichermaßen mit einer „Wunde" (KA 71) versehen sind. Primär betrifft dies Hulda und, vermittelt durch Hulda, Liebhold. Die „Wunde" ist ein Zeichen ihrer „Schuld", sie bedeutet die Zugehörigkeit zum Schwarzschwanenreich. Demzufolge ist es unmöglich, Hulda und Liebhold zu „trennen", wie es Ursulas Absicht ist. Liebhold kann nicht *gerettet* (KA 28) werden, wenn Hulda getötet wird (Liebhold: „Ihr Tod ist der meine!"; Richtplatz- bzw. Geschwisterszene; KA 163).

Dem etwas schemenhaft gezeichneten Liebespaar steht das der Lebenswirklichkeit entstammende, ins Szenische transponierte, Geschwisterpaar Liebhold – Ursula gegenüber. Besonders hervorzuheben ist die vorliegende Geschwisterszene, da einzig und allein hier das Bruderliebethema erklingt. In keiner anderen Szene konzentriert sich Wagner mit dieser Ausschließlichkeit auf die *Brudergestalt* Liebhold. Man kann durch das szenische Gewand hindurch die Wirklichkeit erkennen. Damit erweist sich diese Szene als der autobiographische Kern des Werks.

Musikalisch spiegelt sich das Bezugsverhältnis der Paare in bestimmten, ihnen zugeordneten Motiven und Themen wider.

Bezeichnend für die Beziehung zwischen Liebhold und Hulda ist, daß Liebholds Bekenntnis zu Hulda, sowohl in der Liebesszene (I.6) als auch in der Geschwisterszene (III.3) jeweils aus Variationen seiner Paraphrase von Huldas Blumenliedthema besteht. Dies drückt die „Sehnsucht" (KA 69) Liebholds aus, sich Hulda anzuverwandeln („Ein Sang ist's! Zwei Seelen Eins!" (KA 71), seine Identität in der ihren aufgehen zu lassen. Dementsprechend ist sein Liebesmotiv (erstes Seitenstück) von wenig individueller Prägnanz.

Huldas Neigung zu Liebhold findet im Text nur schwache Andeutungen (II.5; KA 100/ III.1; KA 132); ein entsprechendes musikalisches Motiv ist nicht vorhanden.

Das Thema des „Liebesgesanges" (KA 81ff) Liebhold – Hulda wird nicht in diesem Zusammenhang berücksichtigt, da Text und Musik gleichsam das Wiedereinsgewordensein der zwei Hälften eines Ich repräsentieren; ein spannungsvolles Aufeinanderbezogensein zweier Individuen fehlt vollkommen.

Noch flüchtiger gestaltet ist das Brautpaar Oswald – Ursula. Das Vorhandensein eines gegenseitigen Gefühles der Verbundenheit ist kaum zu ahnen (für Ursula s. textliche Andeutungen KA 27f und 115). Eine musikalische Gestaltung fehlt auf beiden Seiten gänzlich. Auf die Beziehung Oswald – Hulda wird an dieser Stelle nicht eingegangen, weil es sich – äußerlich betrachtet – um eine unerwiderte Zuneigung Oswalds handelt, deren Gegenseitigkeit er gewaltsam (erfolglos) herzustellen versucht (→ **Analyse der 2. Szene des II. Akts**).

Der motivisch schwachen Zeichnung der Liebesbeziehungen steht das von tatsächlichem Empfinden zeugende musikalische Paar des Schwesterliebemotivs und des Bruderliebethemas gegenüber.

Im Zentrum von Ursulas Motivfeld befindet sich das Schwesterliebemotiv. Dieses ist das einzige positive Motiv und bezeichnet den Beweggrund ihres Handelns. Alle übrigen Motive und Themen Ursulas (z.b. Verdacht-, Fluch-, Haßmotiv) resultieren aus diesem Grundmotiv und beziehen sich auf Liebholds Verbindung mit Hulda).

Soweit die Darstellung der Geschwisterbeziehung und der Liebesbeziehungen in *Schwarzschwanenreich* im Spiegel der motivisch-thematischen Struktur.

Ein Schema macht auf den ersten Blick erkennbar, daß das Bezugsverhältnis der Geschwister zueinander wesentlich dichter gestaltet ist, als das der Liebespaare.

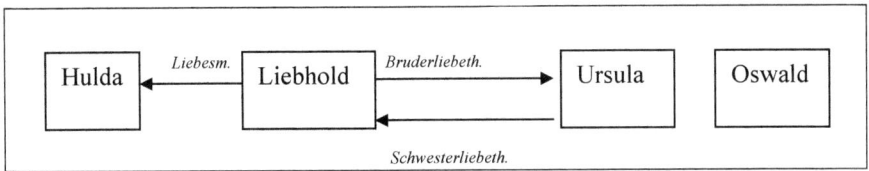

Dieser Differenz entspricht der ungleiche Stellenwert, den die realen Vorbilder Huldas und Ursulas für den Komponisten Siegfried Wagner hatten. Im Gegensatz zur Chinesin in Canton ist der Anteil Evas an der Entstehung von *Schwarzschwanenreich* ein aktiver. In ihr sah sich der Komponist mit einem von bewußtem Willen getragenen Handeln konfrontiert.

Eben an diesem Punkt des Handelns trennen sich die Wege von Ursula und Eva. Dies ist anhand des zweiten Teils der Szene zu zeigen, der an das Mittelstück anschließt. Die Differenz existiert auf der Handlungsebene. Die Handlung mündet aber in einen Punkt, an welchem Ursula mit Eva wieder zusammentrifft. Dies ist am Schluß dieser Analyse darzustellen.

Während der erste Teil hauptsächlich ein sprachlich-musikalisches Geschehen (auf der übertragenen Ebene des Liedes) war, hat der zweite Teil eher aktionistischen Charakter.

Auf dieser Ebene erscheint das Lied reduziert auf den instrumentalen Aspekt von „Text" im wörtlichen Sinne von *textum*, „Gewebe", in Verbindung zu bringen mit dem oben genannten Schleier, der die Aufgabe erfüllen sollte, das „Stell'chen faul" zu bedecken. Die Melodie, für sich genommen in Funktion einer dekorativen Begleitfigur, bildet eine Linie, die die Harmonik (F-Dur) zunächst in die Horizontale spiegelt und damit bestätigt, andererseits aber auf diese Weise verbirgt, daß es sich um ein uneigentliches F-Dur handelt, nämlich um ein pikardisch erhöhtes f-moll (das Bruderliebethema steht in der vierfachen Be-Tonart As-Dur, der Dur-

Parallele zu f-moll – hiermit liegen dieser Szene zwei Varianten der Aufhellung von f-moll zugrunde; vgl. Abschnitt „7. Liebholds ‚Kindheitserinnerung' (F-Dur [d.i.: f#])" → **Die Gesänge**).

Die Aktion besteht darin, daß dieser Schleier zerrissen wird, musikalisch dargestellt durch das Erklingen harmonisch verzerrter Rudimente des Kindheitserinnerungsthemas.

Der Grund für die Zerstörung dieses Illusionsschleiers ist zunächst der Außenhandlung zu entnehmen.

Das Zerreißen erfolgt in dem Augenblick, als Liebhold entdeckt, daß Hulda – die er zwecks Versöhnung *suchte* (KA 127) – verschwunden ist.

Außer sich vor „Zorn und Schmerz" (KA 128) fordert Liebhold – die Gestalt erscheint hier vollständig verwandelt – „Wahrheit" (KA 127) von Ursula, wohl ein weiteres „Verbrechen" (KA 57; I.5: Exorzismusszene) ahnend.

„Wahrheit" in Liebholds Sinn wäre die Feststellung, daß Ursula ein zweites Mal zu einem radikalen Mittel, Liebhold und Hulda zu *trennen*, gegriffen hat.

Hiermit ist der Punkt, an welchem der Weg Ursulas von dem Evas abweicht, bezeichnet. Bei näherer Befassung mit der Gestalt Ursulas unter dem Gesichtspunkt ihrer Mittel und Wege entsteht der Eindruck, daß sie partiell in Widerspruch zu ihrem Vorbild konzipiert ist.

Um die Differenz herauszustellen, sind folgende Stationen der Handlung zu erinnern:

Das Gerüst bildet ein gegnerisches Spiel zwischen Hulda und dem Versucher. Nachdem die „Teufelsbuhle" begonnen hat, sich der Macht des Schwarzschwanenreichs zu entziehen, trachtet der Versucher danach, sie wieder in seine Gewalt zu bringen. – Alle übrigen Personen befinden sich innerhalb des Spannungsfeldes zwischen dem Versucher und Hulda. – Entscheidend für den Verlauf der Handlung ist, daß es einen Gegenspieler des Versuchers gibt: einen Repräsentanten des Hellen, den Gesandten des „Engels" (KA 74; I.6), eine Lichtgestalt: Liebhold.

Liebhold hat die Aufgabe, den Schwarzschwanenreich-„Bann" Huldas zu *lösen* (ebda.). Er „schwört" ihr „Schutz" (KA 79) – nachdem er allerdings selbst bereits durch das Hören von Huldas *vernichtendem Sang* in den Sog dieses Reiches geraten ist. Er trägt nun wie sie die „Wunde" als Zeichen der Schwarzschwanenreich-Zugehörigkeit. Dies wird sich auf die Erfüllung seiner Aufgabe auswirken.

Ihn muß der Versucher beseitigen.

Darin wiederum begegnen sich seine Wünsche – wenn auch nicht seine Motive – mit denen Ursulas.

Ursula ist von allen – ihrem Text und ihren Motiven zufolge – die einzige, die Liebhold wirklich nahe steht, sich ihm auf ihre Weise zutiefst verbunden fühlt. Sie hat – ihren Vorstellungen gemäß – seine *Rettung* zu ihrer Angelegenheit gemacht.

Niemand ist demzufolge geeigneter als sie, dem Versucher zur Realisierung seines Vorhabens zu dienen. Er macht nun Ursula zu seiner nächsten – wenn auch unwissentlichen – Mitarbeiterin. Bezeichnend für dieses Zusammenwirken sind die Mittel, die ihr zur Verfügung stehen – Zeichen einer verborgenen Verbindung?

Es wird angedeutet, daß Ursula im Verborgenen noch eine Verbindung zur vorchristlichen Welt aufrechterhält. Anzeichen dafür sind: ihre Vrebindung mit dem Aschenweibchen (Exorzismusszene, I.5) und ihre Kenntnisse auf dem Gebiet der Wort- (Verfluchung Huldas, II.3) und Naturmagie (Kenntnis der mystischen Macht Mond, Ende der Geschwisterszene II.4). Sie beherrscht noch das alte Instrumentarium, verwendet dieses aber gegen die „Heidin" (KA 154) Hulda.

Dieses Bestreben macht sich der Versucher zunutze und stellt es – ohne daß Ursula etwas davon ahnt – in seinen Dienst.

Um die Schwester Liebholds aber – nach Mißlingen ihres ersten Versuchs, des Exorzismusversuchs – zu weiteren „Thaten" zu provozieren, bedarf es weiterer Helfershelfer. Diese treten auf in Gestalt der *Tanzenden*, welche die Aufgabe haben, das Paar (unter einem Vorwand: Tanzfest) zunächst räumlich zu trennen. Das Vorhaben gelingt, Liebhold wird von Hulda abgezogen, eine Schar Tanzender zieht ihn mit sich – Hulda ist isoliert (Tanzszene; I.1).

Wie ein Bote des Schwarzschwanenreichs tritt Oswald, vormals Soldat, jetzt „Totengräber", nun auf den Plan, versehen mit Attributen, die eine Öffnung des Schwarzschwanenreichs von unten imaginieren und suggerieren sollen. Diese Attribute bilden eine Synästhesie: 1. die musikalische Figur des Drohmotivs; 2. visuell die *Hacke*, die bestimmt ist, ein Grab zu öffnen; 3. sprachlich: die monoton wiederholte Phrase „muß scharren". Oswald – insgeheim vom *Schwarzen* gelenkt – bewirkt durch sein Auftreten das Wiedererwachen des *Schwanenreichs* in Hulda, aber sein Ziel, Hulda zu besitzen, erreicht er trotz Gewaltanwendung nicht. Er verläßt die Szene. Ursula war Zeugin des Vorganges geworden. Sie verflucht Hulda, nachdem sie deren Versöhnungsversuch zurückgewiesen hat. Ihr Fluchgesang endet mit einem *Vernichtungs*schwur (II.3).

Die *Vernichtung* Huldas kann jedoch nur erfolgen, wenn ein „Zeugnis" (KA 23) vorliegt – dies aber wäre der Fund des ermordeten Wechselbalgs.

Ursula will Hulda dazu bringen, sich selbst zu *verraten* (KA 26). Dieses Ziel sieht sie nun, bei Entdeckung von Huldas Flucht, greifbar vor Augen.

Nicht nur die Flucht selbst, sondern auch die Wahl des Ortes ihrer Flucht ist auf die Verfluchung Ursulas zurückzuführen: Hulda ist an den See des Schwarzschwanenreichs bzw. das Grab ihres Kindes geflohen. Dies kündigt in der Geschwisterszene bereits das Orchester an, aus dem Akkorde ertönen, die ein Sich-Auftun der Tiefe symbolisieren (moll- und verminderte Klänge in den tiefen Streichern und Holzbläsern: Baßklarinette und Fagott, verbunden mit den scharfen Klängen der Blechbläser: Posaune und Tuba; s. P 284), ebenso das Motiv des Schwarzen Reiters.

Hulda am Grab ihres Kindes als „Beweis" (KA 23) für ihre *Teufelsbuhlschaft* – dies ist die „Wahrheit", für die Ursula ihrerseits Liebhold die Augen öffnen möchte.

Durch den Mond kundig („Des schwindenden Mondes Hälfte leuchtet heute", KA 128) weiß sie, wo Hulda sich befindet. Ihre Antwort auf Liebholds Forderung der „Wahrheit" lautet daher: „Willst Du mir folgen? Soll ich Dir helfen, sie zu suchen?" (Ebda.)

In dieser Suche nach Hulda treffen zwei Ebenen aufeinander: Ursula setzt die Suche, die Liebhold auf der Ebene der inneren Handlung begonnen hatte („So such ich sie drinnen!" KA 127), auf der Ebene der Außenhandlung fort. Liebhold gab vor, Hulda zu suchen, kann sie aber selbstverständlich nicht finden, da er gerade den Hulda-Aspekt seines Ichs vor Ursula verbergen möchte. Ursula dagegen will Hulda wirklich finden, was ihr, wie die Ereignisse der folgenden Szene (Waldszene, II.5) zeigen werden, auch gelingen wird. Der durch den Liedtext Liebholds hergestellte Schleier zerreißt, die „Stelle", an die Hulda geflohen ist, wird sichtbar (II.5; KA 137).

Die Charakterisierung dieses Ortes als *bannende* „Stelle" (ebda.) sowie metaphorische Querbeziehungen zwischen Blumenlied (I.1), Liebholds Paraphrase des Blumenlieds (I.6), Huldas Traumerzählung (ebda.) und Waldszene ermöglichen es, die nun dem Blick frei gewordene „*Teich*"-Landschaft (KA 131) als Analogie zu der „Wunde" Huldas anzusehen. Sie erscheint so als nach außen projizierte *inner landscape*.

In der Sprache der Innenhandlung (hier sind die Personen der Oper Personifikationen zweier disparater Ich-Hälften des Verfassers) bedeutet dieses Freilegen eines Makels, mit dem das zwillingshafte Ich (Liebhold-Hulda) des Bruders (Siegfried-Liebhold) behaftet ist. Eben das war es, was der Bruder Liebhold unter allen Umständen verheimlichen wollte. Das *Zerreißen* des *Nebel* erzeugenden Text-Schleiers in seiner instrumentalen Funktion des Verbergens ist gleichbedeutend mit der Zerstörung seiner im Lied hergestellten Illusion einer wiederherstellbaren intakten Geschwisterbeziehung (s.o., Lied Liebholds).

Wählt man die Geschwisterbeziehung als Analysekriterium, so scheinen auf sie, wie auf einen Magneten, alle übrigen Aspekte der Handlung ausgerichtet zu sein. *Das zentrale Anliegen der Oper ist unter diesem Gesichtspunkt die Darstellung einer anscheinend unwiederbringlich zerstörten Beziehung zwischen Bruder und Schwester.*

Eine Andeutung des Werkmotivs enthält folgender Satz, der, nicht in die Partiturfassung des Textbuchs übernommen, sich noch in der letzten handschriftlichen Fassung des Textbuchs befindet, dort aber bereits durchgestrichenen: „Leb mit uns hier! einig Drei!"[820] Die Streichung und Ersetzung durch den Vers: „Die Sonne lacht ..." (V 31) scheint, wie ein Vergleich beider Fassungen ergibt, formale Gründe zu haben und keine Aufhebung des Gedankens zu bedeuten. Er stellt eine Zusammenfassung des im Lied vorgebrachten Anliegens dar.

Gedeutet auf der realen Ebene der Außenhandlung bedeutet das ein Zusammenleben von Bruder, Lebensgefährtin und Schwester. Einleuchtender scheint die Erklärung, die sich auf der indirekten, symbolischen Ebene ergibt: hier bezieht sich die Dreizahl bzw. das Einigsein allein auf das Geschwisterpaar, also auf das zwillingshafte Ich der Bruders (Liebhold-Hulda-Siegfried) und das andere Ich der Schwester (Ursula-Eva).

Damit projiziert Wagner den Geschwisterkonflikt – dessen Behebung ihm wohl aussichtslos erscheint – auf die Bühne und tritt dort seiner Schwester in zweifacher Gestalt entgegen: er verwandelt die zwei disparaten Seiten seines Ich in eine dramatische Doppelperson, das Paar Liebhold-Hulda. Beide Aspekte werden im Laufe der (Außen-)Handlung expliziert.

Der Realität entsprechend stellt er auch im Werk den Konflikt als unlösbar dar: Eine *Versöhnung* scheitert an den unvereinbaren Bedingungen, die von beiden Seiten daran geknüpft sind. Eine Einigung mit Ursula ist für Liebhold nur auf Basis seiner Verbindung mit Hulda denkbar – gerade aber diese ist aus Ursulas Sicht Veranlassung des Zerwürfnisses. Nur eine *Trennung* von Hulda, die in Ursulas Augen seine *Rettung* bedeuten würde, könnte zu einer *Versöhnung* führen.

Diese *Trennung* anzustreben erweist sich in zweifacher Weise als widersinnig:
1. Liebhold verdankt seine dramatische Existenz seiner Bezogenheit auf Hulda: Wie aus der Traumerzählung Huldas hervorging, verbindet sich mit Liebholds Erscheinen ein bestimmter Auftrag: als Verkörperung des Lichts, selbst engelhaft und rein, scheint er die ihm übertragene Aufgabe, die „Bann"-*Lösungstat* (ebda.) vollbringen zu wollen. Diese Aufeinanderbezogenheit beider Personen ist in der Namensgebung verklausuliert:

„Hulda", benannt nach der heidnischen Göttin Holda, steht im 17. Jahrhundert für die nicht-entsühnte, *sui generis* satanisch infizierte Natur, speziell: Sinnlichkeit, von Ursula im kirchlichen Sinne als „sünd'ge Liebe" bezeichnet (s.o.). Diese Gestalt ist erlösungsbedürftig.

Betrachtet man den Namen „Lieb*hold*" als Ableitung von „Hulda", so kann man in der Zufügung „Lieb-" die Funktion einer Neutralisierung des negativen Aspekts „Hulda" erblicken (*Bannlösung*), der in der bildhaften Legendensprache, die Wag-

---

[820] NAB. [VI Bf 1 – 3] Unpag. [55]

ner teilweise benutzt, in ihrer Besessenheit vom „bösen Feind" (KA 107) besteht. Eine *Rettung* Liebhold durch seine *Trennung* von Hulda würde seine dramatische Person ad absurdum führen.

Aber noch aus einem weiteren Grund kann eine Rettung nicht erfolgen:

2. Liebhold ist inzwischen selbst zum *Verwundeten* geworden, also – was Ursula wohl (noch) nicht wahrhaben will – aus ihrer Sicht unrettbar „verloren" (KA 166).

Um seine Aufgabe nun, der Lage entsprechend, zu erfüllen, will er *Heilung* der *Wunden* durch *Zusammen*fließen beider Lebens*ströme* erzielen. (I.6; KA 71)

Der Zwiegesang („Weil' hier! weile, Nacht!" KA 81ff.) suggeriert in der darauffolgenden Liebestraum-Szene (II.0) durch seine formalen Merkmale (zwei fugiert zueinander geordnete Stimmen eines Themas), daß die *Heilung* gelungen ist.

Die Verbindung Liebhold-Hulda, in der (Außen-)Handlung als „Liebe" (II.0; KA 88) deklariert, ist in der symbolischen Ordnung des Textes eher als Symbiose zu bezeichnen.

Vor diesem Hintergrund ist Liebholds Bezeichnung von Ursulas Eingreifen als „Verbrechen" (KA 57) weniger durch die Wahl ihrer Mittel zu begründen, als dadurch, daß ihr Vorgehen als Zerstörung eines (Selbst-)Heilungsprozesses erscheint.

Gleichwohl hat Ursulas Handeln einen Anschein der Berechtigung, denn das *Zerreißen* des Text-Schleiers legt offen, daß die angestrebte *Heilung* nicht erfolgt ist: Die „Wunde" (cf. der „*Teich*") ist nach wie vor vorhanden. Die *Heilung* hat nur im „Traum" (KA 82) stattgefunden (vgl. die imaginäre Wirklichkeit der Liebestraumszene, die sich hinter einem „*Gaze*"-Schleier abspielt; KA 81). Das „Traumbild" (Traumerzählung; KA 72) hat sich als „Trugbild" (eine schon im Liebestraum aufsteigende, dort noch abgewehrte, Ahnung; KA 83) erwiesen.

Liebhold hat sich somit in der Bühnenhandlung selbst ad absurdum geführt.

Mit dem Auffinden Huldas am Grab ihres Kindes resp. am „*Teich*" scheint Ursula ihrem Ziel schon sehr nahe gekommen zu sein. Für den Fortgang der Handlung ist allerdings der nach Beendigung der Vorgänge im Wald erfolgte Fund der „Leiche" des Wechselbalgs (KA 160) ausschlaggebend: so „wird als Hexe sie verklagt!" (KA 26) bzw. zum Tode verurteilt (in der Zeit zwischen dem Ende der Waldszene und dem Anfang der Kerkerszene (III.1), also zwischen dem II. und III. Akt liegend anzunehmen.

Jedoch zeigt sich in der Geschwisterszene (Richtplatzszene III.3; z.T. behandelt im zweiten Seitenstück), daß es Ursula auch jetzt noch nicht gelungen ist, die „Nebel" vor Liebholds Augen zu *zerreißen* (III.3; KA 164) Liebhold fühlt sich untrennbar mit Hulda verbunden („Ihr Tod ist der meine!"). Gerade die Erinnerung an ihren verderblichen Gesang (Blumenlied) bestärkt ihn in seinem *Glauben* „an ihre Unschuld" (KA 164; zweite Blumenlied-Paraphrase): „D'rum lass' ich nicht von ihr!" (KA 165) Als Ursula erkennt, daß ihre Anstrengungen vergeblich waren

(Liebhold: „Dein Mahnen hilft Dir nicht: [...]!" (ebda.), äußert sie in einem letzten verzweifelten Ausbruch den Wunsch, Liebhold möge „im Tod Befreiung von ihr" finden (ebda.). Dies ist im Wesentlichen ihr letztes Wort in dieser Auseinandersetzung. Dabei scheint es sich (vergleichbar mit ihrem „Fluch", s.o.) um mehr als um einen bloßen Ausruf zu handeln. Dem Satz wohnt, zieht man die auf ihn zurückführbaren folgenden Ereignisse in Betracht, eine wortmagische Wirkung im Sinne von „Wunschs Gewalt"[821] inne, erinnernd an den Begriff der Verwünschung.

Mit diesem Ausruf ist Ursulas dramatische Linie abgeschlossen. Liebhold verabschiedet ihre Person gewissermaßen, indem er – sich direkt auf ihre Weigerung, ihre Aussage vor Gericht zu widerrufen, beziehend – mit seiner Schwester bricht: „Leb wohl! Schwester! Mich hast Du verloren!" (KA 166) In seinen Worten scheint Vergeltung anzuklingen, die nicht allein aus der Situation selbst zu erklären ist: Ursula steht – nach der oben vorgestellten Lesart der Handlung, die der vorliegenden Analyse zugrundegelegt wurde – im Dienst des Versuchers, dem sie helfen soll, Hulda zu isolieren, um es ihm so zu ermöglichen, seine einstige Gefährtin wiederzugewinnen. Durch ihre unversöhnliche *Härte* hat sie, wie zu sehen sein wird, Hulda der Macht des Schwarzschwanenreichs – von dessen „Bann" diese sich mit Liebholds Hilfe befreien wollte – ausgeliefert. Jedoch wird sich am Fortlauf der Handlung zeigen, daß Ursulas Eingreifen den Prozeß der *Bannlösung* auf von allen Beteiligten unvermutete Weise vorantreibt.

Voraussetzung für diesen Prozeß, zu dem es ohne Ursulas Zutun nicht gekommen wäre, ist der Umstand, daß Liebhold und Hulda voneinander getrennt sind.

Daß Hulda, an der Grenze ihrer Existenz angelangt, ganz auf sich selbst angewiesen ist, hat seinen Grund nicht nur in der inhaltlichen Entwicklung des Dramas, sondern auch im konzeptionellen Kern des Werks.

Bezeichnenderweise zerfällt die Ich-Doppelperson in diesem entscheidenden Moment (der *Bannlösung*) in zwei Teile: Diese Spaltung ist auf der Symbolebene anders zu bewerten, als auf der Handlungsebene.

Gesehen aus der Sicht der Handlung verflüchtigt sich die Figur Liebholds, der sich als unfähig erwiesen hatte, seinen „Schutz"-*Schwur* zu halten (also sowohl die Wiederheraufkunft des Schwarzschwanenreichs als auch eine Verurteilung Huldas zu verhindern), substantiell zu dem „Traumbild", das sich schließlich als „Trugbild" erwiesen hatte, also zu dem, was er – mit Hinblick auf diese Paarkonstellation – von Anfang an war: eine von Huldas Gehirn erzeugte Phantasiegestalt (eine „Traumerzählung"), ein Wunschbild.

Als die Handlung am Punkt der Katastrophe angelangt ist, tritt diese Gestalt aus dem Geschehen zurück in eine Position, die im Zusammenhang mit der Symbolhandlung noch zu benennen ist.

---

[821] Zitat aus dem Lied „All mein Gedanken".

Ausschlaggebend für die dramatische Bewegung auf den Zielpunkt zu ist, daß die Protagonistin – am Tiefstpunkt ihrer Existenz angelangt – allein steht. Als sie schon auf dem brennenden „*Scheiterhaufen*" steht, „*an den Pfahl gebunden*" (KA 169), erscheint ihr der Versucher und bietet ihr als letzte *Rettung* die Rückkehr in sein „Land" an, das einzig wirksam ihr „Schutz" bieten werde. (Ebda.)

Jedoch, dem Satan abschwörend (den sie noch am Ende der Waldszene angerufen hatte), ruft Hulda nun Christus an (KA 170), wodurch die Bedingung für ihre „Befreiung" gegeben ist. Liebhold meint, in dieser Anrufung den Beweis für ihre *Schuldfreiheit* zu erkennen und stürzt ihr nach ins Feuer: „*Die Flammen schlagen hoch auf und verschlingen Beide.*" (Ebda.) Was nun geschieht, gleicht einem „*Wunder*" (KA 171). Man sieht das Paar, von den Flammen „*unversehrt [...] todt liegen*". Die *Unversehrtheit* der Delinquentin und ihres Partners deutet darauf, daß eine himmlische Vergebung stattgefunden hat.

Hulda ruft „Christus" – prosaisch gesprochen – als Gewährsmann für Todüberwindung an. Das Feuer wird hier zur geistigen Instanz. Das Schlußbild zeigt den beim Durchschreiten des Feuers erlangten neuen Zustand an, der Tod ist ein ritueller Tod und damit Bestandteil der Wandlung. Das „frei von Fehl"-Werden Huldas ist vergleichbar mit dem „wesentlich"-Werden bei Angelus Silesius. Diesen Weg hat die Protagonistin allein zu gehen.

Aus dieser symbolischen Sicht erscheint auch der sekundäre Teil der Ich-Doppelperson (Liebhold) in einem anderen Licht. Er erlebt die „Befreiung" aus der Sicht des Zuschauers. Angesichts seiner Reaktion kann man eine Katharsis-Wirkung unterstellen. Gewissermaßen nur als Bestätigung (durch Wiederholung) der erfolgten Wandlung folgt er Hulda ins Feuer nach, das Schlußbild zum Sinnbild – tatsächlich erfolgter beiderseitiger *Heilung* oder „Befreiung" – ergänzend.

Hier schließt sich ein Kreis: in der Eröffnungsszene sahen wir Liebhold als Zuhörer, „*dem Gesange Huldas*" *lauschend* (KA 12). Diese zunächst noch zufällig gezeichnete Grundkonstellation des Paares wiederholt sich am Schluß – diesmal sich notwendig aus der inzwischen erfolgten Handlung ergebend: Das sich selbst in seiner Selbsttransformation anschauende Ich (Liebhold) vereinigt sich nun in der aus der eigenen Krise heraus erfolgten Katharsis mit dem Entwurf seines gesteigerten, sublimierten, geläuterten Ich.

Wie ein Siegel auf diese Vorgänge erklingt das Traumerzählungsthema nun – statt im traumhaft-unwirklichen (oder: absolut-wirklichen) C-Dur – in der Grundtonart der Oper: E-Dur. So – kann man mit Oswald in abgewandelter Bedeutung sagen – „geschieht" Ursulas „Wunsch" – „Doch anders als Du's gedacht!" (KA 35)

Mit dieser Darstellung des Werkschlusses unter dem Aspekt der Geschwisterbeziehung schließt auch der Abschnitt über das Mittelstück des Text-Triptychons.

Die Vielzahl der Aspekte, die sich aus der Behandlung dieses Textausschnitts ergaben, entspricht der zentralen Positionierung zwischen den Seitenstücken. Im Gegensatz zu den beiden Seitenstücken, die Dialogcharakter haben und deren Bedeutung sich im Gegenwärtigen der Szene erschöpft, eröffnet das Lied in seiner geschlossenen Form eine eigene Ebene hauptsächlich sprachlich-musikalischen Geschehens. Es bedeutet einen Stillstand der Handlung, bildet innerhalb ihres Fortlaufs ein statisches Moment, das einen inneren Zustand beleuchtet bzw. kaschiert (Hintergründe des Geschwisterkonflikts). Die Texte der Seitenstücke scheinen einer (möglichen) realen Situation zu entsprechen (Benennung des Problems, die Handlung vorbereitend bzw. abschließend). An das Lied knüpft sich dramatisches Geschehen, innerhalb dessen die Schwester zu einem Teil der theatralisch-mythisch-historischen Wirklichkeit des Werkes wurde.

Gleichwohl weist das Zeichen, unter dem Ursulas gesamtes Handeln steht („Zerreiss' die Nebel! Flieh' die Schande!" deutlich auf die reale Gestalt hin, die das Vorbild dieser Bühnenfigur war: Siegfried Wagners Schwester Eva Chamberlain.

Abschließend gilt es, das Geschwisterpaar wieder zu demaskieren und die Vorbilder noch einmal hinter den Nachbildungen hervortreten zu lassen.

Angesichts der behandelten Details ist nun die Frage nach Evas Anteil an Siegfried Wagners siebentem Werk, aber auch an seinem Schaffen im Allgemeinen zu stellen.

Es ist anzunehmen, daß Eva durch ihr fortgesetztes Mahnen Siegfrieds Gefühl der Notwendigkeit einer Umwandlung immer wieder wachgerufen oder verstärkt hat. Ebenso aber, wie Liebhold nicht in der Lage war, unvermittelt eine „Befreiung" an sich vorzunehmen (Trennung von einem Teil seines Ich's: von Hulda), war es Siegfried Wagner nur im fiktionalen Raum seiner Werke möglich, eine derartige Wandlung zu erfahren. Auf der Bühne spiegelte und verbarg er sich gleichzeitig in seinen Gestalten. Durch mythische oder historische Einkleidung seiner Ich-Personen mystifizierte er sich derart, daß er für seine Zeitgenossen wohl weitestgehend unkenntlich war[822]. Darüberhinaus verleugnete sich Wagner selbst in seinen Gestalten durch Kommentare, beispielsweise überliefert Stassen eine bedauernd-mitfühlende Äußerung Wagners über die deutlich autobiographisch gezeichnete Gestalt des jungen Grafen im *Kobold*[823], wie, um ein Bild aus der Natur zu nehmen, ein Mutterreh sein Kitz vorgibt, nicht zu kennen, und verläßt, um den Feind von ihm abzulenken.

Gleichzeitig hat Evas Insistieren aber bewirkt, daß dieses illusionäre Gewebe seiner Werke – das vielleicht auch die Funktion eines ‚Verbandes' auf einer Wunde

---

[822] Darauf lassen beispielsweise die Darstellungen in Daube 1925: *cap.* 6, 44ff. schließen.
[823] Stassen 1942: 12.

hatte – immer wieder *zerriß*, so daß er ständig ‚erneuert' werden mußte. Diese häufige Erneuerung des ‚Verbandes' ist in Verbindung zu bringen mit der hohen Anzahl seiner Werke, die – bei vielfältigem Wechsel der Beleuchtungsperspektive – stets um denselben Themenkomplex „Fluch – Erbe – Schuld" kreisen. Möglicherweise ist also sein ohnehin schon starker Schaffensdrang durch die Einwirkung seiner Umgebung, in erster Linie wohl Evas, noch angekurbelt worden und die Vielzahl seiner Opern (zwischen 1899 und 1929 18 Bühnenwerke) hieraus zu erklären (lebenslängliche Schmerztherapie).

Das Ende der Geschwisterbeziehung in *Schwarzschwanenreich* ist für Ursula ein trostloses: „Leb wohl! Schwester! Mich hast Du verloren!" (KA 166)

Auch für Eva ist Siegfried in diesem wesentlichen Sinne „verloren". Dies auszudrücken lag offenbar in der Absicht des Komponisten. – Dem ist mit Hinblick auf die Realität entgegenzusetzen, daß es Eva durch ihr Betreiben seiner Verheiratung gelungen ist, ihm eine bürgerlich-legitime Existenz zu sichern und damit einen Prestigeverlust abzuwenden.

*Fünfter Strang*

# „Kundry" und „Parsifal" – zwei schwarze Schwäne, Geschenk Ludwigs II. von Bayern 1882:

### Vorbild für die Titelmetapher.

Laut Stassen bildet das Geschenk Ludwigs II., die zwei schwarzen Schwäne zu Richard Wagners letztem Geburtstag 1882[824], den „Keim"[825] zur siebenten Oper Siegfried Wagners, *Schwarzschwanenreich*.

Erwähnt sei auch die kaum Anhaltspunkte bietende These Heinrich Chevalleys, der in seiner Besprechung einer *Schwarzschwanenreich*-Aufführung im Stadttheater Harburg-Wilhelmsburg 1930 schreibt: „Es besteht ein wenig bekanntes Klavierstück von Richard Wagner, das den Titel führt „Bei den schwarzen Schwänen" [sic]; ob diesem „Albumblatt" eine programmatische Idee zugrunde liegt, die Siegfried Wagner für seine Dichtung verwertet hat, oder ob es ihm nur die Anregung für den Titel gab, entzieht sich meiner Kenntnis."[826] Es handelt sich um das 1861 in Paris entstandene Albumblatt *Ankunft bei den schwarzen Schwänen*[827]. Allerdings weist in der Entstehungsgeschichte von *Schwarzschwanenreich*, soweit dokumentiert, nichts darauf hin, daß die *Ankunft* „die Anregung für den Titel gab".

Dagegen scheint folgende Mitteilung Stassens auf Äußerungen des Komponisten zu fußen:

> Und nun lernten wir in Bayreuth seine neue Dichtung „Schwarzschwanenreich" kennen. Das war auch solche dunkle Wunderblume, deren Keim dem Knaben im Herzen schlummerte seit den Tagen, als König Ludwig dem Meister die schwarzen Schwäne schenkte, vor denen Siegfried ahnend stand, wenn sie auf dem Weiher im Hofgarten umherschwammen.[828]

---

[824] CWT 1977: 946. Man kann die schwarzen Schwäne Ludwigs als Todesboten ansehen – dies allerdings ebenso auch mit Rückbezug auf den Geber; bereits 1873 träumte Wagner, daß Ludwig II. ermordet worden sei: a.a.O. 1976: 624.
[825] Stassen 1942: 33.
[826] Chevalley 1930.
[827] Erschienen 1897. Zur Entstehungsgeschichte s. Glasenapp 1905: 331f.
[828] Stassen 1942: 33.

Die Schwäne waren von Parzival-Ludwig an Titurel-Amfortas-Richard „entsandt"[829] – so deutete es jedenfalls Richard Wagner, der sie „Parsifal und Kundry" nannte[830]. Wie aus Briefen hervorgeht, nannte sich Ludwig II. gegenüber Richard Wagner „Parzival", bewußt die mittelalterliche Schreibweise Wolframs von Eschenbach gebrauchend[831].

Ludwig empfand sich nach vorliegenden Zeugnissen als einen ganz anderen Absender, nämlich als einen in seinen höchsten Bestrebungen Gescheiterten – dies wird aus folgenden Ausführungen hervorgehen.

In seinem Tagebuch legte er sich Rechenschaft ab. Sie handeln, wie sein Biograph Franz Herre kommentiert, „fast ausschließlich [...] vom Kampfe Ludwigs gegen seine ‚widernatürlichen Neigungen'"[832]. In seinem Tagebuch bezeichnet der König die mittelalterliche Sagengestalt Parzival als „Erlöser"[833]. Nach Sigrid Russ war der Gralskönig ihm „höchstes Vorbild". „Gleich ihm suchte Ludwig die eigentliche Königswürde ‚durch Demuth und Vernichtung des Bösen im Innern' zu erwerben, ‚worin die wahre Gewalt liegt'. Ergreifend schildert sein Tagebuch den in der Einsamkeit verzweifelt geführten Kampf gegen Sünde und Verfehlung."[834] Er sieht „das über das verwirrende Gebüsch und den ekelhaften Köder unsers Fußbodens aufgerichtete Angesicht" des *„hohen Menschen"*, das Jean Paul in seiner *Unsichtbaren Loge* nennt.[835]

Im Tagebuch – gleichsam der Bußschemel – heißt es:

> Ich schwöre und gelobe auf das Feierlichste, bei dem heiligen, reinen Zeichen der Königlichen Lilien innerhalb der nie zu durchschreitenden, unverletzlichen Balustrade, die das Königliche Bett einschließt, im Laufe des soeben begonnenen Jahres, so viel als nur irgend möglich ist, jeder Anfechtung auf das Tapferste zu widerstehen... und so Mich immer würdiger der Krone zu machen, die Gott Mir verliehen hat.[836]

Er bittet um „Kraft", „das Böse zu überwinden, das ich verfluche, dem ich entsagen will für immer! immer! immer!"[837] Den Begriff „das Böse" gebraucht Ludwig syn-

---

[829] CWT 1977: 1266. (Anm.z. 22. Mai 1882.)
[830] Ebda.
[831] Herre 1986: 157, 312.
[832] Herre 1986: 165.
[833] Zit. nach a.a.O.: 314.
[834] Russ. München 1990: 12.
[835] Zit.n. Schulz 1969: 64.
[836] Eintrag in der Neujahrsnacht 1873, zit. n.: Herre 1986: 279.
[837] Zit.n.: a.a.O.:284

onym zu „die Sinne"[838], verstanden als „schrecklichster Triebe Höllendrang"[839] (Klingsor in *Parsifal*, II. Akt) und empfunden als „Fluch", der ihn „endlos durch das Dasein quält! –"[840] (Kundry).

*Das „Schwarzschwanenreich" steht nicht, wie Daube meint, für das „Reich der Sinnlichkeit"*[841] *im allgemeinen*. Dies verdeutlicht ein Hinweis auf die gedankliche und sprachliche Analogie zwischen einer Passage aus der Ludwig-Novelle von Klaus Mann und dem Textbuch *Schwarzschwanenreich*, insbesondere dort dem Seemonolog Huldas (II.5). Bei beiden zum Vergleich herangezogenen Texten handelt es sich um Selbstanklagen der Protagonisten, gestaltet als Zwiesprache mit Gott.

In der Novelle *Vergittertes Fenster* von Klaus Mann befindet sich eine Passage, die wie eine Paraphrase von Tagebucheintragungen Ludwigs II. wirkt:

> Mein Fleisch war schwach, und ich habe abscheuliche Sünden begangen. Ich habe geliebt, wie man nicht lieben darf: Dies vor allem bereue ich. Immer wieder habe ich alles darangesetzt, die verbotenen Triebe im Zaum zu halten, die bösen Lüste zu zügeln. Ich habe mir selber Befehle gegeben: „Enthalte dich der sündigen, höchst unnatürlichen Liebe!" habe ich mir täglich zugerufen, und habe diese Mahnungen an mich selbst sogar schriftlich niedergelegt, um ihnen noch mehr Gewicht zu verleihen. Nichts nützte: Ich verging mich aufs neue – Ich, der König, frevelte wider das königliche Gesetz – das auch Dein Gesetz ist, Herr Du mein Gott! Aber Du weißt ja, Gewaltiger, wie stark Satan ist in unserem armen Fleische – welches Staub war und zu Staub zerfallen wird.
> Ich bereue, Herr. Gar keinen anderen Gedanken kann und will ich mehr fassen, außer dem einen: Daß ich bereue.
> Wenn es irgend etwas gibt, was ich zu meiner Entschuldigung anführen darf, so ist es: daß ich sehr gelitten habe. Du hast mich ja immer beobachtet, Herr, und hast mich nie aus dem Auge gelassen: Du sahst es – ich bin tief hinunter in den Abgrund des Leides gefahren.
> Jetzt aber nimm mich zu Dir, Gott der Gnade, und erlöse mich von dem Übel. Denn es ist das Leben selber, das ich als Übel erkenne; das Da-Sein selber, das Atmen-Müssen, das Sündigen-Müssen. Befreie mich von der gar zu großen Qual.
> Meine Hoffnung – der Tod.[842]

Auch Klaus Mann entwirft einen schwarzen Schwan, *seinen* „schwarzen Schwan"[843], ein Sinnbild, in dem er zwei unvereinbare Gegensätze miteinander zu

---

[838] Ebda.
[839] Wagner o. J.: 32.
[840] A.a.O.: 45.
[841] A.a.O.: 77.
[842] Mann 1960: 40-41.

einem heteronomen Ganzen vereinigt: Majestät („Mir war es aufgetragen, der Welt die Herrlichkeit meines Königtums zu zeigen [...]."[844]) und Sünde. Für Ludwig-Klaus Mann war der „schwarze Schwan" der Inbegriff des Frevels am königlichen Gesetz des Lebens.

Auf die entscheidenden Strichworte „Sünde", „Lüste" und *Reue* trifft man auch in vergleichbarem Zusammenhang bei Siegfried Wagner (KA 132f):

**Hulda**
[...]
Hilft keine Reue?
Meine Schuld und Sünde:
Ich wähnte sie getilgt!
[...]
Was schaffst Du Geschöpfe,
Die zum Jammer geboren sind?
Die von unseligem Drang gemartert
Höllischen Lüsten zum Opfer fallen?
Du rufst: „Besiege Dich!"
Ich hab mich besiegt! Ich erstickte die Lust [...]!

Zieht man weitere Stellen aus beiden Gesamttexten hinzu, so ergibt sich eine vergleichbare Weiterführung des Gedankengangs: In beiden Texten gehen die Protagonisten davon aus, daß ihr *Leiden* (SW: I.6 bzw. KM: 41) auf die Existenz eines „Satans" zurückzuführen sei. Diesem ist es geschuldet, daß beider Versuche, den „Lüsten" zu widerstehen, bisher vergeblich waren. Ludwig: „Nichts nützte: ich verging mich aufs neue [...]!" (KM: 40) – Hulda: „Und jetzt –/ Grauenhafter Arm!/ Umsonst Dein Mahnen!/ Es ist vorbei!" (SW: I.6)

Während Ludwig die *Erlösung* von einem *gnädigen Gott* erwartet („Befreie mich von der gar zu großen Qual." KM: 41) hatte Hulda eigenmächtig versucht, sich zu befreien, indem sie mit dem Wechselbalg „den bösen Feind in mir" *erwürgte*: „Kein Verbrechen! Befreiung war's meiner Qual!" (SW: I.6); für Ludwig wie für Hulda kann die Befreiung nur im „Tod" liegen („Meine Hoffnung – der Tod." KM: 41; „Tod! – Sonst wohl oft ein graus'ger Feind –/ Längst erhofft' willkomm'ner Freund!" SW: III.1; KA 140).

Sehr früh setzt Stassen das Erahnen des Knaben Siegfried einer dunkleren Region – eines Schwarzschwanenreichs? – an, die im Gegensatz stand zu der geordneten Helligkeit, die ihn umgab, seines kindlichen Lebens. Vielleicht ahnte der zwölfjäh-

---
[843] A.a.O.: 26, 37.
[844] A.a.O.: 34.

rige Siegfried die Existenz eines Anti-Gralsreiches: eine frühe Ahnung dessen, was Musil als *Die Verwirrungen des Zöglings Törleß* bezeichnet. Das, was sich Siegfried Wagner möglicherweise beim Anblick der schwarzen Schwäne auftat, läßt sich in Verbindung bringen mit dem, was Klaus Mann im Kapitel „Unordnung und frühes Leid" in seinem *Lebensbericht* auf sein 16jähriges Lebensalter blickend in sehr massiver Form schildert:

> Die Tiefen des organischen Lebens sind unordentlich – ein Labyrinth, ein Sumpf der tödlichen Begierde und schöpferischen Kraft. Die Wurzeln unseres Seins reichen hinab ins Trübe, Schlammige, in den Morast von Samen, Blut und Tränen, wo die Orgie der Wollust und Verwesung sich ewig wiederholt, unendliche Qual, unendliche Entzückung.[845]

In Gedankengestalten verwandelt (vgl. KA 18f.) begaben sich die Schwäne nun auf eine lange Reise. Sie zogen aus, um ein noch nicht vorhandenes Schwarzschwanenreich zu suchen. Sie fanden es in dem Moment, als Siegfried Wagner auf seiner – zehn Jahre später unternommenen – Asien-Reise in Canton eintraf und im Gefängnis die verurteilte Chinesin sah. In diesem Augenblick liegt der Zeugungspunkt des Werkes *Schwarzschwanenreich*, dessen Inkubationszeit 15 Jahre (1892 – 1907; Beginn der Arbeit am Textbuch) dauern sollte.

Dieser Vorgang erscheint wie ein Beispiel für den Bildungsprozeß eines *Phänomens*, den Jürgen Frese in seiner phänomenologischen Studie „emotional/ rational" in einer spezifisch geprägten Terminologie schildert.
Bei dem Phänomen handelt es sich um eine „Atmosphäre" oder ein „Gefühl"[846]. Die sich konstituierende „Atmosphäre" wäre in diesem Fall das „Schwarzschwanenreich". Diese „Atmosphäre" ist ein Produkt aus zwei Faktoren: dem „Angemutetsein", das Frese näher als „ein noch diffuses, randloses, sich fließend bewegendes, hin und her schwankendes Angemutetsein" charakterisiert und dem „Formular"[847], dieses beschreibt der Verfasser anhand eines „Partitur"-Prinzips. Es findet das „Einfließen" eines „Vorgefühls"[848] in ein „Formular" statt – dabei entsteht das Phänomen bzw. die *Atmosphäre* „Schwarzschwanenreich".
Stellt man eine Verbindung zum Canton-Erlebnis her, so bedeutet wiederum das uzusammentreffen dieser „Atmosphäre" mit dem „Bild jener Frau" eine Personalisierung des „Gefühls".

---

[845] Ders. 1958: 125.
[846] Frese 1997: 17-46 speziell 24).
[847] A.a.O.: 31.
[848] A.a.o.: 32.

Um nun von der inneren, lediglich metaphorisch zu skizzierenden, Wirklichkeit wieder in die äußere Wirklichkeit zu gelangen, werden im Folgenden die nur in spärlicher Anzahl vorhandenen tatsächlichen Kontakte Siegfried Wagners mit Ludwig II. von Bayern aufgeführt.

Zu einer Begegnung des Kindes Siegfried mit dem König kam es anläßlich einer Separatvorstellung des *Lohengrin* im Münchener Hoftheater[849] sowie vermutlich bei dem zweimaligen Besuch Ludwigs II. der Bayreuther Festspiele im Eröffnungsjahr 1876[850].

Zeitgenossen berichten von der außergewöhnlichen Ausstrahlung des Königs, insbesondere von der „magischen" Anziehungskraft seines Auges[851]. Angesichts der sich in Kinderbriefen bekundenden und von Cosima Wagner in ihren Tagebüchern bezeugten großen Eindrucksfähigkeit Siegfrieds kann man vermuten, daß sich die Persönlichkeit Ludwigs II. tief in sein Inneres einprägte.

In seinem letzten Brief an Richard Wagner erkundigt sich Ludwig II. u.a. nach dem *Sohn* Siegfried – dies war der einzige auffindbare Hinweis auf eine Teilnahme des Königs am Leben seines Patensohns[852].

Die letzte Notiz, die sich bei Pachl mit Hinblick auf die Bedeutung Ludwigs II. im Leben Siegfried Wagners findet, betrifft eher die Beziehung des Sohnes Richard Wagners zum Mäzen der Bayreuther Festspiele, der 1886 auf bisher ungeklärte Weise[853] ums Leben gekommen war: „Im Dezember [1909] dirigiert Siegfried in Bamberg ein Konzert zugunsten der Errichtung eines Denkmals für seinen Taufpaten, König Ludwig II."[854] Siegfried war 17 Jahre alt, als Ludwig II. von Bayern starb. Dieser Tod – so Herre – ließ den König zum Mythos werden.

Der Mythos „Ludwig" manifestierte sich in literarischen Werken, und zwar z.B. in dem Gedicht von Paul Verlaine über „le seul vrai roi de ce siècle"[855] und in dem „Zeitroman" *Gipfel und Abgrund* von Gregor Samarow (1911).

---

[849] Wagner 1923: 24.
[850] Herre 1986: 294-296.
[851] A.a.O.: 145; s. auch: 78-80. Vgl. www.schlösser-bayern.de. Text: Ines Treffler.
[852] Wittelsbacher Ausgleichsfond Bd. 3. 1936-39: 154f.
[853] Herre 1986: 375-377.
[854] Pachl 1988: 219.
[855] Zit. nach Herre 1986: 384.

Ein ganz persönliches Ergriffensein von diesem Tod Ludwigs bezeugt die oben zitierte „Novelle um den Tod des Königs Ludwig II von Bayern": *Vergittertes Fenster* von Klaus Mann von 1937.

Es sei nicht vergessen, daß auch Hedwig Courths-Mahler (noch unter dem Namen „Hedwig Brand") Ludwig II. zu einem Gegenstand ihrer schriftstellerischen Tätigkeit machte: im Jahr 1911 erschien die „Erzählung" *König Ludwig und sein Schützling*, verfaßt als „Erinnerungsblätter zur 25jährigen Wiederkehr des Todestages König Ludwigs II. von Bayern".

Bezeichnend für die Mythisierung Ludwigs ist auch, daß in der *Brockhaus Enzyklopädie* Ludwig II., König von Bayern als einzigem der 50 unter dem Stichwort „Ludwig, Herrscher" aufgeführten Personen ein Sondertext gewidmet wurde.[856]

Eine Äußerung Siegfried Wagners über den Tod Ludwigs II. ist m.W. nicht überliefert. Anzunehmen ist, daß dieser Tod ihn doch sehr beschäftigt hat.

Siegfried Wagner hat beide Lebenswirklichkeiten, die bürgerliche des Festspielleiters und Familienvaters einerseits und die inoffizielle andererseits, in sich gewissermaßen kontrapunktisch zu einem polyphonen Ganzen verarbeitet.

Ludwig und Siegfried: zwei *Eigene*[857] – Jeder auf seine Weise.

Als eine Synthese von verborgener und zutageliegender Existenz kann man Siegfried Wagners eigenes Schaffen als Opernkomponist ansehen. Ohne etwas Konkretes mitzuteilen, demonstriert er durch seine Werke, daß er mit Metaphern und Tönen etwas Wichtiges unausgesprochen läßt, das er auf diesem Umweg aber doch zum Ausdruck bringen wollte.

Eine dieser Metaphern ist der Titel „Schwarzschwanenreich". Durch diese Titelmetapher verschlüsselt Siegfried Wagner einen Gegenstand, den er in seinem Werk mit keinem Wort berührt[858], der aber wohl das Hauptanliegen seiner siebenten Oper darstellt. Ohne die *Biographie* als Analysekategorie wären m.E. die Beweggründe des musikdramatischen Schaffens Siegfried Wagners nicht zu ermitteln.

In seinen Werken geht es Wagner nicht um die Darstellung von Einzelerlebnissen. Dahingehend kann man z.B. den gewählten Titel „Schwarzschwanen*reich*" deuten. Auch die Personennamen weisen darauf hin. Wagners Gestalten tragen in vielen Fällen Namen wie Titel von Repräsentanten. Dies gilt z.B. für die Protagonistin Hulda, die Züge des Verfassers trägt. Ihr *Bund mit dem Satan* steht nicht für eine Beziehung im einzelnen, sondern für eine Lebensweise. Bezeichnenderweise

---

[856] BE 2006: Bd. 17 LINL-MATG: 219.
[857] Titel des von Adolf Brand in den 20er Jahren herausgegebenen „Blattes für männliche Kultur".
[858] Zu gesellschaftsbedingten Hintergründen dieser Verschlüsselung vgl. Friedrich 2006: 61.

trägt auch ihr ‚Buhlteufel' keinen Namen, sondern er wird als „Der Versucher" bezeichnet.

Wagner will in seinen Werken keine Party-Erlebnisse zum Besten geben. Er abstrahiert vom Konkret-Realen von Einzelerlebnissen und nimmt so der Darstellung das Tatsächlich-Biographische – dies, indem er das Erlebte durch Stilisierung anonymisiert. Die Profanie von Kollektivveranstaltungen wird vom Leben in die Kunst transformiert und ins Erotische sublimiert.

Im *Brockhaus' Konversations=Lexikon* von 1895 wird unter dem Stichwort „Perversität" an erster Stelle ein als vom Normalen abweichend empfundenes Eßverhalten angegeben.

Wie aus den Tagebüchern Cosima Wagners hervorgeht, zeigte Siegfried Wagner als Kind große Eßlust. Angesichts einer Debatte über Siegfrieds bevorstehenden (dritten) Geburtstag äußerte seine Schwester Eva ironisch: „Wünsche dir Appetit!"; dementsprechend ergriff seine Mutter Diätmaßnahmen („gewohntes Ei" vom Teller genommen)[859].

Daß ihm die Nahrungsaufnahme von großer Wichtigkeit war, zeigt die angesichts der schweren Notzeit zwar verständliche, nichtsdestotrotz aber penetrante Bemerkung Wagners in seinem ungefähr 1919 verfaßten Bericht über „Eine Nachtfahrt mit den Dresdener Philharmonikern": „Ein Musiker bedarf mehr als alle anderen Berufe einer guten Ernährung."[860]

Von anderen Ausmaßen war die in den Zeitzeugnissen stark hervorgehobene und durch Photographien bestätigte Eßsucht Ludwigs II.

Der schwere „Druck"[861], der auf dem Leben Wagners bzw. seiner Gestalten lastet, meint die Dystonie zwischen einander durchkreuzender Lebens-Idealität und -Realität. Dies trifft – in unterschiedlicher Weise – auf das Leben Ludwigs wie seines Patensohns Siegfried zu – das ‚Erbe des Schwans'.

Hinweise darauf, daß Wagner hierin ein ‚Erbe' seines Taufpaten erblickt haben kann, enthält sein opus 7 *Schwarzschwanenreich*. Die Anzeichen hierfür treten allerdings nicht auffällig und auf ersten Blick erkennbar hervor. Außerdem sind sie z.T. in der endgültigen Fassung der Oper nicht mehr vorhanden, sind also nur in den Dokumenten der Entstehungsgeschichte des Werks zu finden. Es handelt sich um musikalische, textliche und szenische Anzeichen.

---

[859] CWT 1976: 503.
[860] Mitteilungsblätter der ISWG e.V. XXXV-XXXVII. 2006: 119.
[861] Stassen 1942: 13; KA 54.

1. Die *Schwäne* selbst werden, abgesehen von ihrer Erwähnung in Text und Titel und ihrem Sichtbarwerden in der Schwarzschwanenreich-Vision, in der Musik dargestellt durch die Figur des Flügelrauschens[862], das im Verlauf der Handlung immer wieder zu hören ist. Es handelt sich um eine symmetrisch aufgebaute, aus gebrochenen Akkorden bestehende Figur, die graphisch-notenschriftlich ein Flügelpaar darstellt, einen Kontrast zum Übrigen bildet, allerdings nicht klanglich prägnant hervortritt.

Das Flügelrauschen zeigt oft eine innere Verbindung Huldas mit dem Schwarzschwanenreich an, auch wenn diese im Dialog selbst nicht deutlich wird.

Das Flügelrauschen erklingt auch in anderen Werken, z.B. in op. 8, *Sonnenflammen*.

2. Ein direktes Anzeichen für die Bedeutung Ludwigs für Siegfried Wagner ist die Tatsache, daß der Partner der Protagonistin in der frühesten Skizze zum Textbuch noch den Namen „Ludwig" trug.[863] Kröplin vertritt die Auffassung, daß das Vorbild für „die männliche Hauptfigur" von *Schwarzschwanenreich* Ludwig II. gewesen sei.[864]

Die Tatsache, daß der Komponist den Namen später in „Liebhold" abänderte, spricht m.E. dafür, daß mit den Namen „Ludwig" für ihn ein zentrales Anliegen verbunden war, das er nicht unbedingt preisgeben wollte.

Wagner erhielt nicht den Namen seines Taufpaten. Dafür hat Wagner später in seiner frühen Skizze mit der ursprünglichen Namensgebung den König gleichsam auch zum Paten dieser seiner Bühnengestalt gemacht, der er eigene Züge verliehen hat.

3. Als weiteres Anzeichen des Ludwig-Bezugs kann man den Namen „Linda" sehen, den die Protagonistin in der frühesten Skizze trug. Vermutlich handelt es sich um eine Ableitung von „Linderhof", des Namens eines der Schlösser Ludwigs II.[865]

Die Alliteration Ludwig – Linda ist dahingehend deutbar, daß hier zwei Aspekte, ein männlicher und ein weiblicher, ein und desselben Ichs (des Komponisten) personifiziert heraus auf die Bühne getreten sind, was man in der Synthese als Ausdruck für ein androgynes Ich-Empfinden deuten kann. Der Position der Protagonistin entsprechend wurde bereits in der „1. Skizze"[866] zum Textbuch die Perso-

---

[862] Pretzsch (1919) bezeichnet diese Figur („Arpeggienrauschen") nicht als Motiv: 436.
[863] NAB. [Hs VI Bf 1-4.]
[864] Kröplin 1993: unpag. [40-44. 43.]
[865] Vgl. „Linda" im *Titan* von Jean Paul, vermutlich eine Kurzform.
[866] NAB. [Hs VI Bf 1-1.]

nifikation des Ortes Linderhof („Linda") durch den Namen der Göttin Holda (im Werk: „Hulda") ersetzt.

4. Es ist anzunehmen, daß auch das „Schloß" des „Schwarzschwanenreichs", das im III. Akt visionär erscheint, durch das Schloß Linderhof inspiriert wurde.

Anlaß zu dieser Vermutung gibt – abgesehen von dem oben erwähnten Namenspaar „Linda" – „Ludwig" – speziell die Beschreibung der „künstlichen Grotte", die sich in dem „Parkgelände" von Linderhof befand.[867] „Die Grotte war hundert Meter lang und fünfzehn Meter hoch, enthielt einen künstlichen, durch unsichtbare Maschinen bewegten See. Der König ließ sich nachts auf ihm herumrudern, in einem mit Rosen bekränzten und einer Amorfigur geschmückten Muschelkahn, von zwei Schwänen begleitet. Die schwüle Luft wurde von einer Warmluftheizung produziert."[868] „Neben ihrer Bedeutung als rosarot beleuchtete *Venusgrotte* aus dem *Tannhäuser* ließ sich der Höhlen Raum bei wechselnder Beleuchtung auch in die *Blaue Grotte* von Capri verwandeln."[869]

Ludwig schreibt 1869 [Geburtsjahr Siegfried Wagners], „kurz bevor er mit dem – 1878 vollendeten – [Um-]Bau von Linderhof begann": „Oh, es ist notwendig, sich solche Paradiese zu schaffen, solche poetischen Zufluchtsorte, wo man auf einige Zeit die schauderhaft Zeit, in der wir leben, vergessen kann."[870] – „Linderhof war das Lieblingsschloß des Königs und zudem das einzige, das vollendet wurde."[871]

Dieses „Paradies" Ludwigs (eine Stahl-Zement-„Tropfsteinhöhle [...] plus Elektrizität"[872]) verwandelt Siegfried Wagner in das – beinahe adamitisch anmutende – Paradies der schwarzen Schwäne.

In der Konzeption des Bühnenbildes ließ sich Wagner wohl auch durch das an einem See gelegene unterirdische Schloß des Grimmschen Märchens von den *Zertanzten Schuhen* inspirieren (in dessen Beschreibung allerdings die Schwäne fehlen.).

Den szenischen Angaben zufolge „*erscheint in zaub'rischem Lichte das Schwarzschwanenreich, ein unterirdischer See, darauf schwarze Schwäne schwimmen. In der Ferne ein zart erleuchtetes Schloss.*" (KA 146)

---

[867] A.a.O.: Text zu Abb. 56.
[868] Herre 1986: 307.
[869] Russ 1990: Text zu Abb. 56. Vgl. auch Samarow [1911]: 516f.
[870] Zit.n. Herre 1986: 308.
[871] Russ 1990: Text zu Abb. 40.
[872] A.a.O.: 307.

In seiner Biographie knüpft Kraft an einen Satz an, mit dem ein Journalist des *Neuen Wiener Journals*, dem Wagner 1911 ein Interview gewährt hatte, seinen Bericht schließt: „Er [...] verrät sich niemals." – und fügt Folgendes hinzu:

> 'Er verrät sich niemals' – ein seltsam plastisches Wort, das zum Nachdenken anregt. Was hat ein Mann seiner Geltung und seiner abgerundeten Lebensführung zu verraten? Oder verrät er sich doch? – und zwar nicht im Umgang mit bekannten und Interviewern, aber in den Themen seiner Werke? Liegt dort etwas von dem Tragischen, das er in seinem praktischen Leben und seinen Selbstbekenntnissen leugnet? Hat er die Dämonen i n sich, die er seinen dramatischen Gestalten in so reichlichem Maße aufbürdet? Warum läßt er sie oft an so schweren inneren Lasten leiden und zugrunde gehen? Was soll diese Fülle Verirrter und tief Unglücklicher in dem Gesamtwerk des heiteren Schöpfers der naiven Volksoper?[873]

Die Antwort, die Kraft diesen Fragen bereits voranstellte, gleicht selbst einer Frage: „Eine analytische Deutung? Es ist nicht leicht, Vorhänge zu lüften, hinter denen sich unbekannte Erlebnisse verbergen."[874]

---

[873] Kraft 1969: 183.
[874] A.a.O.: 182.

## Schlußkommentar

Nach dieser Darstellung der fünf Baustoffe der Oper *Schwarzschwanenreich* ist der Vorbemerkung ein Aspekt hinzuzufügen, der im Verlauf der Ausführungen aus unterschiedlichen Blickwinkeln zur Sprache kam: es gibt einen – jeweils mitgenannten – ‚sechsten Baustoff': das Ich des Komponisten selbst – er baut aus sich heraus.

Dieser Ich-Aspekt liegt nicht unmittelbar zutage. Als Schlüssel erweist sich z.T. die Wahl der Baustoffe im Einzelnen sowie deren Kombination.

Angesichts der erwähnten Verschlossenheit des Komponisten läßt sich der Satz in der *Glasmenagerie* von Tennessee Williams „Du verfügst über die Beredsamkeit einer Auster...!"[875] auf Siegfried Wagner anwenden. Hierzu eine Charakterisierung des Naturwissenschaftlers Houston Stewart Chamberlain[876] in einem Kommentar zur Lithographie (Portrait Siegfried Wagners) von Otto Greiner, erschienen in der *Jugend* im Jahr 1900: „[...] er ist die Liebenswürdigkeit selbst; doch nur der Oberflächliche wird übersehen, wie viel ruhige Abweisung in dieser Liebenswürdigkeit liegt. Er gehört eben zu den Schalentieren, die überall ihr undurchdringliches Gehäuse mit sich herumtragen."[877]

Wie die Auster, die Eingedrungenes, Störfaktoren, ummantelt und eine Perle bildet, umgibt Siegfried Wagner seine äußeren und inneren Bedrängnisse mit einem kostbaren Mantel, indem er sie poetisiert. So entsteht das Werk, das er nach seiner Vollendung, zu seiner Befreiung, der Öffentlichkeit übergibt, der Auster gleich, die sich ihrer Perle nach Fertigstellung entäußert.

Mit seinem „Wechselbalg" schafft Siegfried Wagner eine Projektion und Objektivierung des dunklen Ich-Aspekts seiner autobiographischen Gestalt Hulda. Er zeigt, daß nicht gewaltsame Beseitigung (Tötung), sondern Verwandlung zur Be-

---

[875] Williams 1977: 136.

[876] Zwischen Chamberlain und S. Wagner sind kaum Briefe gewechselt worden. Ob SW jemals an Ch. geschrieben hat, ist mir nicht bekannt. In seinen Brr. an CW äußert sich Ch. gelegentlich lobend über den Dirigenten SW, sagt aber nichts über dessen eigene Werke. Auf seine Haltung gegenüber dem Sohn Richard Wagners lassen sich indirekt Schlußfolgerungen ziehen. In einem Brief bezieht sich Ch. auf den Ausspruch R. Wagners, die Musik sei „der freundliche Lebensheiland", und fügt hinzu: „dieser Heiland muß aber aus einer ‚unbefleckten Empfängnis' hervorgehen; ein kleiner Schatten nur, und es ist kein Heiland mehr, und man stürzt den tiefen Sturz aus dem Göttlichen ins Menschliche." (Pretzsch 1934: 499.) Auch das folgende Zitat bestätigt diese Haltung: „Allerdings sagte ein lieber alter Engländer, der mich viel in meinem 18ten und 19ten Lebensjahr sah, ich sei 'a man and a woman rolled up into one' – ein Ausspruch, der mir nur halb gefiel, denn ich muß gestehen, ich liebe das Entschiedene, auch auf diesem Gebiete." (A.a.O.: 486)

[877] Zit. n. Glasenapp 1911: 18.

freiung verhilft. In dem Roman *Balthazar* von Lawrence Durrell findet sich ein Bild, das in diesem Zusammenhang aufschlußreich erscheint: Durrell schlägt den Bogen von den „Wechselbälgern unserer menschlichen Existenz" zur „Perle" der „Auster": die Wechselbälger stehen für die „kleinen abgetrennten Tatsachen", das Mißliche des Lebens, die jedoch zum „Schlüssel" werden können, zu „Messern" im doppelten Sinne: z.e. instrumental gesehen zu Öffnern des Inneren (der Auster), z.a. zu Werte-Messern: an ihnen erweist sich, inwieweit sich das Negative im Innern in eine Kostbarkeit verwandeln konnte:

> Diese hartnäckigen kleinen abgetrennten Tatsachen, diese Wechselbälger unserer menschlichen Existenz, die man wie einen Schlüssel ins Schloß – oder wie ein Messer in eine Auster schieben kann: wird eine Perle darin sein?[878]

Wer das Werk Siegfried Wagners als Verbrämung des tatsächlichen Lebens erkennt, dem müssen sie als Preisgabe seines persönlichen Erlebens erscheinen. Siegfried Wagner vollendete die Partitur von *Schwarzschwanenreich* lt. Partitureintrag[879] auf „S. Margherita" – zu deutsch: „heilige Perle". Nach Theodor Mommsen ist die „Perle" Sinnbild der „Kunst" – beide seien „Wunderwerk" und „Krankheit" zugleich.[880] Siegfried Wagners Schaffen spiegelt einen Prozeß der Selbstheilung und -befreiung. Ausdruck dessen sind „Wunderwerke" der ästhetischen Codifizierung sowie der proportionalen Berechnung. Eine Analyse dessen folgt in den nachstehenden Kapiteln.

---

[878] Durrell 1959: 155.
[879] Partiturhandschrift, letzte Seite. [NAB VI Bf 3.]
[880] Mommsen 1940: 119.

## *B. Die Struktur des Werkes.*

**Vorbemerkung**

Ausgehend von dem dramatischen Aufbau des Werks ist die Abfolge der weiteren Darstellung der Gesamtstruktur orientiert an den Angaben im Nebentext. Es folgen aufeinander die Metaphorik des Titels, der Schauplatz Böhmen, die Personen und deren Konstellationen sowie, hieran anknüpfend, die Gesänge (Lieder, Erzählungen). Das letzte Kapitel beleuchtet den Schluß des Werks.

# Dramatische Struktur und Architektonik

**Vorbemerkung**

Angesichts des Vorangegangenen stellt sich nun die Frage nach einer Struktur, die in der Lage ist, die einzelnen „Bausteine" in ihrer Eigenständigkeit und Heterogenität zusammenzufassen und in eine einheitliche Verlaufsform zu bringen.

Im Mittelpunkt dieses Kapitels steht die Dramaturgie der Oper *Schwarzschwanenreich*.

**Zur Geschichte der Librettoforschung.**

In seinem 1988 zuerst erschienenen Buch *Das Libretto. Theorie und Geschichte einer musikoliterarischen Gattung* behandelt Albert Gier „das Libretto als literarisches Phänomen." Er beschreibt „seine formalen und inhaltlichen Strukturen", dies unter der Voraussetzung, daß „eine Abgrenzung gegenüber Nachbargattungen" möglich bzw. gegeben ist. Das Buch versteht sich als „Beitrag zur Poetik und Dramaturgie der Gattung Libretto [...]."[881] – Zum Forschungsstand bemerkt Gier: „Die Frage, ob es eine spezifische Poetik und Dramaturgie des Librettos gibt, ist in der Literaturwissenschaft noch kaum diskutiert worden."[882]

Das mehrfache Erscheinen und Neuerscheinen dieses Buches zwischen 1986 und 2000 steht zeitlich zwischen der Erst- und Zweiterausgabe der Enzyklopädie *Musik in Geschichte und Gegenwart* mit ihren jeweiligen Artikeln zum Stichwort „**Libretto**" (die betreffenden Bände erschienen 1960 und 1997).

Hier zeichnet sich deutlich eine Entwicklung ab: nicht nur die Verdoppelung der Spaltenzahl: ca. 20 Spalten (alt) und 40 Spalten (neu), sondern auch die Vielzahl der Autoren in der neuen Ausgabe in Zusammenhang mit einer Spezifizierung der Gliederung zeigt eine Differentialisierung des Forschungsgebiets der Librettistik an.

Aus beiden Artikeln geht – wenn auch in unterschiedlicher Behandlungsweise – hervor, daß eine – für den hier interessierenden Zeitraum – entscheidende Umwandlung des Genres „Oper" durch das theoretische wie künstlerische Werk Richard Wagners erfolgt ist.

---

[881] Darmstadt 1988. VII.
[882] A.a.O.: 28.

## Anwendung der Neuerungen Richard Wagners im Werk Siegfried Wagners.

Siegfried Wagner wird zu den Komponisten der Richard Wagner-Nachfolge gerechnet, welche kompositorisch wie erzählerisch eigene Wege auf dem Gebiet des Musiktheaters beschritten haben (→ **Forschungslage**; → **Zur Klassifizierung der Opern Siegfried Wagners als „Volksopern"**).

Beispielsweise vergleicht Tina Schneeweiß in dem Abschnitt „Kompositionstechnik" in dem Kapitel „Siegfried Wagner – eine Stilkopie seines Vaters?" einzelne Stellen aus den Werken Richard Wagners und Siegfried Wagners und kommt zu dem Schluß, daß Siegfried Wagner „einige Parameter [...] übernimmt", sie „allerdings meist modifiziert" und „zu einem eigenen Stil ausformt."[883]

Gleichwohl ist angesichts der Tatsache, daß Siegfried Wagner vor Beginn seines eigenen musikdramatischen Schaffens das theoretische Werk seines Vaters studiert hat (abgesehen von seiner eigenen Inszenierungs- und Dirigententätigkeit in Bayreuth), anzunehmen, daß wesentliche Neuerungen insbesondere den Gattungscharakter der Oper betreffend in sein eigenes Schaffen Eingang gefunden haben, wenn auch die Umsetzung eine andersartige Handschrift trägt.

Um welche Neuerungen handelt es sich also, die Einfluß auf die Arbeitsweise Siegfried Wagners genommen haben können? Wie Anna Amalie Abert in ihrem **Libretto**-Artikel (MGG alt) schreibt, wandte sich Richard Wagner „gegen [...] den Mangel an Beziehungen zwischen 'Wortsprache' und ‚Tonsprache'."[884]

In dem Artikel zur *Textform* von Dieter Borchmeyer (MGG neu) heißt es: „Wagner hat versucht, im Musikdrama die Strukturmerkmale der Oper und des literarischen Dramas zu synthetisieren, und damit der modernen Oper den Weg bereitet."[885]

An dieser Stelle seien stellvertretend zwei – zeitlich weit auseinanderliegende – Schriften Richard Wagners zitiert: In *Oper und Drama* (1851) heißt es:

> Keine Form war für die Ermöglichung des wirklichen Dramas aber beängstigender und unfähiger als die Opernform mit ihrem ein- für allemaligen Zuschnitte von, dem Drama ganz abliegenden, Gesangsstückformen [...]."[886]

---

[883] Schneeweiß 2000: 54.
[884] Abert 1960: 725.
[885] Borchmeyer 1997: 1123.
[886] Wagner 1914: 305.

Es ginge darum, so Wagner in seiner Spätschrift *Über die Anwendung der Musik auf das Drama*, „die ‚Oper' aus dem Banne ihrer unnatürlichen Herkunft zu erlösen."[887]

Was ist aber das „wirkliche Drama", das die „Opernform" ersetzen soll? Hierzu schreibt Dahlhaus in seinem Handbuch *Die Musik des 19. Jahrhunderts*: Das Drama sei „keineswegs der dichterische Text – der vielmehr gleichfalls dem Drama dienen soll [...]." Hervorzuheben sei, „daß das Theaterereignis [...] selbst das eigentliche Kunstwerk sei, als dessen Funktion man Dichtung und Musik auffassen müsse [...]."[888]

Damit gewinnt die dramatische Struktur an Bedeutung; „Erzählungen und Erzählstrukturen bestimmen die dichterische Konzeption seiner Opern"[889] in hohem Maße.

Bei Siegfried Wagner – insofern in der Nachfolge Richard Wagners – ist die dramatische Struktur wesentlich als Bedeutungsträger konzipiert. Die hierfür in *Schwarzschwanenreich* aufgewandten Mittel sind nun vorzustellen:

**Analyse.**

Die dramatische Struktur der Oper *Schwarzschwanenreich* stellt ein Gefüge aus zwei, einander auf ersten Blick ausschließenden, Prinzipien dar: die *große* Form der Akteinteilung (Strukturform der *ernsten* Handlung) und die durch Einschiebung zweier karnevalistischer Szenen (Soldatenszene I.4 und Tanzszene II.1; *heitere* Handlung) erzeugte *kleine* Form einer Aufeinanderfolge von Szenenpaaren.

S. Wagner schiebt beide Prinzipien in einer Weise ineinander, so daß eine *groß-kleine*, *ernst-heitere* Mischform entsteht, welche selbst zur Trägerin einer Aussage wird.

**I. Die *große* Form der Akteinteilung (*ernste* Handlung)**

Den Rahmen bildet ein dreiaktiges Schema. Dies wird in bestimmter Weise zur Gliederung des zeitlichen Ablaufs eingesetzt:

> Die Einteilung in die Großform der drei Akte ist jedoch nicht willkürlich: immer liegen zwischen den Akten längere Zeiträume als zwischen den Szenen, die auch in der

---

[887] Ders. 1956: 385.
[888] Dahlhaus 1980: 162.
[889] Reiber 1997: 1173.

gespielten Zeit unmittelbar aufeinander folgen, wenn sie nicht durch ein musikalisch-szenisches Verwandlung (Zwischenspiel) voneinander abgesetzt sind.[890]

Zunächst folgen Überlegungen zu einer Typisierung des „Dramas" *Schwarzschwanenreich*.

*Schwarzschwanenreich* zeigt – in Umkehrung des (auf Shakespeare bezogenen) Satzes von Volker Klotz[891] – *in* der tektonischen Form Züge des offenen [Dramen-]Typs.

Einerseits liegt eine „strenge Auseinander- und zeitliche Aufeinanderfolge der Ereignisse"[892] vor, andererseits *erschließt sich* das „Kunstwerk [...] nur aus zwei- oder mehrfacher Perspektive." Der Dichter-Regisseur ist „im Bild dieser Welt [sehr wohl] vertreten [...]."[893] Zwar ist eine „ungebrochene Richtungsbewegung" erkennbar, jedoch ist im Finale selbst eine Nuance von Afinalität enthalten, insofern sich (auf mythischer Ebene) ein ‚Kreis' schließt (Huldas Herkunft aus dem Feuer [I.1] – ihre Rückkehr ins Feuer [III.4]). So gesehen ist das Einzelwerk bei Siegfried Wagner „fragmentarisch (Fortsetzbarkeit möglich)". Die „Spannung" jedoch ist – wie beim geschlossenen Drama – gelöst[894].

Inwiefern auch für Siegfried Wagner gilt, daß, wie Gier schreibt, eine „Annäherung an das aristotelische Drama" nur eine *scheinbare* sein könne bzw. daß wesentlich für eine – gleichwohl *stringent* geführte – Opernhandlung das *Dahinter* der inneren „Zuständlichkeit"[895] (der Person) sei, wird deutlich, wenn man den konkreten Handlungsverlauf betrachtet.

Es ist davon auszugehen, daß den Handlungskern die Sage vom Schwarzschwanenreich (I.1) bildet.

Die vom Komponisten verfaßte (Kunst-)Sage endet offen, das bedeutet, daß eine „Befreiung" vom „Bann" des Schwarzschwanenreichs nicht (wie in der Volkssage) von vornherein ausgeschlossen ist. Die Aufgabe des *Dramas* ist es, die *erzählte* Sage (und damit die in der Vorgeschichte liegenden Ereignisse) anhand eines konkreten Falles zu Ende zu führen.

Dies vollzieht sich auf zwei Wegen: auf dem des Entfaltungs- und dem des Enthüllungsdramas.

---

[890] Pachl 1979: 28.
[891] Klotz 1960: 238.
[892] Braak 1965. 144.
[893] Ebda.
[894] A.a.O.: 145.
[895] Gier 1988: 207

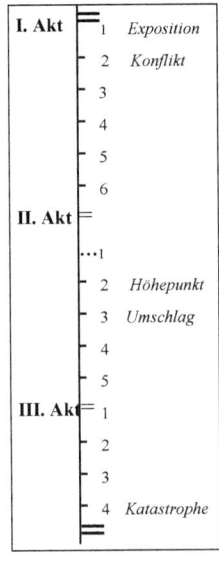

1. Die Handlung von *Schwarzschwanenreich*, insofern sie den Fall einer Hexenverfolgung schildert, durchläuft auf ersten Blick die klassische Form des Entfaltungsdramas:

In der *Exposition* (I.1) wird die Situation umrissen und der Zielpunkt genannt: Ursulas Vorhaben, Hulda zu *entlarven*: „Verräth sich Hulda, bricht sie's Schweigen, dann wird als Hexe sie verklagt!" (KA 26) (äußeres Ziel). Das innere Ziel ist, ihren Bruder Liebhold zu *retten* (KA 28), Liebhold und Hulda zu „trennen" (KA 27). Um dieses Ziel zu erreichen, bittet sie ihren Bräutigam Oswald um Mithilfe.

Der *Konflikt*[896] entsteht, als Oswald Hulda zum ersten Mal begegnet (I.2). Dies bewirkt seine Loslösung von Ursula; um Hulda für sich zu gewinnen, strebt er nun seinerseits eine Trennung Liebholds von Hulda an.

Den *Höhepunkt* bildet Oswalds vergeblicher Versuch, Hulda gewaltsam in seinen Besitz zu bringen (II.2). Hieraus erfolgt der Umschlag (*Peripetie*), hervorgerufen durch das Hinzukommen Ursulas (II.3). Nun erfolgt der Abstieg der Handlung (Flucht Huldas an den „Teich" des Schwarzschwanenreichs bzw. an das Grab des Wechselbalgs, dessen Arm (gemäß Sage) sichtbar wird; Auffinden Huldas am Grab durch Ursula und Liebhold (II.5); Verklagung und Verurteilung der „Hexe" Hulda (Auszeit zwischen II. und III. Akt) bis zur *Katastrophe* (Hinrichtung; III.4).

Das Ziel Ursulas scheint mit dem Betreten des Scheiterhaufens bzw. dem Entfachen des Feuers erreicht (KA 169). Die Katastrophe wird jedoch aufgehoben durch den zweiten Schluß der Handlung, der sich zeitlich nach dem ersten Ende des Entfaltungsdramas ereignet:

2.1 Zum Stichwort „Enthüllungsdrama" (analytisches Drama) macht Braak die Angabe: „Stück beginnt, nachdem wesentliche Teile der Fabel bereits geschehen sind [...]".[897] Lt. Wilpert stellt das analytische Drama „die K[atastrophe]. einer vor Einsatz des Dramas liegenden Handlung" dar[898]. Die „Fakten" werden bei S. Wagner allerdings nicht aufgerollt, sondern nur angedeutet: Das Blumenlied enthält die Chiffre für Huldas Teufelsbuhlschaft (Teufelsbündnis): Huldas *Ritzung* durch das „Böse Kraut" (I.1).

---

[896] Vgl. Differenzierungen bei von Wilpert 1959: 302.
[897] Braak 1965: 142.
[898] Wilpert 1959: 280.

Bezeichnend für die Gleichzeitigkeit der dramatischen Linien ist, daß Ursula, die während des Blumenlieds zugegen ist, dieses (metaphorisch verschlüsselte) ‚Bekenntnis' Huldas nicht versteht.

Durch die Metaphorik des Blumenlieds wird einerseits der „rückwärtige Beziehungspunkt"[899] verschlüsselt mitgeteilt (erster Teil der Szene), andererseits die von Ursula im zweiten Teil der Szene hergestellte vage Verknüpfung des Sageninhalts mit Huldas Leben vorwegnehmend bestätigt. *Volles Erkennen und Erleiden* der „in der Vergangenheit liegenden Ursachen" findet in der *Katastrophe* statt[900], als ersichtlich wird, daß eine Vereinigung Liebhold – Hulda (I.6 bzw. II.0) nicht dauerhaft gelingt (III.4). Das Obsiegen der Ursula-Linie manifestiert sich im endlich erfolgten (direkt formulierten) „Schuld"-Bekenntnis (III.4) auf dem Richtplatz. Die Katastrophe liegt (in der Enthüllungshandlung) in der Wirkung ihrer Worte auf Liebhold (seine Abwendung von Hulda).

2.2.1 Jedoch auch diese Linie wird nicht zu Ende geführt. Dies ist auf ein drittes Moment zurückzuführen, das ebenfalls zur Vorgeschichte zu zählen ist: die Hulda in einem Traum verhießene, durch den Gesandten eines „Engels" (Liebhold) zu vollziehende, *Bannlösung* (Traumerzählung; I.6). Beide Seiten, die englische und die satanische, ringen um die Seele Huldas. Durch das Hinzutreten dieses dritten Moments changiert das Drama zur Mischform von *äußerer Enthüllungs-* und *innerer Zielhandlung*.

Während die Entfaltungshandlung der Ursula-Linie auf das Gelingen des Verfolgungsplans gerichtet ist, geht es hier um das Gelingen der „Befreiung" vom „Bann".

Durch die Hinzufügung des Traum-Moments ersteht die Gegenursache, welche die Wirkung von Ursulas Vorgehen (ihres „Fluches" II.3) schließlich aufhebt (insofern mit Liebholds Auftreten eine Mission verbunden ist, von der Ursula nichts weiß).

Dieses Moment bestimmt den Ausgang der Handlung und damit Fortsetzung und Abschluß der Sage.

Ursula erreicht ihr Ziel nicht (Liebhold: „Mich hast Du verloren!" KA 166); die Befreiung Huldas bzw. ihre Verbindung mit Liebhold gelingt – im Tode (Schlußbild: das Paar, *„unversehrt vom Feuer"*, im Tod vereint) (KA 171).

2.2.2 Gleichwohl hat diese innere Zielhandlung, deren Anfang in einem Traum liegt, keine ‚dramatische Struktur'. Das einzige Strukturmerkmal ist der Zielpunkt selber. Der Anfangspunkt, zeitlich zu sehen, ist durch die (fünf Szenen) später er-

---

[899] Braak 1965: 142.
[900] Ebda.

folgende Mitteilung des Traums (I.6) verwischt. (Zur ungefähren Bestimmung des Zeitpunkts des Traums vgl. *cap.* → **Die Gesänge**.)

Das „Traumbild" erscheint als Produkt eines inneren, durch das Blumenlied artikulierten Bearbeitungsprozesses, Huldas Angst vor Verfolgung betreffend.

Gegenläufig zu Ursulas Vernichtungsplan findet nun ein den Gesamtverlauf durchziehender Prozeß der Verdichtung des „Traumbildes" statt. Die Materialisation vollzieht sich im Finale. Dieser Prozeß erfolgt, trotz handlungsbedingter Schübe und Brüche, in einer stufenweisen Kontinuität. Er entwickelt sich gewissermaßen ‚an' der äußeren Entfaltungshandlung. Dies bedeutet wiederum nicht das Fehlen jeglicher Struktur. Dem bildbezogenen Charakter dieser Entwicklung gemäß hat diese Struktur einen annähernd statischen Charakter. Ihre Beschreibung findet sich in der Analyse „Szenischer Aufbau und Proportion" des Architekten Dieter Heinz. Die Analyse nimmt ihren Ausgang von einem Punkt, der bisher nicht genannt wurde und den Pachl als das „strukturale Zentrum der Oper"[901] bezeichnet: dem „Liebesgesang" Liebholds und Huldas. Es handelt sich um das szenische Vorspiel zum III. Akt (III.0). Die Tatsache, daß es von der Szenenzählung ausgeschlossen bleibt, deutet auf den rein stationären Charakter des Vorspiels hin. Es steht außerhalb der Handlung (Angabe zur Orchester-Einleitung [„*Zwischenakt*"]: „**Schwebend**"; Gesangsszene: hinter *Gaze*schleier; KA 80; 81) und hat daher in der *dramatischen* Struktur keinen Stellenwert. In der Analyse von Heinz jedoch nimmt das Vorspiel eine zentrale Position ein.

Sie stellt die mittlere der drei Stationen der Verwirklichung der Vereinigung Liebhold-Hulda dar. Im Zusammenhang gesehen verläuft dieser Prozeß folgendermaßen:
(I.1)   Liebhold und Hulda getrennt, eine Vereinigung erstrebend (Hulda verborgen im Haus, durch ihren Gesang – Blumenlied – vernehmbar;
(II.0)  erste, selbst noch traumartige, Verwirklichung des „Traumbilds";
(III.4) endgültige Vereinigung im Tod.

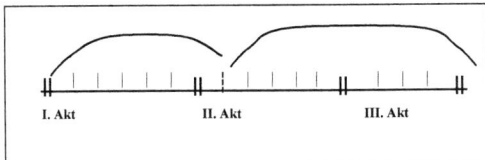

Daraus ergeben sich zwei Spannungsbögen: I. Akt, 1. Szene – II. Akt szenisches Vorspiel und II. Akt szenisches Vorspiel – III. Akt, 4. Szene.

---

[901] Pachl 1988: 226.

Dieter Heinz stellt, orientiert an diesen drei „Markierungsszenen", die Proportion bzw. das „Zahlenverhältnis" hinsichtlich des Szenenbaus dar:

> Im gesamten Szenenverlauf ist die Traumvision [...] nun so eingeschoben, daß zwischen ihr und der er- sten Vorstellung des Paares (in der erwähnten allerersten Szene) fünf Szenen zu liegen kommen und zwischen ihr und dem Erlebnis des erlösten Paares (in der erwähnten allerletzten Szene) acht Szenen angeordnet sind. Dies bedeutet, daß der Zwischenakt [sic; gemeint: das szenische Vorspiel ohne Orchester-Einleitung] das Gesamtdrama in der Proportion des Goldenen Schnittes (5:8) teilt, also in dem harmonischen Teilungspunkt des ganzen Szeneverlaufs liegt!"[902]

Diese *Proportion* tritt vielfach in der Takt- und in der Szenenzählung bei Siegfried Wagner auf. Heinz verweist in diesem Zusammenhang auf das „Architekturstudium", auf dessen „Einfluß" er „diese Vorliebe" zurückführt[903]. In der *Brockhaus Enzyklopädie* heißt es im Artikel „**goldener Schnitt**": „Als rationale Näherung für das (irrationale) Teilverhältnis wird häufig 8:5 verwendet."[904]

Des weiteren nennt Heinz Merkmale, die auf eine aktübergreifende Ordnung des Dramas hindeuten. Dies bedeutet eine Relativierung der Einteilung des Werks in Akte. Die „Teilung in **Akte**" ist speziell für das Entfaltungsdrama typisch. „Das Enthüllungsdrama braucht von seinem Wesen her nur *einen* Akt [...]."[905] Kriterien der Darstellung sind in diesem Fall Elemente der Aufteilung und Gliederung des Raums, hier die Symmetrie hinsichtlich der Szenenanzahl [und damit verbunden auch die Bogenform] sowie ein weiteres Beispiel für den Goldenen Schnitt.

Zunächst geht Heinz von der Erweiterung des II. Akts durch das szenische Vorspiel aus:

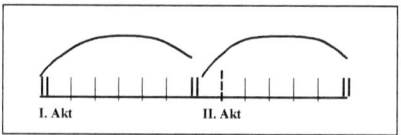

Dies bedeutet zweierlei: Einmal erhält durch diese Zuordnung der zweite Aufzug nun doch die gleiche Szenenanzahl wie der vorangegangenen erste Aufzug, nämlich deren sechs. Erster und zweiter Aufzug verhalten sich in ihrer Szenenanzahl nun praktisch doch wie 1:1 [...].[906]

---

[902] Heinz 1980. 26.
[903] A.a.O.: 25.
[904] BE. Bd. 11 GLAS – HANE: 140.
[905] Braak 1965: 142.
[906] Heinz 1980: 26.

Weiter heißt es:

> Zum anderen ergibt sich für diesen gleichsam „erweiterten" zweiten Aufzug dadurch wieder eine Symmetrie, daß für seine letzte Szene ein erneuter Bühnenbildwechsel vorgeschrieben ist, so daß also in diesem „erweiterten" zweiten Aufzug allein vom Bühnenbild her die vier Szenen „Vor Liebholds Haus" symmetrisch durch das „Blumenzelt" des vor-szenen-artigen „Zwischenaktes" und die „Mondnacht im Wald" eingerahmt sind. Es ergibt sich also das Verhältnis 1:4:1 [...] für den mittleren der drei Aufzüge. – Interessant ist hierbei, daß der Umfang des folgenden dritten Aktes mit insgesamt ebenfalls vier Szenen dieses Verhältnis sogar auf den [...] Modul 1:4:1:4 erweitert. Die Unterteilung dieses vier-szenigen dritten Aufzuges durchs Bühnenbild („Kerker" für Szene 1 und 2, „Richtplatz" für Szene 3 und 4) stellt aber wieder eine Miniatur der Proportion der beiden ersten Aufzüge dar, jene durch die Einbeziehung des Zwischenaktes entstandene 1:1![907]

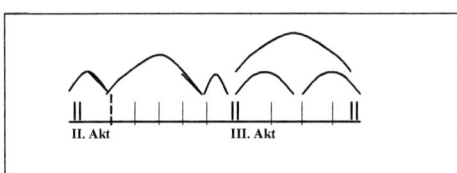

Schließlich faßt Heinz wiederum den zweiten Teil (acht Szenen: II. und III. Akt) ins Auge,

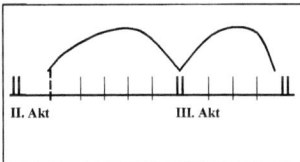

> die sich im Verhältnis 5:8 um den Liebestraum [...] gruppieren: Da fällt einmal auf, daß die zweite Gruppe, jene 8 Szenen in sich, durch den Wechsel vom zweiten zum dritten Aufzug, wiederum im Verhältnis des Goldenen Schnittes, diesmal im umgekehrten Verhältnis 5:3, unterteilt sind, [...] eine Fünfergruppe n a c h dem Zwischenakt (II,1 bis II,5) und [...] die Dreiergruppe (III,1 bis III,3).[908]

Abschließend die von Dieter Heinz gegebene „Übersicht" des Szenenbaus von *Schwarzschwanenreich*, wobei die Interpretation der vorliegenden Arbeit von den Bemerkungen in der letzten Rubrik („Besondere Wenden der Handlung") abweicht und diese nur der Vollständigkeit halber wiedergegeben wird. Beigefügt wird ein der Tabelle angepaßtes Schema des Goldenen Schnitts nach der Formel: Φ = x : a = a : b [Φ = Goldene Zahl; x = gesamte Länge; a = längerer Abschnitt von x; b = kürzerer Abschnitt von x]. Der Punkt des Goldenen Schnitts liegt in etwa auf der Höhe der Liebestraumszene („Blumenzelt").

---

[907] Ebda.
[908] A.a.O.: 26f.

| ABSCHNITT | SZENE | BÜHNENBILD | PROPORTION | BESONDERE WENDEN DER HANDLUNG |
|---|---|---|---|---|
| | | Siegfried Wagner: Schwarzschwanenreich (1910) | Versuch einer Übersicht: D. Heinz 1980 | |
| ERSTER AUFZUG | 1 | Hof und Garten vor Huldas Haus | | Liebhold und Hulda bedroht vereint |
| | 2 | | | |
| | 3 | | | |
| | 4 | | | Oswald wendet sich gegen Liebhold |
| | 5 | | | |
| | 6 | | | |
| ZWISCHENAKT | 1 | Blumenzelt | | Liebhold und Hulda im Liebestraum |
| ZWEITER AUFZUG | 1 | Hof vor Liebholds Haus | | |
| | 2 | | | |
| | 3 | | | Ursula wendet sich gegen Hulda |
| | 4 | | | |
| | 5 | Mondnacht im Wald | | |
| DRITTER AUFZUG | 1 | Kerker | | |
| | 2 | | | Schwarzschwanenreich überwunden |
| | 3 | Richtplatz | | |
| | 4 | | | Liebhold und Hulda unversehrt vereint |

## II. Die *kleine* Form der Aufeinanderfolge von Szenenpaaren (*heitere* Handlung)

Eine zweite Art der Durchbrechung der Aktordnung ergibt sich, wenn man die dramatische Struktur des Werks aus der Perspektive der *heiteren* Handlung betrachtet.

Hebt man in der graphischen Darstellung der Szenenfolge die karnevalistischen Einschnitte (Soldatenszene, Tanzszene) hervor, so ergibt sich folgende Beobachtung: Die karnevali-stischen Einschiebungen bewirken eine Verwischung der Aktstruktur. Das großformatige Aktschema löst sich auf in ein partikulares Szenenschema. Die Einteilung der Akte wird damit allerdings nicht geradezu nivelliert. Vielmehr kann eine Verknüpfung beider Prinzipien zu einem heterogenen Ganzen festgestellt werden.

Gleichwohl reduziert sich die Bedeutung der Akteinteilung auf die Tatsache, daß zwischen den einzelnen Akten Zeiträume liegen, in welchen in der erzählten Handlung vorausgesehene oder reflektierte Ereignisse liegen. Die *große* Form der Akteinteilung tritt gegenüber der Binnenstruktur der Szenenfolge in den Hintergrund. Die Konstruktion dieser Binnenstruktur erfolgt nach dem Prinzip einer paarweisen Zusammengehörigkeit der Szenen in ihrer Abfolge, welches an die *Zwei-Takt-Schematik* der Motive erinnert.

Aus diesem Paarschema sind einzelne Szenen ausgeschlossen. Abgesehen von den zwei Karnevalsszenen (I.4 und II.1) selbst ist es zum einen – erzählerisch bedingt – die Einleitungsszene (I.1), zum anderen die – ohnehin nicht in die Szenenzählung inbegriffene – Traumszene (II. [0]). Von ursprünglich 15 (6+5+4) (gezählten) Szenen bleiben also 12 Szenen (4+4+4) übrig.

Betrachtet man die beiden karnevalistischen Szenen als *heitere* Einschiebungen in die *ernste* Handlung, so gewinnen sie eine tektonische Funktion. Zu Szenen ausgebaute Zäsuren konstituieren sie gewissermaßen formal und von außen her das erste und das zweite Szenenpaar.

Es folgen zwei weitere Arten von Zäsuren: die rein musikalische Form der *Szenen-Einleitung* (dritte Zäsur; fünfte Zäsur) und der *Aktwechsel* (zweite Zäsur; vierte Zäsur).

Bei der Betrachtung der *musikalischen Einleitungen* fällt auf, daß eine generelle, mehr oder minder entfernte Verwandtschaft mit den karnevalistischen Szenen-Zäsuren besteht: die *Einleitung zur Geschwisterszene* (dritte Zäsur) rekrutiert sich aus Motiven der zweiten Karnevalsszene (Tanzszene); die *Einleitung zur Richtplatzdoppelszene* (fünfte Zäsur) illustriert einen tumultarischen Massenauflauf.

Die *Aktwechsel* – an die *große* Strukturform erinnernd – werden hier sozusagen umfunktioniert zu Zäsuren zwischen Szenenpaaren, dies in unterschiedlichen Graden der Gewichtung: der *Aktwechsel I-II* sekundiert gewissermaßen nur der Hauptzäsur (zweiter karnevalistischer Einschnitt); dagegen befindet sich der *Aktwechsel II-III* in einer primären Zäsurfunktion, insofern die in Frage kommende Orchester-Einleitung (zur Kerkerdoppelszene) dem Handlungsgang entsprechend kein karnevalistisches Gepräge trägt. Eine solcherart von außen erzeugte Verbindung zweier aufeinanderfolgender Szenen zu Szenenpaaren ist allerdings auch aus inhaltlichen Gründen gegeben. Es lassen sich drei Arten einer inneren Zusammengehörigkeit von jeweils zwei Szenen feststellen:

- *Entwicklung*
  erstes Szenenpaar: I.2 (Begegnung Oswald Hulda I) – I.3 (Plan Oswalds)
  drittes Szenenpaar: II.2 (Begegnung Oswald Hulda II) – I.3 (Zerschlagung von Oswalds Plan)
- *abrupter Situationswechsel*
  zweites Szenenpaar: I.5 (Exorzismusszene) – I.6 (Liebesszene)
  viertes Szenenpaar: II.4 (Geschwisterszene [Versöhnungsversuch]) – II.5 (Waldszene [Beweisfund])
- *ein den Handlungsgang verengender signifikanter Ort*
  fünftes Szenenpaar: III.1 – 2 (Kerkerdoppelszene)
  sechstes Szenenpaar: III.3 – 4 (Richtplatzdoppelszene)

| AKT | SZENE | PROPORTION | FORM |
|---|---|---|---|
| I | 1 Einleitungsszene | | |
| | 2 Oswald-Hulda I | ⎫ 1. Szenenpaar | |
| | 3 Oswald | ⎭ (*Entwicklung*) | **1. Gruppe:** 1.-3. Szenenpaar |
| | **4 Soldatenszene** | 1. karnevalistische Einschiebung (1. Zäsur) | |
| | 5 Exorzismusszene | ⎫ 2. Szenenpaar | (*aufsteigende Handlung*) |
| | 6 Liebesszene | ⎭ (*abrupter Wechsel*) | |
| II | [0] Traumszene | | |
| | **1 Tanzszene** | 2. karnevalistische Einschiebung (2. Zäsur) | |
| | 2 Oswald-Hulda II | ⎫ 3. Szenenpaar | |
| | 3 Oswald-Hulda-Ursula | ⎭ (*Entwicklung*) | **Peripetie** (3. Szene) |
| | 4 Geschwisterszene I | ◄ Einleitung zur 4. Szene (3. Zäsur) | |
| | 5 Waldszene | ⎫ 4. Szenenpaar ⎭ (*abrupter Wechsel*) | **2. Gruppe:** 4.-6. Szenenpaar |
| III | 1 Kerkerszene I | ◄ Aktwechsel (4. Zäsur) | |
| | 2 Kerkerszene II | ⎫ 5. Szenenpaar ⎭ (*signifikanter Ort*) | (*absteigende Handlung*) |
| | 3 Richtplatzszene I/ Geschwisterszene II | ◄ Einleitung zur 3. Szene (5. Zäsur) | |
| | 4 Richtplatzszene II | ⎫ 6. Szenenpaar ⎭ (*signifikanter Ort*) | |

Eine Rückkoppelung an die *große* Form des Aktschemas ist dadurch gegeben, daß beide Prinzipien denselben Angelpunkt aufweisen: das dritte Szenenpaar mündet in den *Umschlagpunkt* (*Peripetie*), der sich im Fluchgesang Ursulas am Ende der 3. Szene (die zweite Szene des dritten Szenenpaars) manifestiert. Hierdurch ist eine Zusammenfassung aller sechs Szenenpaare in zwei *große* Szenengruppen möglich, welche einen summarischen Bezug zur Aktform erkennen läßt: die erste Szenengruppe umfaßt die *aufsteigende Handlung* (von Oswalds Plan einer Verbindung mit Hulda: erstes Szenenpaar, bis zur Zerschlagung seines Plans: drittes Szenenpaar); die zweite Szenengruppe (viertes bis sechstes Szenenpaar) beschreibt die *absteigende Handlung* (gedanklich ausgangnehmend bei der Verfluchung Huldas durch Ursula noch im dritten Szenenpaar, II.3, vom vergeblichen Versöhnungsversuch Liebholds, II.4, bis zum Hexengericht, III.4).

Die beigefügte graphische Darstellung ist eine Abwandlung der „Übersicht" von Dieter Heinz. Um Übersichtlichkeit zu wahren, wurden im Bereich der **Zäsuren** (Rubrik „**PROPORTION**") nur die hauptsächlichen Merkmale genannt.

Durch ihren binären Charakter wird die dramatische Struktur zum inhaltlichen Symbol: Die überwiegend karnevalistisch geprägten Zäsuren (inhaltlich zu erklären als szenisch oder musikalisch gestaltete Interventionen des Versuchers) scheinen die *große* Strukturform (*ernste* Handlung) zunächst in Frage zu stellen (sein Bestreben, die Erreichung des Ziels: *Bannlösung* durch Vereinigung Liebholds mit Hulda, zu unterbinden), um sie schließlich aber zu bestätigen (Ziel der Vereinigung Liebholds und Huldas erreicht).

Angesichts der – gegen innere und äußere Widerstände – schließlich gelingenden „Befreiung" stellt sich nun die Frage nach dem Machtzentrum selbst, das Siegfried Wagner bereits im Titel in eine *kühne Metapher* kleidet.

# Zur Metaphorik des Titels „Schwarzschwanenreich".

> Auch scheint mir, daß die Kirchenfenster f l i m m e r n
> Von ungewöhnlichen Gespenster g l u t e n;
> [...].[909]
> *Faust=Danwaller [i.e. Jens Baggesen]*

**Spuren der *Naturmagie* und der *dämonischen Mystik* in der Metapher „Schwarzschwanenreich".**

„Schwarzschwanenreich" ist eine Wortschöpfung Siegfried Wagners.

Während das Wort selber über das *Reich*, das bezeichnet wird, nichts Bestimmtes aussagt, führt vor dem Hintergrund von Text und Szene eine Spur in die Tiefe einer religiösen Unterwelt, die zu einem nicht unwesentlichen Bestandteil der Geschichte des Christentums geworden ist.

Das Schwarzschwanenreich erscheint zunächst als romantischer Reflex eines christlichen Weltbildes. Dieses Bild ist im Folgenden aus katholischer Weltsicht mit Hilfe einiger Begriffe aus dem *System* zu beschreiben, das Joseph von Görres in seiner *Christlichen Mystik* entwickelt.

Die *Mystik* scheint vergleichsweise selten rezipiert worden zu sein. Der einzige Literaturhinweis in dem Artikel „Die christliche Mystik" von Wilhelm Metz im *Lexikon der theologischen Werke* nennt das in der → **Einleitung** zit. Buch von Bürke aus dem Jahr 1958. Im Text heißt es: „Das theologische Werk will die verschiedensten Erscheinungen christl. und dämonischer Mystik vollständig erfassen und systematisch ordnen und stellt sich in bewußtem Gegensatz zu herrschenden rationalistischen Überzeugungen seiner Zeit, insbesondere zu Hegel."[910]

Folgt man der – allerdings nicht unumstrittenen[911] – Darstellung Görres', hier dem **Neunten Buch** über *Das Hexen- und Zauberwesen*, so haben Vertreter der *dämonischen Mystik* Einfluß auf bestimmte Erscheinungsformen des *Heidenthums*, die für dieses *Dämonische* schon prädestiniert waren, genommen, sich in ihren antikirchlichen Zielen mit ihnen verbunden und so Handhabe zum Eingreifen der Kirche geboten.

Dies führt Görres folgendermaßen aus:

---

[909] Baggesen 1978: 139.
[910] Metz 2003: 99.
[911] Vgl. die kritischen Anmerkungen bei Raab 1973: 84-85.

Er stellt fest, daß das „Christenthum im Kampfe gegen den Naturdienst"[912] eine starke Veränderung bewirkte: Die Mächte der Naturreligion wurden beim Eintritt des „Christenthums in die Welt" zu „dämonischen Mächten".[913] Zu dieser Dämonisierung kam eine tatsächliche Umformung des Götterglaubens in Folge der Vertreibung: Durch das Fortleben der alten Bräuche und Rituale im Verborgenen[914] traten Veränderungen ein, die zu einem *Hinüberneigen* „des alten Heidenthumes"[915] zu einem „dämonischen Zauberwesen"[916] führte.

Als Repräsentanten des „Zauberwesens" wählt Görres den „Manichäism"[917]. Den ihm vorliegenden Quellen[918] folgend kommt Görres zu einer Darstellung, die hier in starker Verkürzung wiedergegeben wird: der Manichäismus habe danach gestrebt, „die Idee von einem *Satansreiche* [...] [gleichberechtigt] neben dem *Gottesreiche*" zu realisieren.[919] Es wäre ein „Grund [für die Lehre] in den Gemüthern" der Vertreter des verdrängten Heidenthums gelegt worden, der sie zu „Bundesgenossen der Sache des Niederreiches" werden ließ[920]. Beide „Regionen"[921] (*Naturreligion* und *dämonische Mystik*) vereinigten sich, so Görres, zu „einer großen Genossenschaft"[922].

Gleiche Kategorien (Naturreligion und *Satansgläubigkeit* [III.2]) – ineinander übergehend! – findet man auch dargestellt im Werk Siegfried Wagners.

---

[912] Görres 1989: [Inhaltsverzeichnis, unpag.; vgl. 86ff.]
[913] Görres 1989 V: 85.
[914] A.a.O.: 90.
[915] Ebda.
[916] A.a.O.: 24.
[917] Der M., begründet von Mani (216-276/277, Babylonien), ist eine synkretistische Lehre (zoroastrische, christliche, buddhistische Elemente sowie gnostizistische Einflüsse). – Im 19. Jahrhundert, also zur Entstehungszeit der *Mystik*, standen lt. „Manichäismus"-Art. bei *Wikipedia* nur antimanichäische Quellen zur Verfügung. Diese enthielten ein „polemisch verzerrtes Bild" des Mani. Als Aufgabe des manichäischen Gläubigen wird angegeben, an der endlichen Befreiung des Lichtes aus der Gewalt der Finsternis mitzuwirken.
[918] Görres bezieht sich allerdings ausschließlich auf kirchliche Mitteilungen über die Lehre manichäischer „Secten" (Görres 1989 V: 31), die hiernach – im Laufe der Jahrhunderte – erhebliche Veränderungen erlitten haben muß, und nicht auf die ursprüngliche Lehre des Mani. Seiner Darstellung – dem Charakter nach eine Verteidigungsschrift – zufolge gleicht der M. einem Sammelbecken und Dachverband aller Vertreter der „dämonischen Mystik" (vgl. auch **Sechstes Buch *Die historische, sagenhafte, physische und psychische Begründung der dämonischen Mystik*** [Bd. III]).
[919] A.a.O.: 90.
[920] Ebda.
[921] A.a.O.: 532.
[922] A.a.O.: 91.

1. Bezüge zur *Naturmagie*:
   - die Landschaft[923] des Schwarzschwanenreiches: die Nacht, der Wald, der Mond, der See (Waldszene II.5)
   - Andeutung einer magischen Bedeutung des Mondes[924] (Geschwisterszene II.4 und Waldszene II.5)
   - der Name der Protagonistin
   - die Eiche vor Huldas Haus als heidnisches Symbol (I. Akt)
   - [dämonisierte schwarze] Schwäne
   - der schwarze Reiter als Abbild des [dämonisierten] Gottes Wotan (Liebesszene I.6)

2. Bezüge zur *Dämonie*:
   - der Satan *vergiftet* Hulda in Gestalt des „Bösen Krautes" (Einleitungsszene I.1)
   - Hypnoseversuch des Aschenweibchens an Hulda (Exorzismusszene I.5)
   - die satanische Gestalt des „schwarzen Reiters" (Liebesszene I.6)
   - die jugendliche Gruppe der unaufhörlich Tanzenden, deutbar als von einer (z.T. als kirchenfeindlich wahrgenommenen und durch Exorzismus bekämpften[925]) Tanzepidemie Ergriffene (Tanzszene II.1)
   - Grab des Wechselbalgs am Wasser (Waldszene II.5)
   - Huldas Anrufung des Satans, Abkehr von Gott (Waldszene II.5)
   - die Vision des Versuchers (Kerkerszene[a] III.1)
   - Hulda als *Satansgläubige* in den Augen der Bevölkerung (Kerkerszene[b] III.2)

Einige dieser Momente wurden im Kapitel über die → **Stofflichen Grundlagen der Schwarzschwanenreich-Sage** vorgestellt (u.a. See, Schwäne, schwarzer Reiter). Im vorliegenden Kapitel geht es darum, szenische und musikalische Gestaltungselemente im Werk zu nennen, die direkt auf den Namen „Schwarzschwanen-

---

[923] Vgl. Görres 1989 V: 90.
[924] Vgl. die Abschnitte bei Görres über den „Mond im Naturglauben des Altertums" 82ff. sowie über die „Mondsucht" 80f.
[925] „*Was schaden tantzen bringt*". Predigt gegen das Tanzen. Aus dem 15. Jahrh. Erhalten in einer Wiener Hs. Nach Altdt. Blätter. Hersgb.v. Moritz Haupt u. Heinr. Hoffmann von Fallersleben. Bd.I. 1835. In: Boehn 1925: 166-177. – Vgl. 4. Kap. „Tanzwut u.Totentanz": 62-74; Bezeichnung des Heidentums als eine Quelle der Tanzwut (sog. Johannistänze) 63; zur Besessenheit der Tanzenden vom Teufel vgl. 65. – 3. Kap. „Der Tanz im Mittelalter": 45-62; Erwähnung des Tanzens auf Kirchhöfen während der Gottesdienstzeiten. (→ **Karnevalistischer Kopfstand**)

reich" beziehbar sind. Vergleichend sind einige Beispiele aus der Symbolgeschichte des Schwans in der Bildenden Kunst, Literatur und Musiktheater zu geben.

## Bildhafte und musikalische Elemente der Gestaltung des „Schwarzschwanenreichs"

„Bitte – bitte für mich,
o heilige Jungfrau,
in der dunklen Stunde,
daß die Macht der Hölle,
der ich so oft erlegen,
nicht mich bezwinge und hinabreiße
in den Pfuhl ewiger Verderbnis!" [926]
*E.T.A. Hoffmann*

'Dadurch
wird das größte aller Naturgesetze,
die Periodizität,
bei der menschlichen Rasse
außer Gültigkeit gesetzt.
Die periodische organische Bedingung,
die den Sexualtrieb auslösen sollte,
ist zu einer völlig nutzlosen und krankhaften Entartungserscheinung geworden.' [927]
*Eugène N. Marais*

Siegfried Wagners Schwarzschwanenreich wird lokalisiert in einem [versunkenen Schloß im] See (Schwarzschwanenreicherzählung) oder andererseits auch in einem „*unterirdischen See, darauf schwarze Schwäne schwimmen*", an welchem sich ein „*Schloss*" befindet. (KA 146; Schwarzschwanenreichvision). Dieses Reich wird beherrscht vom „Versucher" oder „Satan" (KA 19, 137), dem „bösen Feind" (KA 107). Seine „Begleiter" (KA 19) sind „schwarze Schwäne" (KA 18), die sich außerhalb des Sees in „[schwarze] Reiter" (KA 19) verwandeln.

Indem S. Wagner den See der schwarzen Schwäne als einen von den übrigen Tieren gemiedenen Ort beschreibt, folgt er, wahrscheinlich ohne dies zu beabsichtigen, den natürlichen Gegebenheiten. Beispielsweise zitieren Grimms in ihrem *Wörterbuch* die Schilderung eines unheimlichen Sees, von dem es heißt: „es ist

---

[926] Hoffmann o.J.: 679.
[927] Zit.n.: Durrell 1972: 110. Im Unterschied zu Plagiator Maeterlinck gibt L.D. die Quelle seines Zitats an: Eugène Nielen Marais: *The Soul of the White Ant*. (Originaltitel: *Die siel van die mier* [Afrikaans], (1925)].

falsch, dasz ihn die vögel meiden, er wird von s c h w a n e n beschwommen." (J. v. Müller)[928] [Hervorh.: I.B.].

Musikalisch wird das Schwarzschwanenreich durch drei Motive illustriert (KA19f):

Die Schwarzschwanenreich-Motive werden in der Einleitung des Werks vorgestellt und erklingen hauptsächlich während der Schwarzschwanenreicherzählung (Ursula; I.1) und in der Schwarzschwanenreich-Vision Huldas (III.1).

Der schwebende Klang, der durch Punktierung und variabel gestaltete Triolen (16tel [a]; punktierte Achtel [b]; Achteltriolen als Hauptform des Motivs [c]) innerhalb eines ungeraden (Dreiviertel-)Taktes bei Abwesenheit von Dissonanzen[929] erzielt wird – in Entsprechung zu dem Textbeginn des Unsichtbaren Chores der schwarzen Schwäne in der Vision: „Schwebend – tanzend – singend" (KA 147), ruft eher die Vorstellung elysischer Gefilde, als die eines dämonisches Reiches wach: eine Ausdeutung der Tonart H-Dur, welche lt. Hermann Beckh den Zustand der Verklärung charakterisiert[930]. Eine dynamisches Moment stellt die Quarte dar (erstes Intervall, abwärts: [a]; letztes Intervall, aufwärts [c], beziehbar auf die „lockenden Rüfe [sic]" in der Vision (KA 146).

---

[928] Grimm 1984: 2203.
[929] Vgl. Schneeweiß 2000: 97.
[930] Beckh 1977³: 151.

Der Ausdruck wird in der Vision noch gesteigert durch weitere Angaben (*dolce* für die 1. Violine; KA 341; Glanzpunkte werden aufgesetzt, z.B. durch einen Solo-*Triller* der Violine; ebda.). Eine Ziselierung erfolgt in beiden Szenen durch verzierende Begleitfiguren sowie durch Wiederholungen der Motive in Abspaltungen und

Variationen. In durchsichtiger Instrumentierung wird durch wechselnden Einsatz einzelner Instrumente (Flöte, Oboe, Klarinette, Horn, Violine, Cello) oder Mischklang (Flöte, Violine [a], KA 43; Horn, Violine [b], KA 46) ein ständiges Changieren der Klangfarbe erreicht.

In Entsprechung dazu scheint ein Motiv von Interesse, das immer dann erklingt, wenn es darum geht, die „Schuld" Huldas (die trennend zwischen Liebhold und Hulda steht) zu charakterisieren (KA 63, T 14-21; KA 167f, T 19-26): das Motiv des Schwankens, ein zweitaktiges Motiv plus sechs Takte Ausspinnung: Format eines achttaktigen Themas. Es handelt sich um eine chromatische Rückung: durch geringfügiges Verschieben des Grundtons (Halbtonschritt) wird ein Schwanken des Bodens imaginiert – entsprechend der geschilderten Sogkraft des Schwarzschwanenreichs, durch welche alle, die in seinen „Bann" geraten, *versinken* (KA 36; Oswald; KA 107, 147; Hulda), in die „Tiefe" gezogen werden (KA 149). Wie der Partiturausschnitt zeigt, stellt Siegfried Wagner das „Schwanken" nicht nur harmonisch (Wechsel zwischen $As^7$ - $A^{7)}$) sondern auch instrumental dar: durch einen Wechsel zwischen Blechbläsern ($As^7$) und Holzbläsern ($A^7$), also durch ein ständiges Changieren zwischen zwei Klang-,Materien', wobei man das Blech als das ‚Manifeste', das Holz als das ‚Schwebende' (des Schwarzschwanenreichs) deuten kann.

Das Thema erklingt auch in Verbindung mit Text; das folgende Beispiel (KA 64/ 65) zeigt, wie der Text eines kurzen Dialogs gewissermaßen als verbale Spiegelung des harmonischen Vorgangs gestaltet wurde. Auch hier ist ein Bezug zum *Wasser* gegeben (Hulda wollte sich, auf der Flucht vor den Verfolgern, im Teich des Schwarzschwanenreichs das Leben nehmen, (I.5), woran sie durch Liebhold, der nicht glaubt, daß sie *sterben wollte*, gehindert wurde:

Bei der Gestaltung dieses Motivs könnte man einen Einfluß Richard Wagners vermuten. Im *Ring des Nibelungen* existieren beispielsweise zwei Motive, bezeichnet als Tarnhelmmotiv (*Rheingold*) und Zauberbann- oder Schlafmotiv (*Walküre*), die, überwiegend bestehend aus halben und ganzen Noten, eine Akkordfolge darstellen und ein Klangphänomen der Ruhe und Verschleiertheit erzeugen. Overhoff hebt folgendes Merkmal des Schlafmotivs hervor: „Die Chromatik ist in diesem Klangsymbol so extrem und total, daß das Motiv als Ganzes geradezu bewegungslos zu sein scheint, obgleich alles *in* ihm gleitende Bewegung ist."[931]

Weiterhin erinnert der Beginn des II. Satzes der 1893 vollendeten 9. Sinfonie „Aus der Neuen Welt" (ebenfalls in e-moll) von Antonín Dvořák, *Largo*, auch als „Legende" bezeichnet, an das Motiv des Schwankens: es handelt sich um harmonische, allerdings nicht um chromatische, Rückungen.

**Andere Schwarzschwanenreiche in der Literatur**

Eine literarische Analogie zu der von Overhoff beschriebenen durch die Chromatik bewirkten *scheinbaren Bewegungslosigkeit* bei „gleitender Bewegung" innerhalb des Schlaf-Motivs findet sich in Theodor Fontanes Roman *Effi Briest*. Zur Bezeichnung des Augenblicks, in welchem der entscheidende ‚Schritt': der Ehebruch Effis – in der nachfolgenden Handlung tatsächlich stattfindend – gedanklich bereits vollzogen wird, verwendet Fontane ein landschaftliches Bild: Er schildert den „Schloon" – „ein kümmerliches Rinnsal", das „sich durch die Dünen schleicht", „ein Abgrund [...] im kleinen, der aber „im Winter [...] eine Soog" werden kann. Die „Gefahr" besteht darin, daß es sich um einen unsichtbaren Vorgang handelt: „‚Alles geht nämlich unterirdisch vor sich, und der ganze Strandsand ist dann bis tief hinunter mit Wasser durchsetzt und gefüllt. Und wenn man dann über solche Sandstelle weg will, die keine mehr ist, dann sinkt man ein, als ob es ein Sumpf oder ein Moor wäre.'"[932] In der Bevölkerung löst der „Schloon" „Furcht" und „Aberglauben" aus.[933] Um „dem Schloon glücklich" zu *entrinnen*[934], wünscht sich Effi (vergeblich) eine „Mauer" („‚Gottesmauer'")[935] [vgl. die „*Stadtmauer*" in *Schwarzschwanenreich*, welche die Bewohner der Stadt lt. Regieanweisung von der Schwarzschwanenwelt (Huldas) deutlich abgrenzt. KA 11]. Ebenso wie Hulda

---

[931] Overhoff 1984⁴: 100.
[932] Fontane o.J.: 200.
[933] A.a.O.: 201.
[934] A.a.O.: 206.
[935] A.a.O.: 203.

befand sich Effi „wie in einem Zauberbann und w o l l t e auch gar nicht heraus."[^936][Hervorh.: I.B.]

Ein ebenfalls mythisch anmutendes Bild stellt das Schloß Wartalun als Ort der Lüste in dem gleichnamigen Roman von Waldemar Bonsels dar [1917].

Als modernes Schwarzschwanenreich kann man das amerikanische Epos *The Wild Party* [1928] von Joseph Moncure March bezeichnen. Diese urbane, gegenwartsbezogene Version kommt ohne Schloß und Wasser aus; der Titel benennt das Haupthandlungsmoment selbst. Anstelle der „gift'gen Säfte" (KA 12) und des „Zaubersafts" (KA 47) in *Schwarzschwanenreich* steht hier der Alkohol, der, zur Zeit der Prohibition illegal und in großen Mengen genossen, zum Verbrechen (Treubruch, Mord) führt. Die Strafe folgt auf dem Fuß. – Auch in den beiden anderen Beispielen wird das Betreten des jeweiligen ‚Schwarzschwanenreichs' mit dem Tod bestraft.

Die „wilden Feste" des Schwarzschwanenreichs beschreibt Siegfried Wagner nicht. Vielmehr verbrämt er das tatsächliche Geschehen sagenhaft (Schwarzschwanenreicherzählung) oder märchenhaft (Schwarzschwanenreichvision). Allerdings kann das Szenenbild der Vision als Hinweis auf den realen Entstehungsgrund der Oper dienen, wenn man es mit Hilfe eines weiteren Literaturbeispiels erschließt: gemeint ist eine Episode aus dem Roman *Prinz Kuckuck. Leben, Taten, Meinungen und Höllenfahrt eines Wollüstlings* [1906-1908]: die Erzählung des Titelhelden Henry Felix von einem erotischen Erlebnis in einer Grotte von Capri, die zum Schauplatz seiner erstmaligen Zuwendung zum eigenen Geschlecht wird. In diesem Zusammenhang ist zu erwähnen, daß König Ludwig II. von Bayern, Taufpate Siegfried Wagners, die Blaue Grotte als ein Modell für die Grotte in Schloß Linderhof verwenden ließ, welche auch Ort homophiler Zusammenkünfte war. Siegfried Wagner wiederum dedizierte indirekt sein VII. Werk seinem Taufpaten (ursprüngliche Namen „Linda" und „Ludwig" für Hulda und Liebhold sowie Verwendung der schwarzen Schwäne Ludwigs für seine Titelmetapher). Bestimmte Symbole innerhalb des Werks lassen darauf schließen, daß die „Schande" (KA 164) und „Schuld" Siegfried-Huldas in der *anderen Art des Eros* besteht (Klaus Mann; *op. cit.*; vgl. → „**Kundry**" und „**Parsifal**"; → **Ursula, *die Bärin***). Demnach verschlüsselt der Titel den zentralen thematischen Gesichtspunkt des Werks. Vor diesem Hintergrund ist die Metapher „Schwarzschwanenreich" zu analysieren.

[^936]: Ebda.

## Zur Etymologie von „Reich"

Die Titelmetapher ist zusammengesetzt aus dem Begriff für eine abstrakte Konzeption („Reich", Grundwort) und der bestimmenden Bezeichnung der Verkörperung dieser Idee „schwarzer Schwan". Lt. *Etymologischem Wörterbuch des Deutschen* ist das „**Reich**" „'Herrschaftsgebiet (eines Kaisers, Königs), Staat, Imperium', übertragen ‚Bereich'."[937]

Die Spitze oder das Zentrum der Macht liegt bei einer Person oder, übertragen, bei einer Idee. Dies vermittelt das englische Wort für „Reich": „realm", figürlich: „The sphere, domain, or province *of* some quality, state, or other abstract conception".[938] Beispielhaft genannt werden u.a. *realm[s] of night* (Milton), *of death* (Young), *of Sin* (Cowper), *of fancy* (Hamerton).

Das *realm of sin* „Schwarzschwanenreich" ist ein Reich unumschränkter Macht. Es gibt innerhalb der Personenkonstellation niemanden, der nicht – wenigstens zeitweilig – im Dienst dieses absoluten Herrschers stünde.

Als ‚Insignie' dieses Reiches erscheint das ‚Flügelrauschen'[939], eine musikalische Figur, die, symmetrisch gebaut, aus einem gebrochenen Akkord bestehend, notengraphisch ein Flügelpaar darstellt. Diese Klangfigur (man könnte von einem ‚seriellen Motiv' sprechen, da es stets in einer Reihung erscheint) durchzieht die gesamte Partitur. Sie steht *pars pro toto* für die Macht des Schwarzschwanenreichs. Gleichwohl ist sie klangbildlich nicht dominant, in der Wirkung eher grundierend. Das musikalische Flügelpaar ist beziehbar auf den „Schatten", der über dem Leben des Gezeichneten liegt.

Eine Erklärung für die Wahl der Schwanenflügel als Machtsymbol ist folgende Tatsache, die das *Lexikon der Tiersymbole* mitteilt: „Ein sein Nest verteidigender Schwan kann nicht nur einen Wolf, Hund oder Fuchs mit einem einzigen Flügelschlag töten, sondern auch einem Menschen den Arm brechen.[940]

## Zur Symbolgeschichte des Schwans in Werken des Musiktheaters, der Musik, Literatur und Malerei

Indem S. Wagner als Symbol für sein dunkles Reich den Schwan wählt, stellt er sein Werk in eine Tradition künstlerischer Gestaltung, die durch eine „ambivalent

---

[937] Pfeifer 1993: 1104.
[938] Art. **Realm** in: The Oxford English Dictionary 1978: 204.
[939] Nach Pretzsch 1919: 436.
[940] Art. **Schwan** in: Dittrich 2004: 475ff. 476.

significance"[941] bestimmt ist. Heiligkeit und Dämonie dieses Tiersymbols kommen vielfältig zum Ausdruck.

Die im Folgenden genannten Beispiele entstammen dem (Musik-)Theater, der Dichtung und der Bildenden Kunst überwiegend des 19., frühen 20. Jahrhunderts. Vorweg sei auf den umfassenden Überblick über Schwanenmythen mit besonderer Berücksichtigung der Bühnenschwäne Siegfried Wagners bei Kröplin[942] verwiesen.

Die ausgewählten Beispiele lassen sich drei Aspekten zuordnen:
1. Der Schwan als Mittler der Transzendenz; 2. Gestaltwandel Schwan – Mensch; 3. Der weiße Schwan – „ein Abbild der Heuchler"; 4. Das Bild des schwarzen Schwans in positiver Bedeutung.

Es kann sich in den einzelnen Abschnitten um schwarze und weiße, männliche und weibliche, positiv und negativ gezeichnete Schwäne handeln, wobei die verschiedenen Eigenschaften unterschiedlich miteinander kombiniert sein können.

*1. Der Schwan als Mittler der Transzendenz*

Eine besondere Prägung erhielt die Schwanensymbolik durch die Gestalt des Loherangrin in dem mittelhochdeutschen Versepos *Parzival* Wolframs von Eschenbach: als Mittler zwischen der Welt der Menschen und einem geistigen Bezirk, von dem auf wunderbare Weise Wirkungen auf das irdische Geschehen ausgehen.

Gewissermaßen eine Introspektion und eine Sublimierung dieses Phänomens bedeutet Richard Wagners Gestaltung des Lohengrin-Stoffes in seiner gleichnamigen „Romantischen Oper" von 1848.

Der Gralserzählung zufolge repräsentiert der Schwan das *lichte* Reich des *Grals*, zu dessen Dienst nur „der Menschen reinste […] erkoren" sind. Die „Ritterschaft" des *Grals* zieht zum Kampf gegen das Böse. Zum Zeichen seiner hohen Sendung naht der *erkorene Ritter* in einem Kahn, der von einem Schwan gezogen wird.[943]

Die menschliche Gestalt des *Gralsritters* und der Schwan sind untrennbar miteinander verbunden. Als Urbild ist der von Singschwänen begleitete Gott des Lichtes Apollon anzunehmen[944].

---

[941] Art. **Swan** in: Cirlot 1978: 322.
[942] Abschnitt "Der Schwan" in: Kröplin 2003: 23-27.
[943] Wagner: *Lohengrin*. O.J.: 69f.
[944] Vgl. Schmidt: „Geschichte des Sternbildes Schwan" im *Almanach der Beobachtergruppe Sternwarte Deutsches Museum, München*: www.almanachdeutschesmuseum.de/DerSchwan.htm.

Eine auf christlichen Einfluß hindeutende Umwertung erfuhr der singende Schwan im finnischen Epos *Kalevala* – im 19. Jahrhundert nach mündlichen Überlieferungen der finnischen Mythologie in 50 Gesänge gefaßt von Elias Lönnrot – als Fährmann (Charon) der Verdammten ins Totenreich („Tuonela"). Hiermit wird er zu einem der „essential Symbols of the mystic journey to the other world"[945]. Nach diesem Epos schuf Jean Sibelius 1893 die sinfonischen Legende *Der Schwan von Tuonela* (1958 gleichnamig als Ballett uraufgeführt[946]).

Eine typische instrumentale Verkörperung der Schwanenmystik in der akademischen wie in der – in gewisser Hinsicht – nicht-akademischen Musik ist das Cello. Hier sei ein Beispiel aus dem British Folk genannt: das Lied THE BLACK SWAN des Songwriters, Sängers und Gitarristen Bert Jansch. Der schwarze Schwan bildet in dieser Reihe eine Ausnahme. Im Gegensatz zu den übrigen noch folgenden schwarzen Schwänen scheint es sich, folgt man der sich auf dieses Lied beziehenden Cover-Graphik der CD THE BLACK SWAN (schwarzer Schwan mit rotem Schnabel), bei dem Namengeber des im Lied mit „Black Swan" Bezeichneten um einen wirklichen schwarzen Schwan zu handeln.

Wiederum erfährt der Schwan hier eine Wandlung: Der schwarze Schwan ist ein *Schiff*, das sich, wie Jansch kommentiert, auf „a journey through life, endless and forever" befindet. Die Fahrt geht, so der Liedtext, „to our promised land". Dieser *Weg nach Hause* [cf. Novalis] hat eine besondere Beschaffenheit: „Gotta take the shuttle craft". Nur in *Gedanken und Träumen* können wir dieses *Land* betreten.[947]

Musikalisch kann man von einem Gegenstück zu dem *andantino grazioso* „Le Cygne" für Violoncello und Klavier aus *Le carnaval des animaux* (1886) von Camille Saint-Saëns sprechen:

In diesem Lied ist eine Cello-Stimme enthalten, welche die Symbolik des Schwans klanglich verkörpert. So wird beispielsweise das Ineinsfallen von endloser Bewegung und Bewegungslosigkeit des Schiffes „Black Swan" illustriert durch langgehaltene Töne, wobei Oktavsprünge in Oktavlagen übergehen; den Schluß des Liedes bildet ein großer Sekundschritt abwärts, der sich in quasi endloser Wiederholung fortsetzt.

Gleichsam eine Zusammenfassung der Schwanensymbolik stellt die zweite Strophe („Auf dem Teich") eines frühen Gedichts von Rainer Maria Rilke dar: im Zeichen seiner „schimmernden Schwingen" erscheint der Schwan – ebenfalls „von Rand zu Rand" schwimmend – als Vermittler zwischen der Transzendenz („Milde des Mondes") und der Wirklichkeit. Während die Linie des „Strandes" *undeutlich*

---

[945] Cirlot 1978: 322.
[946] Balcar 1958: 300.
[947] Jansch 2006: Text THE BLACK SWAN und Kommentar, in: CD-Beiheft. Vc: Helena Espvall.

wird, umgeben den Schwan „glänzende Ringe", aus denen er hervorgegangen zu sein scheint[948].

Abschließend sei eine bildnerische Darstellung des Schwans erwähnt, in welcher der Schwan aus ebenso existentiellen wie künstlerischen Kämpfen geboren wird. Auf dem Gemälde *Vision* (1892) von Edvard Munch erscheint hinter der im See versinkenden Gestalt ein auf dem Wasser schwimmender Schwan, lt. Munch Ausdruck für die *Sehnsucht* „nach den reinen Linien"[949].

## 2. Gestaltwandel Schwan – Mensch

Die einer Version der Sage von Wieland dem Schmied *angefügte* „Erzählung von den drei Schwanenjungfrauen"[950] hat ihre Wurzeln in vorchristlichen Göttermythen. Göttliche Wesen treten sie in wechselnder Gestalt als Schwan und als Mensch in Erscheinung. Die Verknüpfung dieser Erzählung mit dem Wielandstoff bedeutet möglicherweise den Versuch einer Erklärung für die übernatürlichen Kräfte des Schmiedes.

In christlicher Zeit wird der Gestaltwandel dämonisiert. So werden die Kinder des Königs in dem Grimmschen Märchen *Die sechs Schwäne* durch bösen Zauber in Schwäne verwandelt.

Die Schwäne in dem Ballett *Schwanensee* von Pjotr Iljitsch Tschaikowski stehen im Bann des Zauberers Rotbart. Um die Erlösung der Schwäne durch eine Verbindung der Königin der Schwäne, Odette, mit Prinz Siegfried zu verhindern, versucht Rotbart, jenen mit seiner eigenen Tochter Odile („Der schwarze Schwan"), die Odette täuschend ähnlich sieht, zu vermählen. In der vielfach gedeuteten Urfassung bewirkt die Macht des Zauberers den Untergang des Paares im See (Odette versucht Siegfried zu retten) und seine Vereinigung im Tod.

Ebenfalls im Bann eines Zauberers steht die in einen schwarzen Schwan verzauberte Prinzessin in Hans Christian Andersens Märchen *Der Reisekamerad*, deren Erlösung, bewirkt durch die treue Liebe des Johannes, über einen Gestaltwandel erfolgt. Hier stehen sich der schwarze Schwan und die menschliche Gestalt als Extreme gegenüber. Während der schwarze Schwan die Verzauberung symbolisiert

---

[948] „Das sind die Gärten" in: Rilke 1962: 163.
[949] Eggum 1988: 44.
[950] I.e.: Völundlied, Liederedda (9. Jhdt.); vgl. Martini 1935: 84.

im Gegensatz zur erlösten menschliche Gestalt, hat der weiße Schwan lediglich die Bedeutung einer Stufe des Übergangs.

### 3. Der weiße Schwan – „ein Abbild der Heuchler"

„Eine eigenartige negative Symbolwertung des Schwanes kommt in mittelalterlichen Tierbüchern (Bestiarien) zur Sprache. Es wird darauf hingewiesen, daß er im Gegensatz zu seinem schneeweißen Gefieder ‚ganz *schwarzes* Fleisch' habe: ‚Damit ist er ein Abbild der Heuchler, deren schwarzes Fleisch der Sünde durch weiße Gewänder verhüllt wird [...].' (Unterkircher)."[951] (cf. den Mythos von Zeus, der Leda in Gestalt eines Schwans überlistet.)

Unter dem Aspekt der Heuchelei werden dem Schwan zwei negative Eigenschaften zugeschrieben: *luxuria* und *superbia*.

> Aufgrund der biologischen Tatsache; daß seine Federn weiß, die Haut aber dunkel ist, wird der Schwan zum Symbol für Luxuria. Nach christologischer Interpretation ist der Schwan eine Metapher für diejenigen, die die sündhafte Wollust/ Weltlust (die schwarze Haut) unter scheinbarer Tugend (dem weißen Federkleid) verbergen. [...] Das Bild des Schwans auf Fahnen vor zweifelhaften Gasthäusern weist auf niederländischen Bildern von Anfang des 16. bis Anfang des 18. Jahrhunderts auf Wollust und Unzucht hin. [...]
> Das AT erwähnt den Schwan unter den unreinen Tieren. Die schwarze Haut des hohen, aufgereckten Halses und des Körpers, der von weißen Federn bedeckt ist, wird als innere Befleckung mit Sünden und als Ausdruck von Hochmut [*superbia*] und Sündhaftigkeit kommentiert [...] Lebendig ist er auf Waldtümpeln, ein Negativ-Topos für die sündhafte Welt, dargestellt.[952]

Ein Sonderfall zwischen Gestaltwandel und Täuschung ist die griechische Sage von Leda und dem Schwan. Diesen Vorgang interpretiert Edita Gramsch in ihrer *Schwanenmythe* mit den Mitteln der Scherenschnittkunst: Unter Vortäuschung apollinischer Reinheit gelingt es Zeus im Gewande eines Schwans, sich Leda zu nähern.

Die verborgene Absicht wird sichtbar gemacht durch die Darstellung des Schwans im Schattenriß, also durch die Umkehrung der weißen in eine schwarze Gestalt. Hieraus ergibt sich ein psaligrafisches Augenblicksereignis: die Umrisse des Schwans erzeugen gleichsam die weiße Gestalt der Leda.

---

[951] Biedermann: 1989. 392f.
[952] Dittrich 2004: 477.

4. *Das Bild des schwarzen Schwans in positiver Bedeutung*

Erst in moderner Zeit erfährt der (männliche oder weibliche) schwarze Schwan eine Rehabilitierung, und zwar in der dichterischen Beschreibung realer oder fiktionaler Personen. Ein Bild dunkler Noblesse zeichnet Lawrence Durrell in Zusammenhang mit der Schilderung eines Festes in Alexandria in seinem Roman *Justine*: „The upper rooms [...] were patrolled now by black slaves who moved as regally as swans about important tasks."[953]

In dem scherzhaft-satirischen Gegenwartsgedicht „Eine Liebe in Münster" von Anita Nimmert gelangt „eine schwarze Schwänin" zu der schmerzhaften Erkenntnis, daß der von ihr *blindgeliebte* „riesengroße Schwan [...]ein weißes Tretboot nur" war[954].

In seltener Weise wird der schwarze Schwan zum Sinnbild der Dichtung, wenn Else Lasker-Schüler von Peter Hille als „schwarzer Schwan Israels" bezeichnet wird[955].

**Schwarze und weiße Schwäne in den Opern Siegfried Wagners**

Zwei der genannten Kriterien kommen für die Beschreibung der schwarzen Schwäne in Siegfried Wagners Opus 7 in Betracht: Der Aspekt einer Repräsentanz durch den Schwan (1) und der Gestaltwandel Schwan – Mensch (2).
Angesichts der geschilderten sublimen Regionen, besonders deutlich gekennzeichnet bei Wagner, Rilke und Munch durch lichte Höhe und reine Geistigkeit, stellt das Schwarzschwanenreich eine Umkehrung in eine Unterwelt, ein „Sündenreich" dar, dessen Element das Wasser ist. Zu dieser Umkehrung gehört auch, daß anstelle des einzelnen Schwans eine Vielzahl von Schwänen in Erscheinung tritt, allerdings nur als Bestandteil der Hintergrunddekoration in der Kerkerszene, abgesehen von der Erwähnung der Schwäne im Text und von ihrer Illustration in der Musik durch Motive.

Auch die Verwandlung der schwarzen Reiter in schwarze Schwäne wird in der Schwarzschwanenreicherzählung beschrieben, geht aber nicht auf der Szene vor sich.

In zwei weiteren Opern Siegfried Wagners findet die Schwanensymbolik Verwendung, die Bezüge zu den Schwänen in *Schwarzschwanenreich* sind unterschiedlicher Art.

---

[953] Durrell 1979: 161.
[954] Nimmert 2007. [Ms.]
[955] Zit. n.: von Wilpert 1957: 300.

Das vorangehende Werk *Banadietrich* (1909), endet in einer Unterwasserwelt (III.5), die, weiblich determiniert (Protagonistin Schwanweiss/ Nixe/ Schwanjungfrauen), jedoch einen Ort der Erlösung darstellt.

Die positive Schwanenwelt der Schwanweiss (gleichwohl von den Mitmenschen beargwohnt und „verwünscht"[956]) kehrt in *Schwarzschwanenreich* unter umgekehrten Vorzeichen wieder: es ist dunkel, männlich determiniert und über ihm liegt ein „Bann".

Eine Reminiscenz an *Schwarzschwanenreich* findet sich in S. Wagners letztem Werk *Das Flüchlein, das jeder mitbekam* (1929). Die Handlung basiert u.a. auf dem Grimmschen Märchen „Die zertanzten Schuhe". Im Laufe der Handlung werden die in Schwäne – ob schwarze oder weiße, bleibt offen – *verzauberten* „Königssöhne" (17) erwähnt, die schließlich durch die Treue der Königstöchter *entzaubert* werden[957]. Während das Schwarzschwanenreich der Protagonistin im Kerker als Vison erscheint, verwandelt sich im *Flüchlein* der „Saal im Königsschloß" (5) ins „unterirdischen Zauberland" (7). Der sagenhafte Ernst hat sich weitgehend ins Märchenhafte verflüchtigt.

In *Schwarzschwanenreich* verlegt S. Wagner das Gewicht eindeutig auf den negativen Symbolwert des schwarzen Schwans. Er verlegt die beim „Heuchler" durch das Federkleid verborgene Schwärze gleichsam nach außen. Der Schwan in *Schwarzschwanenreich* ist ein schwarzer weißer Schwan. Er ist, der Schwarzschwanenreicherzählung zufolge, „kein wirkliches Tier" (KA 19), also nicht der reale schwarze Schwan (Trauerschwan), der, mit seiner kleineren Gestalt, dem roten Schnabel, den weißen Schwungfedern und den gewellten Flügelspitzen, skurril anmutet, sondern er verfügt über die majestätische Gestalt des weißen Schwans, als dessen Umkehrung er erscheint.

Damit scheint auf die Wortschöpfung „Schwarzschwanenreich" die Bezeichnung „kühne Metapher" anwendbar, und zwar in der Weise, in der Harald Weinrich dieses Stilmittel [Nähe zum Oxymoron[958]] in seinem Aufsatz „Semantik der kühnen Metapher" beschreibt. Stellvertretend für diese höchst komplexe und nicht ganz voraussetzungslose Darstellung sei Folgendes angeführt: „Die Metapher ist eine widersprüchliche Prädikation. Die kühne Metapher ist dann eine Prädikation, deren Widersprüchlichkeit nicht unbemerkt bleiben kann."[959]

---

[956] S.W.: *Banadietrich*. O.J: 8.
[957] Ders.: *Das Flüchlein, das jeder mitbekam*. O.J.: 19. [I.Folg Seitenzahlen im Text.]
[958] Weinrich 1963: 334.
[959] A.a.O.: 337

## Schwarz und weiß in der religösen Symbolik

Der „Schwan" gilt allgemein als Verkörperung des Symbolwertes von Weiß (Redewendung „weis wie ein schwan"[960]) bzw. als „Symbol der Reinheit und des Lichtes"[961].
Die Bedeutung des schwarzen Schwans besteht demgegenüber bei beispielsweise Wagner und Andersen nicht in substantieller, sondern in funktioneller Hinsicht, er ist die (befristete) Negation des „Lichtes".

Von vielen divergierenden Bedeutungen, die „Schwarz" beigelegt werden, seien folgende genannt: „Im Buddhismus bedeutet „Schwarz": „Die Dunkelheit des Gebundenseins"[962]; im Hinduismus wird es gleichgesetzt mit der „*tamas*: sinnliche abwärts gerichtete Bewegung"; in der Alchemie bezeichnet " „Schwarz" „die erste Stufe des Großen Werkes; Zersetzung; Gärung; das Unheilvolle; Abstieg in die Hölle."
Dagegen steht „Weiß" für „Selbstbeherrschung; Erlösung" (Buddhismus); „Reines Bewußtsein; [...] Licht; *sattva* – nach oben gerichtete Bewegung; Manifestation" (Hinduismus) und bezeichnet in der Alchemie „die zweite Stufe des Großen Werkes", „die Reinheit des ungeteilten Lichts" [cf. die Wiederzusammenfügung der beiden getrennten Ich-Hälften „Liebhold" und „Hulda" im Finale, gleichbedeutend mit der von Hulda erstrebten Wiedererlangung des „Lichtes" bzw. einer Befähigung zur „reinen Liebe" (KA 133)]. Das Symbol dieser Stufe ist die „Weiße Lilie" („*femina alba*"). Auch hierzu findet sich eine Entsprechung in *Schwarzschwanenreich*: Im Schlußbild verwandeln sich die „*Holzscheite*" des Scheiterhaufens in „*Lilien*" (KA 171). Damit erweist sich der Weg Huldas als Entwicklungsgang (vgl. die Darstellung der Feuersymbolik in *Schwarzschwanenreich* in *cap*. → **Der historische Handlungsrahmen**). Aus dem Bestrafungsmittel („*Holzscheite*") wird ein Symbol der Reinheit sowie der „Unsterblichkeit"[963]: anstelle von Bestrafung erfolgt Sublimation. Der Zustand des „ungeteilten Lichts" wird ‚wieder' erreicht (Schlußbild: Liebhold und Hulda im Tod bzw. im Zeichen der „Lilien" vereint).
Rückblickend erweist sich Huldas „Abstieg in die Hölle" „Schwarzschwanenreich" als notwendiger Schritt[964] – als „die erste Stufe des Großen Werkes": „Schwarz" „seems to represent the initial, germinal stage of all processes, as it does in alchemy"; erscheint als „the ‚germination in darkness' of the alchemists' *nigredo*."[965]

---

[960] Grimm 1984: 2203.
[961] Lurker 1991: 657. Cooper: o.J. [ca. 1988.]: 169f.
[962] Cooper [1988]: 52.
[963] Körner 2000: 155.
[964] Vgl. hierzu die Ausführungen zu *Lohengrin* im Kapitel „SUBLIMATIO" bei Roch 1995: 215ff.
[965] Art. **Color (Positive/ Negative)** in: Cirlot 1978: 56ff. 57.

Auf diesen Zusammenhang deutet der Umstand hin, daß zu Beginn des Oper (I.1) die „Blume" (Symbol Huldas) besungen wird, die (noch) „tief zur Erde" *geneigt* ist, herabsteigt in „Grab" und „Schatten"-Reich. Die Blume bildet in diesem Zustand einen Bogen, der in der Melodie des Blumenlied-Themas (gis-e-dis-gis) niedergelegt ist (auch die Worte „hinab" und „Grab" erklingen auf gis. Bezeichnend ist die Begleitung der Harfe: lt. Cirlot ebenso wie der Schwan ein „essential symbol of the mystic journey to the other world".[966]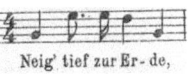

Neig' tief zur Er-de,

Dieser Bogen wiederholt sich im Großen in der Werkarchitektonik, insofern die „Blume" vervielfacht und namhaft bezeichnet als „Lilie" ‚wieder' (neu) erscheint (im „Traum" bereits antizipiert im *„Blumen-Ranken-Zelt"* (Liebesduett Liebhold – Hulda II.0; KA 81) Während die „Blume" Opfer ist („Opfer der Hölle", III.1; KA 150), repräsentiert die Lilie in Vielzahl Überwindung der Richtergewalt, Umwandlung der Bestrafung („Todesqual"; KA 169) in „Befreiung" (dies ist das „Wunder", das S. Wagner in der Anweisung zum Schlußbild vage benennt; KA 171).

Bezeichnend ist, daß die Macht des Schwarzschwanenreichs durch ein animalisches Symbol, die *befreiende* Macht aber durch florale Symbolik charakterisiert wird.[967] (Näheres zur Verwandtschaft der „Blume" mit den *„Lilien"* s. → **Die Gesänge.**)

Die Befreiung kann erst in dem Augenblick geschehen, in welchem die Macht des Schwarzschwanenreichs gebannt ist (Anrufung Christi). Diese *Bannlösung* ist das *Motiv*[968] des Dramas. Als der *Bann* endlich *gelöst* ist, erscheinen der Lilien.

---

[966] A.a.O.: 322.
[967] Vgl. Roch 1995: 216.
[968] Zur Def. v. Motiv vgl. Frenzel 1970: 28ff

## Schauplatz: „Böhmen".

> [...] wieder war ich auf dem vulkanischen Boden
> dieses merkwürdigen und für mich immer anregenden Böhmens [...].[969]
> *Richard Wagner*

Die landschaftliche Außenseite des unbetretbaren Reiches des Versuchers ist „Böhmen".

Mit dieser Verwendung von „Böhmen" steht S. Wagner in einer Tradition, die verschiedene Varianten aufweist.

Dies kann zunächst anhand einer Darstellung Böhmens als literarischem Ort verdeutlicht werden. Abgesehen von den (musikalischen) Bühnenwerken deutscher und tschechischer Sprache, die – wie *Schwarzschwanenreich* – Böhmen zum Schauplatz haben (z.B. *Die Räuber* von Friedrich Schiller; *Die verkaufte Braut* von Bedřich Smetana; *Der Freischütz* von Carl Maria von Weber[970]) wird Böhmen – v.a. in der Erzählung – speziell für böhmische Dichter zum Gegenstand der Behandlung selbst. Was die sprichwörtlichen „Böhmischen Dörfer" besagen: das Unbekannte, Unverständliche – versucht die böhmische Dichtung zu erschließen.

Einen Einblick in die Geschichte der deutschsprachigen[971] böhmischen Literatur bietet das 1981 erschienene Buch von Joseph Mühlberger: *Geschichte der deutschen Literatur in Böhmen 1900-1939*. Besonders prägnant sind – mit einer Ausnahme [Werfel] – Werke, die gerade nicht im engeren Sinne der „Weltliteratur" [vgl. Rilke, Kafka] zuzurechnen sind, gleichwohl aber ein Zeugnis für Böhmen als

---

[969] Wagner 1976: 315.

[970] Der Roman ‚Die romantische Reise des Herrn Carl Maria von Weber' (1932) von Hans Watzlik „schildert dessen Weg durch den Böhmerwald, auf dem er die Anregung zum ‚Freischütz' erhielt." Mühlberger 1981: 140.

[971] Kafka sprach und schrieb auch tschechisch; für Rilke (der – wie Marie von Ebner-Eschenbach – des Tschechischen kundig war) wurde insbesondere „böhmischen Volkes Weise" zum Motiv seiner frühen Gedichte; Werfel verwendete tschechische Sagenmotive; gleichwohl findet man auch kritische Anmerkungen, z.B.: „Den Prager Dichtern wurde vorgeworfen, sie wählten ihre tschechischen Gestalten nur aus den sozial niedrig stehenden Gesellschaftsschichten [etc.]." [Lit.: Egon Erwin Kisch: *Marktplatz der Eitelkeiten*. cap. „Deutsche und Tschechen."] Insbes. die Figur der dienenden Tschechin in der Literatur müsse noch untersucht werden, so Mühlberger 1981: 177.

„geistigen Topos"⁹⁷² ablegen: für die Landschaft und damit verbunden die „Eigenart seiner Menschen", ihre „Glaubens- und Aberglaubenswelt."⁹⁷³

Beispielsweise schreibt der „Germanist an der Prager Universität, August Sauer" über den Dichter Hans Watzlik (1879-1948): „'Er fühlt sich dem Nächtlichen, Ungebändigten, Urwaldverworrenen verbunden. [...] alles Furchtbare und Dämonische, alles geheimnisvoll Lockende und Gleißende dunkler Wasser und verwirrender Elemente verdichtet sich in seinen Schöpfungen.'"⁹⁷⁴ – Auch Leo Hans Mallys spricht in einem Gedicht vom „Geheimnis der schwarzen Seen".⁹⁷⁵

Eine herausragende Sublimation erfährt Böhmen im Werk Franz Werfels (1890-1945), des *Pragers, Böhmen, Österreichers*: „Prag, Böhmen und Österreich waren der Humus, aus dem das vitale Lebenswerk Franz Werfels wuchs."⁹⁷⁶ – In vielen seiner Werke schildert er „den Kampf zwischen der oberen lichten, emporhebenden und erlösenden Macht und der untere dunklen, bestrickenden, herabziehenden und zerstörenden Gewalt, also zwischen oben und unten."⁹⁷⁷ Auch Werfel kennt einen „Verführer", Verkörperung „der falschen Lebenswelt", u.a. der „Welt des Eros und Sexus [...] und des Genusses"⁹⁷⁸, von der zumindest im Werk Erlösung möglich sei, wenn auch nicht im Leben.

Ingeborg Bachmann meint in ihrer Shakespeare-Reminiscenz „Böhmen liegt am Meer" in „Böhmen" [im Gedicht verwendete Kürzel: „hierorts" und „hier"] *ihr* „Land" – ein „anderes Land" – ‚betreten', d.h. „sehen" zu können.⁹⁷⁹ –

„Böhmen – es war einmal."⁹⁸⁰ Das bisher geschilderte erlebte Böhmen liegt *in einer Zeit, die längst vergangen ist*. In seinem bereits zitierten Buch *Böhmische Dörfer. Wanderungen durch eine verlassene literarische Landschaft* schreibt Jürgen Serke: „Das, was einst den Namen ‚Länder der böhmischen Krone' trug und was 1918 ein wesentlicher Teil der Tschechoslowakei wurde, war einmal Mitteleuropa."⁹⁸¹ Böhmens Geschichte ist, laut Serke, eine Geschichte der [religiös-

---

[972] Serke 1987: 48.
[973] Mühlberger 1981: 138.
[974] A.a.O.: 139.
[975] A.a.O.: 382.
[976] A.a.O.: 291.
[977] A.a.O.: 273. (vgl. die Dramen Die Mittagsgöttin, Der Bocksgesang, Der Spiegelmensch)
[978] A.a.O.: 276.
[979] Bachmann 1991: 54.
[980] Serke 1987: 18.
[981] A.a.O.: 7.

politischen] Unterdrückungen: „Die Unterdrückung begann 1620 mit der Niederwerfung der böhmischen Reformation."[982]

In besonderem Maße ist die Geschichte Böhmens Religionsgeschichte. Im vorliegenden Zusammenhang von besonderem Interesse ist ein Teil der Religionsgeschichte, der sich – für das allgemeine Geschichtsbewußtsein – am Rande ereignete: die Geschichte der *Böhmischen Adamiten*.

Um die Jahrhundertwende, zur Zeit der Lebensreformbewegung, wurde die Erinnerung an die Böhmischen Adamiten neu belebt. Ein Zeugnis hierfür sind eine Reihe von Aufsätzen in der Zeitschrift *Die Schönheit*, ebenso beispielsweise die Anzeigen des „Schönheitsbundes" (eine in Costa Rica zu begründende „Adamiten-Kolonie" betreffend) und der „Wiedertäufer" (Mitteilung der „Grundsätze" dieser „religiösen Gemeinschaft")[983].

Bis heute ist das geschichtliche Bild von den Adamiten rudimentär und widersprüchlich. Eine Ausnahme bilden die bereits 1959 erschienenen „Nachrichten über die böhmischen ‚Adamiten' in religionshistorischer Sicht" von Ernst Werner[984], eine differenzierte, quellenkritische Studie zu dem wissenschaftlich selten behandelten Thema „Adamiten", auf die im vorliegenden Rahmen nur ergänzend hingewiesen werden kann.

Die Ausführungen in den genannten Aufsätzen erfolgen aus unterschiedlichen Perspektiven. Im Folgenden sind einige Aspekte zu nennen; die Autoren beziehen sich in ihren Angaben auf bestimmte Quellen (Augustinus; Epiphanius; Äners Sylvius, päpstlicher Legat in Böhmen u.a.), die sie zitieren oder referieren.

In dem Aufsatz „Die Nacktbeter" von Erwin Höffner werden die Adamiten als eine „Sekte von wilden Schwärmern" bezeichnet, „die seit dem 15. Jahrhundert in Böhmen und später in Mähren auftrat."[985] Ihr Ursprung scheint frühkirchlich-griechischer Art gewesen zu sein[986]: „Die Adamiten sind eine kirchliche Sekte gnostischer Richtung im 2. Jahrhundert gewesen [...]. Die Mitglieder dieser Sekte predigten die Enthaltsamkeit von sinnlichen Lüsten und wollten damit den Stand der Unschuld vor dem Sündenfalle zurückrufen. Ihre Anhänger waren aus diesem Grunde Feinde der Ehe und betrachteten es als erste Forderung der Enthaltsamkeit,

---

[982] A.a.O.: 8.
[983] Beide Anzeigen: *Licht Luft Leben* XXIV. H.5. 76.
[984] In: Büttner und E. W. 1959: 73-141.
[985] In: *Die Schönheit*. 1921.: 212.
[986] Als „Vorläufer der Adamiten" nennt E.H. die Sekte der Harrabäer „im alten jüdischen Jerusalem". A.a.O.: 211.

nackt zu gehen. Sie wollten damit äußerlich das Symbol völliger Unschuld zum Ausdruck bringen [...]."[987]

An die Stelle anfänglichen Strebens nach „Enthaltsamkeit" trat – so Höffner – bald ein „Zustand sittlicher Anarchie" oder, wie es im *Lexikon der christlichen Kirchen und Sekten* heißt: „Die S. verfiel bald in gröbste Unsittlichkeit."[988]. Dies „hatte zur Folge, daß ein zügelloses Treiben herrschte, das mit Recht die Gegner dieser Sekte mehr und mehr anwachsen ließ und zu harten Mitteln der Kirchendisziplin führen mußte, was zur Folge hatte, daß die Adamiten äußerlich scheinbar verschwanden, in Wirklichkeit aber als Nacktbeter im Geheimen nach wie vor weiter lebten."[989]

Der „Stifter der böhmischen Adamiten", wie Joseph Rötzer in seiner „kulturhistorischen Studie": „Der religiöse Nacktkult der Adamiten" schreibt, ein Pikarde, „der aus Belgien nach Böhmen eingewandert war und sich Adam nannte[990], „verwarf die katholische Abendmahlslehre, erklärte sich als Feind des Priestertums und lehrte die völlige und unwillkürlichste Gemeinschaft der Weiber."[991] – Die Kirche sah Grund einzuschreiten; die „grimmige Verfolgung" endete „nach dem drastischen Vorgehen jener Epoche, mit Gefängnis und Scheiterhaufen".[992] Ein weiterer, noch gnadenloserer Gegner entstand den Adamiten in den Hussiten, welche sie 1421 (scheinbar) vernichtend schlugen.[993]

Der aus Böhmen stammende Verfasser des Aufsatzes „Die Körperkulturbewegung der ‚Böhmischen Adamiten' in Zentral-Europa" Edmund-Johannes Reimer sieht die Geschichte der Böhmischen Adamiten untrennbar verknüpft mit der böhmischen Mentalität: „Zuvor man versuchen kann, die beispiellose Hartnäckigkeit zu verstehen, mit der die Adamiten Böhmens sich unter verschiedenen Namen immer wieder zusammentaten, muß man wissen, daß der Slave, vor allem der Westslave, der Tscheche, vorwiegend moralistisch (und also religionshaft) gerichtet waren [sic] bis in die neueste Zeit."[994] Reimer charakterisiert die Böhmen als „ein Volk [...], dessen geradezu hervorragendster Zug das [sic] ‚religio', das über Konfessionen hinwegschreitende Gott- und Lichtsuchen ist [...]." Er schließt daraus: „Böh-

---

[987] Ebda.
[988] Gründler 1961: 50.
[989] Höffner 1921: 211f.
[990] Rötzer a.a.O.: 208. – Der Name Adam (auch: Moses) wurde im Sinne einer Titulierung der Anführer der adamitischen Sekte verwendet; s Werner 1959: 119.
[991] Höffner 1921: 212. – Aus einer tschechischen Quelle geht hervor, „daß alle Dinge unter ihnen gemeinsam sein werden, auch die Weiber." Werner 1959: 80, Anm. 37.
[992] Rötzer 1921: 208f.
[993] Höffner 1917: 212.
[994] Reimer 1917: 230.

men-Mähren sind geradezu klassische Länder für das Entstehen von Religion. [...] In diesen Ländern geht der Kampf um Gott nie zu Ende [...]."[995]

Die hier zitierten von Theologen, Historikern und Schriftstellern verfaßten, Zeitschriftenaufsätze widersprechen einander, insofern sie z.T einseitige Darstellungen hinsichtlich einer ausgesprochenen Täter- oder Opferposition der Adamiten enthalten. Eine Relativierung dieser extremen Positionen in der Darstellung der Ursachen der Adamitenverfolgung sind die quellenbezogenen Kommentare bei Werner[996], die beispielsweise über die Motive der „Aggressivität"[997] (Raub-Mord-Züge in die Umgebung) und der „Greueltaten"[998] vonseiten der Adamiten berichten[999], welche sich z.T. auf soziale [extreme *materielle Not*[1000]], z.T. auf religiöse Ursachen [Vernichtung von „Ungläubigen", d.i.: Hussiten und Katholiken, als Teil ihrer „Mission"[1001] zurückführen ließen. Hervorgehoben wird, daß die Quellendarstellungen adamitischer Aggressivität nicht allein „böswillige Verleumdung" darstelle (zur generellen Stichhaltigkeit Epiphanias'[1002]), sondern u.a. auf einer Tradition religiösen Haß-Gebots beruhe, was dort näher ausgeführt wird[1003].

Auch der bei Reimer erwähnte „D. Svátek"[1004] [sic; r. wohl: *J.[osef]* Svátek (1835-1897)] widmet einen Abschnitt seines Buches *Culturhistorische Bilder aus Böhmen* (*op. cit.*, vgl. *cap.* über die → **Hexenverfolgung**) den Adamiten und Die-sten. Ob S. Wagner, der ein ausgesprochenes Interesse für die Geschichte seines fränkisch-böhmischen Umfeldes an den Tag legte (Lektüre; eigenes Opernschaffen), dieses Buch kannte, kann nicht mehr festgestellt werden. – Bereits als Kind (1875)[1005] und später zu Vortrags- und Konzertreisen[1006] war S. Wagner in Böhmen.

Der reale Schauplatz Böhmen spiegelt sich nicht direkt in einer Bühnenlandschaft wider. Ebenso fehlen in der Musik, wie Pachl festhält, „folkloristische Böhmenanklänge, die etwa bei der Tanzmusik im 2. Akt nahelägen, wo aber durch eine $^2/_4$-

---

[995] Ders.A.a.O.: 218; 220.
[996] Werner 1959: u.a. 79ff.
[997] A.a.O.: 81.
[998] A.a.O.: 84
[999] A.a.O.: 122, 127.
[1000] A.a.O.: 132.
[1001] A.a.O.: 82. Zur Bedeutung des Chiliasmus in diesem Zusammenhang s. u.a. 83 u. 91.
[1002] A.a.O.: 77.
[1003] A.a.O.: u.a.: 84.
[1004] Reimer 1921: 224.
[1005] Br. SW an Lulu und Boni [Daniela u. Blandine von Bülow] 1975 aus Prag. NAB. [Hs 14 (6).]
[1006] Z.B. 1923; vgl. Br. SW an Rosa Eidam von 1923. NAB. [A 2545/ I-65.]

Melodie zum ³/₄-Rhythmus des Walzers eine Verfremdung erreicht wird."[1007] Das „Böhmen" Siegfried Wagners ist eher jener – nur im Text vorhandene – „Ton", der „schlummernd schwieg in mir, ungekannt, von Nacht verdeckt –" (KA 70).

Die einzige Szene, die man indirekt mit der Landschaft Böhmens in Verbindung bringen könnte, ist dementsprechend eine nächtliche Szene: die Waldszene II.5: „*Waldblasse Mondnacht – Im Hintergrund ein Teich.*" (KA 130) Der Wald im Werk Siegfried Wagners – mit dem *Geheimnis des schwarzen Sees* – steht, mit Werfel, für die „untere dunkle, bestrickende, herabziehende und zerstörende Gewalt".

Eine Exponentin dieser Landschaft „Böhmen" als Schauplatz eines Psychodramas ist Hulda.

Schwarzschwanenreich *II.5 Köln 1939*
v.l.: Hendrichs, Rasp, Oehme-Foerster

---

[1007] Pachl 1982/83: 147.

# Die Personen.

*Vorbemerkung*

In diesem Kapitel geht es darum, die Personen der Oper *Schwarzschwanenreich* in einem zusammenfassenden Rückblick auf die vorangegangenen Kapitel Revue passieren zu lassen. Verbunden damit ist ein Versuch, die Beziehungen der Personen zueinander sichtbar werden zu lassen, wobei von einer wesentlich hierarchischen Struktur auszugehen ist, wie Titel und Handlung des Werks implizieren. Die hier vorgenommene Reihenfolge orientiert sich an drei Kriterien: a) die Paarkonstellationen; b) Differenzierung zwischen Haupthandelnden und personifizierten Abspaltungen von einzelnen haupthandelnden Personen; c) das Bezugsverhältnis zwischen der Protagonistin und allen übrigen Personen.

Daraus ergibt sich eine Personage (linke Spalte), die von der Siegfried Wagners (rechte Spalte) abweicht:

| | |
|---|---|
| **Hulda** | Hulda |
|   Der Versucher | Liebhold |
|     Der Pfarrer | Ursula |
|     Der Gefängnisswärter | Oswald |
|   Oswald | Das Aschenweibchen |
|   Ursula | Der Gefangnisswärter [sic] |
|     Das Aschenweibchen | Der Versucher |
|   Liebhold | Ein Bursche/ Ein Mädchen |

„Ein Bursche/ Ein Mädchen", die zwar bezeichnend für Siegfried Wagners Gestaltungsweise sind (‚Buffopaar'), werden u.a. im „Canton"-Kapitel erwähnt und nicht in die analytische Personage aufgenommen. – Der Pfarrer wird bei S. Wagner nicht aufgeführt, weil er nicht auf der Bühne erscheint. Da sein Eingreifen für den Werdegang der Protagonistin aber von entscheidender Bedeutung ist, wird er hier einbezogen. – Das Hauptpaar bilden, geht man von der ins Sagenhafte verlegten Vorgeschichte aus, Hulda und der Versucher. – Die Rahmenposition (Bühnenhandlung) haben gleichwohl Hulda und Liebhold inne. – Als (gegnerische) extreme männliche Positionen stehen sich der Versucher und Liebhold gegenüber.

Die Kriterien der Darstellung einzelner Personen sind im Folgenden: Namenssymbolik, Beziehungen zu anderen Personen, musikalische Motive und literarische Analogien.

## Hulda

Der Name der Protagonistin „Hulda" erscheint als mythische Ummantelung der Hauptgestalt, die im ersten (Prosa-)Entwurf der Handlung noch „Linda" hieß, erklärbar als weibliche Personifizierung des Namens „Linderhof". „Linda" wäre demnach der Name eines weiblichen Äquivalents zur Person Ludwigs, nicht aber selbst eine Person. In seiner späteren Namenswahl kehrt S. Wagner – der Handlung entsprechend – die Positionen um: Hulda hat die primäre, Liebhold die sekundäre Position (s.u.: „Liebhold").

Das Requisitensymbol ist der *Krug* (I.2), beziehbar auf die „gift'gen Säfte" des „Satans" (zum Zerrbild des *Kruges*: der *Eisernen Flasche* s.u.: Abschnitt „Der Gefängnisswärter").

Zwei zentrale Motive Huldas sind das (melodische) Huldamotiv (vgl. → „[...] **das Bild jener Frau [...]**.") und das (akkordische) Motiv des Schwankens (→ **Der fragende Blick**), das ihr Schwanken zwischen zwei Welten oder auch ihr Gebundensein an den unfesten Grund des Schwarzschwanenreichs illustriert.

Hulda trägt, wie im „Canton"-Kapitel dargestellt, Züge (von ihren Partnern, insbesondere Oswald, ebenso ersehnt wie gefürchtet), die an die zeittypische *femme fatale* erinnern, ohne allerdings selbst diesen Typus zu repräsentieren, wie aus der Handlung hervorgeht.

An Hulda läßt folgendes Portrait der Justine aus dem Roman *Justine* von Lawrence Durrell denken, das hinsichtlich einer Beurteilung von einer Betrachtungsperspektive zeugt, die keine Einzelperson in *Schwarzschwanenreich* einnimmt, die m.E. aber dem Denken Siegfried Wagners selbst zumindest nicht widerspricht:

> Niemand kann Justine entschuldigen oder freisprechen. Sie ist, was sie ist – großartig, einfach; wir müssen sie hinnehmen, wie die Erbsünde. Aber wenn man Justine eine Nymphomanin nennt oder sie mit Freud zu erklären sucht, Lieber, nimmt man ihr alle mythische Substanz – das einzige, was sie wirklich besitzt. Wie alle amoralischen Menschen hat sie etwas von einer Gottheit an sich. Wenn unsere Welt eine Welt wäre, dann gäbe es auch Tempel, in denen sie ihren Frieden fände, Tempel, in denen sie das ihr auferlegte Erbe überwinden könnte – [...].[1008]

Rückblickend auf das „Böhmen"-Kapitel lassen sich auf Hulda Pauschalurteile über böhmische Frauen beziehen, die teils mündlich, teils schriftlich überliefert wurden: „Aber bring mir keine Böhm'sche!" Diese Worte ließ ein Vater hören, der seinen Sohn (den in Seiffen/ Erzgeb. geborenen Komponisten Rudolf Frohs) vor einer böhmischen Heirat warnen wollte – vergebens. – Ein weiteres Beispiel für den elterlichen Widerwillen gegen eine (bereits vollzogene) böhmische Heirat ist

---

[1008] Durrell 1958: 80.

die Äußerung Hedwig Pringsheims über ihre „böhmische Schwiegertochter", die „weder eine Gattin, noch eine Hausfrau, noch eine Mutter ist."[1009]

Ein Gegenstück dazu findet sich in der tschechischen Kunst: in der Oper *Jenůfa* von Janáček. Das Werk spielt in Mähren, nicht in Böhmen, ein Unterschied, der aber hier nicht ausschlaggebend scheint. Von Jenůfa sagt der Altgesell: „Ja, ja, schön ist sie wohl, daß man ganz verwirrt im Kopf wird; ja, schön ist sie wohl! Trägt sich wie 'ne goldne Glocke, und mit den grauen Augen könnt' sie die Seel' aus dem Leibe ziehn."[1010]

## Der Versucher

Der Versucher ist innerhalb des Gesamtwerks Siegfried Wagners eine herausragende Gestalt. In einigen anderen seiner Opern (op. 1/ 6/ 11/ 13) treten teuflische Figuren auf, die einen tendenziell komödiantischen Charakter haben, wenn auch der bedrohliche Unterton nicht fehlt. (Der Teufel im *Bärenhäuter*, op. 1, ist eine Baß-Buffo-Partie; im *Banadietrich*, op. 6, erscheint der Teufel in dreierlei Gestalt, versehen mit Namen, die auf etwas undefinierbar Unheimliches hindeuten; den Hinkenden Wanderer im *Schmied von Marienburg*, op. 13, bezeichnet Pachl im Kommentar zu seiner Inszenierung 2008 als „eine traumatische Figur", als „Alter Ego" des Schmiedes Muthart, zu besetzen mit „einem Charaktertenor, dem Pendant zum Heldentenor der Titelfigur."[1011] Also „sind", um eine Formulierung von Fritz Böhner aus dem Jahre 1929, aufzugreifen, „bis auf diese Ausnahme [op. 7] alle Gestaltungen des Teufels mehr oder weniger von Humor umspielt [...]." „Einzig und allein", so heißt es im vorangehenden Absatz, „in ‚Schwarzschwanenreich' erscheint der Teufel jeglichen mildernden Zuges entkleidet als dämonischer Verführer."[1012]

Er hat zwei vergleichsweise kurze Auftritte, die erst im III. Aufzug erfolgen (Kerkerszene 1; Richtplatzszene 2). Auf dieses Inerscheinungtreten bereitet Siegfried Wagner vor, indem er ihn vielnamig und in wechselndem Gewande – metaphorisch im Text und mythisch-real auf der Bühne – erscheinen läßt.

Er ist

---

[1009] Jens 2005: 180.
[1010] Janáček/ Preiß (Brod) 1918: 13. (I.2)
[1011] Pachl 2008:[ unpag.; Seite 5].
[1012] Böhner 1929: 170.

1. im Blumenlied a) der *Freund* „Schatten", der über Huldas Leben liegt (I.1);
2. b) das „böse Kraut" [NT], das sie *vergiftet* hat „oder":
3. c) der „lüsterne", ob der erfahrenen Ablehnung vonseiten Huldas *verdrossene* „Käfer" [die Ablehnung m.E. deutbar als nach anfänglicher Hinwendung erfolgte Abwendung vom Schwarzschwanenreich];
4. der „Pfarrer" (I.1; II.2; s.u.);
5. der im Text erwähnte „Wallenstein" (I.1,3,4) (→ **Der historische Handlungsrahmen**);
6. der „Richter" (identifizierbar mit „Wallenstein") (I.5);
7. die „Wolke", in welcher Hulda die „Gestalt" des „schwarzen Reiters" erblickt, die sie angesichts ihrer bevorstehenden Verbindung mit Liebhold drohend an ihre Rückkehr in sein Reich gemahnt (ebenfalls identifizierbar mit „Wallenstein") (I.6);
8. die *„Erscheinung"* des Versuchers *„als schöner Jüngling"*, dessen Bild m. E. aber gerade in seiner Unverhülltheit eine Umkleidung (Inkarnation) des Versuchers darstellt; eher eine Manifestation, Personifikation des Schwarzschwanenreichs, als eine Person (Vision Huldas im Kerker; III.1);
9. der Gefängnisswärter (satyrhaftes Gegenstück zum *„schönen Jüngling"*) (III.2) (s.u.);
10. die „Richter", welche Hulda – im Sinne einer (vor-)letzten Drohung zum Tode verurteilen (III.1);
11. das *„bläuliche Licht"* (in dieser Erscheinung unternimmt es der Versucher zum letzten Mal, Hulda zurückzugewinnen) (Richtplatz; III.4).

Eine Ergänzung zur *„Erscheinung"* des Versuchers *„als schöner Jüngling"* durch ein Beispiel aus der Unterhaltungsliteratur der Jahrhundertwende: mit der Schilderung eines verfemten Gemäldes stellt auch Ludwig Ganghofer in seinem Roman *Das Schweigen im Walde* die Schönheit des Teufels hin, wie aus folgen-dem Dialog zwischen Fürst Ettingen und dem Förster Kluibenschädl – beinahe ein Sokratisches Gespräch – deutlich wird:

> „Was den Pfarr am schiechsten g'ärgert hat, dös war der Teufel. Der is viel schöner gmalen gwesen als wie der Heiland." [...] „Wenn nun der Teufel erschiene, um Sie zu versuchen? [...] Und wenn er käme, wie ihn der Pfarrer von der Kanzel herab den Bauern schildert: mit schwarzer Kaminfegerfratze und langer Zunge, mit Ziegenhörnern, Kuhschweif und Pferdefüßen? Würden Sie sich von dem verführen lassen?"
> „Na, Duhrlaucht! Da möcht ich gschwind sagen: ‚Pfui Teufel, fahr ab, du!'"
> „Nun also? M u ß denn die Versuchung nicht schön sein, wenn sie uns gewinnen will? Zu unterlassen, was wir selbst für abscheulich halten, das ist doch kein Ver-

dienst. Wenn wir uns einer Sünde in die Arme werfen? Welche Entschuldigung hätten wir denn, wenn nicht die eine: daß die Sünde schön war?"[1013]];

Von den elf hier als solche deklarierten Einkleidungen des Versuchers treten vier auf der Bühne in Erscheinung („schwarzer Reiter"; *„schöner Jüngling"*; Gefängniswärter; „bläuliches Licht"). Alle übrigen sind Bestandteile erzählender Textpassagen. Die Macht des Versuchers läßt sich mit derjenigen des (ebenfalls vielnamigen) Hypnotiseurs über sein Medium in dem Kriminal-Roman *Die Somnambule* von Hans Hyan[1014] vergleichen.

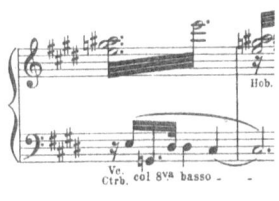

Über das musikalische Motiv des Versuchers schreibt Tina Schneeweiß: Mit „einem dissonanten Akkord wird der Versucher beschrieben. Der verminderte Septakkord, den man aufgrund seiner symmetrischen Struktur allein diatonisch in acht verschiedene Toniken auflösen kann, drückt die Flexibilität des Versuchers aus. Er windet sich, kann nach allen Richtungen verschwinden und wieder auftauchen. Bezeichnend sind sowohl die Sprünge, die das eigentliche Motiv kennzeichnen, als auch der punktierte Rhythmus, der der Ausdruck des Flüchtigen, Nicht-Faßbaren ist."[1015]

E.T.A. Hoffmann schreibt in *Kater Murr* über den Septakkord, „daß der Dreiklang aus nichts anderem bestehe, als aus drei Klängen, und niedergestoßen werde durch den Dolchstich der Septime [...]!"[1016]

*... jetzt faßt er mich an!* – mit einer Bezugnahme auf diesen Vers aus dem „Erlkönig": einer dreifachen Variation („Schon will er mich fassen! [...] Er lässt nicht von mir! [...} mich fasst es am Leib!"; Schwarzschwanenreich-Vision im Kerker III.1, KA 146f) fällt ein erhellender Lichtschimmer auf das Reich des Versuchers. Weiterhin entspricht das „feige Bangen" Huldas (KA 142) dem *Bangen* des „Knaben", ebenso das mit „alten Weiden" bestandene Ufer bei Goethe dem von Bäumen umgebenen Schwarzschwanensee Siegfried Wagners (KA 16f). Den eigentlichen Angelpunkt für eine Bezugnahme des Komponisten auf Goethes Gedicht kann der folgende Vers geboten haben: „'Ich liebe dich, mich reizt deine schöner Gestalt/ [...].'"[1017]

---

[1013] Ganghofer o.J.:184-188.
[1014] Hyan: o.J.: 127.
[1015] Schneeweiß 2000: 97.
[1016] Hoffmann 1845: 60.
[1017] Goethe 1887: 167. Zum Interpretationsproblem vgl. das *Goethe Handbuch* 1996: 212ff., insbes. 214, 216.

In den folgenden beiden Abschnitten werden nun zwei der Einkleidungen des Versuchers ausführlicher behandelt:

**Der Pfarrer**

Der Pfarrer ist der Protagonist unter allen Erscheinungsweisen des Versuchers. Seine Anwesenheit (Vorgeschichte [s. Bericht Ursulas (I.1)]: Kindheit Huldas] und seine Abwesenheit (Exorzismusszene I.5; Kerkerszene III.1,2) sind von äußerster Wichtigkeit. Während der Exorzismusszene hat sich der Pfarrer in der Tat entfernt, dies geht aus der *1. Skizze* der *Dichtung*[1018] hervor. Es verwundert, daß der Pfarrer in der Kerkerszene abwesend ist, während an seiner Stelle der Gefängniswärter eine sakrale Handlung vornimmt. Die Abwesenheit erklärt sich so, daß der Pfarrer eine Erscheinungsweise des Versuchers ist, welcher jetzt in Gestalt des Kerkermeisters die heilige Handlung (Überreichen des „*Crucifix*'") vornimmt. Die Abwesenheit des Pfarrers auch auf dem Richtplatz erklärt sich so, daß der Versucher hier wiederum in anderer Gestalt erscheint: als „*bläuliches Licht*".

Als literarische Analogie kann man den Priester nennen, der Hilde Simon (im Roman *Wie Hilde Simon mit Gott und dem Teufel kämpfte* von Artur Landsberger[1019]) während einer schwarzen Messe vergewaltigt, ein Kind zeugt, das große Ähnlichkeit mit dem Priester hat und welches Hilde Simon schließlich tötet. Hilde Simon wird zum Tode verurteilt und hingerichtet.

**Der Gefängniswärter**

Die Gefängniswärterszene (III.2) stellt einen Einhalt innerhalb der Handlung dar. Hier artikuliert der Versucher, vermittelt durch den Wärter, komprimiert seine Forderung, woraus hervorgeht, daß die Jagd auf Hulda als „Hexe" ein Mittel der Drohung bzw. Bestrafung ist. Dies geschieht im komödiantischen Gewande des Subalternen, des Gerichtsdieners („'Büttels'"). Die tiefere Stimmlage (Baß) (Versucher: Bariton) ist als Bestandteil dieser Maske des Versuchers zu sehen. Auf die Verwandtschaft Wärter – Versucher deuten mehrere Anzeichen hin:

1. Verflüchtigung der *Erscheinung des schönen Jünglings* und Eintreten des Wärters innerhalb eines einzigen Taktes (→ **Der historische Handlungsrahmen**);

---

[1018] Hs. NAB [VI Bf 1-1;unpag.; 6. Seite.]
[1019] Landsberger 1911.

2. Umhängen der *Eisernen Flasche* oder auch: des „'Schand-Steins'" (→ **Der historische Handlungsrahmen**);
3. der kommentierende Spruch des Wärters weist auf eine Verbindung zwischen *satanischer Einspritzung* und dem erzwungenen *Trinken aus des Büttels Flasche* hin;
4. der Spruch erschallt wie ein Ruf eintönig-ehern in einem quasi-lithurgischen Gesang, von bedrohlichen Orche- sterklängen untermalt;
5. stellvertretend für den ‚abwesenden' „Pfarrer" überreicht er Hulda ein „*Crucifix*".

## Oswald[1020]

> Eine Leidenschaft ist im Erwachen;
> die, bei seiner Anlage,
> sich allmählich bis zur rohen Begehrlichkeit steigern muß.[1021]
> *Siegfried Wagner*

Oswald bezieht eine Einzelposition zwischen der Versucher-Gruppe und dem folgenden Teil der Personenaufstellung. Einerseits nimmt er im Gegensatz beispielsweise zum Wärter eine eigene Entwicklung, andererseits wird er – unbewußt – im Verlauf der Handlung mehr und mehr zum Werkzeug des Versuchers. Zuerst als Krieger, dann als Totengräber. Sein Name deutet darauf hin.

Im I. Akt erscheint Oswald als Krieger (Kriegermotiv). Darauf verweist die Etymologie des Namens „Oswald": Os-walt [ältere Schreibweise] = Ans [=Asen]-walt = Gott-Herrscher [= Walter][1022] ein vorchristlicher Gottesname (cf. Odin-Wotan, Anführer des später satanierten ‚wilden Heeres').

---

[1020] Oswalds Name im ersten Entwurf lautete „Trutz" (vgl. die Gestalt des Trutz im *Kobold*, die wesentliche Züge mit ihrem Gegenspieler Friedrich gemeinsam hat); dessen Haltung erinnert an den „Trutz", welcher die „Ertzbetrügerin" Courage (Grimmelshausen) kennzeichnet, die ihre „Laster" offenbart, weil „keins umb ein Haar besser als das ander sey" (18) – „dem simplicissimo zu Trutz", der sie in „Schande" gebracht habe. (17) *Trutz Simplex:/ Oder/ Ausführliche und wunderseltzame/ Lebens-Beschreibung/ Der Ertzbetrügerin und Landstörtzerin/ Courasche/ [...] dem [...] Simplicissimo zum Verdruß und Widerwillen/ dem Autori in die Feder dictirt.* Der Antagonismus Oswald-Liebhold ist allerdings ein anderer als der o.g. in op. 3, wohl aus diesem Grund hat Wagner den Namen geändert.
[1021] Notiz in der *Dichtung/ 1. Skizze* zur Person Oswalds I.3. NAB. [VI Bf 1-1; unpag. 9. Seite.]
[1022] Vgl. die Angaben b. Bahlow 1967: 370; vgl. Ang. zu verwandten Namen: Anselm (35), Osmund (369), Oschwald (368).

Im II. Akt erscheint er als Totengräber: bildhafte Deutung seines Namens „Knochen [lat. os] [im] Wald" – da er vorgibt, „Kinder-Knöchlein": die Knochen des im Wald verscharrten Wechselbalgs, zu suchen.

Aufgrund seines Versagens bei dem Versuch, als Krieger (i. A. „Wallensteins") Liebhold aus dem Weg zu schaffen (I.4, 5), wird er (vom „Richter"-Versucher) mit Kerkerhaft bestraft. Zum Totengräber verwandelt, unternimmt er es, wieder entlassen, Hulda dem Schwarzschwanenreich zurückzugewinnen (II.2). Sein Szenenmotiv, das Drohmotiv, ist zweifach deutbar: z.e. *illustriert* es die Drohgeste, mit der Oswald seine Erpressung begleitet; z.a. *symbolisiert* es den aufgereckten Arm des Wechselbalges. Seine Drohung, verbunden mit einer gewaltsamen Werbung, läßt das Schwarzschwanenreich in Hulda wieder aufsteigen. Huldas verzweifelte Abwehr läßt dennoch auf ein erwachendes Begehren (Schwarzschwanenreichmotiv; Flügelrauschen) schließen.[1023] Durch Ursulas Dazwischenkunft wird Oswalds Anschlag vereitelt.

Oswald ist dem Befehl des Versuchers mit Erfolg nachgekommen, das Schwarzschwanenreich ist in Hulda wieder aufgetan, sein persönliches Ziel, Hulda zu besitzen, hat er nicht erreicht.

Die von einigen Kritikern offen gelassene Frage nach dem Motiv des frühen Abgangs Oswalds von der Bühne (beispielsweise in einer Rezension von 1919: „Aus irgendeinem Grunde entläßt Wagner ihn aber schon im zweiten Akte von der Bühne [...]."[1024]) kann auf diese Weise beantwortet werden[1025].

Ausnahmsvoll im gesamten Werk ist sein alleiniges Bestreiten einer ganzen Szene.


**Ursula**

Auch der Name Ursula läßt sich in zweierlei Weise deuten: z.e. charakterisiert er Ursula im bildhaften Sinn als „Bärin", die für das Seelenheil ihres Bruders kämpft. Das reale Vorbild dieser Gestalt ist Siegfried Wagners Schwester Eva, welcher der Komponist im Fluch-Gesang der Ursula (II.3) ein musikalisches Denkmal gesetzt hat (→ **Ursula, die Bärin** und → **Die Gesänge**); z.a. stellt sich eine Assoziation zur christlich-legendären Gestalt der Heiligen Ursula her, die in der Literatur mehrfach behandelt wurde. In seinen *Forschungen: Die Religion der Keltogermanen* stellt Franz Jostes anhand von Quellentexten dar, auf welchem trans-kulturellen Wege die Heilige Ursula auf die Göttin Isis zurückzuführen sei, die ihrer göttlichen

---

[1023] → Analyse der 2. Szene des II. Akts.
[1024] W. N. 1919: 61.
[1025] Eine weitere Erklärung auf einer anderen Deutungsebene s. .*cap.* → **Die Handlung aus psychoanalytischer Sicht**.

Position beraubt, später aber in der Position einer Heiligen wieder eingesetzt worden sei: „Das Christentum nahm ihr die Opfer und den Namen, aber ihr Andenken lebte fort, und als man vergessen hatte, daß sie eine Göttin war, wurde sie zu einer Heiligen: Ursula!

In Britannien und am Rhein erzählte man sich die Wundertaten und das Ende dieser Jungfrau und Königin unter mehr als einem der 300 Namen, mit denen sie dereinst gerufen worden war. Aber Britannien und Köln arbeiteten zusammen, um den Namen Ursulas zur Herrschaft zu bringen, unter dem die Göttin noch einmal weltberühmt wurde. [...] Das christliche Köln hat der Ursula eine Kirche errichtet, und darin fand man vor einem Menschenalter eine Statue mit der Inschrift ‚Isidi invictae' vermauert. Es muß der Göttin also dort schon ein Heiligtum gewidmet gewesen sein [...]."[1026] Hieran schließt eine Untersuchung des Namensverhältnis Ursula-Isis. Die *unbesiegbare Isis* sei identisch mit der Dea Artio (lat.-kelt.: Bärengöttin), worauf u.a. die Tatsache hinweist, daß das heilige Tier der Isis (u.a.) der Bär war: Dea Artio = Bärengöttin = Isis = Ursula.[1027]

Auf das Vorhandensein einer naturmystischen Komponente der Ursula Siegfried Wagners läßt schließen, daß diese von der Existenz v.a. *böser Geister* (= Schwarzschwanenreich) überzeugt ist (vgl. die Einleitung zur Schwarzschwanenreicherzählung I.1); daß sie, nachdem sie durch Huldas hexenhaftes Wesen nicht nur den Bruder, sondern auch den „Freund" (Oswald) verloren hat, zu Beschwörungen und Flüchen greift (II.3; Fluchgesang); daß sie des Mondzaubers[1028] kundig ist (zumindest, soweit dies zur Überführung der „Hexe" Hulda notwendig scheint); bezeichnend ist auch ihre Zusammenarbeit mit dem Aschenweibchen (I.1,5; Exorzismusversuch) – ein heidnischer Rückstand, wie bei Ortrud im *Lohengrin* (in weitaus stärkerem Maße) der Fall.

Von den literarischen Gestaltungen der Ursula (u.a. die Gestalt des „frommen Ursule" im *Abenteuerlichen Simplicissimus* von Grimmelshausen und dagegen die Wiedertäuferin Ursula in der Erzählung *Ursula* von Keller) ist in diesem Zusammenhang die von Klaus Mann in seinem *Wendepunkt* geschilderte, offensichtlich stark stilisierte, Begegnung des Verfassers mit der „kleinen Baroneß Ursula Pia

---

[1026] Jostes 1926: 178f. Aus dem Vorwort der Hg. K. Zeck u. M. Jungehülsing: „Schloß man bisher den orientalischen Einfluß auf die Gestaltung keltischer und germanischer Mythologie in der Theorie zwar nicht aus, brachte ihn jedoch in der Praxis zu wenig in Anschlag, so baut Jostes gerade auf dem Fundament alter Kulturbeziehung von Orient und Okzident eine neue Erkenntnis der Götterge- stalten keltischer und germanischer Mythologie auf. Die orientalischen Mythen aber, in denen die keltisch-germanischen wurzeln, haben seiner Auffassung nach ihren Ursprung im Tierkreis [sic] mit seinen Planeten oder in der Sonnenbahn mit ihren Wenden. Diesem Grundcharakter seiner mythologischen Anschauungen verdankt sein Lebenswerk den Titel ‚Sonnenwende', der von ihm selbst gewünscht ist." III.

[1027] A.a.O.: 179.

[1028] Vgl. das Gedicht „Die Zauberin" von Theokrit (Übers.: Eduard Mörike).

von Bernus"[1029] von Interesse, deren Eltern dem Spiritismus ergeben waren: „ein adrettes kleines Ding von eher barschen Umgangsformen"[1030], das „einzig ‚normale' Wesen" in einer *übergeschnappten* Familie[1031]. Ursula Pia stand dem „'magischen Zeug'" mit *Mißtrauen, Neugier, Haß* gegenüber, von ihm „zugleich angewidert und fasziniert, als sei sie einem schmutzigen Geheimnis auf der Spur." [1032] „Aber sie war gegen die dunkle Sphäre [...]."[1033] Für Klaus Mann wird sie zur „kleinen Schwester". Diese mahnt ihn „mit ernstem Nachdruck": „'Wenn du nicht streng mit dir selber bist, dann kann's leicht schief mit dir gehen.'"[1034]

Ohne es zu wissen, ist auch Ursula Gehilfin des „Satans". Um ihren „armen Bruder" zu „retten", schickt sie Liebhold ‚in des Teufels Küche', macht sie „*den Bock zum Gärtner*", wie es im ersten Entwurf heißt[1035], indem sie Oswald bittet, zu bewirken, daß Liebhold in den *Dienst* „Wallensteins" trete.

Ihre oben erwähnte Dazwischenkunft (II.2/ 3) geschieht gerade rechtzeitig, um zu verhindern, daß sich Oswald und Hulda vereinigen, so daß Hulda Oswald angehören und nicht dem Versucher anheimfallen würde.

Ursulas Verhalten Hulda gegenüber hat zur Folge, daß sich Hulda an das Wechselbalggrab begibt (II.5), wohin ihr Ursula nachfolgt und so endlich das „Zeugnis" (s. I.1) erlangt für Huldas Schwarzschwanenreich-Aufenthalt, woraufhin sie Hulda „als [...] Hexe verklagt" (s. I.1) und diese den „Richtern" ausliefert.

## Das Aschenweibchen

Das Aschenweibchen ist die einzige Gestalt, die im Zuge der dreistufigen Textbuchentstehung drei unterschiedliche Namen erhielt: „Zina (Zauberin)" (erster Entwurf[1036]; wohl nach lat. *cinis*, Asche[1037]); „Velleda" [sic] (*Dichtung/ 1. Skizze*[1038]); „Das Aschenweibchen" (Erstschrift des Textbuchs, in der Partiturfassung des Textes beibehaltener Name[1039])

---

[1029] Mann 1958: 151. Tochter des Alchemisten und Dichters Alexander von Bernus.
[1030] A.a.O.: 150.
[1031] A.a.O.: 151.
[1032] A.a.O.: 152.
[1033] A.a.O.: 153.
[1034] A.a.O.: 154.
[1035] NAB. [Bf VI 1-4.] Ms. [erstes Blatt]
[1036] Hs. NAB. [VI Bf 1-4.]
[1037] → **Die „übrigen greulichen Weiber"**
[1038] Hs: [5. Seite]. NAB [VI Bf 1-1].
[1039] Hs: NAB [VI Bf 1-3].

Die Handlung vermittelt den Eindruck, daß die Namen nicht jeweils ersetzt wurden, sondern daß sie latent erhalten blieben, indem sie bedeutungsmäßig übereinandergelagert wurden: „[...] wie in einem Palimpsest, auf dem verschiedene Arten der Wahrheit übereinandergelagert worden sind. Eine entwertet die andere oder ergänzt sie wohl auch. Fleißige Mönche, die eine Elegie wegkratzen, um Platz für einen Vers der Heligen Schrift zu schaffen!" (Durrell[1040])

Diese Annahme resultiert aus der Feststellung, daß das Aschenweibchen dreifach gebunden erscheint: zunächst ist sie Handlangerin Ursulas, hier ist der Aspekt der

„Künste" jenes „Weibes" ausschlaggebend (I.1) (*Zauberin Zina*); hierauf bezieht sich auch das Motiv des Aschenweibchens (hier im E.[nglisch] H.[orn]), über welches Tina Schneeweiß vermerkt, Siegfried Wagner verwende „gerne das simultan erklingende Intervall der großen Septe beziehungsweise, wie hier im ersten Takt, das der verminderten Oktave. Dieses Intervall ist das Charakteristikum des Aschenweibchens. Das einzige Motiv, das sich weit in den Bereich der B-Tonarten vorwagt, die sonst bei der ersten Verwendung der Motive fast nie vorkommen, wäre reines Des-Dur, würde nicht das eben angesprochene Intervall diese Reinheit empfindlich stören. Chromatik und Dissonanzen verdeutlichen also die Zauberei des Aschenweibchens."[1041] – In der Exorzismusszene erscheint das Aschenweib als Zerrbild Huldas („Veleda" ist der Name einer keltisch-germanischen Göttin; → **Die „übrigen greulichen Weiber"**). – Der Name „Aschenweibchen" ist u.a. symbolisch beziehbar auf den Tod Huldas: es will mit Hulda eine Art Pakt schließen und stellt sich damit als Komplizin des Versuchers dar, denn Hulda würde sich auf diese Weise in die Hand einer Teufelsbündnerin begeben und somit in die des Versuchers, was sie zurückweist. Daraufhin liefert das Aschenweibchen Hulda ihren Verfolgern aus (Beginn des Exorzismusversuchs) und stellt so die Weichen für den gesamten weiteren Verlauf.

---

[1040] Durrell 1959: 195.
[1041] Schneeweiß 2000: 97.

## Liebhold

> $^{xx}$*Hier über Liebholds Wesen etwas einfügen –*
> *seine etwas nachtwandlerische Art –*
> *über seine Heiterkeit sonst*
> *wie sie und er Unsinn trieben. –* [1042]
> Siegfried Wagner

Der Name Liebhold [Lieb-hold] ist eine Erfindung Siegfried Wagners.
Diese Prägung ist in gewissem Sinne zeittypisch. Beispielsweise schuf der Maler, Bildhauer, Architekt und Lebensreformer Johann Michael Bossard für seinen Zyklus „Der Held" (1909) den Helden Lohold, dessen Gegenspieler der schwarze Nachthard ist.[1043] – Anders als Bossard hat Siegfried Wagner keine heldischen Gestalten geschaffen. Doch begegnete er mit einigem Heldenmut den Angriffen gegen das Bayreuther Unternehmen[1044] und den Widerständen, die sich mit der Zeit gegen sein eigenes Werk erhoben.

Wie sein Name andeutet, ist Liebhold wesentlich charakterisiert durch seine Hulda-Bezogenheit (Liebesmotiv).

Der Typus des eher feminin gezeichneten Erlösers im Kampf um die Seele des von einem Magier auserkorenen Opfers erscheint öfter in der Literatur einer weitgefaßten Spanne um die Jahrhundertwende. Ein Beispiel ist der künftige Retter der Protagonistin des oben zitierten Romans *Die Somnambule*, die einem Hypnotiseur anheimgefallen ist:

> Der liebste, der beste, der einzige Mensch, der ihre Seele durch seine Liebe erlöste, den Fluch, der sie einmal doch – das fühlte sie als etwas Unabwendbares! – in Nacht und Wahnsinn treiben mußte.[1045]

Parsifal befreit in Richard Wagners Bühnenweihfestspiel die „Höllenrose" Kundry aus der Gewalt des Zauberers Klingsor und damit von dem „Fluch", der sie durchs Leben begleitet.

Musikalisch wesentlich prägnanter ausgeführt denn als „Erlöser" ist jedoch ist Liebholds Position als Bruder Ursulas (Bruderliebe-Thema).

---

[1042] Notiz in der *Dichtung/ 1. Skizze*, zur Passage Ursulas. Hs. NAB. [Bf 1-1., unpag., 6. Seite]
[1043] Keller 1986: 53.
[1044] Beispielhaft für die ablehnende Kritik gegenüber „Wahnfried" [i.e. Siegfried Wagner] aus traditionaler Sichtweise ist das Buch Friedrich Kloses *Bayreuth. Eindrücke u. Erinnerungen* von 1929.
[1045] Hyan o.J.: 130.

Im ersten Entwurf trug der Bruder Ursula-Evas noch den Namen *Ludwig*, vermutlich eine Hommage an Siegfried Wagners Taufpaten, König Ludwig II. von Bayern, mit dem sich der Komponist offensichtlich identifizierte (Homosexualität vs. Thronfolgerschaft). Die spätere Umbenennung ist wohl eher als – ebenfalls palimpsestartige – Überdeckung anzusehen. Der genannte Konflikt wird nicht dramatisch ausgeführt; er bleibt aufgehoben in der Namenssymbolik bzw. Namensgeschichte.

Allerdings erweckt der vehemente Ausbruch Liebholds gegenüber seiner Schwester – als er entdeckt, daß Hulda geflohen ist (Geschwisterszene II.4) – den Eindruck, daß hier ein reales Erlebnis zugrunde liegt.

Angesichts des Ludwigsbezugs liegt der Gedanke an Siegfried Wagners Freundschaft mit dem englischen Pianisten (Clara Schumann-Schüler) und Komponisten Clement Harris (1871-1897[1046]) nahe, dessen Fotografie zeitlebens auf seinem Schreibtisch stand.[1047] In seinem *Reisetagebuch 1892* legt S. Wagner ein Zeugnis von dieser Freundschaft ab (Einzelheiten zu dieser Asienreise, zu welcher ihn Harris, Sohn eines Reeders, einlud.

Kiesel äußert die Ansicht, „daß es darüberhinaus keinerlei Zusammenhänge zwischen dieser Freundschaft und dem musikalischen Werk Siegfried Wagners gibt." Er argumentiert: „[...] doch taucht der Name des Freundes [...] sogar in den ‚Erinnerungen' nicht mehr auf."[1048] Demgegenüber kann auf die Tatsache verwiesen werden, daß ein längerer Ausschnitt aus dem *Reisetagebuch* in den *Erinnerungen* zitiert wird – es umfaßt knapp zwei Drittel des Gesamttextes der *Erinnerungen* – so daß der Name also, wenn auch in Form eines „großen Zitats", dadurch entrückt, aber auch hervorgehoben, mehrfach genannt wird.

Der Stellenwert, den diese Reise für Siegfried Wagner sein ganzes Leben hindurch behalten hat, ist daraus ersichtlich, daß er in seinen drei Jahrzehnte später erschienen *Erinnerungen* einen längeren Abschnitt aus dem *Reisetagebuch* aufnahm.

Es handelt sich bei dem *Reisetagebuch* um das umfangreichste Selbstzeugnis Siegfried Wagners.

Zu Beginn dieser Aufzeichnungen findet sich ein Gedicht des Verfassers, das einen gleichsam entrückten Zustand schildert:

---

[1046] Getötet als Freiheitskämpfer für Griechenland bei Pente Pigadia. Stefan George widmete das 10. Gedicht im ersten Ring von *Der siebente Ring*: „Pente Pigadia" seinem Andenken. Weiteres s. Friedrich Baser: „Der Gefallene von Pente Pigadia. Ein Freund Stefan Georges und Siegfried Wagners". In: Bayreuther Tageblatt. Donnerstag, 4. Aug. 1955. 5. [NAB: A 2545 I-22.] u. Pachl 1979: 14.

[1047] Claus Victor Bock: „Pente Pigadia und die Tagebücher des Clement Harris. In: *Castrum Peregrini* L 1961. 196. Nachbem. 93.

[1048] Kiesel 1994:32.

> Singe, o Muse, des Monds hellleuchtende silberne Scheibe
> Wie er die Luft umwebt, wie er im Meere sich sieht
> Träumend hat sich die See dem Träumenden Fernen ergeben,
> Liebe trunken umgarnt, eint sich das himmlische Paar,
> Wiegend und wogend und webend in raumlos schwebender Nähe
> Küsst sie den holden Freund, küßt er den lieblichen Mund.[1049]

Das „himmlische Paar" erinnert an die Verse der „Hymne" (*Geistliche Lieder*) von Novalis: „[...]/ *Ein* Leib/ In himmlischem Blute/ Schwimmt das selige Paar. –" von Novalis[1050].

Sucht man nach einer Entsprechung im Werk, so ließe sich, wenn auch nicht direkt, so doch atmosphärisch, ein Bezug zum Liebesgesang Liebhold-Hulda (II.0) herstellen, gestaltet als szenisches Vorspiel zum II. Akt, das innerhalb der Szenenzählung nicht mitgerechnet wurde, dessen Handlung der Gesang selber ist. Es handelt sich um ein Traum-Bild, das sich hinter einem Gaze-Vorhang befindet.

Betrachtet man die Gesamtkonstellation der Personen als Struktursymbol, so kann man eine Formulierung Giers[1051] mit Bezug auf *Elektra* von Hofmannsthal/ Strauss in *abgewandelter* Form auf *Schwarzschwanenreich* anwenden; anstelle einer Alternative – „Handlung" oder „Figurenkonstellation" – steht eine Gleichzeitigkeit: *Indem* sich die „Handlung entwickelt", wird „eine Figurenkonstellation [...] entfaltet." Die Personage ist ein „Gefüge von sinntragenden Oppositionen[1052] und Äquivalenzen"[1053]. Nicht „‚statt'", sondern *jenseits* der „‚Aktion'" tritt die „‚Zuständlichkeit der Figuren' [Hofmannsthal]" zutage.[1054]

Der Versucher steht an der Spitze einer Hierarchie. Es handelt sich z.T. um Inkarnationen dieser Gestalt (Pfarrer; Gefängniswärter), z.T. um Personen, die, indem sie ein eigenes Ziel verfolgen, ohne es zu wissen dem Interesse des Versuchers (Hulda zurückzugewinnen) dienen (Oswald; Ursula).

---

[1049] Wagner 1935: 5. (11. Februar 1892).
[1050] Novalis 1960: 167.
[1051] „[...] nicht Handlung entwickelt sich, eine Figurenkonstellation wird entfaltet." Gier 1988: 193.
[1052] Zur „Opposition zwischen Gut und Böse" aus anderer Perspektive bei Weber vgl. a.a.O.: 142f.
[1053] A.a.O.: 194 (Bezug *Ariadne*).
[1054] A.a.O.: 306, Anm. 25.

# Die Gesänge.

**Vorbemerkung.**

Im Folgenden werden die *Gesänge* der Oper *Schwarzschwanenreich*, die sich als solche durch Textgestalt und musikalische Form deutlich herausheben, vorgestellt. Es handelt sich um sieben Lieder und Erzählungen, die sich im I. und II. Akt befinden: das Blumenlied Huldas (I.1), die Schwarzschwanenreicherzählung Ursulas (I.1), das Spottlied Oswalds (I.4), die Traumerzählung Huldas (I.6), den Liebesgesang Liebholds und Huldas (II.0), den Fluchgesang Ursulas (II.3) und die Kindheitserinnerung Liebholds (II.4). Behandelt werden also durchweg die *Gesänge* der vier Haupthandelnden, insbesondere ist der *Gesang* Merkmal der Protagonistin Hulda. Ausgenommen aus diesem Bereich sind damit Das Aschenweibchen, Der Gefängniswärter und Der Versucher. Als Gegenstück zum Gesang erscheint der Singsang der Hypnotiseurin (Aschenweibchen) zu Beginn der Exorzismusszene (I.5), eine Differenz, die im Abschnitt → **Das Aschenweibchen** im Canton-Kapitel behandelt wurde.

Ein literarischer Aspekt ergibt sich aus der Novalis-Lektüre Siegfried Wagners.

Siegfried Wagner, dessen Lektüre ausgedehnt und vielseitig war, äußerte sich, wie Stassen mitteilt, in *Disputationen* kaum darüber[1055], sondern machte sein Opernschaffen zum Forum seiner Literaturrezeption. In *Schwarzschwanenreich* finden sich Textstellen, die speziell auf die Lektüre bestimmter Werke von Novalis schließen lassen. Es ist mit Hilfe einer Bezugnahme auf diesen Lektürehintergrund zu zeigen, daß die Bezeichnung „Gesang" in *Schwarzschwanenreich* im Sinne einer eher literarisch tradierten Bedeutung anzuwenden ist, in der sie von S. Wagner allerdings auf die Ebene des Operngesangs übertragen wurde. Sowohl das Blumenlied als auch der Liebesgesang werden im Textbuch ausdrücklich als „*Gesang*" bezeichnet (KA 11 und 30). Die Tatsache, daß der Komponist zu Beginn der handschriftlichen zweiten Fassung seines Textbuchs[1056] einige Gesänge vorgezogen skizziert und bearbeitet, weist auf eine zumindest entstehungsgeschichtlich bedeutsame Gewichtung derselben hin.

In Zusammenhang mit der Eingebundenheit der einzelnen Lieder und Erzählungen in den Handlungsgang ist hervorzuheben, daß S. Wagner seinen gesamten Text syllabisch vertonte, d.h. überwiegend auf eine melismatische Vertonung (ausge-

---

[1055] Stassen 1942: 27.
[1056] NAB. [VI Bf 1-2.]

dehnte Silben, Verzierungen zur besonderen Betonung und Typisierung[1057]) verzichtete.

Bei einer isolierten Behandlung der Gesänge in ihrer Aufeinanderbezogenheit entsteht der Eindruck, daß S. Wagner die Forderung Richard Wagners: „eine einheitliche Form für das ganze Kunstwerk" anzustreben, auf seine Weise entsprochen hat: das „einzelne Gesangsstück sollte einem formbedingenden Inhalte nach" *wirklich mit den übrigen zusammenhängen.*[1058]

Weitere Kriterien der Analyse sind Textform und -inhalt, Tonart, jeweilige Position im Handlungsablauf sowie Querverbindungen zwischen einzelnen Gesängen.

Eine Grundkategorie bildet die Tonartensymbolik:

*Zum Kriterium der Tonarten-Symbolik*

Die Annahme, daß man von einer – durchaus epochenübergreifenden – Tonarten-Symbolik sprechen kann, ist nicht unumstritten. Vielmehr war die Frage der Tonartencharakteristik „Gegenstand heftiger Diskussionen", wie es im *Sachwörterbuch der Musik*[1059] heißt. Kritiker der Tonartencharakteristik (Joh. David Heinichen, Eduard Hanslick u.a.) führen als Argumente z.B. die Aufhebung der Unterschiede im Charakter der Tonarten seit Einführung der gleichstufigen Temperiertheit (Bach) sowie die schwankende Stimmtonhöhe an.

Die vorliegende Darstellung beruft sich auf Hermann Beckh: *Die Sprache der Tonart in der Musik von Bach bis Bruckner.* Die Kriterien – im weitesten Sinne auch der Kultur- und Lebensreform entnommen – Beckhs gehen über die Grenzen der Musiktheorie hinaus; der Verfasser, auch den historischen Aspekt (Bach) nicht unberücksichtigt lassend[1060], setzt voraus, daß „Zusammenhänge zwischen musikalischem Erleben und den Gesetzmäßigkeiten des menschlichen Daseins [Kosmologie, Jahres-/ Lebenslauf, Anatomie etc.] bestehen[1061]. Der Titel des Buches ist Programm[1062]: Jede Tonart hat eine eigene „Sprache", die sich Möglichkeiten ihrer Manifestation sucht; Werke verkörpern Tonarten und stehen exemplarisch für deren jeweilige Substanz[1063]. Allerdings unterscheidet Beckh „G r a d e  d e r  T o-

---

[1057] Pachl 1979: 62.
[1058] Wagner: 1914: 309.
[1059] Art. **Tonartencharakteristik** in: Thiel 1984: 580.
[1060] Beck 1977³: 15.
[1061] A.a.O.: 7.
[1062] A.a.O.: 257.
[1063] A.a.O.: 57.

n a l i t ä t"[1064], nicht jedes Werk sei „ganz aus der Tonart heraus"[1065] geschrieben. Sein Vorgehen beruht auf dem „Studium der Tonarten in den Werken der Musikgeschichte" (Komplexität wird sichtbar anhand von Analogien und Differenzen). In seiner Einleitung benennt Reupke *Gefahren* für die Rezeption (z.b. Schematisierung) und erkennt die „berechtigten Einwände [...] gegen jede Art von Weltanschauungskunst" grundsätzlich an[1066].

Ergänzend sei auf die Erwähnung des Quintenzirkels in dem Buch *Archetyp und Tierkreis. Grundlinien einer kosmischen Symbolik und Mythologie* von Julius Schwabe hingewiesen. Schwabe stellt – allerdings vom „Scheitelpunkt C" ausgehend – eine Analogie zwischen der „durch zwei konträre Halbbogen gekennzeichneten Struktur des Zodiakus (Ekliptik)" und dem „Quintenzirkel" als einem Beispiel für „andere ideelle Kreise" her[1067].

## 1. Das Blumenlied Huldas (cis-moll).

Das Blumenlied (I.1; KA 11ff.) stellt die Exposition der inneren Handlung dar. Zu diesem Ergebnis gelangt man, wenn man einen Zusammenhang zwischen der „Blume" des Eröffnungsliedes und den „*Lilien*" des Schlußbildes (III.4) herstellt. Ausschlaggebend für diese Deutung ist die Symbolik der Lilie.

Die Lilie erscheint in der Literatur, beispielsweise bei Novalis (*Glauben und Liebe oder Der König und die Königin*; dort gleichnishaft für Königin Luise von Preußen) wie ein Gefäß des Lichts: „Auf einer der höchsten moralischen Erdhöhen kann man aber jetzt [...] eine Lilie an der Sonne sehn."[1068]; (als Symbol der Unschuld auch u.a. verwendet bei Dumas und E.T.A. Hoffmann).

Demgegenüber ist die „Blume" des Werkanfangs eine *Schattenblume* (KA 11).

Versucht man, dieser Metaphorik auf den realen Grund zu gehen, so findet man eine botanische Entsprechung: die Schattenblume – an die S. Wagner wohl nicht gedacht haben wird – ist ebenfalls ein „Liliengewächs", welches Gifte [bzw. Heilstoffe] enthält.[1069] Weiterhin beschreibt Albertus Magnus im *buch der heimligkeiten Magni Alberti* [1219] die Anwendung des in der Wurzel enthaltenen Giftes der Lilie, die er als „Goltwurtz Saturni" bezeichnet: „[entledigt] die besessen menschen/ die melancholici tragen" ihres Übels.[1070]

---

[1064] A.a.O.: 37.
[1065] A.a.O.: 57.
[1066] A.a.O.: 31. Weitere Literaturangaben s. Schneeweiß 2003: 148-157.
[1067] Schwabe 1951: 15, Anm. 1.
[1068] Novalis 1960: 487.
[1069] Kosch 1971³⁴: 60.
[1070] Vgl. Abb. in: Drury 2003: 76.

Dem entspricht, wenn auch nicht beabsichtigt, S. Wagner mit seiner Blumenmetaphorik: Die *Schattenblume* ist *diabolisch getrennt* vom „Licht", daher *geneigt* „zur Erde" resp. ausgerichtet auf „das Grab" (KA 11). Ziel der Handlung ist die *symbolische Zusammenfügung* von „Licht" und „Kelch"[1071] zur *Lilie* im Schlußbild.

---

[1071] KA 11, 12. Vgl. die Blumenmetaphorik im vorangehenden Werk op.6 *Banadietrich*, III.4.

Analog zur Textmetaphorik verhält sich die Musik. Aus der Analyse von Schneeweiß ist Folgendes anzuführen:

> Das nun einsetzende Klagelied [„Blumenlied"] Huldas (1. Akt, 1. Szene) steht – wie könnte es anders sein [„als Parallele zu E-Dur"] – in cis-Moll.
> [...]
> Das Klagelied Huldas, das sowohl Liebholds Liebe zu Hulda hervorruft und später auch seine Entrücktheit charakterisiert, ist im einfachen Liedstil gehalten. So wird die Melodie, die durch den Sextsprung einerseits das Liebliche, andererseits durch den dadurch entstehenden Vorhalt auch das Schmerzliche ausdrückt, schlicht akkordisch begleitet. Beginnend mit dem Ton gis soll das erneute Erreichen des gis sowohl am Schluß der acht Takte als auch jeweils am Ende der ersten vier Takte das Neigen der Blume (die Hulda symbolisiert), beginnend am Erdboden, sich neigend wiederum bis zum Erdboden, darstellen. Vom dritten bis zum sechsten Takt fällt auf, daß die Melodieführung den Baßtönen entspricht – auch dies ein Ausdruck der Tiefe, des Grabes. Der Schluß, der unter Verwendung der picardischen Terz in Cis-Dur endet, drückt die Strahlkraft der Sonne und damit einen kleinen Hoffnungsschimmer aus.[1072]

Zur Deutung der Tonart cis-moll heißt es:

> Außerdem steht die Tonart cis-Moll, geht man von der Anordnung im Quintenzirkel aus, ungefähr (da die exakte Mitte nicht auszumachen ist) in der Mitte zwischen H-Dur und h-Moll [...].[1073]

In h-moll erklingen Huldas Motiv des Begehrens und das Versuchermotiv, h-moll kennzeichnet auch den Tiefpunkt der Handlung: Ende des II. Akts (Waldszene); [vgl. auch das von Richard Wagner verwendete h-moll in der Klingsor-Szene des *Parsifal*]; H-Dur ist die Tonart der Schwarzschwanenreich-Motive. Erst der Wegfall des Reiches macht das Erlangen der Zieltonart des Werkes E-Dur möglich (zugleich ist H-Dur die Dominante von E-Dur, leitet also auch rein theoretisch auf die Tonika E-Dur hin). Vor diesem Hintergrund kann das innerhalb des Blumenliedes erreichte Cis-Dur nur als Scheinlösung angesehen werden, da es in enger Verbindung mit der moll-Variante der Grundtonart (also e-moll) steht.

Gleichwohl läßt sich eine Verknüpfung mit der Charakteristik von cis-moll bei Hermann Beckh herstellen.

Beckh geht davon aus, daß cis-moll, seiner Position auf dem Quintenzirkel zufolge, „zu den oberen, ‚hellen' Molltonarten gehört", die „ein helles Element in das an sich Dunkle der Molltonart aufgenommen haben. [...] Den eigenartig tiefgehenden Unterschied zwischen Dur und Moll [...] können wir [im Vergleich zu anderen Tonarten] in dieser Weise bei Cis-moll nicht mehr finden. Etwas von der leuchten-

---

[1072] Schneeweiß 2000: 101.
[1073] Ebda.

den Schönheit und Wärme von E-dur gießt sich auch über Cis-moll aus, nur ist da alles mehr in ein Element von Schwermut und Sehnsucht getaucht."[1074]

Beispielhaft nennt Beckh das Adagio in der E-Dur-Symphonie Anton Bruckners, die in cis-moll beginnt, „um in dem höheren Lichte [als das des über H-Dur erreichten C-Dur] von Cis-dur zu schließen."[1075] Mit Bezug auf die Differenz C-Dur – Cis-Dur heißt es: „Bei Bach [*Das wohltemperierte Klavier*] nimmt sich Cis-dur wie ein auf allen 7 Tonstufen über den Erdboden erhobenes, in transzendente Höhen entrücktes C-Dur aus."[1076] Wendet man diese Charakteristik, die Bezüge eingeschlossen, auf den Cis-Dur-Schluß von Teil A des Blumenlieds an (T 8), so findet man darin bereits eine Vorbereitung auf den Schluß des Werks.

---

[1074] Beckh 1977: 241.
[1075] Ebda.
[1076] A.a.O.: 209.

Das Blumenlied hat im Vergleich mit allen übrigen Gesängen einen besonderen Stellenwert. Folgender Absatz aus der Analyse von Schneeweiß erwähnt Merkmale, die mit Hinblick auf die nachfolgende Besprechung des Liedes (*kursiv*) hervorgehoben werden:

> Der Text, den Hulda zu dieser Melodie singt, ist gleichzeitig *das eröffnende Wort* des gesamten Werkes und *bei späterem Erklingen* der Klagemelodie trotz neuer Textunterlegung immer latent vorhanden, da durch die gleichbleibende Melodie gleichzeitig die Erinnerung an Huldas Klage geweckt wird. Fortgesetzt wird das Lied mit *zwei weiteren, ebenfalls liedhaften Teilen*, die Huldas Situation noch detaillierter beschreiben.[1077]

Die hier zugrundegelegte Einteilung in vier Abschnitte (A-B-C-D ‖ A'-B'-C'-D') orientiert sich an den Zitaten einzelner Abschnitte des Liedes im weiteren Werk. Der hier angegebene vierte Liedteil ist zwar wenig i.e.S. *liedhaft* (Abschlußcharakter), wird aber später ebenfalls eigenständig zitiert.

Eine Entzifferung der Tonarten-Notizen in der Textbuch-Handschrift (s.u.: Abb.) ergibt, daß Siegfried Wagner das Lied in *drei „Themen"* einteilt (I. Thema: „Neig' tief" [hier: A]; II. Thema: „Böses Kraut" [hier: B]; III. Thema: „dess freuen sich" [hier: D].

Das Lied hat zwei formal geringfügig voneinander abweichende Strophen à 15 (7/ 4/ 4) und 12 (6/ 2/ 4) Versen. Die zweite Strophe bedeutet eine Ausdruckssteigerung durch Textverkürzung und Steigerung der Tonhöhe in den Teilen B' und C' bei Wiedererreichen des Schlußtons gis der ersten Strophe.

Das Besondere des *eröffnenden Wortes* ist, daß es sich in geschlossener Form darbietet, im *Lied*, welches gewissermaßen als Werk der ‚Sängerin' Hulda erscheint, das wiederum stellvertretend für die Person steht. Eine spezielle Nuance dieser Selbstmitteilung ist, daß das Lied ohne Auftritt erfolgt (Angabe: *„Hulda hinter der Scene"*; KA 11), es handelt sich also um einen reinen Liedauftritt. Das übertragene Moment wird da durch unterstützt, daß die Sängerin von der Harfe – die sich ebenfalls „hinter der Scene" befindet (ebda.) – begleitet wird, welche wiederum symbolisch für Tod und Transzendenz steht. Durch die Positionierung der Harfe auf Bühnenebene einerseits und die Unsichtbarkeit der Sängerin andererseits wird der Gesang selbst zu einem Akt, welcher Teil der sichtbaren Handlung ist. Diese besteht allerdings zunächst lediglich in der Rezeption: die Handelnden (Liebhold, Ursula, Oswald) bilden eine Zuhörerschaft; die Spannung der Situation ergibt sich aus der unterschiedlichen Resonanz der einzelnen auf den Gesang:

---

[1077] Schneeweiß 2000: 93.

*Tonarten-Notizen für das Blumenlied in der Textbuchhandschrift*:
In Übereinstimmung mit der Partitur lauten die Angaben am Rand, li.: „gis-moll", „cis-moll", [vorangestellte nicht zu entziffernde Bemerkung betrifft wohl den ersten Ton der Gesangsstimme:] „gis"; „Gis-Dur", „cis-moll".[1078]

---

[1078] 4. Seite aus *Dichtung/ 1. Skizze*. NAB. [VI Bf 1-3.]

Liebhold „*lauscht wie traumverloren*", Ursula bekundet durch ihre Einwürfe ihre Ablehnung, Oswald zeigt keine nennenswerte Reaktion. – Allen drei Zuhörern gemeinsam ist, daß sie die Worte Huldas offensichtlich nicht verstehen.
Gleichwohl entfaltet das Lied in unterschiedlicher Weise in den drei Personen eine Wirkung, welche sich über die gesamte Handlung erstreckt. Man könnte sogar so weit gehen, zu sagen, daß sich aus dem Lied die gesamte Handlung als Wirkungsgeschichte des Liedes entfaltet.

Dies findet seinen Ausdruck z.e. in den **Erinnerungszitaten der Liedmelodie**, z.a. in den übrigen **Gesängen**, deren Entstehen oder Erklingen ebenfalls auf den „Gesang Huldas" zurückzuführen ist.

Zugleich zeichnen sich auf diesem Wege – in musikalischer oder literarischer Metaphorik – die Widerstände ab, welche sich dem Ziel, „E-Dur" bzw. der *Befreiung* vom Daseins-*Schatten*, entgegenstellen.

Das *erste Zitat* des Blumenliedthemas erfolgt noch in derselben Szene (zweiter Teil), es begleitet Ursulas Beschreibung der Wirkung des „unseligen Singens" (KA 12), des *vernichtenden Sangs* (KA 27), der ihren Bruder in einen tranceartigen Zustand versetzt habe. Dementsprechend erklingt das Thema in den dunklen Klangfarben von Klarinette (KA 15) und Cello (KA 26).

## 2. Die Schwarzschwanenreicherzählung Ursulas (e-moll/ E-Dur).

Zur Begründung ihrer tiefen Besorgnis erzählt Ursula die Sage vom Schwarzschwanenreich (KA 16ff.). Diese bildet insofern – in Verbindung mit dem anschließenden Bericht über Huldas Leben – die Exposition der äußeren Handlung, als Ursula daraus die Notwendigkeit ableitet, Hulda als „Hexe" zu verfolgen. Im Gegensatz zum Blumenlied ist die Schwarzschwanenreicherzählung frei gestaltet, sie beginnt in e-moll und schließt in E-Dur, auf diese Weise den harmonischen Spannungsbogen des gesamten Werks vorbildend. (Zur Charakteristik von e-moll, die lt. Beckh „in der Musik wenig ausgeschöpft ist"[1079], s.u. den Abschnitt über den Zwiegesang.)

Die Erzählung endet offen und mündet wieder ins Drama [Oswald bezeichnet sie, sein „Gruseln" noch hinter Spott verbergend (s. auch die Wiederholung des Schlusses in der Baßstimme), als „Schauermärchen" (KA 22)], welches die Geschichte anhand eines konkreten Einzel- oder Ausnahmefalles zu Ende zu führen hat.

---

[1079] Beckh 1977:195.

Das hier vorgezogen zu erwähnende *vierte Zitat* des Blumenlieds ist verbunden mit der Person Oswalds. Oswald ist Hulda, seit er sie zum ersten Mal gesehen hat (I.2) rettungslos verfallen. Bezeichnenderweise ist es der expressive Teil C des Liedes, der während der Dialogszene Hulda – Oswald (II.2) nicht nur im Orchester erklingt, sondern auch Bestandteil von Oswalds Gesangsmelodie wird, als er Hulda, die sich inzwischen mit Liebhold verbunden hat, bestürmt, die seine zu werden (KA 105f).

### 3. Das Spottlied Oswalds (Es-Dur)

Sein früher unternommener Versuch, seinen Nebenbuhler Liebhold zu beseitigen (Soldatenszene I.4), gipfelte in einem Spottlied (KA 47f): Dieses ist verfaßt in einem burlesken Ton (Zweivierteltakt, Taktwechsel zum Dreivierteltakt, sprunghafte Melodie) und nähert sich einem Trinklied.

Gegen das *giftige* Elixier (für Liebhold: Huldas *Gesang*; für Oswald: ihre „*eigenartige Erscheinung*" [I.2]) verheißt er Liebhold „gesunde [quasi homöopathische] Tropfen":

Oswald parodiert in diesem Lied die von Ursula bescheinigte *Besessenheit* und *Entrücktheit* Liebholds, verspottet aber im Grunde genommen damit sich selbst, wie aus der Schilderung seines eigenen Zustands in der vorangegangenen Monologszene (I.3) rückzuschließen ist.

Das Spottlied steht in Es-Dur. Vor dem Hintergrund der Tatsache, daß Liebhold beim Erreichen des Ziels (E-Dur) eine entscheidende Rolle spielt, erscheint Es-Dur als Minderung, chromatische Absenkung von E-Dur, in Verbindung zu sehen mit der aggressiven Haltung Oswalds. Obgleich Es-Dur nur eine vermittelte Bedeutung hat, ist es doch aufschlußreich, die Beschreibung Beckhs hinzuzuziehen:

Mit dem Absingen des Spottlieds demonstriert Oswald in aller Öffentlichkeit eine Erniedrigung Liebholds, den er im Verlauf der Szene der Lächerlichkeit preisgegeben hat. Das Lied ist gewissermaßen der Stempel der Lächerlichkeit: Liebhold, am Schluß der Szene lediglich physisch überwältigt, wandelt selbst den Tiefpunkt seiner öffentlichen Geltung um in einen (inneren wie äußeren) Anfangs- und Ansatzpunkt, aus dem heraus er seinen Gegner mit dessen eigenen Waffen schlägt (I.5) und so – zunächst – sein angestrebtes Ziel erreicht. S. Wagner fügt hiermit den von Beckh genannten Beispielen für eine Charakterbestimmung von Es-Dur ein weiteres hinzu: Beckh spricht von „der Tonart der Tiefe Es-dur" und formuliert: „Das Sichemporringen aus eigener Kraft liegt ja stark im Ausdruckgebiet der Es-dur-Tonart."[1080] Am Beispiel von Brünhildes Erniedrigung durch Wotan (*Walküre*), deren Aufhebung durch Siegfrieds Erscheinen bewirkt wird, hält er fest: „Es-

---

[1080] A.a.O.: 113.

dur erscheint hier wieder charakteristisch als der Ausdruck für die Erhebung aus der Tiefe, aus der Erniedrigung [...]."[1081]

Ausgehend von seiner Positionierung auf dem Quintenzirkel bezeichnet Beckh Es-Dur als den „unteren Wendepunkt". Es-Dur ist die erste der „aufwärtsstrebenden Tonarten des linken Halbkreises", denen ein „positives Element" innewohne.[1082] Darum sei Es-Dur „nicht nur tiefstes Dunkel, sondern zugleich die Wiederaufwärtswendung zum Lichte." Als Beispiel nennt Beckh den Schluß von Mozarts *Zauberflöte*, der im „Mysteriensinne" in Es-Dur erklinge („Die Strahlen der Sonne vertreiben die Nacht").[1083]

Auch Liebholds Weg steht in der Soldatenszene am Punkt „der untersten Tiefe", aber zugleich dort, „wo die Aufwärtsbewegung [...] beginnt."[1084]

Dieser äußersten Erniedrigung Liebholds steht eine Entwicklung gegenüber, die aus dem folgenden Blumenliedzitat zu ersehen ist.

Das *zweite Zitat* des Blumenlieds stellt eine Paraphrase Liebholds dar. Es unterscheidet sich von den übrigen dadurch, daß Liebhold das Lied nicht nur überhaupt erwähnt, sondern es zum alleinigen Gegenstand seiner Betrachtung macht, weiterhin durch das Ausmaß: es ist das einzige Zitat, welches alle Liedteile einbezieht und somit das ganze Lied – wenn auch reduziert auf eine Strophe und musikalisch in verkürzter Form – wiedergibt.

Hierfür erfüllt Liebhold eine besondere Voraussetzung. Er war der einzige, der sich dem Gesang Huldas völlig hingegeben hatte. Im Unterschied zu den anderen nahm er eine Haltung ein, welche man mit Reupke (Einleitung) als Bedingung für „jedes tönende Hervorbringen, insofern es menschlichen Ursprungs ist", bezeichnen kann. „Es ist das Erzeugen des aktiven Ruhezustandes, welchen wir als Lauschen bezeichnen, der eintreten muß, bevor man sich auf einen Ton besinnen kann.

---

[1081] Ebda.
[1082] A.a.O.: 106.
[1083] A.a.O.: 107.
[1084] A.a.O.: 115.

Der Lauschende ist aufmerksam auf die Möglichkeit eines Tönenden, sowohl von außerhalb als auch von innerhalb seiner Selbst. Jede Ungeduld oder sonstwie geartete Eigenbewegung hindert die Kraft des Lauschens." Jede „tönende Äußerung"[1085] ist also, dieser These zufolge, sui generis *resonant*. Insofern ist bei einer Analyse der Liedparaphrase Liebholds auch der Aspekt von Musikentstehung zu berücksichtigen.

Allerdings erscheint dieser Aspekt dadurch relativiert, daß die Paraphrase durchweg kommentierenden Charakter hat. Die Aufgabe dieses Blumenliedzitats umreißt S. Wagner in einer Notiz innerhalb der ersten Fassung seines Textbuchs: „er schildert ihr ihren Gesang und dessen Eindruck auf ihn [...]."[1086]

Dies geschieht, wie die spätere Ausführung dieser Passage zeigt, mit überschwenglichen Worten. Oberflächlich betrachtet erscheint Liebholds Text wie eine Selbstbeschwichtigung. Sein Gesang ist eine Entgegnung auf die soeben erfolgte Andeutung Huldas, daß die Anschuldigungen seiner Schwester nicht grundlos seien. Möglicherweise will Liebhold etwaige Bedenken, die eine weitergehende Annäherung seinerseits verbieten würden, übertönen.

Die Paraphrase beginnt allerdings „*zart*" (KA 68) und Liebholds Worte stellen – verglichen mit denen Oswalds (II.2) – „nicht Werbung um endlich noch Erreichtes" (Rilke; s.u.) dar, sondern scheinen, statt „Begehr" (ders.), etwas *anderes* auszudrücken.

Dies ist sowohl der Textgestalt als auch der Metaphorik zu entnehmen.

Die Passage ist dreiteilig aufgebaut [erster Teil: Teil A (sieben Verse); zweiter Teil: B, C, D (sieben Verse); dritter Teil: D (vier Verse)].

Im ersten Teil (Liedmelodie im Gesang sowie in Flöte, Oboe, Violine) charakterisiert Liebhold das Lied als „seltsam wunderlich" (V 2), es *erwecke* „Sehnsucht" (V 2 und 3) („Liebesschmerz", „Wehmuth"; V 4 und 6), eine Wirkung, die er darauf zurückführt, daß das Lied Ausdruck von *Gottsuche* (V 7) sei (auf „Gott" erfolgt hier die picardische Terz, die cis-moll in Cis-Dur verwandelt, damit „der Sonne Aug'" und das „Licht" mit „Gott" identifizierend).

Im zweiten Teil abstrahiert Liebhold vom „Lied" zum „Ton". Diesen verkörpert im Orchester zunächst das Cello – dasselbe Instrument, das Ursula bei der Schilderung von Liebholds *Entrücktheit* begleitete (*erstes Zitat*).

Anhand des „Tones" beschreibt Liebhold diffizil den paradoxen Vorgang einer Resonanz (*Zurücktönung*), der sich in seinem „Inneren" (V 13) beim *Hören* des „Liedes" (V 1) ereignet hat: Der „Ton" aus Huldas „Kehle" (V 10) ist identisch mit dem „Klang" in Liebholds „Brust" (V 12), welcher wiederum durch jenen „Ton"

---

[1085] A.a.O.: 21
[1086] NAB. [VI Bf 1-1, unpag., 22. Seite.]

„erweckt" wurde (V 12), andererseits aber selbst schon längst – vor diesem Ereignis – „schlummernd schwieg in mir" (V 8).
Dieses Resonanzphänomen faßt er zusammen in dem Satz: „Aus Dir dringt er zu mir zurück." [Nahezu der einzige Satz im ganzen Textbuch, der nicht mit einem Ausrufezeichen endet.]
Ergebnis dieses paradoxen Vorgangs ist ein entsprechendes Phänomen: Einerseits kommt die Reflektion über den „Ton" der Entdeckung einer ihm bisher unbewußten Eigenschaft seines Inneren gleich; andererseits handelt es sich dabei nicht um einen unteilbaren Besitz Liebholds allein.

Der dritte Teil gleicht einem frühromantisch inspirierten Schlüsseltext, den zu erklären es erst einer Legende bedarf, die aus dem Lektürehintergrund und damit aus dem literarischen Entstehungsumfeld der Oper zu beziehen ist. Das Textbuch selber bietet lediglich eine Ergänzung durch Liebholds zweite Blumenliedparaphrase (*fünftes Zitat*) (Geschwisterszene III.3; KA 164f). Diese stellt eine rudimentäre Wiederholung der ersten Paraphrase dar, hebt aber dabei zwei Aspekte deutlich hervor: das Singen ist z.e. für Liebholds Empfinden ein Anzeichen für die Erhebung der „Seele" zum *Göttlichen* und so für die *Schuldfreiheit* Huldas (KA 165); z.a. scheint es Ursache für das symbiotische Verflochtensein von Liebholds Existenz mit der Huldas zu sein.

Der „Ton" wird im dritten Teil zum „Sang" (V 15); dieser bezeichnet eine genuin *seelische*
Existenzform, die gekennzeichnet ist durch ein doppeltes Vermögen: das des „*Tönens*" (KA 165) und das des *Zusammenströmens* (KA 71; V 18) oder *Einsseins* (V 15). Das „Tönen" führt Liebhold auf eine „Wunde" (V 17) als Ursprungspunkt zurück, die nun nicht mehr nur spezielle Eigenschaft Huldas ist (V 16). Da der wesentliche Besitz des „Inneren", der „Sang" oder die „Seele" (V 15), gleichzeitig Identitätsüberschreitung bedeutet, besteht die *Heilung* (V 18) dieser „Wunde" – und damit verbunden die Erfüllung der „Sehnsucht" – in der Vernichtung dieser Identität. Das Zusammenströmen weist auch voraus auf die Stimmen Liebholds und Huldas im Liebesgesang der folgenden Szene.

Einzelne Begriffe und Ideen innerhalb dieser Paraphrase assoziieren den am Schluß der Kompositionsskizze Vermerk „viel Lectüre"[1087], genannt wird u.a. Novalis: „seltsam wunderlich", „Sehnsucht", „Wehmuth", *aus Nacht erweckt werden*, das *Einswerden der Seelen* und die „Wunde".
Da nähere Angaben zur Novalis-Lektüre fehlen, ist dieser literarische Bezug indirekt herzustellen. Zieht man beispielsweise das Gedicht „Astralis" hinzu, welches

---

[1087] NAB. [VI Bf 2.]

den zweiten Teil des Romans *Heinrich von Ofterdingen*, „Die Erfüllung", eröffnet, so findet man ähnlichlautende Begriffe: „wunderseltsame Zukunft", „Sehnsucht", „Wehmut", das *Nachtwandlersein* und das *Immer-mehr-erwachen*, die *Vereinigung* von Heinrich und Mathilde „zu Einem Bilde" und die „Wunden".[1088]
Als „wunderseltsam" bezeichnet Novalis eine „Zukunft", der eine individuelle Vernichtung vorauszugehen hat. Das, was Novalis im zweiten Teil seines Gedichts gegenwärtig setzt, wird bei S. Wagner durch das *wunderseltsame Lied* erst angedeutet. Die entsprechende Ausführung erfolgt an späterer Stelle (Zwiegesang; s.u.).

Die Frage ist nun, von welcher Beschaffenheit die Musik sein muß, die eine solche Wirkung erzielt.
Um den bei Siegfried Wagner metaphorisch explizierten „Ton" zu erklären, ist es aufschlußreich, den „für die Romantik so entscheidenden ‚Ton'"[1089] einer Betrachtung zu unterziehen.
S. Wagner hat offensichtlich nicht nur bestimmte Gedanken und Begriffe aus Dichtwerken im Einzelnen aufgenommen, sondern er war wohl auch beeinflußt von einer in diesen sowie in den theoretischen Werken sich bekundenden Musikauffassung der Frühromantik.
Der Verfasser des Aufsatzes „Die Musik im Weltbild der deutschen Romantik" Walter Wiora zitiert aus der *Geschichte der Musikästhetik* von Rudolf Schäfke: „Die echt romantische Musikauffassung ist von vornherein und besonders in ihrer Jugend- und Blütezeit wesentlich Metaphysik der Tonkunst"[1090] und fügt *modifizierend* hinzu: „Sie suchten Hintergründe der Musik im Kosmos, aber auch in der Innenwelt [...]."[1091] Wiora verweist auf den „Traditionsstrom", in welchem sich die Romantik damit befinde: „Wie in jeder Tradition ging es schließlich in der Romantik nicht nur um ‚die Tonkunst', sondern auch um Seiten der Welt und Überwelt, die man in einem viel weiteren Sinne als Musik bezeichnete." Damit „war es geläufig, mit Novalis von der ‚*inneren Musik der Natur*' zu sprechen.
Eine vereinzelte Bemerkung [Anekdote] Novalis' zur Oper: „<Rede – Gesang – Recitativ – oder besser Recitativ (Epos), Gesang (Lyra), ächte Declamation (Drama).> Vollkommene Oper ist eine freye Vereinigung aller, die höchste Stufe des Dramas"[1092]
Somit hatte das Wort nicht nur den fachlichen Sinn von Tönen und von Tonkunst, sondern auch überfachliche Bedeutungen [...]."[1093] Auf S. Wagners Reflexi-

---

[1088] Novalis 1960: 195-334. 317-319.
[1089] Katzenberger 2003: 81.
[1090] Wiora 1965: 25f.
[1091] A.a.O.: 26.
[1092] Novalis, 2. Bd. 1960: 590.
[1093] Wiora 1965: 26.

on über den „Ton" läßt sich der von Wiora geprägte Begriff des „*Transmusikalischen*" anwenden, insofern damit etwas bezeichnet wird, das „nicht eigentlich Musik" ist.[1094] Diese Bezeichnung scheint mehrfach anwendbar, hier interessiert v.a. der Bezug auf „die Hintergründe der Musik", den man vonseiten der Musikwissenschaft „in verschiedenen Dimensionen gesucht" hat: „in der Innenwelt des Menschen oder im ‚Innern der Natur' und im unendlichen Universum oder letztlich im Jenseits."[1095] Weiterhin erwähnt wird die romantische Metapher der „Äolsharfe", die, wie später zu sehen sein wird, bei S. Wagner als reales Instrument erscheint: „als Symbol des Glaubens an die Hinaufverwandlung zu ewigem Sein."[1096]

An diesen, hier durch die Harfe verbildlichten, Begriff einer Mittlerfunktion der Musik läßt sich ein weiterer Gedanke von Novalis anschließen, durch den S. Wagner bei der Gestaltung Huldas oder ihres Gesanges – ohne ihn aber bewußt anzuwenden – beeinflußt worden sein könnte: Novalis hebt in seinem *Blütenstaub-Fragment* 80 die Bedeutung eines „Mittlers"[1097] oder „Organs der Gottheit"[1098] für den „Religiösen" hervor: „Jeder Gegenstand kann dem Religiösen ein Tempel [...] seyn."[1099]

Der Tempel assoziiert das oben zitierte Gedicht „Die Sonnette an Orpheus" von Rainer Maria Rilke [1922], in welchem Dichter und Sänger die Gegenpositionen bilden. Der Gesang des Orpheus schafft im Hörenden einen „Tempel", der zunächst ein „Tempel im Gehör" ist.[1100]

An den durch Gesang erzeugten Tempel sei bei Betrachtung der Anfangsszene und der Haltung Liebholds angeknüpft: „*halb ausgestreckt an den Stufen vor Huldas Haus*" (KA 11).

In der sumerischen Keilschrift gibt es ein Zeichen, das gleichzeitig ‚Gesang (singen)' und ‚religiöses Fest' bedeutet und welches das stilisierte Bild eines Stufentempels ist. Überträgt man dieses Modell auf das Bühnenbild Siegfried Wagners, so befindet sich Liebhold, sinnbildlich gesehen, auf den Stufen eines unsichtbaren Tempels, der nur in seinem „Gehör" besteht.

Dem würde das entsprechen, was sich in Huldas Inneren abgespielt hat, während sie das Blumenlied sang, ein Vorgang, von welchem der Zuschauer erst in der letzten Szne des I. Akts durch die Traumerzählung erfährt:

---

[1094] A.a.O.: 27.
[1095] A.a.O.: 26.
[1096] A.a.O.: 32.
[1097] Novalis, 2. Bd.: 1960: 442.
[1098] A.a.O.: 443.
[1099] A.a.O.: 444. (Fr. 74)
[1100] Rilke o.J.: 5.

## 4. Die Traumerzählung Huldas (C-Dur).

Die Traumerzählung schließt unmittelbar an die Paraphrase Liebholds an (KA 72ff.).

Hulda berichtet dort von einem „Traumbild", das ihr nach einer Anrufung Gottes „aus düstr'em Lebenszwang" heraus zuteil wurde. Es beinhaltet die Verheißung einer *Bannlösung* durch denjenigen, welcher ihre „Schuld" wohl kennt, sie aber dennoch für „schuldlos" erachtet.

Es handelt sich bei der Traumerzählung um eine Erinnerung Huldas, die durch Liebholds Gesang wachgerufen wurde. Gleichwohl bleibt das in der Erzählung Mitgeteilte für ihren Partner auf der Bühne unausgesprochen. Dies ist den begleitenden Worten Liebholds zu entnehmen. Liebhold nimmt lediglich ihr *Entrücktsein* wahr: Liebhold: „Sprich doch!" (KA 76) Hulda: „Soll ich's offen ihm sagen?" (KA 75)

Betrachtet man das Blumenlied und die Traumerzählung im Zusammenhang, so läßt sich folgender Schluß ziehen: Hulda war durch ihren Gesang in einen ekstaseähnlichen Zustand verfallen, in welchem sie das erwähnte „Traumbild" empfing.

Zieht man vergleichend den Begriff der Mystik hinzu, so finden sich einige Überschneidungspunkte. Eine mystische Gotteserfahrung, an sich unbeweisbar, sei jedoch, so eine allgemeine lexikalische Definition, begleitet von „körperlichen Phänomenen", z.B. Ekstase, (prophetische) Vision und Glossolalie.[1101]

Huldas „Traumbild" erscheint als hellseherische Vision, ihre Unverständlichkeit läßt an ein ‚Sprechen in Zungen' („Glossolalie") denken. Wenngleich S. Wagner nicht im direkten Sinne eine mystische Erfahrung schildert, so verwendet er doch entsprechende Merkmale derselben als Ausdrucksmittel. In dieser Terminologie erscheint ihr Gesang – sowohl das Blumenlied als auch die Traumerzählung – als *corpus mysticum*.

Hieraus lässt sich die Wechselwirkung, welche das Phänomen der Gesänge begleitet, erklären: das Blumenlied Huldas erzeugt als Resonanz die Paraphrase Liebholds, diese evoziert wiederum die Traumerzählung Huldas, welche eine Erinnerung an das Blumenlied (im Zitat dort vergegenwärtigt, s.u.) beinhaltet.

Über die musikalische Gestaltung der Traumerzählung heißt es bei Schneeweiß:

> In einfachster, aber schönster Form erklingt hier in den 15-fach geteilten Streichern der C-Dur-Dreiklang. Auf diesem sphärischen Untergrund erscheint nun die Traummelodie Huldas. Diese besteht wiederum nur aus dem C-Dur-Dreiklang, der die Reinheit und Entrücktheit des erlösenden Traumes beschreibt. Im zweiten Takt wird das g, sowohl in den Streichern als auch in der Melodie durch das, den übermäßigen Dreiklang bildende as ersetzt. Das as, das in der Melodie einen Vorhalt zum g, und damit

---

[1101] Art. **Mystik** in: BE Bd. 19 MOSC-NORDD 2006: 209-212. 210.

ein Seufzermotiv darstellt, wird in gleicher Weise in den Streichern nachvollzogen.[1102]

In der Musik ist dem Inhalt der Erzählung bereits durch die Wahl der Tonart C-Dur eine Grundlage geschaffen. S. Wagner verwendet C-Dur traditionell als Symbol des Lichtes.

Die harmonische Hinführung auf diese Tonart geschieht nicht auf direktem Wege. Liebholds Paraphrase endet mit einem Dominantseptakkord auf h, der die Tonika E-Dur erwarten läßt. Dies würde angesichts der in der Mollparallele zu E-Dur, cis-moll, begonnenen Paraphrase auf eine positive Wendung, ja Erfüllung ihrer „Hoffnung" hindeuten. Der Teil A seines Gesangs schließt in bekannter Weise in Cis-Dur. Gleichwohl entspricht Cis-Dur (Blumenlied) einer von *Verzweiflung* untergrabenen „Hoffnung" auf „Licht" (KA 72).

Der Darstellung Beckhs zufolge „sind wir mit C-Dur wirklich in den oberen, lichten Teil des Tonartenkreises eingetreten. C-Dur ist also im Musikalischen der Tonart das Heraufkommen, der Durchbruch des Lichtes [...]."[1103]

Dies erlebt Hulda im Traum.

Als „klassische C-Dur-Stelle der Musikliteratur" nennt Beckh „das ‚Es werde Licht! Und es ward L i c h t', im Anfang von Haydns Schöpfung [...]."[1104] Das „C-d u r d e s k l a r e n L i c h t e s" finde „seinen reinsten Ausdruck im C-dur-Präludium des I. Teiles von J.S. Bachs ‚Wohltemperiertem Klavier'".[1105] Weiterhin führt Beckh den „gewaltigen C-dur-Akkord von strahlender Lichtfülle" gegen Ende der *Freischütz*-Ouvertüre an, welcher „den Sieg des Lichtes über die finstern Mächte [...] verkündet."[1106] „Das der ganzen Stellung von C-dur entsprechende große Motiv ‚durch Nacht zum Licht' tritt da besonders deutlich hervor."[1107]

Auch Hulda scheint sich die Möglichkeit eines solchen Weges aufzutun. Der im Gegensatz zu Cis-Dur eher manifeste Charakter von C-Dur findet seine Bestätigung in der Tatsache, daß während der Vorbereitung Huldas auf ihre Vision (dies geschah singend in Form des Blumenlieds) Liebhold tatsächlich ante portas, also auf den Stufen zu ihrem Haus lag.

---

[1102] Schneeweiß 2000: 98.
[1103] Beckh 1977: 57.
[1104] Ebda.
[1105] Ebda.
[1106] A.a.O.: 58.
[1107] A.a.O.: 60.

An die Traumerzählung schließt ein Selbstgespräch Huldas, in welchem ihre Zweifel an der Bestimmung Liebholds laut werden, vom Orchester mit dem *dritten Zitat* des Blumenlieds (Teile B-D) begleitet, wodurch noch einmal die Verbindung zwischen Huldas Traum und ihrem Gebet betont wird (KA 75f).

Das „Wunder" der Erfüllung von Huldas „Traum" vollzieht sich gleichfalls traumartig im Liebesgesang, welcher den II. Akt eröffnet.

### 5. Der Liebesgesang Huldas und Liebholds (G-Dur).

Im Unterschied zu den übrigen Gesängen umfaßt dieser Gesang eine ganze Szene (KA 81ff.), die gestaltet ist als szenisch-musikalisches Vorspiel zum II. Akt.

Wie aus der ersten Skizze zur Komposition zu ersehen ist, hat Siegfried Wagner diese Szene zuerst komponiert.[1108]

Es stellen sich hier ebenfalls Analogien zu dem oben erwähnten Gedicht von Novalis her, speziell zum zweiten Teil, welcher die Schilderung „einer wunderseltsamen Zukunft" beinhaltet. Diese – auch als „neue Welt" bezeichnet – ist ebenso

---

[1108] Schneeweiß 2000: 86.

real wie transreal: „Die Welt wird Traum, der Traum wird Welt".[1109] Alles in ihr ist „fremd und wunderbar."[1110]

Auch Leo Feld gebraucht in seinem Textbuch zur Oper *Der Traumgörge* [1906] von Alexander Zemlinsky im I. Akt für die Traumwelt des Traumgörge das Wort „Wunderwelt" sowie an anderer Stelle synonym das Wort „Reich".[1111]

Im Zentrum dieser „Wunderwelt" (Novalis[1112]/ Feld) steht das Phänomen des Ungetrenntseins, der aufgehobenen Gegensätze: „'Eins in allem und alles im Einen'", näher ausgeführt als *Panenthëismus*[1113]: „Gottes Bild auf Kräutern und Steinen/ Gottes Geist in Menschen und Tieren"[1114]; hieraus folgt der Satz: „Alles muß ineinander greifen".[1115] Dies setzt ein Aufhören der Zeit voraus („Keine Ordnung mehr nach Raum und Zeit"[1116]). Hier liegt der Beginn von „der Liebe Reich". Als Verkörperung dieses „Reiches" erscheinen – im ersten Teil vorangestellt – Heinrich und Mathilde, die im „seligen Verklärungsaugenblick" [*cf.* ‚Geburt' des „siderischen Menschen" (Tieck) „Astralis"] sich „vereinten" […] zu einem Bilde. – "[1117]

Die beiden Aspekte, die *Traum-Welt* und das *Alles-ineinander-aufgehen*, erscheinen handlungsbezogen angewendet bei Siegfried Wagner. Dies ist bereits aus der Anlage der Szene zu ersehen.

Auf Zeitlosigkeit deutet die Tatsache hin, daß die Szene aus der Szenenzählung des Werks ausgeschlossen ist. Demgemäß besteht auch die Handlung allein im Gesang selbst, der ins Optische erweitert wurde. Während jede äußere Aktion hier fehlt, entwickelt sich im Gesang ein ‚lebendes Bild', dem das Szenenbild entspricht. Dem Einssein trägt der Gesang insofern Rechnung, daß das Thema des Gesangs („Weil' hier! Weile Nacht!") fugiert erklingt – die Stimmen Liebholds und Huldas *greifen ineinander.* – Im Schlußteil ist die Fugierung sogar stellenweise aufgehoben, so daß der Zwiegesang einstimmig ertönt (KA 68f).

Auf Siegfried Wagner läßt sich anwenden, was Dahlhaus in seiner Gegenüberstellung von Dialog und Duett über Richard Wagner schreibt: er kehre „immer dann vom Dialog zum Duett, zum Zwiegesang" zurück, wenn „die Unterredung in

---

[1109] Novalis, 1. Bd. 1960: 319.
[1110] A.a.O.: 318.
[1111] An dieser Stelle sei auf die Interpretation des *Traumgörge* durch den amerikanischen Germanisten David Levin auf dem Zemlinsky-Symposion an der Deutschen Oper Berlin zur *Traumgörge*-Inszenierung von Joachim Schloemer im Mai 2007 hingewiesen: Levin „interpretierte die finale Parole ‚träumen und spielen' parallel zu Henry David Thoreaus [1817-1862] Aussteiger-Fantasien in einer entzauberten Welt." Zit.n.: Wilhelmer 2007: 21.
[1112] A.a.O.: „Paralipomena zum ‚Heinrich von Ofterdingen'". 335ff. 342.
[1113] Novalis, 2. Bd. 1960: 442. (Fr. 80 (s.o.))
[1114] Novalis, 1. Bd. 1960: 318.
[1115] A.a.O.: 319.
[1116] A.a.O.: 318.
[1117] Ebda.

den Ausdruck restlosen Einverständnisses" übergehe. An diesem Punkt steht die Zeit der Handlung still: „das Zugleichreden widerspricht dem Dialogprinzip des Dramas"[1118].

Die näheren Angaben zu Beginn des Vorspiels lassen die Szene sinnbildlich als Welt-Bild erscheinen. S. Wagner verwendet als Verfremdungsmoment einen *Gaze*schleier, hinter dem das Vorspiel stattfindet: Ein auf diesen Vorhang aufgemaltes „*Blumen-Ranken-Zelt*" (KA 81) assoziiert eine Traumwelt:

> *Durch grünliche Beleuchtung, welche jetzt zu wirken beginnt, sieht man also durch den Vorhang durch Hulda und Liebhold in inniger Umschlingung liegen, umgeben von einem Blumen-Ranken-Zelt.*

Die zugrundeliegende Idee dieses Bildes wird im Text – in Zusammenwirkung mit der musikalischen Motivik – expliziert.

Im ersten Teil des Gesangs, der bogenförmig aufgebaut ist (A–B–A'–B'–A"), schildert Hulda (deren Textpassagen die für die Analyse entscheidenden Aussagen enthält) ein traumwirkliches Erleben: ein *seliges Erheben*, das in der *Umschlingung* seinen symbolischen Ausdruck findet:

> Ein Traum! Wachend geträumt –
> Träumend wirklich erlebt,
> Was unser Inn'res selig erhebt,
> Was uns umschlungen wonnig beglückt!
> Umschlungen – – Ja! Durch nichts zu trennen!

Ohne eine ausdrückliche Erwähnung schließt hieran der Gedanke der Heilung: das von Liebhold am Schluß seiner Paraphrase angestrebte Schließen von beider „Wunde" wird hier, metaphorisch weitergeführt, dargestellt durch „Aug'" und „Mund":

> Aug' in Auge! Mund an Mund!
> Herz an Herzen festgebannt![1119]

Angesichts des hin und wieder gezogenen Vergleichs zwischen „O sink hernieder" und „Weil' hier" sei eine Bemerkung von Dammann wiedergegeben, der bei einer Gegenüberstellung beider Gesänge zu dem Resultat einer nur geringfügigen Entsprechung:

---

[1118] Dahlhaus 1971: 136, 137.
[1119] Vgl. *Tristan und Isolde*, II.2 („O sink hernieder"): **Isolde** Herz an Herz dir,/ Mund an Mund; **Tristan** Eines Athems/ heil'ger Bund; – "

> Auch im musikalischen Vergleich des ‚Liebestraums' mit dem Liebesduett aus dem zweiten Aufzug von ‚Tristan' fällt auf, dass bei einigen kompositorischen und besonders auch instrumentatorischen Gemeinsamkeiten (zum Beispiel repetierte Triolen-Akkorde in den Holzbläsern oder umrankende Achtelfiguren in den Solobläsern oder Streichern) doch klanglich gegensätzliche Wirkungen resultieren. Im ‚Tristan' drängt die nervöse Atmosphäre zur Explosion, die Liebe wächst weihevoll zu kosmischer Größe. In ‚Schwarzschwanenreich' ruht die Szene in sich, die Stimmung ist gelöst [...]. Es bleibt also lediglich bei einer oberflächlichen Gemeinsamkeit der beiden Opern [...].[1120]

Im zweiten Teil (B; Aufnehmen des musikalischen Hauptmotivs der Szene: das Rankenmotiv, in die Gesangsstimme) wird die Struktur (Rankenstruktur) dieses Weltbildes symbolisiert.

Das „Blumen-Ranken-Zelt" wird charakterisiert als *schützend, umhüllend, bergend*. Ein Vorgang der Beseelung der Natur deutet sich an im vorgenommenen Wechsel von der dritten Person, in der die Ranken zunächst erwähnt werden, in die zweite Person, in der sie schließlich gleichsam persönlich angesprochen werden, so daß eine Sympathie oder *Theilnahme* ihrerseits am „Loos" der „Liebenden" möglich erscheint (ausgedrückt in einem Gestus des *Hinneigens* und *Lauschens*) (KA 85).

Dieses für alle(s) *gedeihliche Ineinandergreifen* (Novalis) gipfelt bei der Rückkehr des Gesangs zum Thema (Teil A') in dem Satz:

Ihr fühlt, lebt, liebt mit uns!
Auch Ihr kennt diese Macht!

Als notwendig begründet erscheint dieses Weltbild dadurch, daß das „Glück" Liebholds und Huldas ein bedrohtes, wohl nicht dauerhaftes ist, was in der Musik (zu Beginn ertönt das Schicksalsmotiv, später das Flügelrauschen) angedeutet ist.

Gewähr für das schützende Vermögen der Ranken scheint ein abschließend genanntes Moment zu leisten: „die Ranken gewinnen einen instrumentalen Aspekt, insofern ihnen indirekt die Bedeutung einer *transmusikalischen Harfe* [*cf.* „Äolsharfe" (s.o.)] zugesprochen wird, deren „Rauschen" den „Klang einer [wirklichen] Harfe" übertreffe (die allerdings tatsächlich im Orchester erklingt). Der Zwiegesang schließt mit einer Beschwörung der Dauer des seligen Augenblicks (vgl. die Angabe „**Schwebend**" für das Orchester zu Beginn der Einleitung) und schlägt damit den Bogen zum Anfang: „Nie enteil', [...]!"

Ebenso, wie der Liebesgesang inhaltlich eine Fortsetzung der Traumerzählung ist, stellt auch die zugrundeliegende Tonart G-Dur eine harmonische Fortsetzung dar, insofern G-Dur die Dominante von C-Dur ist.

---

[1120] Dammann 2001: 48.

Weiterhin ist G-Dur die Durparallele der Anfangstonart der Oper, e-moll, der Bezug zur Negativität des Anfangs der Einleitung bleibt also latent erhalten. Allerdings endete der I. Akt (Liebesszene Liebhold – Hulda) mit einem Cis-Dur-Akkord, der mit Rückblick auf die Tonart des Blumenliedes eine Duraufhellung bedeutete, zu welchem sich jedoch wiederum G-Dur in einem Tritonus-Abstand befindet, was auf eine wenig positive Entwicklung schließen läßt.

Für sich betrachtet scheint Siegfried Wagner mit seiner Verwendung von G-Dur eine Tradition fortzusetzen. In seinem Kapitel „G-dur, E-moll" spricht Beckh dieser Tonart die Bedeutung einer naturbezogenen Erneuerung und Heilung zu.[1121] Beispielsweise steht das Lied des Hirtenknaben im *Tannhäuser*, in welchem „Frau Holda" als Verkörperung der positiven Gegenwelt zu dem eben versunkenen Venusberg besungen wird, in G-Dur.[1122]

Die Tatsache, daß sich das zu Beginn der Einleitung (Ouvertüre) in e-moll ausgedrückte Leiden Huldas, wie der weitere Verlauf der Handlung zeigt, nicht in G-Dur auflöst (also die *Bannlösung* nicht in diesem Traummoment stattfindet), läßt sich mit Beckh so erklären, daß e-moll eher zu seiner Varianttonart E-Dur hinneigt, als zur Parallele G-Dur: e-moll „gehört nicht zu den schwächeren, sondern eher zu den stärkeren oder starken Tonarten, in dieser Beziehung von G-dur durchaus verschieden, mehr zur E-dur-Tonart sich hinordnend [...]." Außerdem hebt Beckh das „Zweischneidige" dieser Tonart hervor: „Das Zweischneidige der G-dur-Tonart, in dem ein hohes und ein niederes Element sich verbinden, tritt bei Wagner überall hervor."[1123] (In G-Dur tritt einerseits Tannhäuser während des Sängerkrieges Wolfram entgegen,[1124] erklingt aber auch Wolframs „Lied an Venus, den Abendstern (jetzt die Venus am Himmel)".[1125]

Nicht unerwähnt bleiben soll die von Beckh hervorgehobene „Gefahr der G-dur-Tonart", und zwar die „Gefahr des Einseitig-Fühlsamen"; man könne sogar von einer „dreifachen Gefahr" sprechen, „nämlich, entweder sinnlich, oder sentimental, oder langweilig zu werden."[1126] Diese Gefahr besteht m.E. auch für den Liebesgesang. Das Thema ist sanglich, die Melodie strömt – mit Steigerungen und Aufschwüngen – breit dahin, die Tempoangabe lautet: „**Sehr ruhig**" (Teil A); besonders Unisono-Stellen (KA 83) und Achtelpunktierungen unterstützen den getragenen Charakter des Duetts. Andererseits ist der Gesang von vornherein spannungsreich angelegt durch die Fugierung der Stimmen, es gibt polyrhythmische Passagen (KA 82f), die Instrumentation ist von besonderer Durchsichtigkeit (vgl. z.B. das

---

[1121] Beckh 1977: 197, 193.
[1122] A.a.O.: 196.
[1123] A.a.O.: 198.
[1124] A.a.O.: 197.
[1125] A.a.O.: 198.
[1126] A.a.O.: 191f.

Violin-Solo KA 82); das Zentrum aber der Spannung liegt m.E. in der für die Tonart typische „Innerlichkeit des Wortes, der Beredsamkeit"[1127], welche den ganzen Gesang kennzeichnet.

### 6. Der Fluchgesang Ursulas (g-moll).

Der Fluchgesang Ursulas (KA 116f) bildet den Schluß der Szene Hulda – Oswald – Ursula (II.3), vorausgegangen ist der von Hulda (vergeblich) unternommene Versuch, eine Versöhnung mit Ursula herbeizuführen, nachdem Ursula allerdings Zeugin eines (gewaltsamen Annäherungsversuchs Oswalds geworden ist.

Allein zurückgeblieben „bricht Ursula in Leidenschaft gegen Hulda aus (KA 115): Ihr Fluchgesang steht im straff gespannten Zweihalbetakt (am Schluß Taktwechsel zum Dreihalbetakt), auf den der Komponist vor Beginn des Gesangs ausdrücklich hinweist: „**Bewegt, nicht übereilt (aber alla breve)**" (KA 115).

---

[1127] A.a.O.: 192.

Das Orchester begleitet den Gesang kontrastreich mit lang gehaltenen Tönen, chromatischen Triolenläufen, neben dem Fluch-Thema erklingt Ursulas Haßmotiv in den Holzbläsern. Im letzten Satz („zuck auf Dich meines Fluches Strahl!"; KA 117) nimmt die Gesangsstimme das Haßmotiv auf. Der Gesang endet „**Wild**", auf den sechs halbe Schläge ausgehaltenen Schlußton g wiederholt das gesamte Orchester im *fortissimo* Ursulas Fluchthema.

So erfährt der (in freier Form gestaltete) Fluchgesang eine äußerste Steigerung. Zunächst folgt eine Einleitung von 16 Takten: hier kommt Ursulas ganzer Schmerz über den durch Hulda verschuldeten zweifachen Verlust, den *Raub* des „Bruders" und die *Entfremdung* des „Freundes", zum Ausdruck (KA 115). Hulda wird als „[falsche] Heilige", „Heuchlerin", „Hexe", Dirne" und „Buhlerin" bezeichnet. Daran schließt der Fluchgesang selbst, in dessen zweiter Hälfte Ursula die *vernichtende* Wirkung ihres „Fluches" beschwört (KA 116f).

Der Anfang des Fluchgesangs beruht auf einer abwärtsführenden Tonleiter in g-moll.

Dieser Beginn stellt einen Umschlag dar, denn der Verlauf des Gesangs strebte – über die Stufen IV (T 14) und V (T 16) – die Tonika G-Dur an (KA 115). Diese ostentativ vollzogene Wandlung von (angestrebtem) G-Dur nach g-moll (T 17, das ist der erste Takt des eigentlichen Gesangs; KA 116) bestätigt die im Liebesgesang bereits enthaltenen Anzeichen einer drohenden *Zerstörung* des „Glückes" Liebholds und Huldas.

Auch die Tonart g-moll führt über G-Dur – C-Dur – Cis-Dur – cis-moll auf die Grundtonart des Werks E-Dur zurück, hat also ebenfalls keine primäre, eigenständige Bedeutung.

Gleichwohl widerspricht diese Verwendung von g-moll nicht der Charakterisierung dieser Tonart bei Beckh. In g-moll finde eine Dunkelheit Ausdruck, der „jene Ahnung und Hoffnung", die sich in der Paralleltonart B-Dur bekunde, „noch fehlt."[1128] In B-Dur wird sich später Liebholds Hoffnung auf endgültige Versöhnung Ursulas und Huldas ausdrücken.

Dies geschieht in der darauffolgenden Szene:

## 7. „Denk' ich an früher zurück..." 
### (Kindheitserinnerung Liebholds) (F-Dur [d.i.: f$^\#$]).

Dieses Lied (KA 121f) steht in einem generellen Gegensatz zu allen übrigen Gesängen. Es beleuchtet ein Gebiet, in welchem Hulda nicht existiert: Ursulas und Liebholds gemeinsam verlebte Kindheit – eine „Zeit der Unschuld", die Liebhold *neu erstehen* lassen möchte (KA 122). Um die Bruder-Schwester-Beziehung wiederherzustellen, beschwört er mit seinem Lied das verlorene Kindheitsparadies herauf.

---

[1128] Beckh 1977: 223.

Hier fällt eine vorübergehende Umkehrung der Erzählperspektive auf. Während Liebhold bisher als Partner Huldas in sekundärer Position erschien, tritt er nun als Bruder Ursulas in den Vordergrund; Hulda dagegen tritt zurück in die Rolle einer verkörperten dunklen Seite Liebholds. Bezeichnenderweise ist sie in dieser Szene – wie in der 1. Szene – nicht sichtbar. Einerseits will Liebhold eine Versöhnung mit Ursula, gewissermaßen der Verkörperung seines Gewissens, seines Bewußtseins, herbeiführen, andererseits kann er aber auch auf Hulda nicht verzichten. Vergeblich versucht er, um alles Trennende zu beseitigen, „Hulda" zu verdrängen. Ursula, durch sein Lied schon halb gewonnen, „*wendet sich*" bei Erwähnung Huldas „*wieder düster ab*" (KA 126), begleitet von ihrem Haßmotiv in Klarinette und Baßklarinette.

Das in drei variablen Strophen verfaßte, wie eine Tanzweise erklingende Lied, Mittelstück einer Passage Liebholds, die musikalisch getragen ist von zwei Themen (Bruderliebe und Kindheitserinnerung), wurde – im Rahmen einer Darstellung biographischer Beweggründe innerhalb der Werkentstehung – im Kapitel über → **Ursula, *die Bärin*** analysiert.

Hier sind einige Angaben zur Tonart des Liedes hinzuzufügen.

Aus harmonischer Sicht lassen sich von diesem letzten Lied drei Verbindungslinien in den vorangegangenen Teil der Oper sowie zum Schluß der Handlung ziehen.

1. Die Tonart des Liedes, F-Dur, kann als Subdominante von C-Dur gedacht werden; wenngleich dies auch, harmonisch gesehen, kein Weiterschreiten (nachdem mit G-Dur bereits die Dominante erfolgt war) bedeutet, so ist doch noch ein, zwar eher rückläufiger, Bezug zum Traum von der *Bannlösung* (Liebholds Mission) aufrecht erhalten.

2. Als Dominante führt F-Dur auch zur Tonika B-Dur: diese Tonart wird nach Abschluß des Liedes erreicht, als Liebhold (im dritten Teil seiner Passage; Bruderliebethema) das Licht, die „Sonne" (KA 122) beschwört, um so das – auch durch Ursula wirkende – lichtabsorbierende Prinzip des Schwarzschwanenreichs zu bannen – ein Versuch, der kaum aussichtsreich erscheint, zumal die daraufolgend erwähnten, an den „schwarzen Reiter" gemahnenden, „schwarzen Wolken" (KA 123) in b-moll ertönen, während das B-Dur auf „Sonne" hier lediglich eine Dur-Aufhellung bedeutet.

3. Besonders hervorzuheben ist die Beziehung von F-Dur zur Grundtonart E-Dur. In diesem Zusammenhang stellt F-Dur stufentheoretisch die tiefalterierte II. Stufe dar. Das Lied beginnt mit einem gebrochenen F-Dur-Akkord in der 1. Umkehrung,

dieser hat also, bezogen auf E-Dur, die Funktion eines Neapolitanischen Sextakkords, was auf eine Zuspitzung der dramatischen Situation, auf eine entscheidende Wendung des Handlungsverlaufs hindeutet (Hulda ist, veranlaßt durch Ursulas Schmähung, bereits an den See des Schwarzschwanenreichs geflohen, was zu diesem Zeitpunkt weder Liebhold noch Ursula weiß).

Diesem ersten Teil der Geschwisterszene liegt ein Erneuerungsgedanke zugrunde (→ **Ursula, *die Bärin***). In diesen gedanklichen Zusammenhang läßt sich auch F-Dur als Tonartsymbol stellen.

Beckh betont in seiner Charakterisierung das „'Heimatliche' der F-dur-Tonart"[1129] (Kurwenals Kareol-Motiv im III. Akt von *Tristan und Isolde*); weiterhin läßt „uns schon Beethovens 6. Symphonie die F-dur-Tonart nicht nur als Naturtonart, als ‚pastorale' Tonart, sondern auch als humoristische [3. Satz] wie als fromme, religiöse [Schlußsatz] Tonart erkennen."[1130] Im Zusammenhang mit der Darstellung der „Möglichkeit des religiösen Naturempfindens", welche F-Dur in sich trage[1131], nennt Beckh auch Bach („Wie schön leucht' uns der Morgenstern").

Eine besondere Betonung erhält diese Tonart bei Siegfried Wagner dadurch, daß sich das Lied vor einem dunklen Hintergrund befindet: die Haupttonart dieses Szenenabschnitts ist f-moll.

Die Szene beginnt in einer dunklen Dur-Tonart: As-Dur (Bruderliebethema), wechselt unmittelbar vor dem Lied über es-moll zu f-moll. Beck beschreibt f-moll als „die Tonart, die den stärksten Mollcharakter in sich trägt, die von der Finsternis zu der dichtesten Finsternis führt, tonartlich das Düsterste, was es in der Musik überhaupt gibt."[1132] (Als besonders prägnantes Beispiel nennt er *ein vorübergehendes F-moll-Moment des F-dur-Andantes in Mozarts C-Dur-Klaviersonate*[1133]; weiterhin Beethovens *Appassionata*, Schumanns Klavierphantasiestück *In der Nacht* und „die F-moll-Stelle im I. Satz von Bruckners 9. Symphonie", in welcher „die T o d e s f i n s t e r n i s [...] ihren Ausdruck findet."[1134]

Im Wagner-Abschnitt dieses Kapitels charakterisiert Beckh f-moll durch „das finstere Grauen und Weben dämonischer Mächte".[1135]

Im Anschluß hieran sei zum Vergleich die Charakterisierung von f-moll nach Mattheson, also für die Kammermusik des 18. Jahrhunderts, angefügt:

---

[1129] A.a.O.: 147.
[1130] A.a.O.: 133
[1131] Ebda.
[1132] A.a.O.: 174.
[1133] A.a.O.: 174f.
[1134] A.a.O.: 176.
[1135] A.a.O.: 181.

Scheinet eine gelinde und gelassene, wiewohl dabey tieffe und schwehre, mit etwas Verzweiffelung vergesellschaffte, tödtliche Hertzens=Angst vorzustellen, und ist über die maßen beweglich. Er drucket eine schwartze, Hülff=lose Melancholie schön aus, und will den Zuhörern bißweilen ein Grauen, oder einen Schauder verursachen.[1136]

Bevor Liebhold mit seinem Lied beginnt, erklingt das Motiv der Kindheitserinnerung bereits zwei Mal in der anfänglichen und ursprünglichen moll-Variante.

Jedoch erfolgt mit Beginn des Liedes eine Erhöhung des Terztons as zu a, so daß es in F-Dur ertönt (Angabe zur Singstimme: „*belebend*", zu den Orchesterstimmen: „*scherzando*" KA 121).

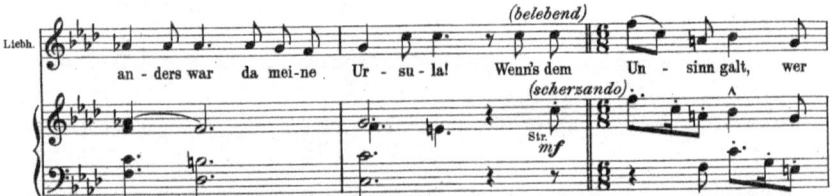

Im zweiten Teil der Szene ist das Kindheitserinnerungsmotiv in beiden Varianten zu hören. Im Verlauf des Gesprächs hebt sich allerdings besonders markant die moll-Variante hervor, die unheilvolle Wendung (*Zerstörung* des „Glücks" Liebholds und Huldas) ankündigend.

---

[1136] Zit. nach: „Tonartencharakteristik nach MATTHESON" [Zusammenfassung von N.N.; Aushang in der Musikschule Langenhagen]. Als Bestätigung dieser Charakteristik erscheint die Sonate für Blockflöte und Basso continuo in f-moll von Telemann; dasselbe gilt für die Sonaten in F-Dur und B-Dur.

Subtil harmonisiert ist das letzte Erklingen der Kindheitserinnerung: dies geschieht zwar in einer Dur-Variante, und zwar jetzt noch einmal als Gesangsmelodie Liebholds (dieser begibt sich, um beide zu versöhnen, auf die Suche nach Hulda, nicht wissend, daß Letztere bereits an den See geflohen ist); allerdings ist es eine selten gebrauchte Tonart: *Fes-Dur* – enharmonisch zu verwechseln mit E-Dur. Fes-Dur (zu erklären als tiefalteriertes F-Dur) ist sozusagen (klanglich) ein falsches E-Dur, der Klang selbst ein Symptom für die Unmöglichkeit einer *Bannlösung* im Leben (KA 127). Damit sind die Weichen für den weiteren Verlauf auf harmonischer Ebene gestellt.

Zum letzten Mal erklingt das Blumenlied-Thema (*sechstes Zitat*; Bratsche, Cello) in der Schlußszene (III.4), Huldas Gang zum Scheiterhaufen begleitend und kommentierend. Hier schließt sich ein Kreis: Hebt man die für das dramatische Geschehen ausschlaggebende Deutung von f-moll als erniedrigte II. Stufe von E-Dur hervor (S. Wagner verwendet hier sowohl die neapolitanische [Dur] als auch die romantische [Moll-]Version des Neapolitaners), so erweist sich die doppelte Nivellierung von F-Dur („Leben") in f-moll und Fes-Dur („Tod") als Notwendigkeit. Das Ziel, die *Bannlösung*, harmonisch gebunden an E-Dur, ist – wie durch die Metaphorik und die Tonart: Tonikaparallele cis-moll vorgezeichnet – auf dem Wege der Vernichtung zu erreichen. Dies schließt sowohl Huldas offenes Bekenntnis („Ich bin schuldig!" KA 167) sowie Liebholds Trennung von Ursula („Mich hast Du verloren!" KA 166) ein.

Inwiefern „Tod" und *Bannlösung* bei Siegfried Wagner ineinsfallen, wird im folgenden Kapitel ausgeführt.

### Der *Tonartenplan* im Überblick

Betrachtet man die Tonarten der einzelnen Gesänge im Zusammenhang, so kann man, wenn auch von der Werkgenese her gesehen aus anderer Perspektive, wie bei Richard Strauß von einem „Tonartenplan"[1137] sprechen. Es folgt eine Übersicht über die sieben Gesänge mit ihren Tonarten:

---

[1137] Katzenberger 1993: 67.

| Einleitung | I. Akt | | | | II. Akt | | | III. Akt |
|---|---|---|---|---|---|---|---|---|
| | 1. Szene, 1. Teil | 1.Szene, 2. Teil | 4.Szene | 6. Szene | Szen. Vorspiel | 3. Szene | 3. Szene | 4. Szene |
| e-moll/ E-Dur | *Blumenlied* | *Schwarzschwanenreicherzählung* | *Spottlied* | *Traumerzählung* | *Liebesgesang* | *Fluch-Gesang* | *Kindheitserinnerung* | (Schluß) |
| | cis-moll | e-moll/ E-Dur | Es-Dur | C-Dur | G-Dur | g-moll | F-Dur (d.i.: f$^\#$) | E-Dur |
| | Mollparallele zur Tonika E-Dur | Tonika | Tiefalt. d. Dur-Tonika | a. Gegenklang zu e-moll b. ‚zweite' Tonika | a. Durparallele zur Molltonika e-moll b. Dominante von C-Dur | Mollvar. von G-Dur | a. II. Stufe von E-Dur b. Subdominante von C-Dur | Tonika [auch als Mediante von C-Dur deutbar; → Schluß des Werks] |

**Fazit**

S. Wagner bewegt sich in seinen Gesängen, betrachtet man sie nacheinander in ihrer Reihenfolge, mit einer Ausnahme (II. Stufe F-Dur) im Bereich der Tonika, diese vielfältig variierend (Parallelen, Gegenklang, Tiefalterierung, bezogen auf die moll- wie auf die Durvariante der Tonika); außerdem ist der Gegenklang C-Dur auch als zweite Tonika (in der Folge erscheinen deren Dominante, Subdominante und Mediante) deutbar, auf die besondere Symbolik von C-Dur in *Schwarzschwanenreich* hinweisend. In dieser Reduktion folgt S. Wagner in besonders konzentrierter Form der Maßgabe Richard Wagners: sich erst und nur dann in eine neue Tonart zu begeben, wenn dieser Schritt durch die Handlung motiviert ist[1138]. Weiterhin gibt es einen dramaturgischen Aspekt: die hohe Gewichtung der Tonika richtet den Blick auf die Protagonistin, mit deren Werdegang der Entwicklungsprozeß der Tonika symbolisch verknüpft ist.

---

[1138] Wagner 1956$^2$: 387, v.a. 388, sowie 394.

451

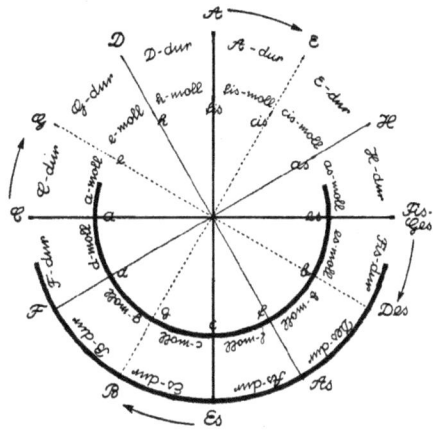

*Quintenzirkel in der Version von Hermann Beckh*

Abschließend wird eine Wiedergabe der Quintenzirkelversion von Beckh[1139] eingefügt, auf den hier hauptsächlich Bezug genommen wurde: im Unterschied zur üblichen Darstellung (C-Dur bildet den obersten Punkt) drehte Beckh (auf Grundlage der zu Beginn des Kapitels angemerkten Voraussetzungen) den Quintenzirkel um 90 Grad nach links, so daß sich jetzt A-Dur an dieser Stelle befindet.

---

[1139] Beckh 1977: 33 (Tf. 1).

# Der Schluß des Werks.

> Der Tod
> ist mit nichten eine Zerstörung der Existenz,
> sondern befreiende Lebenswandlung [...].[1140]
> *Ernst Wachler*

**Zum Todesbegriff Siegfried Wagners.**

Im Mittelpunkt dieses Kapitels steht der Todesbegriff Siegfried Wagners, mystisch verstanden im Sinne einer „befreienden Lebenswandlung". Dieser Gedanke ist bezeichnenderweise nicht im Text expliziert, sondern erscheint musikalisch und szenisch realisiert. Will man sich dies – vor einer musikalisch-szenischen Analyse des Schlusses mit besonderer Gewichtung der Tonart – begrifflich verdeutlichen, so ist man fast ausschließlich auf eine Analysekategorie angewiesen, auf welche im → Vorwort dieser Arbeit hingewiesen wurde und die in der Analyse mehrfach zur Anwendung gekommen ist: Siegfried Wagners Lektüre philosophischer und literarischer Werke.

Im vorliegenden Zusammenhang geht es um Textstellen aus den Werken Heraklits und Goethes.

Dementsprechend erfolgt die Behandlung der Schlußszene (III.4, zweiter Teil; ab KA 169) in diesem Kapitel aus einer anderen Sichtweise als sie im *cap.* → **Der historische Handlungsrahmen** vorgenommen wurde.

Den Ausgangspunkt bildet hier Huldas Gang zum Scheiterhaufen (Beginn des zweiten Teils; KA 169), dessen Gestaltung sich auf Siegfried Wagners Heraklitlektüre zurückführen läßt. Aus dieser gedanklichen Substanz schafft der Komponist ein *second end*. Es ist zu zeigen, daß der Einsatz der von Heraklit übernommenen Feuersymbolik die *sühnende Kraft des Kreuzes* ihrer Bedeutung enthebt.

Die Verurteilung gewissermaßen in ihr Gegenteil, ein Selbstopfer, verkehrend, gibt Hulda den „*Schergen*" den Befehl: „Führt mich hin –" (KA 169) und schreitet, unversehrt, zum Scheiterhaufen wie zu einem Opferaltar. Im Orchester erklingt *espressivo* im Cello ihr Blumenliedthema. Ihr Gang gleicht einem Ritual. Dagegen wurden die historischen Delinquentinnen zerstörten Leibes (lebendig oder tot) auf den Scheiterhaufen geschleppt.[1141]

---

[1140] Wachler 1928: 56. (Basisgedanke ist die „Verwandelbarkeit der Erscheinungswelt", 56; Literaturbezug: Goethes Gedicht „Selige Sehnsucht" sowie: Ludwig Klages: *Vom kosmogonischen Eros* [1922])

[1141] König 1935: 155ff.

Kritik scheint angebracht angesichts der Gestaltung des symbolischen Todes: indem er mit dem Flammentod gleichsam spielt, beraubt S. Wagner das Bild seiner Realität; im Negieren der körperlichen Qual erreicht er beinahe die Größe Goethes.

Dieser Gedanke einer Verwandlung der Hinrichtung in ein feierliches Ritual wird in einem späteren Werk, *Rainulf und Adelasia*, dort v.a. in der Gestalt der Feuerpriesterin Sigilgaita, weiterentwickelt.

In der Figur der Sigilgaita finden sich Spuren der Lektüre Siegfried Wagners die altgriechischen Mysterienkultur betreffend. Ihr Feuergesang (III. Akt) stellt eine Montage aus wörtlichen und abgewandelten Heraklitzitaten [B 36, B 76], verbunden mit Assoziationen des Verfassers, dar.

Auf die Drohung ihres Verfolgers Rainulf, daß ihr „heidnisch Treiben"[1142] Tun mit dem *Feuer-Tod*[1143] bestraft würde, entgegnet sie:

> Tor, der mir mit Sterben droht!
> Tor, der wähnt, ich fürchte den Tod!
> Feuer ist mein Bräutigam!
> Im Feuer vereinigt,
> Durch Feuer gereinigt,
> Aus dem ich einstens kam
> [...]
> Kehr ich zurück
> [...]![1144]

Daß auch Huldas Gang ins Feuer eine Rückkehr ist, läßt sich daraus schließen, daß die Beschreibung ihrer Herkunft eine mythische Geburt aus dem Feuer assoziiert. Schlägt man einen Bogen vom Finale zur Einleitungsszene, so ergibt sich ein Doppelbild, welches die Feuersymbolik in *Schwarzschwanenreich* erhellt: In der 1. Szene berichtet Ursula über die Herkunft Huldas. Bezeichnend ist, daß man „nichts Genaues" weiß; die Spuren von Huldas Abstammung verlieren sich in einer „flammenden Stadt", aus der sie „als Kind gerettet" wurde (KA 24). Wagner verwandelt hier die reale Brandschatzung (in der handschriftlichen „1. Skizze" heißt es noch: „Erstürmung einer Stadt"[1145]) in das mythische Bild der „flammenden Stadt". Das Element des Feuers dient der Kennzeichnung des Dämonischen in Huldas Wesen, vielleicht auch der Bestätigung des Hexenverdachts. Durch die wunderbare *Rettung* Huldas wird die „flammende Stadt" zum mythischen Ursprungsort der Heldin.

---

[1142] Wagner: O.J. [1939]: 49.
[1143] A.a.O.: 55 (Begriff „Feuer-Tod" gleichermaßen bezogen auf Sigilgaita und Adelasia).
[1144] A.a.O.: 49.
[1145] NAB [unpag., 7. Seite.] [VI Bf 1-1].

Das Feuer, in *Rainulf und Adelasia* ein von Heraklit übernommenes gedankliches Phänomen, das Feuer an sich, manifestiert sich in *Schwarzschwanenreich* in zwei historischen Erscheinungsformen: der Brandschatzung und der Richtstätte. Diese werden zu Polen einer konkreten – teils mythisch, teils historisch gestalteten – Lebensgeschichte (Huldas) und erzeugen so den Spannungsbogen des gesamten Werks.

Die ‚Geburt' Huldas aus dem Feuer (mythischer Aspekt) erscheint als *Rettung* vor dem Tod (historisch-realistische Perspektive); analog dazu stellt der Tod Huldas auf dem Scheiterhaufen ihre *Heilung* dar: deutbar im Sinne Luthers als der einer *zweiten Geburt* notwendig vorangehende Tod der „Natur" (Überwinden der „ersten Geburt") (vgl. Zitat im *cap.* → **Stoffliche Grundlagen der Schwarzschwanenreich-Sage**).

Die *Heilung* verknüpft S. Wagner mit dem Feuer. Das Textbuch von *Schwarzschwanenreich* weist kein Heraklit-Zitat auf, allerdings lassen sich einige Fragmente assoziieren:

Der „Feuertod" in *Schwarzschwanenreich* entspricht der richtenden Funktion, die Heraklit[1146] dem Feuer zuerkennt (B 66), konkret bezogen auf diejenigen, von denen die „[Dionysischen] Mysterien [...] unheilig gefeiert" werden (B 14, B 15); dies bezeichnet Heraklit als „ganz schamloses Treiben" (B 15) (vgl. Nietzsches Bemerkungen im zweiten Kapitel seiner *Geburt der Tragödie* über „jenen scheußlichen Hexentrank aus Wollust und Grausamkeit" der „dionysischen Barbaren", denen er die „dionysischen Griechen" gegenüberstellt[1147]).

Auch der Gedanke der Heilung findet sich in einem Fragment, das für Siegfried Wagner von besonderem Interesse gewesen sein dürfte: „Heilmittel (nannte er, was die Seelen entsühnt, da sie die Angst heilen und die Seelen ledig machen alles Unglücks, das in der Geburt liegt.)" ([Nicht gesicherte Authentizität dieses Fragments!] B 68).

Das *in der Geburt liegende Unglück* läßt sich aus der Perspektive des sich in seiner *dramatis persona* Hulda maskierenden Komponisten (s.o. die Bemerkung zum „Schandstein") in Verbindung bringen mit dem von Heraklit postulierten *Kampf mit der Begierde* („Begierde": θῡμός; B 85) bzw. den „leiblichen Lüsten" (B 4). Das strafende Feuer der Richtstätte sublimiert S. Wagner in ein Medium der Heilung. Dies manifestiert sich im Schlußbild.

Überträgt man den Gedanken der *Heilung* auf das Bühnengeschehen, so bedeutet sie die Wiederzusammenfügung der getrennten Ich-Hälften Liebhold und Hulda. Beide erscheinen auf der Bühne als eigenständige Personen. Psychodramatisch gesehen erscheint Liebhold als Verkörperung des von Hulda abgetrennten Licht-

---

[1146] Zitiert nach Snell: 1983⁸ (Frag.-Nrr. im Text in Klammern [()].
[1147] Nietzsche 1977: 27.

Aspekts: er gemahnt sie ans „Licht" (das Stichwort ist begleitet von einem Mollakkord auf dem Grundton h, dem Leitton zu C-Dur; KA 66), nachdem er sie daran gehindert hat, im „Wasser" (KA 61) (des Schwarzschwanenreich-Teichs) den Tod zu finden. Als *Licht*-Bringer wird er auch in Huldas Traumerzählung (KA 72) charakterisiert. Während sich die Trennung als „*dia*bolisch" (wörtlich: „durchgetrennt"[1148]) erweist (Herrschaft des Versuchers), wird die *Heilung* durch die *Zu-sammen*fügung der Hälften, also „*sym*bolisch", erreicht. Dieser etymologische Aspekt läßt sich mit der Ablösung des Versuchers (*langsames Verlöschen des bläulichen Lichts*; T 65-67; KA 170) durch Liebhold (Einsatz T 67) im Finale in Verbindung bringen. Auch dieser Personenwechsel (vgl. Versucher-Wärter) gleicht, psychodramatisch gesehen, eher einer Verwandlung als einer Beseitigung.

Um dies auch begrifflich zu verdeutlichen, bietet es sich an, als weiteres literarisches Beispiel Goethes Idee des „Stirb und werde!", dargestellt anhand des „Flammentodes" des „Schmetterlings" (Gedicht *Selige Sehnsucht*) hinzuzuziehen, das innerhalb der Goethe-Lektüre S. Wagners eine besondere Rolle gespielt haben dürfte, insbesondere die Verse: „Das Lebend'ge will ich preisen/ Das nach Flammentod sich sehnet."[1149]). Ausschlaggebend erscheint in diesem Zusammenhang der Entstehungsgrund des Gedichts, den Gert Ueding wie folgt zusammenfaßt: „Den Grundstock des Gedichts bildet die Vorstellung der persischen Metaphysik, daß Tod und Untergang zugleich Wiedergeburt eines höheren Lebens darstellen." Dementsprechend lautet die Quintessenz: „Zu neuer Bildung und Formung, zur Wiedergeburt führt der Weg nur durch den apokalyptischen Untergang des Alten [...]."[1150] Ueding hebt hervor, daß es sich statt um einen Gestaltwandel (Metamorphose) hier um einen Wesenswandel handele, der mittels Feuer bewirkt wird.

Um von dieser Wandlung, wie sie im Sinne Siegfried Wagners stattzufinden hat, eine Vorstellung zu geben, scheint es angebracht, einige Begriffe aus dem Bereich der Alchemie anzuwenden (→ **Metaphorik des Titels**).

Im Zusammenhang mit dem Werkschluß ist das Augenmerk besonders auf die nähere Beschreibung eines „chem. Wandlungsprozesses" zu richten, dessen „Ziel" das „**Opus magnum** (das ‚große Werk')" war, „die Selbstwerdung des Menschen durch eine Umwandlung (Transmutation), durch eine Läuterungsprozeß in chem. Operationen, wobei höchste innermenschl. Werte [...] im Symbol eines göttlich. Mysteriums zur Erfüllung kamen."[1151] Eine solche *Sublimation* setzt, wie Cirlot in

---

[1148] Diese Übersetzung von διαβάλλειν findet sich nicht bei Gemoll 1965: 195, läßt sich aber aus den Angaben zu συμβάλλειν (700) herleiten. In diesem Sinne verwendet Roch beide Begriffe; vgl. Roch 1995: 378ff.

[1149] *Goethe-Handbuch* Bd. 1 1996: 378.

[1150] A.a.O.: 380.

[1151] Art. **Alchemie** in: BE Bd. 1 A – ANAT 2006: 473f.

seinem bereits zitierten Symbollexikon schreibt, zunächst (als die erste der „Operationen") „the ‚death of the profane'", i.e. the extinction of all interest in life and the manifested world" voraus.[1152] Als Zusammenfassung aller Stufen oder „Operationen" erscheint die Formel: „Solve et Coagula" (in etwa: „Löse [dich auf] und lasse [dein Selbst] neu gerinnen"); dies bedeutet v.a.: „'dissolve all that is inferior in you [...]; then, with the strength acquired from the preceding operation, congeal'".[1153] *Eine derartige Selbstumwandlung soll zum Zentrum aller übrigen Handlungen werden.* Das „große Werk" wird beschrieben als „conversion": eine Wandlung des bisherigen Seins in ein ‚anderes' Sein.[1154]

Eines der Symbole der Alchemie, so heißt es im *Wörterbuch der Symbolik*, ist das „LIEBESPAAR" (in Verbindung zu bringen mit der fünften Stufe „conjunction"), durch welches die beiden gegensätzlichen Prinzipien, „die verbunden werden sollen" [*coincidentia oppositorum*], dargestellt werden. Ziel dieser Verbindung ist die „Auferstehung", die „auf höherer Ebene neu belebte Materie" (Symbol: „PHOENIX"). Daher wurde auch der Begriff „Seelenschmelzkunst" verwendet.[1155]

Das Symbol des „LIEBESPAARES" führt zurück ins Schlußbild von *Schwarzschwanenreich*. Allerdings befindet sich das Szenenbild Siegfried Wagners zu den eben genannten Beispielen aus dem Bereich der Mystik in doppelter Diskrepanz. Der Wandlungstod Liebhold-Huldas betrifft nicht (wie bei Goethe) auch die *Gestalt*; die Tatsache der Darstellung des *todten* Paares verweist auf eine spätere Stufe als die, welche das „LIEBESPAAR" in der Alchemie bezeichnet (entspricht ungefähr der sechsten und siebten Stufe: „sublimation" und „philosophic congelation": „the binding together inseparably"[1156] im ‚Tod').

Charakteristisch für die Aufnahme religionsphilosophischer Ideen in ein Kunstwerk ist oftmals die metaphorische Vereinfachung und die Verschmelzung mit anderen Ideen und Lehren (beispielsweise wird das Werk Goethes zur „Literatur mit alchemistischen Wurzeln" gezählt[1157]).

## Wie verwendet Siegfried Wagner die Tonart E-Dur?

Siegfried Wagner beschreibt nichts anderes als einen Läuterungsprozeß, wenn er das Changieren von e-moll zu E-Dur auf kompliziertem Handlungswege bewerkstelligt. Wesentliches ist also in der harmonischen Struktur des Werks mitgeteilt.

---

[1152] Art. **Alchemy** in Cirlot 1978: 6.
[1153] A.a.O.: 8.
[1154] Ebda.
[1155] Lurker 1991: 17.
[1156] Cirlot 1978: 8.
[1157] BE 2006: 474.

Bezeichnend für das Finale ist das Wiedererreichen der Grundtonart des Werkes E-Dur in T 44 der Schlußszene (d.i. der Beginn des hier behandelten zweiten Teils). Vor dem Hintergrund, der Tatsache, daß die Einleitung der Oper in e-moll begann (und ebenfalls in E-Dur endete), erscheint das Münden in die Varianttonart E-Dur im Finale im positiven Sinne als Aufhellung, zumal diese Tonart formal besonders verknüpft ist mit dem musikalischen Hauptthema des Werks: dem Bannlösungsthema).

Gleichwohl ist zu bemerken, daß die Tonart C-Dur (Huldas Streben nach „Licht" symbolisierend), die mehrfach angestrebt wird (zuletzt unmittelbar vor dem hier behandelten zweiten Teil), am Schluß des Werks nicht erreicht wird.

Im Finale erklingt als letztes Motiv verkürzt das Traumerzählungsthema: der erreichten Grundtonart entsprechend in E-Dur. Inwiefern bedeutet diese Verknüpfung: Traumerzählungsthema (ursprünglich C-Dur) einerseits und finale Tonart E-Dur andererseits „Befreiung" Huldas in dem von ihr angestrebten Sinne?

Schon in der Traumerzählung gibt es eine E-Dur-Passage: es handelt sich um den Schlußteil der Bannlösungsmelodie (auf Huldas Worte: „[...] der löst den Bann – [...]!" KA 74). Diese Passage bildet den Abschluß der Traumerzählung, sie wird im Orchester begleitet von zweiter Violine, Bratsche und Cello. Damit ist angekündigt, daß die innerhalb von C-Dur verheißene Lösung in E-Dur liegt.

Im Zuge der Auflösung des „Schattens" (Aufhellung e-moll – E-dur) kommt dem „Licht" (C-Dur) eher ein instrumentaler Stellenwert zu.

Unabhängig davon kann die Wahl der Tonart E-Dur für sich genommen aus der Sicht der Tonartencharakteristik bewertet werden (zur Kritik der Tonartencharakteristik vgl. → **Die Gesänge**).

Zunächst folgen zwei Charakterisierungen der Tonart E-Dur aus unterschiedlichen Epochen und Bereichen der Musik(geschichte):

In der ersten Hälfte des 18. Jahrhunderts heißt es bei Johann Mattheson, dem Verfasser des *Vollkommenen Capellmeisters*:

> Drucket eine Verzeiffelungs=volle, oder gantz tödtliche Traurigkeit unvergleich wohl aus, ist vor extrem Verliebte, Hülff= und Hoffnungs=losen Sachen am bequemsten, und hat bey gewissen Umständen so was schneidendes, leidendes, und durchdringendes, daß es mit nichts, als einer fatalen Trennung Leibes und der Seelen verglichen werden mag.[1158]

Anschaulich vermitteln unterschiedliche Tonarten-Charaktere Telemanns *Fantasien für Querflöte ohne Baß*, in diesem Fall die *9. Fantasie* E-Dur (TWV 40: 10, aus den *Zwölf Fantasien f. Qu. o. B.*)

---

[1158] Op. cit.

Wendet man diese Charakteristik auf ein musikalisches Drama an, so scheint ein entsagungsvoller Ausgang bereits allein durch die Tonart progammiert.
Im Jahr 1873 notiert Cosima Wagner in ihrem Tagebuch anläßlich eines Gesprächs über das *Tristan*-Vorspiel,

> daß dieses Vorspiel mit dem Nachspiel eigentlich den ganzen Willen in seiner Sehnsucht und Erlösung (Eintreten des E dur) ausdrücke; keine Befreiung aus der sehnsüchtigen Individualität als in dem Tod![1159]

In dem Buch *Die Sprache der Tonart* von Hermann Beckh bildet die Charakterisierung von E-Dur das letzte Kapitel. Dabei geht er von der Position dieser Tonart auf dem Quintenzirkel [vgl. Abb. → **Die Gesänge**] aus: Dieser Darstellung nach „gehört E-dur dem hellen, aber schon absteigenden Teil" des Tonarten-Kreises an, dort „findet die ‚Sprache der Tonart' noch einmal einige ihrer letzten und höchsten Ausdrucksmöglichkeiten." E-Dur befinde sich in einer „Richtung, die immer tiefer hinunter, weg von der Sinneswelt führt, nach der Schwelle hin, die wir im Einschlummern, im Durchgang durch die Todespforte überschreiten [...]."[1160] Weiter heißt es: „E-dur ist nicht minder hell, oder vielmehr heller sogar als C-Dur. Aber es hat nichts von dessen Nüchternheit. Es hat die Helligkeit einer ganz andern Welt [...], in der wir der gewöhnlichen Tageswelt gänzlich entrückt sind." Beispiele sind: Übergang C-Dur nach E-Dur beim "Waldweben" im *Siegfried*; das „Schlummermotiv der schlafenden Walküre" in E-Dur; die *E-Dur Etude* op. 10 von Chopin; ein Beispiel für die Erhebung im Gebet ist Agathes: „Leise, leise, fromme Weise, heb dich auf zum Sternenkreise" im *Freischütz*.[1161]
Im Rahmen dieses Kapitels von besonderem Interesse scheinen die Anmerkungen Beckhs zur Geschichte der Tonart E-Dur, die mit einem ausblick schließen: „Die E-dur-Tonart birgt Tiefen und Möglichkeiten in sich, die wohl erst in der Zukunft noch auszuschöpfen sind."[1162]
Ein besonderes Beispiel für ein Werk, in welchem die Tonart zur Sprache kommt, sei die 9. Symphonie Anton Bruckners, die „so bedeutungsvoll in der E-dur-Tonart abschließt", speziell „eine Stelle im 3. Satz", die „er selbst ‚den Abschied vom Leben' genannt, mit dem Todesmysterium in Beziehung gebracht hat [...]."[1163] Beckh resümiert, „daß wir", wenn auch vieles „noch keimhaft" bliebe, „hier vor dem bis jetzt bedeutendsten E-dur der Musikliteratur stehen [...]."[1164] Es

---

[1159] CWT Bd. I 1977: 637.
[1160] A.a.O.: 238.
[1161] Ebda.
[1162] A.a.O.: 238.
[1163] A.a.O.: 256.
[1164] A.a.O.: 258.

hebe „sich dieser E-dur-Schluß ganz aus der Sphäre des nur Seelisch-Empfindenden, Gefühlsmäßigen heraus." *Berührt* werde „jenes höhere Ich", in welchem „das Göttliche der Welt" sich *offenbare*.[1165]

Was Beckh damit meint, expliziert er anhand eines Querverweises auf die Schlußszene von Strindbergs *Traumspiel*, in welchem die Indratochter das „Göttlich-Ichhafte im Menschen" verkörpere und „im Sterben des Irdischen wieder zu ihrer Göttlichkeit" *zurückkehre*.[1166] Strindberg zeige, „wie, indem das ‚wachsende Schloß' – es ist das Bild der irdischen Leiblichkeit – abbrennt, die Blumenknospe auf dem Dache des Schlosses zu einem großen Chrysanthemum aufblüht."

Hieran knüpft Beckh wiederum ein musikdramatisches Beispiel: das E-Dur in Verbindung „mit dem Feuer des Scheiterhaufens [...], in dem Brünhilde, am Schlusse der Götterdämmerung, ihre Göttlichkeit wiederfindet [...]."[1167]

Zu beiden Werkschlüssen [Feuer – aufblühende Blume – Scheiterhaufen] weist das Schlußbild von *Schwarzschwanenreich* eine Analogie auf. (Vgl. auch den Schluß III.6 von *An allem ist Hütchen schuld!*: dort *„senken sich von den Dachtrümmern Blütenranken herab und bilden eine duftige Laube um Frieder und Katherlies'chen"*.[1168] In der Dimension des hier Dargestellten lautet die Charakteristik: „Herzenswärme, Herzensinnerlichkeit, Liebeswärme eignen vor allem der E-dur-Tonart [...]."[1169]

In vergleichbarer Weise charakterisiert der Pianist Stefan Mickisch, der Beckh verwendet haben könnte, in seinem Gesprächskonzert *Tonarten und Sternzeichen* E-Dur durch die „Liebeswärme". Die von ihm ausgewählten Beispiele weisen auf ein innewohnendes Todesmoment hin (u.a. Richard Wagner: *Die Walküre*, Wälsungenmotiv [Dur-Variante] und *Lohengrin*, Liebesthema in der Brautgemachszene; Verdi: *La Traviata*, Liebesthema).[1170]

Auch dem E-Dur-Schluß von *Schwarzschwanenreich* liegt ein inhaltlicher Aspekt zugrunde, der mit den C-Dur zugeschriebenen Eigenschaften (Klarheit, Sonnenaufgang [vgl. das Lied der Drei Knaben in Mozarts *Zauberflöte* „Bald prangt, den Morgen zu verkünden, die Sonn' auf gold'ner Bahn...", das „[...] und es ward Licht" in Haydns *Schöpfung* sowie den Beginn des *Zaratustra* von Strauss] unvereinbar ist. Das in der Handlung erfahrene „Verzweifflungs=volle", *Bittere* (II.5) ist bei S. Wagner auch im Moment der *Bannlösung* gegenwärtig.

Das Bannlösungsthema stellt in *Schwarzschwanenreich* gewissermaßen eine Verkörperung von E-Dur dar. Es kommt in verarbeiteter Form als selbständige Or-

---

[1165] A.a.O.: 259.
[1166] A.a.O.: 260.
[1167] Ebda.
[1168] Wagner O.J.: 73.
[1169] A.a.O.: 137.
[1170] Mickisch 2005. [Doppel-CD, Beiheft.]

chesterpassage drei Mal zu Gehör. Innerhalb dieses dreimaligen Auftretens vollzieht sich eine Entwicklung des Themas. Vorgestellt wird das Thema zu Beginn der Einleitung der Oper (KA 1-3). Es erklingt nach bereits erfolgtem Wechsel von e-moll zu E-Dur (T 17) ab T 21 und erstreckt sich über 30 Takte. Auch hinsichtlich der Verarbeitung des Themas sind hier schon alle wesentlichen Merkmale enthalten. Allerdings findet eine Zweiteilung des Themas in 17 und 13 Takte statt (T 21-37 und T 53-65). Zwischen beiden Takten liegt ein Abschnitt von 15 Takten. Durch diese Zweiteilung wird ein für das Thema ausschlaggebendes Moment, die Sublimierung, in seiner Wirkung teilweise aufgehoben. Die thematische Verarbeitung endet mit einem Halbschluß in H-Dur auf dem Ton h. Es folgt der Hauptteil der Einleitung (T 66-178). Christian Dammann vermerkt hierzu:

> Auf einen stark kontrapunktischen Durchführungsteil mit motivischen Verarbeitungen folgt noch einmal das Thema der Gnade [= „Bannlösungsthema"], das als Sieger aus dem Kampf hervorgegangen ist.[1171]

Am Schluß der Einleitung hören wir, wie Schneeweiß hervorhebt, „im zweiten und vierten Takt noch den Schicksalsrhythmus [...], der gegen Ende des Werkes bei diesem Motiv ganz verschwindet [...]." Das Thema

> drängt nach dem dreimaligen, sehr verhaltenen Beginn über sich hinaus und entfaltet sich zu größter Klangschönheit. Die Erhöhung in eine andere Welt wird durch die Chromatik in Takt 8 ausgedrückt, die die II. Stufe (fis-Moll) in die Doppeldominante (Fis-Dur) verwandelt. Der Takt 9 drückt durch seine Vorhalte eine besondere Spannung aus, die den erneuten Einsatz des Themas, welches durch die andere Instrumentation und die Oktavierung nach oben die verheißungsvolle Stimmung noch intensiviert, verzögern.[1172]

Aufschlußreich hinsichtlich des Aufbaus ist eine Bezugnahme auf den Text. In der Traumerzählung ist ebenfalls die Bannlösungsmelodie eingefügt und zwar zu den Worten: „[...] der löst den | Bann –" Die (durchweg einsilbigen) Worte erklingen über zwei Takte auf h – cis – dis | e. Entsprechend der *Lösung* des *Banns* demonstriert die Tonfolge das Erreichen des Grundtons e. Die zugrundeliegende Harmonik besteht in der Schlußbildung Dominante ($H^7$) – Tonika (E).

Zurück zum Einleitungsschluß: Die Verarbeitung des Bannlösungsthemas (KA 9-10; T 179-209) läßt sich mit dem von Schneeweiß hierauf angewandten Begriff des *Über-sich-hinaus-Wachsens* charakterisieren. Eine solche Überhöhung wird auf mehreren Stufen und mit unterschiedlichen musikalischen Mitteln assoziiert

---

[1171] Dammann 2000: 51.
[1172] A.a.O.: 98f.

(z.B. durch die Doppeldominante Fis-Dur sowie die Tatsache, daß bei der Wiederholung (ab T 10 über sechs Takte) das Thema in der übernächsten Oktave erklingt). Die anschließende Ausspinnung des Themas erfolgt über 14 Takte (vgl. die Gesamtzahl der Takte beim ersten (acht Takte) und zweiten (sechs Takte) Erklingen).

Gegen Ende der Ausspinnung treten weitere musikalische Symbole für die Übersinnlichkeit auf: es finden zwei solistische Einsätze statt: ab T 24 m.A. die Flöte („*zart*"), ab T 27 m.A. die Violine, unterlegt mit ganztaktigen Klängen (dieses bereits ab T 15), bezeichnend ist auch der Wegfall des Baßschlüssels (Cello im Bratschenschlüssel notiert) ab T 13.

Der Bannlösungsschluß der Einleitung erstreckt sich über 31 Takte (8+1+6+14+2), wobei der letzte Takt gewissermaßen eine Verlängerung oder Bestätigung des vorletzten bedeutet, so daß diese zweite Variation des Themas hinsichtlich der Taktanzahl quasi identisch ist mit der ersten.

Nach Abschluß der Einleitung folgen zwei Takte, welche das *langsame Sich-Öffnen des Vorhangs* (KA 11) begleiten (T 1 und 2 der 1. Szene); dies geschieht auf den Ton gis (ganztaktig in Oktavlage: $gis^1$, $gis^2$, $gis^3$). Der Ton gis stellt eine Verknüpfung zwischen Einleitung und erster Szene her: er ist der Terzton von E-Dur, wird aber nun zum Grundton der Dur-Dominante (Gis-Dur) der Tonika cis-moll des Blumenlieds. Es folgt die Handlung in drei Akten, die ein Beispiel für eine mögliche Realisierung der *Bannlösungsidee* anhand eines Einzelfalles schildert.

Diese Möglichkeit wird gegen Ende der Handlung (III.1; Kerkermonolog) vor Ohren geführt, wenn das Bannlösungsthema (nach Taktwechsel; in E-Dur innerhalb von e-moll; kein vorgezeichneter Tonartwechsel) im Horn acht Takte lang (KA 141) erklingt, gewissermaßen als Antwort auf eine Frage Huldas, die den Mittelpunkt ihres Monologs bildet, nämlich ob ihr *Ruhe vor dem Tod*, *Seelenfrieden* (KA 140-142) zuteil würde. Hier mündet das Bannlösungsthema nicht in E-Dur, vielmehr folgt in einem abrupten Wechsel des Klangbildes (nach abermaligem Taktwechsel) das Motiv des Schwankens (KA 141).

Die letzte Aussage des Werks liegt wiederum im rein musikalischen Bereich, und zwar in der instrumentalen Ausdeutung des Schlußbildes. Pachl spricht von „dreißig Takten reiner Sinfonik"[1173], mit McCredie kann man den instrumentalen Schluß des Werks als „symphonischen Epilog"[1174] bezeichnen. Diese Ausdeutung, überschrieben mit „**Sehr ruhig**", vollzieht sich in 29 Takten (anstelle der ausgeschriebenen Verdoppelung des letzten Takts erfolgt hier eine Fermate; KA 171). Allerdings nimmt die *Bannlösung* selbst darin nur einen Raum von neun Takten (lesbar als erweiterte acht Takte; s.u.) ein. Sie bezieht jedoch eine Sonderposition, insofern es sich um das Mittelstück des Orchesterschlusses handelt (T 9-16/ 17).

---

[1173] Pachl 2003: 171.
[1174] A.a.O.: 115.

Dieses Mittelstück ist durch einen Taktwechsel (Wechsel vom Vierviertel- zum Dreivierteltakt) aus dem ganzen herausgehoben; der Übergang zum Vierviertel(schluß)abschnitt (T 17-29) ist fließend (Ausdehnung des Themas auf T 9). Diese letzte Bannlösungsvariante bildet ein Gegenstück zu den zwei Einleitungsvarianten: sie erklingt hauptsächlich in der Tiefe (eingestrichene Oktave; Englisch Horn, Horn, Bratsche, dann 2. und 1. Violine), die Höhe wird erst in der Schlußwendung (T 8 und 9) durch die Oboe (zweigestrichene Oktave) und die Flöte (dreigestrichene Oktave) repräsentiert (P 398-399).

Der gesamte Schluß ist bogenförmig aufgebaut, bestehend aus drei Teilen: A–B–A'. Das Mittelstück ist eingerahmt von zwei Abschnitten (acht und 13 Takte). Dort klingen die wesentlichen zur *Bannlösung* führenden Motive und Themen noch einmal an. Teil A ist ausschließlich bestimmt durch das Liebestraum-Thema (T 1-8/ 9). Teil A' spiegelt verkleinert die bogenförmige Struktur des Ganzen. Das Mittelstück bildet dort ein motivisches Paar: das Traumerzählungsthema (Huldas; T 23-26) und das Liebesmotiv (Liebholds; T 23-24). Ebenso wie Liebestraum und Bannlösung (Teil A; Teil B) aufeinander wie Erwartung und Erfüllung folgen, entsprechen sich Traumerzählung und Liebesmotiv wie Frage (vgl. die Fragepassage Huldas im Anschluß an die Traumerzählung) und Antwort. Dieses Mittelstück ist umgeben von zwei Rahmenstücken: im ersten Stück erklingt wiederum der Liebestraum (*„espressivo"*; T 19-22), diesmal begleitet vom Rankenmotiv (*„dolce"*; T 17-22), das auch den Abschluß des Werks bildet (zweites Rahmenstück von Teil A'; T 27-29).

Weitere Ausdrucksmittel sind hohe Trillerpassagen in Teil A (Flöte, Violine) sowie der Einsatz der Harfe v.a. in den Teilen A und A'.

Nach einem H-Dur-Dominantseptakkord (*„diminuendo"*; T 28) im vorletzten Takt folgt endlich die Tonika E-Dur in der Grundstellung (*„piano"*; T 29).

Eine Erklärung für das Nicht-Erreichen des im musikalischen Verlauf der Oper häufig angestrebten C-Dur auf harmonischer Ebene könnte sein, daß E-dur hier *die Mediante von C-Dur* ist: Die Original-Tonarten der drei am Schluß zitierten Themen bauen – von oben nach unten – in der Reihenfolge ihres jetzigen Auftretens gedacht einen C-Dur-Dreiklang auf:

    Liebestraum:    **G**-Dur  (Teil A) – Quinte
    Bannlösung:    **E**-Dur  (Teil B) – Terz
    Traumerzählung: **C**-Dur  (Teil A') – Grundton

In „C-Dur" (Traum) erfolgte also die *Vision*; die *Bannlösung* durch Liebhold steht in E-Dur; der *wirklich erlebte Traum* (Liebestraum) befindet sich in G-Dur (nach Beckh hat die Quinte [g] die Eigenschaft, den Grundton [c] zum Tonraum („Klangraum") zu erweitern, also den dort zugrundegelegten Gedanken auszudehnen, zu manifestieren. Die „Basis" ist der Grundton", die „Quint" bildet den „Klangraum").[1175]

Damit liegt eine musikalische Variante von Goethes Wort vor, man solle „das Unmögliche [cf. „C-Dur"; auch „G-Dur"] wollen, um das Mögliche [„E-Dur"] zu erreichen."

Das Schlußbild mutet wie eine Synthese aus alchemischem Prozeß (Sublimation) und Wandlungsakt im Feuer (Heraklit) an. Anhand des vergeblichen Versuchs Huldas, das „Inferiore" in sich gewaltsam zu beseitigen (Wechselbalgmord) wird deutlich gemacht, daß eine solche Läuterung nur gewaltfrei und auf dem lebenslänglichen Wege vieler Wandlungen erfolgen kann.

„Huldas Angst vor Identitätsverlust wird zur Freude einer Identitätserweiterung." (Gisela Dischner[1176]) Symptomatisch für die Angst des Menschen vor der physischen Vernichtung erklingt am Schluß der Kerkerszene (Abholung durch die Schergen) Huldas unartikulierter Aufschrei. Dieser „*Schrei*" erfolgt auf den Terzton as (auch im Baß in Oktavlage; KA 155) von *Fes-Dur*. Fes-Dur ist enharmonisch verwechselbar mit der Grund- und Zieltonart E-Dur. Gleichwohl schließt dieser Moment die durch E-Dur symbolisierte *Bannlösung* und *Befreiung* aus (vgl. → **Die Gesänge**). Diese Diffizilität spricht von einer äußersten Genauigkeit Siegfried Wagners in der Darstellung zweier einander zum Verwechseln ähnlicher Phänomene: es handelt sich z.e. um die Vernichtung als [lustvoll vollzogene] Selbstauslöschung ; z.a. um die Befreiung als Sublimierung: „Der Tod ist eine Selbstbesiegung, die, – wie alle Selbstüberwindung, eine neue, leichtere Existenz verschafft." (Novalis[1177]) Dieser Gedanke liegt offensichtlich auch *Schwarzschwanenreich* zugrunde. Siegfried Wagner stellt den mißlingenden *Selbstmord*-Versuch Huldas[1178] im *Wasser* (*Flucht zum See*; I.5; musikalisches Fluchtthema) der erstrebten und endlich stattfindenden *Bannlösung* (*Seelenfrieden*; III.1; KA 141) durch den *Feuertod* gegenüber. Hierin liegt eine Analogie zur Dominanz des Feuers am Schluß der *Götterdämmerung* [Aufgehobensein Siegfrieds und Brünhildes durch den gemeinsamen Tod im Feuer], welchem das Wasser des Rheins in einer elementaren Grundfunktion des Seins – wie zu Beginn der Tetralogie – gegenübersteht (vgl. auch das Kontra-„Es" zu Beginn des *Rheingold*-Vorspiels).

Gleichwohl wird die Schlußgestaltung bei Siegfried Wagner nicht zum Klischee seines Schaffens. Dies zeigt ein Blick auf das Schlußbild seiner nächstfolgenden Oper *Sonnenflammen*: „*Die ganze Bühne ist von Rauch und Flammen erfüllt. Fri-*

---

[1175] Beckh 1977: 21.
[1176] Kommentar während eines Telfongesprächs.
[1177] Novalis 1907: 141. Nr 125.
[1178] Begriff „Selbstmord" vgl. erste Fassung des Textbuchs: → **Die Gesänge**.

*dolin's Leiche liegt verlassen.*"[1179] Das Werk schließt ebenfalls mit einer Brandszene, aber eine „Befreiung" oder Läuterung scheint nicht zu erfolgen. (die Zieltonart dieser Oper ist B-Dur, auf dem Quintenzirkel E-Dur genau gegenüberliegend (s.o.).)

**Versuch einer Erklärung der *unversehrten Gestalten*.**

Angesichts des wiederholt dargebotenen Anblicks liegender Leichen in den Schlußbildern seiner Opern stellt sich vor allem im vorliegenden Fall (der vom Feuer unversehrten Leiber) die Frage nach der Symbolik. Hier läßt sich an den Sprachgebrauch einer modernen esoterischen Bewegung, die Bezüge zu indischer Religiosität aufweist, anknüpfen: der Theosophie, gemeint ist die moderne, auf der *Geheimlehre* von H.P. Blavatsky basierende, theosophische Bewegung, die mit der Theosophischen Gesellschaft Ende des 19. Jahrhunderts in New York begründet wurde. Das, was die Umstehenden tatsächlich sehen, sind in der theosophischen Sprache die „Schalen" Liebholds und Huldas:

> Nach theosophischer Auffassung ist das Ich des Menschen von Schalen umgeben. Während der physische Körper als Schale beim Tode auf dieser Erde zurückbleibt, wird die psychische Ausstattung des Ich in der Zwischenwelt des Kama-Loka abgestreift. Sie bleibt als Schale oder Leichnam der Psyche im Kama-Loka erhalten [...]."[1180]

Demnach wäre das (Doppel-)„Ich" Liebhold-Huldas also bereits auf dem Wege zu einer neuerlichen Wiedergeburt, um in einem anderen Werk Siegfried Wagners in anderer Gestalt wiederzukehren.

Allerdings äußerte sich Siegfried Wagner, wie Stassen mitteilt, eher ablehnend über die moderne Esoterik:

> Alles starr dogmatische Harte lehnte er ab, [...] aber auch alles Ekstatische, alles, was nach irgendeiner Theosophie und nach Spiritismus roch, das war ihm unheimlich: „Nichts für einen, der gern mit beiden Füßen auf der Erde steht." – „Es mag was daran sein, aber nichts für mich"; das hielt er sich fern.[1181]

---

[1179] Wagner 1913: 255.
[1180] Klatt 1993: 117, Anm. 451.
[1181] Stassen 1942: 28.

Über seinen Freund Franz Stassen selbst schreibt S. Wagner in einem Brief an Rosa Eidam: „Der arme Stassen steckt tief in seiner Spiritisterei. Ich bin sehr besorgt um Ihn [sic]!"[1182]

Andererseits zeugen seine eigenen Werke (z.B. *Bruder Lustig*, *Sternengebot*, *Rainulf und Adelasia*) von einem starken Interesse an Magie und Spiritismus. Beispielsweise wird in *Rainulf* mittels Hypnose Kontakt zu einer Verstorbenen hergestellt. Diese Beschwörung ist allerdings motiviert durch die Idee einer (mehrfachen) Wiedergeburt mit dem Ziel der *Selbstvervollkommnung*: „Viel wird er wandern und sich wandeln müssen [...]."[1183].

Ein spezielles Interesse S. Wagners galt dem Buddhismus:

> Wir lesen Schröders 50 Vorlesungen über Indiens Kultur. Famos, sehr klar. Gestern bei Gelegenheit von Buddhas Lehre gerieten Winni und ich uns in die Haare! Merkwürdige Wirkung dieser sanften Lehre des Leidens! Ich behauptete, die vierte Stufe der Heiligkeit sei schon in der anderen Welt, und Winni behauptete, es sei noch auf dieser Erde. – Wir wurden so wild, daß es beinahe zu Tätlichkeiten kam. – Wenn Buddha das ahnte![1184]

Zwei Jahre später, 1919, schreibt er – angesichts der „traurigen Geschichte seiner Familie" – wiederum an Stassen:

> Mir wird die indisch-orphische[1185] Empfindungsweise immer vertrauter: Die Seelenwanderung ist doch eigentlich die schönste Lösung der Rätsel unserer Existenzen und Schicksale. Jeder wird ganz auf sich gestellt, keine Erbsünde, und dabei ein Zusammenhang mit der Tierwelt.[1186]

---

[1182] SW an Eidam 1923. NAB. [A 2545/ I-65.]
[1183] Wagner 2002: 286.
[1184] Stassen 1942: 41 Br. SW an den Verf. v. 17. Okt. 1917. „Schröders 50 Vorlesungen": gemeint wohl die Sammlung Indiens Literatur und Cultur in histor. Entwicklung. Ein Cyklus von fünfzig Vorlesungen. Zugleich als Handbuch der ind. Literaturgeschichte nebst zahlr. in dt. Übers. mitgetheilten Proben aus ind. Schriftwerken. Leipzig 1887 des Indologen Leopold von Schroeder (Übersetzer der Bhagavadgita aus dem Sanskrit ins Deutsche).
[1185] Orphiker: seit dem 7. vorchr. Jhdt. „Anhänger eines Mysterienkultes der altgriechischen Religion der Orphik [...], die ihre Lehren auf Schriften des mythischen Sängers Orpheus zurückführten." (Evtl. fiktive Herleitung). Im Unterschied zum „generellen [diesseitsorientierten] griechischen Glauben" müssen im Orphizismus die Seelen, an sich unsterblich, „durch Seelenwanderung einen ‚schmerzhaften Kreislauf' von Leben und Tod durchmachen", um schließlich, bei „Einhaltung *orphischer Lebensweise*" etc., aus diesem Kreislauf entlassen zu werden. Vgl. Art. **Orphiker** in: WIKIPEDIA.
[1186] Stassen 1942: 44. Br. SWs an d. Verf. von 1919. („traurige Geschichte" scil. Beidler-Prozeß)

Die Ursache für das von Heinz bemerkte Fehlen einer – in einigem Umfang aber wohl doch bestehenden – Entwicklung [dies wäre noch zu erforschen] – kann m.E. darin liegen, daß in den wechselnden Gestalten seiner Heldinnen und Helden das vielfach sich wandelnde Ich ihres Schöpfers sich abbildet. Es bleibt „im Kreislauf der Wiedergeburten" befangen; seiner „Heilung entspricht nur eine neue Wiedergeburt"[1187] – bis mit der letzten Oper – *Das Flüchlein, das Jeder mitbekam* – diese Kette der Wiedergeburten endet.

Dort ist es nicht das (diesmal glücklich zueinanderfindende) Protagonistenpaar, sondern eine begleitende Figur, der König, dem der ersehnte *fröhliche* Tod zuteil wird. Wie es sein „letzter Wunsch" war, stirbt er einen *lachenden* Tod.[1188]

Dem Erreichen dieses Ziels muß eine lange Entwicklung vorausgegangen sein.

Es war, als habe der Komponist sein Ende vorausgeahnt. Siegfried Wagner vollendete sein *opus summum* im Jahr vor seinem Tod: 1929.

> Da schmolz der Zinnsoldat zu einem Klumpen zusammen, und als die Magd am nächsten Tage die Asche herausnahm, fand sie ihn als kleines Zinnherz. Von der Tänzerin war dagegen nur der Stern übrig, und der war kohlschwarz gebrannt.[1189]

---

[1187] Zit. nach Roch 1995: 368.
[1188] Wagner O.J: 17, 19.
[1189] Andersen O.J.: 35. Auch Andersen läßt sein Werk oszillieren zwischen Tatsächlichkeit und Metaphysik, indem er zunächst die „erschreckliche Hitze" schildert, die der Zinnsoldat im Moment des Verbrennens fühlt; „ob sie aber die Folge des wirklichen Feuers oder seiner übergroßen Liebesglut war, das konnte er nicht unterscheiden." 34.

## C. Analyse der 2. Szene des II. Akts (Höhepunkt der Oper).

**Vorbemerkung**

Die Vorstellung der Arbeitsweise Siegfried Wagners im einzelnen erfolgt anhand der Szene, die den Höhepunkt der Handlung bildet: der 2. Szene des II. Akts.

Ein charakteristisches Merkmal der Arbeitsweise ist das Ineinandergreifen von Text und Musik. Musikalische Formen und Funktionen bieten einen Schlüssel zur Aussage des Textes besonders dort, wo dieser sich als unvollständig erweist, indem Worte einen Gegenstand redensartlich oder metaphorisch verschleiern, Sätze abbrechen oder auf Nichtausgesprochenes nur hindeuten. Hier können beispielsweise anhand von Motiven und harmonischen Konstellationen tiefergelegene Bedeutungsschichten erschlossen werden.

Die so beleuchtete Binnestruktur der Szene weist wiederum Merkmale eines zusammenhangsstiftenden architektonischen Schemas auf, welches im Anschluß an die Wort-Ton-Analyse zu behandeln ist.

Hieraus ergibt sich eine Zweiteiligkeit des Kapitels, bestehend aus einer „Analyse der Wort-Ton-Beziehungen (Intratextualität)" und einer Behandlung der „Architektonik der 2. Szene des II. Akts".

# Analyse der Wort-Ton-Beziehungen (*Intratextualität*).

> [...] daß es keinen einzigen Fall gibt,
> wo der Text nicht die Musik bestimmt,
> wo also kein [A]chtelauftakt oder ein [S]echzehntelauftakt
> nicht genau auf den Text geschrieben ist.[1190]
> *Günter Lang*

**Einleitung.**

Diesem Kapitel liegt eine zu Beginn der Werkanalyse vorgenommene Herstellung eines Textbuchs von *Schwarzschwanenreich* mit Angabe der Motive zugrunde. Die Arbeit an diesem Motivapparat legte den Gedanken nahe, daß die Motive musikalische Schlüssel zu einer semantischen Tiefenstruktur des Worttextes und damit zu wesentlichen Aspekten der Handlung sein können. Dies scheint ein generelles Merkmal der Arbeitsweise Siegfried Wagners zu sein. In einer *Kobold*-Kritik der neuen Hamburger Zeitung heißt es:

> In poetisch feiner Weise hat gerade da [...] Wagner gezeigt, wie er durch die Musik zu erläutern versteht. Hier sei gleich bemerkt, daß er in ähnlicher Art auch anderswo Geheimnisse durch die Musik deutet [...].[1191]

Die Auswahl der Szene wurde durch die Feststellung bestimmt, daß hier – im Vergleich zu allen übrigen Szenen – die größte Anzahl unterschiedlicher Motive innerhalb einer einzigen Szene gegeben ist. Dies erschien als Anzeichen dafür, daß hier ein Kulminationspunkt musikalischer Symbolik vorliegt.

An dieser Stelle sei eingefügt, daß Tina Schneeweiß in ihrer musiktheoretischen Analyse ebenfalls einen Ausschnitt aus der 2. Szene des II. Akts für eine Motivanalyse wählt. Sie stellt anhand dieses Beispiels (T 1-20) Siegfried Wagners „Verarbeitungsweise der Leitmotive" dar: „Aufgezeigt wurde [in einem vorangegangenen Kapitel], daß sich durch die meist zwei Takte umfassenden und schematisch verwendeten Leitmotive die Gliederung des Werkes in leicht nachvollziehbaren Ein-

---

[1190] Günter Lang, Dirigent, Podiumsgespräch. In: Pachl 2003: 421. (Schreibweise d. gedruckten Version: „achtel Auftakt" etc. wurde hier geändert.)
[1191] Zit.n. Stassen 1942: 24.

heiten automatisch ergibt. Daß diese ‚Zwei-Takt-Schematik', wie man durchaus annehmen könnte, keineswegs nach zusammengesetzten Bruchstücken klingt, sondern trotzdem ein zusammenhängendes Ganzes bildet, ist einerseits der zwischen den einzelnen Motiven kittenden Harmonik, andererseits der kontrapunktischen Verarbeitungskunst Siegfried Wagners zuzuschreiben; ein weiterer Zusammenhalt wird durch die Motive selbst gewährleistet." In dem ausgewählten Ausschnitt sei „die ‚Zwei-Takt-Schematik' der Leitmotive und die verbindende Funktion der Harmonik beziehungsweise der Motive selbst besonders deutlich zu erkennen."[1192]

Im Mittelpunkt des vorliegenden Kapitels steht die *Intratextualität* der 2. Szene des II. Akts. Der Begriff „Intratextualität" wird hier in Anlehnung an die Definition von Andrew McCredie verwendet: die *Intratextualität* „stellt die Wort-Ton-Beziehungen innerhalb des besprochenen Werkes oder der Werkserie dar."[1193]

Ein Anliegen der nachfolgenden Analyse der Wort-Ton-Beziehungen ist es, die sich hinter scheinbarer Belanglosigkeit und Banalität des Textes verbergende und überwiegend durch die Musik (die Motivik und stellenweise die Harmonik) zu erschließende symbolistische Vieldeutigkeit herauszustellen.

Die Szene wurde in vier *Sequenzen* unterteilt (dies anhand von Merkmalen, die in der Architektonik-Analyse darzustellen sind). Jede Sequenz setzt sich aus einer bestimmten Anzahl von *Positionen* zusammen; eine „Position" umfaßt eine einzelne abgeschlossene Dialogphrase Ursulas oder Oswalds. An jede Position schließt unmittelbar ein Kommentar.

Zieht man die Musik hinzu, so ergeben sich z.T. Bestätigungen, Differenzierungen oder Erweiterung der Textinterpretation und bei divergierender Außen- und Innenlinie der Handlung innerhalb einer bestimmten Position die Markierung und Ausleuchtung der inneren Handlung.

Hierbei wird die Zweispaltigkeit der oben erwähnten Motiv-Textbuchversion (mit wenigen Ausnahmen) beibehalten.

---

[1192] Schneeweiß 2000: 90f. (*Cap.* „Verarbeitungsweise der Leitmotive": 90-92; auch in: dies.: 2000: 31- 44. 34.)

[1193] In seinem Vortrag über „szenographische Musiken" („Erkenntnisse zur Frage der Instrumentalmusik in den Opern Siegfried Wagners") unterscheidet McCredie zwischen drei Begriffen: *Intertextualität*, *Intratextualität* und *Infratextualität*. Zu den beiden im Text nicht genannten Begriffen: „Intertextualität: liegt vor im Falle eines Zitats, verbal oder instrumental, aus „früheren Partituren desselben Komponisten, oder [...] anderer Komponisten [...]." Infratextualität „bezieht sich auf Zitate, Topoi und Motive innerhalb des reinen Instrumentalsatzes einer Partitur, und zwar als Klangerscheinungen, die sich als rein strukturelle Phänomene klassifizieren lassen. Pachl 2003: 114.

Der Analyse wird eine in der Werkeinführung von Paul Pretzsch enthaltene Zusammenfassung der Szene vorangestellt, die in leicht faßlicher Weise – unter Nennung der Motive (beziffert in Klammern)[1194] – die Außenseite der Handlung, entsprechend der allgemeinen Auffassung von Siegfried Wagners Werken, wiedergibt.

> Als sie schließlich ins Haus abgehen will, tritt Oswald auf, und mit ihm steigt aus der Tiefe mahnend die Vergangenheit und drohend das M i ß t r a u e n (51) [„Drohmotiv"] herauf. Nicht mehr als Soldat erscheint er. Sein Motiv 18 [Kriegermotiv] tritt nur noch schattenhaft hier auf. Wie ein friedlicher Landmann mit der Hacke über der Schulter kommt er auf Hulda zu, und diese bedient sich bei ihrer erstaunten Frage lächelnd denn auch des Bauernmotivs [...]. Doch Oswalds karge Antwort lautet, Totengräber sei er. Das Motiv seiner Leidenschaft (28) schließt sich an und deutet auf den Zustand seines Innern. Hulda geht arglos auf seine Antwort ein; er aber steuert unbeirrt auf sein Ziel zu, wie sein Verdacht (51) ihn heißt. Lauernd (51) versetzt er schließlich, daß er nach Kinderknöchlein suchen gehe. Da durchzuckt ein jäher Schmerz Huldas Seele. Er zittert in einem Terzgang aus [...]. Sie weicht seinem Blick aus und lenkt das Gespräch auf die Vorgänge, die ihn in den Kerker gebracht haben (18). Noch ehe er ihre Frage nach dem Grunde seines Fehltritts beantwortet, weist schon das Orchester mit dem Motiv von Huldas Liebreiz (26) [„Huldamotiv"] und dessen verwirrendem Eindruck auf Oswalds Sinne auf den Zusammenhang der Dinge hin. [...] Hulda reizt ahnungslos Oswalds leidenschaftliches Begehren (28) nur noch mehr, indem sie ihm harmlos von ihrem vollen Glück an Liebholds Seite (46 und 47) [d.i.: Rankenmotiv und Liebestraumthema] und von Liebholds Liebe zu ihr (24) spricht. Oswald sucht sich voll trockenen Spottes (53) damit abzufinden. Dann wendet er sich ab, um seiner unheimlichen Arbeit nachzugehen (51). Hulda bemüht sich, ihm gut zuzusprechen und ihn freundlich auch gegen Liebhold zu stimmen, der in seinem Glück (24) alles Vergangene vergessen habe. Da fragt Oswald wiederum lauernd (54), ob denn auch sie alles vergaß. Ihre bejahende Antwort lehnt er spöttisch (53) ab und beharrt tückisch (54) auf seiner Frage. Aber Hulda läßt sich zu keiner unbedachten Antwort hinreißen [...]. Selbst als er schließlich unter grellem Aufschrei des Orchesters von eines Wechselbalgs Knochen (51) spricht, erzielt er nur, daß Hulda sich scheinbar gelassen von ihm ab- und dem Hause zuwendet. Da übermannt ihn seine Leidenschaft: Er hält sie an und wirft ihr seine bebende Klage (56) [„Blumenliedthema"] ins Gesicht. Um ihretwillen wurde er zum Fälscher und wanderte in den Kerker, und noch heute unterliegt er ihrem Liebreiz (26). Denn er kam ihr drohn, mit der Totengräberhacke und dunkeln Andeutungen sie einzuschüchtern (51), wie noch immer die Gerüchte umliefen, daß sie im Schwarzschwanenreich (11) geweilt und daß sie die Frucht jener Nacht, den Wechselbalg, erwürgt und im Walde vergraben habe. Aber all seine Vorsätze wirft er von sich, nun er ihr Auge in Auge wieder gegenübergestanden. Mit leidenschaftlicher Eindringlichkeit (56/57) [„57": „Flehmotiv"] fleht er sie an, ihn zu erhören, und endet, sie glühend umfassend, im Melos seines

---

[1194] Pretzsch 1919: 461-463. Motivnamen, die in der vorliegenden Analyse von den Bezeichnungen Pretzsch' abweichen oder undeutlich bezeichnet erscheinen, werden in eckigen Klammern „[ ]" eingefügt. Die in den Text von Pretzsch eingefügten Notenbeispiele werden hier ausgelassen. Im Anschluß an die Text-Motiv-Interpretation befindet sich eine Notentafel.

Motivs 26 mit den Worten: „O Hulda, gönne mir, was ich ersehne; gönne mir deine Gunst!" Hulda aber wehrt ihm und weist verächtlich auf Ursula, seine Braut, die unbemerkt an der Mauertür erschienen ist [Beginn der 3. Szene].

In dieser Wiedergabe tritt die Musik lediglich wie eine Illustration des Textes in Erscheinung.

Würdigt man ausführlich die Vorgänge in der Musik, so wird eine psychologische Tiefenstruktur erschlossen.

Es folgt der betreffende Ausschnitt aus dem Textbuch; an diesen schließt die Analyse (KA 98-110).

*Schwarzschwanenreich II.2*
*Köln 1939*
*v.l.: Peter Nohl (Oswald), Elsa Oehme-Foerster (Hulda)*

## Die 2. Szene des II. Akts.
(Textbuch)

*Oswald, nicht mehr Soldat, eher etwas*
*heruntergekommen aussehend, trägt eine*
*Hacke über der Schulter.*

**Hulda**
Wie? Oswald? Du zurück?                        Droh-M. (Vc., C-B.)
Und nicht mehr in kriegerischer Pracht?           Krieger-M. (Hr.)
Mit der Hacke, ein friedlicher Bauersmann!       Bauern-M. (Hb., Cl., Ges.)
**Oswald**
Nein! Totengräber!
**Hulda**
Blieb Dir sonst nichts?                           Leidenschaftsm. (Cl.)
Ein traurig Amt das!                                     |
**Oswald**
Wenn es heisst: Einscharren – dann ja –         Droh-M. (Vc., C-B.)
Ich – scharre aus!
**Hulda** *(fast lachend)*
Knochensammler gar?                         Leidenschaftsm. (Hb.)
Oder am Ende Schatzgräber?                |     (Hb., dazu Ges., dazu Cl.)
**Oswald**
Nach Kinder-Knöchlein such ich –      Schicksalsm.1 (Br.)     Droh-M. (C-B.)
**Hulda** *(sie weicht seinem Blicke aus)*              Schmerz-M. (Cl.)
Du musstest im Kerker büssen,                  Krieger-M. (Vl., Br.)
Weil Du die Schrift gefälscht!                          |
Für einen ehrlichen Burschen galt'st Du!
Was trieb Dich von der rechten Bahn?
**Oswald**
Mein Auge!                                Huldam. (Vl.)      Flügelrauschen (Br.)
Glücklich die Blinden, die nicht seh'n,         |     (Vc.)
Was sie nicht schauen dürfen!                     |
**Hulda**
Dass Du so trüb geworden?                      Leidenschaftsm. (Hb.)
Einst war's Dir leicht um's Lachen;              |
Ich entsinn' mich, wie Du fragtest, ob ich es auch könnte?    (Fl.) (Hb.)
Jetzt kann ich's! Ich bin glücklich!    Ranken-M.1 (Vl.) Liebestraum-Th. (Vc.) Ranken-M.1 (Vl.)
**Oswald**
Und – ist es Liebhold auch?                              |
**Hulda**
Ich muss es glauben,
Darf seinem Wort, seinen Küssen ich trau'n!         Liebesm. (Vl.)
                                                                          |
**Oswald**
Er ist also glücklich! Und Du nicht minder!      Spott-M. (Hb., Fg.) (Cl., Fg.)
Was will man mehr auf dieser Erde!

*(als wolle er abgehen)*
Ob's dauert? All' eins!
**Hulda**
Du willst geh'n?                                                          Droh-M. (Vc.)
**Oswald**                                                                  |
Muss noch scharren –                                                      | (dazu Fg.)
**Hulda**                                                                   |
Bist Du eigen!                                                            | (Vc.)
So bleib doch!                                                            | (dazu Fg,)
**Oswald**                                                                  |
Muss noch scharren –                                                        |
**Hulda**
Scheust Du Liebhold?
Er ist Dir nicht mehr gram!
Er ist so gut, so froh,                                          Liebesm. (Vl.) (Vl., Br.)
Dass er Alles, Alles vergass!           Liebesm.-Absp. (Vl.)     |  (Vl.,Br.)
**Oswald**                                        |
Und hast auch Du alles vergessen?                 |              Lauer-M. (Vc., C.-B.)
**Hulda**                                                                   |
Alles Schlimme, was Ihr mir angethan –                                      |
Alles hab' ich verzieh'n!                                        Flügelrauschen (Vl.)
**Oswald**
Du bist recht gütig!                                             Spott-M. (Fg.)
Doch das meinte ich nicht!
Sondern ob auch Du Alles vergessen hast?                         Lauer-M. (Vc., C-B.)
**Hulda**
Ich versteh' Dich nicht!
**Oswald**
Es wird spät –                                                   Lauer-M. (Vc., C-B.)
Ich sollte nicht säumen –                                                   |
Ich muss noch scharren!                                          Droh-M. (C-B., dazu Vc.)
**Hulda**                                                                   |
Was Du nur immer mit dem Scharren willst?                                   |
**Oswald**
Totengräber!
Ich such' Knochen –
Es soll hier wo 'was liegen –                                    Lauer-M. (Vc., C-B.)
**Hulda**
Suchst Du eines Kriegers Grab?
**Oswald**
Ich dacht', ich hätt's schon gesagt!                             Lauer-M. (Vc., C-B.)
Kinder-Knöchlein! Und zwar –                                                |

Weißt Du von nichts?                                             Schicksalsm.2 (Pk.)
Könnt'st Du mir nicht zur Spur verhelfen?                                   |
**Hulda**

Frag beim Pfarrer an.
Der...
**Oswald**
Ha! Was scheren den Guten eines Wechselbalg's Knochen!     Droh-M. (Vc., C-B.)
**Hulda** *(indem sie zum Haus geht)*
So grab nur!
Ich will dich nicht hemmen!
*(sie wendet sich zum Haus; Oswald erfasst sie heftig) Von hier ab beginnende Abendstimmung (im Gegensatz zum 1. Akte, eher fahl)*
**Oswald** *(leidenschaftlich)*
Hulda! bleib und hör!
Jetzt muss es sein!
Wer weiss, ob wir allein uns je wieder treffen!
O weh! was ward aus mir,     Blumenlied-Th. C
(Ges.)
Seit ich Dich, Du Zaub'rin, erschaut:
Ein Toller, der Sinne beraubter!
Zum Fälscher sank ich – aus Liebe!     Fleh-M.1 (Vl.)
In der Kerker gerieth ich durch Deine Schuld!
Fürwahr! Du bist eine Zauberin,     Flügelrauschen, Var.(Vl.)
Zu der's mich mit zwingender Macht zog!
**Hulda**
Lass mich los!     Huldam. (Vl.)
**Oswald**
Ich wollte Dir droh'n! Siehst Du die Hacke?     (dazu Vc.)
Um Dich zahm zu fangen,     (Vc.)
Dich ängstigend! Dir es verrathen,
Was sie heimlich von Dir denken:     Droh-M. (Fg., C-B.)
Dem bösen Feind seist du vermählt!     Schwarzschwanenreich-M.1 (Hr., Vc.)
In's „schwarze Schwanenreich" wär'st du gesunken!
Ja, das glaubt man! Und mehr noch!     Droh-M. (C-B., Vc.)
Einen Wechselbalg hättest Du erwürgt –
Der läg' begraben tief im Wald!
Schau, Hulda! damit wollt' ich droh'n!
Doch so schlecht bin ich nicht!     Blumenlied-Th. C (Hb., Vl.)
Das Droh'n warf ich, wie jene Hacke, von mir fort!
**Hulda**
Was soll das Drohen wieder?
**Oswald**
Nein, anders muss ich Dich rühren!
**Hulda**
Hüte Dich!
**Oswald**
Erhör' meine Liebe!     Fleh-M.2 (Hb., Vl.)
**Hulda**
Willst Du nochmals büssen?

**Oswald**
Ich schwör' es zu Gott:
Niemand wird es je erfahren!
**Hulda**
Schändlicher! Geh!  Flügelrauschen, Var. (Br.)
**Oswald**
Wir sind allein! Keiner stört uns!
**Hulda**
Willst du meine Gunst erzwingen?
**Oswald**
Du bebst? O fürchte mich nicht!
Ich drohe ja nicht!  Droh-M. (Vc., C-B.)
O Hulda! gönne mir, was ich ersehne!  Huldam. (Fl., Hb., Vl., Ges.)  Flügelrauschen (Br.)
Gönne mir Deine Gunst!

Schwarzschwanenreich II.3. Köln 1939.
*V.l.: Marie Theres Hendrichs (Ursula), Elsa Oehme-Foerster (Hulda), Peter Nohl (Oswald)*

# Analyse.

## 1. Sequenz

**Hulda**
**1a Wie? Oswald?**
Die Eröffnung des Dialogs (T 1) erfolgt erst auf den zweiten Schlag. Auf dem ersten erklingt ein *pizzicato* der Violinen auf dem letzten Ton der überleitenden Sekundlinie c, das man als Klangbild des Stichs deuten kann, den es Hulda beim Anblick Oswalds gibt.
Läßt man die Musik gänzlich außer Acht, so kann man die 1. Position Huldas als allgemeinen Ausdruck der Überraschung auffassen. Zieht man jedoch die Musik (die Motive, durch die die Vorgeschichte erinnert wird, sowie die Melodik und die Harmonik) in Betracht, so verschiebt sich das Bild: Mit Oswalds Erscheinen wird Hulda von einer Starre des Entsetzens befallen, die während des gesamten ersten Hauptteils (bis T 93) anhält, auch wenn sie mehr und mehr von einer anderen Schicht äußerer Reaktionsweise überlagert wird. Daß Hulda wie unter einem Bann stehend spricht, wäre im Falle einer Realisierung des Werks zu berücksichtigen.
Huldas Eingangsrezitativ besteht aus kurzen abgerissenen Sätzen, deren Sprechmelodie an das ‚tonlose Sprechen' im Schauspiel erinnert. Hinsichtlich der Phonetik wäre m.E. regietechnisch z.B. Folgendes zu akzentuieren: die Tonlosigkeit kann durch viel Luft auf den Konsonanten, z.B. bei „Wie" (**1a**) oder „Du" (**1b**), verstärkt werden.
Obwohl der Schreck Hulda wie mit einem Bann belegt, faßt sie sich noch im ersten Reflex, indem sie ihr Erschrecken sofort artikuliert und dabei ihr Gegenüber „beim Namen laut" ruft, wie die alte Zigeunerin im *Urgötz* ihre Verfolgerinnen.

**1a [kein Motiv] (T 1)**
Das Fehlen der Motivik entspricht formal gesehen dem rezitativischen Charakter des Szenenanfangs; mit Hinblick auf die Handlung könnte man dieses Fehlen als Symptom der Starre, als ein Ansichhalten, atemlose Gespanntheit, Hellhörigkeit, wache Aufmerksamkeit deuten.
Zudem signalisiert der dominantische Charakter der harmonischen Grundlage die Erwartung einer Lösung.

[Oswald]
1b [kein Text¹¹⁹⁵]                                      1b Droh-M. (T 2-3)
In Umkehrung zu T 1 ist es hier die Wortlosigkeit Oswalds, die in Verbindung mit dem Motiv als musikalischer Drohgestus ein unbewegliches Anvisieren assoziiert.

1c Du zurück?                                           1c Fs. Drohm. (T 3)
Ist z.e. Huldas Text als unmittelbarer Ausdruck
ihres Schrecks, mit geringstem mimischen Aufwand und starrem Gesichtsausdruck (entsprechend beleuchtet) vorgebracht, zu verstehen, so
gerinnt auf der anderen Seite die emotionale Tie-
fenbewegung an der Bedeutungsoberfläche, der
Kontaktfläche und Außenseite, zu einer Strategie
der Gesprächsführung: es entsteht ein mit der Zeit
immer dichter werdendes rhetorisches Gewebe,
das sich über die reine Emotionalität legt und der
Abwehr dient.
Mit dieser konventionellen Redewendung hat
Hulda einen Schlüssel für die zu erwartende
Auseinandersetzung mit Oswald gefunden, der
ihr zwei Perspektiven eröffnet: z.e. liegt ihr daran, den Blick im Positiven auf die Gegenwart
bzw. auf die *Rück*kunft Oswalds zu richten.
„Du zurück?" entspräche in diesem Fall der
Floskel „Wieder hier?" Sie möchte für die Zukunft ein gutes Einvernehmen herstellen, zumal
sie vielleicht ahnt, daß sie Erpressungen von ihm
zu befürchten hat; z.a. möchte sie aber, falls diese
Befürchtungen eintreffen, ein Mittel gegen ihn in
der Hand haben und so ist es ihr ebenso gut auch
möglich, in *Rück*blick an das Vorgehen zu erinnern, für das Oswald „im Kerker büssen" mußte
(s.u.: 2. Sequenz, 1. Position, Abschnitt a [i. Folg.:
2.1a) („Du zurück?" wäre in diesem Fall zu ersetzen durch die Frage: „Wieder frei?").
Diese Strategie ist hier bereits im Ansatz skizziert
und wird in den Parallelpositionen der beiden
folgenden Sequenzen entfaltet.

1d Und nicht mehr in krieg'rischer Pracht?             1d Krieger-M. (T 4-5)
Zunächst richtet Hulda ihren Blick auf die Ge-        Allerdings deutet das begleitende Motiv nicht
genwart. Indem sie die abgelegte „kriegerische        auf eine positive Fortführung des Gesprächs
Pracht" erwähnt – der Rhythmus ihres Rezitativs       in Huldas Sinne hin. Das Motiv, das im Laufe

---

¹¹⁹⁵ Die Begründung für die Bezeichnung von Takt 2 als Teil einer Position findet sich in der Architektonik-Analyse im Abschnitt über das „Modell" der Szene.

ist ein stockender – scheint sie Oswald gleichzeitig ein Ablassen von weiteren Aggressionen suggerieren zu wollen.

der Handlung in moll- und Dur-Varianten zu hören war, erklingt hier in einer besonderen Variante: es mündet zwar in einen Dur-Klang (Dominante A-Dur); durch Hinzufügen der Septe und der None ist der Motivschluß aber (liest man die Melodielinie des Motivs getrennt von seiner Baßlinie) geprägt durch den verminderten Klang aus Quinte, Septe und None (e-g-b), auf den weiter unten noch zurückzukommen ist.

Das Erfolgen des zusammengedrängten *verminderten* Klangs scheint – ebenso wie das *„heruntergekommene"* Aussehen Oswalds den Verlust seiner *kriegerischen* „Ehre" (KA 36) bzw. seines gesellschaftlichen Ansehens andeutend (vgl. u. 2.1) – ein Anzeichen für die negative innere Verfassung Oswalds zu sein, resultierend aus seiner Leidenschaft für Hulda (s.u. 1.3, re. Sp.).

**1e Mit der Hacke, ein friedlicher Bauersmann!**
Beschwörend stellt Hulda der Aggressivität in Gestalt des Kriegers die Friedlichkeit in Gestalt des Landmanns gegenüber, der Leben erzeugt, statt vernichtet. Das parallel erklingende Bauernmotiv wird von der Gesangsstimme aufgenommen und dabei verändert: durch die (im Vergleich zur Anzahl der Motivtöne) zu hohe AnZahl der Textsilben wird es ‚zerhackt' (Halbierung der Notenwerte, Verdopplung der Anzahl der Töne); dies gilt besonders für die Worte „Hak-ke" und „fried-licher". Die Starre, die Hulda beim Auftritt Oswalds befallen hat, erscheint hier (zumindest die Sprache betreffend) gesteigert ins Marionettenhafte. Dies ist anhand der Erwähnung der „*Hacke*"zu erklären. *Mit der Hacke* berührt Hulda

**1e Bauern-M. (T 6-7)**
Daß das Bauernmotiv nur scheinbar lustig ist[1196], geht aus seiner Bauweise hervor: Die Grundlage bildet eine ländliche Tanzform, der „Zwiefache", für den ein fortlaufender Taktwechsel (Wechsel vom Viertel- zum Dreivierteltakt) typisch ist. Die Tanzmelodie ist in *Schwarzschwanenreich* ein Mittel der (karnevalistischen) Täuschung. Dies gilt besonders für die Themen der Tanzszene, o. bezeichnet als Karnevalsszene (II.1). In der vorliegenden Szene wurde das karnevalistische Moment nur eingeschoben (T 6-7): Das Bauernmotiv beginnt in D-Dur, gespielt von der Oboe (heller, beinahe spitzer Klang). Das von Hulda harmonisch angestrebte Ziel,

---

[1196] Pretzsch weist daraufhin, daß das Bauernmotiv aus dem *Bärenhäuter*, op.1, stammt (Selbstzitat Siegfried Wagners). Seiner Beschreibung nach symbolisiert es dort das Gegenstück zur Hölle: „Wir sind [...] dem höllischen Bereiche entronnen [...]." (Pretzsch 1919: 100.) Allerdings deutet ein von ihm selbst genanntes Merkmal (leere Quinten) darauf hin, daß es sich hier nicht um ein wirkliches *Entrinnen* handelt. Vielmehr läßt die Darstellung von Pretzsch selbst auf eine Gleichzeitigkeit, ein ständiges Changieren von Gegensätzen schließen: „Ein Bauernthema von derber tanzartiger Rhythmik und mit der hartnäckig leeren Quinte F-C (in Viertelbewegungen) als Baß [...]." (A.a.O.: 99.) Es handelt sich um ein achttaktiges Thema (plus vier Takte Abschluß; s. Notenbeispiel a.a.O.: 100), dessen erste zwei Takte in *Schwarzschwanenreich* übernommen wurden

das Zentrum des (szenisch-musikalisch-textlichen) Zeichenkomplexes, das die Gestalt Oswalds charakterisiert und welches sich, statt als Anzeichen einer *friedlichen* Gesinnung, als Instrumentarium der Zerstörung erweisen wird Angesichts des weiteren Verlaufs des Dialogs und mit Hinblick auf den Schauplatz Böhmen ist an den ‚Ackermann' als Allegorie des Todes zu denken, so z.b. *Der Ackermann aus Böhmen* (Holzschnitt von 1463[1197]). Möglicherweise nimmt SW hierauf Bezug.

die Umwandlung von d-moll in D-Dur, scheint nahezu erreicht, allerdings erklingt D-Dur als Dominantseptakkord (zu G-Dur hinführend), dies in der 3. und 1. Umkehrung, so das Sekundreibungen entstehen. In dieser Konstellation verläuft das Motiv parallel zur Gesangsmelodie. Dies betrifft den Hauptteil des Motivs, der sich bis zum zweiten Schlag des zweiten Takts erstreckt. Auf Schlag drei erfolgt eine sequenzartige Fortsetzung des Motivschlusses (Dreiviertelabschnitt des Zwiefachen), allerdings in veränderter Form: es findet eine Abdunklung sowohl in der Harmonik (aus der Tonart dieses Taktes G-Dur wird auf Schlag drei g-moll) auch in der Instrumentation (Fortsetzung des Motivs in der Klarinette, dunklere Klangfarbe).

Auf diese Weise wird die Antwort Oswalds schon vorbereitet: diese beruht auf einem Klang auf dem Ton des. Würde das zu Hulda gehörige Bauernmotiv nicht durch die Antwort Oswalds unterbrochen werden, wäre als Baßton des Bauernmotivs die Quinte d zu erwarten, die nun – in einem neuen harmonischen Zusammenhang – tiefal teriert als des zu hören ist.

Faßt man die genannten Merkmale zusammen, so ergeben sich drei Anzeichen, die Huldas Hoffnung auf eine *friedliche* Übereinkunft mit Oswald illusorisch erscheinen lassen: 1. das Nicht-Gelingen einer Aufhellung nach D-Dur; 2. der Taktwechsel, welcher dem Motiv ein Moment des Überraschenden, Unsteten verleiht; 3. die zweifache (verbunden mit einer instrumentalen) harmonische Abdunklung (moll-Trübung und Tiefalterierung des Baßtons). Zu ergänzen ist, daß die sequenzartige Fortsetzung des Motivschlusses wie ein orchestral äffendes Echo auf Huldas Worte wirkt.

**2 Nein! Totengräber!**
Oswald macht Huldas Hoffnung auf eine friedliche Übereinkunft zunichte, indem er die Gegenbilder des tötenden Kriegers und des gra-

**2 [kein Motiv] (T 8-9)**
Mit der Harmonik öffnet sich – durch keinerlei melodisch-horizontale Überdeckung gehindert – ein Blick in die Tiefe des Reiches der

---

[1197] Holzschnitt, gedruckt 1463 von dem Bamberger Drucker Albrecht Pfister; vgl. Russell 1975: 9.

zu einer makaberen Synthese, dem Totengräber, benden Bauern verbindet. Dabei deutet er das vermeintliche Anzeichen einer inneren Wandlung, die „Hakke" um: statt eines Zeichens für künftiges Leben stellt er sie als Zeichen des vergangenen Lebens, des Todes, dar.
Dieses dritte Bild ist das Hauptstück des Berufstriptychons „Krieger-Bauer-Totengräber". Der Totengräber ist das Endprodukt dieser dialektischen Bilderreihe und wird Oswald im Folgenden als Maske dienen, unter der er das Gespräch fortsetzen kann. Dieses Bild ist die wirkliche Chiffre seiner inneren Verfaßtheit. Diese Chiffre weist, wie ein Blick auf die Harmonik deutlich macht (s. re. Sp.), in die Tiefe.

„Toten", denen Oswald nachspürt.
Diese Position beansprucht zwei Takte für sich, die eine Einheit bilden, aber innerhalb von d-moll befremdlich sind.[1198]
Auffallend ist die Häufung von Stilmitteln (Tonart-, Intervall- und Instrumentalsymbolik) an dieser kurzen Stelle. Die Baßlinie wird gebildet durch die phrygische Wendung des-c, die archaisierend wirkt und inhaltlich in Bezug gesetzt werden kann zur Tätigkeit des „Totengräbers" Oswald, der in der Tiefe des Grabes, deutet man dieses Bild psychoanalytisch, nach Huldas verborgener und inzwischen in der der Tiefe der Vergangenheit liegenden Existenz zu suchen vorgibt. Das Wort „Totengräber" basiert auf dem Akkord c-ges-b-e, der zwei Tritonus-Klänge enthält: es liegen eine verminderte Quinte und eine übermäßige Quarte übereinander, die intervallsymbolisch auf die Dämonie des dunklen Reiches hinweisen. Kennzeichnend für den weiteren Verlauf des Dialogs ist, daß Wagner hier bewußt eine Trübung von Klarheit bzw. intervallsymbolisch von C-Dur (Abdunkelung der Quinte zu ges) vornimmt. Dies läßt sich auf die Folge von Oswalds Beginnen, das Trüben und Zerstören von Huldas inzwischen gefestigter Lebenssituation, beziehen. – Durch Einsatz der Blechbläser erhält das Motiv eine harte und scharfe Klangfärbung.]

**3 Blieb Dir sonst nichts?/Ein traurig Amt das!**     **3 Leidenschaftsm. (T 10-11)**

Diese Reaktion unterscheidet sich von den meisten übrigen Äußerungen Huldas und ist im wesentlichen nicht aus der gegenwärtigen Situation heraus zu erklären. Weiterhin liegt in besonderem Maße eine Verzahnung von Text, Textmelodie und Motiv vor, der in der Analyse durch Aufhebung der Zweispaltigkeit entsprochen wird.

Für sich genommen ist die Antwort Huldas eine nichtssagende Redensart. Der Satz kann so gesprochen werden, daß der Bogen auf „sonst nichts" seinen höchsten Punkt erreicht. Der Kommentar, ob geringschätzig oder bedauernd verstanden, bezieht sich ausschließlich auf Oswalds Situation.

Zu einer anderen Deutung gelangt man, wenn man die Textmelodie isoliert betrachtet: Hier liegt das Schwergewicht auf dem zweiten Satz und damit auf dem Aspekt der *Traurigkeit*. Für diese Deutung spricht die beiden Takten im Baß zugrundeliegende Harmonik. Die harmonische Grundlage dieser Position ist ein A-Dur-Sept-Nonakkord. Während die Worte „sonst nichts" auf relativ geringgewichtigen (den hinzugefügten) Tönen, der Septe g und der None b, erklingen (wobei das b, „nichts",

---

[1198] Vgl. Schneeweiß 2000: 90-92.

auch als Vorhalt zu a gelesen werden kann), erreicht der Text, in dem Moment, als die Traurigkeit angesprochen wird, den Grundton a.
Der Gefühlsausdruck geht über die Bedeutung eines bloßen Kommentars hinaus. Hulda macht sich die Sache gewissermaßen zueigen, indem sie von der durch das Leidenschaftsmotiv eher zu Oswald gehörenden Dominanttonart A-Dur die überwiegend an ihren gefühlsmäßigen Prozeß gekoppelte Tonart, die Grundtonart d-moll, ‚abzweigt' und als Mittel des Ausdrucks wählt.
Daß auf der Traurigkeit das Hauptgewicht des Textes liegt, ist aus dem Verlauf der Gesangsmelodie zu schließen: Der auf „ein trau-" erreichte Grundton wird durch einen Sprung (b' – a – a') sozusagen erst aus der nächsttieferen Oktave ‚heraufgeholt' (a), um dann in der Ausgangsoktave (a') auf einem längeren Notenwert ausgehalten zu werden. Auf „-rig Amt das" führt eine Linie abwärts, die einen Teil der d-moll-Tonleiter bildet (g – f – e), dem Grundton d zustrebend, diesen aber nicht erreichend. Der letzte erreichte Ton e, aus Huldas eingeschoben-harmonischer Perspektive einen offenen Schluß darstellend, hat theoretisch gesehen die Funktion der Quinte von Oswalds Tonart A-Dur. Diese Tonart explizit sich in seinem (von Holzbläsern gespielten) Leidenschaftsmotiv als Dominantseptakkord, also in einem nach Auflösung strebenden Klang, *espressivo* zu spielen und zwei Vorhalte (zur Quinte: f und zum Grundton: b) enthaltend, die den Ausdruck schmerzlicher Spannung bilden. Das Motiv erinnert gewissermaßen an die Ursache für seinen veränderten Zustand. Zwischen diesen beiden Perspektiven oder Affekten (der *Traurigkeit* Huldas und der *Leidenschaft* Oswalds) steht das „Amt", das weder textlich noch musikalisch besonders hervorgehoben wird. Das „Amt" bildet den gedanklich-thematischen Anteil dieser gesamten Äußerung, es weist über die Situation hinaus auf die Grunderzählung der Handlung. Aus dieser geht hervor, daß es nicht unberechtigt ist, hier von einem „Amt" zu sprechen. Hulda benennt unbewußt mit diesem Wort eine Tatsache oder eine Wahrheit, denn es ist anzunehmen, daß Oswald von dem Versucher beauftragt ist, durch sein Erscheinen und Gebaren Hulda dem Schwarzschwanenreich wieder zuzuführen. Oswald weiß nicht, daß er vom Versucher in die Pflicht genommen wurde bzw. daß dieser sich seine Leidenschaft zunutze macht. Er dient dem Ziele des Versuchers, ohne sein eigenes Ziel, Hulda zu besitzen, erreichen zu können. Insofern charakterisiert ihn die Hacke selbst als ‚Instrument', worauf sich Huldas Bedauern („sonst nichts") beziehen läßt.
Die Traurigkeit Huldas bezieht sich auf ihr eigenes Empfinden der Unmöglichkeit, dem Schwarzschwanenreich zu entrinnen. Dieses beherrschende Gefühl drückt sich in der Textmelodie aus. Trotz der Kürze der Melodie ist kaum eine Stelle zu nennen, welche die Grundstimmung der Oper resp. Huldas deutlicher zum Ausdruck bringt. Auffallend ist dabei die Einfachheit der Melodieführung und die Dichte der klanglichen Symbole.

**4a Wenn es heisst: Einscharren – dann ja –      4a Droh-M. (T 12-13)**
Auf der Textoberfläche spielt Oswald seine Rolle weiter.
Mit dem Stichwort des Scharrens vervollständigt Wagner das Zeichenarsenal der Drohung, mit dem er Oswald versehen hat, zu einem synästhetischen Ganzen. Dieses besteht nun aus dem Requisit „Hakke", dem musikalischen Motiv der Drohung[1199] und dem Stichwort „scharren". Die Drohung erreicht, da sie nun dreifach präsent ist, z.e. den höchsten Grad ihrer Verdichtung, ist aber z.a. mit der Verbalisierung auf der höchsten Stufe der Verflüchtigung, der Vergeistigung angelangt und

---

[1199] Schneeweiß bezieht diese Figur auf das Motiv und bezeichnet sie als „Scharrmotiv"; m.E. liegt hier jedoch – weder motivdramaturgisch noch klangbildlich – die Lautmalerei einer Aktion (des Scharrens) vor, sondern die musikalische Entsprechung einer Gebärde.

damit zum Bewußtsein ihrer selbst gekommen. Nach dieser absichtsvoll vorgenommenen Verzögerung benennt Oswald nun sein Vorhaben:

**4b Ich – ich scharre aus!**      **4b [kein Motiv] (T 14-15)**
Die entscheidende Aussage wird in eine motivfreie Stelle plaziert und damit akustisch hervorgehoben. Die Harmonik leuchtet die aufzudeckende Tiefe aus – es handelt sich um eine Wiederholung der Takte 8-9 (Pos. 2), die hiermit in einen konkreten Handlungszusammenhang gestellt werden.

**5 *(fast lachend)* Knochensammler gar?**      **5 Leidenschaftsm. (T 16-17)**
**Oder am Ende Schatzgräber?**

Noch ist das Objekt der Suche nicht genannt. Hulda, der das *Lachen* in der Kehle stecken zu bleiben scheint, möchte Oswald zuvorkommen und die Leerstelle auf gefahrlose Weise besetzen. Sie sucht einen Weg, der links und rechts an der imaginären Öffnung nach Unten vorbeiführt und zerspaltet damit das ungeheuerliche, noch nicht benannte, Etwas in zwei Momente, die – getrennt voneinander – unwirksam sind: z.e. assoziiert sie eine Quantität, eine Ansammlung von Knochen, die, da gestaltlos, bedeutungslos und nichtssagend ist; z.a. bezeichnet sie eine Qualität mit einem Sammelbegriff als „Schatz", der einen Wert an sich, ungebunden an eine konkrete Situation, beschreibt.

Jedoch nimmt die Musik eine ironische Akzentverschiebung vor: Gleichzeitig mit dem Text erklingt Oswalds Motiv, dessen zweiten Teil Huldas Gesangsmelodie übernimmt. Diese Verbindung ist ambivalent deutbar: einerseits als Verhöhnung Oswalds, andererseits kann man auf überpersönlich-zeichenhafter Ebene den Hinweis daraus entnehmen, daß Hulda selbst der „Schatz" ist, den Oswald zu gewinnen trachtet. Um zu diesem „Schatz" zu gelangen, bedarf es eines Schlüssels:

**6a Nach Kinder-Knöchlein such ich-"**      **6a Schicksalsm.1/ Droh-M. (T. 18-19)**
Die „Knöchlein", die im Märchen die Funktion haben, das Tor zu einem Zauberreich (z.B. in den „Sieben Raben" der Brüder Grimm zum „Glasberg") zu öffnen, sollen auch Oswald helfen, sein persönliches „Schwarzschwanenreich" zu erschließen, in das er allerdings nur durch Hulda – als per-songewordener Topos – gelangen kann. Daher muß Oswald den „Knöchlein" eine bestimmte Bedeutung verleihen, so daß sie Huldas Widerstand beseitigen: Durch den Vorsatz „Kinder-" wird die Masse der „Knochen" zu einer sinnträchtigen Gestalt geordnet, die, einbeziehbar in die Handlung, als aussagekräftige Beweisstücke für Huldas Tat (Kindsmord, Teufelsbuhlschaft) – auf welche Todesstrafe steht – gelten können.[1200] Das Knöchlein ist, wie das parallel erklingende Drohmotiv besonders durch eine darin enthaltene, aus 16teln und Achteltriolen bestehende, das Pochen symbolisierende Figur, anzeigt, ein Instrument der Drohung.

---

[1200] Der Schwarzschwanenreicherzählung (I.1) zufolge ist anzunehmen, daß die „Kinder-Knöchlein" – anders als der real existente Schädel Yoricks in der Totengräberszene (V.1) in *Hamlet* – als solche nicht wirklich existent sind, da der „Wechselbalg" keine Ruhe findet und, wie den Angaben der 5. Szene des II. Akts zu entnehmen ist, seine Gestalt noch nicht verloren hat. Tatsächlich dient später die „Leiche" des Kindes als Indiz (III.3, KA 159f); eine logische Querverbindung zwischen „Knochen" und „Leiche" wird nicht hergestellt, ein Zeichen dafür, daß es Wagner nicht um inhaltliche Logik ging, sondern um den Ausbau eines Zeichenfelds.

Mit Forderung und Drohung liegen die zwei Faktoren einer Erpressung vor. In Abwandlung der Formel „Geld oder Leben" soll Hulda mittels „Preisgabe" (deutsche Übersetzung von lat. *prostitio*) ihres „Schatzes" – sie soll Oswald ihre „Gunst" schenken, wie erst in der 4. Sequenz ausdrücklich formuliert wird – ihr Leben erkaufen.
So hat Oswald textlich und musikalisch die beiden von Hulda vorgesehenen Auswege auf für sie verhängnisvolle Weise (bezeichnet durch das Schicksalsmotiv) zusammengeführt und damit ihre Strategie unwirksam gemacht.[1201]
Mit dem Stichwort „Kinderknöchlein ist der Bogen zum Positionsanfang geschlagen: das Textvakuum der wortlosen Antwort Oswalds (**1b**) ist ausgefüllt, das Mittel der Drohung benannt.

**6b** *(sie weicht seinem Blicke aus)*
In dieser Reaktion liegt zwar ein stummes Eingeständnis, man kann aber den Blickgestus, ursächlich mit dem Motiv verknüpft, auch als Insichverschließen des Schmerzes deuten. Durch das Schuldigbleiben bzw. Nonverbale der Antwort erfährt das Gespräch eine Stockung.

**6b Schmerz-M. (T 21-22)**
Dieses Motiv ist Teil der Zäsur zwischen der 1. und 2. Sequenz. Oswalds Worte rufen in dem Sinne keinen neuen Reflex hervor, sondern es handelt sich um das Wiedererwachen eines Schmerzes, den Hulda wohl schon oft empfunden hat. Er ist existentieller Art, da er auf das über ihrer *Geburt* liegende Verhängnis (vgl. Textunterlegung II.4, KA 132, T 48-49) zu beziehen ist, dem sie durch ihre Verbindung mit Liebhold entronnen zu sein glaubte.

---

[1201] Mit der von ihm geschaffenen Gestalt Oswald hat Wagner das Bruchstückhafte seiner Äußerungen, das beziehungsvoll Andeutende gemeinsam. Das Gemeinte liegt in seltenen Fällen in Gänze zutage, es bedarf der aufmerksamen und mehrfachen, bis ins Einzelne dieses Zeichentextes gehenden Lektüre sowie der ständigen Rückbindung der Einzelzeichen in das gesamte Beziehungsgeflecht, um angesichts der täuschend lapidaren Sprachoberfläche, deren Duktus oft ins Banale zu gleiten scheint, den Lebensernst der dargestellten Situation zu erfassen.
Um im Bild zu bleiben: allgemein kann man sagen, daß eine Entschlüsselung von Siegfried Wagners Werk einem Zusammenfügen der Bruchstücke eines Knochens gleicht, der, zum *Symbolon zusammen-gelegt*, im griechischen Altertum dem Reisenden das Haus des Gastfreundes öffnete, und hier den Zugang zum Werk erschließt. Für die Darstellung der Sache findet Wagner ein Bild- und Klangfiguren-Alphabet, dessen einzelne Zeichen er sorgfältig an teilweise entlegenen Stellen des Werks und in unterschiedlichen, sich z.T. überlagernden ästhetischen Schichten plaziert, als wollte er der Außenwelt eine Entschlüsselung des Gemeinten so schwer wie möglich machen.
Einen Grund für ein solches Vorgehen könnte man darin suchen, daß der Verfasser mittels dieses Verfahrens ein sein Leben zentral berührendes Thema behandelte: das Genötigtsein, sich von Erpressern freizukaufen (s. u.a. Syberberg 1976), das er verarbeiten und ästhetisch sublimieren mußte, um das auf ihm lastende Schuldempfinden ertragbar zu machen, ohne sich aber dabei zu offenbaren.

## 2. Sequenz

**1a Du musstest im Kerker büßen [...]!**
Der Text beginnt noch im letzten Achtel des Schmerzmotivs, schneidet also die Gefühlsregung durch Hinwendung zur gegenwärtigen Situation ab. Scheinbar unvermittelt schlägt Hulda den Bogen zurück zum Anfang des Gesprächs und eröffnet so eine neue Sequenz. Diese stellt im Prinzip, wie sich zeigen wird, eine Variation der 1. Sequenz dar. Oswalds Andeutung begegnet Hulda damit, daß sie ihm gleichsam einen Spiegel vorhält und ihn an seine eigene Tat der Dokumentenfälschung erinnert.

**1 Krieger-M. (T 23-24)**
Das Motiv erinnert an die zurückliegende Phase und charakterisiert hier den „Krieger" Oswald negativ, indem es hier wieder – und damit zum letzten Mal innerhalb des Werks – in seiner Moll-Variante zu hören ist, in der es auch bei seinem ersten Auftreten (I.2) zu hören war.

**1b Was trieb Dich von der rechten Bahn?**     **1b [kein Motiv]**
Die Melodie dieser Frage deutet darauf hin, daß ihre Äußerungen nach wie vor durch ihr Entsetzen und ihre Angst vor Entdeckung hervorgetrieben sind. Die Melodie nimmt den ihr zugrundeliegenden Akkord auf und verwandelt ihn. Es handelt sich um die Tonikaparallele F-Dur in der 1. Umkehrung mit hinzugefügter kleiner Septe, die im Baß erklingt, so daß ein Sekundakkord bzw. der Tritonus es-a entsteht. Die Verwendung der Parallele in Dur einerseits und das Hinzufügen der Septe bzw. die Stellung des Akkords andererseits kann man als für Siegfried Wagner typisches Doppelzeichen ansehen. Es drückt gleichzeitig Hoffnung und deren Trübung aus. In der Melodie wird die Septe ignoriert. In Entsprechung dazu Wagner löst das b auf, so daß der Ausschnitt der F-Dur-Tonleiter zu C-Dur changiert, ein Zeichen für den ersehnten Sieg des Lichts. Der z.T. punktierte Aufwärtslauf f-g-a-c läßt im Zweifel, ob es sich um den Ausdruck von Hoffnung oder die musikalische Geste einer Fluchtbewegung handelt. Das *fp* im Orchester deutet auf Zurückgenommenheit und Gespanntheit. Hulda scheint die Antwort Oswalds im Grunde zu kennen und zu fürchten.

**2 Mein Auge!"**

Statt direkt zu antworten und von sich selbst bzw. seiner Leidenschaft zu sprechen, verlagert Oswald die Ursache und damit auch die Verantwortung auf das „Auge". So macht er Hulda, statt zur Gesprächspartnerin, zum Gegenstand des Gesprächs und wie anzunehmen ist, seiner Blicke. Die im Textbuch an mehreren Stellen wiederkehrende Metaphorik der Sinne beschreibt das Verhältnis Oswald-Hulda im Unterschied zur Beziehung Hulda Liebhold. Oswald hat auf Hulda ‚ein Auge geworfen', ihre „*eigenartige Erscheinung*" (I.2, KA 29) ist Auslöser seiner Gefühle, sie ist für ihn ein Bild und damit ein Objekt, das er in seinen Besitz bringen will.

**2 Huldamotiv (T 27-32)/ Flügelrauschen (T 27-28)**
Die Basis für Oswalds Gefühlsausdruck bildet hier der Taktwechsel vom $^4/_4$Takt zum ungeraden und schwingenden $^3/_4$Takt. Weitere Merkmale kann man als erste Anzeichen für ein Ineinanderverschmelzen beider Positionen lesen, das weniger aus der Handlungsoberfläche abzuleiten ist, als auf Vorgänge, die in einer tiefergelegenen Schicht stattfinden, hinweist. Das Motiv Huldas ist von vornherein (erstes Auftreten: I.2) auch auf Oswald beziehbar, da es in Melodik und Harmonik durch eine (hier: chromatische) Rückung konstituiert ist, die nicht nur das Berückende von Huldas Erscheinung, sondern auch eine Verrückung der Per-

(Dagegen ist Liebhold ‚ganz Ohr' für Hulda: denn es war ihr „Lied" (I.6) – „*hinter der Szene*" bzw. „*aus dem Hause*" (I.1, KA 11), also von ihrer Gestalt isoliert erklingend – das ihn ergriff, so daß er, ohne einen direkten Zu-Griff zum Teilhabenden an ihrem Leid wurde.)

spektive Oswalds, ein Den-Boden-unter-den Füßen-Verlieren symbolisiert. Dies wird besonders an dieser Stelle hervorgehoben, da zum einen die Ausspinnung des Motivs (T 29-32) von einem in dieser Szene Oswald zugeordneten Instrument, dem Cello übernommen wird, z.a. Oswald selbst sich diese Linie ‚aneignet', indem er sie in seine Gesangsmelodie aufnimmt. – Das parallel erklingende Motiv der schwarzen Schwäne (zwei symmetrisch angeordnete, graphisch ein Flügelpaar andeutende, 16tel-Triolen) kennzeichnet, abgesehen vom direkten Textbezug, die psychologische Gesamtatmosphäre: das dunkle Reich breitet zunehmend – über beide – seine Schwingen aus.

**3a.a Dass Du so trüb geworden?**     **3a.a Leidenschaftsm. (T 33-34)**

In dieser Weise ins Auge gefaßt macht Hulda nun auch Oswald zum Gegenstand ihrer Betrachtungen.
Dieser Vers korrespondiert in Text und Motivik mit der Parallelposition der 1. Sequenz (1.3). Beide dort noch auf die Maske des „Totengräbers beziehbaren Stichworte „nichts" und „traurig" erscheinen hier synthetisiert in der Bezeichnung eines seelischen Zustandes: „trüb". Ein vorausgreifender Blick auf die gesamte Position ergibt die Beobachtung, daß dieser Positionsvers den ersten Teil eines äußeren Textpaares, das die jetzige Befindlichkeit Oswalds und Huldas thematisiert, darstellt (der zweite Teil erfolgt in Position **3b**). Beide Teile umgeben als Klammer ein inneres Textpaar (**3a.b** und **3a.c**). Durch das Stilmittel der Sperrung wird ein Akzent auf die gegenwärtige Situation gesetzt; die gesperrten Positionsabschnitte umgeben den Kern:

**3.a.b Einst war's Dir leicht um's Lachen!**     **3.a.b Fs. Leidenschaftsm.**

Auch die beiden inneren Positionen ergeben eine Gegenüberstellung, diesmal den den früheren Zustand Oswald-Hulda betreffend. Man kann, zieht man die damalige Situation Oswalds in Betracht, einen Lösungsvorschlag Huldas daraus entnehmen und damit die einzige Form einer Hilfe, die sie Oswald zuteil werden lassen kann: indem sie auf diese Zeit seiner Verlobung mit Ursula (dramaturgisch I.1, Szene Ursula-Oswald) verweist, legt sie ihm implizit – explizit erst in der 3. Szene – nahe, seinen Weg zu seiner Braut Ursula zurückzufinden.

**3.a.c [...] Du fragtest, ob ich's auch könnte?**     **3.a.c Leidenschaftsm. (T 35-36)**

Dieser Vers stellt die einzige ausdrückliche Zitation der Parallelszene, der 2. Szene des 1. Akts dar. Beide Szenen verhalten sich zueinander wie Skizze und Ausführung. Mit seiner Frage verband Oswald die Vermutung daß Hulda in Verbindung mit dem „Schwarzschwanenreich" stünde (KA 30). Eine Antwort erfolgte damals, zumindest in Worten, nicht. Jedoch bestätigten Zeichen (das auf den Bannkreis des „Schwarzschwanenreichs" beziehbare Leidensmotiv sowie das Senken des Blicks (KA 31; vgl. 1.6]) Oswalds Annahme.

| 3b Jetzt kann ich's! Ich bin glücklich! | 3b Ranken-M. (T 37; 39-40)/ Liebestr.-Th. (T 38-39) |

Erst jetzt, angesichts der veränderten Lage ihres Lebens, beantwortet Hulda die Frage, wobei der Grund musikalisch angegeben, nicht jedoch ausgesprochen wird. Diese läßt, in Zusammenhang mit der Motivik interpretiert, Rückschlüsse auf den Verlauf der Dinge zu: mit Liebholds Hilfe ist sie frei geworden von der Macht des *Reiches*. Die Motive stammen aus dem Liebesduett Liebhold-Hulda (szenisches Vorspiel zum II. Akt) und repräsentieren musikalisch eine Gegenwelt zum dunklen Reich. Stellt man nun beide Textpaare „Oswald-Hulda" einander gegenüber, so ergibt sich auch an dieser Stelle der bei Wagner häufig zum Einsatz kommende Chiasmus hinsichtlich der Befindlichkeiten, dessen Eckpunkte die zeitlichen Pole „Einst" und „Jetzt" sowie die gegnerischen Positionen „Oswald" und „Hulda" bilden:

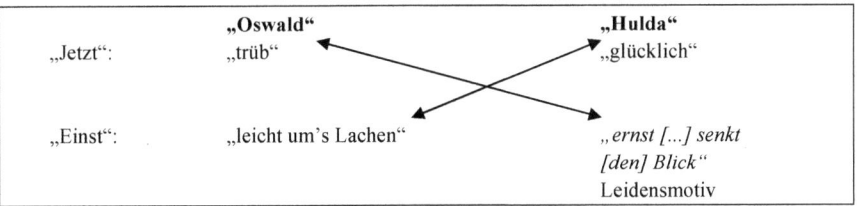

Das Schema zeigt, daß ein gegenläufiger Wechsel zwischen – um hier einen Bezug zum Rahmenthema der Oper herzustellen – die Licht- und Schattenseite des Daseins stattgefunden hat. Dies spricht eher für einen zirkularen, fortlaufenden Prozeß, als für ein Hinsteuern auf einen Abschluß und eine Lösung. Was bisher durch das *Blicksenken* zweimal: am Schluß der 1. Sequenz und am Schluß der ebengenannten Parallelszene, bild- und modellhaft gezeigt wurde, liegt auch hier in einer Variante gesteigert vor: das paradoxe Ineinsfallen von Selbstoffenbarung und Verschleierung, von Zugeständnis und Abweisung. Ob verbal oder gestisch: Hulda gibt Zeichen, die etwas ummantelten, was sie nicht ausspricht – ein mit vielen Sicherungen versehenes Ventilsystem. Möglicherweise stellt dieses private Bekenntnis aber auch ein Warnsignal dar: Hulda zeigt Oswald ihren Angriffspunkt. Sie ist nicht bereit, auf sein Ansinnen einzugehen und überläßt es ihm, seine Drohung wahrzumachen bzw. zerstörend in ihr Leben einzugreifen.

| 4 Und – ist es Liebhold auch? | 4 Ranken-M. (T 39-40) |

Auf diese Offenheit oder Bitte um Schonung reagiert Oswald mit Hohn. Da seine Andeutungen einer möglichen ‚Ausgrabung' in der Vergangenheit ruhender Vorfälle wirkungslos geblieben sind, versucht er jetzt (in Anlehnung an Huldas Methode) auf rhetorischem Wege, die Verbindung Liebhold-Hulda aufzulösen: zunächst, in formal-syntaktischer Hinsicht, stellt er sie in Frage. Inhaltlich gesehen wendet er die Frage gegen den Dialog bzw. gegen die Aussage, die Betonung liegt auf „auch", der Fragegestus sagt in etwa: „Weiß Liebhold, was Du getan hast?"

Auf „Und – ist es" klingt das Motiv in einer Verzierung (Quintole) aus, wird allerdings mit einem Tritonussprung abgeschlossen, worauf auf „Liebhold auch" ein durch Stellung und Tiefalterierung der Quinte deformierter C-Dur- Klang, der zwei Tritonusspannungen enthält, folgt. Es liegen also drei Tritonusintervalle vor, die auf drohende Gefahr schließen lassen (die „Ranken" bedeuten im Liebestraum-Duett szenisch, textlich und musikalisch repräsentiert den „Schutz" der Verbindung Liebholds und Huldas).

**5 Ich muss es glauben,**
   **Darf seinem Wort [...] ich trau'n!**
Statt auf diese Infragestellung ihres Glücks selbst zu reagieren, geht Hulda direkt darauf ein, wohl um weiteren Nachfragen vorzubeugen. Ihre Antwort erscheint auf ersten Blick als bloße Fortsetzung von Position 3b, als weitere Illustration, unterstützt durch das Motiv. Geht man von der Bedeutungsoberfläche aus, so kann man den Satz folgendermaßen verstehen: „Da er sich so verhält, muß ich es wohl annehmen, daß er glücklich ist." Liest man den Satz unter dem Aspekt der Selbstbezüglichkeit, so verschiebt sich der Akzent auf das Modalverb und eine Interpretation könnte lauten: „Es muß so sein, daß er glücklich ist, er darf nicht unglücklich sein!" Dies wäre Huldas Eigenanteil an der Erhaltung ihres Lebensglückes bzw. ihrer Existenz, die mit Liebholds Glauben an sie steht und fällt. Durch Oswalds Frage jedoch bereits in die Enge getrieben, erhält ihre Antwort etwas Überbetontes, was Oswald zu der Entgegnung provoziert:

**5 Liebesm. (T 42-43)**
Das Motiv, das in dieser Szene in der Violine und der Bratsche zu hören ist (ein weiteres typisches Instrument dafür ist an anderen Stellen des Werks die Oboe), stellt einen bogenartigen Lauf dar, der mit einem gebrochenen Dur-Sextakkord beginnt und in einen im ‚Rückwärtsgang' notierten Quartsextakkord mündet. Der Dreierrhythmus erzeugt Beschwingtheit (im $^4/_4$-Takt triolisch notiert). Auffällig ist die Fülle der Umschattierungen (Varianten) des Motivs (z.B. durch Intervalldehnungen), das nur an wenigen Stellen in seiner Grundform erscheint (z.B. I. 6, Takt 1011). In dieser Grundform wurde es vom Komponisten bereits auf der letzten Seite der ersten Textbuchfassung notiert, wie aus der Handschrift zu ersehen ist. – In der 2. Szene wird das Liebesmotiv sequenzartig gesteigert und thematisch ausgeführt.

**6a Er ist also glücklich!**
Diese spöttische Paraphrase bildet zusammen mit der Frage in Position 4 eine ‚Zange' um das Glück Liebholds.

**6a Spott-M. (T 44-45)**
Die auf eine *staccato*-Achtel zulaufende 16tel-Triole dieses illustrierenden Motivs symbolisiert eine kleine scharfe und abweisende Geste.

**6b Was will man mehr auf dieser Erde!**
   **Ob's dauert? All' eins!**

**6b [kein Motiv] (T 46-49)**

In der Gesangsmelodie auf „man" erklingt, in Verbindung mit seinem zynischen Hinweis auf die Fraglichkeit der Dauer des Glücks zu sehen, der höchste Ton fis der Partie Oswalds innerhalb dieser Szene, der Vorhaltston der Septe g im A-dur-Septakkord.

**7 Du willst geh'n?**
**7 Droh-M. (T 50-51)**
Liest man die Frage zusammen mit dem Motiv, so verbirgt sich hinter ihrer Konventionalität Huldas Angst davor, daß Oswald seine Drohung wahrmachen könnte. Die Sätze der Positionen 7 und 9 sind m.E. unmittelbarer Ausdruck ihres Entsetzens angesichts der Möglichkeit einer Entdeckung.

**8 Muss noch scharren –**
**8 Droh-M. (T 52-53)**
Ebenso wie am Schluß der 1. Sequenz ist hier zweimal das Stichwort „scharren" zu hören. Durch das Wiederholen der formelhaften Schlußphrase entsteht eine Monotonie, die durch einen ostinatohaften Einsatz des Motivs unterstützt wird. Tektonisch gesehen sind dies Anzeichen für einen Leerlauf bzw. toten Punkt, den das Gespräch hier wieder erreicht hat.

| | |
|---|---|
| 9 So bleib doch! | 9 Droh-M. (T 56-57) |
| 10 Muss noch scharren – | 10 (s. Pos. 9) (T 56-57) |

## 3. Sequenz

1 Scheust Du Liebhold?/ Er ist [...] so froh,/ Dass er Alles, Alles vergass!
Hulda versucht, Oswalds Verhalten ein Motiv zu unterschieben, das denkbar fernliegt: Die Scheu, in Spinozas Affektenlehre definiert als „Begierde, ein größeres Übel, das wir befürchten [hier wäre es die Befürchtung einer Vergeltung vonseiten Liebholds] durch ein Geringeres [Verzicht auf eine Fortsetzung des Gesprächs mit Hulda] zu vermeiden."[1202] Voraussetzung dieser Regung wäre Reue, in der genannten Quelle zurückgeführt auf eine „Tat, die wir aus freiem Entschluß des Geistes getan zu haben glauben."[1203] Eine solche „Tat" liegt zwar vor (vgl. die in Oswalds Monolog I.3 angestellten Überlegungen und gefaßten Beschlüsse), jedoch entspringt ihr keine Regung, die man als „Reue" bezeichnen könnte. Wie die folgenden Positionen zeigen, bleibt also dieser Suggestionsversuch Huldas erfolglos. Mit ihrer Frage wendet sich Hulda wieder dem Ausgangsthema des Dialogs zu. Dieses variiert sie nun zum zweiten Mal und baut es, der Entwicklung des Gesprächs folgend, aus. Gemäß ihrer doppelten Gesprächsführung mahnt Hulda rückblickend Oswald an sein eigenes Vergehen, bietet aber im gleichen Atemzug Versöhnung. Allerdings bezeichnet sie Oswalds Tat nur ungenau mit dem Sammelbegriff „Alles", den sie bekräftigend wiederholt. „Alles" steht, wie schon aus der folgenden Position ersichtlich, im Verlauf dieser Sequenz als Chiffre für die Schuld des Anderen.In dieser Bedeutung wechselt das Stichwort mehrmals den Benutzer.

1 Liebesm. (T 60-63)
Der Einsatz dieses Motivs bringt einen Taktwechsel (vom Viertel- zum Dreivierteltakt) mit sich, der die Atmosphäre dieser Position bestimmt. Dies entspricht Huldas Bestreben, die durch das Stocken erzeugte beklemmende Situation neu zu beleben.

---

[1202] Spinoza 1977: 423, Def. 39 von *timor*
[1203] A.a.O.: 413, Def. 27 von *poenitentia*

**2 Und hast auch Du Alles vergessen?**
Statt auf Huldas Versöhnungsversuch einzugehen, macht sich Oswald Huldas Unbestimmtheit zunutze und wendet das Stichwort „Alles" gegen sie, indem er es auf ihre verborgene Existenz und ihre Tat bezieht.

**2 Lauerm. (T 64-65)**
Dieses Motiv ist eine Variante zum Drohmotiv (vgl.u.Pos.6). Das, worauf Oswald lauert, deutet ein Tritonussprung nach oben an. Der Tritonus steht in *Schwarzschwanenreich* intervallsymbolisch für die Dämonie des Reiches des Versuchers (vgl. den Tritonus im Wehruf(-Motiv) Huldas, z.B. im Vorspiel Takt 1-4, insbesondere dieTakte 2 und 4 sowie III.1, Takt 104-105, KA 143).

**3 Alles Schlimme [...]/ hab ich verzieh'n!**
Es ist anzunehmen, daß Hulda den Versuch Oswalds, ihr das Wort im Mund umzudrehen, bemerkt hat. Sie ignoriert seine Umdeutung jedoch an dieser Stelle und eignet sich das Stichwort wieder an, indem sie ihm durch den Zusatz („Schlimme") jetzt eine konkrete und unmißverständliche Bedeutung gibt.Dadurch erhält ihre Äußerung etwas Pathetisches das Oswald erneut einen Angriffspunkt bietet:

**3 Flügelrauschen (T 67-68)**
Auf den Unterton ihrer Worte weist das Motiv hin.
Die Musik zitiert nicht die Untat der Verfolger (denkbar wäre u.a. das Hexenjagdmotiv, I.5), sondern deren Beweggrund, (das Gerücht von) Huldas Aufenthalt im Schwarzschwanenreich. „Alles Schlimme" erhält dadurch einen anderen, nämlich aussageunabhängigen Eigensinn: es deutet auf Huldas frühere verborgene Existenz hin. Sinngemäß wäre der Satz dann abzuwandeln: „Alles Schlimme, das Ihr vermutet habt..." Durch den Zusatz der Verzeihung lenkt Hulda den Bedeutungskomplex um.

**4a Du bist recht gütig!**

**4a Spottm. (T 69)**

**4b Sondern ob auch Du alles vergessen hast?**

**4b Lauerm. (T 71-72)**

Durch das Hinzutreten des Spottmotivs (s. 4a) in Verbindung mit dem lauernden Wiederholen der Frage kündigt sich eine Zuspitzung der Situation an.

**5 Ich versteh' Dich nicht!**
Der Wortwechsel erfährt an dieser Stelle einen Einhalt. Durch vorgebliches Nicht-Verstehen weist Hulda Oswalds Drohversuche zurück.

**5 [kein Motiv] (T 73)**
[Den Einhalt bezeichnet z.e. das Fehlen eines Motivs, z.a. Gestaltungselemente in Melodik und Harmonik: Durch einen kleinen Sextsprung nach oben auf „-steh dich" wird ein fragender Ton erzeugt. Hieran läßt sich eine Spekulation schließen: die kleine Sexte ist ein weiteres Schlüsselintervall des Werkes. Zubeginn des I. Akts abwärts auftretend sie steht für die Leiderfahrung Huldas (Blumenlied; vgl. Traumerzählung, I.6). Das vorgebliche Nichtverstehen (kleine Sexte aufwärts) erweist sich hiermit als geleugnetes Wissen, die Musik wi-

derlegt den Text. – In der Harmonik kennzeichnet den Einschnitt das Erreichen eines verminderten Klangs auf f mit kleiner Septe, eine deformierte Tonikaparallele, die man in Beziehung setzen kann mit dem Nichtzustandekommen der von Hulda angestrebten Verständigung. Weiterhin liegt ein Intervall-Chiasmus vor, der die Unmöglichkeit, zu einer Lösung des Konflikts zu gelangen, symbolisiert: während der Tritonus d-as im ersten Akkord aufgelöst wird in die Quarte es-as im zweiten Akkord, wird die Quarte f-b ($B^7$) überdehnt in den Tritonus f-ces (zweiter Akkord).]

**6 Ich muss noch scharren!**
Oswald wiederholt seine Drohformel. Diesmal verleiht er ihr durch Ergänzung um das Personalpronomen Nachdruck, um zum Ziel kommen.

**6 Lauerm. (T 74-75)/ Drohm. (T 76-77)**
Durch den Einsatz beider Szenenmotive wird der musikalische Ausdruck verdichtet.

**7 Was Du nur immer mit dem Scharren willst?**
Zum ersten Mal geht Hulda nun auf das „Scharren" ein (vgl. ihre taktische Reaktionen 1.5 und 2.9). Das Rezitativische der Melodie drückt Verärgerung, Ungeduld, aber auch innere Gespanntheit: Angst und Aggressivität aus.

**7 Droh-M. (Forts.)**
Die Antwort auf die Frage erteilt die Musik.

**8a Totengräber! Ich such' Knochen –**
Mit der Erinnerung an sein „Amt" schließt sich innerhalb des bisherigen Gesprächs ein Kreis. Die 3. Sequenz schließt an die 1. an, die in ihrer Kürze eine Art Grundform bildet. Oswald bezieht den „Wechselbalg" erneut in seine Drohung mit ein (vgl. 1.6a), zerlegt nun aber dieses Bild und baut es in drei Stufen als Klimax wieder zusammen, indem er vorgibt, „Knochen" (8a) – „Kinder-Knöchlein" (s.u., 3.10a) – „eines Wechselbalgs Knochen" (s.u., 3.12) zu suchen.

**8a [kein Motiv] (T 78-79)**
[Harmonik: Diese Stelle ist nahezu identisch mit Pos. 2 und 4b in der 1. Sequenz. Es sind lediglich enharmonische Verwechslungen vorgenommen worden, so daß z.B. die phrygische Wendung noch als solche erklingt, aber wie eine chromatische Linie cis-c notiert ist. Klanglich bleiben alle Merkmale erhalten.]

**8b Es soll hier 'wo was liegen –**
Oswalds Sätze (8a, 8b, 10a) enden offen – mit einem Gedankenstrich, der ein Vakuum signalisiert, das Huldas Geständnis evozieren soll.

**8b Lauerm. (T 80)**

**9 Suchst Du eines Kriegers Grab?**     **9 [kein Motiv] (T 81)**
Mit einiger Häme fragt Hulda ihn, von ihrem eigenen Dilemma ablenkend, ob er auf der Suche nach dem Grab seines kriegerischen Ich sei (als Totengräber dürfte es ihm leicht sein, sein begrabenes Ich zu finden). Auf „Krie-gers" ertönt der Tritonussprung aufwärts (e – b), der bereits auf „Totengrä-ber" abwärts erklang (1.2), das musikalische Kennzeichen Oswalds in dieser Szene, das auch (vertikal) im Schlußakkord des Kriegermotivs (1.1d) enthalten ist.
Inwiefern das *Grab des Wechselbalgs* und das *Grab des Kriegers* bedeutungsmäßig aufeinander bezogen sind, geht aus der Erzählung der Handlung hervor.
Hulda wollte mit dem „Wechselbalg" im Grunde „zugleich den bösen Feind in mir" *erwürgen* (KA 136). Für sich genommen steht der „Wechselbalg" für das Schwarzschwanenreich-Erlebnis Huldas. Er stellt das „[Er-]Zeugnis" (KA 23) ihrer Verbindung mit dem „Satan" dar. Huldas Wünsche und Begehren sollen mit dem „Wechselbalg" begraben sein. Oswald seinerseits jedoch kehrt zu ihr *zurück*, um den bei seiner ersten Begegnung mit Hulda erfahrenen Zustand (ein *zitterndes, schwindelndes Sinken* in den *Abgrund*; KA 33, 36) wieder zu erleben.
Er gibt vor, den „Wechselbalg" *ausscharren* zu wollen, sucht aber eigentlich Hulda auf, um das von ihr selbst ‚Ertötete' wiederzuerwecken. Die zugrundeliegende Harmonik: ein C-Dur-Septakkord, faßt die Bedeutung von Oswalds Kommen für Hulda zusammen: C-Dur ist in diesem Werk in erste Linie geprägt durch Huldas Traumerzählung (Verheißung der „Bann"-Lösung durch eine engelsgleiche Ge-stalt, mit der vielleicht Liebhold gemeint ist). Die Trübung von C-Dur durch die hinzugefügte kleine Septe deutet auf die durch Oswald drohende Zerstörung ihrer Verbindung mit Liebhold hin.

**10a Kinder-Knöchlein. Und zwar –**  **10a Lauer-M. (T 82-84)**
Nach dem Gedankenstrich erfolgt diesmal   [vgl. 8b]
eine Generalpause, die z.e. die Wirkung seiner Worte auf Hulda hörbar macht, z.a. aber
die Frage (3.11) vorbereitet, die tatsächlich,
wenn auch anders, als Oswald erwartet, eine
entscheidende Äußerung Huldas (3.12)
evoziert.

**10b Weisst Du von nichts?**  **10b Schicksalsm.2 (T 86-87)**
**Könnt'st Du mir nicht zur Spur verhelfen?**
Seiner zweiten Erwähnung der „Kinder- | Im Gegensatz zur ersten Nennung der „Kin-
Knöchlein" fügt Oswald zwei rhetorische | der-Knöchlein" ertönt hier *pianissimo*
Fragen hinzu, die Hulda ein Ausweichen | in der Pauke die langsamere zweite Variante
unmöglich machen sollen. Stilistisch gese- | des Schicksalmotivs, dessen Merkmale
hen bildet diese Formulierung, dem größeren | (längere Notenwerte, Achtel-Sechzehntel-
Nachdruck im Text entsprechend, das Ge- | Kontraste, Pausen) sich als Anzeichen für an
genstück zu 3.2 und 4b: *Alles-vergessen-* | *wachsende Spannung, hervorgerufen durch*
*Haben* und *Von-nichts-Wissen* bilden zu- | ein gefühltes Näherkommen der Gefahr inter-
sammen einen Chiasmus, der besagt, daß es | pretieren lassen.
hier um *Alles* und *Nichts* geht. Das Gespräch | Neben der Erwähnung des „Totengräber"-
ist demnach an seinem zentralen Punkt ange- | Amtes und der „Kinder-Knöchlein" ist das
kommen. In den nachfolgenden Positionen | Wiederholen des Schicksalsmotivs ein weite-
Huldas ist also der Aufschluß bzw. das von | res Indiz dafür, daß die 3. Sequenz an die 1.

Oswald gewünschte Geständnis zu erwarten.

**11 Frag beim Pfarrer an./ Der...**
Geht man davon aus, daß Siegfried Wagner in seinem Werk die zentralen Momente verschleiert, indem er beispielsweise musikalisch andeutete, was er im Text unausgesprochen läßt, so erscheint dieser abgebrochene Satz geradezu als Signal dafür, daß hier eine Mitteilung verborgen liegt, die in den Kern des Problems führt. Um zu zeigen, wie der Text die Entdeckung des eigentlichen Anliegens unterbindet oder zumindest erschwert, ist die Antwort Huldas zweifach – nach der realistischen und nach der mythischen Lesart – zu interpretieren.
1. Nach der realistischen Lesart verweist Hulda offiziell an den Pfarrer als höhere Instanz bzw. die Kirche als die für Oswalds Frage zuständige Behörde. Sie wird allerdings unterbrochen und der Einwurf Oswalds (3.12) erscheint in diesem Fall unverständlich.
2. In eine vollständig andere Richtung verweist die Entgegnung, wenn man sie ergänzt, z.B.: „Der *kann Dir zur Spur verhelfen!*" oder: „Der *weiß von allem!*" Stellt man eine Verbindung zwischen dem Text und der zugrundeliegenden Harmonik her, so kann man ableiten, daß der Pfarrer selbst der „böse Feind" (s.u., 4.3b), der Herr des „Schwarzschwanenreiches" ist. Da Hulda in einem Dienstverhältnis zum Pfarrer steht, (vgl. I.1), wird deutlich, welcher Art die Dienste sind, die Hulda für ihn zu leisten hat. Dieser zweiten Lesart Nach verweist Hulda, von Oswald in die Enge getrieben, auf den Urheber, der Situation, ihn bei seiner offiziellen Bezeichnung als Inhaber eines kirchlichen Amtes nennend. Das Orchester begleitet im *piano*, die Anweisung für die Bratsche lautet: „*natürlich*". Beide Angaben scheinen auch auf die Gesangsstimme übertragbar.

wieder an schließt und der Hauptteil damit sein Ende erreicht, d.h. eine mit der Peripetie (Architekturamalyse) verbundene zentrale Aussage erfolgen wird. Wie in der 1.Sequenz zeigt auch hier das Erklingen dieses Motivs an, daß Oswald den wunden Punkt in Huldas Leben getroffen hat.

**11 [kein Motiv] (T 88)**
Ein Zeichen beredten Schweigens ist z.e. das Fehlen eines Motivs, z.a. die spezielle harmonische Grundlage dieser Stelle: Die Melodie besteht aus einem gebrochenen Es-Dur-Akkord und endet auf der Terz g auf „Der...", also offen – dies entspricht dem Nichtvollenden des Satzes.
Der Tatsache, daß der Komponist hier Es-Dur verwendet, sind zwei Aspekte abzugewinnen: es handelt sich um einen Neapolitanischen Sextakkord (innerhalb von d-moll), dem Aus-Druck gesteigerter Emotionalität. Zieht man eine Querverbindung zum (dominantischen) Neapolitaner in C-Dur (innerhalb von e-moll) des ersten Taktes des Vorspiels, auf dem das Klagemotiv basiert, so stellt sich eine ursächliche Verknüpfung zwischen dem Leid Huldas und dem dunklen Reich bzw. dessen Herrn (d.i.: Huldas Dienstherrn) her.

**12 Ha! was scheren den Guten eines Wechselbalgs Knochen!**
Oswald erwidert mit einem Ausruf des Entsetzens, entsprechend seiner früheren (I.3) zwiespältigen Reaktion, Hulda einerseits besitzen zu wollen, obgleich es ihn anderseits „vor Verzauberten" *doch graust* (KA 33). Sein Ausruf wird im Orchester unterstützt durch einen plötzlichen *forte*-Einsatz (neben den Holzbläsern und Streichern werden Horn, Baß-Posaune und Tuba verwendet), sich im zweiten Takt bis zum *fortissimo* steigernd. – Die an den Ausruf schließende Entgegnung (der „Gute" ist *der Böse*) erscheint – abgesehen davon, daß sie die Tatsache wohl zutreffend bezeichnet – als Geste der Abwehr.

**13** *(indem sie zum Haus geht)*
**So grab nur!/ Ich will Dich nicht hemmen!**
An dieser Stelle schließt ein Bogen szenischer Art. Hulda setzt das gesamte stattgehabte Gespräch gewissermaßen dadurch in Parenthese, daß sie sich jetzt anschickt, das Vorhaben zu Ende zu führen, das sie kurz vor dem Auftritt Oswalds ausführen wollte. Dort hieß es in der Regieanweisung: „*Sie will eben in's Haus zurück, als sie [...] Oswald kommen sieht.*" (I.1, Takt 282-282) Sie wurde in ihrem Vorhaben durch Oswald unterbrochen; jetzt bricht sie ihrerseits den Dialog ab, der damit zur Episode gerinnt, Oswald ist, auch im räumlichen Sinne, aus ihrem Gesichtskreis ausgeschlossen. Seinen Plan, Hulda zum Geständnis zu zwingen, hat er nicht verwirklichen können. In diesem Zusammenhang verleiht die triolische Gestaltung von „will dich nicht" dem Satz einen höhnischen Beiklang.

## 4. Sequenz

**0** *([...] Oswald erfasst sie heftig)*
***Von hier ab die beginnende Abendstimmung***
Diese Position wird nicht mitgezählt, da sie exponiert steht. Dies ist auch aus dem Schriftbild der Partitur ersichtlich: die sze-

**12 Droh-M. (T 89-90)**
Auch die Tatsache, daß hier das Drohmotiv zu hören ist, läßt den Schluß zu, daß mit dem „Guten" der später von Oswald bezeichnete „böse Feind" gemeint ist bzw. daß im Text auf den Gegenstand von Oswalds Drohung – Huldas Verbindung mit dem „Satan" hingewiesen wird (s.u.: 4.3a-3c). Diese musikalische Geste Oswalds ist das letzte Motiv des ersten Hauptteils, ebenso wie es dessen erstes und jeweils das letzte der 1. und 2. Sequenz war.
Auf Oswalds Worte erfolgt eine Generalpause.

**13 [kein Motiv] (T 92 m.A.-93)**
[Die Harmonik signalisiert auf dreifache Weise einen angestrebten, aber nicht erreichten Abschluß; die Tonika der Grundtonart wird dabei nicht wirklich erreicht, sondern umgangen (Näheres hierzu: vgl. Architektonik-Kapitel).]

**0 [kein Motiv] (T 93-94)**
[In der Musik wird diese Zäsur markiert durch einen Taktwechsel, der eine Straffung bewirkt (Viertel- zu Zweihalbetakt) und

nischen Angaben befinden sich sozusagen auf dem Doppelstrich. Inhaltlich gehört diese Position nicht mehr zur 3. Sequenz und formal bildet sie noch keine eigene neue Position.
Diese Formalität ist m. E. nicht ganz unerheblich für die Aussage. Man kann sagen, daß beide szenischen Anweisungen, die gestische und die beleuchtungstechnische, eine Zäsur darstellen, die die gesamte Szene in zwei Hauptabschnitte gliedert. Diese befinden sich in einem bestimmten Verhältnis zueinander, wie aus den folgenden Positionen hervorgeht.

Tonartwechsel (d-moll zu Des-Dur; chromatische Senkung, dämpft die Positives verheißende Dur-Aufhellung wieder; zur Tonart s. Pos. 13)]

**1a „*(leidenschaftlich)* Hulda! bleib und hör!"**
Die ersten drei Verse dieser Position bilden die Einleitung des nachfolgenden Geständnisses.
Zugleich markiert sich bereits hier der von Siegfried Wagner vorgenommene Ebenenwechsel: Während in den Sequenzen 2 und 3 ein Thema variiert wurde, nämlich das der 1. Sequenz, stellt die 4. Sequenz etwas völlig Neues dar. Gleichsam mit einem Schlag – allerdings musikalisch nicht ganz unvorbereitet – fällt nun die (nur lückenhaft schließende) Fassade der Taktik ab und der bisher verborgene Kern kommt zum Vorschein.

**1a [kein Motiv] (T. 94-100)**
[Plötzlicher *ff*-Einsatz des Orchsters nach sparsamster *p*-Begleitung der rezitativischen Schlußphrase Huldas. Die Melodie im Orchester (gespielt von den Violinen, fortgesetzt von Englisch Horn, Fagott, Bratsche und Cello) erklingt wie eine ins Dramatische gesteigerte Motivabwandlung des Liebesmotivs Liebholds. Oswald vereinnahmt gewissermaßen dieses Motiv und setzt an die Stelle von Liebholds lyrischem Bekenntnis seine leidenschaftliche Forderung: die Melodie wird teilweise chromatisch aufgelöst, die Gleichmäßigkeit der Triolenkette wird gestört durch dazwischengesetzte Achtelpunktierungen, das Motiv ist nicht mehr in der Geschlossenheit der Bogenform zu hören, sondern eine Sequenzsteigerung (T 95), verbunden mit langangehaltenen, vorbereitenden und abschließenden Tönen, bringt Spannung und Unruhe in das Motiv, das in Fragmenten und abgewandelt noch mehrmals während des nun folgenden Gesangs Oswalds erklingt.
Diese Metamorphose von Liebholds Motiv ist auf der symbolischen Ebene (Liebhold als heller, Oswald als dunkler Aspekt Huldas) in Verbindung zu bringen mit der sich nun wieder ausbreitenden Macht des Schwarzschwanenreichs; Genaueres vgl. Architektonikanalyse.]

**1b O weh! was ward aus mir,
Seit ich Dich, Du Zaub'rin erschaut:**
Daß das erste Motiv des 2. Hauptteils der Themenkopf eines Liedes ist, weist auf den veränderten formalen Charakter der 4. Sequenz hin: die ersten zwei Abschnitte sind bestimmt durch längere monologische Passagen, während das dialogische Moment etwas zurücktritt. Vorwegnehmend sei gesagt, daß der zweite Abschnitt ebenfalls mit dem Blumenlied-Thema schließt, so daß dieser Themenkopf eine Klammer um die beiden Abschnitte bildet und sie vom dritten Abschnitt trennt.
Diese Passage ist der Kern der 1. Position, die zugleich den ersten sequenzartigen Abschnitt des 2. Hauptteils darstellt.
In einem jähen Ausbruch gesteht Oswald Hulda seine Leidenschaft. Hier hebt Wagner noch einmal den Unterschied zur Liebe Liebholds hervor: während es bei ihm das Gehör ist, durch das Huldas Seele den Weg zu der seinigen findet („denn ich hörte Dich Dein Lied singen" (I.6; KA 68-69), ist es bei Oswald der Anblick Huldas, der ihn *der Sinne beraubt* (T 107-108) (vgl. o. 2.2). Damit verbindet sich eine Schuldzuweisung:

**1b Blumenlied-Th. C (T 101-105)**

Das Lied-Zitat ist hier durch die äußere Dramaturgie nicht zu erklären, da Oswald zwar während des Gesanges zugegen war, seine Worte und sein Gebaren (I.1, 2) aber nicht auf eine Wirkung des Liedes schließen lassen. Für die Werkanalyse aufschlußreich scheint eine Erklärung technisch-formaler Art zu sein: im Teil C gelangt das Lied zu seiner höchsten Expressivität. Aus der Tatsache, daß Wagner diesen Abschnitt wiederverwendet, um Oswalds Ausbruch zu gestalten, läßt sich schließen, daß Huldas Not und Oswalds Verzweiflung eine identische Struktur zugrunde liegt. Diese Identität im Klangbild legt die Annahme nahe, daß Hulda hier in Oswald sich selbst gegenübersteht. Merkmale im Text weisen darauf hin, daß es sich um keinen echten Dialog – trotz Fallenlassen der rhetorischen Fassaden – zwischen zwei unterschiedlichen Personen handelt. Vielmehr scheint es um einen Kampf der Protagonistin gegen sich selbst zu gehen. Es geht – statt um eine individuelle Abneigung – wohl eher um ein prinzipielles Abwehren eines bestimmten „Reiches" der Liebe – dies wiederum wurde durch die Motivik (z.B. Liebesmotiv vs. Leidenschaftsmotiv) präzise zum Ausdruck gebracht. Insofern sind Oswald und Hulda in diesem Hauptteil nicht nur dramatisch reale Personen, sondern auch Chiffren für divergierende Aspekte ein und derselben Person, was wiederum ein Hinweis auf den autobiographischen Charakter der Werke Siegfried Wagners ist. Dieser Ebenenwechsel – charakteristisch für die Arbeitsweise Wagners - ist eingeschoben zwischen der 3. Sequenz der 2. Szene und der 3. Szene. Dort wird durch das Hinzutreten einer dritten Person die direkte dramaturgische Realität wiederhergestellt.

**1c In den Kerker gerieth ich durch Deine Schuld!**
Hier fällt zum ersten Mal ausdrücklich der Begriff, der – von beiden Seiten her gesehen -

**1c Fleh-M. (T 110-111; 113-114)**

Bereits hier schwingt in der Musik die Bitte um Erhörung mit, die im Text erst in den

den Gegenstand dieses Gesprächs – und darüber hinaus auch des Werks bezeichnet: die „Schuld". Dieses objektiv-absolute Verständnis von Schuld im Sinne einer Verbindung mit dem Satan wandelt sich hier ins Subjektiv-Relative: Huldas „Schuld" liegt in ihrer Wirkung auf ihn und ist zudem eine doppelte, da sie es war, die ihn zum Verbrechen veranlaßte. Hierauf folgt nicht eine Aufforderung zur Sühne, sondern...

Positionen 7 und 13 ausgesprochen wird.

**1d Du bist eine Zauberin,**
   **Zu der's mich mit zwingender Macht zog!**
Seinen Höhepunkt erreicht Oswalds Bekenntnis mit dem Wort „Zauberin" – ein Synonym für „Hexe" (vgl. I.3) – deren erste Silbe auf dem f erklingt, welches erst im letzten Takt der Szene wieder erreicht wird.

**1d Flügelrauschen (T 115-118)/**
   **Huldamotiv (T 120-122)**
Obwohl das Motiv mit dem Stichwort „Zauberin" korrespondiert, kann man doch sagen, daß Huldas bzw. die auf das Schwarzschwanenreich bezogenen Motive in dieser Szene in Oswalds Motivbereich übergehen. Durch dieses Motivgeflecht wird die spezifische Verwandtschaft Oswalds und Huldas charakterisiert, die sich von der Huldas und Liebholds – vgl Motivik des Liebestraums II.0 oder des ersten Teils der Kerkerszene III.1 – unterscheidet.

**2 Lass mich los!**
Für sich genommen wirkt dieser Satz, der den ersten Abschnitt abschließt, wie eine konventionelle Phrase. Faßt man die Positionen 1 und 2 als einen einzigen, in seiner Tiefenstruktur zusammengehörigen, Text auf, so kann man diesen Ausruf Huldas als Befreiungsversuch von sich selbst bzw. einer ihr innewohnenden, sie beherrschenden Macht deuten. Die Auseinandersetzung zwischen Oswald und Hulda, geht, man davon aus daß es sich um Emanationen eines einzigen Ich handelt (s. 4.1b), erscheint eher als innerer Kampf einer Person; dies gilt auch für Huldas Ringen mit dem Versucher in der Schwarzschwanenreichvision III.1.

**2 (Forts. 1d)**
Es ist in der Hauptsache Huldas Textposition, die das Motiv begleitet. Es verklangbildlicht Huldas *Zauber*. Liest man das Motiv gegen den Text dieser Position, so ergibt sich, daß Hulda selbst mit Worten gegen ihren *Zauber* oder die Macht des Schwarzschwanenreiches angeht: „Lass mich los" richtet sich dieser Querverbindung zufolge sowohl gegen einen Bereich ihres Ich als auch gegen Oswald, der ihn in diesem Augenblick verkörpert.

**3a Ich wollte Dir droh'n!**
   **Siehst Du die Hacke? [...]"**
Die in dieser Position folgende Aufschlüsselung der Anspielungen und Drohgebär-

**3a Huldam. (T. 122 m.A. 126)/**
   **Drohm.(T.127-128)**
Die Musik beschreibt durch die Ausspinnung von Huldas Motiv über fünf Takte das, was

den des 1. Hauptteils ist für Huldas Verständnis überflüssig und wirkt sich als Wiederholung der Drohung in Form eines Geständnisses aus.

Oswald bewegte, als er seinen Plan faßte. Das Motiv erklingt hier im Cello, das in dieser Szene Oswald charakterisiert, wodurch eine Aneignung projektiert wird, die jedoch in Wirklichkeit nicht stattfinden wird.
Das Drohmotiv scheint, setzt man tatsächlich eine Geständnisabsicht voraus, nur noch die Funktion eines Erinnerungsmotivs zu haben. Zieht man jedoch die instrumental dargestellte Aneignungsbestrebung in Betracht und setzt eine ursächliche Verknüpfung zwischen beiden Motiven voraus, so bestimmt die Drohung nach wie vor Oswalds Grundhaltung innerhalb des Gesprächs.

**3b Dem bösen Feind seist Du vermählt!
In's ‚schwarze Schwanenreich' wär'st Du gesunken!**
(s. Kommentar zu 3a)

**3b Schwarzschwanenreich-M.1 (T. 129-132)**

Das Erklingen des Motivs bedeutet nicht nur eine Illustration und mehr als eine Erinnerung an die Schwarzschwanen-reicherzählung: vielmehr gewinnt das „Schwarzschwanenreich" zunehmend an Wirklichkeit für Oswald, denn indem er sich an seinen eigenen Worten immer mehr erhitzt, entfaltet das dunkle Reich langsam seine Macht in seinem Innern. Dies wird v.a. in den Positionen 11-13a durch die Motivik deutlich.

**3c Ja, das glaubt man! Und mehr noch!**
Der nach diesen einleitenden Worten folgende Kern der Drohung ist die Mahnung an die Ermordung des Wechselbalgs, die ohne Motivbegleitung erfolgt.
Von dieser Position kann eine Verbindungslinie zu den Positionen 11 und 12 der 3. Sequenz gezogen werden. Die hier von Oswald zusammengefaßte Schwarzschwanenreicherzählung ist offenbar die christlich-legendäre Einkleidung einer durch Huldas Antwort bzw. den nicht zu Ende geführten Satz angedeuteten Wirklichkeit (→ **Zur Metaphorik des Titels**).

**3c Droh-M. (T. 133-134)**
Das Auftreten des Motivs in variierter Form kann als Entsprechung zur im Kommentar zu Textposition 3a festgestellten Fortsetzung der Drohung mit anderen Mitteln gesehen werden.

| | |
|---|---|
| 3d Doch so schlecht bin ich nicht!<br>Das Droh'n warf ich, wie jene Hacke, von mir fort! | 3d Blumenlied-Th. C (T 141-145) |

Oswald ändert sein Verfahren, insofern er jetzt direkt vorgeht. Er macht sich dabei nach wie vor Huldas Ausgeliefertsein zunutze und widerspricht sich insofern, als er durch sein Verhalten an die Verfolger, die „Rohen" erinnert, vor denen Hulda in ihrem Blumenlied um Schutz fleht.

| | |
|---|---|
| 4 „Was soll das Drohen wieder?" | 4 Blumenlied-Th. C-Fs. (T 145) |
| 5 Nein, anders muss ich Dich rühren! | 5 [kein Motiv] (T 146 m. A. – 148)<br>[Figuren, die das ab Pos. 7 erklingende Fleh-M. vorbereiten] |
| 6 Hüte Dich! | 6 (Fs. von Pos. 5) |

Diese Warnung (oder Drohung) kann auf zwei Ebenen gedeutet werden. Auf der Ebene der Außenhandlung ist diese Drohung als Mahnung an sein Vergehen bzw. die darauf erfolgte Gefängnishaft zu verstehen; symbolisch, auf der Ebene der inneren Handlung (Oswald ist der personifizierte dunkle Aspekt Huldas) scheint sie selbstbezüglich auf Huldas Furcht vor einem Wiederheraufsteigen des Schwarzschwanenreichs hinzuweisen (s. Pos. 8).

| | |
|---|---|
| 7 Erhör' meine Liebe!<br>(Zum Vergleich:<br>Anders als Oswald formulierte Liebhold seine Werbung als Frage; die betreffende Stelle (I.6) lautet: „Erhörst Du mich?"; KA 76) | 7 Fleh-M. (T 149-154)<br>Das Fleh-M. erklingt hier in zwei Varianten gleichzeitig und bildet eine schön geschwungene Linie von expressiver Kraft mit 16tel-Quintolen, Oktavsprung und Punktierung. Es handelt sich – dem Gegenstand einerDarstellung entsprechend – um ein rhythmisch variables Motiv, das sich sequenzartig wiederholt (zuerst in diatonischer, später in chromatischer Steigerung). |
| 8 Willst Du nochmals büßen?<br>(s. Pos. 6) | 8 (Fs. von Pos. 7) |
| 9 Niemand wird es je erfahren!<br>(s. Pos. 3d) | 9 (Fs. von Pos. 7) |
| 10 Schändlicher! Geh! | 10 Fleh-M. (T. 154)/ Flügelrauschen (T. 155) |

Auf ersten Blick ist es dieses Ansinnen, gegen das sich Huldas Abwehr richtet. Liest man jedoch die Musik gegen den Text (das Flügelrauschen setzt auf das Wort „Geh!" ein), so kann man schließen, daß Huldas Abwehr eigentlich der sich mehr und mehr ausbreitenden Macht des Schwarzschwanenreichs gilt. Das Motiv ist also auf beide Personen gleichzeitig zu beziehen und ist wiederum ein Anzeichen für eine gemeinsame Tiefenstruktur. Diese These bestärkt ein Vergleich mit Huldas Kampf mit dem Versucher (III.1), die entsprechende Textstelle lautet dort: „Weiche! Weich!" (KA 151)

| | |
|---|---|
| **11 Wir sind allein!** | **11 Flügelrauschen (T. 155-156)** (s. Verweis in Pos. 9) |
| **12 Willst Du meine Gunst erzwingen?** | **12 Flügelrauschen (T. 156-157)** |
| **13a Ich drohe ja nicht!** Das Drohmotiv scheint die Äußerung Oswalds (aus der Sicht der Außenhandlung) zu widerlegen. Symbolisch (aus der Sicht der Innenhandlung) gesehen, verschmelzen hier jedoch die Gestalten Huldas und Oswalds, das szenische Geschehen tritt zurück, Hulda ist beherrscht durch ihren dunklen Aspekt, verkörpert durch Oswald, insofern ist nicht im Sinne des direkten Bühnenhandlung von ‚Bedrohung' durch eine andere Person zu sprechen. | **13a Flügelr. (T. 158)/ Droh-M. (T. 159-160)** |
| **13b gönne mir, was ich ersehne!** (Vgl. Pos.7) | **13b Huldamotiv u. Flügelrauschen (T. 161-162)** Beide Motive erklingen gleichzeitig und bewirken so eine Verdichtung der Atmosphäre. Das ersehnte Ziel, als Bitte formuliert, ertönt in der Tonika Des-Dur, sowohl in der Melodik (Melodie des Huldamotivs, mit chromatischer Rückung zu D-Dur) als auch in der Harmonik (in den dunklen bzw. scharfen Klängen von Klarinette und Blechbläsern). Die Dringlichkeit seiner Bitte wird auch durch die Dehnung des Motivs deutlich: im Vergleich zu den Achtel-Triolen des Dreivierteltakts in Takt 27 jetzt crescendierende Viertel-Triolen. |
| **13c Gönne mir Deine Gunst!** Dieser letzte Satz der 2. Szene bildet den Schluß und den Übergang zugleich. Das Ende bleibt offen, Hulda wird einer Antwort enthoben durch das Hinzutreten Ursulas zu Beginn der 3. Szene. | **13c [kein Motiv] (T. 163-164)** [Nach einem verminderten Akkord auf e (T 163), dem das den folgenden Akkord vorbereitende as im Baß zugrunde liegt (auf: „Gönne mir Deine", Takt 163), erfolgt ein Dominantseptakkord auf as (auf „Gunst", T 164), der auf die Tonika Des-Dur hinzielt. Diese müßte in Takt 1 der 3. Szene erfolgen, was allerdings nicht geschieht, da die harmonische Schlußbildung szenisch unterbrochen wird durch den die 3. Szene eröffnenden Auftritt Ursulas.] |

# Die 2. Szene des II. Akts.
(Klavierauszug)

**Resümee und Überleitung.**

Oswald tritt als das bewegende Moment der Handlung auf. Sein Auftreten hat – wie sich v.a. in der Waldszene (II.5) zeigen wird – den Verlauf der Handlung wesentlich beeinflußt; er hat eine grundlegende Veränderung in Huldas Leben bewirkt.

Anzeichen hierfür sind: 1. Sein Flehen (vgl. v.a. 4.10) geht in Text und Motivik einher mit dem Wiedererklingen der motivischen Figur des Flügelrauschens, 2. das Erscheinen Oswalds ist, wie aus dem Textbuch hervorgeht, verbunden mit dem Einsetzen der „*Abenddämmerung*".

In seiner eigenen Sache bleibt er gleichwohl erfolglos. –

Zwischen dieser Erfolglosigkeit Oswalds und seiner Wirkmächtigkeit ist ein Zusammenhang herzustellen; dies kann auf der übergeordneten Ebene der Architektonik geschehen; hier wird die scheinbare Phrase „So grab nur!" (3.13) zum Schlüsselsatz, der auf die Anlage des Werkes verweist.

# Die Architektonik der 2. Szene des II. Akts.

**Einleitung.**

Die Analyse der Wort-Ton-Beziehungen ergab, daß bestimmte musikalische und sprachliche Merkmale in Kombinationen auftraten, die durch regelmäßige Wiederholungen den Charakter von Zäsuren erhalten und wiederum in ihrer Gesamtheit ein Schema erkennen lassen, welches das tragende Moment der Szene bildet. Vergleichbar mit einer Syntax stellt dieses Gerüst zugleich, über seine Funktion hinaus, einen Bedeutungsträger dar. Im folgenden Abschnitt ist die Bauweise (Architektonik) dieses Gerüsts sichtbar zu machen – dies unter der Voraussetzung, daß der Szene ein besonderer Stellenwert innerhalb des Werkes zuzusprechen ist.

Mit dieser Vorgehensweise wird dem Einwand begegnet, den Markus Kiesel im biographischen Teil seiner Dissertation *Studien zur Instrumentalmusik Siegfried Wagners* gegen die Betonung einer speziellen Bedeutung der „Architektur" im Werk Siegfried Wagners erhebt.
Kiesel bezieht sich auf folgenden Hinweis Wagners in dessen *Erinnerungen*, innere Zusammenhänge zwischen seinen früheren architektonischen Studien und seinem späteren musikdramatischen Schaffen betreffend:

> Vielleicht kann man es auch den verschiedenen Vorspielen zu meinen Opern, ja, selbst meinen Dichtungen anmerken, daß dem Verfasser Sinn für Architektonik innewohnt.[1204]

Kiesel widerspricht dem Selbstzeugnis Siegfried Wagners: „ Ob diese berufliche Prädisposition an der Musik nachweisbar ist, scheint fraglich, denn ‚architektonisch' gebaute Werke sind an sich nichts ungewöhnliches."[1205] Kiesel legt das Schwergewicht auf das Orchestergeschehen.

Der Begriff „architektonisch" erscheint in einem anderen Licht, wenn man in Betracht zieht, daß die Äußerung Wagners sich auf die Gesamtheit von Szene, Wort und Musik seiner Bühnenwerke bezieht.
In diesem Sinne ist die Bezeichnung „Architektonik" in der nachfolgenden Analyse zu verwenden.

---

[1204] Zit.n. Kiesel 1992: 33 [= Wagner 1923: 44].
[1205] Ebda.

Die Selbstaussage Wagners wäre dahingehend zu erweitern daß der Komponist dem architektonischen Prinzip seiner Textbücher bei der Vertonung bis ins Detail der musikalischen Konzeption entsprochen hat, wie es m.W. bei kaum einem anderen Komponisten der Fall ist.

Den Ausgangspunkt der nachstehenden Argumentationslinie bildet eine Differenzierung zwischen dem von Kiesel verwendeten Begriff der Architektur und Wagners Bezeichnung „Architektonik".

„Architektonik" ist hier zu gebrauchen in der übertragenen Bedeutung von „strengem kunstgerechtem oder gesetzmäßigem Aufbau", während „Architektur sich konkret auf die „Baukunst" bezieht.[1206]
An die vorgefundenen Ausführungen in Musiklexika zur musikalischen Architektur oder Architektonik kann nur indirekt angeknüpft werden. In vielen ein- oder mehrbändigen musikwissenschaftlichen Lexika sind beide Suchbegriffe nicht zu finden. Eine Ausnahme bildet der Artikel „Musik und Architektur" von Ulrike Steinhäuser in der Enzyklopädie *Musik in Geschichte und Gegenwart*.[1207] Dort werden in dem für den vorliegenden Zweck interessanten er- sten Abschnitt „Musiktheorie und Architektur" u.a. verschiedene Vorstellungen von der inneren Verwandtschaft von Musik und Architek*tur* dargestellt (unter Bezugnahme auf Schriften von Schelling, Busoni und Bartning) und – mit Hinblick auf Bartning – darauf hingewiesen, daß Konstruktionen von Parallelen „sich nicht selten in vagen Assoziationen erschöpfen".[1208]

Ein Beispiel für die Verwendung von „Architektur" als Analysekategorie im Bereich der Erforschung des Musiktheaters stellt die Dissertation *Parsifal. Die dramaturgische Konstruktion des Bühnenweihfestspiels. Von der Architektur der Partitur zur Architektur auf der Bühne* des Architekten Heiko Jacobs dar.

Jacobs verwendet den Begriff „Architektur" zur Bezeichnung des „inneren Zusammenhangs des ‚Parsifal'"[1209]. Dieser sei gegeben durch die „Leitmotivtechnik" und eine hohe Anzahl „dramaturgischer Bezugspunkte"[1210]. Jacobs unternimmt es, „die Existenz einer von Wagner beabsichtigten [sic] Konstruktion" nachzuweisen.

In seiner Zusammenfassung am Schluß der Arbeit heißt es: „Im Bühnenweihfestspiel ‚Parsifal' von Richard Wagner läßt sich eine architektonische Konstruktion der Partitur in ihrer Gesamtheit, mit ihren Bestandteilen aus Musik, Text, Re-

---

[1206] BE Bd. 2 ANAU-AUSV 2006: 355.
[1207] Steinhauser 1997: 730-746.
[1208] 730.
[1209] Jacobs 2001: 13.
[1210] Ebda.

gieanweisungen und Bühnenanweisungen nachweisen."[1211] Als Bausteine bezeichnet er Leitmotivik, Harmonik, Orchestrierung, Rhythmik (d.i. die „musikalische Konstruktion") sowie die „Handlung" („dramaturgische Konstruktion"), welche eine „besondere Architektur" für sich bilde[1212].

Die Verwendbarkeit des Begriffs „Architektur" zur Beschreibung eines musikdramatischen Werkes gründet sich für Jacobs auf einen Satz von Mies van der Rohe: „Die Baukunst beginnt dort, wo zwei Ziegelsteine sorgfältig aufeinandergelegt werden."[1213] Hieraus folgert Jacobs, „die Partitur des ‚Parsifal'" sei „selbst ‚Architektur'", sie ließe sich „wie einen Plan lesen, in dem alle Bestandteile des Werkes wohl organisiert sind."[1214]

Der Verfasser räumt ein, daß die Kategorie „Architektur" nicht in jedem Fall anzuwenden ist: „[...] bei wenigen vereinzelten Bezügen wäre es sicher übertrieben, gleich von ‚Architektur' zu sprechen. Im ‚Parsifal' liegt jedoch ein ungemein dichtes Netz solcher Bezüge vor."[1215]

Von „Architektur" könne gesprochen werden, „wenn also beispielsweise ein bestimmter Satz oder ein Wort mehrfach auftaucht, diese Wiederholung kein Zufall ist und zudem die Position mit einer Absicht gewählt ist. Mit einem solchen Beispiel ‚beginnt' die Baukunst."[1216]

Wie der Titel der Arbeit besagt, behandelt Jacobs die „Architektur" im Sinne eines Formschemas, das er als ins Musikdrama übertragene „Baukunst" charakterisiert (‚Schloßbau'-Prinzip: A – B – A). Hierzu verwendet er die Größenbezeichnungen „Sequenz" und „Absatz"

Und bemerkt diesbezüglich einschränkend: „Es soll dabei aber nicht der Eindruck erweckt werden, das Werk sei aus einzelnen kleinen Bauteilen konstruiert. ‚Sequenzen' und ‚Absätze' sind Betrachtungsmittel des Rezipienten, nicht Bausteine Wagners. [...] Daher darf die Orientierung durch Sequenzen und Absätze nur als Stütze herangezogen werden [...]."[1217]

Ein dem Vorgehen von Jacobs vergleichbare Analyse der Opern Siegfried Wagners, wenn auch in reduziertem Maße vorgenommen, stammt ebenfalls von einem Architekten: Dieter Heinz hat zwischen 1979 und 1993 „alle einzelnen Opernwerke Siegfried Wagners in ihrem szenischen Aufbau analysiert", wie er in seinem „Fazit" 1994 („Szenischer Aufbau und Proportion in Siegfried Wagners Bühnenwer-

---

[1211] A.a.O.: 181.
[1212] A.a.O.: 181f.
[1213] Zitat: a.a.O.: 12.
[1214] Ebda.
[1215] A.a.O.: 12f.
[1216] A.a.O.: 12.
[1217] A.a.O.: 36.

ken") schreibt.¹²¹⁸ Dieser Titel erinnert an das, was der Bayreuther Bühnenbildner Kurt Söhnlein in seinen *Erinnerungen an Siegfried Wagner* über den „Verdi-Verehrer" schreibt: „Was ihn nach seinen Äußerungen zu Verdi hinzog, war [u.a.] der fast überall meisterhafte proportionale architektonische Bau der Werke (insbesondere der großen Finales) [...]."¹²¹⁹ Die Analyse von *Schwarzschwanenreich* erschien 1980¹²²⁰. Veranlaßt durch die mehrfach in den Werken Siegfried Wagners auftretende Proportionsweise des Goldenen Schnittes schreibt Heinz, einen möglichen Einfluß auf das musikdramatische Schaffen voraussetzend: „Nachdem wir gerade dieser Proportion des Goldenen Schnittes nun bereits mehrfach in Siegfried Wagners äußerlich erkennbaren Anordnungen begegnet sind, halte ich durchaus die Frage für angebracht, ob in dieser Vorliebe für dieses doch gerade in der historischen Architektur so beliebte Zahlenverhältnis nicht etwa doch ein Einfluß des Architekturstudiums zu sehen ist, dem sich Siegfried Wagner ja zunächst, wie bekannt, hingegeben hatte? Diese Erklärungsmöglichkeit liegt umso näher, als zur Studienzeit Siegfried Wagners das Studium der klassischen Säulenordnungen, Harmonie- und Proportionslehre noch das A und O jeglichen Architekturstudiums war [...]."¹²²¹ Diese Überlegung findet in der nachstehenden Szenenanalyse eine Bestätigung.

Im Gegensatz zu Dieter Heinz, der die „Szenengliederung des Ganzen" behandelt¹²²², wird hier die Mikrostruktur des Werkes anhand der Bauweise einer einzelnen Szene untersucht. Diese steht allerdings in einem besonderen Verhältnis zum „Ganzen": in der 2. Szene des II. Akts kommt es im Kampf Huldas gegen das (durch Oswald repräsentierte) Schwarzschwanenreich zum Höhepunkt des Dramas, auf welchen dann der Umschlag (3. Szene, Hinzukommen Ursulas) folgt. Diese Szene wurde in der Analyse von Heinz nicht hervorgehoben und daher auch nicht in seiner Graphik „Versuch einer Übersicht" in der einschlägigen Rubrik „Besondere Wendungen der Handlung" markiert¹²²³. Gemäß seiner ausschließlich architektonisch ausgerichteten Vorgehensweise („Registrierung des äußeren szenischen Aufbaus" mit Hilfe der „Szenenzählung"¹²²⁴; beispielsweise keine Einbeziehung dramentechnischer Gesichtspunkte) legt Heinz das Hauptgewicht auf die Bestimmung des Goldenen Schnittpunkts. Dieser befindet sich in der Liebestraumszene (szenisches Vorspiel zum II. Akt). *An dieser Stelle wird die Architektur des Werks*

---

¹²¹⁸ Heinz 1994: 44.
¹²¹⁹ Söhnlein 1969: 86.
¹²²⁰ Heinz 1980: 22-27. Abschnitt über *Schwarzschwanenreich*: 25-27.
¹²²¹ A.a.O.: 25.
¹²²² A.a.O.: 26. → **Dramatische Struktur und Architektonik**.
¹²²³ Ebda.
¹²²⁴ A.a.O.: 22.

*zum Sinnbild innerer Vorgänge*: die Zäsur des Goldenen Schnitts bezeichnet einen Moment des Ausgleichs (in der Deutung der vorliegenden Arbeit die Vereinigung der beiden Ich-Hälften Liebhold und Hulda). – Diese Balance wird jedoch mit Oswalds Dazwischentreten wieder zerstört. Das Dazwischentreten erfolgt zwei Szenen später (II.2). Oswalds Auftritt führt die Handlung zum Höhepunkt. Dieser erfolgt, von der Szenenzählung her gesehen, in der Mitte des Werks. An diesem Achsen- und Wendepunkt zerfällt das Werk in zwei gleichgroße Teile zu je siebeneinhalb Szenen.

Abschließend sei auf den Abschnitt „Architektonik" in der Dissertation von Pachl hingewiesen. Der Verfasser führt Beispiele dafür an, daß man „bei dem formalen Aufbau der Opern Siegfried Wagners tatsächlich von ‚Architektonik' sprechen" kann[1225]. Er hebt u.a. die „Bogen- und Rondoform" hervor: entstanden aus „musikdramatischer Notwendigkeit" (Verknüpfung Handlung und Tonarten), die auch in der nachfolgenden Analyse beschrieben wird.

---

[1225] Pachl 1979: 37.

**Analyse.**

*Die Takte*

Die Analyse geht aus von einem leeren Raum von 164 *Takten*. In dieses leere Feld, wie in ein graphisches Baugrundstück, soll nun der Grundriß der 2. Szene eingezeichnet werden. Als kleinste Maßeinheit wird hierzu der Takt gewählt. Anhand der Taktproportionen läßt sich die Bauweise der Szene möglichst genau beschreiben.

| 2. Szene |
|---|
| (164 Takte) |

*Einteilung der Szene in Sequenzen*

Auf der Suche nach Merkmalen in Text und Musik, die auf Sinnabschnitte innerhalb des Gesprächsverlaufs und somit auf eine Entwicklung hinweisen, fielen zunächst folgende Kennzeichen ins Auge: das in Abständen auftretende – Oswalds Positionen zugeordnete – Drohmotiv, z.a. die jeweils unmittelbar daran anschließende Passage Huldas, die durch die syntaktische Form des Fragesatzes gekennzeichnet ist, dies verbunden mit einer ebenfalls wiederkehrenden Thematik: die schuldbehaftete Vergangenheit Oswalds. Eine solche Fragepassage leitet auch die Szene ein. Markiert man eine Zäsur zwischen den Drohmotiv-Positionen Oswalds und den Fragesatzpassagen Huldas, so ergibt sich eine Einteilung in vier *Sequenzen* mit 22, 35, 36 und 71 Takten:

| 2. Szene | Sequenzen |
|---|---|
| (164 Takte) | 1 (22 Takte) |
| | 2 (35 Takte) |
| | 3 (36 Takte) |
| | 4 (71 Takte) |

Hier gibt es allerdings drei Ausnahmen:

*Die Gliederung in zwei Hauptteile*

Die 4. Sequenz – dies ist die erste Ausnahme - weist nicht die genannten Merkmale auf. Sie wird lediglich durch die letzte Drohmotiv-Passage Oswalds von der 3. Sequenz abgetrennt. Die Merkmale gelten nur für die 1. bis 3. Sequenz. Betrachtet man daraufhin die Taktzahlen, so fällt auf, daß sich die 4. Sequenz mit 71 Takten und die 2. und 3. Sequenz mit 35 plus 36 Takten im Größenverhältnis entsprechen. Hiermit stehen sich – zunächst statisch gesehen – zwei Hauptblöcke einandergegenüber, während die 1. Sequenz mit 22 Takten eine Einleitungsfunktion zu haben scheint. Zwischen erstem und zweitem Hauptblock befindet sich ein Doppelstrich, der von einem Tonart- und Taktwechsel, einer Veränderung in der Gestik und einem Beleuchtungswechsel begleitet ist. Diese Angaben deuten auf eine Peripetie innerhalb der Szene hin. Diese zerfällt also in zwei unterschiedlich veranlagte Hauptteile, die sich über (die 1. bis 3. Sequenz zusammengenommen) 93 (*1. Hauptteil*) und 71 Takte (*2. Hauptteil*) erstrecken. Die genannten Merkmale des 1. Hauptteils verweisen auf einen vorwiegend rhetorischen Charakter, die Kennzeichen der Peripetie selbst lassen auf einen eher aktionsbetonten Charakter des 2. Hauptteils schließen.

Die 4. Sequenz wird also selbst zum Hauptteil und ist getrennt von den ersten drei Sequenzen zu analysieren.

| 2. Szene | Sequenzen | Hauptteile |
|---|---|---|
| (164 Takte) | 1 (22 Takte) | A (93 Takte) |
| | 2 (35 Takte) | |
| | 3 (36 Takte) | |
| | 4 (71 Takte) | B (71 Takte) |

*Die Überleitung*

Der Beschreibung der zweiten Ausnahme ist eine Ergänzung vorauszuschicken: Eine Bestätigung der hier vorgenommenen Sequenzeinteilung ist eine Sekundlinie, welche die Zäsur zwischen der 1. und 2. (im Cello: T 20 m.A. bis 21: h-cis-d) sowie der 2. und 3. Sequenz (im Englisch Horn: T 49 m.A. bis 57: e-fis-g, durch Ausspinnung über acht Takte ausgeweitet zur Klammer) kennzeichnet, wenn auch in unterschiedlicher Gestaltung.

Diese Linie erklingt jedoch auch bereits im Übergang von der 1. zur 2. Szene (T 283 bis T 1, im Englisch Horn: a-h-c; KA 98), löst also den Doppelstrich auf und gestaltet die Grenze zwischen beiden Szenen fließend. Die Sekundlinie bindet einen weiteren Abschnitt an die 2. Szene an und erweitert diese somit nach vorn. Es handelt sich um sechs Takte, die die *Überleitung* zwischen der 1. und der 2. Szene bilden (Takt 278 bis Takt 1, Schlag 1). Diese Überleitung hat eine dramaturgische Funktion mit Hinblick auf die 2. Szene, denn sie skizziert die personale Disposition, die den Ausgangspunkt der Handlung bildet. Es ist ein musikalisch-szenisches Vorspiel, das Spiel der Personen ist stumm, dafür verkörpert das Orchester ihre inneren Stimmen.

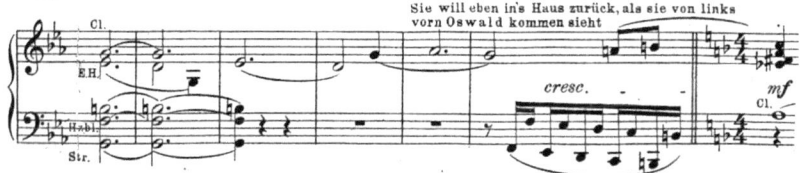

Von besonderem Interesse ist hier der letzte Takt (283), der eine musikalische Differenzierung der Regieanweisung enthält, die in die beiden letzten Takte der 1. Szene eingetragen ist. Die äußerst knappe Angabe besagt lediglich, daß Oswald kommt. Dagegen enthalten die beiden musikalischen Figuren in Takt 283 Aufschlüsse darüber, wie das Wiedersehen stattfindet, sie bilden sozusagen eine klingende Regieanweisung.

Oswalds Kommen wird dargestellt durch einen im zweiten Achtel beginnenden crescendierenden Abwärtslauf der tiefen Streicher, der als Ausschnitt aus einer harmonischen c-moll-Tonleiter (f-es-d-c-h) – dies wäre die Mollvariante der Tonika in dieser Szene – erscheint und im Oktavgang erklingt. Abstrahiert man von Oswalds Person, so ergibt sich ein Gebilde von klanglichen Chiffren der Tiefe (Lauf *abwärts*; *tiefe* Streicher) und Dunkelheit (*moll*-Tonleiter). Man kann daher sagen, daß mit Oswalds Kommen ein Sich-Auftun der Tiefe, sowohl im zeitlichen Sinne der Vergangenheit Huldas, als auch im räumlichen Sinne, Oswalds vorgebliches Projekt der Öffnung des Wechselbalggrabes betreffend, verbunden ist. Mit der Tiefe geht die Dunkelheit des Verborgenen und Verbotenen, d.h. Illegalen von Huldas Handlungsweise und Tat einher.

All dies – vermeintlich aus der Gegenwart Verdrängte – wird mit Oswalds Auftritt wieder lebendig, zeichenhaft dafür ist der Oktavgang, der wie eine klangliche Verkörperung der „hohlen Gasse" in Schillers *Wilhelm Tell* erscheint und damit das

Kommen Oswalds als ein im negativen Sinne bedeutungsvolles bezeichnet. Die Oktave hat im Schaffen Wagners oft eine negative Bedeutung, besonders prägnant im Vorspiel zu seiner achten Oper *Sonnenflammen*, das mit einer dreifachen Oktave, auf horizontaler und vertikaler Ebene als Oktavgang und Oktavsprung, beginnt und eine Art Bannspruch symbolisiert.

Das Gegenstück dazu bildet die auf dem letzten Viertel einsetzende Figur, die Huldas Erblicken Oswalds näher beschreibt: die aufwärtsführende Sekundlinie (a-h-c) im Englisch Horn, die eine reflexartig zurückweichende, aber auch zurückweisende Geste darstellt. Betrachtet als Schluß einer C-Dur-Tonleiter ist diese Linie die helle Variante des Laufes von Oswald, Ausdruck eines Abwehrversuchs angesichts der drohenden Negativwendung in ihrem Leben.

Nimmt man als Maßstab oder Angelpunkt einer Interpretation der Tonartsymbolik dieser Gelenkstelle die Dur-Variante, also C-Dur, so spiegelt sich auch auf dieser Ebene der Licht-Dunkelkampf, der in dieser Werkanalyse den Rahmenaspekt bildet. Das Dunkel wird gewissermaßen negativ oder sekundär behandelt, da es als eine Abdunklung der Durtonart dargestellt wird. Auf diese Weise wird auch tonartensymbolisch der Kampf nicht als Konfrontation (vgl. den Hell-Dunkel-Kampf in Haydns *Schöpfung*), sondern prozessual gestaltet.

Eingefügt sei an dieser Stelle, daß die Überleitung selbst ein Metadrama bildet: es unterscheidet sich von der Szene durch das Hinzutreten eines neutralen Moments: eine Art Stimme des Schicksals, die eine kommentierende Funktion hat und damit über der eigentlichen Handlung steht: es handelt sich um eine melancholische Tonfolge im Englisch Horn (T 278 bis 283, Schlag 2), die das ausklingende Nachspiel der 1. Szene abschließt bzw. sich aus der letzten Variation des Rankenmotivs (T 275f) ableitet. Das Rankenmotiv stammt aus dem Liebesduett (II.0), dort symbolisiert es (auch textlich und szenisch) „Schutz" der Liebe. Die Tatsache, daß es jetzt in einer Mollvariante erklingt, deutet auf eine Gefahr der Verbindung hin. Aus dieser Substanz entwickelt sich die Tonfolge der Überleitung, die in eine Sekundlinie mündet, welche auch innerhalb der 2. Szene zu hören ist und Huldas Reaktion bezeichnet.

Oswalds Figur vermittelt durch das Crescendo und die instrumentale Doppelung den Eindruck von Massivität; das Zerhacken der Achtel durch die 16tel-Doppelung im Cello korrespondiert mit dem Requisit Oswalds, der „*Hacke*" und symbolisiert Aggressivität.

Dagegen wirkt Huldas Figur durch ihre höhere Lage, ihre Kürze und Aufwärtsbewegung eher flüchtig und leicht, wenngleich klanglich durch das Englisch Horn eine gewisse Schärfe gegeben ist.

Symptomatisch für die Disposition der 2. Szene ist das proportionale Schema „1:2" und „2:1" der instrumentalen Besetzung innerer Stimmen in der Überleitung:

während Oswalds Kommen durch zwei Instrumente dargestellt wurde, teilen sich Stimme des Schicksals und Huldas Reaktion in das Englisch Horn:

**Oswalds Kommen**        Cello
                          Kontrabaß
**Stimme des Schicksals** Englisch Horn
**Huldas Reaktion**       Englisch Horn

Dieses Schema stellt einen Chiasmus dar, der z.e. das Kräfteverhältnis beider Partner veranschaulicht; z.a. stehen sich – analog zur Bühne – auch im Orchester eine ‚männliche' (tiefe Streicher) und ‚weibliche' (Englisch Horn) ‚Partie' gegenüber. Stellt diese geschlechtliche Zuordnung eine Besiegelung des Kräfteverhältnisses im klassischen Sinne des ‚starken' und ‚schwachen' Geschlechts dar? Wird diese ausgängliche Disposition – Oswald in der stärkeren Position des Angreifers und Hulda in der schwächeren der Verteidigung – im Verlauf der Handlung eine Veränderung erfahren?

Wie aus dem Notenbild zu ersehen ist, laufen beide Figuren in einem Punkt zusammen (Takt 1, Schlag 1), münden in einen verminderten Klang auf fis, so die szenische Ausgangskonstellation symbolisierend, die durch ungelöste Spannung gekennzeichnet ist.

*Das Dialogmodell*

Die dritte Ausnahme bildet der Umstand, daß das erste Auftreten des Drohmotivs außerhalb der Regel, nämlich gleich zu Beginn der Szene stattfindet (Takt 2-3). Inwiefern diese Ausnahme jedoch die Regel bestätigt, erweist sich, wenn man die ersten drei Takte separiert betrachtet.

Diese drei Takte bilden das Modell des Dialogs und damit das ästhetischrhetorische Schema des ersten Hauptteils. Das Modell ist als Dialog im Dialog integriert in die erste Sequenz. In diesem Abschnitt erhalten die Personen ihre idiomatische Einkleidung als Dialogpartner: ihre verbale bzw. musikalische Textur, die ihnen z.e. ästhetische Identität, z.a. ihre sprachlichen Mittel zum Einsatz in der bevorstehenden Kontroverse verleiht. Diese Einkleidung oder Ausrüstung erfolgt voraussetzungsbedingt: Hulda steht Oswalds Auftritt ungewappnet gegenüber, sein Kommen verheißt ihr nicht Gutes. Im ersten Reflex greift sie zum Wort, um ihre Fassung wiederzugewinnen – ihr Erschrecken drückt sich noch in abgerissenen Sätzen bzw. Ausrufen aus; intuitiv wählt sie aber eine syntaktische Form, die eine rhetorische Waffe darstellt: den Fragesatz und versucht so, die Verteidigung in einen Angriff zu verwandeln. Oswalds Sprachmittel ist primär die Musik, wieder sind es die tiefen Streicher, die seine innere Haltung Hulda gegenüber zum Ausdruck bringen, inzwischen aber ist die drohende Gebärde als Motiv formuliert. Auch hier wirkt die Oktave konstitutiv, und zwar linear und horizontal: das Drohmotiv beginnt mit einem Oktavsprung und erklingt im Oktavgang. Auf diesen Ansprung erfolgt ein Einkreisen des Objekts, ausschlaggebend ist daher ein weiteres Intervall: die kleine Sekunde bzw. die Töne, die den oberen Oktavton a ‚umschleichen': b und gis. Diese Entgegnung Oswalds beansprucht die doppelte Anzahl der Takte im Vergleich zu Huldas Textstelle.

Mit diesen beiden Abschnitten stellt das Dialogmodell ein Wort-Unterton-Duell in Aussicht. Hulda repräsentiert mit dem Wort die Ratio, sie wird – im Verlauf der Szene – versuchen, das Gespräch bewußt zu steuern. Oswalds unbegriffliche Sprache der Musik steht dagegen für affektives Gesteuertsein. Er artikuliert sich v.a. durch Untertöne, die aus dem Bereich heraufklingen, die Freud als das „Unbewußte" determiniert hat.

*Die Abschnitte und die Bogenform des 1. Hauptteils*

Gemäß diesem Modell gliedert sich jede Sequenz in zwei Abschnitte: einen eröffnenden (Fragesätze Huldas) und einen beschließenden, von Oswald bestimmten (und vom Drohmotiv begleiteten) Abschnitt. Demzufolge befinden sich innerhalb des 1. Hauptteils sechs Abschnitte. Daraus, daß die Szene mit einer *Re*aktion beginnt, wird deutlich, daß das eigentliche Movens der Handlung (Oswalds Kommen) zeitlich vor Beginn der Szene liegen muß: notwendigerweise in dem Abschnitt, der durch die verknüpfende Sekundlinie an die Szene angeschlossen wird: in der Überleitung. So ist es also ein aktiv durch Oswald bestimmter Abschnitt, der die Handlung motiviert und eine Reaktion Huldas – allerdings in einem maßgeblich durch Oswald bestimmten, abschließenden Abschnitt: dem zweiten Abschnitt der 4. Sequenz – hervorruft, den den 1. Hauptteil beschließt. Bei einer Formbezeichnung erhalten daher Oswalds Abschnitte den Buchstaben A, Huldas Abschnitte werden mit „B" bezeichnet. Statt, wie es zunächst den Anschein hatte, einer (linearen) Zweiteiligkeit (der Sequenz für sich genommen), liegt, inhaltlich gesehen, ein zirkulares Prinzip vor, eine Dreiteiligkeit: A – B – A. Daraus resultiert, daß Abschnitt A eine sequenzübergreifende Rahmenfunktion hat; die gesamte Szene mit

Überleitung ist eingefaßt von $A^1$ (Überleitung) und $A^4$ (2. Abschnitt der 3. Sequenz). Da das Ganze von einem Abschnitt A ausgeht und jede einzelne Sequenz in dieselbe Abschnittform mündet, erscheint das Prozessieren des ersten Hauptteils als Bogenform, und zwar als Abfolge dreier Bögen, die allerdings ineinandergreifen: die Wiederholung des Abschnitts A als Schlußteil eines Bogenabschnitts ist zugleich der Beginn des nächstfolgenden Bogens.

Inhaltlich sieht der Ablauf aus, wie folgt: Oswald kommt ($A^1$/ Überleitung), Hulda reagiert mit Erschrecken, faßt sich aber schnell ($B^1$/ 1. Sequenz), Oswald erwidert mit einer drohenden Geste ($A^2$/ 1. Sequenz), Hulda pariert, inzwischen gesammelter und gezielter ($B^2$/ 2. Sequenz), Oswald wiederholt seine Andeutungen mit mehr Nachdruck ($A^3$/ 2. Sequenz), Hulda verfolgt weiterhin ihre Fragestrategie ($B^3$/ 3. Sequenz), Oswalds Drohungen erreichen einen Punkt, der zum Abbruch des Gesprächs bzw. zur Peripetie der Szene (Takt 93∥94) führt ($A^4$/ 3. Sequenz).

| Sequenzen | Abschnitte | Bögen |
|---|---|---|
|  | $A^1$ |  |
|  | $B^1$ | 1. Bogen |
|  | $A^2$ |  |
|  | $B^2$ | 2. Bogen |
|  | $A^3$ |  |
|  | $B^3$ | 3. Bogen |
|  | $A^4$ |  |

Eine Mikrostruktur und eine Art Bestätigung der für den 1. Hauptteil konstatierten A-B-A-Form bildet ihre Wiederholung auf der Ebene der Instrumentation der Sekundlinie: im Übergang von $A^1$ zu $B^1$ erklingt diese im Englisch Horn, von $A^2$ zu $B^2$ im Cello und von $A^3$ zu $B^3$ wieder im Englisch Horn. So endet die 3. Sequenz mit einer Position Huldas, was bereits in den andersartig gestalteten 2. Hauptteil vorausweist.

*Die Strophenform der Sequenzen*

Abgesehen von dem bogenförmigen Ineinandergreifenden der Abschnitte weist die Architektur des 1. Hauptteils eine Parallele zu einer Lied- oder Balladenform auf: Die Zweiteiligkeit der Sequenz ist vergleichbar mit Strophe und Kehrreim, diese Struktur bildet die Grundlage für den Dialog und die Voraussetzung für den Einsatz der speziellen sprachlichen Mittel der Personen.

Huldas Abschnitte stellen die ‚Strophen' dar; hier vollzieht sich die eigentliche Entwicklung; daß eine solche stattfindet, darauf deutet nicht nur die steigende Taktzahl, sondern auch die von Sequenz zu Sequenz wachsende Zahl der Positionen (1. Sequenz: 6 Positionen; 2. Sequenz: 10 Positionen; 3. Sequenz: 13 Positionen) hin. Diese Entwicklung, die im Wesentlichen von Huldas Eröffnungspositionen ausgeht, ist – der Zahl der Sequenzen entsprechend – dreistufig: Den roten Faden dieser Klimax bildet das Thema Huldas: Oswalds Vergehen.

In der 1. Sequenz konstatiert sie lediglich seine Rückkunft [aus dem Gefängnis] (Position 1, Takt 3); in der 2. Sequenz benennt sie Oswalds Gefängnisaufenthalt ausdrücklich sowie den Grund dafür: die Dokumentenfälschung (Position 1, T 23 m.A. bis 26); in der 3. Sequenz deutet sie ein tieferliegendes, da über das Nominell-Strafrechtliche hinausgehendes Vergehen an: Oswalds Betrugsabsicht gegenüber Liebhold (Position 1, T 58 bis 63) und seine be-obachtende Teilnahme an der Hexenjagd auf sie selbst (Position 3, T 65 bis 68).

Diese Mahnungen an die Vergangenheit sind überwiegend in Frageform abgefaßt, wodurch Hulda eine generelle Offenheit und v.a. Versöhnungsbereitschaft signalisiert.

Diesem Gesprächsfluß setzt Oswald mit seinen ‚Kehrreim'-Positionen einen Widerstand entgegen. Wie ein Ostinato erklingt seine Drohung, die er in der 2. Sequenz zur Formel „Muß noch scharren –" standartisiert. Diese Formel ist – in Analogie zur *„Hacke"* – das sprachliche Requisit einer Drohgeste (die wiederum musikalisch repräsentiert ist durch das Motiv) anzusehen. Diese synästhetische Präsenz eines Moments der Handlung ist charakteristisch für die Arbeitsweise des Szenikers Siegfried Wagner.

Der Gegensatz zwischen ‚Strophe' und ‚Kehrreim' ist jedoch nicht absolut. Beide sind durch eine Spiegelung miteinander verbunden. In der 3. Sequenz wiederholt der ‚Kehrreim' in zusammengedrängter Form den klimaktischen Aufbau der drei Strophen und bildet durch Spiegelung so den Abschluß der Entwicklung. Dies geschieht anhand des imaginären (?) Ziel- und Suchobjekts Oswalds: „die Kinder-Knöchlein" der 1. Sequenz, das Beweisstück für Huldas Tat, werden hier in drei Steigerungsgraden vorgeführt: in der 8. Position sucht Oswald „Knochen" (T 79), in der 10. Position „Kinder-Knöchlein" (T 83) und in der 12 Position sind es „eines Wechselbalgs Knochen" (T 89 bis 90). Dieses Changieren des Klimaxprinzips auf die Gegenseite findet eine Entsprechung in einer weiteren Spiegelung auf syntaktischer Ebene: Hinter Huldas Fragen verbirgt sich ein warnender Ausruf (ausgesprochen in der 4. Sequenz: „Hüte Dich!"); hinter Oswalds Ausrufen steht die in der 3. Sequenz ausdrücklich gestellte Frage: „Weißt Du von nichts?" Diese Duplizität verweist auf das beiden Gegnern gemeinsame Bemühen, dem Anderen den Spiegel vorzuhalten. Die formale Wechselbeziehung zwischen Strophe und Kehrreim bzw. Frage und Ausruf jedoch deutet auf eine unterirdische Verwandtschaft ihrer Taten hin, die auf ein und dieselbe Herkunft, das Schwarzschwanenreich – das sich allerdings dezentral in jedem Einzelnen befindet – zurückzuführen sind.

Wie ist diese Verschobenheit der Perspektiven und Proportionen bei grundlegender Identität der Strukturen zu erklären? Ist der Dialog in gewisser Hinsicht unwirklich, nur fiktiv? Oswalds Sehnsucht nach dem Schwarzschwanenreich bzw. Hulda und Huldas Ablehnung eines weiteren ‚Besuchs in der Unterwelt' resp. im Schwarzschwanenreich bzw. Oswalds scheinen zwei Stadien einer einzigen Entwicklungsgeschichte darzustellen. Diese Identität erweist die Gegensätze als Spielarten des Selben. Divergierende Aspekte ein und desselben Ichs artikulieren sich und können – wie in diesem Fall – gegeneinander antreten. Wie dies im einzelnen geschieht, ausgeführt, aber auch auf der Handlungsebene verwischt wird, ist aus der → **Analyse der Wort-Ton-Beziehungen** zu ersehen. Umgekehrt ist ausdrücklich hervorzuheben, daß Fragesatzform und Drohmotivpositionen die Eckpfeiler jeder Sequenz bilden; das zwischen diesen Trägerpassagen aufgespannte Feld des übrigen Dialogs bleibt in dieser Besprechung der Architektur unberücksichtigt.

*Die Zäsuren als essentielle Bestandteile der Aussage*

Inwiefern Wagner seinen Personifikationen einen Habitus von Bühnenrealität verleiht, ist speziell aus den Bruchstellen des Dialogs zu ersehen, an denen sich personale Strukturen besonders deutlich abzeichnen. Das dreimalige Stocken des Gesprächs wird auf unterschiedliche Weise gestaltet. Hervorgerufen wird es durch Äußerungen Oswalds, die sein Wissen um Huldas Ermordung des Wechselbalgs andeuten. Daß Oswald in der Tat den dunklen Punkt in Huldas Leben getroffen hat, wird z.B. durch das Erklingen des Schmerzmotivs, das als einziges Motiv Baustein einer (der ersten) Zäsur ist, hörbar. Grundsätzlich wird das, was während dieses Gesprächs in Hulda vorgeht, durch die Musik ausgedrückt; die Worte, die Nicht-Verstehen demonstrieren, bilden eine schützende, undurchdringliche Außenschicht, eine scheinbar unbewegte Maske, während die Gesten, z. T. verräterisch, z.T. abweisend, zwischen beiden Welten – konkav und konvex – changieren. Somit liegt die Gestaltung der Zäsuren selbst überwiegend bei Hulda, die ihre durch Oswald ausgelösten Emotionen auf variable Weise kaschiert:

Der erste Einhalt folgt auf Oswalds Behauptung: „Nach Kinder-Knöchlein such' ich!" (T 19 m.A.) Huldas unmittelbare Reaktion beschreibt die Sekundlinie, die diesmal im Cello zu hören ist. Diese kurze Linie ist es, die den eigentlichen Schnitt zwischen der 1. und 2. Sequenz vollzieht. Syntaktisch ausgedrückt kann man ihre Funktion mit der eines Semikolons vergleichen, dessen halboffener Charakter hier seine musikalische Entsprechung findet: eine abschließende Nuance gewinnt die Figur dadurch, daß sie aus den letzten drei Tönen einer Dur-Tonleiter gebildet ist; durch ihre Aufwärtsbewegung jedoch gleicht sie einer offenen, weiterführenden Geste. Das Abschirmen nach außen hin geschieht dadurch, daß Hulda „*seinem Blicke aus[weicht]*", während gleichzeitig das Schmerzmotiv erklingt (T 21-22). Ihr Schuldigbleiben einer Entgegnung auf Oswalds immerhin erklärungsbedürftige Bemerkung kann als wortloses Geständnis, aber auch als stumme Zurückweisung gesehen werden.

Der zweite tote Punkt des Gesprächs ist zum Leerlauf ausgeweitet und gestaltet: Monoton wiederholt Oswald seine Drohung: „Muß noch scharren-" (T 52-53, T 57), der Hulda mit scheinbar konventionell-verbindlichen Floskeln begegnet, die jedoch in diesem Fall wörtlich zu nehmen sind („Du willst gehn? [...] So bleib doch!") als Zeichen unterdrückter Panik und Verzweiflung. Diese Lesart wird musikalisch bestätigt durch Erklingen der Sekundlinie im Englisch Horn, die, ausgesponnen, zu einem – der Englisch Horn-Passage bzw. der ‚Stimme des Schicksals' vergleichbaren – melodischen Bogen (T 49 m.A.–57), sich über den gesamten Schlußabschnitt spannt und Huldas Ahnung einer bevorstehenden negativen Wendung in ihrem Leben verrät.

Der endgültige Abbruch des Dialogs erfolgt auf Oswalds Worte „Was scheren den Guten [den Pfarrer, auf den Hulda verweist] eines Wechselbalgs Knochen!" (T 89-90). Die Zäsur – zwischen 3. und 4. Sequenz bzw. 1. und 2. Hauptteil – besteht lediglich darin, daß Hulda „*sich zum Haus*" wendet (T 93) und diese Bewegung (beginnend bereits in T 91) mit einem ironischen Kommentar begleitet. Der halboffene Abschluß der Sekundlinie fehlt hier bezeichnenderweise. Dieser Einschnitt ist allerdings nur die negative, konkave Seite des Umschlags, der erst auf dem Doppelstrich: mit Oswalds unmittelbar darauffolgender Reaktion („*er erfasst sie heftig*") erfolgt.

*Die drei Säulen der Szene*

Formal sind die drei Säulen gekennzeichnet durch szenische Einschnitte (Auftritte, Beleuchtungswechsel, Gesten), verbunden damit finden Takt- und Tonartwechsel statt.

Dabei besteht ein genereller Unterschied zwischen den beiden äußeren, die Szene begrenzenden, Säulen und der inneren Säule, welche den Umschlagpunkt bildet.

Die zwei äußeren Träger sind markiert durch Auftritte: die 2. Szene beginnt mit dem Auftritt Oswalds und wird unvermittelt abgeschnitten durch Ursulas Auftritt, der die 3. Szene eröffnet.
Auf die Vorgänge, die den Umschlagpunkt begleiten, oder hervorrufen, wird im folgenden Abschnitt eingegangen.

So entsteht eine Art Klimax hinsichtlich der Personenzahl, die dem zunehmenden Druck, der über dem Ganzen liegt, entspricht: gegen Ende der 1. Szene befindet sich eine Person auf der Bühne (Hulda), in der 2. Szene sind es zwei (Hulda, Oswald), in der 3. Szene drei Personen (Hulda, Oswald, Ursula).

In dem hier besprochenen Werkausschnitt folgen drei unterschiedliche Taktarten aufeinander, welche die unterschiedlichen Szenen(abschnitte) charakterisieren: Die Tanzszene (II.1) steht im Dreivierteltakt; der dialogische erste Teil der 2. Szene im Viervierteltakt; die straffere Zählung des eher aktionistischen zweiten Teils (Zweihalbetakt) wird abgelöst vom Viervierteltakt der (anfangs) wieder rezitativischen 3. Szene.

Die Tonarten(wechsel) lassen sich aus dem Ganzen herauslösen und für sich genommen zu einer (verkürzten) Erzählung der Handlung verbinden: Die letzten Takte der vorangegangenen Szene sind bestimmt durch einen G-Dur-Septakkord, der eine Auflösung in C-Dur verheißt.

Die Bedeutung von C-Dur in *Schwarzschwanenreich* ist wesentlich festgelegt durch die Traumerzählung Huldas (I.6): der Gesandte eines „Engels", der in Liebhold reale Gestalt angenommen zu haben scheint, soll die *Lösung* des „Banns" bewirken (KA 74).

Die angestrebte – auf Huldas Stimmung bezogene – Aufhellung von c-moll nach C-Dur gelingt nicht. Durch das Erscheinen Oswalds am Ende der 1. Szene (T 282) wird die Kadenz (Dominantseptakkord – Tonika) unterbrochen (s.o. Überleitung:

letzter (verminderter) Klang), die 2. Szene hat die Grundtonart d-moll, welches düster die neue Situation beleuchtet.

Zum Vergleich: in d-moll steht das das Klaviertrio op. 63 Nr. 1 von Robert Schumann, entstanden in einer dunklen Zeit seines Lebens (u.a. Tod seines Sohnes). Auch die Sonate für Flöte, Cembalo und Basso Continuo in d-moll von Telemann steht im Zeichen dunkler Affekte. Das erste größere Werk Siegfried Wagners, die Symphonische Dichtung *Sehnsucht* nach dem gleichnamigen Gedicht von Schiller beschreibt auf dem Weg von d-moll nach D-Dur die Befreiung aus dem „Tal" der Dunkelheit zu lichten Höhen.

Hulda sieht ihre Verbindung mit Liebhold durch Oswald bedroht und versucht, die Gefahr abzuwehren, worauf harmonische Schritte am Umschlagpunkt der 2. Szene hinweisen:

Der erste Teil der Szene endet mit einem doppelten Aufhellungsversuch: im vorletzten T 92 erklingt die Dur-Parallele zu d-moll: F-Dur, im letzten T 93 die Durvariante D-Dur. Beide Klänge sind aber nicht als Tonika, sondern als Dominantseptakkord notiert und haben also keine schlußbildende Funktion.

Mit Beginn des zweiten Teils ist zwar wirklich eine Dur-Grundtonart erreicht, jedoch sozusagen tiefalteriert und daher eine halbe Stufe tiefer als angestrebt: Des-Dur. Im zweiten Teil unternimmt Oswald den Versuch, sich Huldas zu bemächtigen, in Entsprechung dazu strebt der Schluß (d.i. der Abschluß der gesamten Szene) nach der Tonika von Oswalds Tonart: Des-Dur. Dieser Vorgang wird (szenisch und harmonisch) durch das Hinzutreten Ursulas unterbrochen, es beginnt die 3. Szene, deren Grundtonart e-moll ist.

Damit ist im Prinzip die Grundsituation der Handlung wiederhergestellt (musikalisch geschildert ab T 1 des Vorspiels, Grundtonart: e-moll, Wehruf-Motiv Huldas: sie ist zweifach bedrängt durch den Versucher, der sie für sein Reich zurückgewinnen will, und durch diejenigen, die sie als „Hexe" verfolgen). Im Moment von Ursulas (Braut Oswalds) Auftreten ist das Bild von der „Hexe" Hulda, das inzwischen vielleicht schon etwas verblaßt war, wieder befestigt.

In der folgenden Skizze sind die wesentlichen Merkmale der drei Säulen (gezeichnet als „Doppelstrich" [ ‖ ]), schematisch zusammengefaßt, das Stichwort „Harmonik" bezieht sich auf die Vorgänge vor den Doppelstrichen.

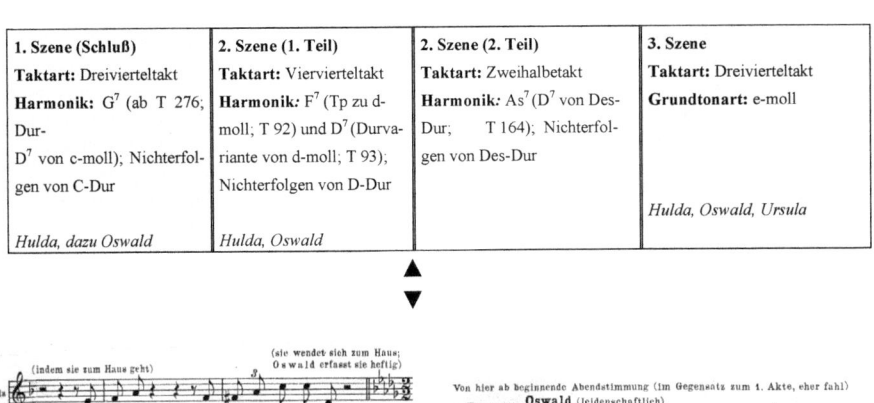

*Die mittlere Säule bzw. der Höhepunkt der Handlung*

Als notenschriftliches Zeichen dieser mittleren Säule wird der Doppelstrich T 93 ‖ 94 angenommen, auf den zu, wie auf einen Szenenabschluß hin, sich der erste Teil bewegt. Das Streben nach einem Szenenschluß wird durch Merkmale angezeigt, die jedoch mit Zusätzen versehen sind, welche einen Abschluß verhindern. Das angestrebte Ende verwandelt sich in einen Einschnitt. Dieser Einschnitt besteht aus einem Komplex von szenischen, musikalischen und textlichen Zeichen, die sich um den Doppelstrich konzentrieren.

Anhand der Struktur der mittleren Säule ist zu zeigen, daß hier der Höhepunkt der Szene auch den des gesamten Dramas bildet.

Das musikalische Anzeichen wurde im vorangegangenen Abschnitt benannt. Hinzuzusetzen ist, daß der letzte Akkord in der ersten Umkehrung notiert ist, wodurch ein verminderter Klang auf fis mit einer Sekundreibung entsteht. So bleiben mit diesem Akkord (auch in Betracht der oben genannten hinzugefügten kleinen Septe), der einen Abschluß bilden sollte, Spannung und Offenheit erhalten.

Analog dazu ersehen wir aus der Regieanweisung, daß Hulda im Begriff ist, die Bühne zu verlassen.

Diese abschließende Geste ist durch den Text vorbereitet.

Durch Oswalds Drohungen in die Enge getrieben, verweist sie ihn an den „Pfarrer" (das offizielle Gewand des Versuchers). Oswald schreckt vor diesem Ansinnen zurück (Näheres dazu s. die vorangegangene Text-Motiv-Analyse). Wie schon unmittelbar nach seiner ersten Begegnung mit Hulda bekundet (Monologszene I.3), begehrt er zwar die „Zauberin" (II.2; KA 106) Hulda – gleichzeitig aber „regt sich mein ehrlich Gemüth! Vor Verzauberten graust es mich doch!" (I.3; KA 33) In der Exorzismusszene (I.5) schlug er sich auf die Seite der Verfolger Huldas. – Auf diese Schizophrenie spielt Hulda nun an: Gewiß, daß Oswald sein Vorhaben nicht ausführen werde, ermuntert sie ihn zum *Graben* und wendet sich zum Gehen. – Der Dialog ist – inhaltlich gesehen – damit abgeschlossen.

Oswald unterbricht diesen abschließenden Vorgang dadurch, daß er Hulda „*faßt*". Diese Handlung ist das Signal für den Kulminationspunkt. Sie beschreibt diesen allerdings nicht vollständig, sondern sie bildet den zweiten Teil eines doppelten Signals, das sich aus einem negativen und einem positiven Moment zusammensetzt. Das positive Moment ist das *Erfassen*; die Voraussetzung für diese Handlung stellt jedoch ein Vorgang dar, der nicht im Anweisungstext vermerkt ist, aber aus Oswalds Text im zweiten Teil rückzuschließen ist und einzig auf diesen Zeitpunkt festlegbar erscheint. Eine Übertragung in die Sprache der Regieanweisungen könnte lauten: „**Oswald** *wirft die Hacke fort.*" Das Wegwerfen der *Hacke* geschieht noch vor dem *Fassen* Huldas (bereits erster Takt des zweiten Teils), sozusagen ‚auf' dem Doppelstrich. Es löst gewissermaßen den Wechsel der Vorzeichen (bzw. der Tonart) aus; alles Folgende steht, auch im übertragenen Sinn, unter neuen Vorzeichen.

Für diesen Handlungsmoment gibt es zwei Deutungen:

1. Die erste Lesart ist wesentlich dem Text Oswalds direkt zu entnehmen. Eingestandenermaßen wollte er Hulda mit der Entdeckung ihres Geheimnisses (das *Ausscharren* der „Kinder-Knöchlein") „droh'n" (KA 108), um sie so zu einer Verbindung mit ihm zu zwingen. Das Wegwerfen der Hacke deutet dieser Lesart nach an, daß die Drohung ihren Zweck verfehlt hat, die *Hacke* hat sich als wertlos erwiesen.

2. Darunterliegend läßt sich eine andere Bedeutungsschicht erkennen, die ihrerseits drei Aspekte enthält: zunächst (a) handelt es sich um den Bereich der uneingestandenen (und daher auch nicht ausgesprochenen) Motive von Oswalds Handeln. Diese sind schwerpunktmäßig in den Noten verzeichnet, die wiederum in Zusammenhang mit der Regieanweisung zu lesen sind:

Oswald will den Zustand, in den er beim ersten Erblicken Huldas geraten war (das *schwindelnde Sinken* der „Sinne" in den „Abgrund"; I.3; KA 36f) wieder erlangen. Zu diesem Zweck hat er zunächst die Totentiefe von Huldas Erinnerung zu eröffnen.

In der Verfolgung dieser seiner Absicht spielt der Wechselbalg eine zentrale Rolle.

Der Wechselbalg hat hier eine andere Bedeutung: es handelt sich nicht im realistischen Sinne um das tatsächlich ermordete Kind, dessen letzte Spur lediglich in „Kinder-Knöchlein" besteht, sondern um das mythische Bild verdrängter Erinnerung. Mit dem Wechselbalg hoffte Hulda „den bösen Feind" *in sich selbst* (KA 136) erstickt zu haben.

Um sein Ziel zu erreichen, hat Oswald diesen „Wechselbalg", die Verkörperung von Huldas Schwarzschwanenreich-Erlebnis, wieder aufzuwecken. Dies dokumentiert sich im Drohmotiv:

Auch dieses hat in diesem Zusammenhang eine andere Bedeutung: statt im instrumentalen Sinne eine zur Hacke gehörige, die Drohgeste illustrierende, klangliche Drohung darzustellen, gewinnt es hier einen eigenen – auf die Schwarzschwanenreichsage (I.1) zu beziehenden – Bildwert: *es wird zum Klangsymbol des Wechselbalgs.*

Der zentrale Baustein des Motivs ist ein Intervall: der Oktavsprung, beispielsweise in T 2: A–a (im Cello), den man mit dem ihr „Gewissen" weckenden „Arm" des Wechselbalgs (KA 22) in Verbindung bringen kann.

Dadurch, daß das Motiv im Oktavgang (die untere Oktave liegt im Kontrabaß) erklingt, ist auch die Dimension der dunklen Tiefe gegeben. Der Oktavgang stellt einen horizontalen Oktavraum dar, den man, um im Bild zu bleiben, auf die Grabkammer des Wechselbalgs beziehen kann. Damit verbindet sich noch ein anderer – vermittelter – Bildbezug:

(b) Als „[Er-]Zeugnis" ihres Aufenthalts im Schwarzschwanenreich weist die Gestalt des Wechselbalgs zugleich in die Tiefe seiner Herkunft: ins Schwarzschwanenreich. Die Bewegung wird hier zur musikalischen Geste der Macht des Herrn des Schwarzschwanenreichs, der Hulda an die Rückkehr ins Schwanenreich gemahnt, in dessen „Bann" sie noch steht.

Hiermit ist die Rückbindung dieser Dialogszene an die Grundhandlung hergestellt. Da die Werkstruktur sehr komplex ist, sei an diese Grundhandlung erinnert. Es handelt sich um den Kampf zwischen Hulda („Befreiung" vom Schwarzschwanenreich-„Bann") und dem Versucher (Rückkehr Huldas ins Reich). Alle übrigen Personen stehen in dem sich zwischen diesen beiden Haupthandelnden ergebenden Spannungsfeld. Ohne daß sie es gewahr werden, nimmt der Versucher sie – zur Erreichung seines Ziels – in seinen Dienst. Indem sie glauben, im eigenen Interesse zu handeln, sind sie bereits instrumentalisiert für seine Zwecke.

Dies trifft auch auf Oswald zu:
Erst in dritter Instanz ist das Drohmotiv – dieser zweiten Lesart nach – direkt personal auf Oswald zu beziehen: es ist (c) Ausdruck seiner *libido*.
Faßt man die drei Deutungsschichten des Drohmotivs zusammen, so ergibt sich, daß das Motiv sowohl Vorgänge in Huldas Innerem zum Ausdruck bringt als auch auf Oswalds Gefühl zu beziehen ist – ebenso, wie in der analogen Szene I.2 (erste Begegnung) das Hulda-Motiv gleichzeitig Huldas *„eigenartige Erscheinung"* und Oswalds Empfindung bei ihrem Anblick widerspiegelt.

Das Ergebnis dieser Erzählung, die notwendig eine spekulative Konstruktion bleibt, ist Folgendes:
Oswald bewirkt mit seinem Eintreffen die Öffnung des Grabes (Tiefenerinnerung Huldas) bzw. die Wiederheraufkunft des dunklen Reiches, dessen Bote er ist.
Symptomatisch hierfür ist Huldas Ausruf, mit welchem der Dialog beginnt: „[...] Du zurück?" In diesem Satz liegt der Schlüssel zur Bedeutung dieser zweiten Begegnung Oswald – Hulda.
Vor diesem Hintergrund erscheint die kurz vor dieser Begegnung erfolgte Entlassung Oswalds aus dem Gefängnis als Analogie zur Öffnung des Grabes. Oswald setzt das „Schauermärchen" (die von ihm spontan zunächst so bezeichnete Schwarzschwanenreicherzählung Ursulas) in der szenischen Realität fort, indem er Hulda „*fasst*". In dieser Ideenverknüpfung wird sein Arm gleichsam zum verlängerten Arm des „Wechselbalgs". Die (inzwischen weggeworfene) *Hacke* stellt dementsprechend das Verbindungsstück zwischen „Grab" und Oswalds Hand/ Arm dar. Weiterhin kann man eine Analogie zwischen den Zinken der *Hacke* und den „Krallen" des Wechselbalg-Arms (KA 135) herstellen.
Im Augenblick des Ergriffen- oder *Gefasst*-Werdens scheint Huldas Schicksal bereits entschieden: sie ist – vermittelt durch Oswald – wieder in der Gewalt des Versuchers. Würde Ursula nicht durch ihr Dazwischentreten die Szene unterbrechen, wäre hier die Handlung beendet (dieser Gedanke wirft ein positives Licht auf die ansonsten negativ erscheinende Wirkung von Ursulas Handlungen für Hulda). Ein Ende an dieser Stelle wäre allerdings formal unbegründet: der Auftritt des Versuchers selbst steht noch bevor (III. 1, 4); die Grundtonart des Werks ist noch nicht erreicht.

Auf den Schlußpunkt der Handlung zu bewegt sich jetzt mit Beginn des zweiten Teils die Handlung, eine Wendung, die bereits in der Überleitung durch die Tonfolge des Englisch Horn angekündigt wurde.
Durch einen *Schlüsselsatz* in der Regieanweisung zu Beginn (Takt 1) wird die absteigende Linie der Handlung nach der Peripetie vorweggenommen: „*Von hier ab beginnende Abendstimmung (im Gegensatz zum 1. Akte eher fahl)*"

Die Beleuchtung stellt im Werk Wagners ein eigenständiges Ausdrucksmittel dar, wie es in den Arbeiten Kurt Söhnleins über das Werk Siegfried Wagners eindrücklich wurde (→ **Forschungslage** und → **Einige „Gedanken über das Szenenbild bei Siegfried Wagner" von Kurt Söhnlein**).

Dies betrifft auch den Regisseur Siegfried Wagner.

Die Lichtregie hat in dieser Zeit ihren Ursprung. Wesentlich zu nennen ist hier Max Reinhardt. Ein wichtiges Dokument ist das Buch von Gusti Adler: *Max Reinhardt. Sein Leben unter Zugrundelegung seiner Notizen für eine Selbstbiographie, seiner Briefe, Reden und persönlichen Erinnerungen*. Urteilen von Zeitgenossen[1226] zufolge hat er eine Technik der Beleuchtung von hoher Vollendung entwickelt.

In seinem (sehr subjektiv wertenden) Überblick über die zeitgenössischen Umbrüche im Bereich der Schauspielregie schreibt Arthur Wehrlin 1926 in der zeitschrift *Die Freude*: „Das Wichtigste war die Beleuchtung geworden [...]." Das Illusionstheater wurde von der „Stilbühne" abgelöst; der Regisseur trat in den Vordergrund.[1227] – Dies war der Beginn des Regietheaters.

Der Musikkritiker Richard Batka bezeichnete Siegfried Wagner in einer Rezension als „Regisseurkomponist"[1228] – auch diese Wortbildung ist aus dem theatergeschichtlichen Zusammenhang heraus zu verstehen. Wagner gewann aus der Arbeit Reinhardts starke Anregung für sein eigenes Schaffen[1229]. Für die Analyse ist es aufschlußreich, die Angaben zur Lichtregie im Zusammenhang zu lesen. Wagner legt den Sinn der Handlung von *Schwarzschwanenreich* in die Beleuchtung. Im Anweisungstext zur Lichtregie liegt der gedankliche Kern der Oper. Es ergibt sich so eine eigenständige Licht-Symbolgeschichte. Im Folgenden soll diese – getrennt von der konkreten Handlung – bewertet werden.

Diese Angabe nimmt im Vergleich zu allen übrigen (notierten und nicht notierten) Anweisungen eine Sonderstellung ein. Sie betrifft eher die Tektonik, als die Handlung selbst.

Den Angaben (Regieanweisungen und Text) zufolge beginnt jeder der drei Akte mit dem *Nachmittag* (I. Akt: „*Heisse Nachmittagsstimmung*" (KA 11); II. Akt: soweit aus dem Text des szenischen Vorspiels und der 1. Szene sowie der Angabe zum Umschlagpunkt hervorgeht: Nachmittag oder früher Abend; III. Akt: „*Nachmittagsstimmung, allmählich im Verlauf abendlich werdend*"; und endet abends oder – insbesondere der II. Akt – nachts (das Hexengericht wird von Wagner im Gegensatz zu dem sonstigen Verfahren an den Abend verlegt).

---

[1226] Vgl. Adler 1964.
[1227] Wehrlin 1926: 389.
[1228] Batka 1905: 223.
[1229] Vgl. Pachl 1983: 138, 216, 230, 234.

Das Werk spielt also in der *Stimmung* der zweiten Tageshälfte. Diese gibt der Gesamterzählung die Perspektive.

Insgesamt handelt das Stück an drei Tagen (erster Tag = I. Akt; zweiter Tag: d.i.: ca. ein Jahr später [Zeitraum des Gefängnisaufenthalts] = II. Akt; dritter Tag: geraume Zeit später [nach Hexenprozeß gegen Hulda] = III. Akt).

Dadurch, daß der ‚Tag' jedes Mal erst am *Nachmittag* einsetzt, wird der Akzent (die Beleuchtung) ‚negativ' verschoben auf jene Hälfte, in der der Tag ‚zur Neige' geht. Die Erzählung ist ausgerichtet auf das Ende des Tages. Dieses tageszeitliche Geschehen bildet – soweit beleuchtungstechnisch verankert – die Grunderzählung des Dramas. Es existiert unabhängig von der konkreten Handlung. In dieses zeitliche Schema fügt Wagner die Bühnenabläufe ein. Hierdurch verbindet er Subjektivität des Gefühls mit der Unabänderlichkeit a priori vorhandener Seinsgesetze. Diese werden durch ein individuelles Schicksal erfahrbar gemacht.

Gleich zu Beginn des I. Akts wird von der Protagonistin ausgesprochen, daß ihr Denken auf ihr Ende hin gerichtet ist: „Dir taugt das Grab!" (KA 11)

Die Verbindung von Sonnenbahn und Grab findet sich in anderer Weise auch bei Fontane: Der Roman *Effi Briest* eröffnet und schließt mit dem Sinnbild der Sonnenuhr, die von Anfang an die Bemessenheit der Zeit symbolisiert und an den finalen Punkt des ‚Sonnenlaufs' von Effi Briests Leben gemahnt. Am Schluß ist die Sonnenuhr verschwunden. An ihrer Stelle befindet sich ein Grab. Das Grab von Effi Briest.

In beiden Werken steht das Leben der Protagonistin im Zeichen eines unzeitigen Todes. Im Unterschied zu Effi Briest ist sich Hulda allerdings einer über ihrem Leben waltenden dämonischen Macht bewußt. Wagner belädt seine Heldin mit dem Bewußtsein des über ihr waltenden Verhängnisses, während Fontane seine Heldin diesbezüglich völlig ahnungslos läßt.

Das Walten einer verhängnisvollen Macht über Huldas Leben ist musikalisch aufgezeichnet im Schicksalsmotiv sowie in der Klageweise des Englisch Horn (Überleitung). Gegen diese Macht lehnt sich Hulda auf. Diese ihre Grundhaltung ist bereits fixiert im Vorspiel: Dieses beginnt mit dem Klagemotiv Huldas (T 1-4), hierauf folgt ein Oboensolo, dessen Melodie Auflehnung ausdrückt, Pretzsch spricht vom „Aufbegehren" und von „l e i d e n s c h a f t l i c h e r   A b w e h r"[1230]. *Demgemäß erzählt das Werk die Geschichte von Huldas Auflehnung gegen die Vorbestimmtheit ihres Lebens* (Thema von op. 5 *Sternengebot*). Hierbei liegt eine Entwicklung vor, die gekennzeichnet ist durch eine Zäsur. Es handelt sich um den Punkt, an welchem deutlich wird, daß diese Auflehnung, wie Hulda später resümiert, „umsonst" war (KA 133). Dies betrifft den Wendepunkt der Handlung, der zugleich den Umschlagpunkt der Szene darstellt.

---

[1230] Pretzsch 1919: 434.

In der Szene, welche die Mitte des Werks bildet, spitzt sich der Kampf zu, hier konzentriert sich die gesamte dramatische Energie. Dieser Kampf wird in seiner ersten Hälfte (d.i. die erste Hälfte der 2. Szene) von Hulda geführt; Hulda versucht durch rationalen Gebrauch der Sprache, den Angriff Oswalds abzuwehren. Sie obsiegt jedoch nur scheinbar. Das Nicht-Gelingen dieses Abwehrversuchs ist gewissermaßen bereits in der Dialogstruktur angelegt.

Reduziert man den gesamten Wortwechsel auf die erste und die letzte Äußerung, so erkennt man modellhaft das Frage-Antwort-Prinzip des Dialogs (KA 89 und 109):

**Hulda**
Wie? Oswald? Du zurück?
[...]
**Oswald**
[...] gönne mir, was ich ersehne!

Dieser Form des Dialogs ist am Scheitelpunkt der Szene noch nicht Genüge getan: Oswald hat sich im ersten Teil überwiegend mit Drohgebärden und verbalen Gesten am Gespräch beteiligt. Seine Antwort auf Huldas Frage steht noch aus und kann im zweiten Hauptteil erwartet werden.
Um seine Aufgabe, in Hulda das Schwarzschwanenreich wieder heraufzubeschwören, erfüllen zu können, wechselt Oswald, als er nun das Wort ergreift, die sprachliche Ebene. Statt des ‚gesprochenen Singens' Huldas (Rezitativ) bedient er sich in einer gesteigerten Sprechweise des ‚gesungenen Singens' (liedhafter Deklamation). Ausschlaggebend für die Wirkung seines Gesanges ist, daß er Huldas Blumenlied zitiert bzw. paraphrasiert. Die Beleuchtungsangabe signalisiert (antizipiert) die sich in Huldas Innerem wieder ausbreitende Macht des dunklen Reiches.

Diese Wirkung ist auf den besonderen Symbolwert des Blumenliedes zurückzuführen. Dieses „Lied" (KA 69) wird im Text gleichgesetzt mit der „Wunde" [zu sehen in Verbindung mit der satanischen Zeichnung Huldas] (KA 71). Diese schien durch ihre Verbindung mit Liebhold *geheilt* [ebda. u. szenisches Vorspiel II.0] Das Bild fortsetzend bricht mit Ertönen des „Liedes" auch die „Wunde" wieder auf. Das Resonanzgleichnis, das Wagner in der Liebesszene I.6 auf Liebhold und Hulda anwendet, kann man übertragen auf den Dialog Oswald – Hulda: Auch bei Hulda wird jener „Ton", der nur „schlummernd schwieg" in ihr, beim Klang von Oswalds Gesang wieder „erweckt": „Aus Dir dringt er zu mir zurück." (KA 70)

Die Bauweise der zweiten, durch Oswald bestimmten, Hälfte der Szene, ist wie zu erwarten anders beschaffen, als die des ersten Hauptteils.

*Der 2. Hauptteil bzw. die 4. Sequenz*

Anders als er geplant, ist es nun Oswald selbst, der Geständnisse ablegt: in zwei großen monologischen Abschnitten erklärt er Hulda seine „Liebe" und sein Vorhaben, sie durch Drohungen zu erpressen. Schließlich kommt es zu dem handgreiflichen Versuch, Hulda zu erobern, eine Handlung, die zu einer Entscheidung führen müßte. Die Szene wird von außen durch den Auftritt der Braut Oswalds, Ursula, unterbrochen. Soweit die Wiedergabe der Ereignisse, reduziert auf die Außenhandlung. Zu Beginn dieses Hauptteils wirft Oswald – wie aus einer späteren Textstelle (T 143 m.A. – 145, KA 108) rückzuschließen ist – seine Hacke von sich und entledigt sich damit seiner Maske eines „Totengräbers". Damit gibt Oswald auch ein Signal zur Vereinfachung des textuellen Gewandes: er befreit das Gespräch von seinem bis dahin tragenden Gerüst. Seine Sprachhandlung steht unter dem Zeichen des Ausbruchs. Dies findet seine Entsprechung in den gestalterischen Mitteln. Das Gestaltungsprinzip dieser Szene ist das der Ausdehnung bzw. im Negativum der Zusammendrängung. Auszugehen ist im Positiven von der Überdehung der Form. Dies geschieht auf zwei unterschiedlichen formalen Ebenen, auf der der Sequenz und der der Position:

*Der Hauptteil als überdehnte Sequenz*

Vergleicht man die Verhältnisse der Taktzahlen mit der Anzahl der Sequenzen innerhalb der beiden Hauptteile (Hauptteil A: 3 Sequenzen – 93 Takte/ Hauptteil B: 1 Sequenz – 71 Takte), so kann man sagen, daß der zweite Hauptteil durch Überdehnung einer einzigen Sequenz zustande gekommen ist. Dies vertieft ein Blick auf die Verhältnisse der jeweiligen Anzahl der Positionen zu derjenigen der Takte innerhalb der 3. und 4. Sequenz. Bei gleicher Anzahl der Positionen (13) hat die 4. Sequenz fast doppelt so viel Takte (71) wie die 3. Sequenz (36). Hieraus läßt sich auf eine höhere inhaltliche Gewichtung der Positionen der 4. Sequenz schließen.

*Die Sequenz als überdehnte Position*

Ebenso, wie die Sequenz durch Überdehnung zum Hauptteil wurde, ist die Position zu einem sequenzartigen Abschnitt überdehnt worden. Das Gliederungselement dieses Sequenz-Hauptteils ist die Position. damit erhält der Hauptteil, seinem Inhalt entsprechend, einen persönlichen Charakter. Es handelt sich um zwei Positionen Oswalds, die strukturbildend wirken: die 1. und die 3. Position werden zu Monologen:

Der erste Monolog, der das Geständnis Oswalds seiner Liebe enthält, umfaßt 27 Takte, der zweite Monolog erstreckt sich über 25 Takte und hat die Offenlegung seiner Absicht sowie seiner bisher verfolgten Strategie zum Inhalt. Diese Monologe erinnern – an ihrem Taktumfang gemessen – eher an Sequenzen als an Sequenzabschnitte, werden hier aber analog zum Verfahren im ersten Hauptteil als Abschnitte einer Sequenz bezeichnet: Auch hier gibt es schlußbildende Merkmale bzw. Zäsuren: jeder Monolog ist begrenzt durch einen Einwurf Huldas (Position 2 und 4, jeweils ein Takt).

Das Gegenstück zu diesen ersten beiden Abschnitten bildet der dritte Abschnitt, der eigentliche Dialog zwischen Oswald und Hulda (Position 5-13), der mehr als doppelt so viel Positionen umfaßt als der erste und zweite Abschnitt zusammen, dafür weniger als die Hälfte der Taktzahl dieser Abschnitte, wodurch der Aktionismus des dramatischen Höhepunkts der zweiten Szene gekennzeichnet wird.

*Zum 1. und 2. Abschnitt*

Abgesehen von der quantitativen Ausdehnung gibt es noch eine qualitative Änderung: unter dem Zeichen des emotionalen Ausdrucks stehend erhalten Oswalds Monologe den formalen Charakter von Erzählungen. Dies wird durch die Musik unterstützt: Beide Phrasen basieren auf dem Zitat einzelner Abschnitte des Blumenliedes und erhalten dadurch einen ariosen Charakter, immer wieder ins Rezitativische übergehend.

*Zum 3. Abschnitt*

Wie jeder der drei Abschnitte des 2. Hauptteils beginnt auch der dritte mit einer Position Oswalds, dies in Umkehrung zu den Sequenzeröffnungen durch Hulda im 1. Hauptteil. Dieser letzte Abschnitt hat neun Positionen, also mehr als doppelt so viel, wie der erste und zweite Abschnitt zusammen. Dort waren es je zwei Postionen, Hauptträger waren die monologischen Absätze Oswalds, während Huldas Positionen eher die tektonische Funktion von Zäsuren hatten. Nun folgen in schnellem Wechsel fünf Positionen Oswalds und vier Positionen Huldas; die Textpositionen sind sehr kurz, in den Vordergrund tritt jetzt die Handlung (im handgreiflichen Sinne), die in Szene zu setzende Aktion. Ebenso wie im (rhetorischen) 1. Hauptteil der entscheidende Moment in der 3. Sequenz lag, kommt es im aktionsbetonten 2. Hauptteil im dritten Abschnitt zum Höhepunkt der Dramatik.

Oswald versucht nun, Hulda in seine Gewalt zu bringen (im Gegensatz zum Wort-Unterton-Duell des Hauptteils A). Dies hat Folgen, die in einer Veränderung der textlichen Gestalt sichtbar werden. denn nach einer anfänglichen Steigerung der Sprache vom rhetorischen Gebrauch zur literarischen Form des Gesangs oder des Monologs als erzählerische Form des Selbstausdrucks, fällt der Text selbst sozusagen den Tätlichkeiten auf der Bühne zum Opfer: er zerreißt in Wortfetzen, die Sprache begleitet nur noch in abgerissenen Sätzen die Kampfhandlung, wobei sich das Prinzip Ausdehnung-Zusammendrängung geltend macht:

Die Dialogphrasen selbst wirken sehr gedrängt, sie überlagern sich zum Teil. Insbesondere die Positionen Huldas erscheinen im Dialog durch die Oswalds zusammengedrängt. Beispielsweise hat Oswald zwischen seinen Positionen 7 (T 149-150) und 9 (T 151-154) eine Achtelpause, Hulda benötigt jedoch für ihre Entgegnung knapp drei Takte (Position 8, T 150-152), so daß eine Überschneidung entsteht. (Diese Darstellungsweise beruht auf der für diese Arbeit vorgenommenen Textbucheinrichtung; s. Einleitung. Bei einer weniger dialogisch ausgerichteten, Einzelpassagen zusammenfassenden Einrichtung würden diese Überlegungen wegfallen.) Hier kommt also die Kehrseite der Überdehnung, die Zusammendrängung, formal zum Tragen, da sie maßgeblich den Ausdruck bestimmt.

Insgesamt sind die Einwürfe, als die man die Dialogphrasen Huldas bezeichnen muß, mit einer Ausnahme (Position 8), kürzer als die Äußerungen Oswalds (Beispiel: Oswald, Position 5: zweieinhalb Takte, Antwort-Position Huldas 6: ein halber Takt), dessen Ansturm in die 13. und letzte Position mündet, die mit Abstand die längste ist (8 Takte).

Der Dialog ist hier zwar kein rhetorischer Scheindialog mehr, dennoch findet wieder kein wirklicher Austausch statt. Hauptsächlich verantwortlich zu machen dafür ist wohl Oswald, der sein Gegenüber nur sieht (Objektwahrnehmung), aber nicht hört (Wahrnehmung der Subjektivität des anderen Menschen).

| **Hauptteil B** |
| --- |
| 1. Abschnitt = 1. Position **Oswald** (27 Takte) |
| [Monolog 1: Geständnis seiner Leidenschaft] |
| 1. Einwurf = 2. Position **Hulda** (1 Takt) |
| 2. Abschnitt = 3. Position **Oswald** (25 Takte) |
| [Monolog 2: Offenlegung seiner Methode] |
| 2. Einwurf = 4. Position **Hulda** (1 Takt) |
| 3. Abschnitt (19 Takte) |
| [Dialog **Oswald** – **Hulda**] |

*Der Bauplan der zweiten Szene*

*a) Spiegel-Symmetrie*

Trotz der unterschiedlichen Gestaltungsmittel der beiden Hauptteile liegt eine architektonische Entsprechung beider vor, die auf eine Beibehaltung des Bauplans des 1. Hauptteils schließen läßt.

Allerdings handelt es sich bei dieser Entsprechung um eine Spiegelung nach innen, die Spiegelachse ist der Doppelstrich zwischen der 3. und 4. Sequenz: Die 4. Sequenz bildet nämlich als Mikrokosmos die Bauweise des gesamten ersten Hauptteils nach. Dies kennzeichnet einerseits einen inhaltlichen Wendepunkt, andererseits wird die formale Struktur an sich nicht zerstört, sondern, dem neuen Inhalt Rechnung tragend, verwandelt und konsequent weitergeführt. Gerade durch ihre Wendung nach Innen wird sie als tragfähig bestätigt.

| **Hauptteil A** | **Hauptteil B** |
|---|---|
| 1. Sequenz (22 Takte) | 4. Sequenz: |
| 2. Sequenz (35 Takte) | *1. Abschnitt* (27 Takte) |
|  | *2. Abschnitt* (25 Takte) |
| 3. Sequenz (36 Takte) |  |
|  | *3. Abschnitt* (19 Takte) |

Diese Spiegelung wird am ehesten durch einen synoptischen Vergleich der Strukturen beider Hauptteile deutlich: die Parallelität besteht in der jeweiligen Dreigliederung der Hauptteile A und B.

Bei dieser schematischen Darstellung fällt ein Chiasmus hinsichtlich der Proportionen ins Auge: der einleitenden 1. Sequenz (22 Takte) entspricht der abschließende sequenzartige Abschnitt (19 Takte). Jedes dieser Randstücke ist einem Sequenz- bzw. Abschnittspaar zuzuordnen, dessen Hälften jeweils fast identisch sind (35/ 36 Takte und 27/ 25 Takte).

Diese Paare bilden das jeweilige Hauptstück, das sich in Hinsicht auf die Anzahl der Takte deutlich von dem betreffenden Randstück unterscheidet. Insofern sind beide Hauptstücke dual gegliedert; dem Verhältnis 1 : 2 in Hauptteil A entspricht –

um die chiastische Anordnung auf den Punkt zu bringen – das Verhältnis 2 : 1 in Hauptteil B.

Dies verweist gleichzeitig auf die relative Symmetrie beider Hauptteile, die am besten in einer schematischen Visualisierung des linearen Gesamtverlaufs zu demonstrieren ist:

*Bogen-Form der gesamten Szene (ohne Überleitung)*

| 2. Szene | Bogenform |
|---|---|
| 1. Sequenz (22 Takte) | } A |
| 2. Sequenz (35 Takte) | |
| 3. Sequenz (36 Takte) | } B |
| 4. Sequenz (71 Takte) | |
|    *1. Abschnitt (27 Takte)* | |
|    *2. Abschnitt (25 Takte)* | |
|    *3. Abschnitt (19 Takte)* | } A' |

Der Gesamtaufbau beschreibt, orientiert man sich am Taktzahlenverhältnis, eine Bogenform. Auf die Steigerung 2. Sequenz (35 Takte) – 3. Sequenz (36 Takte) folgt – in relativer, durch die Spiegelung des Sequenzgefüges ins Innere der letzten Sequenz bedingter, Symmetrie – die Verminderung: 4. Sequenz, 1. Abschnitt (27 Takte) – 2. Abschnitt (25 Takte).

Dieser Spannungsbogen ist seinerseits zu gliedern in drei Teile:

1. 1. Randstück (1. Hauptteil, 1. Sequenz) = A
2. Hauptstück (1. Hauptteil, 2. und 3. Sequenz; 2. Hauptteil, 1. und 2. Sequenzabschnitt) = B
3. 2. Randstück (2. Hauptteil, 3. Sequenzabschnitt) = A'

Somit ergibt sich als Formprinzip der gesamten Szene (vergleichbar mit dem innerhalb des ersten Hauptteils) das Bogen-Schema A – B – A'. Allerdings greifen die einzelnen Bogen-Abschnitte hier nicht ineinander.

*Zur Taktzahl als kleinste Maßeinheit in der Berechnung der Proportionalität der Szene*

> Fidi überrascht, ja erschrickt uns durch Rechnen,
> 7x7, 9x9, 3x9,
> niemand hat es ihn gelehrt.
> R. sagt, solche Anlage hätte er gar nicht gehabt.[1231]
> *Cosima Wagner*

Hier erfolgt, die Analyse abschließend, ein Hinweis auf eine offenkundige, daher im Text nicht mehr eigens erwähnte Voraussetzung der soeben vorgenommenen Untersuchung, die Meßbarkeit der Proportionalität der Gesamtszene betreffend. Trotz der unterschiedlichen Gliederungsebenen waren beide Hauptteile miteinander vergleichbar und aufeinander beziehbar, denn es gab einen gemeinsamen Nenner, den Takt. Der Takt bildet die kleinste Einheit.

Da sämtliche in dieser Architektur-Analyse angestellten Überlegungen letzten Endes Darstellung des Wahrscheinlichen bzw. Interpretationen der Struktur als Bedeutungsträger sind, ist es aufschlußreich, eine rein rechnerische Aufteilung der Gesamtzahl der Takte dagegenzuhalten.

Die Gesamtzahl: 164 ist genau durch die Anzahl der Sequenzen: 4 teilbar, dies ergäbe rein rechnerisch eine Taktzahl von 41 für jede Sequenz. Die Unteilbarkeit der Primzahl 41 zeigt an, daß es sich hierbei um die (noch ungestaltete) Grundform einer Kerneinheit handelt. Diese Einteilung wäre jedoch statisch, eine Dynamik ergibt sich erst durch Verschiebungen und Zusammendrängungen, also durch eine Störung der reinen Proportion. Dennoch weicht, betrachtet man daraufhin die Taktanzahl der beiden Hauptteile: A (93 Takte) und B (71 Takte) Wagner mit seiner (wohl nicht bewußt oder gar programmatisch vorgenommenen) Einteilung nicht wirklich vom rechnerischen Maß ab: vielmehr zeigt sogar die Differenz selbst eine Regelmäßigkeit bzw. Symmetrie: die rechnerische Mitte läge bei 82 Takten, beide

---

[1231] Eintrag CWs in ihr Tagebuch kurz nach Fidis fünftem Geburtstag. CWT 1976: 827.

Hauptteile weichen jeweils um 11 Takte ab, die Differenz bei Teil A beträgt plus 11 Takte, bei Teil B minus 11 Takte. (Die 1. Sequenz faßt mit ihren 22 Takten diese Differenz zusammen und klammert sie – betrachtet man sie vom 1. Hauptteil getrennt – hierdurch gewissermaßen aus.)

Aus diesem Vergleich ergibt sich die Überlegung, daß Abweichungen von einem errechenbaren Maß eine Spannung zu erzeugen scheinen, die gleichwohl erst dann fühlbar wird, wenn sie meßbar bleibt.

Damit ist der Blick auf die Gesamtszene wieder erreicht. Im Rückblick stellt sich das Vorgehen innerhalb der Analyse der 2. Szene des II. Akts unter dem Aspekt der Architektonik folgendermaßen dar:

Zu Beginn war die Szene ein leerer Raum von Takten, jetzt stellt sich dieser Raum als vielfältig gegliedert, d.h. als ausgefüllt dar. Es handelt sich um ein architektonisches Gefüge, dessen Träger und Bögen benannt werden konnten.

Zu zeigen war, daß die Architektur innerhalb der musikalischen Dramen Siegfried Wagners nicht nur die Bedeutung einer Trägerfunktion hat. Sie ist vielmehr ein spezifisches Ausdrucksmoment. Hierin offenbart sich die doppelte Begabung für die Architektur und für die Musik, wobei die erstere in der letzteren aufgehoben erscheint: Siegfried Wagner war ein Architekt im Gewande des Komponisten. Als er sich 1892 für die Musik entschied, traf er gleichwohl damit nicht eine Entscheidung gegen die Architektur.

Für die Analyse hat das zur Folge, daß die Musik, sui generis ein zeitliches Phänomen, hier, soweit es das Schriftbild betrifft, zur Raumkunst changiert und daher auch in seiner Statik betrachtet werden muß, wenn die oftmals auf kleinstem Raum als ‚Maßwerk' ausgeführten bedeutungstragenden filigranen Strukturen überhaupt wahrgenommen werden sollen. Über eine allgemeine technische Funktion hinaus spielt z.B. die Zahl eine wesentliche Rolle, nicht nur im Dienst der Statik des architektonischen Gebäudes, sondern nahezu ein arithmetisches (in formaler Funktion arithmologisches) Eigenleben führend. Ein solches Werk erfordert auch ein gedankliches Hindurchgehen durch die aufgezeichneten Räume. Dagegen ist es in der Realität meistens so, daß sich die Musik sozusagen selbst durch den Rezipienten hindurchbewegt und flüchtig-erfüllter Augenblick ($\kappa\alpha\iota\rho\sigma\varsigma$) ist. Ein Teil des Erlebens der Werke Siegfried Wagners liegt in der Analyse, die Partituren sind nicht unwesentlich auch Lesewerke.

# Schlußbemerkung

Abschließend einige Stimmen zu Siegfried Wagners künstlerischer Position in seiner Zeit.

Dieter Heinz gelangt in seiner architektonischen Analyse der Opern Siegfried Wagners zu dem Ergebnis, daß eine „Entwicklung" hinsichtlich der (Szenen-) Proportion innerhalb des Gesamtwerks nicht zu verzeichnen sei (*op.cit*).

Das Ausbleiben einer „Entwicklung" versucht Ralf Jochen Ehresmann in seiner Kritik der halbszenischen Aufführung (2008) von op. 13 *Der Schmied von Marienburg* zu erklären:

> Da er seinen Personalstil sehr früh gefunden und ausgeprägt hatte, waltet eine auffällige Stileinheitlichkeit durch sein gesamtes Schaffen, dessen erste Werke bereits Tonfall und Themenkanon sowohl seiner Sujets wie auch die Komponenten seiner Tonsprache unverkennbar definierten, woran er dann fast 30 Jahre nahezu veränderungsfrei festhalten konnte, was ihn im Kontext der zeitgeschichtlichen Umbrüche von einem Vertreter aktueller Kompostionstechnik zu einem unzeitgemäßen Fortschrittsverlierer werden ließ.[1232]

Auch Hess nimmt auf diese fehlende „Entwicklung" Bezug, kommt dabei aber zu einer positiven Bewertung:

> Umgekehrt gibt es eine Reihe von Komponisten, die trotz aller radikalen Umwälzungen in einer persönlich gefärbten Weise am Jüngstvergangenen festhalten. Sie werden Epigonen gescholten und oft im Taumel nach Neuem ungerecht beiseite geschoben. Aber sie haben eine sehr wesentliche Aufgabe: Sie erhalten der Entwicklung den Kontakt mit der Vergangenheit und ermöglichen damit das Zurückschreiten nach der Mitte. Solche Komponisten der Jetztzeit oder der jüngsten Vergangenheit sehe ich in Hans Pfitzner, Richard Strauss, Siegfried Wagner, Othmar Schoeck.[1233]

Ausnahmsvoll ist die Nennung Siegfried Wagners zusammen mit Pfitzner und [dem späten?] Strauss.

Zu der Feststellung der fehlenden Modernität sei hier noch ein Ergebnis der *Rainulf und Adelasia*-Analyse von Eckart Kröplin angeführt:

---

[1232] Ehresmann 2008: 2-3.
[1233] Hess 1960:233.

> Eigenartigerweise lassen sich in der Partitur von „Rainulf und Adelasia" [1921-1923] eine Reihe von Stellen dingfest machen, die, vorsichtig gesagt, deutlich von Zwölftonempfinden geprägt sind. Natürlich werden hier nicht, wie im Schönbergschen Konzept, strenge Zwölftonreihen aufgestellt und durchexerziert, doch gibt es Stellen, wo plötzlich Zwölftönigkeit als Grundgerüst an bemerkenswerten, dramaturgischen Dreh- oder Eckpunkten durchscheint. Natürlich ließe sich dieses Phänomen bei Siegfried Wagners nach wie vor ausgeprägtem Tonalitätsverhalten auch als Panchromatik bezeichnen, bei näherem Hinschauen aber scheint doch mehr daran zu sein.[1234]

Dies führt Kröplin anhand von acht Notenbeispielen vor und schließt mit dem Kommentar:

> Bei der Fülle dieser Beispiele [...] verfestigt sich der Eindruck, dass diese Zwölftonkomponenten oder Zwölftonverfahrensweisen, die methodisch durchaus nicht vergleichbar sind mit denen Schönbergs, dennoch kein Zufall sind, zumal ihr jeweiliges Auftreten [...] immer an dramaturgisch auffälligen Punkten sich realisiert, in Momenten, wo die Handlungssituation bzw. die psychische Befindlichkeit einer Figur eine krisenhafte, ja existenzielle Zuspitzung erfährt.

Der Verfasser erwähnt den „späteren Urheberstreit zwischen Hauer und Schönberg", nennt als analoge Entwicklung die „avantgardistische russische Musik der 10er Jahre" („Arthur Lourié und Nikolai Roslawez") und resümiert:

> Man lebte und wirkte in einer Welt des Umbruchs, auch des musikalischen Umbruchs, der nach neuen Struktur- und Denkweisen, nach neuen geistigen Grundlagen für die Musik verlangte. Auf seine Weise ist also auch Siegfried Wagner in diesen Kreis eingebunden, freilich ohne dass er primär als revolutionärer Neutöner oder Avantgardist in die Musikgeschichte einzuordnen wäre.[1235]

Hermann Danuser verwendet in seinem Handbuch *Die Musik des 20. Jahrhunderts*, Kapitel „Die Situation der Oper", eine Stellungnahme Paul Bekkers (1918) als „Ausgangspunkt einer Skizzierung des Musiktheaters": Bekker nenne „drei Hauptlinien der Wagner-Nachfolge – die ‚Märchenoper' Humperdincks, die ‚Festspieloper' Pfitzners und die ‚literarisierende Musizieroper' Strauss'"; diese wiederum münden in einen „vierten Typus", geprägt durch *Die Gezeichneten* von Schreker. Davon aus- und weitergehend bezeichnet Danuser Strauss, Schreker und Pfitzner als Komponisten, welche „um und nach 1910 repräsentative Positionen markierten."[1236]

---

[1234] Kröplin 2010: 21.
[1235] A.a.O.: 24.
[1236] Danuser 1984: 78.

Siegfried Wagner befindet sich nicht unter den Genanten. Daß der Sohn Richard Wagners nicht aufgeführt wird, erscheint zunächst allein aus rezeptionsgeschichtlicher Sicht nicht unerwartet. Anderseits mag es mit dem psychogrammatischen Kreisen um das eigene Ich zusammenhängen, daß es offensichtlich sein Bestreben nicht war, an „kompositionsgeschichtlichen Fortschrittskonzeptionen der nachwagnerschen Moderne"[1237] (mit-) zu arbeiten. Ein Merkmal der Entwicklung dieser Konzeptionen war der Austausch und die Mitteilung, hiervon zeugen Briefwechsel, Interviews, Beantwortungen schriftlicher Befragungen[1238], theoretische Schriften.

Dies setzt ein hohes Maß an Selbstreflexion voraus, wie es mit besonderer Deutlichkeit am Beispiel von Richard Strauss zu zeigen ist.

Wie Katzenberger in seinem Aufsatz „Vom Einfall zur harten Arbeit. Zum Schaffen von Richard Strauss" darstellt, hat sich Strauss einer „scharfen Selbstbeobachtung unterzogen"[1239] und diese auch fixiert. „Auffallend ausführlich dokumentiert er in Briefen das Vorankommen."[1240] Untrennbar verbunden mit seiner „Selbstkritik"[1241] in Einzelfragen der Gestaltung war für ihn der „Fortschrittsgedanke" der Musik. Er wollte die Musik bewegen, entwickeln und so mit seinen Kompositionen Geschichte machen[1242].

Der Arbeitsweise von Strauss steht gegenüber der „starke dumpfe Schaffensdrang"[1243] Siegfried Wagners – so nennt dieser es selbst, der eine intellektuale Schau[1244] nicht zuläßt. Franz Stassen beschreibt in seinen *Erinnerungen an Siegfried Wagner* Siegfried Wagners Vorgehensweise in einzelnen Schritten und schließt mit dem Satz: „Einen Fehler machen und verbessern oder umändern gab es nicht."[1245]

Seine *unnöthige Plauderei* „Zischen" beginnt Siegfried Wagner mit den Worten: „Im allgemeinen bin ich eigentlich der Ansicht, dass es besser ist, wenn wir Musiker nicht zur Feder greifen [...]."[1246] Siegfried Wagners – unter Vorbehalt gesagt – Nichtbeteiligung (zumindest im programmatischen Sinne) an einer „Entwicklung" im musikhistorischen Sinne mag indirekt symptomatisch sein für die von Heinz festgestellte ausbleibende „Entwicklung" innerhalb des Gesamtwerks. Dem ist entgegenzusetzen, daß Siegfried Wagner als sein eigener Librettist Werke geschaffen hat, in denen innerhalb einer bedeutungstragenden dramatischen Struktur sprachli-

---

[1237] A.a.O.: 82.
[1238] Vgl. das Beispiel Strauss; Katzenberger 2003 (*Arbeits*begriff).
[1239] Katzenberger 2003: 196.
[1240] A.a.O.: 210.
[1241] Ebda.
[1242] A.a.O.: 214.
[1243] Zit.n. Pachl 1988: 289.
[1244] Bezeichnend SWs Br. an Max v. Schillings (1911) in: Humperdinck 1999, Bd. III: 219ff.
[1245] Stassen 1942: 48.
[1246] Wagner 1902. NAB [HS VI DK-2].

che und musikalische Mittel minutiös ineinandergreifen, ausgerichtet auf die übergreifende Bezugsgröße: die Szene. Liest man Text und Musik im Zusammenhang, so kann sich dem Blick eine unterhalb der Oberfläche befindliche Tiefendimension eröffnen. Dort vollziehen sich psychodramatische Vorgänge, die auf der Bühne sichtbar werden.

Richard Batka schreibt in einer *Bruder Lustig*-Kritik im *Kunstwart* 1905: „Man könnte ihn geradezu einen Regisseurkomponisten nennen."[1247]

Anläßlich der *Schwarzschwanenreich*-Aufführung in der Koninklijke Vlaamsche Opera Antwerpen 1937 verweist Painpare im *Handelsblad van Antwerpen* besonders auf die Schlußszene, die zeige, daß es sich um das Werk „van een ingeboren tooneel-komponist"[1248] [eines geborenen Bühnenkomponisten] handele.

Siegfried Wagner war, wie Franz Stassen in seinen *Erinnerungen* sagt, ein „Poet der Szene".[1249]

---

[1247] Batka: 1905: 223.
[1248] Painpare 1937. Kopie o.S.: NAB [A 2545/ IV/ 18].
[1249] Stassen 1942: 12.

## *Die Utopie des „Lichtmenschentums".*
## *Ein Gegenbild.*

### Bezüge zwischen Siegfried (alias „Fidi") Wagner (1869-1930) und dem Maler und Lebensreformer Fidus (Hugo Höppener, 1868-1948).

Dem „Schwarzschwanenreich", Bestandteil einer durch das *Kirchenfenster* erblickten Welt, ist die Schilderung eines sünde- und schuldlosen, gleichwohl tief ethisch fundierten, Sinnenlebens des fast gleichzeitig wirkenden Malers und Lebensreformers Fidus (Hugo Reinhold Karl Johann Höppener[1250], 1868-1948) gegenüberzustellen.

Auch die Gestalten auf den Gemälden von Fidus wollen, wie die Protagonistin in *Schwarzschwanenreich*, zum „Licht" (KA 66). Aber sie scheinen es wirklich zu erlangen, und zwar ohne den Durchgang durch einen schrecklichen Tod, symbolisiert durch den Scheiterhaufen als Sinnbild von (apokalyptischer) Strafe und Verdammung.

Fidus gilt als Apostel des *Lichtmenschentums*[1251]. Dieser Begriff findet sich in einem programmatischen *Geleit*wort des Theologen und Malers Magnus Weidemann in der Zeitschrift *Licht-Land*. Damit ist ein Kerngedanke der Lebensreform bezeichnet, der sich, so Weidemann, als Zentrum einer „Kulturerneuerung" begriff, welche „den Weg aus Dunkel zum Licht" der „auf Irrwege geratenen Zivilisation der Alten Welt" zeigen wollte.[1252] Zu Weidemanns Verständnis einer „neudeutschen Bewegung" ist einiges der genannten Schrift zu entnehmen. An mehreren Stellen hebt der Verfasser die Gefahr hervor, „in die politische Sphäre" abzugleiten; er strebt selbst „leibliche wie seelische Gesundheit unseres Volkes" an, grenzt sich dabei allerdings von „künstlicher Belastung mit altgermanischer Mythologie" ab und bezeichnet, damit in Gegensatz zu bestimmten, von ihm genannten Gruppierungen stehend, nicht „politische Macht", sondern das Gewinnen „kulturschaffender innerlicher Kraft" als Ziel seiner Bestrebungen.[1253] Den „Weg" hatte in erster Linie die Bildende Kunst in Verbindung mit „prophetischer Lebensführung" zu weisen, dies ein Ausdruck der „edlen, natürlichen Freiheit des nackten Menschen als ethische Wertgrundlage eines schöneren Lebens"[1254].

---

[1250] *WIKIPEDIA*, Art. **Fidus.**
[1251] Weidemann 1924: 2.
[1252] Ebda.
[1253] Ebda.
[1254] A.a.O.: 3.

Ausgangspunkt der Bewegung sollte eine Reform „unserer Stellung zur Menschennatur" sein, welche „das einzige Rettungsmittel für die aufs äußerste bedrohte Sittenreinheit" [1255] bilde.[1256]
Nach eigener Aussage schuf Fidus theosophische „Bekenntnis-Zeichnungen"[1257]. Seine Maltechnik erfuhr insbesondere durch die Begegnung Fidus' mit Wilhelm Hübbe-Schleiden und seine Befassung mit der Theosophie[1258] eine einschneidende Veränderung. Dieser Aspekt berührt die Wurzel der späteren Gestaltungsweise in seinen Werken; hiervon ausgehend ließen sich Ausgangsfragen für eine systematische Analyse formulieren.

Ein besonderer Bereich innerhalb des Gesamtwerks von Fidus ist die Tempelkunst. Er fertigte Entwürfe von Tempeln an (z.B. den „Tempel der Erde"), die Orte der „Erneuerung" werden sollten. Sein 1903 in der Schweiz unternommener Versuch einer Realisierung blieb ohne Erfolg[1259].

---

[1255] A.a.O.: 4.
[1256] Vgl. die Ausführungen Frecot, Geist, Kerbs 1972: 49f. Die Fidus-Forschung ist bisher nicht von großem äußeren Umfang, leistet aber mit ihren komplexen Darstellungen und Einzelsudien einen wichtigen Beitrag zur Erforschung der Lebensreformbewegung in Verbindung mit der Kunstgeschichte der Jahrhundertwende und des frühen 20. Jahrhunderts. Als Beispiele seien aufgeführt die 1972 zuerst erschienene, als Standartwerk der Fidus-Forschung zu bezeichnende, ausführliche Dokumentation *Fidus 1868-1948. Zur ästhetischen Praxis bürgerlicher Fluchtbewegungen* von Janos Frecot, Johann Friedrich Geist, Diethart Kerbs, 1997 folgte eine erw. Neuaufl.; die 1998 von Wolfgang de Bruyn herausgegebene Sammlung von Beiträgen *Fidus. Künstler alles Lichtbaren* enthält „Biographisches, Tagebuchnotizen und reichhaltiges Bildmaterial" (Klappentext), u.a. bisher unveröffentlichte Briefe Hermann Hesses an Fidus; weiterhin existieren einige Dissertationen zum Thema „Fidus", beispielsweise die 1985 veröffentlichte umfassende Dokumentation *Fidus, der Tempelkünstler. Interpretation im kunsthistorischen Zusammenhang mit Katalog der utopischen Architekturentwürfe* von Rainer Y sowie die 1999 erschienene Darstellung Roman Kurzmeyers von Fidus' Wirken im Rahmen der Schweizer Lebensreform *Viereck und Kosmos. Künstler, Lebensreformer, Okkultisten, Spiritisten in Amden 1981-1912. Max Nopper, Josua Klein, Fidus, Otto Meyer-Amden* (zugl. Ausstellungskat.). Hingewiesen sei auch auf die aufschlußreiche Untersuchung „Fidus – ein Gesinnungskünstler der völkischen Kulturbewegung" von Marina Schuster im *Handbuch zur „Völkischen Bewegung"* (1996: 634-650), die u.a. die Ablehnung der Begriffsvariante „völkisch" (stattdessen: „völklich"!) durch Fidus thematisiert (642).
[1257] Y 1985: 54.
[1258] Klatt 1993.
[1259] Vgl. Y 1985 sowie *cap.* „Tempel und Siedlung" in Frecot 1972: 232ff. – Zum Vergleich: 1926 errichtete der Maler, Bildhauer, Architekt und Lebensreformer Johann Michael Bossard in der Nordheide seinen Kunsttempel; weiterhin schuf der Maler, Schriftsteller und Gründer einer religiösen Bewegung Elisarion (Ps.f.: Elisar von Kupffer, 1872-1942) 1926/ 27 in Minusio/ Locarno sein Sanctuarium Artis Elisarion.

551

Eine Entsprechung seiner Idee erblickte Fidus in Richard Wagners opus summum *Parsifal*. Sein 1912 unternommener Versuch, ein *Zusammenwirken* mit den Bayreuther Festspielen zu bewerkstelligen, blieb ohne Resonanz[1260].

Das einzige indirekte Zusammentreffen von Fidus und Siegfried Wagner auf dem Gebiet der Lebensreform stellt die Erwähnung Siegfried Wagners in einem Aufsatz über den Maler und Zeichner Franz Stassen in der Zeitschrift *Die Schönheit* von 1921[1261] dar, für die Fidus als Illustrator tätig war, der seinerseits mit Stassen in Verbindung stand, wie Fidus in seinem „genauen Lebenslauf in wesentlichen Daten"[1262] von 1947 festhält.

Als kurioser Gesichtspunkt einer Querverbindung zwischen dem theosophisch inspirierten „Ideenkünstler"[1263] Fidus und dem keinem Programm folgenden Opernkomponisten Siegfried Wagner erscheinen die ähnlich klingenden Namen „Fidus" und „Fidi": gleichsam wie ein Titel wurde Hugo Höppener der Name „Fidus" („der Getreue") von dem Lebensreformer, Maler und Graphiker Karl Wilhelm Diefenbach verliehen, dessen Schüler er nach Abkehr von der akademischen Malerei 1887-1889 war[1264]. (Gelegentlich wurde er auch „Fidi-Vater"[1265] genannt.)
„Fidi" war die familiäre Abkürzung von „Siegfried".

Abgesehen von den ähnlichen Lebensdaten ist im Rahmen einer Gegenüberstellung die jeweilige Wohn- und Arbeitsstätte zu nennen: Fidus begründete als einer der ersten Siedler der Kolonie Schönblick in Woltersdorf bei Berlin 1908 sein Atelier- und Wohnhaus, das bald zu einem Zentrum der Lebensreform- und Jugendbewegung wurde („Fidushaus"[1266]). Der vor einigen Jahren gefaßte Plan, das Fidushaus zu einer Forschungsstätte mit Hinblick auf die Lebensreform zu machen, ließ sich nicht realisieren[1267].

Siegfried Wagner errichtete 1894 sich als Arbeitsort – Wahnfried unmittelbar benachbart – den heute so genannten „Siegfried-Bau" (seinerzeit als „Häuschen" bezeichnet[1268]). Dort befanden sich Arbeitszimmer, Schlafzimmer und vier Gäste-

---

[1260] Frecot 1972: 153-159.
[1261] Holstein 1921: 4-29.
[1262] Zit.n.: Y 1985: 53-60. 56.
[1263] Wermer o.J.: 1.
[1264] Frecot 1972: 67.
[1265] A.a.O.: 229.
[1266] A.a.O.: 221
[1267] Vgl. die Dokumentation dieses Versuchs, die in der jetzt aufgelösten Ausstellung „Fidus – Ein Künstler in Woltersdorf", befindlich in der ehem. „Alten Schule" in Woltersdorf, auslag.
[1268] Im „Siegfried-Bau" befindet sich heute das Nationalarchiv der Richard Wagner-Stiftung Bayreuth mit Siegfried Wagner-Archiv.

zimmer (die Familie lebte – außer in Notzeiten, nach dem I. Weltkrieg – in Wahnfried).[1269]

Einen ausgesprochenen Gegenbezug bildet der Aspekt der Feier in beider Werk: Lebensfeiern in den Tempeln Fidus' vs. Gelage im Lustschloß des Schwarzschwanenreichs oder auch im Kellergewölbe im *Schmied von Marienburg* von Siegfried Wagner (vgl. die Orgien im unterirdischen Saal auf der Insel Elysium in den *Gezeichneten* von Franz Schreker (1915)).

Fidus plädiert in Wort (z.B. Schrift über die „Zukunftsehe", 1925) und Bild für ein „freies" Liebesleben nach sittlichen Maßstäben[1270] ohne Verdammen der Ehelosigkeit (er lebte einige Jahre in „idealfreier" Ehe mit der Lehrerin Amalie Reich[1271] und hatte eine Liaison mit Gudrun Gräfin von Schwerin[1272]) und gleichgeschlechtlicher Beziehungen (seine spätere Frau Elsa war liiert mit der Lehrerin und Schriftstellerin Gertrud Prellwitz[1273]).

Siegfried Wagner führt in der Tat ein freies Liebesleben, allerdings von Schuldgefühlen beladen, die höchstwahrscheinlich mehr der daraus erwachsenden Gefährdung seines Erbes entsprangen (vgl. → **„Kundry" und „Parsifal"** sowie → **Ursula, die Bärin**).

Ein „Schwarzschwanenreich" existiert bei Fidus nicht.

Stattdessen befindet sich unter seinen Tempelentwürfen ein „Tempel des Lucifer", „Lucifer" im wörtlichen Sinne von „Lichtbringer" verstanden als ‚heidnischer Christus' („Licht der Welt"). Interessant ist in diesem Zusammenhang, daß sich der Tempel am Wasser befindet. Wie Rainer Y in seinem Katalog -Kommentar zu diesen Entwürfen bemerkt, handelt es sich um einen „am Wasser gelegenen, flachen Tempel mit ägyptischen Bauformen." (s. u. Abb.: *Tempel des Lucifer*)[1274] Weiterhin existiert die „Innenansicht eines langgestreckten Tempelraums mit einem großen, in den Boden eingelassenen, rechteckigen Wasserbecken. [...] Auf einer Erdkugel [...] steht [...] eine nackte Lucifergestalt mit ausgebreiteten Armen [...]." (Abb. *Im Tempel des Lucifer*) Fidus spricht vom „'Ichträger' (Lucifer-Christus) [...] über einem dunklen Abgrunde – vor welchem kein Polizeigitter schützen dürfte!"[1275]

---

[1269] Kraft 1969: 311f.
[1270] Vgl. die Darstellung in Frecot 1972: 283-285.
[1271] de Bruyn 1998: 129.
[1272] A.a.O.: 35f.
[1273] A.a.O.: 115f.
[1274] Y 1985, Kommentar zu Abb. 1: 87.
[1275] A.a.O.: 89f.

*Fidus:* **Im Tempel des Lucifer.** *(1894) Bleistift*

*Fidus:* **Tempel des Lucifer.** *Tempelentwurf (1892) Bleistift*

Mittel und Weg einer geistig und leiblich verstandenen Lebenserneuerung ist das Einswerden der Menschen mit dem Kosmos (d.i. „Natur" im erweiterten Sinn). Ausdruck für Beseitigung alles Trennenden (leibfeindliche Normen) ist das Ablegen der Kleidung, wie es das *Lichtgebet* von Fidus zur Darstellung bringt. Das *Lichtgebet* wurde seinerzeit zum Inbild der Lebensreformbewegung. Fidus hat es in mehreren Varianten ausgeführt (abgebildete Variante von 1922)[1276]. Durch Anfertigung von Postkarten-Drucken gelangte es zu ungeheuerer Verbreitung, insbesondere in der zu dieser Zeit noch in voller Blüte stehenden Jugendbewegung. Dieses Bild macht deutlich, was mit „Lichtmenschentum" gemeint ist: Der Jüngling auf der Felsenkuppe strebt sich mit dem Licht zu vereinigen.

---

[1276] Zur „Bildgeschichte des Lichtgebetes" s. Frecot 1972: 288-301 (wohl elf Fassungen).

*Fidus:* **Lichtgebet**

Das Inbegriffensein des Menschen in der All-Einheit des Kosmos wurde zu einem offenbarungshaften Erlebnis, für das man poetische Umschreibungen fand, ein Beispiel dafür ist der Name des Bildes *Allumarmung* (1911) von Fidus:

*Fidus:* **Allumarmung**

Charakteristisch für die Ideenkunst Fidus' ist die Verlegung der thematischen Ausführung in den Rahmen des Bildes: Eine von einer gemeinsamen Mutter abstammende Menschheit (Rahmen unten, Mitte) strebt aus dem Dunkel auseinander und empor zum Zenit (Sonne; oben, Mitte), wo sich Frau (links) und Mann (rechts) die Hand reichen (man denkt an den Satz in Schikaneders *Zauberflöte*: „Mann und Weib und Weib und Mann reichen an die Gottheit an."). Bei dieser Gegenüberstellung von Mann und Frau handelt es sich um eine für die Lebensreform typische Verkörperung der Pole des Lebens. In der Auffassung, daß die Liebesvereinigung von Mann und Frau Sinnbild einer kosmischen Vereinigung sei, liegt die ethische Fundierung der Sexualität begründet.

Das Zusammentreffen der Geschlechter, von Fidus in vielen seiner Bilder gestaltet, ist selbst eine Feier des Lebens, wie die Zeichnung *Am strahlenden Quell* von 1899 zeigt. Dieser „Wandbildentwurf von 1899 [wurde] nicht ausgeführt, aber 1901 auf

Wunsch Bruno Willes zum Frontispiz seines Romans *Offenbarungen des Wacholderbaums* genommen, verlegt bei Eugen Diederichs in Leipzig"[1277].

*Fidus:* **Am strahlenden Quell**

Bezeichnend für den quasi sakralen Charakter des Festes ist die Anrede der "Wissenden" als "Brüder und Schwestern" (Schriftleiste auf dem unteren Rand des Bildes).

Ein Gegenstück zu den Gelagen im Reich des Versuchers ist folgende Beschreibung eines „Teiches der Freude", welche sich in der Zeitschrift *Die Freude* (1927) befindet:

---

[1277] Bruyn 1998: 17.

### Am Teiche der Freude

Es war ein herrliches Wasserreich. – Der Teich war umzäunt von mächtigen Bäumen, durch deren Zweige sich die Sonnenstrahlen verstohlen den Weg bahnten, um auf dem klaren Wasser zu tanzen, wo die vornehmen Schwäne mit einer philosophischen Abgeklärtheit langsam dahinglitten. –
Ruhe, Klarheit und Schönheit herrschte über dem ganzen Gewässer und seinen Lebewesen. –
Und die Zierde des Teiches war der jüngste Schwan; ein jeder kehrte beglückt zurück, der seine Schönheit schaute. – [...]

Und mittags, wenn die Erde glühend und matt sich der Sonne ergab, da kamen die Mädchen der Arbeit, um den Mittag am Rande des Teiches zu verbringen. Sie schauten den Schwan an und wurden träumerisch. –
Und abends, wenn die letzten Sonnenstrahlen noch mit der grünen Welt spielten oder: wenn die letzten Sonnenstrahlen schon von der grünen Welt Abschied genommen hatten und alles darin zu singen schien: Jugend, Schönheit und Kraft! da legten wir uns ins hohe Gras am Rande des Teiches und lachten und sangen um die Wette mit dem regen Leben um uns. – [...] Die alten, ernsten Bäume, die koketten Blumen, der kleinste Grashalm, sie alle erzählten uns von den großen Freuden und Leiden des Lebens. – Wir wagten kaum, laut zu atmen, um kein Wort dieser wunderbaren Sprache zu verlieren [...].

Ach, deine wunderbaren Abende, du fernes russisches Dorf [...]!

Und als langsam und majestätisch die Schwäne sich zur Ruhe begaben, und als der Mond aus seiner Wolkenhöhle glitt und uns lachend in den Teich aufforderte, da warfen wir unsere Kleider vom Leibe und tanzten unsere Tänze, im klaren, glitzernden Wasser! Und Kraft, Freude und Liebe zum Leben strömte aus allen unseren Bewegungen. –
[...][1278]

Während der See des Schwarzschwanenreichs bei Siegfried Wagner als toter Teich in toter Umgebung geschildert wird, handelt es sich in der Lebensreform um ein Wasser des Lebens. Der *Winterliche Weiher* (1920), umgeben von laublosem Astgespinst, ist scheinbar ohne Leben, doch läßt sich hier ein Satz aus dem *Fastetagebuch* von Georg Bauernfeind[1279] anwenden: „Gewiß schläft [in den Bäumen] auch das neue Leben."

---

[1278] Reinhold 1927: 481-482.
[1279] Bauernfeind: *Fastentagebuch*. Bd. 2. 48. [Hs. im Kreisarchiv des Landkreises Oder-Spree Fürstenwalde.] G.B. begann 1911 im Hause Fidus' (in dessen Abwesenheit) eine Fastenkur, die mit dem Tod endete. Einen Teil des Verlaufs hielt er in seinem Fastentagebuch fest.

*Fidus:* **Winterlicher Weiher**

Dagegen verschwindet das Schwarzschwanenreich am Ende des Dramas von Siegfried Wagner wie ein Spuk.

# Anhang.

# Erinnerungen einer Kriegs-Hulda an ihre Partie:

## Ruth Görshop (Dortmund 1942)

An der Präsentation des Tagungsbandes *Siegfried Wagner-Kompendium 1*, der im Oktober 2003 im Harenberg City-Center Dortmund in Zusammenarbeit der Internationalen Siegfried Wagner Gesellschaft, Bayreuth, mit dem Richard Wagner Verband, Dortmund, und dem Ensemble des pianopianissimo musiktheaters, München, stattfand[1280], nahm auch die Sängerin und Gestalterin der Partie der Hulda in Dortmund 1942: Ruth Görshop, teil.

Bei der Dortmunder Aufführung von *Schwarzschwanenreich* handelte es sich um die von Köln übernommene Inszenierung des vormaligen Assistenten Siegfried Wagners, Alexander Spring. Die musikalische Leitung hatte Hellmuth Günter. Im Rahmen dieser Übernahme wurden auch Umbesetzungen vorgenommen: „Ruth G ö r s h o p hatte man die anspruchsvolle Rolle der Hulda anvertraut." So M. Asbrock in seiner Besprechung in der *Westfälischen Landeszeitung* vom 8.11.1942 „Gäste im ‚Schwarzsschwanenreich'. Aufführung zur Kulturwoche", in welcher der Verfasser auch ihren „hellen, silbrigen Sopran" hervorhebt.[1281] – In seiner ausführlicheren Kritik vom 18.9.1942 in der *Tremonia* schreibt Bernhard Zeller:

> Die Partie der Hulda übernahm Ruth G ö r s h o p , die damit aufs Neue eine ungewöhnliche Musikalität bewies, zumal die durch große Monologe hervortretende Partie (Wald- und Kerkerszene) viele rhythmische und intonatorische Schwierigkeiten birgt, welche das jüngste Solomitglied der Oper erfreulich überwand und mit löblicher Sicherheit beherrschte. Dabei war die rein stimmliche Führung von einer klaren Phrasierung diktiert, namentlich in den Gesängen lyrischer Haltung. Hier gewann sie durch eine verständige Kopftontechnik der Höhe den warmtonigen Klang ab, so daß die Elegie des Eingangsliedes in dieser verhaltenen Schwermut den Zauber auf Liebholds Gemüt glaubhaft machte. Auch in dramatisch erregten Stellen, wie in dem Kampf gegen die Verlockung des Bösen im Kerker fehlte die Prägnanz der Linie nicht.[1282]

Diese Dortmunder/ Kölner Inszenierung war, wie die Chronologie der *Schwarzschwanenreich*-Aufführungen zeigte, die bisher vorletzte szenische Umsetzung des Werks.

---

[1280] Vgl. Mitteilungen der ISWG e.V. XXXIII, 2004: 38.
[1281] Asbrock 1942: O.S.
[1282] Zelle 1942: [ O.S.]

Noch im Anfangsstadium der vorliegenden Arbeit wandte sich die Verfasserin an Ruth Labohm-Görshop mit der Frage, ob diese etwas von ihren Erinnerungen an die Inszenierung Springs und an ihre Rollengestaltung mitteilen könnte. Verbunden mit dieser Bitte waren einige spezielle Fragen, die folgenden Punkte betreffend:

- Hat sich der Regisseur an die szenischen Angaben des Komponisten gehalten, dies v.a. mit Hinblick auf die Gestaltung der Schlußszene (Verwandlung der Holzscheite in Lilien; Unversehrtheit des Paares von den Flammen)?
- Wurde das Emporstrecken der Hand des gemordeten Kindes aus seinem Grab als Tatsache hingestellt (und im Bühnenbild realisiert?) und nicht als Wahngebilde und damit die Szene am Grab nicht als Halluzination gedeutet?
- War in Springs Inszenierung die Schwarzschwanenreich-Erzählung der Ursula nur die verleumderische Wiedergabe einer vom Hören-Sagen bekannten Fabel?
- War Hulda Verfolgte aufgrund ihrer Andersartigkeit oder aufgrund einer wirklichen Schuld: und zwar nicht allein wegen des Kindsmords, sondern wegen ihrer Verbindung zum höllischen Reich?
- Wurde der nicht erscheinenden, aber erwähnten Figur des Pfarrers eine besondere Bedeutung beigemessen?[1283]

Auf diese Anfrage – „Sie haben mir Anlaß gegeben, noch einmal zu all meinen Erinnerungen zurückzukehren."[1284] – reagierte die Sängerin in sehr entgegenkommender Weise mit einem ausführlichen Brief, in welchem sie auf einzelne Punkte einging, ein Brief, der über die Einzelheiten hinaus, auch etwas von der Theateratmosphäre in Kriegszeiten vermittelt.

Im Januar 1941 legte Ruth Görshop in Köln ihre Opernreifeprüfung ab. Sie erhielt sofort Angebote nach Köln und Dortmund:

> Doch ich entschied mich nach Rücksprache mit meinen Eltern für Dortmund. Ich war mit meinen 20 Jahren ja noch nicht großjährig, gebürtige Dortmunderin – und es war Krieg. Mein Vertrag, den mein Vater noch unterschreiben mußte, führte mich als ‚lyrische und junge jugendlich dramatische Sopranistin['].

---

[1283] Vgl. Brief d.Verf. an Ruth Labohm-Görshop vom 27.11.2003.
[1284] Brief von Ruth Labohm-Görshop an d. Verf. am 7. 12. 2003

Es folgen nun – in unwesentlicher Kürzung wiedergegeben – die Erinnerungen Ruth Görshops an ihre Mitwirkung bei der *Schwarzschwanenreich*-Inszenierung von 1942 „- natürlich", wie sie mehrfach betont, „aus der subjektiven Sicht einer Sängerin der Hulda – [...]."

> Ja, es sind, seit ich mit 21 Jahren die Partie der Hulda singen und gestalten durfte, nun 61 Jahre vergangen. [...]
> 
> Ich mußte damals die Partie sehr schnell lernen. Wir übernahmen Inszenierung und Bühnenbild von Köln, wo Prof. Spring m.W. ja der Generalintendant war. Die Sängerin aus Köln (Else Oehme-Förster) wollte oder konnte die Partie der Hulda wohl nicht mehr singen, so daß ich sie übertragen bekam. [...] Für die Partie der Hulda war es gewiß ein wenig früh, doch der Dortmunder Intendant, der mich sehr förderte, wollte eine mädchenhafte Hulda.
> Daß Prof. Spring sich an das Konzept von Siegfried Wagner hielt, kann ich Ihnen versichern. [...]
> 
> Sie fragen nach meiner Rollengestaltung. Ich war ja erst ein Jahr auf der Bühne, habe aber außer dem Bemühen um schönen Gesang immer auch die Erfüllung im Darstellerischen gewollt. Mein Dortmunder Intendant sagte mir gleich zu Anfang: Rampenstehtheater gibt es hier nicht; es hätte meinem Temperament ohnehin nicht gelegen. [...] Ich wollte singen und spielen.
> 
> Soweit ich mich erinnere, ließ Spring, als er merkte, daß ich mit Inbrunst bei der Partie war, mich ausdrücken, wie und was ich fühlte.
> 
> Lassen Sie mich nun bei der Beantwortung Ihrer Fragen beginnen.
> An Lilien kann ich mich bei der Scheiterhaufenszene nicht mehr erinnern, weiß aber noch, daß das Feuer erlosch, als Liebhold zu Hulda springt. Erlöst fallen beide, die unberührt von den Flammen blieben, umschlungen zu Boden. – – – Die Friedhofsszene haben wir keinesfalls als Halluzination dargestellt. Für mich und gewiß auch für den Regisseur war es eine (märchenhafte) Tatsache. Ich glaube, mich noch an den Aufschrei: Verfluchter Arm, in Satans Namen – verschwinde, dem ein Niederfallen in Verzweiflung folgte, zu erinnern.
> Wie Ursulas Erzählung zu deuten war, weiß ich nicht mehr genau, doch war ihr Haß auf Hulda, die ihren Bruder Liebhold nach ihrer Meinung verzaubert hatte und in die sich ja auch Ursulas Verlobter Oswald verliebte, wohl die Triebfeder.
> 
> Auf was ich bei der Darstellung der Hulda besonderen Wert gelegt habe, fragen Sie. – Natürlich erklärte mir Prof. Spring seine Auffassung, die bestimmt mit Siegfried Wagner besprochen war[1285], ließ mir aber trotz meiner Jugend gestalterische Freiheiten. So war Hulda eine junge unschuldig-schuldig gewordene Frau, die durch ihre angebliche Schönheit und ihr Anderssein einen gewissen Zauber ausübte. Ob mir das mit meinen 21 Jahre schon gelang, kann ich selbst schlecht beurteilen. Die Kritiker

---

[1285] Vgl. Seifert 1998: 99ff.

haben damals wohl etwas Ähnliches empfunden. Daß ich mit meiner ganzen Begeisterung und mit ganzem Herzen versucht habe, Huldas Leiden und Huldas Liebe, ihre Verzweiflung und ihre Hoffnung echt zu durchleben, darf ich sagen. – Es klingt gewiß ein wenig pathetisch, wenn ich das schreibe, doch weiß ich noch, daß ich am Ende jeder 6ten Aufführung aufgewühlt war. Es war nie Routine bei mir und ist es auch in den folgenden Jahren kaum geworden. –

[...] Ich habe in meiner Karriere viele wunderbare Partien singen und gestalten können, wofür ich sehr dankbar bin, habe aber für meinen Mann und meine 2 Söhne viel zu früh meinen Beruf aufgegeben, der mir auch Berufung war. Kammersänger Hans Hotter wollte mich 1943/44 nach München holen, wo Clemens Krauss der Opernchef war. Doch im Sept. 1944 schlossen ja alle Theater wegen des „totalen Krieges". So blieb ich in Dortmund.

1947 habe ich mich an Winifred Wagner gewandt, da ich gern einen Klavierauszug von „Schwarzschwanenreich" besitzen wollte[1286]. Ich lege Ihnen hier eine leider sehr schlechte Kopie ihrer Antwort bei. Ob Sie etwas damit anfangen können, weiß ich nicht, vielleicht bedeutet ihr Name trotz ihrer politischen Handlung etwas.

[...] Meine sicherlich subjektive Einstellung der Oper und meiner Partie gegenüber ist wohl verständlich. [...] Ein mittelalterliches Märchen, das ja im 30-jährigen Krieg spielt, wo man noch an teuflische Verbindungen glaubte und der Hexenwahn noch sein Unwesen trieb, wird, „S c h w a r z s c h w a n e n r e i c h" immer bleiben.
[...]
Seien Sie herzlich gegrüßt von einer „alten" Hulda.


Ihre

Ruth Labohm-Görshop


[...]
An eine besondere Bedeutung
des Pfarrers kann ich mich
nicht erinnern.



Mit der am Schluß erwähnten Beilage lenkt der Brief den Blick auf einen biographischen Aspekt: die Haltung Winifred Wagners gegenüber dem Komponisten Siegfried Wagner.

Es folgt der Wortlaut des Antwortbriefs von Winifred Wagner:

---

[1286] Im Handel war demnach ein Klavierauszug von *Schwarzschwanenreich* nicht erhältlich.

3. Mai 1947

Sehr verehrtes Fräulein Görshop,

Ihr Brief hat mir in jeder Hinsicht eine grosse Freude bereitet, denn es spricht daraus ein grosses Verständnis für das schöne Werk meines Mannes und was könnte das Herz einer Lebensgefährtin mehr erfreuen?
Der Verleger meines Mannes ist Max Brockhaus in Leipzig – M 23 – Göthenerstr. [sic?[1287]] 49 und ich nehme bestimmt an, dass eine entsprechende Bitte den Verlag dazu bewegen wird, Ihren Wunsch nach einem Klavierauszug zu erfüllen!
Mit den besten Grüßen und allen guten Wünschen für Sie und Ihre Kunst
Ihre
Winifred Wagner

Faßt man die zu diesem Thema vorliegenden Dokumente (zeitgenössische Zeitungsnotizen, offizielle Mitteilungen, überlieferte Äußerungen Winifred Wagners, biographische Informationen[1288], Briefe von Zeitgenossen) zusammen, so ergibt sich ein widersprüchlich scheinendes Bild zwischen Begeisterungsäußerung und Aufführungsverbot. Der zitierte Brief ist auch insofern interessant, als er auf dieses (zum Teil an verschiedenen Stellen bereits veröffentlichte) Quellenmaterial und die Notwendigkeit einer Dokumentation hinweist.

---

[1287] Straßenname schwer leserlich, trotz Recherchen nicht zu ermitteln.
[1288] Pachl 1979: 160; ders. 1988 sowie Einzelpublikationen dess. Verf..

# Siegfried Wagner – Tabellarische Biographie

1869 6.Juni: Siegfried-Richard-Helferich wird in Tribschen/ Luzern als drittes gemeinsames Kind von Richard Wagner und Cosima von Bülow, geb. d' Agoult, adopt. Liszt, geboren
1870 18. Juli: Scheidung Cosima und Hans von Bülows; 25.Aug.: Cosima und Richard Wagner werden in Luzern getraut. 4.Sept.: Taufe auf den Namen Siegfried Helferich Richard, Taufpaten Caroline Gräfin Waldbott-Bassenheim und Ludwig II., König von Bayern
1872 Apr.: Übersiedlung der Familie nach Bayreuth
1874 28.Apr.: Einzug in Wahnfried. Im Okt. Besuch des Kindergartens.
1875 CW erteilt Siegfried erste Unterrichtsstunden.
1876 5. März: Tod der Marie d'Agoult
 14. Sept. – 20. Dez.: Reise der Familie Wagner nach Neapel und Sorrent
1877 CW übergibt den Unterricht Siegfrieds einem Hauslehrer.
1878 Berthold Kellermann (1853-1926), Pianist, Liszt-Schüler, Lehrer am Stern'schen Konservatorium Berlin, bis 1881 Hauslehrer in Wahnfried
1879 Der Kulturphilosoph Heinrich von Stein (1857-1887) wird Hauslehrer Siegfrieds; 31. Dez. bis
1880 17. Nov: Aufenthalt der Familie u.a. in Neapel, Rom, Florenz, Siena, Venedig; Festhalten erster architektonischer Eindrücke in Skizzenbüchern
1881 Hauslehrer Türk; 1. Nov. bis
1882 30. April: Reise der Familie nach Neapel, Palermo und Venedig; 14. Sept.: wiederum Reise nach Venedig; Theaterbesuche, Siegfrieds erste dichterische Versuche: *Catilina*, *Hermann der Cherusker*, *Der Lügner*; Der Jurist und Musiker Ernst Hausburg wird Erzieher Siegfrieds
1883 Intensive Befassung Siegfrieds mit der Harmonielehre. 13. Feb.: Tod Richard Wagners in Venedig. Überführung am 16. Feb. nach Bayreuth; 18. Feb.: Beisetzung im Garten Wahnfrieds. Gegen den Willen Cosima Wagners entscheidet sich Siegfried, das Bayreuther Gymnasium zu besuchen
1884 längeres Leiden Siegfrieds an ungeklärter Krankheit, Unterbrechung des Schulbesuchs
1886 13. Juni: Tod Ludwigs II. von Bayern; 31. Juli Tod Franz Liszts
1888 Reise Siegfrieds mit Kunstwissenschaftler Franz Wickhoff nach Italien
1889 Abitur am Bayreuther Gymnasium; Reise mit dem Kunsthistoriker Henry Thode (verheiratet mit seiner Halbschwester Daniela), nach Paris; 21. Okt. Beginn der musikalischen Ausbildung in Mainz bei Engelbert Humperdinck: Werkanalysen (Mozart, altfrz. Schule, Berlioz, Mendelssohn, Schumann etc. bis Richard Strauss), Harmonielehre, Kontrapunkt, Akustik, Instrumentation, Komposition: u.a. Quartettsatzbearb. von Bachs Choral „O Haupt voll Blut und Wunden" (Variationen); Begegnung mit dem engl. Pianisten und Komponisten Clement Harris, Schüler Clara Schumanns am Hoch'schen Konservatorium in Frankfurt/ Main
1890 Juli: Eintritt in das Berliner Polytechnikum; Besuche von Schauspiel und Oper sowie Philharmonische Konzerte unter der Leitung Hans von Bülows; Verfassen einer dramatischen

Szene *Sieg*

**1891** Immatrikulation im Polytechnikum Karlsruhe; dort auch Fortsetzung der musikalischen Ausbildung bei Felix Mottl. Clement Harris zuständig für die englischsprachige Korrespondenz und die angelsächsischen Gäste der Bayreuther Festspiele

**1892** Entwurf u.a. mehrerer Dramen und Szenarien (z.T.m. Musik); Novelle *Die Sühnende*. Ostasienreise mit Clement Harris von Jan. bis Juli; zu Beginn der Reise (30. Jan. und Anfang Feb): Besuch bei Oscar Wilde; Siegfried verfaßt für seine Familie das *Reisetagebuch 1892*, Zeichnungen und Aquarelle; Beginn der Symphonischen Dichtung *Sehnsucht* nach dem gleichnamigen Gedicht Schillers; in Hongkong Entschluß, Musiker zu werden; Rückkehr nach Bayreuth zum Beginn der Proben der Bayreuther Festspiele, Assistenz bei Julius Kniese

**1893** Befreiung vom Militärdienst.
5. Aug: Dirigentendebut im Markgräflichen Opernhaus Bayreuth; Fortsetzung der Studien (Dirigieren u. Komposition) bei Kniese

**1894** Vollendung der *Sehnsucht*, in welcher bereits Motive enthalten sind, die später in den Opern Verwendung finden. Einspringen für Felix Mottl bei den Bayreuther Festspielen (*Lohengrin*, III. Aufzug). Baubeginn des Siegfried Wagner-Hauses (gen. „das Häuschen") neben Wahnfried

**1895** 25. Mai: Oscar Wilde wird in London zu 2 Jahren Zuchthaus mit Schwerstarbeit verurteilt; 3. Juni: Eintreffen SWs in London; 6. Juni: an seinem 26. Geburtstag UA der *Sehnsucht* in der Londoner Queen's Hall unter der Leitung des Komponisten (franz. Erstaufführung unter der Leitung von Daniel Barenboim 1983)

**1896** Debut bei den Bayreuther Festspielen 2. und 4. Zyklus des *Ring des Nibelungen*

**1897** Reise nach Rom.
23. Juni: Geburt Winifred Marjorie Williams, der späteren Frau Siegfried Wagners, in Hastings, England

**1898** 6. Juni: Vollendung der ersten Oper *Der Bärenhäuter*

**1899** 22. Januar: UA *Der Bärenhäuter* am Kgl. Hof- und Nationaltheater München; Spielzeit 1898/99: 77 Aufführungen an 9 Bühnen; Spielzeit 1899/ 1900 über 100 Aufführungen an über 25 Bühnen: lt. Dt. Bühnenspielplan: 96 Auff., meistgespielte Oper innerhalb des deutschen Musiktheaters; dazu Aufführungen im Ausland, u.a. Budapest (Übers. ins Engl., Französische u. Ungar.); 18 Neuinszenierungen; Reisen nach Rom und Paris

**1900** 24. Okt. Vollendung op. 2 *Herzog Wildfang* in Montreux

**1901** 23. März UA *Herzog Wildfang* am Kgl. Hof- und Nationaltheater München: Tumult und Skandal. Wohl in Folge dessen nur noch 9 Aufführungen des *Bärenhäuter* an 4 Bühnen, davon eine Neuinszenierung, in den folg. Jahren weiterhin drastischer Rückgang Regie der Bayreuther Erstaufführung des *Fliegenden Holländer*

**1902** Dirigat des *Ring* bei den Bayreuther Festspielen; im Herbst Luzern, Venedig; Nov. Konzerte in Wien

**1903** 26.4. Tod Malwida von Meysenbugs, Siegfrieds mütterlicher Freundin, in Rom.

Viele Reisen, u.a. nach Schweden zu Ellen Gulbrandson, Brünhilde in Bayreuth 1896-1914. 21.5. Vollendung des *Kobold* (op. 3) in Florenz

1904  29.1. UA *Der Kobold* am Stadttheater Hamburg; Konzertreisen; Bayreuther Festspiele: Regie des *Tannhäuser*. 3.12. EA *Der Kobold* in Graz, erstmals Aufführung eines Werkes von SW in Österreich

1905  im Mai Vollendung der vierten Oper *Bruder Lustig* in Rom; deren UA am 13.10. am Stadttheater Hamburg

1906  Konzertreisen; Einführung des Rundhorizonts bei den Bayreuther Festspielen, neue Beleuchtungseffekte;
9. Okt. Vollendung von op. 5 *Sternengebot* in Venedig; Reise nach Florenz; 9.12. Cosima Wagner erleidet einen leichten Schlaganfall; sie übergibt daraufhin Siegfried Wagner die Leitung der Festspiele

1907  Siegfried Wagner tritt dem *Werdandi-Bund* bei.
Beginn der Arbeit am Textbuch von *Schwarzschwanenreich* in Florenz

1908  21.1. UA *Sternengebot* am Stadttheater Hamburg; Konzertreisen; offizielle alleinverantwortliche Übernahme der Festspielleitung; Inszenierung des *Lohengrin*

1909  25.1. Vollendung von op. 6 *Banadietrich*; Konzertreisen; Leitung der Festspiele

1910  23.1. UA *Banadietrich* am Großherzoglichen Hoftheater in Karlsruhe; 10.4. Vollendung der 7. Oper *Schwarzschwanenreich* in Santa Margherita; Okt. – Dez. Konzertreisen u.a. in Sankt Petersburg, Moskau, Prag, Paris

1911  Inszenierung der *Meistersinger* in Bayreuth (Bewegungsregie, inspiriert durch Max Reinhardt), Neuerungen im *Ring* (Beleuchtung) und im *Parsifal* (Zaubergarten); anläßl. des 100. Geburtstags von Franz Liszt Konzertreise nach Prag

1912  26.3. Vollendung von op. 8 *Sonnenflammen* in Santa Margherita; 20.4: Daniela Thode liest in Gardone am Gardasee Humperdincks und Henry Thode die Dichtung von *Schwarzschwanenreich* vor.
Konzerte in Rom, Lübeck, Hamburg, Berlin, London (das sog. „Familienprogramm" mit Kompositionen von Franz Liszt, Richard Wagner und Siegfried Wagner); teilweise Neugestaltung des Bühnenbilds von *Rheingold* und *Walküre*

1913  Ehrenbürger der Stadt Bayreuth anläßl. des 100. Geburtstages Richard Wagners am 22. Mai; 15.6. Vollendung von *Der Heidenkönig* (neunte Oper); außerdem Kompositionen für den Konzertsaal, u.a. *Konzert-stück für Flöte und kleines Orchester*; Operndichtung *Erlösung oder Der Schatten*; Konzerte in Regensburg, Bonn, Breslau, Dresden, Berlin

1914  3.2. UA des *Konzertstücks für Flöte* u.a. im Großen Saal der Musikhalle Hamburg; 7.4. Vollendung des *Friedensengels* (op. 10); Konzerte in Dresden und Danzig; Abbruch und Beendigung der Festspiele mit Ausbruch des Ersten Weltkriegs (Erstattung der Eintrittskarten, Defizit von 400.000 Mark); im Herbst Komposition *Der Fahnenschwur* nach einem Gedicht von Ernst Moritz Arndt für Männerchor und großes Orchester; dessen UA am 24.10. in der Berliner Philharmonie. Zusammenbruch nach einem Konzert in Nürnberg

1915  Konzerte zugunsten des Roten Kreuzes; 26.8. Vollendung von op. 11 *An Allem ist Hütchen*

Schuld!

22. Sept. Trauung mit Winifred Williams-Klindworth im Saal von Wahnfried. Komposition des *Konzerts für Violine mit Begleitung des Orchesters*; dessen UA am 6.12. im Herkules-Saal in Nürnberg

**1916** Operndichtung *Das Liebesopfer* (op. 12A)

**1917** 5.1. Geburt Wieland Wagners; 6.12. UA von *An Allem ist Hütchen Schuld!* am Kgl. Hoftheater Stuttgart

**1918** 29.3. Geburt Friedelind Wagners. Komposition u.a. der *Friedenshymne für gem. Chor, Sopran-Solo und Orchester*. 30.10. UA *Sonnenflammen* am Großherzogl. Hoftheater Darmstadt; 5.11. UA *Schwarzschwanenreich* am Großherzogl. Hoftheater Karlsruhe

**1919** 30.8. Geburt Wolfgang Wagners

**1920** 18.2. Vollendung von *Der Schmied von Marienburg*, op. 13; Inszenierung der *Sonnenflammen* in Dresden (Bühnenbild: Franz Stassen; Fridolin: Richard Tauber). 5.12. Geburt Verena Wagners

**1921** Konzertreisen nach Berlin, Stockholm, Bergen, Kopenhagen, Coburg, Turin; Gründung der „Deutschen Festspiel-Stiftung" in Bayreuth

**1922** Konzertreisen u.a. nach Basel; Beginn der Niederschrift der *Erinnerungen* auf Veranlassung eines amerikanischen Verlages. 2.8. Vollendung von op. 14 *Rainulf und Adelasia*. Weitere Kompositionen für den Konzertsaal.

**1923** Erscheinen der *Erinnerungen*. 10.5. Vollendung der Symphonischen Dichtung *Glück*; deren UA im Dezember in München unter der Leitung des Komponisten. 16.12. UA von *Der Schmied von Marienburg* am Stadttheater Rostock

**1924** Komposition des Scherzos *Hans im Glück*; Ende Jan. bis Ende März Konzertreise durch die USA, um die Wiedereröffnung der Bayreuther Festspiele zu ermöglichen. 22.Juli Wiedereröffnung der Bayreuther Festspiele mit überarbeiteter *Meistersinger*-Inszenierung von 1911

**1925** Konzertreisen; 6. Okt. Vollendung der *Symphonie in C-Dur* [2. Satz = Vorspiel zu *Der Friedensengel*]

**1926** 4.3. UA *Der Friedensengel* am Badischen Landestheater Karlsruhe; im Juli „Deutsche Festspielwoche und Siegfried-Wagner-Festspielwoche" in Weimar (Aufführung *Der Bärenhäuter* und *Sternengebot*)

**1927** 23.3. Vollendung op. 15 *Die heilige Linde*; Konzert in der Royal Albert Hall in London, dort auch Tonaufnahmen für Electrola; Neuinszenierung des II. Aufzugs des *Parsifal* in Bayreuth; weitere Neuerungen (z.B. *Rheingold*: Fluten des Rheins als Schleierprojektion). Im Herbst Vollendung des I. Akts von *Wahnopfer* sowie u.a. der *Weihnacht* für Singstimme und Klavier nach einem süddeutschen Gedicht aus dem 17. Jhdt.

**1927** 25.Dez.: 90. Geburtstag Cosima Wagners, der ihr verheimlicht wird. Erscheinen des ersten Bandes der *Memoiren* von Marie d'Agoult mit einem Geleitwort von Siegfried Wagner

**1928** Im Frühjahr Reisen mit dem Auto, gesteuert von Winifred Wagner. In Bayreuth Befreiung der *Walküre* von früherem „Firlefanz" (Siegfried Wagner). Beendung der Dichtung von *Wahnopfer* (op. 16) sowie der Partitur zur Hälfte; Umarbeitung des Textes von *Liebesopfer*

(neuer Titel *Wernhart*), das unvertont bleibt (op. 12B)

**1929** 8. März: Siegfried Wagner bestimmt in seinem Testament (Entwurf) seine Frau Winifred Wagner zur Vorerbin der Bayreuther Festspiele unter der Bedingung, daß sie nicht wieder heiratet. 6. Juni: 60. Geburtstag: Siegfried Wagner erhält, initiiert von Winifred Wagner, von den „Freunden Bayreuths" eine Spende von 100.000 Reichsmark für seine geplante Neuinszenierung des *Tannhäuser*, für den er – gegen Widerstand – Arturo Toscaninis verpflichtet. Vollendung von Dichtung und Particell von *Walamund* sowie von *Das Flüchlein, das Jeder mitbekam* in Dichtung, Vorspiel und Particell. Widmung der Komposition *Das Bales-Tänzchen* dem befreundeten Fabrikantenehepaar Bales.

**1930** Im Feb. „Großes Konzert" vor 4.500 Zuhörern in Bristol, Konzert in Bournemouth. Regie und Dirigat des *Ring des Nibelungen* an der Mailänder Scala. 1. April Tod Cosima Wagners. Rückkehr Siegfried und Winifred Wagners nach Bayreuth. Nach den Trauerfeierlichkeiten [Beisetzung allein der leeren Urne, die Asche wurde gemäß dem Wunsch Cosima Wagners auf den Rosen um das Grab Richard Wagners verstreut] Konzerte (ab 30. April) in Hannover und Bologna. 15. Juni Beginn der Proben für die Bayreuther Festspiele. 16. Juli Herzinfarkt während der Probe zum II. Aufzug der *Götterdämmerung*. 22. Juli Eröffnung der Bayreuther Festspiele mit *Tannhäuser* unter der Leitung von Arturo Toscanini. 4.8. Tod Siegfried Wagners um 17.30; 6.8. Beisetzung unter großer Anteilnahme der Bevölkerung auf dem Bayreuther Stadtfriedhof (mit dem Choral „O Haupt voll Blut und Wunden"; anders, als dem mehrmals geäußerten Wunsch des Komponisten entsprechend, daß die Gique aus der 5. Französischen Suite in G-Dur von Bach gespielt werde)

## Literatur

**Bahr** in: Pachl 2003: 428-459. – **Bigler-Marschall** 2002. – **Friedrich** o.J. [1994]. – **Gorischek** 2008 [in Verb.m. Pachla 2012]. **Programmheft** *Siegfried Wagner-Tage 1977*, Hess. Staatstheater Wiesbaden (Hg.): 1977. – **Humperdinck** 1996. – **Mack** 1976, 1977, 1980. – **Pachl** 1988. – **Parr** 2000. – **Renckhoff** in: Pachl 2003: 219-233. – **Spring** 1939. – **Stassen** 1942. – **Voss** 1982.

# Abkürzungen

| | | |
|---|---|---|
| **BE** | = | Brockhaus Enzyklopädie |
| **CW** | = | Cosima Wagner |
| **CWT** | = | Cosima Wagner: *Die Tagebücher.* |
| **Hs.** | = | Handschrift |
| **ISWG** | = | Internationale Siegfried Wagner Gesellschaft e.V. |
| **KA** | = | Klavierauszug |
| **MGG** | = | *Die Musik in Geschichte und Gegenwart. Allgemeine Enzyklopädie der Musik.* |
| **NAB** | = | Nationalarchiv der Richard Wagner Stiftung Bayreuth |
| **P** | = | Partitur |
| **SW** | = | Siegfried Wagner |
| **T** | = | Takt |
| **Tf.** | = | Tafel |
| **UA** | = | Uraufführung |
| **V** | = | Vers(e) |

# Literaturverzeichnis.

### Quellenmaterial.

*A. Werke Siegfried Wagners.*
*1. Handschriften.*
*Schwarzschwanenreich,* Partitur-Hs. NAB: VI Bf 3.
*Schwarzschwanenreich,* Textbuch NAB Bf VI 1-4
*Die Sühnende.*Novelle. Frag. 1892.

*2. Gedrucktes Material.*
*Der Bärenhäuter.* In 3 Akten. Vollst. Klavier-Auszug m. Text v. Eduard Reuss und Julius Kniese. Leipzig 1898.
*Banadietrich.* In drei Akten. [Textbuch] Leipzig o.J.
*Schwarzschwanenreich.* In drei Akten. Partitur. Leipzig o.J. [1911.]
*Schwarzschwanenreich.* In drei Akten. Klavier-Auszug m. Text v. Eduard Reuss. Leipzig 1911.
*Schwarzschwanenreich* in drei Teilen von Siegfried Wagner. Für den Rundfunk eingerichtet von Cornelis Bronsgeest. Berlin o.J. [= SendeSpiele. Eine periodisch erscheinende Folge wortgetreuer Textbücher zu den Sende-Spielen der Funk-Stunde Berlin. Jg. 2, H. 32.]
*Sonnenflammen.* In drei Akten. Klavier-Auszug m. Text v. Wilhelm Franz Reuss. Leipzig 1913.
*An allem ist Hütchen schuld!* Märchenspiel in drei Akten. [Textbuch] Bayreuth o.J.
*Der Schmied von Marienburg.* In drei Akten. [Textbuch] Leipzig o.J. [1920]
*Rainulf und Adelasia.* Textbuch. Hg. von Winifred Wagner. Bayreuth 1939.
*Rainulf und Adelasia* opus 14 in 3 Akten. Hg.v. Peter P. Pachl. Klavierauszug von Graeme Young. Berlin 2002.
*Das Flüchlein, das jeder mitbekam. Ein Spiel aus unserer Märchenwelt.* Text, gem. dem Wortlaut der Part. rev. v. P.P.Pachl. O.O., o.J.

*B. Schriften Siegfried Wagners.*
Eine Rede Siegfried Wagners. *Die redenden Künste.* In: Zeitschrift für Musik und Literatur. O.O. 1896/97. H. 31. 701.
„Wie ‚Der Bärenhäuter' entstand". In: *Neues Wiener Journal.* „Buntes Feuilleton". 1899. [Kopie: Archiv der ISWG, Berlin. O.S.]
„Zischen. Eine im Speisewagen des Orientexpress abgefasste unnöthige Plauderei." NAB:HS VI DK-2 [Erschienen in: *Neues Wiener Tagblatt.* 25. 12. 1902.]
„Eine Nachtfahrt mit den Dresdener Philharmonikern" [1914]. In: *Mitteilungsblätter der ISWG e.V.* XXXV-XXXVII. „Zum 75. Todestag von Siegfried Wagner. ‚Der Kobold' in Fürth u.a. Ereignisse im Gedenkjahr". November 2006. 119.
*Erinnerungen.* Stuttgart 1923. [= Musikal. Volksbücher. Hg.v. Adolf Spemann.]
„Bayreuth". In: *Die Musik.* Monatsschrift. 22. Jg. 1930. 576f.
*Reisetagebuch 1892.* Hg. u. erl. v. Winifred Wagner. Bayreuth 1935.

*C. Interviews/ Zeitungsberichte/ Kritiken/ Programmhefte.*

*Allgemeine Musik-Zeitung.* Wochenschrift für die Reform des Musiklebens der Gegenwart. *M. Beitr. d. namhaftesten Künstler u. Schriftsteller.* XXI. Jg.1894. No. 46. 16.Nov. 1894. "Berichte u. kl. Mittheilungen." 608.

**Asbrock**, M.: „Gäste im ‚Schwarzschwanenreich'. Aufführung zur Kulturwoche". In: *Westfälische Landeszeitung.* 8.11.1942. [Kopie eines Zeitungsausschnitts. DORTMUNDER THEATERSAMMLUNG. Renate-Specht-Archiv. 10/03. O.S.]

**Batka**, Richard: „Siegfried Wagners ‚Bruder Lustig'". In: *Der Kunstwart. Halbmonatsschau über Dichtung, Theater, Musik, bildende u. angewandte Künste.* 19. Jg. 1. Hälfte Okt 1905 bis März 1906. 2. Nov.h. H. 4. 222-224.

*Berliner Börsen-Courier*, Mitteilung v. 5.4.1908. (Kopie: Archiv ISWG, Berlin. O.S.)

**Dörlemann**, Erich: „›Der Heidenkönig‹ von Siegfried Wagner (Kölner Opernhaus)". In: *Die Musik. Monatsschrift.* Begr.v. Bernhard Schuster. Hg.v. Johannes Günther. XXVI. Jg. Erster Halbjahresbd. Oktober 1933-März 1934. H.5 (Februar 1934). 364-365.

**Ehresmann**, Ralf Jochen: „Opernrarität an historischem Ort [d.i. der geplante Spielort: Burgmuseum]". In: *Online Musik Magazin*: Veranstaltungen & Kritiken Musiktheater. 22.11.2008. 2-3.

*Funkstunde* Nr. 15 Jg. 1926, *SendeSpiele, Abt. Oper, 35. Veranstaltung.* (Vgl. Abb. *Mitteilungsbl. d. ISWG e.V.* XXVIII/ XXIX, Apr. 2001. 20.)

*Kärntner Tagblatt*, 11. Dez.1923 [Zeitungsausschnitt, o.N., o.S.].

**N.N.:** „Badisches Landestheater. Siegfried Wagner: ‚Der Friedesengel'". [Zeitungsausschnitt, o.T., o.D., o.N., o.S.].

**Neues Wiener Journal.** *Interview 20.1.1911.*

**Painpare**, E.: „Schouwburgnieuws. Kon. Vlaamsche Opera. Schwarzschwanenreich". In: *Het Handelsblad van Antwerpen.* Woensdag 8. December 1937. [Kopie o.S. Fundort: NAB. A 2545/ IV/ 18.]

**Philharmonie Berlin.** Programmheft 3.2.1922: „Einziges Konzert mit dem Philharm. Orchester. Siegfried Wagner. Solistin: Lilly Hafgren-Dinkela." 2-3.

**Zeller**, Bernhard: „Stadttheater Dortmund. Umbesetzungen im ‚Schwarzschwanenreich'. In: *Tremonia.* 18.9.1942. [Kopie eines Zeitungsausschnitts. DORTMUNDER THEATERSAMMLUNG. Renate-Specht-Archiv. 10/03. O.S.]

*D. Briefe.*

*1. Handschriften*

Siegfried Wagner am17. März [1880] aus Italien nach Bayreuth. NAB 66/ III-20.

Siegfried Wagner an Rosa Eidam: 30.10.1912. NAB: A 2545 I-65. Aus: „Abschriften von Brr. Siegfried Wagner's an Rosa Eidam [2. Seite]".

Brief an R.E. in Gedichtform: „Zweierlei Rosa". NAB: Hs 113/ III 9.

Siegfried Wagner an R. E.: 9. Juni 1923. NAB: A 2545/ I-65.

Siegfried Wagner an Blandine Gräfin Gravina: 21. November 1919. Hs. im NAB: Hs 84/ VII-3.

Siegfried Wagner an Daniela und. Blandine von Bülow 1975 aus Prag. NAB: Hs 14 (6).

Siegfried Wagner an seine Schwester Daniela Thode Ende April 1892 aus Hongkong. NAB: Hs 113/ IIa-3.

Siegfried Wagner an Daniela Thode; undat. Ansichtskarte aus Nürnberg. NAB Hs 14/ 13.

2.*Gedrucktes Material.*
Siegfried Wagners an Heinrich Chevalley. In: Friedrich Wild (Hrsg.): *Prakt. Handbuch für Festspielbesucher.* Berlin, Leipzig, Baden-Baden 1896: II. 28.
**Humperdinck**, Eva: Engelbert Humperdinck in seinen persönlichen Beziehungen zu Richard Wagner Cosima Wagner, Siegfried Wagner, dargestellt am Briefwechsel und anderen Aufzeichnungen. Koblenz 1996 [Bd. I], 1999 [Bd. II: 1897-1904 und Bd. III: 1905-1921].

*E. Schriften und Briefe anderer Verfasser (gedruckt und handschriftlich).*
**Eidam**, Rosa: „Zum 6. Juni 1919" [50. Geburtstag S.W.s]. NAB: A 2545/ V – 71).
**Gregor-Dellin**, Martin (Hg.): Cosima Wagner: *Die Tagebücher.* Bd. I 1869-1877. Bd. II 1878-1883. Ed.u.komment.v. Martin Gregor-Dellin u. Dietrich Mack. München, Zürich 1976 bzw. 1977. [=Vollständ. Text d.i.d. Richard-Wagner-Gedenkstätte aufbewahrte Niederschrift. Hrsg.v.d. Stadt Bayreuth.]
**Labohm-Görshop**, Ruth (Dortmund): Brief vom 7. 12. 2003 an d. Verf.
**Mack**, Dietrich (Hg.): *Cosuima Wagner. Das zweite Leben. Briefe und Aufzeichnungen 1883-1930.* München, Zürich 1980
**La Mara** (Hg.): *Franz Liszt's Briefe an die Fürstin Carolyne Sayn-Wittgenstein.* 4. Teil. Hg.v. La Mara. Leipzig 1902.
**Pachla**, Kurt (Graz): E-mail vom 28.11.2012 an d. Verf.
**Pretzsch**, Paul (Hg.): *Cosima Wagner und Houston Stewart Chamberlain im Briefwechsel 1888-1908.* Hg.v. Paul Pretzsch. M. 17 Bildern u. Briefwiedergaben. Leipzig 1934[2].
**Voss**, Egon: *Richard Wagner. Dokumentarbiographie.* M. 296 ts.farb.Abb. Überarb. u. erw. Neuausg. v.: *Richard Wagner. Dokumentarbiographie.* Hg.v. Herbert Barth, Dietrich Mack u. E.V. Wien 1975. München, Mainz 1982.
**Wagner**, Friedelind: „Mein Vater Siegfried Wagner. Dokumentation zum morgigen Gedächtniskonzert". In: *Nordbayer. Kurier* 15./ 16. Mai 1980. Zit. n. Abdruck in: Mitteilungsblätter der ISWG XIV, Aug. 1980. 28-31.
**Wagner**, Winifred: Brief vom 3. Mai 1947 an Ruth Görshop.
**Zinsstag**, Adolf (Basel): Brief vom 29.7.1928 an Karl-Alfons Meyer-Hasenfratz. Archiv Walter Keller, Birmesdorf/CH.

## Literatur über Siegfried Wagner.

**Bahr**, Achim: „Siegfried Wagner. Chronologie 1869-1930: Gleichzeitiges und Ungleichzeitiges". In: Pachl 2003: 428-459.
**Baser**, Friedrich: „Der Gefallene von Pente Pigadia. Ein Freund Stefan Georges und Siegfried Wagners". In: Bayreuther Tageblatt. Donnerstag, 4. Aug. 1955. 5. [NAB: A 2545 I-22.]
**Batka**, Richard: „Siegfried Wagners ‚Bruder Lustig'". In: *Der Kunstwart. Halbmonatsschau über Dichtung, Theater, Musik, bildende und angewandte Künste.* 19. Jg. 1. Hälfte Okt 1905 bis März 1906. 2. Nov.h. H. 4. 222-224.
**Beuth**, Reinhard: „Siegfrieds Comeback". In: *Madame* 9/ 1994.[Kopie m. weggeschnittenen Seitenzahlen.]
**Bigler-Marschall**, Ingrid (Hg.): *Deutsches Theater-Lexikon. Biograph. u. bibliograph. Handbuch* v. Wilh. Kosch, fortgef. v. Bigler-Marschall. Bd. 5, 29. Lfg. Zürich, München, Dez. 2002. 2912-2917.

**Bock**, Claus Victor: „Pente Pigadia und die Tagebücher des Clement Harris". In: *Castrum Peregrini* L 1961.

**Böhner**, Fritz: „Der Humor in Siegfried Wagners Bühnenwerken". In: *Bayreuther Land* 1929. 169-174.

**Braune**, Isolde: „Das Hypnoselied der Sigilgaita in der Oper „Rainulf und Adelasia" von Siegfried Wagner." In: *Mitteilungsblätter der ISWG e.V.* XLI, Feb. 2010. 27-31.

**Busch-Frank**, Sabine: *Der Komponist Siegfried Wagner. Der Gralshüter von Bayreuth als Komponist von Märchenopern.* München, Ravensburg 1999.

**Chevalley**, Heinrich: „Siegfried=Wagner= Gedenkfeier in Harburg". In: *Hamburger Fremdenblatt.* 20. Nov. 1930.).

**Crommelin**, Armand: „Siegfried Wagners ‚Schwarzschwanenreich'". In: *Bayreuther Festspielführer 1925.* 13. Jg. 67-73.

Ders.: „Ein Gruß zum 6. Juni". In: *Bayreuther Blätter. Dt. Zeitschrift im Geiste Richard Wagners.* Hg.v. Hans von Wolzogen. 42. Jg. 1919. 78-87.

**Dammann**, Christian: *Siegfried Wagner: „Schwarzschwanenreich". Gedanken zu Handlung und Musik.* Musikwissenschaftl. Arbeit zur Diplom-Vorprüfung im Studiengang Dirigieren/ Orchesterleitung an der Robert-Schumann-Hochschule Düsseldorf im Sommersemester 2000. (Auszugsw. abgedruckt in: *Mitteilungsblätter der ISWG e.V.* XXVIII/ XXIX, April 2001. 45-54.)

**Daube**, Otto: *Siegfried Wagner und sein Werk. Ein Handbuch.* Buchschmuck v. Fr. Stassen. Bayreuth 1925.

Ders.: „Wagner, Siegfried Helferich Richard". In: *Musik in Geschichte und Gegenwart. Allg. Enz. d. Musik.* Unter Mitarb. zahlr. Musikforscher d. In- u. Auslandes hg.v. Friedrich Blume. Bd. 14 VOLLERTHUN-ZYGANOW. M. 88 Bildtfn., 163 Textabb., 47 Nobsp., 4 Notfn. 2 Tab., 1 Falttf. Kassel, Basel, Paris, London, New York 1968. 84-86.

**Eidam**, Rosa: „Von meiner ersten ‚Bärenhäuter'-Fahrt nach Weimar". In: *Deutsche Festspiele in Weimar.* Hg.i.A.d. Bayreuther Bundes d.Dt.Jug.u.d. Festspielverwaltung v. Paul Pretzsch u. Otto Daube. Bayreuth 1926. 161-168.

**Fleischer**, Gunther: „Das religiöse Weltbild Siegfried Wagners". In: *Pachl 2003.* 321-347.

Ders.: „Schuldlos schuldig sterben. ‚Der Kobold' aus theologischer Sicht". In: *Der Kobold. Oper in drei Akten von Siegfried Wagner.* Programmheft. Stadttheater Fürth. Spielzeit 2005/ 2006. Red.: Felix Eckerle. Mitarb.: Martina Suess, Yvonne Swoboda, Corinna Volke. Fürth 2005. 30-31.

**Glasenapp**, Carl Friedrich: *Siegfried Wagner.* Berlin, Leipzig o.J. [1906].

Ders.: *Siegfried Wagner und seine Kunst. Ges. Aufs. über das Schaffen Siegfried Wagners vom „Bärenhäuter" bis zum „Banadietrich".* Leipzig 1911.

Ders.: *Siegfried Wagner und seine Kunst,* Neue Folge I: *Schwarzschwanenreich. Ges. Aufs. über das dramatische Schaffen Siegfried Wagners.* M. Buchschmuck u. Federzeichnungen v. Franz Stassen Leipzig 1913.

Ders.: „Aphorismen über die Kunst Siegfried Wagners. Aus Privatbriefen eines jungen Balten [d.i. wohl C.Fr. Glasenapp]." In: *Rigaer Tageblatt.* [o.O., o.J.: Zeitungsausschnitt: NA: A 2545-70.]

**Gorischek**, Thussy: Richard Wagner und seine Erben. Bayreuther Festspiele. Richard & Cosima Wagner. Siegfried & Winifred Wagner. Wieland & Wolfgang Wagner & die ‚Brut'. Graz 2008. Sonderaufl. z. 125. Todesjahr Richard Wagners. [= *Künstlermenschen.*]

**Gunter-Kornagel**, Luise: *Weltbild in Siegfried Wagners Opern*. Karlsruhe1998. [= Ed. Moritz von Schwind.]
**Heinz**, Dieter: „Szenischer Aufbau und Proportion in Siegfried Wagners ‚Bruder Lustig' und ‚Schwarzschwanenreich'". In: *Mitteilungsblätter der ISWG*. XIV, Aug. 1980. 22-27.
**Ders.**: „Szenischer Aufbau und Proportion in Siegfried Wagners Bühnenwerken - Fazit". In: *Mitteilungsblätter der ISWG*. XXIII, Nov. 1994. 44-46.
**Hess**, Willy: *Die Dynamik der musikalischen Formbildung*. I. Bd.: *Studien u. Betrachtungen über die Psychophysis des künstlerisch Schönen*. M.vielen Notenbeisp. sowie 28 schemat. Darstellungen u. Figuren im Text. Wien 1960. II. Bd.: *Werkbetrachtungen*. M. zahlr. Notenbeispielen. Wien 1964.
**Hess. Staatstheater Wiesbaden** (Hg.): Programmheft „*Siegfried Wagner-Tage 1977*". 15. Mai – 4. Juni 1977. Veranstalter: Hess. Staatstheater Wiesbaden in Verb.m.d. Kulturamt der Landeshauptstadt u.d. ISWG. o.S.
**Holstein**, Günther: "Franz Stassen". In *Die Schönheit* 1921. Jg. 17. H. 20. 4-29.
**Jost**, Christa: „2. (Helferich) Siegfried Richard". In: *MGG*. 26. Bde. in 2 Teilen. Sacht. in 9 Bdn., Personent. in 17 Bdn. M.e. Reg. z. Sacht. u.e. Reg.z. Personent. 2., neubearb. Ausg.v. Ludwig Finscher. Personent. Bd. 17 Vin-Z. Kassel, Basel, London, New York, Prag/ Stuttgart, Weimar 2007. 367-370.
**Karpath**, Ludwig: *Siegfried Wagner als Mensch und Künstler*. Leipzig o. J. [1902]. [= Moderne Musiker.]
**Keller**, Andreas: *Ostpreußische Literaturgeschichte von unten: Die Prußen als Paradigma, Motiv und Kryptogramm im regionalen Kulturgedächtnis. Eine postkoloniale Inspektion*. In: Jens Stüben (Hg.): Ostpreußen – Westpreußen – Danzig. Eine historische Literaturlandschaft. München 2007. [= Schriften des Bundesinstituts für Kultur und Geschichte der deutschen im östlichen Europa. Bd. 30.] 99-134.
**Keller**, Walter: „Baumarten und ihre Funktion in Siegfried Wagners Opern". In Pachl 2003: 172-185.
**Kiesel**, Markus: *Studien zur Instrumentalmusik Siegfried Wagners*. Frankfurt/ Main, Berlin, Bern, New York, Paris, Wien 1994 [= Europäische Hochschulschriften Reihe 36 Musikwissenschaft. Bd. 124] [Diss. 1992]
**Klose**, Friedrich: *Bayreuth. Eindrücke u. Erinnerungen*. Regensburg 1929. [= Von dt. Musik. Bd 43.]
**Kraft**, Zdenko: *Der Sohn. Siegfried Wagners Leben und Umwelt*. Graz, Stuttgart 1969.
**Kröplin**, Eckart: „Siegfried und Ludwig in Deutschland – Schwarzschwanenreich". In: *Rudolstädter Festspiele 1993. 9.-31. Juli*. Thüringer Landestheater Rudolstadt. Spielzeit 1992/93. Almanach zu den Rudolstädter Festspielen 1993 des Thüringer Landestheaters Rudolstadt. Hrsg.: Thüringer Landestheater, Dramaturgie. Red.: E. K., Sabine Heumann, Gabriele Hegner. O.S. [40-44.]
**Ders.**: „Siegfried Wagners Opernwelt in ihrer Zeitbezogenheit." In: Pachl 2003. 14-27.
**Ders.**: „Siegfried Wagners „Magisches Theater". In: *Mitteilungsblätter der ISWG e.V.* XLI, Feb. 2010. 20-24.
**Mayer**, Hans: *Richard Wagner*. Hrsg.v. Wolfgang Hofer. Frankfurt/Main 1998[2].
**McCredie**, Andrew D.: „Erkenntnisse zur Frage der Instrumentalmusik in den Opern Siegfried Wagners. Vor- u. Zwischenspiele sowie szenographische Musiken". In: Pachl 2003: 111-132.
**Ders.**: „Zu einigen dramaturgischen Facetten in Siegfried Wagners ‚Rainulf und Adelasia'". In: *Mitteilungsblätter der ISWG e.V.* XLI, Feb. 2010. 25-27.

N.N.: „Siegfried Wagner". In: *Richard Wagner. Ill. Bl. F. Wagner'sche Musik, Kunst u. Literatur.* I. Jg. 1909. Nr. 19.

N.N.: „Festliches Rahmenprogramm". In: *Mitteilungen der ISWG e.V.* XXXIII, Jan. 2004. 38.

N., W. In: *Neue Musik-Zeitung*, 40. Jg. 1919. H. 5. 61. Kopie in der Bartsch-Bibliothek des NAB: 29b 1919, o. Titelangabe.]

**Pachl**, Peter P.: *Siegfried Wagners musikdramatisches Schaffen.* Tutzing 1979 [Diss.]

Ders.: „Siegfried Wagner. Schwarzschwanenreich". In: Programmheft „Theater Konzerte Solingen 1982/83". 145-154.

Ders.: *Siegfried Wagner. Genie im Schatten.* Mit Opernführer, Werkverzeichnis, Diskographie und 154 Abbildungen, München 1988.

Ders. (Hrsg.): *Siegfried Wagner-Kompendium 1. Bericht über das erste Internat. Symposion Siegfried Wagner Köln 2001.* Hrsg.v. Peter P.Pachl. Mitarb.: Lars Kersting. Herbolzheim 2003. [= Neue Schriftenreihe der Internat. Siegfried Wagner Gesellschaft. Bd. 1.]

Ders.: „Hier lügen sie Alle. Anmerkungen zu Siegfried Wagners Opus 13, ‚Der Schmied von Marienburg'". In: *newsletter* der ISWG e.V. 2008, [online-]Anhang-Dok. O.S. [5. Seite].

Ders.: „Mit dem Teufel auf Du und Du. Banadietrich bei den Rudoldstädter Festspielen und in Bayreuth". In: *Mitteilungsblätter der ISWG e.V.* XLIII, Juli 2012. 28-31

**Pretzsch**, Paul: *Die Kunst Siegfried Wagners. Ein Führer durch seine Werke.* Mit zahlr. Notenbsp. Leipzig 1919.

Ders.: „Zur Musik Siegfried Wagners". In: *Bayreuther Blätter.* 1919. 88-96.

**Renckhoff**, Dorothea: *„ Und die Seele ging weinend über die Sümpfe davon." Siegfried Wagner und das Erlebnis Oscar Wilde.* In: Pachl 2003: 219-233.

**Schäfer**, Karl: Das Opernschaffen Siegfried Wagners, Wien 1936[Diss.] (Ms.)

**Schmitz**, Eugen: „Siegfried Wagner". In: *Die Musik.* Halbmonatsschrift m. Bildern und Noten. VIII. Jg. 1908/ 09. 3. Quartalsbd. Bd. XXXI. H. 13. 21-34.

**Schneeweiß**, Tina: „*Sohn eines großen Vaters". Aspekte zum Schaffen Siegfried Wagners. Aufgezeigt an der Oper „Schwarzschwanenreich".* Schriftl. Hausarb. f.d. Erste Staatsprüf. f.d. LA an Gymnasien. Fach : Musik. München 2000. [Zulassungsarbeit.] [Ms.] (Auszugsw. abgedruckt in: *Mitteilungsblätter der ISWG e.V.* XXVIII/ XXIX, April 2001. 19-43.)

Dies.: „Tonarten-Symbolik bei Siegfried Wagner, speziell in Opus 15". In: Pachl 2003: 148-160.

**Schweitzer**, Albert: „Stimme der Erinnerung. Freundschaft mit Siegfried Wagner". In: Richard Wagner Festspiele Bayreuth. Der Fliegende Holländer. Festspielnachrichten des Bayreuther Tagblatt. 1955. 1.

Ders.: „Erinnerungen an Cosima und Siegfried Wagner". In: Programmheft der Bayreuther Festspiele zum *Fliegenden Holländer* 1955. 5-9.

**Seidl**, Arthur: „Siegfried Wagner als Bayreuth-Reisender". (1923.) In: Ders.: *Neuzeitliche Tondichter und zeit-genössische Tonkünstler. Ges. Aufs., Studien u. Skizzen.* M. 50 Bildnis-Beig. Bd. II. Regensburg 1926 [= Dt. Musikbücherei. Hg.v. Gustav Bosse. Bd. 18/ 19.] 312-319.

**Seifert**, Wolfgang: *Günter Wand: So und nicht anders. Gedanken und Erinnerungen.* Hamburg 1998. 106-107.

**Söhnlein**, Kurt: „Gedanken über das Szenenbild in den Werken Siegfried Wagners". In: *Bayreuther Festspielführer 1928.* Hg. im Einvernehmen m.d. Festspielleitg. v. Verl. d. Hofbuchhandlg. Georg Nierenheim. 144-153.

Ders.: *Erinnerungen an Siegfried Wagner und Bayreuth.* Mit einem Anhang: Siegfried Wagners Briefe an K. S. Hg. u. komment.v. Peter P. Pachl. Bayreuth 1980 [= Schriftenreihe der ISWG. Bd. 1]

**Spring,** Alexander: „Zum Gedächtnis Siegfried Wagners. (4. August 1933)". Archiv der Klaviermanufaktur Steingraeber. Reprint in: *Mitteilungen der ISWG e.V.* XLIII, Juli 2012. 68-69.
Ders.: „Siegfried Wagner zum 70. Geburtstag (6. Juni 1939)". In: Die Tribüne. 12. Jg. 2. Juni-Heft. Nr. 19. 433-444.
**Stassen,** Franz: *Erinnerungen an Siegfried Wagner.* Hg. v. Bayreuther Bund. O.O. [Detmold] o.J. [1942.]
**Syberberg,** Hans Jürgen: „Meine Trauerarbeit für Bayreuth, Notizen zur Entstehung des Films WINIFRED WAGNER und die Geschichte des Hauses Wahnfried von 1914-1975." In: *Syberbergs Filmbuch. Filmästhetik – 10 Jahre Filmalltag. Meine Trauerarbeit für Bayreuth. Wörterbuch eines deutschen Filmkritikers.* Frankfurt 1979. 243-296.
**Wagner,** Friedelind: Nacht über Bayreuth. Die Geschichte der Enkelin Richard Wagners. M.e. Nachw. v. Eva Weissweiler. A.d. Engl. von Lola Humm. Berlin 1999. [= Ullstein-Buch; Nr. 30432.]

## Quellen und Literatur zur Erforschung der Geschichte der Bayreuther Festspiele

**Friedrich, Sven**: „Siegfried Wagner – Eine Zeittafel". In: Begleitheft zur Ausstellung „Das Theater Siegfried Wagners." Eine Ausstellung des Richard-Wagner-Museums im Haus Wahnfried zu Siegfried Wagners 125. Geburtstag. Hg.: Richard-Wagner-Museum Bayreuth. Text u. Gestaltung Sven Friedrich. O.J. [1994].
Ders.: „Siegfried Wagner als Festspielleiter". In: Pachl 2003: 282-318.
Ders.: „Szene und Zeitgeist. Der Ring in Bayreuth von der Gründung der Festspiele bis zum Ende des Zweiten Weltkriegs." In: Die Szene als Modell. Die Bühnenbildmodelle des Richard-Wagner-Museums und der „Ring des Nibelungen" in Bayreuth 1876-2000 mit Beitr. v. Peter Axer, Oswald Georg Bauer u.a. München, Berlin 2006. [= Bayer. Museen. Hrsg. v. d. Landesstelle für nichtstaatliche Museen in Bayern b. Bayer. Landesamt f. Denkmalpflege. Bd.30] Red.: S. F. 51-76.
**Fröhlich,** Elke (Hg.): *Die Tagebücher von Joseph Goebbels.* Sämtl. Fragm. Hg.v. Elke Fröhlich i.A. d. Instituts für Zeitgeschichte u.in Verb. m. d. Bundesarchiv. Teil I: Aufzeichnungen 1924-1941. Bd. 2: 1.1.1931-31.12.1936. München, New York, London, Paris 1987.
**Karbusicky,** Vladimir (Hg.u.Übers.): *Besuch bei Cosima. Eine Begegnung mit dem alten Bayreuth. Mit einem Fund der Briefe Cosima Wagners.* Hamburg 1997.
**Kocholl,** Roman: „Richard Wagners Notizbuch. Neuerwerbungen f. Richard-Wagner-Museum und Franz-Liszt-Museum". In: *Nordbayerischer Kurier.* 6./7. Aug. 2005. 20.
**Landsberger,** Artur: *Berlin ohne Juden.* Hannover 1926.
**Picker** Henry: *Hitlers Tischgespräche im Führerhauptquartier 1941-1942.* Im Auftr. D. Verlags neu hrsg. v. Percy Ernst Schramm in Zusammenarb.m. A. Hillgruber u. M. Vogt. Stuttgart 1963.
**Schüler,** Winfried: *Der Bayreuther Kreis von seiner Entstehung bis zum Ausgang der wilhelminischen Ära: Wagnerkult und Kulturreform im Geiste völkischer Weltanschauung.* Münster 1971.
**Schweitzer,** Albert: „Erinnerungen an Cosima und Siegfried Wagner". In: *Der Fliegenden Holländer.* Programmheft der Bayreuther Festspiele. 1955: 5-9.

## Dichtungs- und sprachwissenschaftliche Literatur

*1. Quellen*

**Märchen** *der Brüder Grimm.* M. 100 Bildern u. Aquarellen v. Ruth Koser-Michaels. Berlin 1937. Ausw.: Karl Hobrecher.

**Meerheimb**, Richard von: *Psychodramen. Monodramen neuer Form. Material für den rhetorisch-declamtorischen Vortrag.* Berlin 1879.

*2. Literatur*

**Bachtin**, Michail: *Rabelais und seine Welt. Volkskultur als Gegenkultur.* Übers.v. Gabriele Leupold. Hg.u.m.e.Vorw.vers.v. Renate Lachmannn. Frankfurt/Main 1995. [= suhrkamp taschenbuch wissenschaft 1187.]

**Lüthi**, Max: *Das europäische Volksmärchen. Form und Wesen.* Tübingen, Basel 2005$^{11}$. [= UTB.] [1947]

**Martini**, Fritz: *Germanische Heldensage. Entstehung, Entwicklung und Wesen des deutschen Heldendichtung.* Berlin 1935 [= Volksverband der Bücherfreunde. 3. Bd. d. 6. Wissenschaftl. Jahresreihe (W).]

**Mühlberger**, Joseph: *Geschichte der deutschen Literatur in Böhmen 1900-1939.* München, Wien 1981.

**Petsch**, Robert: „Die Kunstform des Märchens. Ihre Entwicklung und ihre Bedeutung für die Welt der epischen Formen.". In: *Zeitschrift f. Volkskunde. Halbjahrsschrift d. Dt. Ges. f. Volkskunde.* Hg.v. Fritz Boehm. N.F. Bd. 7. (45. Jg. 1935.) 1937. H. 1-2. 1-30

**Klotz**, Volker: *Geschlossene und offene Form im Drama.* München 1960. [= Literatur als Kunst.]

**Weinrich**, Harald: „Semantik der kühnen Metapher." In: *Deutsche Vierteljahrsschrift für Literaturwissenschaft und Geistesgeschichte.* Begr. v. Paul Kluckhohn u. Erich Rothacker. Hg.v. Richard Brinkmann u. Hugo Kuhn. 37. Jg. 1963. XXXVII. Bd. H.3 325-344.

*3. Nachschlagewerke, Lexika*

**Bachorski**, Hans-Jürgen: **Karneval.** In: *Reallexikon der deutschen Literaturwissenschaft.* Neubearb.d. *Reallex.d.dt.Literaturgeschichte* [1.u.2.Aufl.] gem.m. Georg Baumgart, Klaus Grubmüller, Jan-Dirk Müller, Friedhart Vollhardt u. Klaus Weimar hg.v. Harald Fricke. Bd. II. H-O. Red.: Moritz Baßler, Armin Schulz. Berlin, Ney York 2000, 3. neubearb. Aufl. 237-239.

**Bahlow**, Hans: *Unsere Vornamen im Wandel der Jahrhunderte.* Limburg/ Lahn 1965. [= Grundriß d. Genealogie. 4.]

Ders.: *Deutsches Namenlexikon. Familien- u. Vornamen nach Ursprung u. Sinn erklärt.* München 1967.

**Braak**, Ivo: *Poetik in Stichworten. Literaturwissenschaftliche Grundbegriffe. Eine Einführung.* Kiel 1965.

***DUDEN****. Das Herkunftswörterbuch. Etymologie der deutschen Sprache.* 4., neu bearb. Aufl. Hg. v. d. Dudenredaktion. Auf der Grundlage der neuen amtlichen Rechtschreibregeln. DUDEN Bd.7. Mannheim, Leipzig, Wien, Zürich 2007. [= Der Duden in 12 Bdn. Das Standartwerk z.dt.Sprache. Hg. v. Wissenschaftl. Rat der Dudenred.: Matthias Wermke u.a.]

**Eberhard-Wabnitz**, Margit u. Horst Leisering: *Knaurs Buch der Vornamen.* München 1998.

**Frenzel**, Elisabeth: *Stoff-, Motiv- und Symbolforschung.* 3. u. 4., durchges. u. erg. Aufl. Stuttgart 1970 bzw. 1978 u. [= Sammlung Metzler 28. Realienbücher für Germanisten. Abt.: Poetik.]

Dies.: *Motive der Weltliteratur. Ein Lexikon dichtungsgeschichtlicher Längsschnitte.* Stuttgart 1999. 5. überarb.u.erg.Aufl. [=Kröners Taschenausg.: 301].
**Grimm**, Jacob u. Wilhelm: *Deutsches Wörterbuch.* Bd. 1 A-Biermolke. München 1984 [=Nachdruck v. 1854].
    Bd. 7: Gewöhnlich – Gleve. Bearb. v. Hermann Wunderlich u. d. Arbeitsstelle des Deutschen Wörterbuchs Hans Neumann u.a. Fotomechan. Nachdruck d. Erstausg. München 1999 [1949].
    Bd. 10. 4. Bandes 2. Abt. H.I.J. H-Juzen. Bearb. v. Moriz Heyne. München 1984. Nachdruck [1877]. 1887-1888.
    Bd. 15. [=] 9. Bd. Schiefeln – Seele. Bearb. v. Moriz Heyne im Verein m. Rudolf Meiszner u.a. München 1984 [Fotomech. Nachdr. d. Erstausg. 1899.] [dtv 5945.]
**Grimm**, Jacob: *Deutsche Mythologie.* Göttingen 1835.
**Grimm**, Jacob: *Deutsche Mythologie.* Einl.: Leopold Kretzenberger. Wiesbaden 1992. Um eine Einl. verm. Nachdr. d. 4. Aufl. [1875-78] I. Bd. 220.
**Otto**, Regine u. Bernd Witte (Hg.) *Goethe Handbuch* Bd. 1. Gedichte. Stuttgart, Weimar 1996. [= Goethe Handbuch in 4 Bdn. Hg.v. B.W. u.a. Red.: Carina Janßen u.a.]
**Pfeifer**, Wolfgang (Hg.): *Etymologisches Wörterbuch des Deutschen M – Z.* Erarb. im Zentralinstitut f. Sprachwissenschaft Berlin unter der Leitung v. W.P. Autoren: Wilhelm Braun u.a. Berlin 1993. 2. Aufl., durchges. u. erg. v. W.P.
**Schmitz**, Thomas A.: **Karnevalismus**. In: *Metzlers Lexikon Literatur. Begriffe u. Definitionen.* Begrdt.v.Günther u. Irmgard Schweikle. Hg.v. Dieter Burdorf, Christoph Dasbender u. Burkhard Moenninghoff. 3., völlig neu bearb. Aufl. Stuttgart, Weimar 2007. 375.
**Seibicke**, Wilfried, i.Verb.m.d. Gesellschaft f.dt. Sprache: *Historisches Vornamenbuch.* Bd. 4 Sc-Z. Berlin, New York 2003.
**Wartburg**, Walther von: *Französisches Ethymologisches Wörterbuch. Eine darstellung des galloromanischen sprachschatzes.* 1. Bd. A-B. Tübingen 1948. [Fotomechan. Neudruck.]
**Wilpert**, Gero von: *Sachwörterbuch der Literatur.* Stuttgart 1959. 2. verb. u. erw. Aufl. [Kröners Taschenbuchausg. Bd. 231.]
Ders.: *Deutsche Literatur in Bildern.* Stuttgart 1957.

## Musikwissenschaftliche Literatur

*1. Quellen*

**N.N.**: „Tonartencharakteristik nach [Johann] MATTHESON". [Auszug; Aushang Musikschule Langenhagen.]
**Wagner**, Richard: *Oper und Drama.* In: *Richard Wagners Ges. Schriften u. Briefe.* Hg.v. Julius Kapp. 11. Bd. Grundlegende theoretische Schriften II.(Oper und Drama). [= Deutsche Classiker-Bibliothek.] Leipzig 1914.
Ders.: „Über die Ouvertüre". In: *Richard Wagners Ges. Schriften.* Hg.v. Julius Kapp. 7. Bd. Aufsätze zur Musikgeschichte I. [= R.W.s Ges. Schr. u. Brr.] Leipzig o.J. [1949?]. 124-136.
Ders.: „Eine Pilgerfahrt zu Beethoven". In *Ges. Schriften u. Briefe* 7. Bd. 78-101.
Ders.: „Über die Anwendung der Musik auf das Drama". In: *Die Hauptschriften. Richard Wagner.* Hg.u.eingel. v. Ernst Bücken. Stuttgart 1956, 2. Aufl., neu bearb.v. Erich Rappl. [= Kröners Taschenausg. BD 145.] 376-394.
Ders.: *Mein Leben.* Vollständ. komment Ausg. Hg.v. Martin Gregor-Dellin. München 1976.

Ders.: *Das Künstlertum der Zukunft* [1849.] In: *Entwürfe, Gedanken, Fragmente.* Aus nachgelassenen Papieren zusammengestellt. Leipzig 1885.

## 2. Literatur

**Beckh**, Hermann: *Die Sprache der Tonart in der Musik von Bach bis Bruckner.* Einl.v. Lothar Reubke. Unveränd. photomechan. Nachdr. d. 1. Aufl. 1937. Stuttgart 1977³. [Neuausg. 1976.]

**Dahlhaus**, Carl: *Richard Wagners Musikdramen.* Velber 1971.

**Floros**, Constantin: „Psychodramen, tönende Autobiographien und illustrierende Programmusik – Zu Richard Strauss' Tondichtungen" In: *Richard Strauss. Leben – Werk – Interpretation. Internat. Gewandhaus-Symposium 6, 1989, Leipzig.* Frankfurt u.a. 1991. 36-40.

**Gier**, Albert: *Das Libretto. Theorie und Geschichte einer musikoliterarischen Gattung.* Darmstadt 1988.

Ders.: „Operette als Karneval. Burlesken, Idyllen und die literarische Gattungsgeschichte der Operette". In: *Il Saggiatore musicale. Rivista semestrale di musicologia.* Anno X, 2003, n. 2. 269-285.

Ders.: „Sprachskepsis und Sprachverlust im zeitgenössischen Musiktheater". In: *Musiktheater heute. Internationales Symposion der Paul Sacher Stiftung.* Basel 2001. Hrsg. v. Hermann Danuser in Zus.arb. m. Matthias Kassel. Mainz, London, Madrid, New York, Paris, Tokyo, Toronto 2003. 63-83. [= *Veröffentlichungen der Paul Sacher Stiftung/ Publications of the Paul Sacher Foundation.* Bd./ Vol. 9.]

**Glasenapp**, Carl Friedrich: *Das Leben Richard Wagners.* In 6 Bdn. 3. Bd. Leipzig 1905.

**Hausegger**, Siegmund: *Alexander von Ritter. Ein Bild seines Charakters und Schaffens.* Berlin 1907.

**Jacobs**, Heiko: *Parsifal. Die dramaturgische Konstruktion des Bühnenweihfestspiels. Von der Architektur der Partitur zur Architektur auf der Bühne.* Frankfurt a.M. 2001. [Diss.]

**Katzenberger**, Günter: „Vom Einfall zur harten Arbeit. Zum Schaffen von Richard Strauss." In: Ders.: *Denken und Sprechen als der Weg zur Musik. Beiträge zur Musikgeschichte.* Hg.v. Arnfried Edler. Hannover 2003. [= Institut für Musikpäd. Forschung d. Hochschule f. Musik u. Theater Hannover. Monographie Nr. 8.] 194-221.

**Kruse**, Georg Richard: Einleitung zu R.W.: *Lohengrin.* Rom. Oper in drei Aufzügen. Vollst. Buch. Hg. u. eingel. v. G.R.K. Leipzig o.J.

**Mickisch**, Stefan: *Tonarten und Sternzeichen.* Himmelkron 2006. [Mitschnitt des Kammermusikfestes Lockenhaus, 14.7.2005.]. Doppel-CD, Beiheft.

**Neumann**, Horst Peter: „Mythen der Inspiration aus den Gründerjahren der Neuen Musik. Hans Pfitzner, Arnold Schönberg und Thomas Mann." In: *Vom Einfall zum Kunstwerk. Der Kompositionsprozeß in der Musik des 20. Jahrhunderts.* Hg.v. Hermann Danuser u. Günter Katzenberger. Laaber 1993. [= Publikatioinen der Hochschule f. Musik u. Theater. Hg, v. Richard Jakoby. Bd. 4.] 331-342.

**Overhoff**, Kurt: *Die Musikdramen Richard Wagners. Eine thematisch-musikalische Interpretation.* Salzburg, München 1984⁴.

**Reiner**, Gebhard: „›MADRISA‹ Eine Volksoper aus den Schweizer Bergen in drei Akten. Text von Johannes Jegerlehner. Musik von Hans Haug." In: *Die Musik. Monatsschrift.* Begr.v. Bernhard Schuster. Hg.v. Johannes Günther. XXVI. Jg. Erster Halbjahresbd. Oktober 1933-März 1934. H.5 (Februar 1934). 364.

**Roch**, Eckhard: *Psychodrama. Richard Wagner im Symbol.* Stuttgart 1995.

**Schneider**, Marcus: „Richard Wagners Meistersinger – ein Johanni-Mysterium". In: *Der Europäer. Symptomatisches aus Politik, Kultur u. Wirtschaft.* Jg. 8/ Nr. 8/ Juni 2004. 6-11.

**Schwandt**, Christoph: „Hofmüller und der Nazi aus Weimar (1928-1944)". In: *Oper in Köln. Von den Anfängen bis zur Gegenwart.* Hg.v. C.S. Berlin: 2007: 255-306.

**Wilhelmer**, Olaf: „O Bild, du Bild, das mir fehlt. Suchbewegungen in Theorie und Praxis: Die Deutsche Oper Berlin nimmt sich Alexander Zemlinskys selten gespielter Oper ‚**Der Traumgörge**' an." In: opernwelt 7. juli 2007. 48. Jg. 20-21.

## 3. Nachschlagewerke, Lexika

**Abert**, Anna Amalie: Art. **Libretto**. In: *Die Musik in Geschichte und Gegenwart. Allg. Enzyklopädie d. Musik.* Unter Mitarb.zahlr. Musikforscher d. In- u. Auslamdes hg.v. Friedrich Blume. Bd 8 LAAFF – MEJTUS. (M. 104 Bildtfn., 1 Farbtf., 420 Textabb. 90 Notenbsp., 10 Tab.) Kassel, Basel, London, Ney York 1960. 708-727.

**Borchmeyer**, Dieter: Art. **Libretto**, Textform. In: MGG. 26. Bde. in 2 Teilen. Sacht. in 9 Bdn., Personent. in 17 Bdn. M.e. Reg. z. Sacht. u.e. Reg.z. Personent. 2., neubearb. Ausg.v. Ludwig Finscher. Sacht. Bd. 5 Kas-Mein. Kassel, Basel, London, New York, Prag/ Stuttgart, Weimar 1997. 1116-1123.

**Bücken**, Ernst: *Die Musik des 19. Jahrhunderts.* Wildpark-Potsdam 1929. [= *Handbuch der Musikwissenschaft.* Hg.v. E.B. in Verb.m. H. Besseler u.a. Bd.5.]

**Dahlhaus**, Carl: *Die Musik des 19. Jahrhunderts.* M. 75 Notenbsp., 91 Abb. u. 2 Farbtfn. Wiesbaden/ Laaber 1980. [= *Neues Handb.d. Musikwiss.* hg.v. C.D. Bd. 6.]

**Danuser**, Hermann: *Die Musik des 20. Jahrhunderts.* M. 108 Notenbsp., 130 Abb. . 2 Farbtfn. Laaber 1984. [= *Neues Handbuch der Musikwissenschaft.* Bd. 7.]

**Franke**, Rainer: „César Franck". In: *Pipers Enzyklopädie des Musiktheaters. Oper · Operette · Musical · Ballett.* Hg.v. Carl Dahlhaus u.d. Forschungsinstitut für Musiktheater der Universität Bayreuth unter d. Leitung v. Sieghart Döhring. Bd.2 Werke. Donizetti – Henze. München, Zürich 1987. [=*Pipers Enzyklopädie des Musiktheaters* in 8 Bdn.] 282-284.

**Herzfeld**, Friedrich: *Ullstein Musiklexikon.* Mit 4500 Stichwörtern, 600 Notenbeispielen, 1000 Abb. u. 32 Tafelseiten. Berlin, Frankfurt/ Main, Wien 1965.

historicopera.com/listing_singers_d.htm

**Moser**, Hans Joachim: *Musik-Lexikon.* 2 Bde. Hamburg 1955.

**Pelker**, Bärbel: Art. **Ouvertüre**. In: *Die Musik in Geschichte und Gegenwart. Allg. Enzyklopädie d. Musik* begr. v. Friedrich Blume. 2., neubearb. Ausg. hg.v. Ludwig Finscher. Sachteil 7 Mut-Que. Kassel, Basel, London, New York, Prag/ Stuttgart, Weimar 1997. [= MGG. Allg. Enz.d.Musik begr.v. F.B. 2., neubearb. Ausg. hg.v. L.F. 21 Bde in 2 Teilen. Sachteil in 9 Bdn, Personenteil in 12 Bdn. M.e. Reg. z. Sacht. u.e. Ges.reg. z. Sach- u- Personent.] 1242-1256.

**Reiber**, Joachim: Art. **Libretto**, 19. Jahrhundert. In: MGG (neu): 1169-1176.

**Renner**, Hans: Neuen *Opern- und Operettenführer. Von Monteverdi bis Henze.* München 1963.

**Scholz**, Christian (Red.): *Handbuch des Musiktheaters. Oper – Operette – Musical – Ballett.* Bd. 2. M.e. Essay von Franz Endler. Basistext v. Renate Wagner. Mitarb.: Barbara Ackermann. Konz. u. Red.: Christian Scholz. Freiburg, Basel, Wien 1992.

**Schreiber**, Ulrich: *Opernführer für Fortgeschrittene. Eine Geschichte des Musiktheaters. Das 19. Jahrhundert.* Kassel, Basel 1991.

Ders.: *Die Kunst der Oper. Geschichte des Musiktheaters. Bd. III. Das 20. Jahrhundert: Von Verdi und Wagner bis zum Faschismus.* Frankfurt/ Main 2000.

**Seeger**, Horst: *Opernlexikon.* Erw. Neuausg. Wilhelmshaven 1987.

Steinhauser Ulrike: „Musik und Architektur". In: MGG 1997. Sachteil 6 Meis – Mus. 730-746.
Thiel, Eberhard: *Sachwörterbuch der Musik.* 4., verb. Aufl. m. 24 Abb. u. Notenbsp. Stuttgart 1984. [= Kröners Taschenausg. Bd. 210.]

## Allgemeine und Fach-Lexika sowie Wörterbücher

Balcar, Alexander J.: *Knaurs Ballett-Lexikon.* Vorw. v. Pavel Ludikar. M. 440 Abb., davon 170 in Farben. München, Zürich 1958.
*Bertelsmann Volkslexikon.* Hg.v.d. Bertelsmann Lexikon-Red. Gütersloh 1975.
Biedermann, Hans: *Knaurs Lexikon der Symbole.* Hg.v.Gerhard Riemann. München 1989.
Bilzer, Bert et al. [Hg.]: *Das große Buch der Kunst.* Völlig neu überarb. u. unter Mitarb. v. Bernhard Holeczek erw. Aufl. [1958]. Braunschweig 1986[5].
*Der Brockhaus. Alternative Medizin. Heilsysteme, Diagnose, und Therapieformen, Arzneimittel.* Hg.v.d. Lexikonred. d. Verlags F.A. Brockhaus, Mannheim. Mannheim, Leipzig 2008.
*Brockhaus Enzyklopädie* in 30 Bdn. 21., völlig neu bearb. Aufl. 2006: Bd. 1 A – ANAT. Bd. 2 ANAU-AUSV. 4. Bd. BRO-COS. Bd. 7 DIEU – EMAR. Bd. 8 EMAS-FASY. Bd. 13 HURS-JEM. Bd. 16 KRUT-LINK, 516f. Bd. 17 LINL-MATG. Bd. 19 MOSC-NORDD. Bd 22 POT-RENS. Leipzig, Mannheim 2006.
*Brockhaus' Konversations=Lexikon.* 14. vollst. neubearb. Ausg. In 16 Bdn. 13. Bd. Perugia – Rudersport. M. 64 Tafeln, darunter 14 Chromotafeln, 22 Karten u. Pläne, u. 167 Textabb. Leipzig, Berlin, Wien 1895.
Cirlot, Juan Eduardo: *A dictionary of symbols* [*Diccionario de simbolos tradicionales*]. Transl. fr. the Spanish by Jack Stage. Foreword by Herbert Read. London 1978 [1962] [= Repr. 2[d] ed. 1971]
Cooper, Jean Campbell: *Ill. Lexikon der traditionellen Symbole.* A.d.Engl. übers.v. Gudrun u. Matthias Middell [London 1978.]. Wiesbaden o.J. [Leipzig 1986; ca. 1988.]
Dittrich, Sigrid u. Lothar: *Lexikon der Tiersymbole. Tiere als Sinnbilder in der Malerei d. 14.-17.Jhdt.* Petersberg 2004. [=Studien z. internat. Architektur- u. Kulturgeschichte 22]
*Dorsch. Psychologisches Wörterbuch.* Hg.v. Friedrich Dorsch, Hartmut Häcker, Kurt-Hermann Stapf. Red.: Horst Ries. Bern, Stuttgart, Toronto 11., erg. Aufl. 1987 (Nachdr. 1992).
Gemoll, Wilhelm: *Griech.-dt. Schul- u. Handwörterbuch.* Durchges.u.erw.v. Karl Vretska. München, Wien 1965.
Gründler, Johannes: *Lexikon der christl. Kirchen u. Sekten unter Berücksicht. Der Missionsgesellschaften u. zwischenkirchlichen Organisationen.* Bd. 1. Wien, Freiburg, Basel 1961.
Kosch, Alois, Dietmar Aichele: *Der neue Kosch.: Was blüht denn da? Ein Führer zur Bestimmung von wildwachsenden Blütenpflanzen Mitteleuropas.* Neuverfaßt von D.A. Neu illustr.v. Angela Paysan. M. 1200 Bildern im Text u.m. 32 Farbfotos auf 8 Tafeln. Stuttgart 1971[34].
*Lexikon der theologischen Werke.* Hg..v. Michael Eckert, Eilert Herms, Bernd Jochen Hilberath, Eberhard Züngel. Stutgart 2003.
Lurker, Manfred (Hg.): *Wörterbuch der Symbolik.* Unter Mitarb. zahlr. Fachwissenschaftler. Stuttgart 1991. 5., durchges. u. erw. Aufl. [= Kröners Taschenausg. Bd. 464.] 657.
*The Oxford English Dictionary.* Being a corrected re-issue with an introduction, supplement, and bibliography of a new English Dictionary on historical principles founded mainly on the materials collected by The Philological Society. Vol. VIII. Poy – Ry. Oxford 1978.

Rosenberg, Adolf: *Handbuch der Kunstgeschichte.* 2. verbess.u.vermehrte Aufl. M. 903 Abb. im Text u. 4 Beil. Hg.v. Hans Rosenhagen. Bielefeld u. Leipzig 1908.
Russell, Francis: *Dürer und seine Zeit 1471-1528.* Francis Russell u. d. Red. d. TIME-LIFE-BÜCHER A.d.Engl.übertr.v. Peter Mortzfeld. O.O. [Time-Life International (Nederland)] [1972] Reprinted 1975.
*Wikipedia. Die Freie Enzyklopädie.*

## Quellen und Literatur zur Kunst-, Kultur- und Sozialgeschichte

Adler, Gusti: *Max Reinhardt. Sein Leben unter Zugrundelegung seiner Notizen für eine Selbstbiographie, seiner Briefe, Reden und persönlichen Erinnerungen.* Salzburg 1964.
Baggesen, Jens: *Der Karfunkel oder Klingklingel-Almanach. Ein Taschenbuch für vollendete Romantiker und angehende Mystiker. Auf das Jahr der Gnade 1810.* Hg.v.[Jens] Baggesen. Faksimiledruck n.d.Ausg.v. 1809. Hg.u.m.e.Einf.v. Gerhard Schulz. Bern, Frankfurt/Main, Las Vegas 1978 . [= *Seltene Texte aus der deutschen Romantik.* Hg. v. Gerhard Schulz. Bd. 4.]
Bauernfeind, Georg: *Fastentagebuch.* Bd. 2. 48. Hs. im Kreisarchiv des Landkreises Oder-Spree Fürstenwalde.
Baum, Marie: *Leuchtende Spur. Das Leben Ricarda Huchs.* Tübingen, Stuttgart 1950.
*DIE BIBEL ODER DIE GANZE HEILIGE SCHRIFT DES ALTEN UND NEUEN TESTAMENTS.* Nach der dt. Übers. Martin Luthers. Stuttgart: 1978.
Boehn, Max von: *Der Tanz.* Berlin 1925. [= Jahresreihe f.d.Mgl.d. Volksverbandes d. Bücherfreunde. 7,2.]
Broehl Delhas, Christel: *Kamerad Mutter.* Werdau i. Sa. o.J.
Bruyn, Günter de (Hg.): *Friedrichshagen u. seine Dichter. Arkadien in Preußen.* Hg.u.m. einem Nachw. v. Günter de Bruyn. Berlin 1992.
Bruyn, Wolfgang de (Hg.) *Fidus. Künstler alles Lichtbaren..* Berlin 1998.
Bürke, Georg: *Vom Mythos zur Mystik. Joseph von Görres' mystische Lehre und die romantische Naturphilosophie.* Einsiedeln 1958. [= Horizonte 4.]
Celan, Paul: *Der Meridian. Rede anläßlich der Verleihung des Georg-Büchner-Preises.* Darmstadt, 22. Oktober 1960. Frankfurt a.M. 1961.
Delpy, Egbert: „Höhenwege der Scherenschnittkunst." In: *Die Schönheit. Mit Bildern geschmückte Zeitschrift für Kunst und Leben* Jg. 18. 1922. 402-415.
Détienne, Marcel: *Crise agraire et attitude religieuse chez Hésiode.* Bruxelles 1963. [= Collection Latomus. 68.]
Dischner, Gisela „*Das Sichtbare haftet am Unsichtbaren". Mystische Spuren in der Kunst und Dichtung der Moderne.* Hamburg, Berlin 2005.
Dies.: „Sehnsucht". In: José Sánchez de Murillo u. Martin Thurner (Hrsg.): *Aufgang. Jahrbuch für Denken, Dichtung, Musik.* Band 2: *Sehnsucht.* Stuttgart 2005. [= Erg.reihe zur Publikationsreihe *Ursprünge des Philosophierens.*] 217-231.
Eggum, Arne, Gerd Woll, Marit Lande (Hg.): *Munch im Munch-Museum Oslo.* Berlin 1988.
Fellmann, F. W.: „Eine Wallfahrt auf Strümpfen, wobei der Stadtschreiber Klimpsch abtrünnig wird". In: *Mädchenpost. Zeitschr. f.d. weibl. Jugend.* Nr 45. 13. Jg. 8. Aug. 1926. 731-732.
Foerster, Rolf Hellmut: *Die Welt des Barock.* München 1977. [= *Große Kulturepochen in Texten, Bildern und Zeugnissen.* 3.]

**Frank**, Reinhard (Hg.): *Das Strafgesetzbuch f. d. Dt. R. nebst.d. Einführungsges.* Hg.u.erl.v. Reinhard Frank. Tübingen 1924. 15., völlig neu bearb. Aufl. 367.

**Frecot** Janos, Johann Friedrich Geist, Diethart Kerbs: *Fidus 1868-1948. Zur ästhetischen Praxis bürgerlicherFluchtbewegungen.* München 1972.

**Gierke**, Henning von: *Der innere Schlaf.* München 1999.

**Görres**, Joseph von: *Die Christliche Mystik.* Hg.v. Uta Ranke-Heinemann. (1989). Frankfurt/ Main 1989. [= Sammlung Historica.]

**Gubalke**, Lotte: „Frau Holles Reich". In: *Scherls Jungmädchenbuch.* Hg.v.L.G. Berlin o.J. [ca. 1914 oder 1915.] 153-160.

**Harzányi**, Zolt: *Ungarische Rhapsodie. Der Lebensroman von Franz Liszt.* 1. bis 4. Buch in einem Bde. A.d. Ungar. übertr. u. bearb. v. J.P. Toth u. A. Luther. Berlin, Darmstadt 1954.

**Henckell**, Karl: *Gedichte* [1882-1898]. Bildschmuck von Fidus. Zürich, Leipzig o.J. [Vorwort: 1898.]

**Herre**, Franz: *Ludwig II. von Bayern. Sein Leben – Sein Land – Seine Zeit.* Stuttgart 1986.

**Höffner**, Erwin: „Die Nacktbeter" In: *Die Schönheit* 1921. 17. Jg. 211-215.

**Hollaender**, Felix: *Der Weg des Thomas Truck. Ein Roman in vier Bdn.* Berlin o.J. Auflage: 21.-50. Tsd. Vorwort: 1930.

**Huch**, Ricarda: *Ausbreitung und Verfall der Romantik.* Leipzig 1915. [= Dies.: *Die Romantik.* 2. Bd. Leipzig 1915.]

Dies.: *Wallenstein. Eine Charakterstudie.* Leipzig 1915.

**Hyan**, Hans: *Die Somnambule.* Kriminal-Roman. Berlin o.J. B[ücher] M[oderner] A[utoren] Bd. 5.

**Jens**, Inge u. Walter: *Katias Mutter. Das außerordentliche Leben der Hedwig Pringsheim.* Reinbek/ Hamburg 2005.

**Jostes**, Franz: *Sonnenwende. Forschungen zur germanischen Religions- und Sagengeschichte.* I. Bd.: *Die Religion der Keltogermanen.* M. 26 Abb. Münster in Westfalen 1926.

***KANAPEE***. Hannovers einzigartige Wein- und Konzertstube. Programmheft Okt. 2011.

**Karasch**, Angela (Red.): *„Wenn ich dein vergesse, Jerusalem... " (Ps. 137). Himmlisches und irdisches Jerusalem im Bild.* Begleith. z. Ausstellung m. Texten v. Michael Becht, Angela Karasch u. Martin Mayer. Red.: A.K. Vitrinenausstellung d. Universitätsbibliothek Freiburg. Freiburg i.Br. 2005. (www.freidok.uni-freiburg.de/volltexte/2379)

**Keller**, Rolf E.: „Das war ich, Dies bin ich und Jenes werde ich. Gedanken zu Bossards graphischen Zyklen". In: Johann Michael Bossard. Ein Leben für das Gesamtkunstwerk. Zuger Kunstgesellschaft/ Kunsthaus Zug. Museum in der Burg Zug. Kat.buch zur Ausstellung. Hg.: Zuger Kunstgesellschaft. Zug 1986. 44-55.

**Klatt**, Norbert: *Theosophie und Anthroposophie. Neue Aspekte zu ihrer Geschichte aus dem Nachlaß von Wilhelm Hübbe-Schleiden mit einer Auswahl von 81 Briefen.* Göttingen 1993

**König**, B. Emil: *Ausgeburten des Menschenwahns im Spiegel der Hexenprozesse und der Autodafés. Eine Geschichte des After- und Aberglaubens bis auf die Gegenwart. Historische Schandsäulen des Aberglaubens. Ein Volksbuch.* Berlin-Friedenau o.J. [ca. 1935] 196—205. Tausend. 320.

**Körner**, Gudrun: „Sünde und Unschuld. Frauenbilder bei Franz von Stuck". In Seelen-Reich. Die Entwicklung des deutschen Symbolismus 1870-1920. Hg.v. Ingrid Ehrhardt u. Simon Reynolds. M. Beitr. v. Hans Henrik Brünner u.a. München, London, New York 2000. 155-175.

*Licht Luft Leben*, vereinigt mit *Der Mensch. Monatsschrift für Schönheit, Gesundheit, Geist, Körperbildung* XXIV. H.5.

**Landsberger**, Artur: *Wie Hilde Simon mit Gott und dem Teufel kämpfte.* Roman einer Berlinerin. München 1911[7].
**Lévi-Strauss**, Claude: *Das wilde Denken.* A. d. Franz. v. Hans Naumann. Frankfurt/Main 1979[3]. [= Suhrkamp-Taschenbücher Wissenschaft: 14.]
**Lohmeyer**, Wolfgang: *Der Hexenanwalt.* Ms., erstellt für die Landesbühne Hannover. O.O., o.J. ca. 1986.
**Löns**, Hermann: „Die Tanzjungfern". In: Gudrun Wildhagen (Hg.): *Unter dem Schornsteinkleid. Märchen und Sagen von Hermann Löns.* M. Scherenschnitten v. Anna Köhn. Barsinghausen 1994. 93-96.
**Lüdeling**, Hartmut: *Handbuch der Radiästhesie. Schwerpunkt Grifflagentechnik mit 97 Abb.* Nienburg 1994.
**Lütt**, Isa von der: *Die elegante Hausfrau. Mitteilungen für junge Hauswesen. Mit besonderen Winken für Offiziersfrauen.* Stuttgart, Leipzig, Berlin, Wien 1892.
**Mann**, Klaus: *Der Wendepunkt. Ein Lebensbericht.* Berlin 1958.
**Meyer**, Eduard v.: „Ein Tempel der Kunst im Tessin". In: *Die Schönheit* 1928: 24. Jg. 473-488.
**Mommsen**, Theodor: „Rede über das Alter" am 22. März 1875. In: Wilhelm Spohr: Berlin 1940.
**Münch**, Detlef: *Komment.u.ill. Bibliographie d. Bucherstausgaben d. Erzählungen v. Hermann Löns 1901-2010 u. Würdigung seines Beitrags z. Phantastischen Literatur.* [= Beiträge zur Bibliographie u. Rezension d. dt. Science Fiktion. Bd. 20.] Dortmund 2010.
**Nietzsche**, Friedrich: *Die Geburt der Tragödie aus dem Geiste der Musik.* In: Friedrich Nietzsche in 3 Bdn. Hg.v. Karl Schlechta. 1. Bd. Darmstadt 1977. 19-134.
**Parr**, Rolf: *Interdiskursive As-Sociation. Studien zu literarisch-kulturellen Gruppierungen zwischen Vormärz und Weimarer Republik.* Tübingen 2000. [= Studien u. Texte zur Sozialgeschichte der Literatur. Bd. 75.] [Habil.-Schr.]
**Raab**, Heribert: „Görres und die Geschichte". In: *Hist. Jahrbuch.* I.A.d. Görres-Ges. hg.v. Johannes Spörl. 93.Jg. 1973. 73-103.
**Ramazani**, Jahan: „The Wound of History: Walcott's *Omeros* and the Postkolonial Poetics of Affliction". In: *Publications of the Modern Language Association of America* 3/ 112 (1997). 405-417.
**Ranke**, Leopold von: *Geschichte Wallensteins.* Leipzig 1872[3]. [= L.v. Ranke's Sämmtliche Werke 23. Bd.]
**Reade**, Brian: *Beardsley.* Übers. a.d. Engl. v. Antje Pehnt. Stuttgart 1969.
**Reimer**, Edmund-Johannes: „Die Körperkulturbewegung der ‚Böhmischen Adamiten' in Zentral-Europa. Zweiter historiologischer Teil." *Die Schönheit* 1917: 222-232.
Ders.: „Die Adamiten in Böhmen. Versuch einer Deutung und zur Psychologie des Natur-Kultes. Erster Teil." A.a.O.: 217-221.
**Reinhold**, Regy: „Am Teiche der Freude". In: *Die Freude. Moinatshefte für freie Lebensgestaltung.* Nov.., H. 11. 1927. 481-482.
**Rötzer**, Joseph: „Der religiöse Nacktkult der Adamiten." .In: *Die Schönheit* 1921: 203-209.
**Rudolph**, Andrea (Red.u.Lektorat): *Hexen – Mythos und Wirklichkeit* Kat. zur Ausstellung 12.9.2009-2.5.2010. Hg.: Hist. Museum d. Pfalz Speyer. München 2009.
**Russ**, Sigrid: *Die Schlösser König Ludwigs II.* Deutsch – English – Français – Italiano. Photos von Werner Neumeister. Einleitung u. Bildlegenden: Sigrid Russ. München 1990.
**Steinbruckner**, Charlotte: *Lavaters Physiognomische Fragmente im Verhältnis zur Bildenden Kunst.* Mit 64 Textabb. u. 20 Bildertafeln. Berlin 1915.

**Sarninghausen**, Hans-Cord: „In Meinersen wurde noch 1818 gefoltert". In: *Calluna. Das Südheide-Magazin*. Winter 2009. 37. [= Buchbesprechung: Matthias Blazek: *Die Hinrichtungsstätte des Amtes Meinersen. Eine Quellensammlung*. M. zahlr. Abb. Stuttgart 2008. ]

**Schmidt**, Maria: „Geschichte des Sternbildes Schwan" in: *Almanach der Beobachtergruppe Sternwarte Deutsches Museum, München*: www.almanachdeutschesmuseum.de/DerSchwan.htm.

**Schneider**, Reinhard: *Leitfaden und Lehrkurs der Ruten- und Pendelkunst. Einführung in die Radiästhesie* Teil II. *Fließendes Wasser und Radiästhesie*. Wertheim 1984.

**Schroeder**, Leopold von: „Der arische Naturkult, als Grundlage der Sage vom heiligen Gral." In: *Bayreuther Blätter. Dt. Zeitschrift im Geiste Richard Wagners* hg.v. Hans von Wolzogen. 34. Jg. 1911. 7.-9. Stück. 182- 197.

**Schulz**, Gerhard: *Novalis. In Selbstzeugnissen u. Bilddokumenten*. Reinbek/ Hamburg 1969. [= rowohlts monographien. Hrsg.v. Kurt Kusenberg.]

**Schwabe**, Julius: *Archetyp und Tierkreis. Grundlinien einer kosmischen Symbolik und Mythologie*. M. 154 Abb. U. 2 Tfn. Hann. Münden 1987. Nachdr. d. 1. Aufl. vcon 1951. [=Gauke Reprint; 3.]

**Serke**, Jürgen: *Böhmische Dörfer. Wanderungen durch eine verlassene literarische Landschaft*. Wien, Hamburg 1987.

**[SIKORSKI magazine]** „Ich tue nicht mehr als früher, aber dies noch viel bunter" – Rolf Zuckowski zum 60. Geburtstag. Reportage. In: SIKORSKI magazine 02/07. Quartalsmagazin der SIKORSKI MUSIKVERLAGE. 9-10.

**Supper**, Auguste: „Gedenke der vorigen Zeiten". In: *Scherls Jungmädchenbuch*. Hg.v.Lotte Gubalke. Berlin o.J. [ca. 1914 oder 1915.]: 137-152.

**Uffelen**, Georgia van: „Erdstrahlen und Wasseradern". In: *natürlich gesund & munter. Das Magazin für Naturmedizin und Ganzheitliche Gesundheit*. Oktober/ November 5/ 2010.14-18.

**Wachler**, Ernst: „Eros als weltschaffende Macht". In: *Die Schönheit. Mit Bildern geschmückte Zeitschrift für Kunst und Leben* 1928. 24. Jg. 52-57.

**Weidemann**, Magnus: „Zum Geleit!". In: *Licht-Land. Nachrichten-, Werbe- und Kampfblatt der Licht- und neudeutschen Bewegung*. Flg. 1. Jg. 1. 1924. 1-5.

**Wehrlin**, Arthur: „Theater". In: *Die Freude. Monatshefte f. freie Lebensgestaltung*. III. Jg. H.9. September 1926. 385-391.

**Wermer**, Ute: *FIDUS-Hugo Höppener. Jugendstilkünstler und Lebensreformner (1868-1948)*. In: Biographische Reihe 10. Hg.v.: FREIRELIGIÖSE GEMEINDE. Freigeistige Gemeinschaft Berlin e.V. Berlin o.J.

**Werner**, Ernst: „Die Nachrichten über die böhmischen ‚Adamiten' in religionshistorischer Sicht." In: Theodora Büttner und E. W.: *Circumcellionen und Adamiten. Zwei Formen mittelalterlicher Haeresie*. Berlin 1959. [= *Forschungen zur mit- telalterl. Geschichte*. Hg.v. H. Sproemberg u.a. Bd. 2.] 73-141.

**Wittelsbacher Ausgleichsfond** u. Winifred Wagner(Hg.): *König Ludwig II. u. Richard Wagner. Briefwechsel*. Bearb. v. Otto Strobel. 5 Bde. Karlsruhe 1936-39. Bd. 3.

**Y**, Rainer: Fidus, der Tempelkünstler. Interpretation im kunsthistorischen Zusammenhang mit Kat. der utopischen Architekturentwürfe. Teil II: Anhang, Katalog, Abbildungen. Göppingen 1985. [= *GÖPPINGER AKADEMISCHE BEITRÄGE* hg.v. Ulrich Müller, Franz Hundsnurscher u. K.Werner Jauss. Nr 123 II.] [Diss. 1983.]

## Musikalische Werke anderer Komponisten

**Bellini**, Vincenzo: *Norma*. Tragedia lirica in due atti. *Norma*. Lyrische Tragödie in 2 Akten. Text von Felice Romani. Musik von Vincenzo Bellini. Textbuch it.-dt. Tüs: O.N. O.O. o.J. [ca. 1831][= *Theater*. Bd. 13; Stück 3.]

**Hartmann**, Karl Amadeus: *Simplicius Simplicissimus. Drei Szenen aus seiner Jugend.* Melodram. Libretto: Hermann Scherchen (Szenarium), Wolfgang Petzet u. K.A. Hartmann. Rev. 1956/57.

**Humperdinck**, Engelbert: *Hänsel und Gretel*. Märchenspiel in drei Bildern von Adelheid Wette. Vollständ. Buch. N.d. Wortlaut d. Part. hg.u.eingeleitet v. Wolfram Humperdinck. Stuttgart 1979.

**Janáček**, Leoš: *Jenůfa (Ihre Ziehtochter)*. Oper aus dem mährischen Bauernleben in drei Akten von Gabriele Preiß. Dt. Übers.v. Max Brod. Für die Wiener Hofoper eingerichtet v. Hugo Reichenberger. Leipzig 1918.

**Jansch**, Bert: *THE BLACK SWAN*. Sanctuary Records Group Ltd. London 2006. SANCD430. CD und Beiheft.

**Wagner**, Richard: *Tristan und Isolde*. Vollständ. Buch. Hg. u. eingel. v. Georg Richard Kruse. Leipzig o.J.

Ders.: *Lohengrin*. Romant. Oper in drei Aufzügen. Vollständ. Buch. Hg. u. eingel. v. Georg Richard Kruse. Leipzig o.J.

Ders.: *Siegfried*. ZweiterTag des Bühnefestspiels Der Ring des Nibelungen von Richard Wagner mit Ang. der Leitmotive, der führenden Orchesterinstrumente nebst Leitmotiven in Noten als Anhang hrsg. v. Carl Waack. Leipzig o.J.

Ders.: *Parsifal*. Ein Bühnenweihfestspiel. M. Ang. d. Leitmotive, d. führ. Orchesterinstr. nebst d. Leitmot. in Noten als Anhang hrsg.v. Carl Waack. Leipzig o. J.

**Wolf**, Heiner (Hg.): *Unser Fröhlicher Gesell. Ein Liederbuch für alle Tage.* Wolfenbüttel/ Bad Godesberg 1956.

## Literarische und philosophische Werke

**Aischylos**: *Die Orestie*. Des Aischylos *Oresteia*. Dt.v.Vollmoeller. M. Federzeichnungen v. Ernst Stern. Berlin 1920. [= *Die Bücher des Deutschen Theaters*. II. *Die Orestie*.]

**Andersen**, Hans Christian: „Der Zinnsoldat". In: Hans *Christian Andersens Kindermärchen*. Mit Buchschmuck von Paul Kamm u. Hans Printz. Berlin o.J. 35 [Reprint.]

**Bachmann**, Ingeborg: *Liebe: Dunkler Erdteil. Gedichte aus den Jahren 1942-1967.* München, Zürich 1991.

**Baggesen**, [Jens]: *Der Karfunkel oder Klingklingel-Almanach. Ein Taschenbuch für vollendete Romantiker und angehende Mystiker. Auf das Jahr der Gnade 1810.* Hg.v.[Jens] Baggesen. Faks.druck n.d.Ausg.v. 1809. Hg.u.m.e.Einf.v. Gerhard Schulz. Bern, Frankfurt/Main, Las Vegas 1978 . [= Seltene Texte aus der deutschen Romantik. Hg. v. Gerhard Schulz. Bd. 4.]

**Balzac**, Honoré de: *Glanz und Elend der Kurtisanen*. A.d. Franz. übertr. v. Ernst Wiegand Junker, München o.J.,

**Bossart**, Johann Michael: Monat „Februar". In: Zyklus „Die Monate". O.J. [ca. 1920-1925] Mischtechnik auf Pappe. Grafiken i.R.d. Ausstellung „100 Jahre Gesamtkunstwerk" (13.3.-8.5.2011; seit 15.8.2011: Dauerausstellung) Inv.nr.: JB 1828.

**Colette**: La *Vagabonde*. «Renée Néré». Frankfurt/ Main, Hamburg 1955. Berecht. Übers. a.d. Französischen v. Rosa Breuer-Lucka.

**Durrell**, Lawrence: *Balthazar*. Hamburg 1959. A.d. Engl. v. Gerda v. Uslar u. Maria Carlsson.
Ders.: *Justine*. A.d. Engl. v. Maria Carlsson. Reinbek b. Hamburg 1962[7].
Ders.: *Justine*. A novell. London, Boston 1979. Reprint von 1957.
**Ebermayer**, Erich: *Johann Wolfgang von Goethe. EWIGE GESPRÄCHE*. Aus Eckermanns Aufzeichnungen ausgewählt von Erich Ebermayer. München 1948. [Military Government Information Control Licence No. US - E 191.]
**Fontane**, Theodor: *Effi Briest*. Roman. Vollst. Ausg. Berlin o.J.
Ders.: *Vor dem Sturm. Roman aus dem Winter 1812 auf 13*. Frankfurt/M., Berlin, Wien 1976. In: Ders., Sämtl. Romane, Erzählungen, Gedichte, Nachgelassenes. Hrsg.v. Walter Keitel u. Helmuth Nürnberger. Bd. 1. 1. Bd. [=Ullstein Buch Nr. 4508.]
Ders.: *Cécile*. O.O., o.J. 133-304.
**Frese**, Jürgen: „emotional/ rational". Bielefeld 1997. In: *Wege Bilder Spiele. Bielefelder Vorstudien zur Phänomenologie leib- und bildgebundener kultureller Prozesse*. Hrsg.: Jürgen Frese. Erstes Heft. 24.
**Friedrich**, Maria (Hg.): *Unheimliche Geschichten von gestern. Klass. dt. Erzählungen aus dem 19. Jahrhundert*. M. Einführungen in das Leben der Dichter u. in die hier ausgewählten Geschichten. Hg.v. Maria Friedrich unter Mitarb. v. Dorothea Hölscher-Lohmeyer u. Albert v. Schirnding. München 1979.
**Ganghofer**, Ludwig: *Das Schweigen im Walde*. Roman. Vollst. Ausg. Berlin o.J. 184-188.
**Goethe**, Johann Wolfgang von: „Erlkönig". Zit. n.: Goethes Werke. Hg. i. Auftrage d. Großherzogin Sophie v. Sachsen. 1. Bd. Gedichte. 1. Theil. Weimar 1887. 167.
**Grimmelshausen**, Hans Jakob Christoffel von: *Der abentheurliche Simplicissimus Teutsch*. In: Ders.: Werke I. 1. Hg.v. Dieter Breuer. Frankfurt/Main 1989. [= Bibliothek der Frühen Neuzeit. 24 Bde. M. Ill. Hg. v. Wolfgang Harms u.a. 2. Abt. Lit. im Zeitalter des Barock. 12 Bde. Hg.v. Conrad Wiedemann. Bd. 4/ 1.]
**Hacks**, Peter: *Geschichte eines alten Witibers*. Hörspiel (1966). Gesendet im Deutschlandradio Kultur am 21. März 2008 anläßl. d. 80. Geburtstags des Dichters.
**Hauptmann**, Gerhart: *Michael Kramer*. Drama in vier Akten. In: Gesammelte Werke in sechs Bdn. Volksausg. Berlin 1912. 117-188.
**Heraklit**: *Fragmente*. Hg. v. Bruno Snell: Heraclitus <Ephesius> [Heraklit]:. Griech.u.dt. München, Zürich 1983, 8. unveränd. Aufl. [= Sammlung Tusculum]
**Hesse**, Hermann: *Der Steppenwolf. Narziß und Goldmund. Die Morgenlandfahrt*. Frankfurt/ Main 2001. [= Ders.: Sämtl. Werke. Hg.v.Volker Michels. Bd. 4. *Die Romane*.]
**Hobrecher**, Karl (Ausw.): *Märchen der Brüder Grimm*. M. 100 Bildern u. Aquarellen v. Ruth Koser-Michaels. Berlin 1937. Ausw.: Karl Hobrecher.
**Hölderlin**: Sämtl. Werke. 1. Bd. Gedichte bis 1800. 1. Hälfte Text. [= Stuttgarter Hölderlin-Ausgabe. I.A.d. Württembergischen Kultministeriums u.d. Dt. Akademie in München hg.v. Friedrich Beissner.] [= Hölderlin: Große Stuttgarter Ausgabe.] Stuttgart 1943.
**Hoffmann**, E.T.A.: *Die Elixiere des Teufels. Nachgelassene Papiere des Bruders Medardus, eines Kapuziners. Herausgegeben vom Verfasser der Fantasiestücke in Callots Manier*. In: Ders.: Sämtl. Werke in 3 Bdn. Bd. 2. Hg. u. erl. v. Rainer Schönhaar u. Alexander Heine. Essen o.J.[= Klassiker-Bibliothek.]
Ders.: *Lebensansichten des Katers Murr nebst fragmentarischer Biographie des Kapellmeisters Kreisler in zufälligen Makulaturblättern*. Hg.v. E.T.A. Hoffmann. 2 Bde. Berlin 1845. 60. In: E.T.A. Hoffmann's ges. Schriften. 8. Bd. M. Federzeichnungen v. Theodor Hoffmann.

**Mallarmé**, Stéphane: *Sämtl. Gedichte*. Franz. u. Dt. Hg. u. übertr. v. Carl Fischer. Nachw. v. Gerhart Haug. Darmstadt 1984[4].
**Mann**, Klaus: *Vergittertes Fenster. Novelle um den Tod des Königs Ludwig II. von Bayern*. [1937]. Frankfurt/Main 1960.
Ders.: *Symphonie Pathétique*. Hrsg.v. Martin Gregor-Dellin. München 1979.
**Miller**, Arthur: *The Crucible*. A Play in four Acts. Auckland 1987.
**Nimmert**, Anita: „Eine Liebe in Münster". In: „Sweet, soft & lazy" am Sonntag, 11. November 2007. Moderation: Roger Lindhorst. NDR 1 Nds. Norddt. Rundfunk. Hannover. [Ms.]
**Novalis**: *Schriften*. 1. Bd. *Das dichter. Werk*. Hg.v. Paul Kluckhohn u. Richard Samuel unter Mitarb. v. Heinz Ritter u. Gerhard Schulz. Stuttgart 1960. [= Ders.: *Schriften. Die Werke Friedr.v. Hardenbergs*. Hg. v. P.K. u. R.S. 2., n. d. Hss. erg., erw. u. verbess. Aufl. in 4 Bdn.]
Ders: *Paralipomena zum Blütenstaub*. Aus dem zweiten Stück des Athenäums. 125. In: Ders.: *Schriften*. Hg.v. J. Minor. 2.Bd. M.e.Bildnis. Jena 1907: 141. Nr 125.
**Raabe**, Wilhelm: *Else von der Tanne oder Das Glück Domini Friedemann Leutenbachers, armen Dieners am Wort Gottes zu Wallrode im Elend* . M.e.Nachwort v. Wilhelm Fehse. Leipzig 1943.
**Rilke**, Rainer Maria : *Die frühen Gedichte*. In: Insel Werkausg. R.M.R..: *Sämtliche Werke* in 12 Bdn. Hg.v. Rilke-Archiv. In Verb. m. Ruth Sieber-Rilke besorgt durch Ernst Zinn. Bd I.
Ders.: *Die Sonnette an Orpheus*. Geschrieben als ein Grab.-Mal f. Wera Ouckama Knoop. [1922] o.O. o.J. [Insel-Bücherei Nr. 115.]
Ders.: *Duineser Elegien*. Frankfurt/ Main 1999.
**Sachs**, Hans: *Sämtliche Fabeln und Schwänke*. In chronologischer Ordnung nach d. Originalen hg.v. Edmund Goetze. 2. Aufl. besorgt v. Hans Lothar Markschies. 1. Bd. Halle/ Saale 1953 [= Neudrucke dt. Literaturwerke d. XVI. u. XVII. Jahrhunderts. Nr 110-117.]
**Scheffel**, Joseph Victor von: *Ekkehard*. M. Bildschm. v. Hermann Gradl. Stuttgart 1924.
**Schiller**, Friedrich: *Geschichte des Dreißigjährigen Kriegs*. In: *Schillers Sämmtliche Werke* in 12 Bdn. M. Einleitungen von Karl Goedeke. 9.Bd. Stuttgart 1875.
Ders.: Wallenstein. Ein dramatisches Gedicht. Stuttgart 1875. I-IV. In: A.a.O.: 4. Bd.
Ders.: *Gedichte 1776-1788. Philosophische Gedichte. Elegien*. München 1965. Hrsg.: Herbert G. Göpfert. In: Sämtliche Gedichte. 1.Teil.[= Schiller: Sämtl. Werke in 20 Bdn.. n.d. Ausg.d. Hanser-Verlages auf Grund d. Originaldrucke hrsg. u. komment. v. Gerhard Fricke u. H.G.Göpfert in Verb. m. Herbert Stubenrauch. M.allen Textvarianten, Bühnenfassungen u. Fragmenten.]
**Schlegel**, Dorothea und Friedrich: *Geschichte des Zauberers Merlin*. M.e.Nachwort v. Klaus Günzel. Frankfurt/Main, Berlin 1988. 23. [= Ullstein-Buch; Nr. 37058: Ullstein-Werkausgaben.]
**Schopenhauer**, Arthur: „Animalischer Magnetismus und Magie". In: *Über den Willen in der Natur*. 280-304. In: Ders.: *Kleinere Schriften*. Zürich 1988. 169ff. [= ARTHUR SCHOPENHAUERs WERKE IN FÜNF BÄNDEN. N.d. Ausgaben letzter Hand hg.v. Ludger Lütkehaus. Bd. III.]
**Scott**, Walter: *Ivanhoe*. Roman. Dt.v. L. Tafel. Textrevision und Nachwort von Paul Ernst. Frankfurt/ Main 1984. [= it 751.]
**Spinoza**, Benedictus de: *Die Ethik*. Lat.u.dt. Revid. Übers. v. Jakob Stern. Nachw. v. Bernhard Lakebrink. Stuttgart 1977.
**Strauß und Torney**, Lulu v.: *Der Hof am Brink. Erzählung aus dem Dreißigjährigen Kriege*. Hameln 1947
**Tieck**, Ludwig: *Die verkehrte Welt*. Ein historisches Schauspiel in fünf Aufzügen [1798]. In: Ders.: *Die Märchen aus dem Phantasus. Dramen*. München 1964 [= Ders.: Werke in vier Bdn., n.d.

Text d. *Schriften* v. 1828-1854, unter Berücksichtigung der Erstdrucke, hrsg. sowie mit Nachworten u. Anm. vers. v. Marianne Thalmann. Bd. II.]
**Tolstoi**, Leo N.: *Krieg und Frieden*. Roman. Tüs.: Werner Bergengruen. München 1957.
**Werner**, Zacharias: *Das Kreuz an der Ostsee*. Ein Trauerspiel. Erster Theil. Die Brautnacht. In: *Zacharias Werner's Dramatische Werke*. Aus seinem handschr. Nachlasse hg.v. seinen Freunden. Vierter Bd. Bern 1970. [=Zacharias Werner's ausgewählte Schriften. Aus seinem handschr. Nachlasse hg.v. seinen Freunden. Siebenter Bd. Einzige u. rechtmäß. Original-Gesammtausg. in 12 Bdn. Bern 1970.] [Grimma 1840. Nachdr.] V bzw. 1-186.
Ders.: *Wanda, Königin der Sarmaten*. Eine romantische Tragödie mit Gesang in fünf Akten. In: Ders. 1970. 187-271.
**Williams**, Tennessee: *Die Glasmenagerie*. In: Ders.: *Endstation Sehnsucht. Die Glasmenagerie. Zwei Theaterstücke*. Ins Dt. übertr. v. Berthold Viertel. Frankfurt/ Main 1977.

**Internetseiten**
www.schlösser-bayern.de
www.freidok.uni-freiburg.de/volltexte/2379
www.historicopera.com/listing_singers_d.htm
www.wikipedia.org
www.almanachdeutschesmuseum.de/DerSchwan.htm

**Abbildungsverzeichnis.**

*Photographien.*
**Schwarzschwanenreich** Köln 1939: I.5. (Pachl 1978, Bildanhang: Abb. 129.), II.2. (A.a.O.: Abb. 131), II.3. (A.a.O.: Abb. 132), II.4. (A.a.O.: Abb. 133), II.5. (A.a.O.: Abb. 134.), III.1. (A.a.O.: Abb. 135.), III.4. (A.a.O.: Abb. 137)
**Siegfried und Richard Wagner in Neapel 1880**, Biondi e Figlio, Neapel.
**Eva Chamberlain/ Siegfried Wagner**. Richard Graf Du Moulin Eckart: *Wahnfried*. M. 43 Abb. Leipzig 1925. Zwischen 62 u. 63: Eva Chamberlain, zwischen 74 und 75: SW.
**Isolde Wagner, Blandine von Bülow, Eva Wagner, Siegfried Wagner, Daniela von Bülow**. Oliver Hilmes: *Herrin des Hügels. Das Leben der Cosima Wagner*. München 2007. 161.

*Zeichnungen, Gemälde.*
**Braune, Isolde/ Charlotte Gensich**: kolorierte Federzeichnung. 2013.
**Dürer**, Albrecht: *Die Apokalypse*. Holzschnitt. Fünfzehntes Blatt. Russell 1975: 103.
**Fidus**: Illustration zu dem Gedicht „Im Käfig" von Karl Henkell. Henckell o.J. [ca. 1898]: 483.
Ders.: *Tempel des Lucifer*. Tempelentwurf (1892). Bleistift. Y 1985II: Abb. 1.
Ders.: *Im Tempel des Lucifer* (1894). Bleistift. A.a.O.: Abb. 2
Ders.: *Lichtgebet* (1922). Frecot 1972: 440; SWT 22.
Ders.: *Allumarmung* (1911). A.a.O.: 431; SWT 13.
Ders.: *Am strahlenden Quell* (1899). A.a.O.: 461; SWT 43; Wandbildentwurf von 1899.
Ders.: *Winterlicher Weiher* (1920). A.a.O.: 424; SWT 6.
**N.N.**: *Christus als Weltenrichter*. Holzschnitt aus: Hartmann Schedel: *Das Buch der Chroniken* (1493).

**Wagner**, Siegfried: Architekturzeichnung des zwölfjährigen Siegfried Wagner (Palermo): das Innere eines großen Domes; in Anlehnung an den Dom von Monreale. NAB.
**Wagner**, Wieland: Szenischer Entwurf *Schwarzschwanenreich*: I.1 (ca. 1938) für Köln 1939. (Pachl 1978, Bildanhang: Abb. 128.), III.4. (Antwerpener Fassung 1937). *Mitteilungsblätter der ISWG e.V.*: XIV, Aug. 1980. 15.

*Graphiken, Schaubilder, Handschriften.*
**Programmzettel der Uraufführung.**
**Plakat für die *Schwarzschwanenreich*-Inszenierung in Köln 1939.**
**Quintenzirkel.** Beckh 1977: 33, Tf. 1.
**Isometrische Darstellung des radiästhetisch an einem Baum gefundenen Kreuzungssystems.** Schneider 1984. Bildtafel VII, Abb. 82, 148.
**Tonarten-Notizen für das Blumenlied** in der Textbuchhandschrift. (Dichtung/ 1. Skizze", 4. Seite. [NA: VI Bf 1-3].)
**Heinz, Dieter:** Tabelle „Versuch einer Übersicht". 1980: 27.

## Rechtegeber

Der Abdruck erfolgte mit freundlicher Genehmigung der folgenden Institutionen und Personen: Archiv Pachl, Berlin/ Österreichische Nationalbibliothek, Bildarchiv [Pf 692:C(16)], Wien/ Musikverlag Fr. Kistner & C.F.W. Siegel & Co. KG, Brühl/ British Museum, London/ VG Bild-Kunst, Bonn/ Klassik Stiftung Weimar, *Herzogin Anna Amalia Bibliothek | Fotothek*, Weimar/ Archiv ISWG e.V., Berlin/ Verlag Urachhaus, Stuttgart/ Isolde Braune/ Charlotte Gensich, Hannover/ Dieter Heinz, Saarbrücken/ Christa Schneider, Wertheim/ Musikverlag Max Brockhaus, Remagen-Rolandswerth/ Schott Music GmbH & Co. KG, Mainz.

# Danksagung

Bei dem vorliegenden Buch handelt es sich um die überarbeitete Fassung meiner Dissertation.

Mein Dank gebührt Prof. Dr. Gisela Dischner, Universität Hannover, die mit ihrer behutsamen Leitung eine völlig eigene freie Gestaltung des literaturwissenschaftlichen Teils meiner Arbeit möglich machte; Prof. Dr. Günter Katzenberger, Musikwissenschaftliches Institut der Hochschule für Musik, Theater und Medien Hannover, für sehr wertvolle und hilfreiche Literaturhinweise auf dem Gebiet der Geschichte des Musiktheaters und ausführliche Betreuung des musikwissenschaftlichen Anteils; dem Siegfried Wagner-Inszenator und -Forscher Prof. Dr. Peter P. Pachl, der, stets bereit, mit Auskunft und Rat beizustehen, das Werden der Arbeit mit Interesse verfolgte; Günter Fischer, vormaliger Musikbibliothekar des Nationalarchivs der Richard-Wagner-Stiftung Bayreuth, dessen konzentrierte Zuwendung und sorgfältige Bereitstellung von Material der Grundlegung meiner Arbeit von sehr großem Nutzen war; dem Leiter des Archivs, Dr. Sven Friedrich für freundliches Eingehen auf meine Anfragen; Dr. Gudrun Föttinger, Bildarchiv, die mein Anliegen in sehr entgegenkommender Weise bearbeitet hat.
Ich danke der *Mariann Steegmann Foundation* für freundliche Übernahme der Druckkosten.

# Centaurus Buchtipp

*Peter P. Pachl (Hrsg.)*

**Siegfried Wagner-Kompendium 1**

*Bericht über das erste internationale Symposium Siegfried Wagner Köln 2001*

Neue Schriftenreihe der Internationalen Siegfried Wagner Gesellschaft, Bd. 1, 2003, 455 S., br., ISBN 978-3-8255-0401-8, € **33,00**

Interdisziplinär nähern sich die Autoren dieses Buches der nahezu unbekannten, gleichwohl vielfältig bedeutsamen Thematik „Siegfried Wagner". Lange Jahre von der Wissenschaft vernachlässigt, von den Bewahrern des Werkes Richard Wagners fast schon versteckt, als Komponist nahezu verleugnet und auf die Leitung der Bayreuther Festspiele bis 1930 reduziert, fristet der Liszt-Enkel und Sohn des großen Richard Wagner posthum ein musikalisches Schattendasein. Obwohl Siegfried Wagner seinen Vater in der Anzahl seiner Opernkompositionen deutlich übertraf, musste das eigene Werk zeitlebens hinter dem Opernschaffen Richard Wagners zurückstehen. Erst in den letzten zwanzig Jahren lässt sich eine Renaissance des Humperdinck-Schülers erahnen, die gerade in den vergangenen Jahren deutlich mit der Zunahme konzertanter und szenischer Aufführungen seiner Opern zu bemerken ist. Anlässlich der konzertanten Uraufführung (!) Siegfried Wagners Oper „Die heilige Linde" am 17. Oktober 2001 trafen sich zahlreiche nationale und internationale Fachleute zum „Ersten Internationalen Siegfried Wagner Symposion", dessen Beiträge und Diskussionen mit diesem Buch der Öffentlichkeit vorgestellt werden. Das vielfältig fesselnde Werk kommt zu ebenso aufschlußreichen wie spannend zu lesenden Ergebnissen.

**www.centaurus-verlag.de**

# Centaurus Buchtipps

*Birgit Kiupel*
**Zwischen Krieg, Liebe und Ehe**
Studien zur Konstruktion von Geschlecht und Liebe in den Libretti der Hamburger Gänsemarktoper
Beiträge zur Kultur- und Sozialgeschichte der Musik, Bd. 8, 2010, 694 S.,
ISBN 978-3-8255-0721-3, € **29,80**

---

*Irene Krieger*
**Die Bedeutung der Musik für Heinrich von Kleist und die Vertonung seiner Werke**
Reihe Musikwissenschaften, Bd. 53, 2010, 224 S.
ISBN 978-3-86226-000-3, € **22,50**

---

*Bernd Oei*
**Eros und Thanatos**
Philosophie und Wiener Melancholie in Arthur Schnitzlers Werk
Reihe Sprach- und Literaturwissenschaft, Bd. 42, 2013, 260 S.,
ISBN 978-3-86226-214-4, € **23,80**

---

*Georg W. Forcht*
**Frank Wedekind und die Volksstücktradition**
Basis und Nachhaltigkeit seines Werkes
Reihe Sprach- und Literaturwissenschaft, Bd. 41, 2012, 180 S.
ISBN 978-3-86226-154-3, € **24,80**

---

*Alexandru Bidian*
**Sokrates oder das Schicksal des Lebens**
Literatur in der Diskussion, Bd. 7, 2012, 130 S.,
ISBN 978-3-86226-203-8, € **16,80**

---

*Katrin Schrenker*
**Dichtung und Wahn**
Zur Psychopathologie in Georg Büchners »Lenz«
Reihe Sprach- und Literaturwissenschaft, Bd. 40, 2010, 160 S.,
ISBN 978-3-86226-036-2, € **18,90**

---

*Klaus D. Spangenberg*
**Josef Block**
Maler der Berliner und Münchner Secession
Reihe Kunstgeschichte, Bd. 8, 2010, 196 S., 54 Farbabb.
ISBN 978-3-86226-013-3, € **18,90**

---

*VHS Lörrach / VHS Weil am Rhein*
**TAMphilo**
Sternstunden aus 10 Jahren philosophischer Erwachsenenbildung
Reihe Philosophie, Bd. 36, 2011, 183 S., geb.,
ISBN 978-3-86226-015-7, € **19,80**

---

Informationen und weitere Titel unter www.centaurus-verlag.de

MIX
Papier aus verantwortungsvollen Quellen
Paper from responsible sources
FSC® C105338

If you have any concerns about our products,
you can contact us on
**ProductSafety@springernature.com**

In case Publisher is established outside the EU,
the EU authorized representative is:
**Springer Nature Customer Service Center GmbH
Europaplatz 3, 69115 Heidelberg, Germany**

Printed by Libri Plureos GmbH
in Hamburg, Germany